2013

中国企业集团财务公司年鉴

ZHONGGUO QIYE JITUAN
CAIWU GONGSI NIANJIAN

中国财务公司协会　编

中国金融出版社

责任编辑：张　铁
责任校对：张志文
责任印制：程　颖

图书在版编目（CIP）数据

中国企业集团财务公司年鉴（Zhongguo Qiye Jituan Caiwu Gongsi Nianjian）.2013/中国财务公司协会编.—北京：中国金融出版社，2013.11

ISBN 978－7－5049－7207－1

Ⅰ.①中…　Ⅱ.①中…　Ⅲ.①企业集团—金融公司—中国—2013—年鉴　Ⅳ.①F279.244－54

中国版本图书馆 CIP 数据核字（2013）第 263598 号

出版发行　中国金融出版社

社址　北京市丰台区益泽路 2 号

市场开发部　（010)63266347，63805472，63439533（传真）

网 上 书 店　http://www.chinafph.com　（010)63286832，63365686（传真）

读者服务部　（010)66070833，62568380

邮编　100071

经销　新华书店

印刷　北京松源印刷有限公司

尺寸　210 毫米×279 毫米

印张　33

插页　28

字数　848 千

版次　2013 年 11 月第 1 版

印次　2013 年 11 月第 1 次印刷

定价　398.00 元

ISBN 978－7－5049－7207－1/F.6767

如出现印装错误本社负责调换　联系电话（010)63263947

关怀指导

2012 年 9 月 29 日，中国银监会主席尚福林（左 4）、副主席郭利根（左 3）、现任主席助理杨家才（右 2）等领导莅临中国财务公司协会视察指导工作。

2012 年 12 月 31 日，时任中国银监会副主席蔡鄂生莅临中国石化财务公司检查指导工作。

2012年12月20日，中国银监会副主席郭利根参观财务公司行业改革发展25周年成就展。

2012年12月21日，中国银监会非银部主任李建华在第二届中国财务公司行业发展高峰论坛上发表讲话。

2012 年 12 月 21 日，国资委财务监督与考核评价局局长沈莹出席第二届中国财务公司行业发展高峰论坛。

2012 年 12 月 20 日，民政部民间事务管理局副局长李勇参观财务公司行业改革发展 25 周年成就展。

2012 年 11 月 23 日，中国人民银行货币政策委员会副秘书长金玫在宁波港调研。

2012 年 12 月 20 日，中国银监会非银部副主任张电中在中国财务公司协会第十五次会员大会上发表讲话。

2012 年 4 月 11 日，中国银监会非银部副主任毛宛苑一行到访美的财务公司。

2012 年 11 月 10 日，中国银监会办公厅副巡视员张永军一行八人抵惠调研，并到 TCL 财务公司参观。

2012 年 6 月，北京银监局副局长逯剑莅临中外运长航财务有限公司指导检查工作。

2012 年 6 月 12 日，中国财务公司协会专职常务副会长兼秘书长王岩玲一行赴青岛啤酒财务公司调研。

2012 年 10 月 30 日，中国银监会非银部聂俊处长、秦蓁副处长一行到中国南航集团财务有限公司调研指导。

2012 年 8 月，中国人民银行石家庄中心支行反洗钱处一行到冀中能源集团财务有限责任公司调研指导工作。

2012 年 12 月 19 日，中国财务公司协会第十五次会员大会在北京召开。

2012 年 3 月 28 日，中国财务公司协会北京分会召开政策研究与创新案例研究交流会。

2012 年 4 月 12 日，中国财务公司协会华南分会 2012 年会员大会在武汉召开。

2012 年 5 月 18 日，中国财务公司协会专职常务副会长兼秘书长王岩玲一行莅临江苏省国信集团财务有限公司调研指导工作。

2012 年 5 月 24 日，广东粤电财务有限公司承办中国财务公司协会华南分会课题研讨会。

2012 年 10 月 29 日，中国银监会非银部与中国财务公司协会在广州联合举办了“财务公司高层研讨班”。

规范经营

2012 年 1 月 13 日，国投财务有限公司召开 2012 年度工作会议，国投集团董事长王会生莅临并作重要指示。

2012 年 2 月 13 日，国电财务有限公司召开风险管理委员会 2012 年第一次会议。

2012 年 3 月 2 日，华联财务公司年度工作会议合影。

2012 年 3 月 2 日，南山财务公司召开第一届董事会第五次会议。

2012 年 3 月 2 日，中国航油集团财务有限公司召开 2012 年第一次股东会暨第一届董事会第五次会议。

2012 年 3 月 3 日，淮南矿业集团财务有限公司召开 2012 年第一次股东会会议暨四届四次董事会会议。

2012 年 3 月 9 日，保利财务有限公司股东会暨第一届董事会、监事会 2012 年会议合影。

2012 年 4 月 16 日，南方电网财务公司召开工会第一届会员代表大会。

2012 年 4 月 18 日，首都机场集团财务有限公司召开第一届董事会第十次会议和 2012 年股东会。

2012 年 4 月 24 日，天津银监局在天津港财务有限公司召开年度审慎监管会议。

2012 年 4 月 28 日，湖北宜化财务公司召开第一届董事会暨 2012 年第一次股东会。

2012 年 5 月 2 日，包钢财务公司召开一届三次董事会。

2012年5月8日，红豆集团财务有限公司召开第二届董事会第一次会议。

2012年5月21日，国机财务有限责任公司召开员工管理提升活动动员大会。

2012年6月，山西焦煤财务公司召开2011年度资金集中监管考核暨2012年度保险工作会议。

2012 年 6 月 6 日，晋煤集团财务有限公司召开 2012 年股东会第一次会议。

2012 年 6 月 26 日，中集财务公司召开第一届董事会第四次会议。

2012 年 7 月 21 日，西部矿业集团财务有限公司召开 2012 年第二次临时股东会暨一届五次董事会。

2012年7月27日，东风汽车财务有限公司召开七届八次董事会。

2012年8月2日，申能集团财务有限公司召开年中董事会、监事会。

2012年8月27日，国联财务有限责任公司召开2012年度二届二次董事会会议。

2012年9月，中国重汽财务公司举办成立25周年座谈会。

2012年9月19日，北京汽车集团财务有限公司召开2012年第二次临时股东会暨一届六次董事会。

2012年9月20日，浙江能源财务公司组织新商业银行资本管理办法培训。

2012 年 10 月 12 日，兖矿集团财务有限公司召开第一届董事会第十一次会议。

2012 年 10 月 20 日，湖南华菱钢铁集团财务有限公司举办 2012 年财务公司经济运行座谈会。

2012 年 10 月 25 日，紫金矿业集团财务有限公司召开第二届第一次董事会、监事会会议。

2012 年 11 月，神华财务公司召开产融结合研讨会。

2012 年 12 月 21 日，中广核财务有限责任公司集团领导、公司历届老领导参加公司成立十五周年座谈会。

2012 年 12 月 25 日，珠海格力财务公司召开第十一次股东大会暨三届三次董事会、监事会会议。

2012 年，兵工财务有限责任公司召开 2012 年度工作会议。

2012 年，国核财务有限公司召开第一届董事会第四次会议。

2012 年，吉林森林工业集团财务有限责任公司召开第二十次股东会暨二届八次董事会会议。

一汽财务有限公司 2012—2013 年度工作会议。

2012 年 2 月 25 日，攀钢集团西昌钒钛资源综合利用项目银团贷款签约仪式。

2012 年 3 月 26 日，中核财务公司参与创造的“提升资源保障能力和配置效率的集团化财务管理”荣获第十八届全国企业现代化创新成果一等奖。

2012年6月13日，中国华能财务有限责任公司总经理龚卫中参加龙开口水电站项目银团贷款签字仪式。

2012年7月5日，中国电力财务有限公司与河南平高电气股份有限公司、许继电气股份有限公司签署《金融业务服务协议》。

2012年8月17日，西电财务公司与西安银行举行战略合作协议签约仪式。

2012 年 8 月 28 日，中国航天科工财务公司参与发起设立的英大基金管理有限公司举行开业仪式。

2012 年 10 月，华电财务有限公司与海淀金融办加强沟通，增进地企合作。

2012 年 10 月 28 日，广东粤电财务有限公司入股珠海市农村信用合作联社，以股东身份参加珠海农村商业银行股份有限公司创立大会。

2012 年 11 月，上海汽车集团财务有限责任公司发行财务公司行业首单资产证券化产品。

2012 年 11 月 30 日，上海电气财务公司与国投财务公司签署《金融合作协议》。

2012 年 12 月，东方电气集团财务有限公司与国投财务有限公司签订《金融合作协议》。

2012 年，中国大唐集团财务有限公司召开“电煤供应链金融”研讨会。

2012 年 12 月 1 日，中海财务公司成功完成集团跨国公司总部外汇资金集中运营管理试点首笔交易。

2012 年 12 月 10 日，中航工业财务公司同成员单位洪都集团签订《全面战略服务协议》。

2012 年，新希望财务公司牵头集团海外银团贷款协调会。

公司风采

2012 年 1 月 10 日，深圳能源财务公司应深圳市总工会邀请，表演“鼓乐欢歌”歌伴舞节目。

2012 年 2 月，中兴通讯集团财务有限公司召开 2012 年总结表彰大会。

2012 年 3 月，海信集团财务有限公司为丰富员工活动，在“三八”妇女节来临之际，组织员工游毛公山，感受红色文化。

2012年4月21日，海航财务公司在北京云蒙山风景区进行全体员工拓展活动。

2012年5月，山东钢铁财务公司参加山东银监局举办的首届“泉银杯”羽毛球、乒乓球比赛。

2012年5月，中国航空集团财务有限责任公司组织员工进行革命教育。

2012 年 5 月 3 日，海南农垦集团财务有限公司参加集团工会“红五月”职工羽毛球混合团体赛。

2012 年 6 月，中电投财务有限公司员工以现场体验的形式，接受革命传统和爱国主义教育。

2012 年 6 月 23 日，沙钢财务有限公司组织党员、团员赴沙家浜革命教育基地学习。

2012年6月28日，中海石油财务有限责任公司开业十周年庆典。

2012年6月30日，中远财务有限责任公司党委组织党员和员工到“没有共产党就没有新中国”歌曲诞生地进行革命传统教育。

2012年7月，江铃财务公司开展基层党组织建设年活动——参观八一起义纪念馆。

2012年7月3日，铜陵有色金属集团财务有限公司部分员工登黄山莲花峰。

2012年7月7日，中国化工财务有限公司在公司成立三周年之际组织“同舟三载畅未来”主题座谈会。

2012年7月10日，中铝财务公司全体员工和中铝公司总部及在京单位部分领导举行公司成立一周年庆祝活动。

2012年7月14日，中化财务公司全体员工参加“亮剑”草原穿越行动。

2012年7月21日，TCL集团财务有限公司参加第二届惠州银行业“兴业银行杯”羽毛球比赛。

2012年8月，复星集团财务公司组织全员团队拓展训练。

2012 年 8 月 4 日，北大方正集团财务有限公司全体员工野外拓展培训。

2012 年 8 月 19 日，潞安集团财务有限公司成立五周年全体员工合影。

2012年9月，京能集团财务有限公司在京能集团职工运动会上获得“北京热力杯”网球比赛团体二等奖。

2012年9月，日立（中国）财务有限公司三亚年度旅游集体合影。

2012年9月2日，万向财务公司10周年庆祝活动全体员工合影。

2012 年 9 月 14 日，通用技术集团财务有限责任公司组织员工团队拓展训练。

2012 年 9 月 18 日，航天科技财务公司党群工作部组织团员青年一行七人，赴内蒙古红格尔蒙语小学开展“爱心课堂　照亮希望”支教活动。

2012 年 10 月，锦江国际集团财务有限责任公司组织党员开展对“积孝敬老院”送温暖活动。

2012 年 10 月，河南煤化财务公司开展“合规建设提升年”警示教育活动。

2012 年 10 月 11 日，福建省能源集团财务有限公司成功协办了福能集团“财务公司杯”青年歌手大赛。

2012 年 10 月 27 日，武汉钢铁集团财务公司员工拓展训练。

2012 年 11 月，云南冶金集团财务公司积极参加云南省银行业协会举行的运动会。

2012 年 11 月，中国电子财务公司员工参观艾思奇故居。

2012 年 11 月 2 日，江苏交通控股财务公司举办首届员工训练营活动。

2012 年 11 月 3 日，上海华谊集团财务有限责任公司全体员工野外拓展训练。

2012 年 11 月 7 日，哈尔滨电气集团财务有限责任公司参加黑龙江省金融系统第三届反洗钱知识竞赛决赛，获得“优胜奖”。

2012 年 11 月 11 日，五矿财务公司集体秋游活动。

2012 年 11 月 25 日，三峡财务有限责任公司在北京举办十五周年庆典联欢会。

2012 年 12 月，海马财务有限公司 2012 年先进个人总结表彰大会。

2012 年 12 月，上海浦东发展集团财务有限责任公司开展的“蓝天下的至爱——好心人帮好心人”万名志愿者慈善行动。

2012年12月，松下电器（中国）财务有限公司全体工作人员合影。

2012年12月9日，中冶集团财务有限公司组织开展“制度与业务知识竞赛”。

2012年12月18日，阳煤财务公司举办三周年庆典活动。

2012 年 12 月 20 日，宝钢财务公司参加财务公司行业改革发展 25 周年成就展。

2012 年 12 月 20 日，开滦集团财务有限责任公司参加财务公司行业改革发展 25 周年成就展。

2012 年 12 月 21 日，深圳市有色金属财务有限公司举办 2012 年羽毛球男子双打比赛。

2012 年 12 月 22 日，天津渤海集团财务公司全体员工赴北京参观中国金融 20 周年成就展。

2012 年，鞍钢集团财务公司举办以“传承五四星火，争当青年先锋”为主题的青年团员登山活动。

2012 年 1 月 31 日，山东重工集团财务有限公司召开创立大会。

2012 年 2 月 4 日，马钢集团财务有限公司举行揭牌仪式。

2012 年 3 月 21 日，中国移动通信集团财务有限公司开业揭牌。

2012 年 3 月 27 日，国药集团财务有限公司正式开业。

2012 年 3 月 28 日，郑州宇通集团财务有限公司开业庆典。

2012 年 4 月 18 日，国有重点大型企业监事会主席李克（左），中国铁建董事长、党委书记孟凤朝为中国铁建财务有限公司揭牌。

2012 年 4 月 28 日，山东省商业集团财务有限公司开业。

2012 年 5 月 28 日，深圳华强集团财务有限公司揭牌仪式。

2012年6月28日，诚通财务有限责任公司开业仪式。

2012年7月27日，湖北能源财务有限公司举办开业典礼及挂牌仪式。

2012年8月10日，港中旅财务有限公司开业庆典。

2012年8月28日，陕西煤业化工集团财务有限公司开业剪彩仪式。

2012年9月6日，河北钢铁集团财务有限公司举办开业庆典。

2012年9月17日，中化建工程集团财务有限公司揭牌仪式。

2012 年 10 月 30 日，厦门海翼集团财务有限公司开业推杆仪式。

2012 年 11 月 16 日，中国石油财务（新加坡）有限公司举行开业仪式。

2012 年 11 月 29 日，中信财务有限公司开业庆典。

2012 年 12 月 6 日，中国北车集团财务有限公司开业典礼。

2012 年 12 月 12 日，南车财务有限公司开业庆典。

2012 年 12 月 26 日，中国能源建设集团葛洲坝财务有限公司在北京揭牌。

2012 年 12 月 26 日，中国电子科技财务有限公司正式揭牌成立。

2012 年，天津天保财务有限公司开业庆典。

2012 年，亿利集团财务有限公司开业庆典。

《中国企业集团财务公司年鉴》编辑委员会

窦广清（天津港财务公司）
杜　娟（TCL财务公司）
段建勋（晋煤财务公司）
方　闽（浙江能源财务公司）
方平凡（中集财务公司）
方泰峰（淮南矿业财务公司）
冯　勇（东方电气财务公司）
傅志芳（万向财务公司）
郭　牧（上海华谊财务公司）
韩留卿（西部矿业财务公司）
何慧平（东航财务公司）
何　宵（上海复星高科技财务公司）
贺海柱（山西焦煤财务公司）
洪毅俊（深圳有色金属财务公司）
胡国梁（红豆财务公司）
胡焰明（中广核财务公司）
华健斌（中兴通讯财务公司）
黄金萍（海信集团财务公司）
黄天珊（铜陵有色金属财务公司）
冀　涛（中国铁建财务公司）
姜建平（东方集团财务公司）
孔　骞（亿利财务公司）
李朝坤（中船财务公司）
李海东（航天科技财务公司）
李虎俊（通用技术财务公司）
李家俊（国机财务公司）
李荣荣（北京汽车财务公司）
李曙成（深圳华强财务公司）
李新威（深圳能源财务公司）
李艳芳（冀中能源财务公司）
李云峰（国核财务有限公司）
李占国（海尔财务公司）
李镇光（三峡财务公司）
李志榕（兵器装备财务公司）
栗宝卿（中国大唐财务公司）
廖　伟（中国航空财务公司）
令狐建强（振华财务公司）
刘　超（中远财务公司）
刘传东（中电投财务有限公司）
刘　剑（中化财务公司）
刘世超（金川财务公司）
刘　卫（海马财务有限公司）
刘晓东（航天科工财务公司）
刘　颖（北大方正财务公司）
陆惠章（苏州创元财务公司）
陆志华（中国一拖财务公司）
罗福金（紫金矿业财务公司）
吕烈敏（海南农垦财务公司）
马　华（东风汽车财务公司）
梅雪艳（神华财务公司）
闵宪金（山东钢铁财务公司）
倪云山（沙钢财务公司）
庞　勇（港中旅财务公司）
秦　怿（上海电气财务公司）
任静云（云南冶金财务公司）
荣国跃（新希望财务公司）
山冰如（大连港财务公司）
沈根伟（上海汽车财务公司）
师建桥（中国航油财务公司）
时景丽（中国北车财务公司）
舒良勇（湖南华菱钢铁财务公司）
宋其东（中国重汽财务公司）

朱　毅（移动通信财务公司）	朱中霞（郑州宇通财务公司）
庄一本（宁波港财务公司）	邹定波（中国能建葛洲坝财务公司）
邹宏英（中冶财务公司）	邹　正（湖北能源财务公司）

《中国企业集团财务公司年鉴》编辑部

主　编

陈文俊

副主编

安晓玥

编　辑（按姓名拼音首字母排序）

何文闯　李清军　马　丽　邵　楠　王安娜　吴　珊　尤莉莉

组稿编辑（按姓名拼音首字母排序）

蔡　琚（上海复星高科技财务公司）
曹　阳（上海浦东发展财务公司）
曾文忠（沙钢财务公司）
陈丽娜（松下电器财务公司）
陈青霞（中国航油财务公司）
陈　扬（通用技术财务公司）
次晋萍（山西焦煤财务公司）
邓忠生（厦门海翼财务公司）
丁开伟（海航财务公司）
丁莉红（江铃汽车财务公司）
董　浩（中油财务公司）
杜新光（新奥财务公司）
段淑哲（冀中能源财务公司）
樊丹妮（移动通信财务公司）
方智新（中国电子财务公司）
冯　青（首都机场财务公司）
冯　赟（京能财务公司）
付　珍（阳泉煤业财务公司）
高　峰（陕西煤业化工财务公司）
高玉臣（南山财务公司）
高　云（北京汽车财务公司）
谷莉莉（江苏交通控股财务公司）
谷　兴（中外运长航财务公司）
顾凌娴（上海汽车财务公司）
郭　明（酒钢财务公司）
郭融晖（中国铁建财务公司）
郭书言（鞍钢财务公司）
韩　丽（锦江国际财务公司）
郝　冰（亿利财务公司）
何慧平（东航财务公司）
黄庆华（美的财务公司）
黄永辉（中国南航财务公司）
季海俊（马钢财务公司）
贾鸿羽（中国北车财务公司）
贾媛媛（五矿财务公司）
贾　峥（天津天保财务公司）
江丽华（江西铜业财务公司）
姜元亮（中国能建葛洲坝财务公司）

蒋旻宏（东风汽车财务公司）
李　昂（江苏国信财务公司）
李　飞（兵工财务公司）
李丽君（华联财务公司）
李　伟（中国大唐财务公司）
李晓灵（TCL 财务公司）
李宗泽（哈尔滨电气财务公司）
刘江华（青岛啤酒财务公司）
刘莅祥（湖南华菱钢铁财务公司）
刘晓坤（中信财务公司）
刘云德（三峡财务公司）
鲁立宾（淮南矿业财务公司）
吕冬燕（中船财务公司）
马德永（上海电气财务公司）
梅　艳（武汉钢铁财务公司）
宓小婷（山东钢铁财务公司）
蒲　青（中电投财务公司）
乔光莉（中建财务公司）
邱　荭（中国航空财务公司）
曲　鹏（兵器装备财务公司）
任玉良（开滦财务公司）
师率杰（神华财务公司）
宋京洲（南车财务公司）
孙　明（中铝财务公司）
唐要斌（振华财务公司）
田　渊（海马财务公司）
王　剑（重庆化医财务公司）
王　锐（国电财务公司）
王　潇（一汽财务公司）
王沂淳（中冶财务公司）
王　莹（天津港财务公司）
王　志（铜陵有色金属财务公司）
吴　瑛（福建省能源财务公司）
吴勇贵（中集财务公司）

阚　侃（大连港财务公司）
李　晨（中国化工财务公司）
李凤侠（河北钢铁财务公司）
李　梅（海尔财务公司）
李文馨（海南农垦财务公司）
李　昕（中国石化财务公司）
郦伟民（苏州创元财务公司）
刘　力（东方电气财务公司）
刘其贵（中国重汽财务公司）
刘　宇（海信财务公司）
刘　志（湖北能源财务公司）
罗治国（新希望财务公司）
吕均丹（紫金矿业财务公司）
马培红（港中旅财务公司）
米新国（中海石油财务公司）
潘义平（金川财务公司）
齐建寨（中船重工财务公司）
乔永喜（西部矿业财务公司）
曲怀国（国核财务公司）
任　莅（航天科技财务公司）
申　波（中国华电财务公司）
施　暄（中化财务公司）
苏　询（吉林森林工业财务公司）
郜桂忠（山东重工财务公司）
田欣媛（航天科工财务公司）
王　欢（珠海格力财务公司）
王立伟（深圳有色金属财务公司）
王涛峰（中国一拖财务公司）
王一夫（保利财务公司）
王　颐（中远财务公司）
王　宇（国投财务公司）
魏红杰（中兴通讯财务公司）
吴　咏（国联财务公司）
伍志伟（深圳能源财务公司）

《中国企业集团财务公司年鉴》编辑部

武传德（中国电力财务公司）
武全胜（包钢财务公司）
夏卡璐（江苏华西财务公司）
夏　毅（攀钢财务公司）
夏震乾（日立财务公司）
谢　放（宝钢集团财务公司）
谢祥德（浙江能源财务公司）
徐艾华（中粮财务公司）
闫铁红（东方财务公司）
闫耀武（诚通财务公司）
杨　波（申能财务公司）
杨　桦（南方电网财务公司）
杨铭钊（天津渤海财务公司）
杨宁雁（宁波港财务公司）
杨文思（北大方正财务公司）
杨　翊（广东粤电财务公司）
杨　愚（云南冶金财务公司）
姚连江（中国华能财务公司）
叶美芳（红豆财务公司）
于　蒙（中化建工程财务公司）
于婷婷（山东商业财务公司）
张　辰（中海财务公司）
张丹丹（国药财务公司）
张劲松（湖北宜化财务公司）
张　乐（中核财务公司）
张　砾（中航工业财务公司）
张　祺（湖南高速财务公司）
张　锐（上海华谊财务公司）
张晓朦（大唐电信财务公司）
张　韫（潞安财务公司）
赵　斌（西电财务公司）
赵红红（晋煤财务公司）
赵济民（郑州宇通财务公司）
郑晓辉（河南煤业化工财务公司）
郑　杨（国机财务公司）
郑　寅（深圳华强财务公司）
周　兵（兖矿财务公司）
周　茜（万向财务公司）
周小勇（中广核财务公司）
周卓明（中国南动财务公司）

编辑说明

一、本卷主要收录2012年度监管机关领导讲话、行业监管和自律工作情况、各财务公司的经营管理状况、重要法律法规、行业和机构的业务经营统计数据以及行业协会专题报告与媒体文章等内容。

二、本卷“特载”及“监管与自律”部分的内容由中国银监会非银部和中国财务公司协会提供；“机构概览”、“统计资料”及“附录”部分的内容由各财务公司提供；“文件与规章”、“专题与调研”、“大事记”部分的内容由中国财务公司协会收集整理。

三、本卷各财务公司是按照其获得监管部门开业批准文号的顺序进行排列；“文件与规章”部分是按照各发文机关公布的日期进行排列。

四、本卷“机构概览”部分收录中国境内的依《企业集团财务公司管理办法》设立的正常经营的企业集团财务公司，本年安徽省能源集团财务有限公司、浙江省交通投资集团财务有限责任公司未提供相关资料。

五、本卷各部分的行业整体数据因统计机构和统计口径不同，会出现不一致，请使用时注意甄别；“统计资料”篇中由于四舍五入，总计数据与分项、不同表格的数据也可能存在误差；业务统计部分只列示了开展相关业务的公司。统计表格中，“空格”表示该项统计指标数据不详；“—”表示无该项数据。

六、本卷照片部分除“关怀指导”和“共谋发展”两部分之外，其他是以事件发生时间进行排序。

七、本卷“附录”部分的行业受表彰情况收录了财务公司的“集体荣誉”、“部门荣誉”及“个人荣誉”，“个人荣誉”部分未出现具体人名，行业社会责任情况单独列示，部分公司提供的资料未能录用，敬请谅解。

八、本卷在编纂过程中得到中国银监会非银部领导的关心和指导，得到全国各财务公司的大力支持，参加编写的财务公司146家。各位组稿编辑、编写人员为本卷年鉴的出版付出了辛勤的劳动；各财务公司的其他工作人员也给予了大力协助；在此一并表示衷心的感谢！

九、本卷在编纂过程中难免存在错漏之处，敬请广大会员和读者批评指正。

《中国企业集团财务公司年鉴》编辑部
二〇一三年七月

目　　录

特　载

监管与自律

机构概览

文件与规章

专题与调研

统计资料

大事记

附　录

特　载

领 导 讲 话

中国银行业监督管理委员会副主席蔡鄂生在第二届中国财务公司行业发展高峰论坛上的讲话

中国银行业监督管理委员会副主席　蔡鄂生

（2012 年 12 月 21 日）

各位嘉宾，女士们，先生们：

大家上午好！

首先要祝贺第二届财务公司发展高峰论坛顺利召开！今年正值财务公司行业诞生 25 周年。25 年来，财务公司行业在改革中稳步前行，在创新中不断发展，在服务中日益壮大。截至目前，财务公司行业表内外资产规模超过 3 万亿元，所服务的企业集团资产规模超过 30 万亿元；服务范围覆盖了从传统的能源电力、机械制造业到新兴的高科技、服务等民生产业，涵盖了多种所有制企业；分布地区从东南部沿海延伸到中西部内陆；成为能够提供存贷款、结算、结售汇、融资租赁、消费信贷、投融资顾问等多种金融产品和金融服务的综合性金融公司。财务公司行业在国民经济和金融体系中的作用和影响日益扩大，成为我国金融市场的重要力量。这个发展历程值得我们好好回顾和总结。

党的“十八大”胜利闭幕以后，今年的中央经济工作会议刚刚结束，我们在这里共同回顾历史、展望未来、凝聚智慧、共谋发展。中国财务公司协会举办财务公司行业改革发展 25 周年成就展和第二届行业发展高峰论坛，很有意义。借这个机会，我想结合财务公司行业走过的发展道路，和各位嘉宾就财务公司如何实现科学发展谈几点意见和看法。

一、以准确定位谋科学发展

回顾财务公司行业的发展历程，功能定位的调整是一条主线。从诞生之初的“在集团内部融通资金”到 1992 年的“为集团成员单位提供金融服务”；从 1997 年的“支持集团企业技术改造、新产品开发及产品销售、以中长期金融业务为主”到 2004 年的“以加强企业集团资金集中管理和提高企业集团资金使用效率为目的，为企业集团成员单位提供财务管理服务”可以看出，财务公司功能定位的调整与我国经济金融环境的变化和金融市场的完善息息相关，与企业集团的发展需求密不可分。无论对其功能定位的表述如何变化，服务企业集团这一定位始终没有变。

实践证明，财务公司加强集团资金集中管理、提高资金使用效率和降低企业财务成本的定位，符合企业集团现阶段加强集约化管理、提高市场竞争能力的内在现实需求，也促进了财务公司业务规模和市场影响的扩大，符合财务公司现阶段发展的客观实际。因此，要坚持财务公司立足企业集团、立足资金管理、服务实体经济的战略定位。正确把握财务公司的功能定位，要从三个方面来理解：

服务实体经济是财务公司立足之本。财务公司行业设立初期曾经因为过度融资、超范围经营、乱拆借乱投资产生过重大风险，导致了多家公司被撤销、关闭和停业。银监会成立后，消化处置了17家高风险财务公司，这项工作到去年才刚刚完成。2008年起由美国的次贷危机到蔓延欧美的国际金融危机，也说明脱离了实体经济的金融体系自我循环不可持续。我们要从国际金融业发展的进程和财务公司行业的历史中吸取教训，牢牢把握金融服务实体经济这一根本。2004年以来，由于坚持了正确的功能定位，财务公司行业立足集团、服务实业，作用日益显现，影响不断扩大，在集团内和金融市场的地位不断提升。截至2012年11月末，全国145家财务公司表内外资产规模达到34 416亿元，行业平均资本充足率为27.44%，不良资产率为0.15%，流动性比率为59.4%。财务公司成为我国金融行业中特色鲜明，资产质量良好，抗风险能力较强的一类机构。实践证明，只有将财务公司发展同企业集团紧密结合，才能带来双方的互动共赢。

资金集中管理是财务公司核心功能。提高资金集约化管理水平是企业集团发展到一定阶段的必然需求，而在当前的经济金融环境下，财务公司是实现这一管理目的较好的载体。在新形势下财务公司仍要坚持和深化《企业集团财务公司管理办法》赋予的功能，坚持资金集中管理这个基本定位。通过资金集中管理产生规模效益，提高专业化管理水平，从而促进企业运作效率的提升。财务公司应紧密结合企业集团的发展战略，围绕集团现金池开展业务，研究如何把制度赋予的功能充分展开。财务公司自身要练好内功，切实提升风险管控能力和金融服务水平；企业集团也要为财务公司在整个集团层面有效发挥功能创造条件。

财务公司不能办成简单的利润中心。对企业集团而言，财务公司要做好资金集中管理工作，充分发挥功能，必须同时具备管理和服务两项职能。财务公司发挥功能的目的是通过控制风险、降本增效来提高企业集团的整体竞争力。对财务公司的科学考核，要从集团整体的视角来评估财务公司发挥作用的效果，而不是把它当作利润中心。以利润为导向会导致财务公司重规模轻质量、重市场机会轻服务提升、重股东回报轻长远规划等问题，不利于其长远发展和核心竞争力的培育，长期来看也不能适应企业集团更高层次集约化管理的要求。

二、以改革创新促科学发展

改革和创新是财务公司行业实现科学发展的内生动力。重要的就是要把财务公司的功能和企业集团的战略紧密衔接起来，通过财务公司自身发展方式的转变有效促进企业集团的科学发展。

首先，财务公司改革创新要立足企业集团的发展阶段和发展需求。财务公司作为企业集团内部为成员单位提供财务管理服务的金融机构，在未来一定阶段内不可能脱离“集团内部”这几个字。财务公司的发展路径、经营模式、服务方式也会受到企业集团所处的产业背景、行业特色、管控模式、发展阶段的深刻影响。财务公司的改革创新不能脱离行业的基本定位与企业集团的发展阶段和发展需求。缺乏清晰战略定位和长远规划，只会让财务公司在发展过程中丧失特色，失去存在的价值。这对于近年新设立的财务公司更是需要深入思考的问题。未来一段时期内，国民经济的战略结构调整和发展方式转变会带来相关行业的整合，进而对实体经济产生深远影响，财务公司的发展环境面临较大的变化。财务公司一定要深入分析企业集团的实际情况，不断适应发展的新形势，制定和调整自身发展战略，不断提升服务能力，充分发挥好服务功能。

其次，财务公司改革创新要积极应对经济金融环境的变化。在当前经济下行、市场需求疲软、经济复苏缓慢、国际国内因素复杂交织的大背景下，不少企业的生存环境和资金状况发生了明显的变化；随着利率市场化改革推进，财务公司传统的运营方式也面临挑战；企业发展过程中，有了财务公司这个资金集中管理的平台，仍然离不开银行的支持，需要处理好不同时期、不同环境下财、银、企之间的关系。这些都是财务公司改革创新需要应对的问题。财务公司应当从体制机制建设入手，积极提升管理，切实改进服务，培育核心竞争力，构建发展的长效机制。

最后，财务公司改革创新要兼顾风险与合规要求，稳中求进。财务公司改革创新要服从制度赋予的基本定位，围绕企业集团现金池，从产品、工具和服务方式等来进行探讨。创新过程中要加强风险防控，这是底线。尽管财务公司背靠企业集团，有企业集团的支持，但资金的集中也在一定程度上意味着风险的集中，财务公司出现问题必然会给企业集团带来较大的风险和压力，也会给金融体系带来不良影响。因此财务公司的改革创新，要以改善服务、降低风险、提高效率为目标；坚持“风险可控、成本可算、信息充分披露”的原则；要把握好金融创新的界限和力度。既不能脱离市场需求而创新，更不能为规避监管而创新，要通过创新满足实体经济多元化、多层次的金融需求。财务公司在改革创新过程中还要及时总结经验，纠正偏颇，做好后评估，为自身和行业的长远发展积累经验。

三、以科学监管助科学发展

银监会成立以来，我们在更新监管理念、健全监管体系的基础上，“一手抓风险防范，一手抓科学发展”，坚持功能监管和机构监管相结合，初步构建了财务公司审慎监管体系。监管工作的前瞻性、针对性和有效性有了较大提高。几年来，银监会根据实体经济发展的需求及时调整财务公司功能定位、分类核定业务范围，以务实的态度在监管标准、监管方法上与商业银行区别对待，监管的科学性逐步提高。如2010年宏观调控背景下，对财务公司实施有限牌照政策，响应实体经济需求，支持企业集团设立财务公司；支持有需求够条件的财务公司开展创新业务试点；在适用新的监管标准上与商业银行区别对待等等。这几年财务公司行业的快速壮大和健康发展也反映出目前的功能定位和监管框架基本适合财务公司发展现状，是对监管工作最好的肯定和回报。

随着行业的壮大，财务公司市场重要性和影响力日益提升，同时在发展过程中也出现了亟须研究的新情况、新问题。如行业发展不平衡的现象日益明显，部分财务公司仍不能准确把握自身功能定位；企业集团金融板块和财务公司的关系仍不明确；资金集中管理水平还不高，行业资金集中度持续下降，委托资产超常增长；简单依赖利差的营运模式面临挑战；内部管理和风险控制水平有待提高；人才和技术因素对行业发展的制约日益明显等等。这些都需要监管部门和行业共同认真研究、慎重对待。加强科学监管应把握以下几点：

贯彻服务实体经济的指导思想。服务实体经济既是金融业科学发展的根本，也是金融监管的指导思想。财务公司最贴近实体经济，因此对财务公司的监管更要有大的视角，要把这个行业放在国民经济的体系内，放在金融体系、金融市场的背景下进行监管。新形势下我们仍然要发挥监管的引领作用，及时研究财务公司行业发展过程中出现的新情况新问题，及时纠偏。监管人员要主动贴近市场、深入调查，研究和应对实体经济在不同时期、不同阶段的有效需求；要将监管政策的传导、监管措施的落实寓于监管服务之中，引导财务公司真正发挥功能，有效促进企业集团的战略转型和实体经济的科学发展。

研究分类监管的方法和手段。财务公司的分类监管迫在眉睫，是行业健康发展的需要。目前财务公司行业不断壮大，发展不平衡日益明显。监管部门应当集思广益，深入研究分类监管的标准；在国民经济发展的不同时期、不同环境下，也要采取不同的监管措施，给予合理的监管容忍度。监管部门要积极研究行业发展中的共性和突出问题，探索创新监管手段和方式方法，通过分类监管来扶优限劣，引导财务公司更好地发挥功能作用。让定位明确、功能发挥充分的财务公司得到更多扶持。随着财务公司行业的发展和在国民经济中影响日益扩大，监管部门出台监管措施还应当做好充分的研究论证，慎重行事，力争达到最好的政策效果。

建立监管长效机制。对财务公司今后的监管工作，将继续秉持“一手抓风险防范，一手抓科学发展”的原则，处理好“防风险”和“促发展”的辩证关系。首先要强调财务公司自身风险管控和科学发展的主体作用。督促财务公司加强体制机制建设，增强风险管控的主动性和责任感，探索可持续发展的专业化、特色化、差异化发展模式，以积极务实的态度稳步提升发展质量和发展水平。其次要准确把握财务公司的发展规律，不断完善监管制度、监管工具和工作机制，大力加强监管队伍建设，稳步提升科学监管的水平。最后要充分发挥监管协同效应。加强监管部门的联防联动，监管部门与行业的良性互动，与其他监管部门及主管部门的沟通协调等。在监管部门、财务公司与行业协会的共同努力下，为财务公司行业创造更好的发展环境。

各位嘉宾，我相信：在党的“十八大”精神的指引下，在中央经济工作会议要求的引领下，在监管部门、财务公司和行业协会等各方的共同努力下，财务公司行业一定能够根植于“依托集团、服务集团”的战略定位，充分发挥功能优势，服务实体经济，实现科学发展；在支持国民经济发展、促进转方式调结构中发挥更大更积极的作用。

最后，预祝论坛圆满成功！

谢谢大家！

监管与自律

监管报告

中国银行业监督管理委员会非银行金融机构监管部企业集团财务公司2012年监管工作回顾

2012年，财务公司监管工作贯彻“风险为本、分类监管、扶优限劣”的监管理念，更加重视对企业集团、行业风险变化、热点和共性问题的关注和研究，继续支持具备条件、符合产业发展方向的企业集团设立财务公司；非现场监管灵活运用多种方式，注重提高系统性和深入性；风险评价工作稳步推进；现场检查计划性、针对性和联动性更强；行业培训工作显著加强。

截至2012年末，全国财务公司148家，另有2家财务公司已获准开业尚未正式经营。全行业资产总额21 033亿元，负债总额18 080亿元，所有者权益2 953亿元。实现扣除资产减值损失后利润总额464亿元。行业平均不良资产率0.12%，平均资本充足率25.74%。表外业务14 541亿元。

一、支持符合条件的企业集团设立财务公司

2012年，银监会积极响应实体经济需求，支持符合国家产业政策和准入条件的大型企业集团设立财务公司，鼓励和引导民营资本进入银行业。2012年新批准设立财务公司24家，另批准16家企业集团筹建财务公司。新批设财务公司的企业集团涵盖了信息技术、能源、新材料、医药、装备制造等战略性新兴产业。其中亿利、深圳华强、郑州宇通3家民营背景的财务公司年内开业，使全国民营背景的财务公司达到19家，占财务公司行业的12.7%。财务公司行业背景进一步丰富，机构数量和资产规模快速增长。

二、提升非现场监管系统性和前瞻性

2012年，银监会灵活运用多种监管方式对财务公司实施非现场监管，实现静态监管向动态监管、单一手段监管向多种手段监管的转变。充分运用非现场监管信息系统和数据集市系统，对财务公司出现违反审慎监管标准、异常变动等问题，进行风险提示和窗口指导，实施风险的早期预判和监管关口前移。通过列席董事会、监管会谈、风险评价、专题调研等方式加强与机构互动、了解机构情况、传达监管意见；加强和银监局监管人员的信息交流，及时提供工作指导，上下联动，加强监管合力，提高监管有效性。

三、加强现场检查工作的针对性和有效性

2012年，银监会充分加强现场检查与非现场监管、法人机构检查与分支机构检查的联动，有针对性地开展现场检查。根据财务公司

现阶段发展特点，以公司治理结构及内部控制的有效性作为现场检查工作核心，以信贷、投资、委托贷款、外部融资等主要业务的合规性及风险管理状况为落脚点，深入挖掘财务公司经营中存在的不规范、不审慎行为，发现问题并敦促整改，现场检查工作的有效性不断提高。全年完成对财务公司各类现场检查42项，其中全面检查27项，专项检查9项，后续检查5项；查出违规问题230余个，下发《现场检查意见书》42份，提出监管意见210余条。

四、积极支持财务公司业务创新

2012年银监会积极支持财务公司业务创新试点工作，丰富财务公司服务实体经济手段。支持上汽财务公司发行个人汽车贷款证券化产品10亿元；批复中海油财务公司金融衍生品投资资格。进一步丰富财务公司风险管理和金融服务的手段，支持企业集团的战略发展。

五、加强调查研究和制度建设工作

2012年，银监会针对财务公司的委托贷款业务、投资业务、实业股权投资的清理状况以及集团的发展情况开展调查研究，形成多项专题调研报告。在总结前期工作和广泛征求意见的基础上，初步完成《企业集团财务公司风险控制指引》的研究起草工作，启动对《企业集团财务公司风险评价与分类监管指引》的后评价和修订工作。

2012年，财务公司机构数量快速增加，整体实力不断壮大，业务规模稳步增长，资产质量持续上升；机构风险意识和合规意识进一步提高，信用风险、市场风险、流动性风险较低，资本充足率及抵御和补偿风险能力保持较高水平；财务公司在支持我国企业集团发展中发挥的作用日益增强。但财务公司发展中仍然存在以下问题：

一是资金集中水平提升受到内外部因素制约。2012年行业平均资金集中度下降，年末行业平均全口径资金集中度为35.97%，新设财务公司的增加使行业平均资金集中水平下降6个百分点，影响显著。

二是业务表外化趋势持续。2012年末财务公司委托贷款超过自营贷款1 087亿元，增速超过自营贷款23个百分点。46家委托贷款规模超过自营贷款。财务公司委托业务合规意识仍待加强。

三是部分公司投融资功能被过分强化。部分财务公司受存款波动和期限错配因素影响，流动性管理压力大，对集团外负债形成刚性需求；不同财务公司投资风险偏好差异明显，信托产品投资快速增长，市场风险及合规隐患值得关注。

四是财务公司服务能力、人员素质、技术水平有待提升。如存在较多内部兼岗现象，部分新设公司队伍不稳定，部分公司关键岗位专业人员缺乏等。

协会工作报告

中国财务公司协会第八届理事会 2012 年工作报告

中国财务公司协会会长　张　华

（2012 年 12 月 20 日）

各位领导、各位代表：

现在，我代表第八届理事会作工作报告。请审议。

2012 年，是第八届理事会履行职责、开展工作的第一年。一年来，在中国银监会的监督指导下，在广大会员的鼎力支持下，财协以科学发展观为指导，以“财务公司行业诞生 25 周年”为契机，以“服务实体经济”为主题，以“改革创新”为主线，以“可持续发展”为目标，扎实推动各项工作。

一、“财务公司行业诞生 25 周年”系列活动各项工作扎实推进

2012 年是财务公司行业在中国诞生 25 周年。为系统梳理、总结和宣传财务公司行业的发展历程、发展经验、发展成就、发展形象，财协组织了有奖征文、成就展览、访谈报道和高峰论坛等系列活动。

征文活动得到了各财务公司的极大关注和积极参与，共收到符合标准的参评论文 135 篇，参评散文 55 篇，最终 37 篇征文获奖，综合参评获奖率为 19.5%；成就展览分两次分别在银监会一楼大厅和北京展览馆举行。9 月 24 日至 10 月 15 日在银监会里的行业展览与宣传部和非银部联合举办，得到了会领导的高度重视，蔡主席主持了开展仪式，尚主席发表了重要讲话，8 位会领导出席开展仪式并共同揭幕。银监会各部门负责人、在京各财务公司总经理和同业协会的相关领导参加了开展仪式，展览取得了良好效果。北京展览馆的展览除展出行业发展状况外，有 21 家财务公司参展；访谈报道自 5 月 7 日开始，共在《金融时报》刊出专题 13 个版次，发表论文和消息 36 篇，涉及公司 21 家；高峰论坛各项准备工作已圆满完成，邀请了政府部门、专家学者、企业集团和财务公司的同仁共同探讨财务公司的自身发展和服务实体经济的方向、途径和措施。这一系列活动，有利于提高财务公司的社会认知、提升财务公司的社会地位、扩大财务公司的社会影响，使财务公司在企业集团、金融体系和国民经济中的地位得到进一步的巩固和提高。

二、建制度、重引导，行业自律取得显著进展

按照年初确定的“建制度、重引导、寓自律于服务之中”的行业自律基本思路，在监事会的积极努力和全力推动下，自律工作取得了

新的进展。初步完成了《中国财务公司行业自律办法》及相关自律制度的修订；制定了《财务公司履行社会责任公约》，并将在会员大会上共同签署；利用全面风险管理课题研究成果，配合银监会草拟了“财务公司全面风险管理指引”；组织完成了行业评价体系试评价工作，为对行业进行评价分类打下了基础；编写并发布《2011 年度企业集团财务公司行业经营分析报告》、按季度发布财务公司行业主要经营指标快报，供会员单位分析经营状况对标参考；初步完成了财务公司现行适用政策法规的收集整理，为财务公司依法经营提供便利；组织完成了监事会对《企业集团财务公司从业人员职业行为规范指引》执行情况的检查，促进了指引的贯彻落实。

三、虚实结合、点面兼顾，行业研究取得丰硕成果

2012 年，在课题研究组织上采取了专业委员会、各个区域和各财务公司分别参与等多种方式，在课题研究内容上涵盖了基础研究、政策研究和应用研究等多个方面。专业委员会完成了“财务公司发展 25 年的回顾与展望”和“财务公司信息安全建设研究”两个基础性课题；各区域完成了财务公司承销短融中票、开展信贷资产转让、与上市公司关联交易、降低存款准备金、开展产业链金融服务、从事企业年金业务等政策性研究；通过组织会员单位自报研究课题，各财务公司完成大量应用性研究课题（本项工作与 25 周年征文活动合并进行）。协会将各个研究课题印制了单行本，并拟将获奖研究论文汇集成册编辑出版，发送各会员单位供学习借鉴。同时，组织完成了行业经营管理成功案例的评选活动，并编辑出版了《探索与创新：财务公司经营管理成功案例》一书。组织完成了《中国企业集团财务公司年鉴（2012）》的编撰工作。

四、突出重点、充分论证，政策协调取得初步成效

2012 年，协会的政策协调工作采取先研究、再沟通，并采取重点突破的原则进行。在研究组织上采取由副会长单位牵头、按区域分别承担研究任务，协会进行统筹协调的方式。根据年初分配的任务，北京区域完成了信贷资产转让业务和存款准备金的研究任务，华东区域完成了电子商业汇票线上清算业务和财务公司资产证券化的研究任务，北方区域完成了短融中票承销业务和企业年金业务的研究任务，华南区域完成了产业链金融服务业务和上市公司关联交易的研究任务。在各区域完成研究工作的基础上，协会重点协调了电子商业汇票线上清算、财务公司资产证券化、短融中票承销业务和信贷资产转让业务。目前，财务公司资产证券化已成功试点、信贷资产转让业务已部分恢复、电子商业汇票线上清算试点和承销短融中票取得初步进展。

五、分层次、建体系，培训交流取得良好效果

2012 年，行业培训基本形成了境内培训和境外培训两个体系，境内培训形成了基层、中层和高层的分层培训格局。

在境内培训方面，举办了两期“财务公司基础业务培训班”，内容涉及结算、会计、信贷和内部审计等业务，1 500 多人次参加了培训；举办了两期中层和业务骨干培训班，一期为“财务公司会计业务培训班”，内容涉及会计政策、会计准则和纳税筹划等，100 多名中层和骨干参加培训。一期为“财务公司结算业务培训班”，内容涉及我国支付体系构架与法规政策、银行支付结算系统、结算业务经验等，120 多名结算人员参加了培训；与中国银监会非银部联合举办了三期“财务公司高管与

主监管员研讨班”，内容涉及财务公司审慎监管体系以及财务公司风险评价与分类监管、电子商业票据业务、司库管理、全面风险管理、商业银行现金管理业务和行业信息化建设等，240多名财务公司高管和监管人员参加了培训研讨。研讨班得到非银部和财协的高度重视，每期研讨班张电中副主任均出席并做总结讲话，王岩玲专职常务副会长兼秘书长、非银部聂俊处长和秦蓁副处长均进行了专题授课。

在境外培训方面，组织了日本培训考察，学习考察了“瑞穗银行现金池管理”、“欧债危机对日本金融机构和企业的影响”等专题；组织了瑞士高管培训考察团，学习了现金池管理、流动性风险管理、信贷风险管理、财富管理、企业银行业务、投资银行业务等12个专题；组织了赴加拿大培训团，系统地学习考察了加拿大商业银行在市场风险、信用风险、合规风险、流动风险、操作风险理论与实践等方面的内容；组织了赴美国考察学习，对美国非银行金融机构的现状、监管框架以及典型案例进行了全面考察学习，为启动中国财务公司协会赴美国长期培训项目奠定了基础。

在组织境内外培训的同时，财协组织了理事、常务理事调研活动，组织了外汇业务座谈会、信息安全研讨会和能源电力行业财务公司交流会等专题或专项交流活动。

六、抓基础、谋合作，宣传工作取得新突破

2012年，协会以“抓基础、谋合作、扩影响”为宣传工作的基本要求，紧密围绕财协中心工作和财务公司诞生25周年做好行业宣传。在会刊建设方面，不断丰富内容、扩大稿源、改进编辑，提升会刊质量，全年编辑出版会刊6期，刊登了34家财务公司86篇文章，对7名协会领导和公司高管进行了采访；完善网站功能，提高更新效率，丰富信息内容，扩大网站影响，全年共发布会员信息226条，发布协会通知公告64条，发布政策新信息和研究报告81篇。加强与金融时报社、中国金融出版社和中国金融年鉴的深度合作，并与其建立战略合作意向。突破性地在《金融时报》开辟了财务公司专版组织行业宣传报道，刊载的36篇文章和信息快讯涉及21家公司。同时，配合《金融时报》完成了2012年度“金龙奖”财务公司行业奖项的评选工作；继续与中国金融出版社合作编辑出版《中国财务公司》杂志，并由中国金融出版社编辑出版案例汇编和财务公司年鉴；继续争取在《中国金融年鉴》刊载20家财务公司；成功组织了财务公司行业改革发展25周年成就展、第二届财务公司行业发展高峰论坛和行业征文评选等活动。

七、以“可持续发展”为目标，财协自身建设进一步加强

为了提升财协的能力和水平，跟上会员和监管部门不断提高的服务需求，2012年，财协站在增强“可持续发展”能力的高度，加强自身建设。在组织建设方面，增设了预算委员会，调整了三个专业委员会组成；在制度建设方面，修改了换届选举办法，制定了预算实施细则及项目预、决算管理办法，补充完善了秘书处内部管理制度；在机制建设方面，制定了协会战略发展规划，对组织架构进行了重新设计，优化了秘书处部门岗位设置、绩效管理及薪酬福利体系和人才结构；在文化建设方面，依托党支部和工会，组织了丰富多彩的文体活动，加强对员工的教育培训，初步形成了“团结、进取、务实、创新”的协会文化；在系统建设方面，完善了OA系统功能、优化了行业统计分析系统，论证了涵盖培训管理和会员管理的综合管理系统。通过一系列措施，从体制机制上增强了协会的可持续发展能力。

2012 年，财协在圆满完成年初工作计划各项工作的同时，根据会员需求情况变化，完成了外汇业务座谈会、两期高管培训和美国学习考察等计划外工作。财协取得这些工作成绩，要特别感谢中国银监会和各相关政府部门的关心指导，感谢各会员单位的积极参与和鼎力支持。目前，财务公司行业发展还面临着诸多困难和挑战，财协自身建设和服务能力等方面还有待改进和加强。2013 年，财协将在十八大精神的指引下，按照中央经济工作会议的部署，认真贯彻监管部门的政策要求，以全心全意为会员单位服务为出发点，以推动行业研究、交流合作和行业评价为重点，科学制定工作思路和工作内容，尽心尽责、全力以赴、团结协作、脚踏实地地推进各项工作，继续为行业的和谐、稳健发展贡献力量！

中国财务公司协会
第八届监事会 2012 年工作报告

中国财务公司协会监事长　刘传东

（2012 年 12 月 20 日）

各位代表：

我受第八届监事会委托，向大会做监事会 2012 年工作情况的报告，请予审议。

一、监事会一年来的工作情况

第八届监事会对自身的定位是，成为财协自身规范建设的监督者、行业自律建设的促进者和财务公司发展建设的参谋助手。按照这一定位，2012 年，第八届监事会主要从三个方面开展了工作：

一是认真履行了监督职责，财协规范建设继续加强。一年来，监事会先后召开了三次会议，制定了监事会工作计划，部署并组织实施了各项监督工作内容，同时按照议事规则，对相关议案进行了审议；监事会四次列席了常务理事会、三次列席了理事会，认真听取工作汇报，监督了会员大会决议的执行和协会年度工作计划的实施；监事会组织了赴山西、河北部分财务公司的实地调研，参加了协会组织的财务公司案例调研，了解会员诉求，倾听会员意见，并督促秘书处适时调整、改进工作；监事会组织了对财协 2011 年度财务会计报告和财务收支情况的审计，检查了财协会费收取、预决算执行和各项财务管理制度的制定和落实情况，促进财协会计核算和财务管理工作继续规范和完善。

二是积极分担了自律研究任务，自律制度体系继续完善。监事会组建了工作小组，草拟了《企业集团财务公司履行社会责任公约》，从促进和引导财务公司主动承担社会责任入手，来提升财务公司行业的形象和可持续发展能力；监事会选派业务骨干参与了《财务公司全面风险管理指引》课题研究，配合中国银监会研究制定规范，从制度约束层面促进财务公司行业加强风险管理建设。

三是主动建言献策，帮助财协更好地服务会员和行业发展。监事会在列席会议、听取汇报的同时，利用监事单位自身的经营管理实践，为财协具体工作开展提供了专业且富有建设性的意见；监事会利用到会员单位调研走访，搜集了更多、更广泛的第一手信息，为财协相关工作的决策和实施提供了参考。部分意见已经变成财协的实际工作内容，有些信息已经转化为财协的实际工作成果。

二、2013 年监事会工作思路

2013 年，监事会的工作着力点将重点放在监督财协自身规范建设和促进行业自律制度体系完善两个方面，即：

一方面是加大监督检查力度，检查会员大会等相关决议是否得到有力执行，检查各项规章制度是否得到有效落实，检查财务会计核算是否管理到位，检查重大活动费用支出是否合规合理。监事会将以更加严格的监督，进一步加强财协自身的规范建设。

另一方面是加大自律研究力度，要调研现行自律制度的执行情况，评估自律制度的适用性、有效性；要主动参与自律课题研究，配合起草相关公约制度，逐步完善自律制度体系。监事会将投入更多的力量，进一步促进行业自律制度体系完善。

以上，是第八届监事会 2012 年工作报告的全部内容。请予审议。

重 要 会 议

中国财务公司协会 2012 年重要会议

【第八届理事会第二次会议】2012 年 2 月 10 日，第八届理事会第二次会议在北京召开，张华会长主持了会议。会议审议并一致通过了“中国财务公司协会 2012 年工作计划”、“关于组建财务公司行业成立二十五周年系列活动领导小组的议案”、“关于对理事会自律委员会、战略发展委员会和信息技术委员会组成进行调整的议案”、“关于设立理事会预算管理委员会的议案”、“中国财务公司协会 2011 年财务收支报告”、“中国财务公司协会 2012 年财务预算”、“关于中国航油集团财务有限公司等财务公司加入协会的议案”共 7 项议案；听取了关于财务公司成立二十五周年征文、系列访谈和成就展活动工作方案的简要汇报。

【第八届理事会专业委员会第一次会议】2012 年 2 月 10 日，第八届理事会专业委员会第一次会议在北京召开，王岩玲专职常务副会长兼秘书长主持了会议。会议回顾了过去两年在理事会专业委员会领导下财务公司行业研究的工作情况、特点和取得的成绩，通报了第八届理事会自律委员会、战略发展委员会和信息技术委员会的组成调整情况；听取了“财务公司发展 25 年的回顾与展望研究”、“财务公司信息安全建设研究”、“财务公司行业评价体系研究”和“财务公司全面风险管理指引研究”4 个课题组的汇报，同意其提出的研究计划。

【第八届监事会第二次会议】2012 年 3 月 16 日，第八届监事会第二次会议在北京召开，刘传东监事长主持了会议。会议通报了中国财协及中财联公司 2011 年财务收支情况和中国财协 2012 年财务预算及监事会对 2011 年度会计报表复审的情况；审议通过了《中国财务公司协会监事会 2012 年工作计划》。

【第八届常务理事会第二次会议】2012 年 6 月 4 日，第八届常务理事会第二次会议在北京召开，王岩玲专职常务副会长兼秘书长主持了会议。会议审议通过了“关于国药集团财务有限公司等财务公司加入协会的议案”。会议同意国药、海南农垦、山东钢铁、山东商业、西部矿、郑州宇通、中国移动、中国铁建 8 家财务公司加入中国财协，同时终止三江航天财务公司会员资格；审议通过了“中国财务公司协会战略发展规划”；会议听取了秘书处工作汇报，并研究确定了有关事项。

【第八届常务理事会第四次会议】2012 年 12 月 19 日，第八届常务理事会第四次会议在北京召开，张华会长主持了会议。会议审议通过了《中国财务公司协会第十五次会员大会议程》、《中国财务公司协会第八届理事会 2012 年工作报告》、“关于提请审议修改《中国财务公司协会章程》的议案”、《企业集团财务公司履行社会责任公约》、“关于表彰 2012 年度参与课题研究工作的单位及突出贡献个人的议案”、“关于对获奖征文和参与活动的财务公司进行奖励的议案”，同意将上述议案提交第八届三次理事会审议；听取了关于秘书处人力资源管理项目完成情况的汇报，原则同意该人力资源管理项目；决定以通讯表决方式确定专职常务副会长的年度奖励系数。

【第八届理事会第三次会议】2012 年 12 月 19 日，第八届理事会第三次会议在北京召开，张华会长主持了会议。会议审议通过了《中国财务公司协会第十五次会员大会议程》、“关于诚通集团财务公司等财务公司加入协会的议案”、《企业集团财务公司履行社会责任公约》、“关于表彰 2012 年度参与课题研究工作的单位及突出贡献个人的议案”、“关于对获奖征文和参与活动的财务公司进行奖励的议案”5 项议案；审议通过了《中国财务公司协会第八届理事会 2012 年工作报告》和“关于修改《中国财务公司协会章程》的议案”，同意将其提交第十五次会员大会审议；选举刘蓉理事、陈宇理事为协会副会长，原副会长杨圣军同志、王曦同志因工作变动，不再担任协会副会长职务。

【第八届监事会第三次会议】2012 年 12 月 19 日，第八届监事会第三次会议在北京召开，刘传东监事长主持了会议。会议审议通过了《中国财务公司协会第八届监事会 2012 年工作报告》，同意将该报告提交第十五次会员大会审议。

【第十五次会员大会】2012 年 12 月 20 日，第十五次会员大会在北京召开，139 家会员单位的代表出席了会议，15 家批开业、批筹财务公司代表列席了会议。中国银监会非银部张电中副主任莅临会议并做重要指示。会议审议通过了《中国财务公司协会第八届理事会 2012 年工作报告》、《中国财务公司协会第八届监事会 2012 年工作报告》、《关于修改〈中国财务公司协会章程〉的议案》；会议为新会员单位颁发会员标牌，12 家财务公司加入中国财协，中国财协会员增加至 143 家；会议举行了隆重的颁奖仪式，对财务公司行业 25 周年优秀征文和参与 2012 年行业课题研究工作的单位及突出贡献个人进行表彰奖励；会议号召全体会员以十八大精神为指引，按照中央经济工作会议的部署，在中国银监会的正确指导下，继续大胆解放思想，积极开拓创新，坚持合规运作，严守风险底线，不断提升财务公司可持续发展能力，全体财务公司携起手来，共同创造财务公司事业的新辉煌！

机构概览

东风汽车财务有限公司

【经营概况】2012 年，东风汽车财务有限公司（以下简称“公司”）克服了国内经济放缓、资金成本增高、信贷风险凸显等不利因素的影响，始终以又好又快发展为目标，确保业务稳定、风险可控。截至 2012 年 12 月 31 日，公司资产规模达到 345.57 亿元。实现营业收入 8.10 亿元，同比增长 9.19%；实现营业利润 4.62 亿元，增长优于上年。各项监管指标全部达标，全面完成 KPI 挑战指标。2012 年，公司取得了多项荣誉，被东风汽车有限公司党委授予“先进党支部”，东风商用车公司授予“优秀金融机构”，公司总经理马华荣获东风汽车有限公司“2012 年度优秀管理者”称号。

【资金集中】2012 年，公司继续深化资金集中管理服务，加强与各成员单位的联系与沟通，将服务范围拓展至集团总部单位。随着集团总部直属的十堰管理部、东风实业公司所属单位以及特商公司加入资金集中管理系统（CMS），十堰地区的 6 大业务板块全部实行资金集中管理。截至年末，CMS 客户数已达 130 户，资金集中度提高至 34.77%。年内，公司累计办理结算 66 953 笔，累计办理结算 524.15 亿元。

【公司金融】2012 年，公司积极为集团成员单位及经销商提供金融服务，取得明显成效。在经销商批发融资方面，办理存货融资 18.51 亿元。在传统金融领域，办理应收账款转让 3.58 亿元，发放自营贷款 7.56 亿元，办理票据贴现 23.42 亿元，同比增长 534.69%。

【汽车消费信贷】2012 年，公司汽车零售金融业务得到持续快速发展。全年累计促销集团各品牌汽车 43 777 辆，同比增长 42.99%，其中促销商用车 24 153 辆，同比增长 6.98%；促销乘用车 19 624 辆，同比增长 144.14%。截至年末，东风商用车本部消贷网络覆盖率达 66%，消贷渗透率为 18.5%；东风风神乘用车消贷网络覆盖率达 76.17%，消贷渗透率为 30.88%，有力地支持了东风自主品牌汽车营销事业。同时，公司持续发展网络渠道，扩大品牌影响，东风股份消贷业务增长明显，东风本田消贷在福建区域试点取得成功。

【风险管理和内部控制】2012 年，公司扎实工作、积极创新，全面风险管理工作稳步推进，风险管控水平得到进一步增强。

一是积极加强催收体系建设，建立完善乘用车呼叫中心运行机制，推进催收外包管理，形成完整的非现场催收体系和流程，并联合主机厂建立催收体系。同时，构建良好的司法保障体系，提供及时有效的司法服务。

二是逐步强化风险预警，改善经销商信用评价及管理体系，加强经销商全面风险预警，进行专人现场服务跟踪督导预警经销商，有效化解信用风险。

三是持续加强合规管控，对乘用车消贷业

务、评分表进行完善，规范商用车融资租赁业务管理，确保公司业务操作的合规性。

四是不断加强审计工作，风险管理部、审计部以专项内控审计和湖北银监局现场检查意见书整改为抓手，开展了11项专项内控审计和内控制度自检自纠活动，督促并指导落实22项整改措施，修订、制定了业务管理制度与操作规程31项。全年顺利通过了国有企业监事会、财政部湖北专员办和国家税务总局等现场审计检查，风险控制能力获得认可。

【信息化建设】 2012年，公司完成信息化系统建设整体搭建，提高了服务效率，优化了管理手段，提升了核心竞争力。年内公司推进商用车金融及公司金融新系统的开发，并协同开发银企直联、电子签章、人行个人征信系统接口等辅助系统。年底商用车金融系统全面上线，乘用车金融、公司金融系统部分上线，资金结算CMS系统模块得到完善并正式投入运行使用。

【内部管理】 2012年，公司不断夯实内部管理基础。一是根据业务发展和强化部室建设的需要，及时调整了商用车金融部、资金结算部及风险管理部等部门体制，成立信息技术项目组和企划项目组，完善机构和人员，协同服务各事业单元。外包征信初审、档案管理等职能，优化公司资源配置。二是不断提升精细化管理能力，进一步支持和深化业务发展。推进财务预测和资金计划预测“N+3”管理。商用车金融部和乘用车金融部推进客户经理制和驻店服务，落实驻店要求，提升服务能力。此外，公司成立了14个重点项目改善课题组，分工督导推进，实现了改善突破，有效弥补了管理短板。

【人力资源管理】 2012年，公司面向高校招聘新员工35人，经过培训上岗充实到各业务条线，有效缓解了人力资源不足的矛盾。公司组织各部门开展导师带徒活动，加强对新员工“传、帮、带”，着力提高新员工的整体素质。

【企业文化建设】 公司继续秉承“快乐工作、快乐生活”的企业文化，有序开展一系列有益于员工身心健康的文体活动。党支部以五星达标为契机，开展“强化基础管理、提升管理能力”为主题的争先创优活动；工会分会以关心、关爱员工为重点，开展健身运动和集体文化活动；团支部组织参加“青年廉政从业暨节能环保宣传月活动”、“喜迎十八大、青年勇担当”英语演讲比赛、“弘扬东风青年文化理念、投身东风企业改革发展”PPT设计制作大赛等。

2012年，公司还举办了纪念公司成立二十五周年系列宣传展示活动，开展了客户答谢和优秀商用车消贷经销商奖励表彰活动，《金融时报》、《东风汽车报》进行专栏专题报道，录制对外宣传主题光盘，作为参展单位赴北京参加中国财协举办的“财务公司行业改革发展25周年成就展”，通过对外宣传展示，提升了公司形象。

中国重汽财务有限公司

【经营概况】2012 年，受集团汽车产销规模大幅下降以及央行市场利率调整的影响，中国重汽财务有限公司（以下简称“公司”）的信贷业务规模有所下降，获利空间有所收窄，但汽车金融业务实现了大幅度增长，存放同业收入大幅度提高，财务公司发展对集团的重要作用进一步显现。2012 年，公司实现账面营业收入 2.65 亿元，账面利润 1.73 亿元；资产总额 57.17 亿元，较上年下降 6.06%。信贷资产运营良好，不良贷款、不良资产、呆滞贷款的控制情况良好。

2012 年公司充分发挥金融平台作用，积极开展金融产品创新，资金集中度稳步提高，盈利能力、风险管控能力、业务拓展能力、IT 保障能力增强，内部控制建设、分配机制建设、企业文化建设全面推进，为支持集团的发展发挥了重要的作用。

【信贷业务】2012 年，公司为集团成员单位发放贷款累计 8.10 亿元，贷款利率全部为基准利率下浮 10%，有效降低了集团成员单位的融资成本，为成员单位在当地银行融资利率的下降起到了“鲇鱼效应”。公司积极宣传、推广电子商业汇票的使用，利用现场演示的方式，打消客户使用电子商业汇票系统的顾虑，使之更加了解电子商业汇票的安全、快速、便捷等优势。利用电子商业汇票系统为成员单位及保兑仓业务客户开具电子银行承兑汇票 5.28 亿元，实现 4—6 个月的沉淀存款，累计金额达 1.38 亿元，2012 年办理集团内成员单位的委托贷款业务 4 亿元。办理票据及委托贷款手续费收入已成为公司重要的中间业务收入来源。

【产品销售信贷业务】在重型汽车市场低迷的形势下，2012 年公司充分发挥汽车金融的优势，进一步扩大市场规模，消费信贷业务网络建设进一步发展，驻外业务人员的办公、生活环境进一步改善，消费信贷、融资租赁业务的考核分配更加趋于完善，分配力度向驻外人员、风险控制人员倾斜，极大地调动了业务人员的积极性。汽车金融服务的质量和效率逐年提高，保证了汽车金融业务的健康稳定发展。2012 年公司利用汽车消费信贷等模式助推重汽汽车产品的销售，促销重汽产品比上年增长了一倍，贷款利息收入已占总收入的 30% 以上，极大地提升了中国重汽汽车产品在低迷市场上的竞争力。

【资金和投资业务】公司始终坚持审慎经营，规范操作的经营原则，合理有效运用资金开展业务。2012 年，公司调整规范了相关部门，将公司结算业务及其他对外窗口业务部门调整为营业管理部，将原信贷管理部调整为信贷投行部。在制度不断完善，操作更加规范的情况下，资本运作水平进一步提高。一是与工商银行、农业银行、中信银行、民生银行、交通银行等多家银行建立了合作通道，提升了授信额度，为公司票据贴现、消费信贷业务的资金沉淀做了资金出口准备；二是经人民银行上海总部批准，获得了全国银行间同业市场资金拆借资格，8 月相关人员通过了上岗培训和资格考试，交易系统、通讯线路、相关设备等准备完毕，12 月入场办理业务，提升了资金使用的灵活性。并且公司实行了同业资金竞价存放政策，提高了同业存放的利率水平，提升了资金的运作效率和效益。同时，公司与人民银行济南分行进行了票据再贴现的对接。

【票据业务】票据贴现业务从制度制定到业务操作均更加完善，2012 年办理票据贴现 19.67 亿元，出具电子票据 10.69 亿元，最高月份贴现 5.87 亿元。公司为集团财务部及部分成员单位管理的银行票据安全、便捷、托收及时、低成本。全年代管票据入库 6 351 张，金额 34.77 亿元，出库 8 145 张，金额 54.19 亿元，其中办理托收 2 765 张，金额 37.28 亿元。公司提供的票据贴现方便、快捷、安全，成本合理，自 2012 年 4 月起，根据当日 Shibor 6M 的利率制定财务公司当日的贴现指导利率，同时针对票面金额及票据种类不同，区别确定贴现利率。对数额较大的客户分别给予了不同的利率优惠政策，尽量保证随到随贴，24 小时划款。随着公司电子商业汇票使用环境的改善，电票结算替代纸质票据的进度已逐步得到认可，并大幅度加快。

【资金集中】2012 年，上市公司财务部与公司积极落实资金集中度工作，并取得了积极的成效。由于中国重汽集团存在香港红筹股和 A 股两个上市公司，集团资金在财务公司的存放存在了一定额度的限制，没有达到监管要求的比例，但资金集中度全年均基本保持在 60% 以上，月平均资金集中度较上年提高 13 个百分点，两个口径的年末时点指标在山东银监局管辖财务公司中均排名第一，受到了监管部门的好评。

【业务创新】为拓展汽车金融业务，适应市场需要，2012 年，公司在汽车消费信贷业务推出的终端用户担保人综合授信融资租赁业务的基础上，又推出了保理贷款业务、周转车贷款业务以及保兑仓业务，进一步满足了经销单位和终端用户的需求。同时扩大中国重汽汽车产品的销售，除服务于重型、客车及工程机械外，增开了重汽轻卡的汽车金融业务，满足了重、中、轻、客、特产品的市场需要，促进了重汽产品服务范围的扩大和服务质量的提升。

【风险管理和内部控制】2012 年，公司对规范管理和风险控制的各项制度进行了完善，对业务操作过程中存在的问题进行了整改，对内控制度进行了全面规范。主要体现在：进一步完善各项风险防控及业务流程制度，加强了消费信贷业务风险预警制度的落实，修订了贷审会工作规则等多项内控管理制度、业务流程，从制度入手，优化流程、控制风险。充分发挥稽核审计、风险管理等部门的职能作用，坚持现场稽核和合规检查，基本覆盖了所有地区业务部，做到有问题不回避，发现隐患及时整改，保证了整个业务运作过程中的风险控制。为加强信贷资产的管理，及时处置业务经营中出现的不良资产，保证金融资产质量，减少经营风险损失，公司设立了资产管理部，并形成了问题贷款分析会机制，加强了对问题贷款的清收、化解、处置，有效避免了金融资产的损失和实际风险的发生。

【人力资源管理】2012 年，为了满足业务发展的需要，公司加强了对人力资源的合理配置和有效管理。充实了业务和中层管理岗位，加强了业务人员和干部培训，提高了人员素质和业务能力，保证了不同岗位人才的需要。补充了金融、会计等专业的 12 名大学生，分配到汽车金融等业务岗位。在人员的使用上，充分发挥员工专业特长，发掘其长处并善加利用，使之更好的地挥各自职能，保证了人力资源的合理使用。公司十分重视年轻人员的培养，注意从德、能、勤、绩、廉五个方面考察和培养干部，大胆使用年轻人员，2012 年选拔了部分年轻业务经理到公司中层干部关键岗位，充分体现了公司重视人才培养的管理理念，为公司的长远发展储备了人才，也成为集团金融产业的人才储备库。

【信息化建设】2012 年，公司主要加强了信息系统更新和网络建设。一是将消费信贷管理系统进行了完善和升级，完善了上报人民银行个人征信系统及与资金结算系统的自动对接，进一步提高了与软件供应商对接的能力。二是提升了消费信贷管理系统中的风险预警系统模块，强化了汽车消费贷款业务管理系统对风险预警、识别、监测、控制的能力。三是完成了同业拆借业务系统建设，成功接入上海同业拆借中心网络，安装使用同业拆借系统并开展业务。四是电子票据系统完成了以直联的方式对接央行系统，保证了集团成员单位出票、承兑、到期兑付、贴现等系统运行顺畅。公司信息技术与管理的逐步加强，使 IT 建设的规划、研发、运行、维护和监控更加全面到位，为公司各项业务蓬勃发展提供强有力的支持和保障。

【企业文化建设】财务公司既有服务集团的业务职能，又有金融行业的操作规范要求，因此，公司十分注意企业文化与金融文化的有机结合，并取得了一定成效。年度开展的优秀员工评比、工会积极分子评选、集团劳动模范的推荐等体现了公司积极向上的精神状态；根据员工特点经常组织乒乓球赛、台球赛、羽毛球赛等一系列文化体育活动，活跃了职工文化生活；组织职工参加社会公益活动，如组织职工参加了植树活动、提倡环保无车日出行活动、办公环境禁烟、慈心一日捐等公益活动，培养了职工关心公益、奉献爱心的公德意识，也提升了公司的企业文化内涵；统一着装，佩戴标志牌，提升了公司的形象。公司的新变化、新拓展、新面貌在集团树立了良好的新形象。

中国华能财务有限责任公司

【经营概况】2012 年，中国华能财务有限责任公司（以下简称“公司”）认真贯彻集团公司各项工作要求，坚持服务集团的宗旨和功能定位，以创一流财务公司为目标，充分发挥增资效应，应势调整，强化服务，稳中求进，经营、管理、发展各项工作呈现强劲的发展态势。

实现经济增加值（EVA）2.75 亿元，超额完成 1.45 亿元；实现利润 8.23 亿元，同比增长 37.23%；平均存贷比 90.92%；营业收入 10.82 亿元，同比增长 41.25%；日均存款 206.59 亿元，同比增长 1.82%；日均贷款

187.84 亿元，同比增长 10.22%；结算量 1.84 万亿元，同比增长 18.27%。重点客户满意度在 90% 以上；资金供应情况达到 100%。

【创建一流财务公司】公司深入贯彻落实党的十八大会议精神，以科学发展观为指导，紧紧围绕集团公司确立的中心任务，以集团公司“创建具有国际竞争力的世界一流企业”的战略目标为引领，研究提出了创建一流财务公司的奋斗目标，制定了创一流工作总体方案和创建一流服务、一流管理、一流业绩三个专项方案，建立了创一流指标体系。

【信贷业务】公司按照集团资金工作会议精神，坚持以为集团主业资金服务和降低融资成本为主导，把握资金形势变化，有效运用动态管理手段，加强信贷资金管理，保持了较高的信贷日均规模。积极保障集团重点项目资金需求，支持清洁能源发展，积极为符合产业政策、集团大型重点建设项目提供资金支持，完成了龙开口水电机组银团贷款 20 亿元筹组和发放工作；积极支持成员单位实现“保量、控价”总体资金管理目标，利用融资平台，撬动外部市场，先后为集团成员单位筹组 31.50 亿元低于基准利率的流动资金和项目银团贷款；为满足集团短期资金周转需要，降低综合融资成本，继续开展循环贷款业务，全年累计发放循环贷款 36 笔；坚持经营和管理策略的宗旨与定位，积极推进贷款利率差别化管理试点工作。

【资金管理】公司坚持资金动态管理模式，针对存款变动的预期，加强双向调配管理，平衡资金来源和投放，资金管理水平不断提高，全年平均备付率 19.18%，创历史最高水平。强化增资效应，扩大资金管理的空间，公司信贷、投资、外部融资余额和资产规模大幅增长；强化资金运作，提高资金效能，利用循环贷款、短期贷款、短期投资、协商存款、提高同业活期存款收益等方式提高资金使用效率；强化资金缺口管理，实现负债的抵补和资产负债的有效匹配，在存款波动的情况下，公司采取各种措施，收回部分投资、利用外部融资、释放全部定期存款资金进行快速融资，有效克服了不利因素，实现稳健经营。

【结算业务】公司严格落实资金集中管理要求，注重提高服务水平，拓展结算覆盖面，丰富资金汇划渠道。完成交行直联上线工作，新增中信银行和光大银行网上银行，共开通 6 家直联银行，11 家商业银行网银，满足了成员单位不同汇划需求，汇划渠道的不断丰富大大提高了资金汇划速度。完善了预算控制体系，公司累计为 18 家区域产业公司搭建了预算控制体系。

【票据业务】积极开展电子票据业务，为成员单位提供低成本结算工具，有效解决了成员单位短期资金不足的问题。2012 年 5 月，首次为龙开口水电站签发电子银行承兑汇票，实现了公司电子商业票据承兑业务“零”的历史性突破。

【外汇业务】努力开展外汇资金归集与即期结售汇业务，取得了经营外汇即期结售汇业务的全部资格，成为中国外汇交易中心银行间即期外汇市场会员，在发电财务公司中，第一个开展外汇结算业务，全年累计办理代客结售汇业务 15 笔。外汇资金归集与即期结售汇业务的开展，不仅增加了服务品种和手段，还为成员单位节省了结售汇业务成本。

【风险管理和内部控制】风险管控严格遵守法律、法规和公司规章，确立了年度全面风险管理策略，风险监管纳入日常化管理，及时开展风险指标的预测和预警，对信贷、投资等重要业务实施逐项合规审查，保证了各项业务合规、持续、稳定开展，为公司实现控制合规风险和操作风险，提升管理水平提供了保障，各项监管指标均符合监管部门要求，全年没有发生重大风险和重要风险损失。

【经营管理】完善公司治理，进行公司股权结构调整，选举产生了新一届董事会和监事会，调整了董事会三个专业委员会成员，完成董事会对经营管理层的授权，明确了业务审批权限和“三重一大”决策事项；落实安全工作，坚持安全信息周报制度，开展安全月活动和检查，进行信息安全和消防知识培训，对机房和网络进行安全检测、专业评估、优化升级，为消除故障隐患完成了系统安全加固项目，定期进行ERP系统灾备演练；坚持预算控制，合理安排全年整体预算，密切监督，及时调控，提高了工作效率，降低了财务风险；组织审计监察，扎实开展了固定资产、结算和贷款管理的审计和“三重一大”效能监察；强化队伍建设，引入竞争机制选拔人才，改进奖励考核机制，加大奖优力度。

【信息化建设】配合完成集团公司SAP系统接口和融资系统的开发上线使用；完成了ERP系统功能完善与升级；完成了移动办公项目的投入使用；根据集团成员单位的资金管理和公司业务开展需求，自行开发了报表系统，经过测试和数据验证后投入使用。

【创先争优】公司大力推动“党建带动工建、工建服务党建”的工作落实，组织带领广大职工立足岗位创先争优，倡导职工爱本职、敢争先、有作为、作贡献的进取意识，激励员工建功立业。多名员工分别被评为集团劳动模范、“四优”共产党员、金融系统优秀员工，第二党支部被评为优秀基层党组织。

【企业文化建设】以集团“三色文化”使命（为中国特色社会主义服务的“红色”公司；注重科技、保护环境的“绿色”公司；坚持与时俱进、学习创新、面向世界的“蓝色”公司）为引领，围绕纪念建党91周年和迎接党的十八大召开，有计划、有组织地开展企业文化活动，配合公司成立25周年，组织开展了公司成立25周年“十大成就”评选活动。

锦江国际集团财务有限责任公司

【经营概况】2012年是锦江国际集团财务有限责任公司（以下简称“公司”）成立二十五周年，面对变化多端的内外部市场环境，公司围绕集团整体战略，进一步增强了服务意识，提高了服务能力。

2012年，公司实现营业收入1.20亿元，同比增幅为7.43%；净利润近0.43亿元，同比减幅为2.76%。截至2012年底，公司资产总额49.10亿元，负债总额42.90亿元，注册资本5亿元，所有者权益6.20亿元，公司吸收存款18.80亿元，自营贷款10.30亿元，委托贷款23.90亿元，信贷资产质量继续保持无后三类贷款水平。

【公司金融】一是积极开展业务营销，提高资金集中度。2012年，公司通过多项举措增加存款，将企业的基本账户进行挂接，实现了从收入账户到支出账户的内循环，酒店事业部所属企业资金集中度达85%以上。二是充分让利于企业，做好金融增值服务。大力配合国际集团完成了中期票据、私募票据的发行工作，落实了企业贷款重组工作，保障了集团战略发展的资金需求。在存款方面，公司将企业所有期限的存款都按央行基准存款利率上浮10%，达市场最高水平，累计让利金额达200多万元。在贷款方面，贷款利率优惠力度也高于市场水平，累计让利金额达650万元。此外，公司利用与银行、评级公司等的长期合作关系，积极为成员企业提供各项专业增值服务，包括：取得B股分红购汇优惠价；完成贷款卡年检和贷款企业的资信评级推荐工作，为企业节约评估费用；协助企业落实银行优惠贷款利率的资金需求，降低企业的财务费用；为成员企业统一办理结售汇业务，节约汇兑费用和汇款手续费。以上累计为成员企业减少各项费用支出约0.10亿元。

【业务创新】2012年，公司与工商银行签订了国际业务合作协议，为成员企业提供优惠的结售汇汇率、外币融资利率及手续费率，丰富了财务公司的金融服务产品。公司还在控制风险的前提下，借鉴银行出口发票融资的模式，通过贷款发放及贷后跟踪各环节的创新和设计，为非控股企业制定了个性化贷款操作方案，共计发放了800多万美元信用贷款，提高了公司外汇资金的收益，并为公司开展非控股企业的融资业务做了探索，有利于公司今后业务范围的进一步扩展。

【资金业务】2012年，公司完善资金变动预报体系，提前对资金的变动做出预测，设计周资金计划安排表，并细化到每日，做好每天资金的配置工作，在保证企业正常支付的前提下，提高资金收益率，同业资金收益创历史新高。

【投资业务】2012年，公司认真开展投资业务准备工作。为开展短期融资券投资业务，公司向上海清算所申请开立了短期融资券结算账户，并安装了结算系统，完成了调试工作。公司认真开展投资研究工作，撰写了多篇市场研究报告，共完成金融市场日报和银行间利率市场日报各200多篇、金融市场每周动态50多篇以及多篇专题报告。为更好地跟踪市场，提高投资交易能力，公司一方面配合集团做好市值管理工作，一方面建立了新股、权益类和债券投资模拟组合，并持续完善。

【风险管理和内部控制】2012年，公司制定和修订了20项制度，使公司的管理制度更加完善。在制度框架下，公司进一步细化了部门、岗位业务操作流程指引和新业务操作流程设计。公司不断强化管理会计、税务、内控、监管等基础工作，并取得了财政颁布的“财务会计信用等级A类企业”证书及税务颁布的“纳税信用等级A类企业”证书。公司不断提高风险监测标准以及建立合规检查差错库，实施按日监测存贷比，采取各种措施，将存贷比控制在人行、银监会允许的75%限度内。

【人力资源管理】2012年，公司不断完善组织架构，共引进3名专业人才，现有员工平均年龄呈下降趋势，员工队伍建设逐年改善。同时，公司采用多方位绩效考核对部门经理及员工进行考核，并根据考核反馈情况，调整且细化了对业务部门的考核指标，使考核工作更具操作性和有效性。

2012年，公司共组织培训学习48次，包括监管部门文件学习、各财务公司经典案例学习等共计57项内容，全面提高了员工的综合素质。同时，公司业务部门加强与兄弟财务公司在结算、1104编报、新业务开展等方面的交流，拓宽了员工的视野。

【信息化建设】2012年，公司一是对信息系统软硬件进行了全面规划建设和维护。完成了业务系统灾备体系建设的全部工作，制定了灾备实施方案，实现了灾备系统跟生产系统的实时模拟对接，并完成了UPS设备和业务系统的灾备预演，搭建了防病毒服务器和补丁服务器。此外，公司还梳理和完善了IT系统一期开发功能，在此基础上，公司完成了IT系统二期开发招标工作，并稳步推进项目实施。二是实现了中国银行现金池的上线，完成了企业的中国银行账户挂接以及部分企业ERP系统和公司业务系统的对接。公司不断优化网银系统，已有工商银行、中国银行等多家银行支持公司网银系统，大大减少了纸质票据交换量。

【企业文化建设】一是缴纳特殊党费，关爱老人奉献社会。公司党支部开展了2012年重阳节爱心敬老活动，这是近年来第三次爱心敬老活动，活动的持续开展提升了党员的道德素养和责任感。二是重温誓词、坚定信心。11月，公司党支部与集团计财部党支部联合组织了“重温誓词、坚定信心”的红色之旅活动。在新四军黄桥纪念馆，重温了浴血奋战的历史，缅怀先烈的同时在党旗下庄严宣誓；党员们展开讨论，纷纷回顾入党以来自身的成长和国家改革开放30多年来取得的巨大进步。三是板报宣传营造氛围，“寄语十八大”抒情怀。公司党支部通过制作宣传展板和学习园地、系列报道等方式，积极主动地宣传十八大精神内容，营造浓厚、热烈的学习氛围，并推广学习实践中的好经验和好做法，扩大学习效果。四是组织了25周年成立纪念活动。公司通过制作宣传板，积极推行厂务公开和党务公开，集中反映公司党建、经营管理的大事热点和活动场景，自觉接受群众监督，营造了良好的公开民主氛围。

另外，公司组织员工每日做两套工间操；组织员工进行体检；“三八”节慰问女员工；为员工和退休职工购买医疗保险；组织员工进行春节联谊活动；慰问退休生病员工；对患病家属进行慰问等。公司以构建和谐企业为中心，加强企业文化建设，关心员工，努力营造奋进、进取的工作环境。

一汽财务有限公司

【经营概况】2012年，一汽财务有限公司（以下简称“公司”）依托于一汽金融平台，在“稳健经营求发展、着力改善促提升”的经营方针指导下，在宏观经济增速放缓、利率市场化进程不断加速、汽车市场理性回归的背景下，经全体员工的共同努力，公司体系能力、产品系列、营销能力、业务渗透率、客户满意度和文化建设进一步提升，全年取得显著成果。

截至2012年末，公司注册资本为11.29亿元人民币，资产规模为252亿元。实现利润7.41亿元，其中：集团金融2.18亿元，占比29%；汽车金融存量业务5.05亿元，占比68%；投资业务0.18亿元，占比3%；资本充足率17.70%，符合银监会监管要求。

2012年1月，公司与吉林银行共同出资成立的汽车金融公司正式开业，该公司注册资本10亿元；2012年6月，公司作为最大股东和发起人成立的鑫安保险公司正式成立，注册资本5亿元。

【信贷业务】2012年在集团成员单位票据贴现业务整体需求萎缩的不利形势下，公司尽最大努力满足了集团成员单位的自营贷款业务需求。通过积极主动的市场跟踪、个性化的金融服务方案设计，逐步扩大服务成员单位，信贷客户服务数量同比增长40%。

2012年末，公司集团信贷业务余额17.41亿元，同比减少18%，全年累计为成员单位发放自营贷款40.82亿元，同比增长106%，贴现票据8.42亿元，同比减少82%。

【结算业务】2012年公司在结算业务方面积极研发票据代保管、一户通、网上金融服务系统和代保管物等系列结算新产品，有计划地向客户推介和演示，所有结算新产品在助力企业发展方面发挥了重要作用，深受企业的欢迎。

在客户服务方面，始终秉承“客户满意、服务第一”的经营理念，打造公司特色服务。每日数次到企业取送票据，企业足不出户，就可完成所有商业汇票的保管、查询、托收回款，节省了企业的保管费用和人力成本，提高了企业结算效率，化解了企业的票据风险，解决了企业的后顾之忧。

【票据业务】随着票据业务量的持续攀升，票据代保管业务的优势也日渐凸显，2012年，代保管业务合作单位从年初的19家增至24家，全年代保管票据累计入库2 385笔，金额56.65亿元；出库2 399笔，金额43.22亿元；贴现票据入库643笔，金额8.42亿元；与光大银行合作转贴现票据176笔，金额1.02亿元；全年票据贴现业务实现利息收入0.10亿元；批量托收业务758笔，实现资金沉淀10.65亿元。

【外汇业务】2012年，公司在获批即期结售汇业务资格的基础上，积极向外汇交易中心申请外汇交易资格，5月28日正式成为银行间外汇市场会员。年内完成了与国家外汇管理局专线、交易中心专线的直联，以及与外汇业务主办行的结算直联、银监局即期结售汇业务的报备工作、业务人员的培训等工作。

【投资业务】2012年国内外宏观经济形势低迷，证券市场表现不佳，公司证券投资业务保持谨慎操作，全年侧重于固定收益类产品的分析研究和开发创新，权益类投资则以谨慎收缩为主。公司全部投资计划的实施集中安排于上半年进行，通过每日制作投资明细及头寸表，随时把握资产配置情况，实现收益最大化。证券业务年末投资余额12.44亿元，累计投资规模比上年降低0.37亿元，降幅为2.89%；全年累计实现投资收益0.54亿元，较上年提高25.71%。

【资金集中】2012年，通过优化系统建设，增加服务项目，创新服务产品，优化服务模式，为搭建集团公司资金集中管理服务平台做了大量准备工作。公司存款规模不断增加，日均存款规模达到220亿元，同比增加12.13%；时点存款规模达到205亿元，同比增加3.09%，存款集中度由2011年的42%提升到2012年末的50.97%。

【业务创新】2012年，公司从拓宽经营范围和产品系列两方面着手，积极开发新产品，产品系列进一步拓宽，不断增强市场竞争力。

一是获得即期结售汇业务资格，金融服务功能不断完善。本年内积极申请交易资格，同时推进市场投放前的各项准备工作。完成了制度、流程、风险评价及市场方案的制定，搭建了与国家外汇管理局、外汇交易中心及合作银行间信息系统平台。该业务已基本具备向市场投放条件。

二是开发循环额度贷款业务，完善产品系列。为增强产品竞争力，降低信贷成本，根据集团成员单位信贷业务特点和客户需求，在综合分析市场前景和风险收益后，着手开发循环额度贷款，并完成产品投放前的相关准备工作。

三是拓宽资金汇划通路，提高资金结算效率。与各商业银行进行清算系统“直联”，是公司建设资金汇划通道的唯一途径。公司已完成了与多家银行的直联。

四是实现公司电子银行承兑汇票流通，推动了集团票据电子化进程。

【基础管理】第一，基于公司主营业务的变化，初步建立了符合公司发展现状的风险管理监测体系；进一步优化了客户评级模型；实行审计与风险的联动，将业务风险点识别、风险评价与审计重点有效结合。风险管理能力进一步提升。

第二，根据绩效管理工作运行情况，进一步完善了绩效管理制度，开展绩效总结与回顾，开展绩效领导力培训，确保绩效管理工作有效开展。

第三，实行经营策略的动态调整、持续优化经营分析、加强信贷规模监控与沟通等工作，经营控制能力持续提升。

第四，依据“一汽金融”战略设想，重新梳理了财务公司未来发展思路、战略目标和实现路径，战略规划管理能力显著提升。

【风险管理和内部控制】以季度风险管理报告会为平台，初步建立了符合公司发展现状的风险管理监测体系。优化了客户评级模型，促进信用风险管理的标准化、科学化。有效发挥审计与风险的联动效应，促进了业务风险点识别、风险评价与审计重点的有效结合。实施AB角管理、操作风险分类考核、定期风险提示及风险案例专题培训等措施，强化员工风险意识，风险防控能力不断提高。严格贯彻落实银监会26项禁止规定，对照规定对制度进行了梳理，从制度层面把好关。

【人力资源管理】为支撑公司发展需要，及时通过外部招聘及内部竞聘等方式配置各类人才，并及时梳理优化招聘流程；结合公司预算、工作计划、工作纲要及三年滚动规划制定了公司业绩合同，并结合实际制定绩效考核方案，拟定绩效管理制度，并开展各季度绩效回顾工作，针对绩效管理工具、方法、绩效文化等绩效管理方面开展系列培训，着力构建“优化配置、科学评价、及时激励”三位一体的活力激发机制。

【信息化建设】在结算信息系统方面，一是根据客户需求以及业务运行需要，不断完善现有系统功能。针对个性化需要，完成了大众公司网银个性化功能的开发；电子票据系统升级改造；从效率、便利性、稳定性、个性化开发等方面，对网银系统进行了升级和优化；建立银企直联系统，实现了公司资金汇划平台与四大商业银行系统的无缝集成。二是前瞻性思考，为构建新一代核心业务系统做好准备。本年度梳理了现有业务的系统规则；开展新一代核心系统选型和系统功能对标工作，为系统的选型、搭建及开发奠定了基础。

【企业文化建设】推进视觉化建设，规范对外形象传播，持续开展企业文化视觉系统提升工作，提高员工对企业形象的认识和对自身职业化改善的要求，从点滴宣贯了企业文化，达到了文化传播的效果。同时，通过公司大型年会、战略研讨会晚会、大型献礼徒步活动及各公司交流活动等载体，实施“内质外形”工程，将企业核心价值理念、经营管理理念的价值导向作为主题实践的主要内容，并承载文化理念及员工行为理念的具体内涵，增强凝聚力，推动了企业文化落地。

2012年持续开展企业文化理念的梳理与

提炼。开展“服务星级岗”评选活动，以及“我要当明星”典型选树活动，发扬先进典型的带头作用。选定的先进典型及先进事迹被编入一汽集团的成果书稿中。

西电集团财务有限责任公司

【经营概况】2012 年，西电集团财务有限责任公司（以下简称“公司”）想方设法拓职能，千方百计挖潜力，各项工作呈现出了积极向上的良好势头，取得了较好的工作成绩。截至2012年末，公司资产总额达757 136万元，比上年减少46 266万元，减幅为5.76%；负债总额637 434万元，比上年减少45 407万元，减幅为6.65%；所有者权益119 702万元，比上年减少860万元，减幅为0.71%；实现营业收入23 996万元，比上年减少2 450万元，减幅为9.26%；实现利润总额18 630万元，比上年减少1 746万元，减幅为8.57%，经营指标全面超额完成。同时，资产质量和结构进一步改善，风险控制良好，全年未发生不良贷款，不良资产率也控制在最低限度。

【信贷业务】2012 年，公司共向集团 33 家成员企业综合授信887 400万元，满足了成员企业生产经营高速增长过程中对各类金融业务的需求，体现了财务公司对成员企业的支持力度，全年授信执行情况良好。截至2012年末，累计发放流动资金贷款448 500万元，比上年增加170 150万元，增幅为61.13%；累计发放委托贷款224 529万元，比上年增加122 429万元，增幅为119.91%。全年累计办理各类担保129 740万元，比上年增加41 000万元，增幅为46.20%，期末余额为164 800万元，同比增加37.40%。累计代开银行保函116 744万元，占全年累计办理保函业务总额的89.98%，期末余额为135 712万元，财务公司自身保函和代开银行保函业务的搭配使用，提高了保函的信誉，促进了集团企业对外招投标及XD产品的销售，同时也为集团成员企业节约了可观的手续费和保证金。

【融资租赁】截至2012年末，融资租赁本金余额为1 880万元，比上年增加771万元，增幅为69.52%，累计实现融资租赁利息收入62.93万元。2012年，公司已和辽宁电工签署了总金额为3 844万元的融资合作协议，前五笔业务共计1 145万元于2012年下半年办理。融资租赁业务的拓展推动了西电集团XD产品的销售，间接帮助集团企业降低“双高”。

【资金和投资业务】2012 年，公司继续开展再贴现业务，通过票据转贴现业务，买卖、转让融通资金，获得收益858万元；合理运用资金，在银行间市场运营，取得资金运营收益4 449万元；灵活调度活期资金，取得金融企业往来收入3 322万元。同时，积极发挥投资职能，获得投资收益2 566万元，比上年增长621%。资金运营取得外部收益占利润比重已经超过50%。

【票据业务】截至2012年末，累计签发商业承兑汇票8 705笔，比上年增加949笔，签发额为292 886万元，比上年减少6 825万元，签发额度严格控制在授信总额内。全年累计办理贴现116 547万元，同比减少44 994万元，降幅为27.85%，实现贴现利息收入4 363万元，年末贴现余额41 418万元。

2012年，公司积极开展同业调研，了解企业票据业务需求，分别与浦发、中信、招商三家银行签订了票据业务合作协议，开展票据保管、票据承兑、票据质押、票据拆分以及代开票据等业务，截至2012年末，票据归集度达到30%以上，成员企业累计办理质押代开银承业务共计1 876万元，质押票据1 295万元。通过宣传推广，财司电子银承已被集团多家成员企业接受并使用，全年累计签发财司电子银承29笔，共计13 421万元，累计到期量为6 227万元，余额7 194万元，收取保证金1 621万元，产生手续费收入6.32万元。根据成员企业的意见和建议，进一步完善电票业务的操作流程、制度和系统建设，不断提高电票业务的签约客户量和使用率。

【外汇业务】2012年4月18日，国家外汇管理局陕西省分局核定公司结售汇综合头寸在-300万至3 000万美元限额内；6月14日，国家外汇管理局同意公司成为中国外汇交易中心银行间即期外汇市场会员；9月10日，中国外汇交易中心、全国银行间同业拆借中心批准公司自9月17日起成为银行间外汇市场会员，可从事即期询价交易。公司相关业务人员通过培训考试也已获得了外汇交易员资格证书。9月10日，公司尝试办理了第一笔即期结售汇业务100万元。从6月开始主要开展外汇集中、即期结售汇、外币贷款业务，全年累计归集资金7 233万美元、286万欧元、2 616万港元。从10月开始办理即期结售汇业务，到12月末共办理结汇业务20笔，累计发生结汇3 200万美元、178万欧元、700万港元，累计发生购汇业务一笔9万欧元，产生汇兑损益合计23万元人民币。

【资金集中】截至2012年末，结算量达到6 254 001万元，比上年增加239 170万元，超额完成了公司内部全年600亿元的考核指标；累计归集资金163.25亿元，比上年减少26.44亿元；全年结算交易笔数71 094笔，比上年同期减少3 013笔。加大资金归集力度，强化资金管控，完善账户管理体系，梳理账户信息，加强对外埠企业的账户和资金的归集管理工作，不断提升资金管控能力和资金集中度。2012年，新增办理15个活期存款账户，其中11户为外埠企业活期存款账户，共办理完成24个账户的资金归集工作，其中15户为基本户限额归集，9户为一般户全额归集。资金集中度从2011年末的91.6%上升至2012年末的93.5%。

【风险管理与内部控制】2012年，稽核审计部对公司2011年度的经营风险进行全面自查，从管理状况、经营状况、所属集团影响度三个维度进行了评价。同时，认真开展了风险防范、案防和内控工作，经过准备、学习、自查自纠、总结提高四个阶段，完善了案件防控考核体系和风险控制体系，健全了风险管理的组织架构和内控制度。按照《企业内部控制基本规范》及相应配套指引的要求，公司成立了内部控制规范实施工作领导小组和内部控制规范项目工作组，明确了项目工作组及牵头部门的具体工作职责。向各部门下发了风险调查问卷，结合对公司高层的访谈沟通与综合分析，进行风险排序。截至2012年末，完成了穿行测试、内部控制测试，编制了风险库、风险矩阵，对公司流程设计有效性及执行有效性进行了测试，同时接受了集团审计内控部及安永检查小组的检查，对发现的缺陷，组织各部门有序整改。编制完成了财务公司《内部控制管理手册》和《内部控制评价手册》两个手册，促进公司制度和流程的规范、优化。

【管理提升活动】从2012年5月末开始，公司精心筹划，扎实开展管理提升活动。在活动第一阶段“全面启动、自我诊断”中，公司成立了管理提升活动领导小组，召开了活动启动大会，明确了任务目标和职责分工，做到全员动员、全员知晓、全员参与。在第一阶段自评价工作中，对照评价表的五个大项19个子项进行了自评打分，基本上能够按照集团总体要求做好管理提升工作，第一阶段工作取得了实效，已于2012年10月20日按照集团部署顺利转入第二阶段。

【人力资源管理】一是加强基础管理，优化人才资源配置。招聘一名硕士研究生，两名大学本科毕业生，不断完善人才结构，形成了梯队式的人才储备。二是按照集团下发的年度培训计划，有针对性地开展各类培训，提升员工业务水平。截至2012年末，公司87%以上的员工参加了不同形式的学习和培训，参加培训人次达256人次，累计1 238课时，人均培训课时13小时/人，培训费累计13.90万元，超过公司工资总额的3.90%。三是理顺公司机构以及人员设置，推进体制改革进程。根据各部门的岗位需求，对现有工作岗位人员进行适当调整，为信贷部的融资租赁、票据池调整岗配备了专职管理人员。

【信息化建设】2012年，公司信息化工作除了信息系统维护、局域网络和环境维护等日常工作，还完成了专项工作，具体包括新办公楼宇的机房建设、综合布线和安防工程，构建了满足公司未来五年的信息化建设基础环境，实现了视频、双监、门禁三位一体的安防技防体系，满足了相关监管机构的要求和公司日常安保需要；完成了系统集成EPC项目和外币系统实施与系统迁移项目，实现了公司系统平稳迁移；完成了系统集成EPC项目中涉及信息安全防护与风险控制的子项内容，顺利实施了非法外联、漏洞扫描、入侵检测、灾备建设等，在安全管理方面进一步提升了IT管理水平；完成了西电集团多媒体培训教室的建设并顺利投入使用。

【理论研究】2012年，公司紧密围绕宏观经济金融形势，组织各项业务培训研究，积极参与各类征文活动，切实提高了员工的业务和理论研究水平。其中过半数参与了西安市金融学会2012年金融征文活动，共投稿16篇，占活动总投稿数的7.66%，9篇征文获奖，占获奖比例的16.36%，其中：一等奖1篇，二等奖4篇，三等奖4篇。同时，公司连续两年获得了优秀组织奖。

【企业文化建设】2012年，公司继续抓好“四好班子”建设、宣传思想政治工作、惩防体系建设等工作，以“为民服务创先争优”和管理提升活动为契机，持续创建学习型企业、学习型班子、知识型员工队伍。通过设立党员责任区、党员先锋岗等形式，充分发挥了党支部的战斗堡垒和党员的表率作用，争创服务满意窗口、争当优秀服务标兵，客户满意率有效提升。公司党政工团还积极组织开展了丰富多彩、健康有益的各类文娱活动，提升了公司的凝聚力和向心力，营造了健康向上、爱岗敬业的文化氛围。

中国石化财务有限责任公司

【经营概况】2012 年，中国石化财务有限责任公司（以下简称“公司”）坚持诚信为本、服务主业、规范高效、开拓创新，为集团公司提供优质高效的内外部结算、存贷款、资金运营等金融服务。公司防范风险，精打细算，精心操作，有效应对内外部环境变化带来的各种挑战，取得了较好的经营成效。全年实现营业收入 33.29 亿元，同比增长 29.74%；在提足准备、增强抗风险实力的基础上，实现利润总额 18.28 亿元，同比增长 15.40%，年末资产总额保持在 1 245 亿元。在此基础上，全年通过提供透支、委托贷款、直接购付汇、优惠贴现、理财等服务，累计协助集团公司降本增效、节约财务费用近 30 亿元。

【资金集中】2012 年，公司以确保资金集中管理和内外部结算安全平稳运行为重点着力提升服务水平，继续做好分账户开立和启用工作，积极配合集团会计集中核算及交易平台上线，不断优化提升系统功能性能，紧密配合集团板块重组和专业化改革做好相关分账户调整及资金池建立工作。同时严格制度和内控执行，强化后督管理，深化“异常管理”，落实岗位责任制和差错率考核奖惩。2012 年，全年结算资金总流量 1 823 万笔 41.30 万亿元，同比增长 33% 和 11%。企业通过总分账户收付款集中度进一步提升，资金结算工作基本实现了内外部结算并举向以外部结算为主、内部结算为辅的转变，有效促进了集团公司和成员单位加速资金流动，提升了集团整体资金使用效益。

【筹融资业务】2012 年，面对货币市场震荡频繁、利率波动复杂和集团公司资金缺口大、需求波动大的考验，公司充分发挥作为金融企业的同业优势，切实发挥筹融资平台作用。公司不断拓宽融资渠道，扩大合作机构范围，增加银行综合授信额度，办理央行再贴现，不断加强货币市场分析，紧跟集团资金需求，增强预判性和敏感性，提高市场驾驭能力。全年累计从市场融入资金 1.61 万亿元，及时、足额满足了集团公司成员单位结算支付和公司业务发展需要。

【信贷业务】2012 年，公司认真执行国家信贷规模调控政策，密切关注集团生产经营和筹融资形势变化，保证集团资金周转与生产经营的正常运行，合理配置信贷资产，优化信贷结构，信贷资金在支持集团公司主业和全资公司的同时，适度支持合资联营单位。公司为集团成员单位提供融资日均 471 亿元，同比增长 52%；办理票据贴现 13 267 笔 280 亿元，日均 88 亿元，同比增幅为 23%，有效满足企业融资需求和降本需要；开展委托贷款业务，委托贷款日均规模 582 亿元。

【外汇业务】2012 年，公司面对外汇市场汇率大幅波动、流动性极端紧张经常出现的复杂局面，积极争取央行支持，扩大美元日间透支额度与外汇交易额度，加大与合作银行协调力度，强化分析，精心交易，灵活定价，在保证按时足额付汇的同时，有效降低了代理企业购汇成本。公司积极与相关单位协调，做好企业人民币跨境结算的配合工作；努力扩大结售汇业务规模，加强异地售付汇业务开拓。全年累计为企业结售汇 613 亿美元，同比增长 4%；收付汇 683 亿美元，为企业降低购汇成本达 6 亿元。

【投行业务】2012 年，公司积极稳妥开展投行业务，以财务顾问角色多次参与集团公司、股份公司债务融资工具的发行工作，为集团、股份公司总部融资成本的降低发挥了积极的作用。坚持向市场要效益，向管理要效益，密切关注银行间市场变化，以增强资金运用的灵活性和效益性为基础，综合运用银行法人理财产品、同业定期存款、债券逆回购等手段，进一步提升短期资金使用效益。同时，在严控风险的前提下，做好长期投资股权管理和证券投资。

【风险管理和内部控制】2012 年，公司初步建立了信贷客户评级体系，完成首次信贷客户试评级，开展了银行同业综合授信审查工作；修订完善金融业务合同文本，加强法律、合同日常管理；进一步完善内控制度体系，修订内部控制管理手册，完善公司规章制度，截至 2012 年底，已建立公司层面制度 12 大类共计 119 项。完成了内控管理信息系统、合同管理系统及会计集中核算系统的上线工作，建立完善会计后督体系。在做好日常非现场稽核的同时，完成 10 项重点业务和领域的现场稽核。建立市场分析例会运行机制，促进研究分析工作逐步常态化、规范化，金融政策和市场分析的广度和深度不断提升。

【人力资源管理】公司加大干部竞争选拔力度，推进干部交流轮岗锻炼，营造良好干事创业环境。定期进行交流轮岗，不断优化人才资源配置；广泛开展分级分类岗位培训和业务竞赛活动，开展培训工作满意度调查，教育培训的质量和满意度持续提高。以强化全员绩效考核管理为抓手，健全制度办法，加大考核兑现力度，进一步完善考评奖惩机制，促进提升员工队伍整体绩效。调整干部职工薪酬标准，健全完善人工成本调控、增长机制，进一步增强职工队伍凝聚力。

【信息化建设】2012 年，公司进一步强化信息系统的运维和管理，保证各信息系统的安全平稳运行。成功开发上线实施信贷/客服业务管理系统，初步实现了客户信息集中完整体现、客户评级授信科学合理、信贷业务全流程无纸化运行，公司信贷服务和管理水平大幅度提升。开发上线门户及协同办公系统，成为日常管理、对外宣传、内部交流、数据共享平台，公司日常管理水平和信息化程度进一步提升。数据集中存储、外汇系统提升、在线答题系统、全员评测及绩效考核系统均建设完成并投入使用，公司的信息化建设得到了全面提升。

【党群工作】2012 年，公司全面贯彻落实进一步加强和改进新形势下企业党建工作的要求，努力提高党建工作水平，扎实开展基层组织建设年活动，持续推进创先争优；组织开展“迎七一”系列活动，深入学习宣传贯彻党的十八大精神，进一步增强党性意识和责任意识。公司健全完善了“三重一大决策制度”实施办法等制度体系，扎实推进业务公开和专项效能监察工作，广泛开展党风和反腐倡廉教育，筑牢各级干部廉洁从业的坚固防线。深入开展“面对面、心贴心、实打实服务职工在基层”活动，组织健康体检，主动走访慰问困难职工和退休老职工，提高劳务人员劳务报酬；充分发挥工会、共青团职能作用，丰富职工群众文体活动，组织迎春晚会、植树活动以及乒乓球、羽毛球、游泳等以一系列文体活动，并在中国石化总部机关第二届趣味运动会上取得团体第四名的成绩。

【“三创”活动】2012 年，公司从着力做强做优出发，开展了“创新、创优、创一流”三创活动。通过开展主题大讨论，制作宣传片、活动展板等方式，积极宣传活动成果，展示干部职工的精神风貌，努力营造浓厚活动氛围，激发创先争优的热情。组织开展了一系列特色活动，开展“创品牌——合理化建议大家谈”，鼓励干部职工积极建言献策；组织“财金杯”知识竞赛，有效提高员工专业能力和综合素质；组织优秀经营管理案例编写，认真梳理经营管理中的成功经验和做法；开展总结提升和先进评选，巩固活动成果，充分发挥先进典型的引领带动作用。公司大力开展“三创”活动，夯实了发展基础，提高了服务质量，促进经营管理各项工作再上新台阶，企业服务满意度从 2011 年的 96.52% 提升到 98.93%。

东方电气集团财务有限公司

【经营概况】2012 年，东方电气集团财务有限公司（以下简称“公司”）通过开展买方信贷业务、承担财务顾问、发挥集团资金集中管理平台功能，努力提升资金运营效率，优化内部资源配置，金融服务实体经济的作用逐步扩大。全年共为集团节约财务成本 3.50 亿元。截至年末，资产总额 191.12 亿元，同比增长 56.32 %；所有者权益 22.28 亿元，同比增长 5.29%；营业收入 4.99 亿元，同比增长 16.96%；利润总额 1.38 亿元，同比增长 36.79%。

【信贷业务】2012 年，公司在关注风险、充分调研的基础上，秉承“减费让利、服务企业”原则与集团企业广泛开展合作，积极提供适合企业经营特点的金融产品，执行较国家基准和市场利率低的贷款与贴现利率，切实服务于集团企业，积极支持企业生产经营，推动了信贷规模平稳增长；搭建专门的客户服务区，提供舒适贴心服务；加强与企业沟通，努力为企业解决包括融资方案、保函开立等实际困难。全年共发放日均自营贷款 44.72 亿元，同比增长 36.93%；全年共发放日均委托贷款 19.21 亿元，同比增长 9.96%；全年共办理日均票据贴现 16.35 亿元，同比增长 9.22%。

【产品销售信贷业务】2012 年，公司成功拓展了买方信贷业务。公司深入集团、股份公司及企业了解订单情况，与集团、股份公司相关部门一并到业主方调研需求，取得相关方担保（承诺），有效降低经营风险，为业主开立贷款专户，贷款发放后保证集团企业及时收款。

【资金和投资业务】2012 年，在资金业务方面，公司综合统筹安排，努力提高备付金同业存款收益；降低融资成本，合理安排资金成本，保证及时还款；丰富同业资金运作品种，提高收益水平；加强头寸管理，保证企业支付。在投资业务方面，加强债券市场研究和分析，积极拓宽交易渠道，增加交易对手，开展银行间债券投资；为丰富资金流动性管理手段，首次开展货币基金投资业务；结合公司资金状况，稳健开展债券回购业务；出于谨慎原则，少量开展新股申购业务。

【票据业务】2012 年，公司加大宣传力度，扩展开票企业数量；与集团企业通力合作，向关联企业宣传使用票据进行结算的优势；提供优惠的贴现利率，为贴现客户降低成本；搭建专门的客户服务区，提供舒适贴心服务。

【外汇业务】2012 年，公司外汇业务整体运转正常。公司加大业务宣传和拓展力度，异地成员企业结售汇覆盖面逐步加大；紧跟企业需求，加大外汇贷款业务的推进力度，外汇贷款业务规模逐步上升。

【资金集中】2012 年，公司配合集团公司开展企业账户全面排查；参与集团公司统一组织的效能监察；解决归集时效性，提高资金归集效率；修订集团资金集中管理办法，确保全集团资金集中管理安全、高效运行。在集团公司正确领导和大力支持下，有效发挥财务公司金融平台功能，使资金集中度达到 77.19%；为全集团降低财务费用达到 3.50 亿元。

【业务创新】成功开展了买方信贷业务；开展了通过电费收益权质押和资产抵押的担保、联合第三方协助监管、采取受托支付和分次放款的方式，向集团企业提供项目融资金融服务，有效实现了对工程进度的监管，确保了全面、真实掌握项目建设进度，保证了项目建设期间和运行期间的资金安全，极大地支持了企业的建设和投产需要；发挥财务顾问功能，助力集团公司首次在银行间债券市场成功发行 5 年期 50 亿元中期票据，丰富了财务公司资本市场运作经验，提高了服务能力，为将公司打造成为集团综合性的金融服务平台踏出了坚实的一步。

【风险管理和内部控制】2012 年，公司在内部控制方面制定制度建设计划完成时间表，加大跟踪、督促力度；建立稽核监察问题跟踪台账，着力构筑问题跟踪“回头看”防线，保证后督检查有据可依、有案可查、问题得到有效解决；建立稽核发现“问题库”，为稽核有效性提供支撑点；加大稽核检查力度和频率，促进公司各项业务合规、合法和稳健运行。在风险管理方面，全面、深入了解各项业务，加大现场调查力度，全方位了解企业状况，加强风险事前防范，为业务安全平稳开展提供帮助；积极参与业务过程开展分析判断，提供专业的风险分析和提示；参与业务流程，实行事中监督与控制；结合制度建设和服务需要，梳理票据贴现、对账等业务流程，提出改进建议，促进业务持续改进；召开风险例会，及时发现并解决问题。培育合规文化，将“合规创造价值、合规成就专业、合规人人有责”的合规理念扎根于全员思想。2012 年全年未发生风险事件，风险防范“三道防线”持续夯实。

【人力资源管理】公司结合精细化管理要求，修订人力资源管理相关制度，促进了人力资源管理工作更加规范，有据可循；人力资源管理人员加强自身的学习，提高了业务能力和水平；通过加强考核，深化三项制度的改革，优化分配制度，用工总量和人工成本得到有效控制，人才队伍进一步高效精干；通过常态化的内部培训和外部培训相结合，有针对性、有计划、分层次地对员工进行了培训。全年组织业务骨干开展内部培训 10 次，参加集团内（外）部培训 70 人次，员工队伍的综合素质和业务能力和水平有了大幅度提高；推进薪酬体系建设步伐，努力营造事业留人的工作环境，员工队伍得以稳定。

【信息化建设】公司持续完善服务手段，提升服务水平。坚持专职维护人员制，及时为企业用户提供使用系统方面的专业、优质服务；在与企业保持充分沟通的基础上，采用现场和远程服务相结合的方式，提高服务效率；升级完善金融服务系统，完成与人行征信接口对接，保证信贷数据的准确性；推广金融服务系统专线接入方式，提升用户访问速度和满意度；优化并完善网上电子银行系统功能，提升用户满意度；稳步推进信息安全评估保障体系建设。落实专人负责信息安全评估整改工作，明确职责分工，从管理、技术、渗透测试等方面进行问题清理、分析和整改，做到信息安全评估问题的全面覆盖和解决，并完成《信息安全评估整改报告》的撰写工作；征集各部门业务和管理需求，升级金融服务系统，提升运行和服务效率；有序开展商业智能系统基础平台项目招评标工作，推动商业智能系统建设，提升分析、决策能力；持续改善运维管理，做到更合理、更科学。

【企业文化建设】公司注重发挥先进典型对企业文化建设的示范带动作用，大力培育积极向上的企业文化精神。公司注重发挥工会组织在企业文化建设中的推动作用，通过开展体育活动、自排文艺晚会等，丰富员工的文化生活；开展征求合理化建议等活动，增强公司凝聚力和向心力；倾听员工心声，关注员工思想动态，引导员工树立阳光心态、培养健康心理；鼓励员工积极参加“金秋助学”爱心帮扶活动，积极支持困难儿童完成学业；开展乒乓球比赛，使员工舒缓工作和生活压力，更加自信地投入到年度高强度工作中；通过内部培训、风险例会等多种场合和机会，加强银行案例学习，不断增强风险意识，倡立企业风险文化。

宝钢集团财务有限责任公司

【经营概况】2012 年，宝钢集团财务有限责任公司（以下简称“公司”）围绕服务与创新，聚焦市场与客户，以服务带动创新、以创新提升服务，在票据结算、供应链融资等领域不断拓展服务的广度和深度，为客户提供贴身的优质服务；努力提升固定收益专业投资能力，从货币市场和债券市场上赢得效益；稳步推进新一代信息系统的开发工作，优化流程、提高效率、加强在线风控、深化数据分析。经过全体员工齐心协力，开拓进取，当年实现利润总额 2. 28 亿元，净资产收益率 11. 40%，管理资产规模 128 亿元，各项监控指标全部符合银监会规定的考核标准，整体风险水平低，资产质量继续保持优良。

【信贷业务】提供优惠利率支持成员单位实体经济发展，贷款利率普遍下浮 10%，存款利率上浮 10%，票据贴现利率优于市场平均水平；在贷款风险可控的前提下，优先支持小微企业融资；加强信用风险管理，优化信贷结构，审慎控制信贷投放；按月对重点客户进行贷后排查，确保信贷资金安全；积极争取人民银行上海总部的再贴现政策，引入低成本资金，激发符合条件的成员单位向上游客户开票结算，提升财务公司的供应链票据融资服务能力。

【资金和投资业务】借鉴基金公司的配置理念、研究方法和风控措施，内部成立的宝财通盈利倍增基金、宝财通低风险投资基金、宝财通流动性管理基金，经过一年多的运作和实践，积累了丰富的管理和操作经验，专业化运营和市场化配置收到良好效果，超过市场上对标的同类基金平均盈利水平；与金融同业建立了良好的合作关系，投融资渠道畅通，交易能力提升，当年同业往来交易量超过 3 000 亿元。

积极发挥金融中介功能和专业优势，提供财务顾问等多样化服务。定期将《货币市场日报》、《债券周报》等市场研究报告发送成员单位，受到普遍欢迎；2012 年 8 月为宝钢工程中票发行提供财务顾问，选择了较好的发行时点，降低了融资成本；利用银行间市场的会员优势，提供代理回购业务，较好地协助客户提高短期资金运作效率。

【票据业务】为成员单位打造一条高效率、低成本、低风险的“电子票据快线”，将电票作为新型结算工具降低管理成本、规避票据风险，加快流转速度的优越性充分体现。2012 年电子商业汇票承兑业务金额占上海市电子商业汇票承兑总额的 58%，受到中国人民银行上海总部的表扬；纸质票据托管服务聚焦专业化、标准化、电子化，票据托管系统 7 月份上线，进一步优化流程、提升效率、实现信息自动抛账。2012 年，累计托管票据 9 677 张，金额 217 亿元。

【结算业务】作为集团的结算主渠道，发挥“万向节”式电子化结算平台快捷、高效、低成本的优势，年结算流量 2.81 万亿元、业务量 37 万笔；为进一步提高结算效率，对结算业务流程进行优化再造，重新设置岗位，调整人力资源配置；将财务公司系统与企业 ERP 系统对接，推出一键式收款服务，实现结算数据不落地，提高企业财务工作效率。

【资金集中】资金集中管理平台与多家商业银行银财直联，与成员单位 ERP 系统对接，实现全国范围内 159 家成员单位账户资金的跨行、跨区域归集；2012 年通过资金平台归集资金规模达到 286 亿元，内部融通资金规模 78 亿元，有效地协助集团、股份公司提高了资金的整体使用效率。

【业务创新】与集团采购部门、营销部门协同，发挥财务公司贴近客户、风控严格、融资成本低的优势，围绕宝钢产业链客户开展票据贴现、买方付息贴现等业务，挖掘供应链服务潜力。当年累计发放票据贴现 16.58 亿元，其中供应链票据贴现 6.20 亿元。

【风险管理和内部控制】借助新一代信息系统开发契机，提升风险管理和内部控制水平。对制度、流程进行全面梳理，按五个层级重建制度体系，体现简单高效；对固有流程进行对标找差，找出风控薄弱点，进行流程再造，并将风险控制嵌入系统流程中；建立风险指标体系，监控关键风险异动，加强风险在线控制力度。

【人力资源管理】抓住财务公司成立 20 周年契机，围绕“服务与创新”主题，组织开展系列活动，调动员工积极性，打造凝聚力工程；参加财务公司行业协会组织的中国国际金融展及行业成就展，利用行业盛会宣传宝钢集团的品牌形象，促进同业合作与交流；根据业务开展情况和员工需求有针对性地组织培训工作，有效提高员工综合素质和金融服务专业化水平；开展大规模轮岗活动，促进员工知识传承和积累。

【信息化建设】新一代信息系统开发围绕流程优化、在线风控、提高效率、数据挖掘四个目标，解决旧版系统中存在的手工操作、数据落地、在线风控偏弱等问题；网上服务系统将账户查询、资金转账、回单打印、网上资金集中管理、票据托管等功能延伸到了用户的桌面；开发票据托管系统，扩展了一键式收款、银行直联等应用范围，加强了与银行系统、企业系统的对接，进一步提高了数据的流程化、自动化处理能力。

中国一拖集团财务有限责任公司

【经营概况】2012 年，中国一拖集团财务有限责任公司（以下简称“一拖财务公司”）深入开展“管理提升年”和“合规建设提升年”活动，稳步推进各项工作，充分发挥金融服务职能，积极为一拖集团成员单位提供资金支持和结算服务。同时在外部环境十分不利、集团生产销售形势下滑的情况下，采取有效措施积极应对，大力拓展各项业务，努力降低经营成本，不断提高经济效益，取得了良好的经营成绩，连续三年获得一拖集团“创效优胜杯”殊荣，总经理获得“优秀经营管理者”称号。

截至 2012 年 12 月 31 日，一拖财务公司资产总额 33. 26 亿元，同比增长 17. 94%；负债总额 27. 22 亿元，同比增长 21. 63%；所有者权益 6. 04 亿元，同比增长 3. 78%；累计实现利润总额 0. 71 亿元，同比增长 15. 77%；资金集中度 71. 56%，同比提高 4. 85 个百分点。截至 2012 年末，一拖财务公司资产质量及财务状况良好，资本充足率 26. 11%，流动性比率 31. 77%，不良资产率和不良贷款率为 0，各项监管指标均符合中国银监会的监管规定。

【公司贷款业务】2012 年，一拖财务公司向集团成员单位累计发放贷款 26. 11 亿元，同比减少 0. 96%；实现贷款利息收入 0. 44 亿元，同比增加 40. 22%。年末贷款余额 12. 37 亿元，其中：正常类贷款 12. 05 亿元，占比 97. 41%；关注类贷款 0. 32 亿元，占比 2. 59%，全年未发生不良贷款。

【产品销售信贷业务】2012 年，一拖财务公司产品融资租赁及买方信贷业务累计发放金额 1. 79 亿元，同比减少 12. 05%，实现利息及手续费收入 0. 19 亿元，同比增加 6. 65%。年末产品融资租赁及买方信贷余额 1. 51 亿元。2012 年，一拖财务公司通过产品融资租赁及买方信贷业务拉动集团成员单位销售收入 2. 23 亿元。

【资金和投资业务】2012 年，一拖财务公司在董事会批准的年度投资额度内，坚持审慎投资原则，在满足集团成员单位资金需求的前提下，将暂时闲置资金投资于风险可控且收益较稳定的品种，在资本市场形势下滑的情况下，仍取得了较好的投资成绩，全年累计实现投资收益0.15亿元。

【票据业务】电票及商票业务：2012年，一拖财务公司直接办理电票和通过农机买方信贷办理电票累计16.67亿元，办理商票累计5.72亿元；年末未兑付电票余额7.93亿元，商票余额1.92亿元。累计获得保证金存款9.14亿元，质押票据3.01亿元。年末保证金存款余额3.67亿元，质押票据余额0.26亿元。

票据贴现业务：2012年，一拖财务公司为集团成员单位累计办理票据贴现12.41亿元，同比减少28.45%；实现贴现利息收入0.35亿元，同比减少5.52%。年末承兑汇票余额3.95亿元，其中成员单位卖方贴现余额2.70亿元，占比68.35%。

票据管理业务：2012年，一拖财务公司票据管理业务开户39家，累计托管票据80.96亿元，同比减少23.82%；办理业务笔数1.10万笔，同比减少3.71%；成员单位托管票据委托收款31.19亿元，同比增加13.32%。年末托管票据余额9.93亿元。

【资金集中】2012年，一拖财务公司为集团成员单位累计办理结算金额855.15亿元，同比增长11.44%；办理结算笔数11.11万笔，同比增加8.61%。年末存款余额23.08亿元，同比增加15.63%。截至2012年12月31日，一拖财务公司资金集中度71.56%，同比提高4.85%，月平均资金集中度66.36%，同比提高21.68%，资金集中度较2011年有大幅提高，资金集中管理职能逐步加强。

【风险管理和内部控制】2012年，一拖财务公司建立组织领导机构，层层签订合规承诺书，加强合规教育宣传，营造合规经营氛围；制定《合规建设提升年活动方案》、《合规建设提升年督导检查计划》、《合规建设提升年现场检查报告》；按照重大实质性违规行为“零容忍”，一般性监管政策规定合规率达到95%以上的要求，全面梳理各项内控制度和业务风险，根据业务发展和形势变化新制定28项、修订28项制度流程，使合规开展各项业务有规可依。同时，一拖财务公司制定《合规建设好建议奖励制度》，将合规建设好建议奖励纳入员工绩效考核，每季度进行评选奖励，全年共收到建议49条，评选采纳36条，激发了员工的参与热情，使合规建设提升年活动落到实处。

2012年，一拖财务公司不断强化内部控制工作，加大稽核检查的频次和力度，稽核部门坚持每个工作日对业务部门及财务部门进行日清日结核查，确保账账相符；每月对库存现金及票据进行盘库，确保账实相符。并积极配合洛阳银监分局、中国人民银行洛阳市中心支行的各项现场检查，认真组织开展“整治银行业金融机构不规范经营”活动、“打击非法集资”宣传月活动以及“反洗钱”宣传月活动，积极推进“洛阳银行业案防和安保”工作，深入贯彻落实“安全就是效益、合规创造价值”的合规理念，严格遵守监管规定，促进一拖财务公司健康、可持续发展。

【人力资源管理】2012年，一拖财务公司认真做好后备干部的选拔推荐工作，为公司发展储备干部人才，并制定下发《干部评价管理办法》，引导中层管理人员加强自主管理和目标管理。同时依据《员工多通道实施办法（试行）》的规定，组织多通道主管类员工进行立项申报，鼓励员工钻研业务。

2012年，一拖财务公司三名党员获得“优秀共产党员”称号；一名员工被评为年度“十佳职业化员工”；一名女员工和一名青年员工被评为“巾帼明星”和“优秀共青团员”；公司营业部获得洛阳市“巾帼文明岗”称号。

【信息化建设】2012年，一拖财务公司根据业务发展修订核心业务系统，使产品融资租赁及买方信贷业务在同行业中更具竞争力；改进电子汇票系统查询和打印功能，为使用者提供更方便快捷的服务；根据拆借中心和征信中心的要求进行系统升级，并将金融城域网的备线调整升级，实现真正意义上的双线路双备份；对公司内部网络进行调整和升级，增加系统防火墙和三层交换机等设备，将服务器和银行前置机与工作站划分在不同的 vlan 内，提高内网的风险防御能力；多次进行主备系统应急演练，实现主服务器和备用服务器之间的快速切换，减小系统风险。一拖财务公司在保证各项业务正常开展的同时，不断调整和完善信息系统管理，确保信息系统良好的工作状态和安全稳定的运行。

【企业文化建设】一拖财务公司十分注重企业文化建设和社会责任，在为一拖集团成员单位提供良好服务的同时，积极组织员工参加一拖集团、监管部门的各项社会活动及公益活动，并通过日常的学习教育，宣传公司文化和理念，增强员工作为一拖人的荣誉感和社会责任感。2012 年 7 月，一拖财务公司组织员工积极参加“国机爱心日”捐助活动，捐款注入爱心基金，用于帮助需要帮助的职工；10 月，在集团工会组织的“一拖集团女职工志愿者捐助”活动中，向贫困小学儿童捐赠学习用品，让更多贫困家庭的孩子感受关爱。

【股权变更】2012 年 5 月，一拖股份公司董事会审议决定，收购一拖东方实业公司所持一拖财务公司的 0.80% 股权，一拖财务公司股东会审议通过此项收购并修改公司章程。2012 年 8 月经河南银监局核准批复，并在河南省工商行政管理局变更注册登记，一拖财务公司完成股权变更，股东单位由 6 家调整为 5 家。

五矿集团财务有限责任公司

【经营概况】2012 年，五矿集团财务有限责任公司（以下简称“公司”）直面严峻的宏观经济形势，顶住巨大的经营压力，始终以集团发展大局为重，以保证资金周转平稳安全为第一要务，时时紧抓内部管理提升、降本增效不放松，以拓宽经营思路、精细化资金管理及境外资金集中管理试点为突破口，摸索突围之路；以推进信息化建设、强化内控和管理改进为切入点，积聚奋发之力。在着力突破自我的同时，公司还进一步深化服务与协同，最大限度地发挥金融服务平台功能，为实现集团利益最大化倾尽全力。

截至 2012 年末，公司资产总额 108.27 亿元，所有者权益 42.04 亿元。2012 年公司完成营业收入 5.32 亿元，利润总额 3.92 亿元；全年结算规模达 4 600 亿元，其中国际结算规模近 50 亿美元；累计发放自营贷款 66.21 亿元，发放委托贷款 102.39 亿元；人工成本利润率达 3 004.62%。全面完成了年度经营目标。

【信贷业务】2012 年，公司信贷工作紧紧围绕公司经营目标和集团整体资金计划，以提高资产质量为核心，以加强信贷管理为重点，以各项信贷制度的落实为基础，合规经营，业务规模合理有序增长，信贷管理逐步向规范化、制度化迈进。截至 2012 年 12 月末，公司自营贷款规模 52.77 亿元；委托贷款规模 75.76 亿元。

在加强信贷管理方面，2012 年公司对所有存量信贷客户实现了全面授信；完善了对外担保等业务制度，制定了信贷档案管理制度，建立了完整系统的客户信息台账；提高了贷后检查范围、频率和力度，对短期贷款异地借款人也陆续采用实地检查方式，并采用了交叉检查等方式，进一步降低信用风险，保证信贷资产质量。

【结算业务】2012 年，公司以结算服务提高资金集中规模，结算业务的深度和广度进一步扩大。2012 年公司全年人民币结算规模达 4 000亿元，票据结算规模 190.18 亿元。国际结算规模近 50 亿美元，其中进口结算共计 39.35 亿美元，进口押汇 26.09 亿美元，海外开证金额 6.94 亿美元，海外贷款金额 3.09 亿美元；出口结算量 7.26 亿美元。

2012 年公司为集团所属 16 家成员单位新办理协定存款及较银行理财产品更安全、灵活的定期存款等业务，为成员单位增加利息收入 0.21 亿元；在人民币汇率双向波动增强的市场条件下，公司积极增强外汇结算服务和汇率风险管理，2012 年节省汇兑支出超过 0.40 亿元；全年完成跨境贸易人民币结算 23 亿多元，减少汇兑支出超过 300 万元。据不完全统计，公司全年为集团公司整体节约利息、汇兑、手续费等财务费用约 1.45 亿元。

【资金和投资业务】2012 年，在 A 股市场持续下跌，机会不多的情况下，公司积极调整投资策略，优化投资结构，严格执行投资纪律，最终实现投资收益近 0.38 亿元。2012 年公司通过多种融资手段，确保集团在整体信贷规模没有大幅度增加的基础上，有效地补充了业务资金的流动性。

【资金集中】经过多年的经营发展，公司对京内企业的资金归集相对成熟，但对京外企业的资金集中有较大的增长空间。因此，公司一直将提高京外企业资金集中度作为重点工作来抓。2012 年，信贷、资金、人民币结算部门主动深入厂矿，了解客户资金需求，宣传公司的产品和服务。公司还在信贷、结算部门设置专人负责京外大客户，加强与京外企业的联系与沟通，取得了显著成效。公司京外企业结算量达 614.03 亿元，同比增长 25.29% ，为集团公司在资金紧张时期巩固内部资金沉淀，提高流动性起到了积极作用。

【业务创新】2012 年 6 月，国家外汇管理局北京外汇管理部启动了“北京地区跨国公司总部外汇资金集中运营管理改革试点”工作，公司迅速抓住机遇，成立专项工作小组，进行全方位的前期调研和申请准备，多次参与外汇局专门研讨会，加强与试点银行合作交流，并设计完成了具有五矿特色的试点实施方案。通过该试点业务，公司可将资金集中的范围进一步延伸至国外；在国内开辟境外资金池，标志着五矿集团进入了能够便利整合、优化海外资金的全球现金管理时代。

【风险管理和内部控制】2012 年是五矿集团的内控年。公司按集团公司和金融中心要求，除日常内控自查工作外，对各项业务、工作流程的内部控制进行了全面的梳理和自查自评价，完成了内控标准落实和自评、内控抽查测试等工作，确定了内控缺陷，并对缺陷进行整改。2012 年全面的内控自查自评价工作为公司内部管理的提升和改进奠定了坚实的基础。

公司还十分重视经济形势不利情况下的风险管控工作，在信贷项目中全面使用修改和完善的风控意见书，客观、全面分析贷款项目各项财务数据和指标。2012 年度共出具 59 份风控意见书，其中信贷业务风控意见书 50 份，投资业务风控意见书 9 份。

【人力资源管理】 为培养员工成长为既有自身业务专长、又懂全面经营知识的复合型金融人才，2012 年，公司进行了全员轮岗，对财务、进出口结算、人民币结算、风控、投资各部门工作人员进行了调整。

公司还十分重视并开展了种类丰富的业务学习，通过主动“走出去、请进来”的方式为各部门员工创造了较丰富的职业能力提升机会。除公司领导班子分别参加了各种培训活动外，公司还组织员工参加了财务人员继续教育培训，债券托管结算业务培训，信贷、结算、外汇、风险管理业务专项培训等，接待同行业来访交流，参与银行及监管部门的各类业务研讨，有力促进了财务公司员工专业水平、职业素养以及创新开拓能力的全面提高。

【信息化建设】 2012 年下半年以来，公司着手对现有资金集中结算系统进行一轮较为系统的升级、改造，以满足当前较为急迫的业务和管理需要。另外，公司还购置硬件设备扩容银企认证，并组织各业务部门对资金集中结算系统、SAP 系统、银企直联系统做了全面审查，共计提出 20 余条修改需求；针对银企直联明细返回缺失、速度过慢等问题，相关部门会同信息管理部、服务承包商和银行积极沟通，通过升级接口、清理账户、改进查询等方式，极大提高了系统的稳定性和准确性。

【企业文化建设】 为建设和谐、向上的企业文化，提升团队凝聚力和向心力，2012 年公司积极组织员工参加了金融中心举办的迎春联欢会、植树活动、爬山比赛等，并积极参与了集团公司的爱心书包捐赠、合唱比赛、书画展等活动，另外，多次组织公司内部的党团活动等丰富员工生活。

2012 年公司还进一步增强宣传工作力度，一方面充分利用公司网站和金融中心网站、《五矿金融》月刊、《五矿报》等内部平台，在集团范围内宣传公司的经营管理动态、专业分析及研究成果等；另一方面，组织员工报送财务公司行业 25 周年经营管理成功案例、参加征文比赛、在行业期刊中发表专业文章等，进行行业交流。

攀钢集团财务有限公司

【经营概况】 2012 年，攀钢集团财务有限公司（以下简称“公司”）实现营业收入 24 685万元，利润总额 19 075 万元，资产收益率 4.22%，净资产收益率 6.6%，每股收益率 9.67%；公司资产质量良好。截至 2012 年末，资产总额 433 090 万元，负债总额 216 682 万元，所有者权益216 408万元。

2012年是国内经济低迷之年，是钢铁企业经营举步维艰之年，是鞍攀两家大型钢企整合深入推进之年，公司树立大局观念，增强责任意识，倡导与集团共克时艰，加强同业合作，拓宽融资渠道，低成本融入资金，并成功牵头为集团组织了145.75亿元的银团贷款；合规审慎经营，有效控制风险，实现了稳中求进的既定目标。

【信贷业务】2012年公司向成员单位累计发放人民币自营贷款964 800万元，较上年同期增加262 100万元，收回贷款1 000 700万元，较上年同期增加12 800万元；发放美元贷款650万美元，收回贷款895万美元；办理贴现59 764.51万元，较上年同期增加了4 775.91万元；融资租赁全部到期收回本金4 425万元；累计发放委托贷款1 009 750万元，收回委托贷款798 350万元。截至2012年末，公司各项贷款余额为1 346 388.24万元，比上年同期增加了129 523.93万元，其中人民币自营贷款余额为331 800万元，美元贷款余额为650万美元，委托贷款本金余额1 010 500万元。

【资金和投资业务】2012年公司获得各家商业银行705 000万元授信额度。多为综合授信，品种间额度可调剂使用，品种涵盖信贷资产转让、票据转贴现、信用拆借、财务公司承兑电票贴现、资产卖断等。全年公司累计开展信用拆借业务427笔，信用拆入累计成交量为5 389 600万元，较上年度增加1 572 300万元，日均拆借余额为63 450万元；资金拆出累计12笔，金额为60 000万元；累计开展债券回购136笔，成交量1 324 650万元，较上年度增加128 430万元。

2012年处置华西证券股权投资151万股，实现投资收益668万元。

【票据业务】2012年公司按照银监会监管要求停办信贷资产转让业务。全年累计开展票据转贴现（卖断）28 256万元，票据转贴现（回购）业务25 000万元。累计办理电票承兑业务102 700万元。

【外汇业务】2012年，公司累计办理代客结汇业务600万美元，实现价差收益人民币3 000元，为集团节约结汇成本约人民币6万元。公司对历年累积的外汇利润进行了结汇，结汇金额182.8万美元，汇率6.3552，折合人民币1 161.75万元，结汇时机选择较好，在美元汇率相对较高处结汇，锁定了公司利润，避免了因人民币汇率大幅波动而造成外汇利润缩水的风险。

【资金集中】2012年公司致力于资金集中管理，为集团资金管理改革提供契合、专业的管理平台，并深挖资金集中管理平台功能，为集团“提高资金使用效率、降本增效”提供可行性建议。

2012年，公司总结算量9 008亿元，同比增加2 728亿元；银行资金归集量达1 010亿元，较上年同期增加373亿元；票据集中管理方面，为集团成员单位存票金额1 697 348万元，取票金额1 156 842万元，委托收款金额376 279万元。

【风险管理和内部控制】公司实现各项经营活动风险控制的全程跟进，并向精细化发展。定期动态测算监控指标、监控各种风险因素、业务运作必先风险分析、筛查业务操作程序漏洞，严密控制关键环节，强化风险预警机制，定期开展应急演练和压力测试。整合金融业务系统，通过技术手段提高防范操作风险的能力，为业务操作复核和稽核工作提供坚实基础，信息系统风险管理功能更加完善。

保持内控制度及时更新，开展新业务之前首先完善内控制度，严格执行内控优先原则，通过多层授权和全业务的风险监控实现事中控制；加强部门自查自纠，强化稽核、风控等部门第三方现场及非现场检查力度。通过事前防范、事中控制、事后监督和纠正这三道防线结合，有效地防范操作风险，杜绝案件发生。

【人力资源管理】2012 年，公司本着“人才兴企、人才兴业”理念建立符合现代金融业特点的人力资源管理机制，以月度经济活动分析会、季度理论研讨会和根据需要灵活组建矩阵式研发小组等方式开展战略和业务研究。建立培养一支系统掌握现代金融理论、熟悉国家金融政策和热爱财务公司事业的经营管理人才和业务精湛、创新意识强的高素质专业人才队伍。2012 年受集团大幅亏损和鞍攀财务公司重组影响，员工流失加剧，年末员工人数较年初减少 6 人。

【信息化建设】公司致力于资金集中管理，为集团资金管理改革提供契合、专业的管理平台。2012 年公司在维持整合金融业务系统稳定运行的基础上，着手鞍攀财务公司重组后系统合并的准备工作，为即将统一使用的 N9 系统上线和运行开展前期论证和测试。

【企业文化建设】2012 年，公司继续围绕“合规、合作、创新、服务”的经营管理主旨思想，秉承“开拓创新，合作共进”的服务理念，大力推进合规、创新、服务的公司文化建设，提高客户服务质量，提升服务水平，开展全方位、多角度、多渠道的营销服务。通过科学发展观的学习、各种专业理论的研讨、各种专业技能培训、金融风险文化意识的强化，巩固丰富企业文化建设成果。“合作、规范、风险、创新、学习、服务、人才”等意识积累沉淀，形成财务公司系统的文化，推动财务公司可持续发展。

武汉钢铁集团财务有限责任公司

【经营概况】2012 年，武汉钢铁集团财务有限责任公司（以下简称“公司”）始终坚持集团利益最大化的服务宗旨，紧跟集团发展转型，积极开展业务创新和产品创新，坚持“本异地一体化、本外币一体化、境内外一体化”的经营方针，以创建“四个一流”企业为载体进行内部管理提升，经营业绩和各项指标再创新水平。2012 年，公司实现利润 6.85 亿元，与上年同比增长 13.60%；年末资产总额 593 亿元；资本充足率为 17.13%，贷款损失准备 100%，不良资产率接近零，全部优于监管指标。

【信贷业务】根据武钢集团公司中西南发展战略和相关产业发展的需要，公司及时调整信贷资产结构，在控制风险的前提下根据信用评级结果，适度增加相关产业授信额度，支持集团发挥优质金融资源作用，加大力度支持相关产业发展。2012 年，公司对相关产业授信比上年增加 59%，全年发放人民币贷款 200 多亿元，其中相关产业占比较上年增加 8.80%。

【票据业务】2012 年，公司积极争取政策支持，为异地成员单位及相关产业单位争取人行商票额度比上年增加2.50亿元。贴现业务量大幅增长，在人行支持下开展再贴现业务，为集团降低资金成本3 000多万元。电子商业汇票系统在集团异地成员单位得到推广和运用。针对票据量增加的现状，加强票据管理，做好假票、挂失票据风险防范，减少了逾期票据的资金沉淀量，确保资金安全和使用效率。

【外汇业务】随着武钢集团“走出去”战略的深入实施，外市场和外汇业务日渐成为公司金融服务的重要内容。公司以信息集中为切入点，完善全球现金管理平台，通过外币结算服务，集中各成员单位外汇资金收支信息，为集约化资金管理提供信息和技术支持。积极增强外汇跨境运作能力，实现了资本项下境外放款额度由10亿美元提高到20亿美元。主动做好成员单位汇率风险防范筹划，协助其制定境外投资放款计划，抓住时机提供外汇债务汇率收益方案，达到了为集团和成员单位减损增效的目的。

【资金集中】针对2012年钢铁行业面临的严峻市场环境，公司采取有力的归集措施，提高武钢集团资金优化配置效率。顺利实现了武钢集团、武钢股份直接融资资金归集。运用重客系统，安排好重点客户、大额资金的归集，加快了异地销售系统货款回笼频率。通过协助异地成员单位强化资金管理，异地成员单位资金归集持续提高。帮助防城港项目部、海外事业部等做好资金投放安排，稳定大额资金存量。灵活运用中间业务提高了保证金的存款规模。

【业务创新】公司持续开展金融产品创新，推出保理代付、商票保贴、再贴现等业务品种为武钢集团内相关产业提供成本较低的融资渠道；通过为客户量身定制资金集中管理方案，提升相关产业资金管控效率。积极搭建集团内部金融信息共享平台，通过金融研讨会、交流会等形式，为成员单位及大型建设项目的资金资本运作提供专业咨询，提升服务价值。针对客户需求，提供个性化、多样化的金融服务方案和产品，激发武钢集团内相关产业群活力。尝试资产配置联动管理机制，联动资金头寸、信贷资产和投资资产，投资收益得到增长。

【风险管控】2012年，公司加强经营风险管理，对在检查中发现的问题进行梳理，加强关键环节的风险控制。制定并实施信贷档案新标准。增加票据风险防控手段，发现假票并为武钢集团挽回损失共900万元。建立起基于动态压力测试的资金头寸管理机制，有效监测和缓解集团的资金流动性压力，确保武钢集团资金链安全。加强物业巡查力度，确保了公司新旧两址治安消防事故、设备事故为零。

【人力资源管理】不断完善法人治理，按照监管要求落实董监事培训；根据业务发展需要调整公司机构设置，增强中高级管理人员队伍；适当引进外部优秀人才，同时向武钢集团输送了部分业务骨干，为武钢集团发展提供了相关的人力资源储备。

【信息化建设】持续升级技术服务平台，不断优化核心业务系统、电子票据系统、全球现金管理平台等信息系统。通过升级收入账户模块，开发电子回单业务，顺畅电子缴税渠道，提高了客户办理业务的便利性。实现了公司与异地部分成员单位结算系统直联，有效提升异地成员单位资金结算效率，为武钢集团异地资金管理提供技术支撑。

【企业文化建设】2012年，公司继续推进创建“服务一流、效益一流、管理一流、团队一流”主题实践活动，深化实施管理提升，不断开展创新实践，拓展业务市场，鼓励员工在公司的发展过程中创造自身价值。通过开展制度知识竞赛，利用高校和金融同业等培训平台，加强员工形势任务教育、外汇、宏观经济状况等专业知识的学习，有效提升了员工的专业素养。公司立项的“企业集团财务公司资产负债管理的转型与创新”课题，获钢铁工业协会企业现代化管理成果二等奖。在金融时报社主办、中国社科院金融研究所联合举办的“2012 中国金融机构金牌榜·金龙奖”评选活动中公司获“年度最佳资金管理财务公司”奖项。

中远财务有限责任公司

【经营概况】2012 年，中远财务有限责任公司（以下简称“公司”）面对复杂多变的市场形势，坚持以科学发展观为指导，自觉践行“党政融合、互为因果”理念，改革创新，开拓进取，迎难而上，拼搏效益，通过“抓管理、防风险、拓业务”三驾马车带动，确保了集团资金的安全性、流动性、服务性和盈利性，取得了较好的经营业绩。全年实现营业收入 3. 50 亿元，利润总额 3. 08 亿元，实现净资产收益率 10. 50%，国有资产保值增值率 111. 10%，各项财务指标符合行业监管要求。公司被评为中远集团 2011—2012 年度“文明建设先进单位”。

【资金集中】公司全面梳理了成员单位外部银行账户的信息，按照集团“现金为王”的策略积极推进资金集中各项工作。同时，对相关成员企业和上市公司的资金集中管理提供方案，并配合成员企业开展融资配套存款业务，促进了集团资金的集中，为公司获得良好的经营效益打下了基础。

【信贷业务】顺应国家货币信贷政策的调整变化，公司秉承服务实体经济的宗旨，主动跟踪集团内部贷款需求，着力调整信贷结构，积极做好资金余缺调剂，自营信贷业务比上年有了较大幅度的增长，为集团成员企业提供了及时有力的资金支持。

【资金和投资业务】2012 年，公司加强市场研究，密切关注国内外金融政策和汇率、利率变化情况，准确预判、科学决策，采取有力措施，优化投资组合，合理安排权益类和固定收益类产品的投资比例。同时，公司密切结合市场变化情况加大项目跟踪力度，对投资项目出现的新情况、新动态及时进行分析研究，提高投资风险防范能力，进一步拓展了安全性盈利空间，为公司实现效益目标作出了重要贡献。

【外汇业务】在外汇交易系统上线的基础上，公司全面推进集中结售汇业务，注重梳理完善交易流程，及时发现问题、解决问题，交易笔数和中小客户的交易金额均较上年成倍增长。同时，公司高度重视外汇业务制度建设，逐步规范完善了外汇业务的制度流程。

【风险管理和内部控制】根据财务公司风险控制特点，进一步明确公司风险管理政策，使风险管理与企业发展相适应。继续完善业务运作合规、流程运行合理、风险防控合力等基础性工作，逐步加大市场风险、政策风险、操作风险等方面的管控力度，建立和完善基于全面风险管理理念的矩阵式全面风险管理组织架构。逐步形成各业务部门负责本部业务线条的风险防控，风险管理部门负责对公司整体风险的具体把握和管理，纪检监察部门适时进行过程监督的“三位一体风险管理体系”，确保风险管理横向到边，纵向到底。

【人力资源管理】2012 年，公司紧紧抓住深入开展管理提升活动这一契机，努力构建以人才队伍建设为基础、以先进管理工具应用为抓手、以信息化建设为支撑、以管理精细化和规范化为目标的管理体系。公司成立了机构、绩效和薪酬工作小组，大力推进人力资源管理规划项目，对现有机构设置和职能分工进行梳理，进一步明确各部门岗位职责，全面实施全员绩效考核，优化薪酬激励，不断提高企业运行效率和管理水平。

【信息化建设】2012 年，公司成立了网络信息部，对现行信息系统进行了全面评估，根据公司业务发展需要，进一步优化网络信息系统。7 月份，公司集中结售汇系统正式上线运行，为集团成员单位及各结算中心结售汇业务的全面推广提供了便利的操作平台，提高了工作效率。下半年完成公司网络监控系统的安装调试工作，网络监控系统的上线在一定程度上提高了公司网络环境的安全性与稳定性。

【党建工作】公司党委围绕争创“四好”领导班子、争建“四强”党组织和争做“四优”共产党员等目标任务，积极开展“为民服务、为客户服务创先争优”活动、“坚定理想信念、促进企业发展”等主题实践活动和革命传统教育，提高员工队伍的政治素质。公司创新党建工作长效机制，探索建立党建目标管理制度，充分发挥工团作用，坚持为职工办实事、做好事、解难事，进一步增强了基层党组织的动力和活力。

【企业文化建设】2012 年，公司党委积极探索新形势下企业文化建设的新途径，动员广大员工集思广益，总结提炼并形成了以公司使命、愿景、企业价值观、企业精神、经营理念、服务理念等内容为核心的理念，公司印发了《企业文化建设手册》，并加强文化理念知行合一的深入宣贯，通过建立内化机制使企业文化价值理念体系得到全体员工的进一步认同。

江铃汽车集团财务有限责任公司

【经营概况】2012 年，江铃汽车集团财务有限责任公司（以下简称“公司”）紧密配合集团企业的发展战略，围绕年初制定的经营目标，积极探索新的金融服务模式，加强与集团公司沟通协调，跟进集团新项目发展，用有限的资金，最大限度地满足了企业生产经营所需资金，降低了企业成本，缓解了经济不稳定给企业带来的影响，强化了公司作为集团金融服务平台的各项功能。公司全年实现营业收入同比增长 12.75%；利润总额同比增长 14.27%；

日均各类存款同比增长 10.30%；日均成员企业信贷同比增长 5.47%；日均买方信贷同比增长 3.60%；不良资产率为零。

【信贷业务】为更加贴近企业，与企业共度时艰，结合成员企业的运营特点、资金需求和企业的不同发展阶段，公司构建差别化信贷策略，开展多样化的信贷支持，在为企业提供融资的同时，更给予了企业全方位战略规划建设的支持。一是贴近集团，积极开发新客户。2012 年新增开户企业 5 家，开通了企业网上银行业务，企业将主要结算账户设立为在公司开户的账户，有效提高了公司的存款集中度。二是差异化管理，对症解决企业发展中的金融需求。2012 年，公司丰富了差异化管理模式，为各家企业制定符合其发展的金融支持方案，较好地满足了企业经营发展的需求。新增贷款的企业有 11 家。

【产品销售信贷业务】2012 年江铃销售虽逆势增长，但增速有所放缓，公司加强了对经销商经营状况的跟踪，在有效控制风险的情况下快速地帮助经销商客户解决了日常销售过程中的各项资金问题。在业务开展方面，公司还配合集团整车厂的销售策略，如对旺季铺货和新产品上市进行专项融资，满足经销商多样化的资金需求，2012 年通过江铃财务公司支持的 106 家经销商所销车辆达到江铃汽车总销量的 50%。在风险控制方面，公司除了采取前中后台互相制衡、互相支持的风险控制手段外，还依靠集团对经销商的管理和利益制约加强风险防范。公司开展汽车金融业务以来，尚未发生一例不良贷款。

【票据业务】电票的防克隆网上提交等安全便捷性已逐渐被企业所接受，公司通过为成员企业承兑的电子商业汇票提供保贴服务，进一步提升了企业的信誉，方便了成员企业的电票使用，全年集团成员企业电票累计业务量较上年增长 100 多倍。

【业务创新】2012 年，公司将汽车消费信贷业务作为重点推进项目，经过了广泛的调研，拟定了一套完整、合理、适时可行的汽车消费贷款解决方案，制定了消费贷款管理办法，取得了创新业务有序推进、风险控制有效防范的良好开端。当年选取三个地区试点，公司的汽车金融业务又迈上了一个新台阶。

【风险管理和内部控制】经济环境的复杂性和金融监管的要求不断提高，对公司风险管理提出了更高的要求，公司控制风险的重点与方式也要随之调整。“认识你的客户”、“认识你的业务”、“认识你的对手”是公司风险管理的基础，也是公司风险管理的核心。在授信业务方面，公司始终坚持贷前对企业运营交易背景等各个方面进行风险识别，贷中坚持审查中的独立性，贷后做好贷款的风险监测和控制工作，风险得到有效控制。在防范市场风险方面，公司将利率政策与经营政策紧密相连，使公司的利率政策在有利于竞争的同时保持了较好的综合盈利水平。公司的利率政策主要体现在差异化上，不仅有利于稳定优质客户，促进客户长期合作，也有利于公司信贷结构的调整，将有限的资源用于更优质的客户。公司还通过不断完善风险管理制度，进行全面审计，保证了公司管理制度的贯彻执行，防范了违规操作风险。同时利用“案防建设提升年”活动契机，深化公司内控管理，防范业务风险。公司结合银监局下发“案防建设提升年活动”通知精神，制定了切实有效的实施方案。先后举办了案防知识讲座、反洗钱培训、金融系统反腐倡廉专题培训等，增强员工合规守法意识，规范员工行为。完成了各部门的业务自查、内审检查、整改提高和经验总结。10 月下旬，顺利通过江西银监局对公司案防工作现场检查。

【人力资源管理】为了培养人才，积极储备人才资源，公司不仅留才、用才，更育才和引才。公司本着打造一支政治坚定、业务精良、善经营、会管理、能驾驭全局的开拓型金融领导队伍，打造一支技能精湛、操作合规、爱岗敬业、遵纪守法、善于钻研的素质型金融员工队伍的原则开展人力资源建设与管理。在制度设计上，公司根据工作性质、业务能力和岗位责任的要求，以绩效考核为依据，以贡献大小为标准，尽可能使财务公司员工得其所得、得其所想，最大限度激发全体员工工作的积极性、创造性和主动性。在培训上，公司因需施教，紧贴财务公司经营业务发展的需要，紧扣金融业务的具体要求，有针对性、有目的地开展金融培训活动；做到因人施教，对新员工进行理想信念、商务礼仪和业务技能的培训，对青年员工进行金融专业知识、新业务、新技术推广和运用的导师带徒培训，对管理人员进行现代金融管理知识、交际技巧与方法等知识的培训，提高财务公司培训的科技含量和效果。组织了 8 个课题小组进行课题研究，其中“中小企业应收账款问题研究”、“财务公司票据池对集团票据管理的创新”分别获得江西省金融学会课题研究二等奖、三等奖。

【信息化建设】公司根据业务发展的需求，以立足自身开发信息化建设为主，利用原软件开发公司系统升级，小成本地大力开拓信息化建设，在达到同等效果的情况下，节约了大量的财力和人力。为提升服务客户和加强风险预警与防范的能力，对买方信贷客户管理系统进行了升级。通过完善原系统的功能，优化系统响应速度，新版系统在功能上、易用性上有较大改进，客户反映良好。个人征信系统顺利通过了人行的验收，为顺利开展消费信贷业务，更加方便快捷的查询客户的征信信息提供了保障。为确保信息系统管理安全、可靠，公司对数据库、服务器每日、周、月采取不同的备份策略进行备份，还进行了灾难恢复演练，提高了内部信息系统风险应对的能力，维护了成员企业和经销商的网银正常运行，保证了公司业务的快捷畅通。

【企业文化建设】为喜迎党的十八大，公司开展了系列活动。建立健全党的组织和建设党员干部队伍，成立了两个党小组，形成了一个组织健全、班子团结、工作协调、富有朝气的战斗集体；完善了党总支学习制度以及发展党员和缴纳党费制度等各项规章制度，配合集团各级党委，认真开展基层组织建设年活动，并逐项落实推进；推进“党员先锋”工作，每季度选出一名先锋党员，对其先进事迹进行宣传，先进模范可视化。党政工团齐心协力开展各类丰富多彩文娱活动，在竞争中协作。公司积极响应集团公司工会部署，多次组织员工参加集团工会及集团公司团委举办的各项活动，加强了财务公司团队的凝聚力；通过每个部门一期的橱窗宣传，展示了财务公司的风采，为广大员工提供了良好的学习园地；举办了青年卡拉 OK 比赛、第八套广播体操比赛、趣味运动会系列活动，通过各类活动，进一步增加员工的凝聚力、向心力和协作力。

中国航空集团财务有限责任公司

【经营概况】 2012年，中国航空集团财务有限责任公司（以下简称“公司”）面对全球经济增长偏弱、中国经济增长明显放缓、集团主业效益下滑的严峻复杂形势，以管理提升活动为契机，坚持稳健经营和可持续发展指导方针，严格实施全面风险管理，业务规模稳步增加，资金使用效率显著提高。截至12月底，公司资产总额77.80亿元，全年共实现总收入2.99亿元，利润总额1.20亿元，同比增幅为33.60%。公司党委第七次被集团评为“四好”领导班子。

【信贷业务】 2012年，公司优化信贷业务结构，保持收入平稳增长。加强贷款业务的计划性，控制放款频率，积极申请信贷指标，获取贷款增量，深入集团二级以下公司调研，寻找业务机会，增加外地客户与异地贷款；同时，调整贷款结构，加强与航空主业公司的沟通，挖掘贷款潜力，航空主业贷款占比大幅上升。

【资金业务】 2012年，公司加强与集团企业的沟通，掌握企业资金计划和需求，保持资金稳定运行；适应利率市场化进程，兼顾成员企业资金收益及同业价格水平，研究调整存款利率标准；积极拓展外部融资渠道，保证企业大额付款的顺利进行以及资金链条的持续稳定。统筹规划资金池规模和未来资金流量，研究全年货币政策和市场走势，优化资产配置，加强与银行的沟通及议价，通过协议存款等业务提高资金综合收益率。

【结算业务】 2012年，公司牢牢把握“资金结算中心”的定位，坚持以客户为中心的服务宗旨，为集团及其成员单位提供全方位结算服务。首先贴合主业突出优质高效服务，针对国航股份的资金管理和业务需求，积极协调配合，为其提供高效优质多元化的结算服务；其次加强对重点客户资金结算需求的分析研究，结合各自管控思路，为其提供个性化的资金管理方案，增强了集团成员单位对公司的信任感和依存度；最后提高服务的信息含量，优化结算流程，以求提高结算效率和质量。

【投资业务】 2012年，公司一是为保证公司资金周转，经多方询价后，果断对原有持仓进行集中减持。二是利用资金相对充裕期，利用集团发债的有利时机，开展短期操作，赚取价差收益。三是持续跟踪分析金融股权投资项目——航联保险经纪公司发展状况，通过定期收集报表、电话询问等方式了解其经营情况，实现对该项投资的全面掌握。四是经过对投资业务开展情况、必要性和可行性分析、风险分析及控制措施等方面进行全方位论证，以及对相关制度的完善与修订，积极向银监会申请二级市场投资资格，最终于6月取得新增业务资格，实现了业务范围的有效扩大。

【中间业务】 2012年，公司的咨询业务、研发业务、保险代理业务实现稳步开展。

一是咨询业务内在价值不断提升。融资项目方面，公司共参与集团及国航股份融资项目五个，不仅配合发行人顺利完成尽职调查，各类文件编制，答复协会反馈意见等工作，而且发挥专业的分析判断能力向发行人提供了将超短期融资券纳入融资体系的建议。

二是深入开展专项课题研究，研究价值不断提升。为寻找发展瓶颈的有效方式，公司重点开展了对集团金融控股公司及财务公司股权转让两大课题的研究。同时，公司立足集团经营实际，以满足内部信息需求为导向，及时捕捉经济热点，关注行业动态，解读最新政策，以《金融资讯》为媒介，搭建起全集团共享的宏观资讯平台。

三是规范业务操作，丰富服务内涵。保险代理业务是公司为集团企业提供的金融服务之一，公司根据企业的不同特点为其提供多元化保险业务，积极为客户办理投保、续保及理赔服务。2012 年公司修订了业务操作手册，组织了保险业务会议和保险业务讲座，有效规范业务办理；拓展保险代理客户，增加代理收入，续保工作顺利推进，续保率达到 100%；配合成员单位管理变化，做好协调工作，降低保费支出，并为客户提供最大便利；根据政策法规新变化，帮助客户找到最佳解决方案。

【销售支持业务】2012 年，公司把重点放在紧紧围绕 NC 系统合理配置人员，利用系统监控业务环节，确保资金安全。实现了除 T3 和翠微售票处之外所有外点的网络数据传送，提高业务凭证的规范化；同时数据从录入到核销、匹配，每个环节都有专人进行检查把关，保证了传递系统数据的准确无误。另外，在各外点实施摄像头系统监控，解决外点多、不易监控的重大安全工作难题，切实保证公司的资金安全。

【风险管理和内部控制】2012 年，公司不断深化全面风险管理，发挥审计监督作用。加强日常监控，每天采集各项经营数据进行风险指标监控，每月开展贯穿于各项业务活动和管理行为的风险自查，汇总分析重大风险状况，年底开展了贯穿公司各项业务和管理行为的风险自查活动，确定 2013 年年度重大风险并进行成因分析，有效降低风险发生的可能性；针对统计数据质量、信息系统等薄弱环节展开风险专项排查活动，保证公司生产经营的安全稳定，严守风险底线；持续完善风险信息系统，在风险管理信息系统中实现了指标及重要经营数据的时序变动走势和同比环比变化，自动生成趋势分析报告，以及任意单元格数值的预警；在公司内部多次宣传金融政策法规，讲解各项业务和变更事项的监管要求，为业务部门提供法律和监管政策的合规性咨询。向各部门发放了新的金融政策法规手册，组织学习，引导员工自觉遵守各项规定，使合规管理文化深入人心。

【人力资源管理】2012 年，公司以管理提升活动为契机，全力推进人力资源基础管理工作。一是加强全员绩效考核，细化指标，明确可量化指标及制度建设、风险控制、安全管理等目标。根据公司经营重点将年度工作任务分解下放至各相关部门，上下贯通，目标一致，并对关键指标、评估标准、权重等适时调整，保证考核指标紧密围绕公司业务重心，通过考核促进企业与员工持续改进、共同成长。二是完善选人用人机制，竞争性选拔人才工作有序推进，坚持德才兼备、以德为先的用人标准，强化注重实绩和效益的用人导向。严格选任标准、工作程序，认真研究，慎重决策，加大竞争性选拔人才的力度，选人过程更加阳光、公正；进行中层干部轮岗调整，促进中层干部多岗位锻炼成才，增强干部队伍活力。三是加强培训，组织相关部门落实，统筹规划。以提高干部员工素质为目标，紧密围绕公司业务发展规划，加强人才队伍建设，拓宽人才培养渠道，扩大教育培训覆盖面，分类分层开展教育培训，增强培训的针对性和实效性。

【信息化建设】2012 年，公司继续完善财务管理系统功能，实现精细化管理。进一步开发集团财务管理系统使用功能，通过推进用友统一门户平台、实施四期个性化开发、启动票据整合业务一期、优化国航 Oracle 接口等项目，提高公司信息化管理水平。通过规划、设计、实施有效的技术解决方案，公司网络发展成为与国航、商业银行互联互通的复杂网络，并经过持续的网络优化，实现了高效的数据传输、稳定的网络运行和灵活的扩展架构。公司制定了《内部网站管理办法》和《系统应急管理办法》，保证公司信息系统建设的规范化、制度化、有序化。

【企业文化建设】2012 年，公司将制度建设作为首要内容纳入企业文化建设工作，继续着力打造企业文化软实力。更新企业文化建设方案，并查漏补缺，继续完善各项制度。突出人本管理，营造企业和谐、安详文化氛围，以疏通领导与员工之间交流思想为平台，更加注重尊重员工、理解员工，并为员工创造更舒心并具创造力的工作氛围，促进公司各项工作有序、顺畅开展，员工幸福感进一步加强。

中国南动集团财务有限责任公司

【经营概况】2012 年，中国南动集团财务有限责任公司（以下简称“公司”）坚持“立足集团、服务集团”宗旨，紧紧围绕集团打造“精益、质量、创新、活力”主题，树立“稳健经营、追求卓越”的经营理念，克服集团资金集中度较低的不利因素，通过加强经营管理，盘活资金、增加同业收入以及稳固贷款市场等措施，提升运营效益。全年公司营业收入 2 555 万元，同比增长 17%；利润总额 1 817 万元，同口径增长 13%；净资产收益率 4.10%，同口径提高 0.40 个百分点，超额完成了董事会下达的年度经营指标。各项监控指标执行结果全部符合银监会规定的考核标准。

【信贷业务】2012 年，公司积极应对信贷调控政策，及时调整信贷业务思路，把握总量及节奏，重点推进非航产业、现代服务产业信贷市场，扶持下属规模小、实力较弱子公司的发展。特别是对一些经营指标暂时达不到银行贷款条件但发展前景较好的子公司，公司充分发挥自己的优势，解决其急需资金问题，助其经营发展壮大。全年发放贷款 41 520 万元、委托贷款 5 350 万元，办理贴现 5 379 万元，提供贷款担保 15 000 万元。全年共收回逾期多年的不良贷款 158 万元，完成“华诚财务公司破产”的债权登记和确认工作，追债工作取得一定成效，收回现金 71 万多元，夯实了资产基础。

【资金业务】2012 年，公司资金业务的开展秉承规范经营、降低风险、实现收益最大化的经营思路，存款日均余额稳中有升，资金收益显著提高。一是加强与客户沟通，积极吸收存款，存款规模有所上升；二是关注货币政策及市场价格变动走势，加强与银行议价，提高资金收益。全年实现金融企业往来收入 308 万元，同比增加 116 万元，增长 60%。

【结算业务】2012 年，面对流动性紧缩、成员单位资金周转放缓的局面，公司加强了金融服务力度，想方设法为成员企业提供“集中支付结算”和“上门取单、送单”及代收房款等业务，全年累计办理转账结算 4.50 万笔，累计结算金额 728 000 万元，同比增幅为 18%。

【票据业务】2012 年，公司本着服务集团的宗旨，以低于商业银行的贴现利率帮助成员单位实现短期融资。全年累计办理票据贴现 5 380万元，为成员企业累计签发商业承兑汇票 64 000 万元，同比增幅为 61%。为成员单位代理托收及贴现承兑，主动承担填写被背书栏的工作，减轻其工作量，全年商业汇票托收达 32 000 万元、解付 48 000 万元，同比分别增长 20%、49%。

【业务创新和管理创新】2012 年，公司持续推进综合评分计分卡的贯彻实施。将公司的年度目标分解到各责任部门，并推进责任部门制定更加详细的措施，以实现年度目标；将战略计划的执行情况纳入考核内容当中，每季度对战略计划进行跟踪回顾和修订，促使计划落实。推出了“贴现一站式服务”，客户来公司办理贴现，只需带齐贴现所需资料，在办公室喝茶休息，由公司信贷员代其填写申请资料、办理验票等一系列手续，在半小时之内全部办妥。

【风险管理和内部控制】2012 年，公司按照集团要求的全面风险测评框架，组织了对各项业务风险的梳理和自查，进一步提升了公司风险防范意识；根据内外部各项审计意见及案件防控的要求，系统整理了公司风险管理的薄弱环节，完善流程，制定并实施整改措施；积极推进了财务管理五大体系建设，完善公司管理制度和业务流程。全年新制定管理制度 53 项，修改现有管理制度 82 项，汇编成《2012 年公司制度汇编》。同时，公司还积极采取措施，完善稽核检查工作。扩大常规检查范围，在综合考虑监管要求、公司自身需要以及稽核人员配置等因素的基础上，对公司各项规章制度的执行情况进行常规检查，根据重要性原则，对信贷业务、资产风险分类等进行专项稽核，并穿插开展不定期业务抽查。

【人力资源管理】2012 年，公司对各部门负责人进行年度绩效考核，收入与年度绩效目标、业绩挂钩，员工的收入与工作态度及业绩挂钩，加大考核力度，拉开档次，打破大锅饭格局，建立多劳多得、奖优罚劣的奖励机制，最大限度调动大家的积极性。并酝酿推进职位任职资格体系建设，确立起“双通道”人才发展路径，设置行政管理序列和专业管理序列发展通道，制定并完善了员工薪酬管理办法。

【企业文化建设】2012 年，公司结合实际开展了一系列活动。一是设立公司网站“文化深植”、“廉政”宣传栏，不断强化对员工的思想政治教育，提高对金融安全工作的预防和警觉性，并采取多种措施，排查不稳定因素和进行安全操作大检查，全年做到无安全、责任事故。二是深入开展“创先争优”、“质量效益记心中，迸发激情立新功”主题活动，通过推进思想政治工作课题、吸收入党积极分子、开展“三比”竞赛活动、定期召开经济活动分析会等措施，使公司的经营效益大幅度提高，公司厂容、员工的精神面貌有较大改进。三是为提升公司形象，采取措施鼓励员工踊跃向中航南方科协、中航动力报投递论文和稿件，报刊投稿量大幅增加。

天津渤海集团财务有限责任公司

【经营概况】2012 年，天津渤海集团财务有限责任公司（以下简称“公司”）积极应对国家宏观调控和化工行业不利形势，充分调动干部职工积极性，团结协作、奋力拼搏，大力推进电子银行承兑汇票等创新业务，圆满地完成了全年考核目标任务，为集团公司实现又好又快发展作出了应有的贡献。截至年末，公司资产总额 35.09 亿元（含委托贷款 5.93 亿元）；负债总额 23.98 亿元（含委托存款 5.93 亿元）；所有者权益 11.11 亿元。实现营业收入 1.51 亿元；实现利润总额 1.06 亿元；净资产收益率 7.32%；2012 年，公司的所有监管指标均符合监管要求。

【信贷业务】2012 年，为了满足集团成员企业流动资金以及“大贸易”融资需求，公司审时度势，根据经济金融环境及监管要求，在利率、保证金等方面，帮助成员企业降低融资成本。根据中国人民银行信贷调控要求，2012 年公司信贷规模增速相比往年有所降低，公司积极推广电票业务创新，切实加强了对成员企业的金融服务能力。截至年末，财务公司全部贷款余额为 21.34 亿元（含贴现，不含委托贷款），同比增加 1.24 亿元，增长 6.17%。

【票据业务】2012 年，面对严峻的市场形势和融资环境，为了帮助集团成员企业渡过难关，防范风险，财务公司利用电子银行承兑汇票，帮助成员企业实现了低成本融资。2012 年开具电子银行承兑汇票 13.07 亿元，较上年增长 1 750.45%，已兑付电子银行承兑汇票 6.75 亿元，电子银行承兑汇票余额 7.05 亿元，为 16 家成员企业提供电票服务。通过电子银行承兑汇票的大量应用，累计为集团成员企业节省融资成本近 0.28 亿元，财务公司增加收益 400 万元。

【资金集中】2012 年，公司在巩固前期资金集中成果的基础上，通过召开座谈会、实地拜访，选取试点企业等方式，推进资金集中管理工作。借助商业银行资金归集系统，实现对成员单位账户资金的集中管理。公司与工行、中行、建行、中信银行、浦发银行合作，与上述银行签署资金归集管理服务协议，根据银行的系统功能与公司的自身需求，实现资金集中管理。

【业务创新】2012 年 11 月 12 日，公司正式递交了开办《企业集团财务公司管理办法》第二十九条部分业务的申请。对于即将开展的业务，财务公司拟定了相关业务制度，同时配备了相关专业人员，具备了开展“第二十九条”部分业务的基础。

公司“票据池”业务已经开始试运行，截至年末，10 余家核心成员企业均签订了入池协议，入池票据近 1 亿元。部分票据已经到期形成一部分保证金存款。2012 年，为配合开展票据、同业拆借等业务，公司与中国银行等七家金融机构合作，先后取得同业授信共计

30亿元。

【风险管理和内部控制】2012年，结合监管的要求，公司对各项制度进行更新、梳理，细化业务管理办法和操作流程，完善风险管理和稽核工作的相关业务制度。对于不适应现在管理需要的制度，及时进行补充、修改，做到制度建设与业务发展相匹配。2012年四季度，董事会审议通过了各专业委员会议事规则和四项风险管理政策，通过多种手段，切实按照法人治理结构的要求做好规范运作，进一步提高了公司决策水平。同时不断加大制度执行力，强化岗位责任，公司上下合规经营意识和风险管理理念不断增强。截至年末，公司自营贷款业务均为正常类，不良贷款额、不良贷款率均保持为零。资产减值损失已累计提取0.41亿元，不良贷款率为零，拨备充足，抵御风险的能力不断增强。

【人力资源管理】按照集团人才发展规划要求，公司围绕自身发展，从丰富教育培训形式、调整岗位职责、培养年轻干部和应届生实习招聘等方面加强公司人力资源管理。2012年，先后派出多名干部员工参加人行、银监局、财协的培训；同时鼓励员工参加各类社会培训及考取相关证书；组织多次在校生到公司实习，拓宽招聘渠道；健全薪酬制度以及绩效工资考核分配方案，切实做好引进人才，用好人才，留住人才。

【信息化建设】2012年，公司全面分析目前各业务系统的现状以及业务需求，分析各应用系统的不足，紧紧围绕创新业务的开展和集团公司建设资金集中管理系统的工作要求，论证了下一步系统建设思路，并与数家软件公司接洽，招标方案已制定完成。

【和谐企业建设】在公司的发展过程中，始终遵循兼顾好国家、股东、员工三者利益关系，公司发展步入了良性循环，2012年财务公司缴纳各种税金合计0.38亿元，较上年同期的0.17亿元增加0.21亿元，增长123.34%；2012年向股东现金分红0.38亿元，为当年最高可分红额，受到全体股东的好评；2012年员工工资总额继续保持两位数增长。

深圳市有色金属财务有限公司

【经营概况】2012年，深圳市有色金属财务有限公司（以下简称“公司”）累计实现营业总收入0.64亿元，营业利润0.82亿元，利润总额0.82亿元，税后净利润0.61亿元。截至2012年12月31日，公司资产总额9.73亿元，总负债4.87亿元，净资产4.86亿元。

【信贷业务】2012年，央行两次下调存贷款基准利率。为更好地支持成员单位发展，公司分别于7月和11月两次下调利率的浮动区间，及时减轻了企业负担，降低了成员单位资金成本。在为成员单位提供资金支持的同时，公司着力重视防控信贷风险。公司对内积极完善内控制度，继续对信贷业务相关制度和实务进行修改和完善；对集团下属成员单位及时跟踪企业经营情况，对风险较高的信用贷款不是一味地强制收回，而是采取转为抵押贷款、提取相应坏账准备等风险防控措施，做到既保证了对成员单位的支持，又较好地控制风险。

【投资业务】2012 年，由于国际经济整体下行及国内 GDP 增速下滑等不利因素的影响，国内证券市场状态低迷，原本风险较低的申购新股业务出现较大风险。面对新的市场形势，公司加大研究力度，积极寻找投资机会，严格控制投资风险，逆势而上，全年实现有价证券投资收益率超过 20%。

【资金业务】2012 年，受政策的限制和影响，信贷资产转让和票据转贴现两项重要的融资业务停止运作，使公司资金出现了前所未有的紧张情况。面对不利局面，公司在努力提高整个集团资金的使用效率，保证成员单位资金需求的同时，积极想办法，找出路，一方面密切跟踪资金市场走势，在合适时机继续开展票据业务；另一方面对开展电子商业汇票业务的可行性进行调研，为今后开展电票业务打好基础。

【人力资源管理】为进一步推进学习型企业建设，为公司发展储备人才，公司自 2012 年下半年开始，每天利用一小时对员工开展系列培训。培训内容包括外汇业务知识、专业英语、公文写作、财务基础、经济法律基础等，全部针对公司经营所需及未来业务发展方向。这些培训进一步丰富了员工的专业知识，切实提高了实际工作能力，培训达到了预期效果。2012 年 12 月，为贯彻中金岭南公司关于推行标杆管理的精神和要求，公司组织全体员工参加了标杆管理知识培训，初步理解了标杆管理的理论、概念和应用，为进一步深入推进标杆管理工作打下了良好基础。

【信息化建设】为促进管理规范化、流程化、电子化，建立公司内部办公协作平台和知识管理平台，公司于 2012 年下半年启动 OA 系统建设。同时以建设 OA 系统为契机，对公司内部管理制度和流程进行梳理、完善和优化，进一步落实和强化精细化管理，全面提升公司管理水平和信息化水平。

【企业文化建设】2012 年，公司工会联合党总支积极组织员工参与各种有益身心健康的文体活动，强化企业文化建设，增强公司凝聚力。包括举办一年一度的羽毛球比赛、参加集团组织的登山活动和文艺汇演等。每逢传统节日，工会都会委派部分委员代表公司对退休员工进行慰问，对于患病住院、在家休养以及生育小孩的员工，公司都会送去关怀、温暖。

中国南航集团财务有限公司

【经营概况】2012 年，中国南航集团财务有限公司（以下简称“公司”）实现营业收入

（含投资收益）2.51亿元，同比增加0.64亿元，增幅为34.2%；主营业务成本0.96亿元，同比增加0.2亿元，增幅为26.3%；净利润0.92亿元，同比增加0.31亿元，增幅为49.8%。年末资产总额为51.59亿元，同比增加4.86亿元，增幅为10.4%；负债总额为44.55亿元，同比增加3.93亿元，增幅为9.7%；所有者权益为7.04亿元，同比增加0.93亿元，增幅为15.3%。

【信贷业务】2012年，公司共发放人民币自营贷款34笔，累计金额19.2亿元；年末贷款余额22.35亿元，同比增长28.15%；日均贷款19.4亿元，同比增长25.87%；实现贷款利息收入1.1亿元，同比增长53%。一是建立服务质量提升长效机制，制定《财务公司服务质量管理办法》及《2012年财务公司客户服务质量提升方案》，抓住9个关键节点制定了37项服务改善措施，有计划、分步骤地落实服务质量提升工作。二是在政策环境和市场环境变化的情况下，根据成员企业融资能力差异制定不同的利率价格政策，全面提高了集团成员企业的存款利率上浮幅度，不同程度地扩大了集团成员企业贷款利率下浮空间，既为客户降低了财务费用，又帮助客户提高了对外议价能力，让客户感受到了财务公司的灵活性，提升了客户的忠诚度与满意度。

【资金和投资业务】一是加强资金计划精细化管理，在确保流动性的前提下通过灵活存款期限、开展竞价等方式提高短期资金收益。二是提前布局，构建稳健的固定收益投资组合，把握债券市场牛市行情，新开展债券利差交易等业务，提高投资组合收益率。

【票据业务】2012年，集团成员企业未使用票据进行结算，故公司未办理票据业务。同时，公司积极关注票据市场，组织专题讨论会，积极探寻适合公司现状的、性价比高的电子商业票据平台，已初步选定了较为理想的电子商业汇票业务平台实现模式。

【资金集中】2012年，公司主动走访调研客户需求，积极关注行业形势的变化，在产品或方案设计方面认真求索，不断提高资金集中度。一是主动加强与银行沟通协作，维护资金集中管理渠道。协助银行做好业务挂接、资料收集、客户沟通等工作，巩固和疏通资金归集渠道、有效落实客户服务保障，保证客户资金的及时回笼。二是丰富服务手段，开通客户服务短信平台，设立客户服务专用邮箱和服务投诉电话，打造贵宾服务专区，组织客户服务研讨会，扩大了客户意见采集渠道，缩短了与客户的沟通距离。三是开发新的产品和服务项目，增强成员企业对资金集中管理的积极性。开发存款品种，设计存取流程，根据利率政策变化为客户提出续存或转存方案建议，帮助设计内部应收账款结算解决方案。

【业务创新】2012年，公司在深入推进原有保险类项目的基础上，积极开展财务顾问类业务，创新业务保持良好势头，全年收入达2 586万元，同比增长40%。一是继续推进保险类业务，实现代理费收入的快速增长。通过加强服务手段、提高服务质量、加大营销支持力度等措施，使保险类业务维持在一个较高的水平。二是积极开展财务顾问类业务，丰富创新业务手段。作为财务顾问参与南航集团2012年超短期融资券的发行工作。

【风险管理和内部控制】2012年，公司不断完善内控建设，加强合规管理，持续优化风险管理水平。一是在普华永道的指导下，完成对标《企业内部控制基本规范》工作，初步建立起一套科学规范的内控自我评价机制。二是依照实效性原则，改进资产负债管理等方面的内控管理，构建了资产负债管理的组织架构和实施流程。三是以南航集团内控试点为契机，健全了风险评估的自我改进机制。聘请普华永道担任项目咨询顾问，围绕内控五要素进一步梳理业务及管理流程，对公司层面和流程层面控制的设计和执行有效性进行自我评估，提出了11项内控评估发现及管理建议。四是继续夯实内部稽核监督工作，全年开展2次现场检查和12次非现场检查，提出7条稽核建议和24项管理建议。

【人力资源管理】不断完善公司人力资源管理，探索绩效考核新模式，提升工作效率。一是通过公开竞聘方式选拔2个管理岗位和7个专业岗位，17名员工进行了岗位轮换，员工积极性进一步提高。二是从小事做起，为员工提供贴心服务，成功解决职工优惠机票、档案管理等难题。三是推进部门月度绩效考核，及时兑现月度绩效，加大激励力度。

【信息化建设】一是完善资金集中管理平台功能，在资金集中管理系统新增定期存款、通知存款等6项自助业务功能。6月，公司资金集中管理系统荣获2012年广东省“金融创新”三等奖，是获奖单位中的唯一一家财务公司。二是全力推进系统升级优化。升级后的业务处理系统新增82项功能，不仅完善了原有的结算与信贷业务功能，而且把资金计划、投资、金融统计标准化等业务纳入系统，全面提高信息化水平和工作效率。

【企业文化建设】一是深入开展党务公开，根据《党务公开工作方案》编制党务公开目录，在内部网站设置党务公开专栏，公开项目达6大方面26项。二是开展学习交流，组织党员开展“强组织、促管理、建和谐”主题活动，与兄弟单位开展党建及企业文化建设交流。开展“庆十一”红歌比赛，10支参赛队伍用优美的旋律抒发了爱党爱国热情。三是利用“职工书屋”平台打造党员教育阵地，购置一批党建和纪律教育书籍、影视资料供党员借阅学习。同时，组织员工参加“南航十分关爱基金”活动，每人每月给基金捐出一元钱，为南航困难员工提供帮助。

上海汽车集团财务有限责任公司

【经营概况】2012年末，上海汽车集团财务有限责任公司（以下简称“公司”）资产总额达772.45亿元，当年实现营业收入32.64亿元，净利润15.43亿元，同比增长27%，再创历史新高。自2010年以来，公司已连续3年盈利保持两位数增长。公司共设十九个部门，2012年末共有在编职工392名。

【汽车金融板块】截至2012年末，公司批发业务贷款余额同比增长30%，零售合同同比增长42%，业务增速在业内主要汽车金融公司中继续保持第一。在业务高速增长的同时，批发业务始终保持零损失，零售业务的逾期率远低于行业平均水平。

2012年，公司与上海大众、上汽乘用车继续深化战略合作关系，携手整车厂、各分销中心及经销商，在全国范围内推出300余个促销活动，进一步提升了车贷品牌影响力，并开发了“无忧无率”、“驾梦者”、“易享贷”、“五三二”等消费信贷新品，满足不同客户群的个性化需求。另外，公司还定制研发了与汽车金融系统高度整合的影像系统，并于2012年9月份正式上线，使个人汽车消费信贷从申请至审批的平均时间比2011年提高了46%。

【公司金融业务】2012年，公司全年日均存款再臻高峰，同比增长24%。面对严峻的宏观经济形势，公司双管齐下，一方面以推进电票业务为契机，继续深化银企合作；另一方面密切跟踪集团内重点企业动向，主动为上海通用、上海大众等公司的重大项目提供优质服务，赢得客户好评。

【国际业务】面对激烈的国际业务市场竞争，公司一方面全面推进远期结售汇、远期外汇买卖等新业务的营销，以新业务拓展市场；另一方面，通过本外币联动，争取集团内企业的传统结售汇项目，并根据结售汇市场情况，及时调整交易价格，最大幅度让利于集团企业，促进集团整体效益的提升。

【投资业务】在国家大力推进利率市场化的环境下，公司紧跟央行调控思路，加大各类固定收益类产品配置力度，既满足了资金流动性的要求，又创造了丰厚的收益，有效提高了资产收益率，收益率比肩同行先进水平。

【融资业务】2012年11月27日，公司正式发行了业内首单资产证券化产品——“2012上元一期个人汽车抵押贷款资产支持证券”，并于2013年1月7日在银行间交易市场成功上市，再创财务公司行业先河。这一融资渠道的有效拓展，为公司汽车金融业务的持续、高速发展提供了有力的资金保障。

【股权投资】公司投资的中国第一家专营汽车消费信贷的金融企业——上汽通用汽车金融公司，2012年各项业务稳步增长，至12月末公司服务的信贷资产总余额已超人民币400亿元，全年实现净利润14.16亿元，同比增长17%。

【风险管理】2012年，公司自主研发的RFID合格证远程监控系统共获得4项国家专利，利用该技术实现了对车辆合格证的全天候远程监控；同时公司在总结原有驻点管理经验的基础上，积极推进经销商驻点外包管理。以上举措取得了显著成效，在2012年下半年，多家经销商出现紧急风险事项，公司凭借有效的风控措施，信贷资产丝毫无损。

凭借完善的内控管理体系，2012年，公司在中国人民银行上海分行货币信贷政策导向效果综合评估中获得AAA等级的最高评价，在集团“企业内部审计环境调研”及内控体系测评中双获最高分。

【人本管理】2012年末，公司在册员工达392人，比上年同期增加63人。为了更有效地推进人本管理，公司颁布了《员工职业发展管理办法》，构建全新的职业发展体系，为员工提供更加明确的职业发展路径，努力做到人尽其才。同时，公司建立了从员工到高管的多层次、形式丰富的培训体系，并运用多媒体课件丰富公司网络培训课程资源，有效提升了各级员工的专业素质和管理水平。公司还继续组织“十佳员工”评选，以他们健康向上，奋发进取的正能量激发全体员工成长。

【企业文化】2012年，公司成立企业文化建设领导小组，由总经理亲自挂帅，全面推进与深植企业文化建设。

在企业品牌建设方面，公司借助网络互动平台，全新建立了上汽财务“My Point”积分网站和上汽财务微博，有效加强了与社会公众的良性互动；公司还在全国范围内举行了首届融资经理精英挑战赛，共吸引1 200位来自全国各地的融资经理精英同台竞技，有力推广了企业的知名度和美誉度。

在凝聚力建设方面，公司举行了各类活

动，如年会“一战到底”擂台赛、A级员工“创新铿锵行”、第二届职工运动会、外勤团队家庭日活动等；公司还开设了员工新食堂，新建了员工活动室，进一步提升了员工的幸福感和归属感。

振华集团财务有限责任公司

【经营概况】2012年，振华集团财务有限责任公司（以下简称“公司”）坚持“依托集团，服务集团，稳健经营，持续发展”的经营理念，认真贯彻执行国家金融方针政策，规范运作，依法经营，全体员工齐心协力，扎实推进各项经营管理工作，取得了较好的经营业绩。2012年，公司实现营业收入4 626万元，比上年减少5.44%。其中利息收入为4 464万元，比上年减少5.26%；手续费及佣金收入为158万元，比上年减少6.51%。实现利润总额2 306万元，比上年增长7.56%。全年创税765万元，比上年增长8.51%。

在经营中主要存在的问题，一是公司客户分布相对集中，公司经营业务较单一，主要为集团成员企业存贷款业务，中间业务较少，盈利能力较差；二是公司由于自身规模及业务范围等因素，导致目前信息自动化程度不高，信息系统建设相对滞后。另外，电力、通信等基础设施对外部的依赖程度较高。

【信贷业务】2012年，公司全年累计发放贷款165笔（含委托贷款），发放金额114 475万元，办理贴现业务共计150笔，发生额共计14 004万元。期末各项贷款余额为87 170万元，其中委托贷款36 395万元，贴现3 311万元。年末各项贷款余额比上年增加6 248万元，其中委托贷款比上年增加4 615万元；贷款（含贴现）比上年增加1 633万元。

【票据业务】2012年，公司为企业托管银行承兑汇票311笔，金额为23 694万元，总共为企业担保开票173笔，总额达到了7 510万元。

【资金集中】公司2012年12月31日的时点资金集中度为70.81%，日均资金集中度76%；2012年，由于振华集团各企业大量资金用于重点项目投资、技术改造、设备更新、厂房建设等，加上销售回款困难，致使公司吸收存款大量减少。截至2012年12月31日，公司吸收存款余额68 044万元，较上年减少23 572万元，下降25.73%。全年公司为企业办理结算18 503笔，结算金额达116亿元。

【风险管理和内部控制】2012年，公司加强内部控制，加快构建内部控制体系，扎实开展管理提升活动，夯实管理基础，实现科学发展。2012年，为贯彻执行中电财［2012］374号文《中国电子内部控制体系建设整体实施方案》精神，公司成立了内控建设领导小组，全面梳理分析内控环境、内控活动和内控手段等内部控制现状，查找现有内控流程、制度设计及运行问题与缺陷。主要加强了防范操作风险，规范业务操作，做好各部门沟通协调工作。

【人力资源管理】2012 年，公司加强员工培训，鼓励员工参加学历、职称及资格考试等各种有助于提高自身素质的学习考试。职工参加的业务培训涉及范围有基础业务、新会计准则应用、贷款新规、法律合规、内控制度、风险管理、人事管理等各种培训。通过学习培训，员工的业务能力、法律意识、服务理念均有了一定程度的提高，为在今后工作中杜绝违规行为，认真贯彻落实各项管理办法和制度，统一思想、严格执行奠定了基础。全年培训人员 386 人次，3 293 学时。

东方集团财务有限责任公司

【经营概况】2012 年，东方集团财务有限责任公司（以下简称“公司”）紧跟集团发展战略，充分发挥公司在集团中的金融职能，积极推进各项业务的开展，努力提高集团资金集中管理水平，创新业务产品满足成员单位需求，为提升集团整体资金效益发挥作用。公司进一步强化风险管理与内部控制管理，规范内部基础管理工作，保证公司安全运营。截至 2012 年末，公司资产总额 172 283 万元，负债总额 119 400 万元，所有者权益 52 883 万元，全年实现营业收入 7 206 万元，利润总额1 008 万元。

【信贷业务】2012 年，公司调整信贷资产结构，加大对集团重点产业支持力度，将资金投入到集团主要产业和主要项目，全力支持集团产业发展。2012 年，公司对集团采矿业、文化产业及粮油产业在资金使用上给予了大力支持，投放贷款解决了企业内部成员单位的资金短缺问题，推动集团产业在各个领域的蓬勃发展。信贷业务管理方面，修订业务管理制度，规范贷前、贷中、贷后业务管理流程，对信贷人员加强业务培训，提高信贷业务管理能力。

【资金集中管理】2012 年，公司继续深化资金集中管理工作，不断拓宽内部资金集中范围，完善财务集中管理制度，强化公司在集团资金集中管理方面的核心作用。同时加强与集团成员单位的联系，大力推介公司所提供的优质高效金融服务，为成员开辟绿色服务通道，通过推广资金管理结算系统为成员单位办理结算业务提供便利，将成员单位资金吸引到财务公司。通过努力，公司资金集约化管理工作得到了稳步发展，为集团成员单位办理的结算业务交易量也大幅提高。截至 2012 年末，公司共为集团成员单位办理结算业务 646 亿元，同比增幅为 48%。

【风险管理和内部控制】2012 年公司进一步完善风险控制体系建设，调整了董事会及风险管理委员会成员，董事会对公司下达了经济指标及工作指标，其中经济指标包括公司实现利润、资产负债管理规模、管理费用等；工作指标包括公司队伍建设、合规化经营、各项业务运行等日常管理项目，还包括资金管理平台建设重点工作项目，为公司治理水平的提升起到了强大的助推作用。公司对原有制度进行了全面梳理，对财务、信贷、资金、行政等内控制度进行了修订与完善。公司加强内审稽核力度，对财务状况与经营成果、离职人员、信贷业务及管理费用等事项进行了专项审计，进一步提升公司管理水平，促进公司稳健发展。

【人力资源管理】2012 年，公司进一步强化人力资源管理工作，深入推进人力资源体制改革创新，紧紧围绕集团公司经济发展目标，以人才资源开发为根本任务，从根本上解决人才的引进和利用。一是加快建立适应员工成长的管理体制，深化公司人事制度改革，充分发挥人事部门在人力资源管理与开发中的策略性角色，重视抓好创新型人才、复合型人才的培养和选拔使用，使其符合集团公司的战略目标。二是加大对员工教育培训的投入，使企业成为“学习型组织”，通过内训和外聘等多种培训渠道的紧密结合，提高员工的创新能力和创造能力。三是提高对员工的激励力度，制定与职员的收入待遇、岗位责任、工作业绩挂钩的绩效考核机制，实行按岗位、按任务、按业绩付酬的分配制度，最大限度地调动人员积极性，实现公司业务发展与人才资源开发的双丰收。

【信息化建设】2012 年，为提高信息化管理水平，发挥信息科技在实际工作中所起的作用，公司完成了对重大运行事件报告、责任追究、信息科技业务外包管理及电子设备类固定资产管理办法等制度的建设，实现了公司制度化、规范化管理，有效整合工作流程，提升工作效率。此外，公司开发并完成了金融机构数据采集系统、金融统计监测管理系统数据接口系统（以下简称1104 报表系统）的建设工作。此项工作是公司 2012 年信息科技方面重点工作，信息科技部、各业务部门及软件开发商结合公司实际业务情况，共同完成了系统需求调研工作，提出了 1104 报表系统实施方案书。此次 1104 报表系统投入使用将使东方集团财务有限责任公司对数据的采集、归纳、分析更加快速，公司相关业务处理更加高效、便捷。

【企业文化建设】2012 年，公司力争建设形成一个比较完善的、能够适应市场经济发展和集团需要、符合公司发展战略、具有财务公司自身特色和独具优势的企业文化体系。一是借助《东方人报》和《东方手机报》的平台展示公司经营和管理工作风貌，以树立企业及行业内的先进形象。及时挖掘并表彰公司内部的先进事迹，树立员工榜样，营造积极向上的工作氛围。二是定期开展各种爱党爱国教育和文娱活动，注重员工品德及素质教育，通过相互交流协作的方式活跃工作气氛，增强集体凝聚力。三是积极响应集团号召开展各种主题活动，促进员工在和谐、高效的工作环境中发扬刚韧、无畏、探求、超越的“东方人”精神。

东航集团财务有限责任公司

【经营概况】2012 年，东航集团财务有限责任公司（以下简称“公司”）认真落实集团下达的目标，把握宏观政策变化趋势和集团成员单位需求，面对经营压力和复杂多变的金融市场，积极调整经营策略，采取有效措施，调整资产配置结构，降本增效，努力提高盈利能力。截至 2012 年末，公司资产规模达到 55.86 亿元，营业收入 2 亿元，实现利润总额 1.3 亿元。

【信贷业务】本着为集团各成员单位提供优质服务的宗旨，公司把服务集团成员单位作为重要工作，严格遵守公司的各项规章制度，注重资金安全，严控金融风险。根据年度经营计划及资金的安排，公司合理调整信贷政策，力求以更合理的资金结构发放各类贷款，并且严格按照公司信贷管理制度和业务操作规程办理各类信贷业务，做好贷款三查工作，加强贷后管理，及时了解企业经营、财务状况，切实防范信贷风险。截至 2012 年 12 月 31 日，公司共发放人民币自营贷款 37 笔，贷款金额 50.99 亿元，美元自营贷款 1 笔，贷款金额 1 200万元；发放人民币委托贷款 56 笔，委托贷款金额 17.38 亿元；开具担保函 3 笔，担保金额 700 万元。

【结算业务】2012 年，公司多次组织探讨，上门走访客户，了解客户的需求，进一步提高结算服务的效率和质量。公司坚持规范操作，对银行票据及密钥的保管和使用情况进行内部不定期检查，情况良好。随着外汇业务的展开，公司在外汇结算业务方面边学习边开展，通过建行一支行的上门培训、派员去浦发银行实习以及日常工作中大家一起学习交流，已取得了一定的工作经验。截至 2012 年 12 月 31 日，公司人民币结算量达到 5 259.92 亿元，结算笔数达到 64 873 笔；美元结算量 4.37 亿元，笔数为 81 笔。

【资金业务】2012 年，公司加大与集团内成员企业的沟通协调，在保证适度流动性的前提下，挖掘资金潜力，实现了资产负债的动态合理均衡配置，为公司的年度利润水平奠定了坚实的基础。首先，狠抓信贷和投资两大块资金运用，提高闲置资金使用效率。截至 12 月末，人民币贷款日均规模达到 24.66 亿元，同比增加 52.79%。累计申购新股 49 笔，申购资金达到 67.26 亿元。其次，跟踪银行市场产品，在安全可行的前提下积极操作，购买银行类信托理财产品和定期存放，灵活调度调配资金，提高同业利率收益水平。截至 12 月末累计定期存放 193.82 亿元，购买银行类理财产品累计 0.8 亿元。

公司加强银行间市场资金融通，灵活调整资金盈缺，适时进行套利。截至 12 月末共拆出资金 24 笔，累计拆出资金 71 亿元，利息收入 233.29 万元，拆入资金 26 笔，累计拆入资金106亿元，利息支出206.23万元，大大提高了资金收益率。

【外汇业务】2012年，公司大力开展外汇业务，大幅度提升了外汇业务服务的深度和广度。从二季度开始，公司拓展了非美元币种外汇产品，使外汇业务服务币种达到美元、日元、英镑、港元、欧元五个。截至12月底，累计完成售付汇业务1 020笔，金额63 058万美元，其中欧元售付汇127万欧元，英镑售付汇21万英镑；收结汇累计完成688笔，金额9 048万美元，其中欧元收结汇40万欧元。结售汇总量较上年增长140%，发展态势良好。

2012年，公司大力拓展国际贸易项下的跟单业务和代理开立承付信用证业务等衍生服务，丰富外汇业务服务产品。截至12月底，代理开立进口信用证17笔，金额累计457万美元，代理进口信用证对外承兑支付17笔，累计金额436万美元。完成出口项下跟单业务290笔，金额累计3 024万美元。

【投资业务】2012年证券市场持续低位震荡，公司采取灵活有效的策略，分散资金，控制仓位，对整个资产证券投资额度进行了相应的比例调配。根据市场变化，公司适时降低投资仓位，有效规避了市场下行风险。对于新股政策的成功把握是2012年投资业务的最大亮点，公司加强对新股的研发力度，有选择性地对质地较好的新股进行申购。整体而言，公司投资业务取得了不错的收益，风险控制也较为得当。

【风险管理和内部控制】2012年，公司继续以“加强内部控制、防范金融风险”为宗旨做好各项工作。风险控制工作主要包括以下六个方面：加强合同管理；加强公司合规审查，确保公司合规经营；加强公司案件防控监督，积极开展公司职务犯罪预防工作；加强公司风险管理，完善公司全面风险管理体系；加强公司内部控制，全面开展公司内控自评价工作；加强公司授权管理，修订清理公司规章制度。

为了防范金融风险，公司相关部门动态监控存放同业的款项及证券市场投资业务。通过全面的内控稽核、业务专项稽核和日常监测等工作，公司对内部控制、经营和风险管理的监督检查力度进一步加强。此外，公司组织有关业务部门开展了案防宣传教育工作，并制定修改了公司反洗钱制度。

【信息化建设】2012年，公司着力进行信息系统的升级工作，为业务的正常运营增添保障。公司完成了结算系统数据库在郑州的异地灾备环境的搭建，实施了用友结算系统与股份公司银企直联项目及网银安全改造，并对反洗钱系统进行二次开发，增加和完善了部分功能。此外，为配合外汇业务的开展，公司对外汇局接口系统进行了调研，目前正在开发过程中。

【员工培训】为提高公司员工队伍的素质及专业技能，打造学习型企业，公司于年初制定了科学全面的员工培训计划，力求通过多元化的培训方式、丰富的培训内容，达到培训—工作的结合，使员工发生有益于公司发展的变化，提高工作能力，改变工作态度，改善工作绩效。公司常规培训每个月、每季按时开展，专项培训按照上级监管机构的要求定期开展。此外，根据集团金融板块的具体要求和统一安排，积极组织员工参加板块内部的培训。

【绩效考核】为公平、公正、客观地评价员工的工作绩效，充分调动工作积极性，公司从2012年度开始实行新的绩效考核制度，逐步加大考核力度，拉开薪酬差距，使薪酬真正与个人能力、绩效挂钩，从而起到激励个人成长、促进企业绩效提升的作用。公司首先与各部门经理签署绩效合约，部门经理再将绩效合约分解至部门员工，职责明确，奖罚分明，帮助每一个员工认清自己在公司运作中的角色和作用，从而实现员工个人成长和企业健康发展的双赢目标。

回顾2012年的绩效管理工作，绩效考核制度对于理顺工作任务、促进工作计划的完成起到了相当大的推动作用，各级管理者和职工的绩效考核意识也得以逐步确立。

【党建工作】2012年，公司党支部严格遵守“三会一课”制度，积极认真地开展相应的学习和活动，把“创先争优”落在实处。在上级党委的指导下，支部组织党员开展党史教育、廉洁文化宣讲。组织学习先进典型文件，观看《人民的好儿女》、《纪念建党90周年东航集团公司“两优一先”特辑》和宣传片；组织参加中央企业先进精神巡回报告会、陈超英同志先进事迹报告会等。

中油财务有限责任公司

【经营概况】2012年，中油财务有限责任公司（以下简称“公司”）积极克服央行调息、存款下降、汇率变动等多方面影响和复杂多变的国内外经济金融形势，加快转变发展方式，努力提高质量效益，大幅提升服务能力和水平，经营业绩再创历史最好水平，为实现公司“十二五”规划目标奠定了坚实的基础。2012年，公司荣获金融时报社与中国社会科学院联合授予的“2012年度最具创新力财务公司奖”。截至2012年末，公司总资产达到5 938.13亿元，比年初增加903.28亿元，增长17.94%，其中：自营资产3 309.62亿元，比年初减少136.09亿元，下降3.95%；代理业务资产2 628.51亿元，比年初增加1 039.37亿元，增长65.40%。公司全年实现营业收入145.73亿元，同比增加5.41亿元，增长3.85%。实现利润总额60.97亿元，同比增加15.27亿元，增长33.43%。拨备前利润达到74.27亿元，同比增加3.55亿元，增长5.02%。

全年公司为成员企业降息、免收手续费、节约汇兑成本等共计25.93亿元（其中节约贷款利息12亿元、手续费4.81亿元，节约汇兑成本9.12亿元），封闭结算业务为集团公司和股份公司节约周转性流动资金达到150亿元。公司通过坚持服务实体产业、不断延伸和提升金融服务价值链，较好地保障了集团公司油气产业的平稳发展。

公司年末资本充足率为18.50%，高于监管标准要求8.50个百分点；不良资产率为零，远低于监管标准（≤4%）要求；不良贷款率为零，远低于监管标准（≤5%）要求；资产损失准备充足率433.29%，高于监管标准（≥100%）要求。

【结算业务】2012年结算业务保持较快增长。推广司库结算系统，加快市场开发，强化业务培训，规范制度流程。新增285家企业324个账户，总分联动上线账户743个，司库结算覆盖面大幅提高。推进司库结算系统与营运资金管理平台的融合对接，58 家企业成功上线。强化客户信息管理，初步建立涵盖3 525家企业的信息资料库，为提高客户信息共享程度、挖掘市场潜力打好基础。加大吸收存款力度，做好客户拜访与业务宣传力度，新增客户存款资金 42.2 亿元。协助成员企业设计资金管理方案，取得良好成效，其中昆仑燃气公司纳入集中管理的下属企业达 57 家。

全年累计办理本外币结算 219.59 万笔，同比大幅增长 96.19%。结算金额 25.41 万亿元，同比增长 10.39%。

【信贷业务】面对商储油还贷、集团公司长负贷款转资等因素造成自营贷款下降的不利影响，积极开拓市场，稳定并不断扩大客户群体，同时不断创新业务品种，提高信贷规模。新签 170 亿元贷款合同。提高了对大连西太、山东天然气管道、西部钻探等 27 家企业贷款规模。将长城钻探等 6 家企业的循环贷款转为固定期限贷款。

截至年末，人民币各类贷款余额 2 997.1 亿元。其中，自营贷款 1 005.7 亿元，比年初略减 26.9 亿元，降幅为 2.6%。受托贷款 1 991.4亿元，比年初大增 962.1 亿元，增长 93.47%。

【资金业务】公司克服存款大幅下降造成的困难，保持较低的头寸资金水平，加强精细化管理和流动性管理，加大证券回购融资力度，确保结算、信贷和投资需求。全年参与货币市场正回购融资累计 9 875 亿元，日均余额 67.4 亿元，同比增长 74%。加强银行同业合作，增强结算支付保障能力。全年通过资金管理运作，增收节支，降低资金成本 21 个基点。

【投资业务】在平均规模下降 21.8% 的困难情况下，公司积极跟踪市场，挖掘产品，储备项目，抓住市场机遇，调整投资结构，取得明显成效，全年实现价差收益 3.1 亿元。配合公司头寸管理，利用在银行间和交易所两个市场的通道优势，完成证券回购总规模近 1.2 万亿元。做好集团委托投资管理，确保托管债券安全。截至年末，人民币证券类资产余额 896.75 亿元，同比增加 15.26 亿元，增长 1.7%。全年自营证券平均规模 670 亿元，同比减少 228 亿元。

【外汇业务】2012 年，公司成功续发 11.5 亿美元债，首次成功发行 20 亿美元商业票据，新增 7 家银行授信。全面跟踪集团海外业务，建立重点区域项目长期跟进机制，累计为加拿大、中亚管道等 19 个境外重大项目发放外汇贷款 205 亿美元。启用新加坡平台，发挥税收豁免优势，为澳大利亚两个股权收购项目发放贷款 5 900 万美元。全年开展外汇交易 746 亿美元，同比增长 12%。

截至年末，公司外汇资产达到 250.1 亿美元，比年初增加 12 亿美元，增长 5%。其中，自营资产 192.1 亿美元，同比减少 11.5 亿美元，降幅为 6%；受托资产 58 亿美元，同比增加 23.7 亿美元，增长 69%。外汇业务全年为成员企业节约各项成本费用超过 12 亿元人民币，为公司节约税费超过 3 亿元人民币。

【分支机构管理】各分公司、子公司加大结算、吸存服务的力度，优化资产结构，降低资金成本。全年四家分公司结算量达 101 万笔、结算金额 5.9 万亿元，分别增长 114% 和 7.4%，占公司业务总量分别提高至 45.89% 和 23.22%；全年吸收存款平均余额 63 亿元，资产平均规模 104.3 亿元。香港子公司在港独立运行一年来，利用市场前沿优势，发挥境外服务窗口职能，不断拓宽融资渠道，服务保障能力不断增强，经营业绩稳健增长，并成为首家进入美国商业票据市场的中国企业。年末资产总额 233 亿美元，占公司外汇总资产的 93%，同比增长 10.2%。

【业务创新】积极争取获得应收账款质押

业务资质，共办理应收账款质押业务5笔，共计人民币2亿元。成功进入美国商业票据市场，取得国际评级机构良好长短期评级，建立20亿美元发行额度并全部发满，进一步提高公司在国际市场的融资能力。丰富外汇交易手段，运用交叉货币互换办理首笔跨境人民币贷款10亿元。

【风险管理和内部控制】公司以推进管理提升活动为契机，进一步强化风险管理。基本完成公司9大类、133项业务与管理制度修订工作，增补筹融资管理、账户管理、业务流程管理等15项公司层面的重要制度。推行风险控制“一票否决制”，完成对4个业务部门153个业务流程以及4家分公司的内控测试，并建立跨部门账务核对与业务交叉监督机制。完成新版内控手册修订工作。

【人力资源管理】为发挥史志“存史、资政、育人、交流”的作用，在集团公司统一安排下，公司学习石油史的编撰体例和编写方法，完成了石油组织史资料总部卷财务公司分卷的编写工作。2012年顺利将分公司纳入集团公司培训体系，对专业对口的集团公司B类培训，组织分公司相关科室人员参加，取得良好效果。公司全年共组织或参加培训42个班次270余人次。

【信息化建设】大司库结算系统成功上线并顺利完成5次版本升级，升级涵盖结算、信贷、网银等各类功能点超过300个，功能进一步改进。实现与五家银行的银企直联，与营运资金子系统完成对接测试并试点上线。通过公安部信息安全等级保护评估，达到三级标准。强化网络安全管理和系统维护，搭建异地容灾系统，吉林容灾系统投入使用，数据安全得到保证，系统整体安全性能进一步提升。持续优化公司网银功能，新增网银客户657家，网银用户已达2 700多位。推进外汇管理系统、交易所大宗交易系统信息化建设。配合集团公司FMIS系统4次版本升级工作，确保FMIS系统的稳定运行。

【企业文化建设】深入学习十八大精神，贯彻落实科学发展观，扎实有效开展创先争优活动。完善惩防体系建设，落实一岗双责，完善监督部门联席会议制度和风险管控制度，深入推进反腐倡廉工作。开展“我为祖国献石油”核心价值观教育，开展“献爱心、捐水窖”活动，加强网上职工之家建设和群团组织建设，开展员工业务知识竞赛，有效发挥青年作用。

上海电气集团财务有限责任公司

【经营概况】2012年，上海电气集团财务有限责任公司（以下简称“公司”）着力加强财务预算管理，积极推进业务和管理创新，不断提升专业服务能力，在各个方面都取得了一定的成绩。在各业务部门积极努力下，以信贷、投资和资金几个重要业务的良好表现为基础，公司预算目标顺利达成；明确电气金融服务五年发展规划，推进规划执行取得实效。上海电气金融服务五年战略规划第一次比较系统地提出了三个角色的转变，明确了12条战略举措，方向性地提出了管控与组织模式；推动创新性金融服务实质性突破，取得阶段性成果。公司在项目融资顾问服务取得突破，创新实践产融结合；推进了财务顾问功能创新，实现直接融资业务突破；公司电子银行承兑汇票和应收账款管理顾问两类业务都获得较好成绩；公司于2012年新设固定收益部和项目融资部两个部门。新设部门人员配置基本到位，并制定了相关制度，完善了业务流程，各项运转步入正轨。

【信贷业务】按照经营发展要求，围绕经营指标，积极开展业务营销与拓展工作，2012年公司信贷资产业务呈快速发展的趋势，经营效益显著增长，日均贷款规模与2011年相比，增幅达33.45%，年末贷款规模增幅达10%。信贷业务规模的增长，一方面得益于对重点客户的大力拓展，另一方面，得益于客户经理对业务始终保持高度的敏感性，捕捉每一个业务可能，例如今年的“放弃部分追索权的票据贴现”、“以买方付息形式进行票据贴现”等等，成功地为业务拓展开辟了新的路径，得到了客户的好评价。

提升业务收益。公司以“风险定价、市场定价”为原则，逐户排摸，对部分客户的贷款利率进行幅度大小不一的上调，经过这次调整，进一步提高了贷款业务整体收益率。从2012年1月开始，以月为周期对贴现利率进行调整，保障了与市场利率的同步幅度，减少因利率调整滞后而导致的收益损失。针对核心的贴现优质客户，采用“落实到人”、“定期跟踪反馈”等措施，了解客户在市场上可获取的最优价格。同时，在公司各部门通力配合下，贴现业务的业务处理质量明显提高，实现过百万贴现业务周五前实现放款、整体贴现业务操作TAT小于2天，为增加贴现业务利息收入打下了坚实的基础。全年信贷业务利息收入总额增幅为43.68%，全年实现信贷业务利润总额增幅为37.92%。

【资金业务】2012年，公司加强资金计划和预测，合理降低备付规模、灵活调整同业定活结构、提升收益水平。

【投资业务】在严峻市场背景下，公司把握上半年市场反弹机会，在三四月份逃顶成功，超额完成预算指标。同时，积极参与市场交易，改善组合的获利能力。公司各业务部门共同克服调整压力，全年实际投资收益率达到了比较好的回报水平。

【外汇业务】2012年，公司外汇业务紧密围绕战略计划，在以下几个方面取得了一定的突破：一是继续推进香港平台功能建设，成功办理首笔境外贸易融资和CNH远期结售汇业务。公司在8月为核电通过香港平台办理了首笔境外贸易融资业务，并配套开展了CNH远期购汇业务。至此，公司已通过香港平台顺利完成了境外集中收付汇、非本金交割的远期结售汇、本金交割的远期结售汇和贸易融资的全功能业务安排。二是成功获得远期结售汇资质并入场交易。公司于11月底获得了市场准入的批复，并于年内顺利入市交易3笔，为2013年远期结售汇业务的大幅推广打下了扎实基础。三是跨境资金融通项目成功启动。作为外汇局今年外汇创新的重点项目，也作为集团全球现金管理的有效渠道，公司积极与外汇局、合作银行、香港公司等多方面进行协调，明确了操作方案、制定了管理办法、成立了专项小组、探讨了收益和税负的最佳方案等，最终使上海电气成功成为上海地区首批获得试点资格的6家企业之一。四是外汇现金池优化升级。为减轻因公司外汇现金池架构设计导致企业收单、配单的麻烦，于年初提出了外汇现金池优化升级的目标，在经过与合作银行反复沟通、制定方案、修改协议、获得企业授权等方面的准备后，外汇现金池升级在7月份顺利完成。五是外汇资讯平台初步搭建。在增配了一名汇率分析员后，外汇资讯平台功能得到初步体现。不仅扩大了每周汇市分析的发送广度，而且深度有所加强，同时在《信息与研究》上新增了汇市分析的专栏。全年累计完成各类研究报告13篇。六是依靠优质服务和数据挖掘，不断拓展新客户，不断提升重点客户集中度。依靠资金计划平台，每月统计重点客户的结售汇集中度，有效扩大了业务来源；改进回单交换方式，每日为部分重点客户专项分包回单，提升客户服务满意度。

【资金集中】公司大力推进资金计划管理，提升公司资金整体收益性。对资金配置进一步优化，主导推进了公司资金的周、月度、季度计划，优化资金配置结构，做到资金配置事前计划、事中监控、事后总结的记录报告，基本实现公司周资金计划电子化，并将全年的日均结算备付金头寸降至3.5亿元，完成年初麦肯锡咨询公司提出的战略目标。抓住季末、年中、年末等几个市场利率急速上涨的机遇，通过积极和银行议价再结合公司的资产负债结构，主动灵活配置同业资金，通过同业资金一定比例的定期化，在保证流动性的同时提高了资金收益，全年完成120笔定期存款，全年资金业务利润1.41亿元，差额完成年度预算目标。作为公司资金价格管理的归口部门，对央行2次调整存贷款准备金率在第一时间作出反应，撰写申请报告，及时调整公司相应价格政策；每月根据公司金融部需求及时整理发起贴现业务价格审批流程，并尝试推进新贴现利率定价管理，促使贴现价格更加贴近市场，以提升资金使用效率。

【业务创新】推动创新性金融服务实质性突破，取得阶段性成果。一是项目融资顾问服务取得突破，创新实践产融结合。2012年，以公司牵头承担融资安排的F项目完成了合同正式签署并顺利执行。在融资方案设计、项目尽职调查、延期付款和担保协议等重要合同文本的起草和谈判等方面，公司都做了大量工作，为项目成功创造了基础条件，获得了较好的客户反响。同时，我们积极推进，成功组织银行为两个海外项目出具融资意向函。二是推进财务顾问功能创新，实现直接融资业务突破。公司顺利实现在2个项目中担任独立牵头财务顾问，为总公司短融额度申请及发行、中期票据额度申请、股份公司公司债发行提供了专业服务与支持。三是公司电子银行承兑汇票和应收账款管理顾问两类业务都获得较好成绩。通过买方付息的财务公司电子银行承兑汇票形式促进电站集团解决一定数目的应收账款，同时与国投财务公司签订了《金融合作协议》，明确双方今后将在票据贴现、同业拆借、保函等十多项业务领域展开合作。年内，公司通过开立电子银行承兑汇票，有效支持集团票据管理和资金沉淀。

加快资质获取和业务创新，夯实集团外汇风险管理服务平台。一是获得了资质方面的巨大突破。年内，公司获得了国家外汇管理局和外汇交易中心远期结售汇、远期外汇买卖、人民币外币掉期三项资质的最终市场准入许可。同时，上海电气集团获得了跨境外汇资金集中管理试点资格，财务公司作为试点主办企业，实现了集团境内外资金连通。至此，公司已经成为行业内外汇业务资质最齐全的企业。二是实现了积极的境内外联动成果。利用香港公司平台开展跨境套保、跨境收付汇业务。在境内外现金池连动的资质获得后，我们成功实现香港公司资金向境内划转。

【风险管理和内部控制】2012年，公司在合规审核、制度建设、系统流程优化、风险分析、风控覆盖面等方面继续深化，以控制业务的实质性风险为抓手，不断提升管理能力和内部服务质量。一是加强制度建设，支持业务创新和风险管控要求。二是做好合规审核，及时处理大批量业务。三是协调业务部门，积极参与流程优化和系统升级。四是把控实质风险，提升风险分析深度广度。五是做好事中控制，努力扩展管控覆盖面。

2012 年是上海电气集团的管理年，公司从各项业务和流程实际出发，完成了对公司两百余个流程的操作风险排查，并对高等级操作风险确定了切实可行的解决方案并予以落实。在做好常规报表报送的基础上，公司全年还出具了 20 余篇合规报告（2011 年 7 份）。此外，应监管要求，公司还组织了 2 次案防警示教育和“反洗钱月”活动。

【人力资源管理】2012 年，公司在绩效管理、干部管理和员工培训等方面开展了重点工作，并取得一定实效。一是建立以战略为导向的绩效管理体系。公司与美世咨询联合开展了“上海电气金融板块人力资源咨询项目”，建立了一套符合战略需求且具备操作性的绩效体系。公司分别与中层以上管理人员签订“目标责任书”，与全体员工签订“绩效合同”，并对外开展第三方满意度调研，对内通过系统测算部门考核 TAT 指标。二是规范干部管理，提升干部综合素养。对中层以上干部选任中增加干部领导提名、听取群众意见、任前公示等环节，规范领导干部的述职考评和民主评议工作，增强干部选任“透明度”。在上海电气党校举办“上海电气金融干部学习班”，提升金融板块干部综合素养。三是提升战略执行力，注重核心人才培养。2012 年，以提升战略执行力为目标，全年共组织专业技能、管理能力、基本素质等培训共计 104 次、499 人次，覆盖全体员工。四是完善薪酬体系，制定全新的薪酬分配方案。公司确定了各岗位职级（PC 值），并对标金融业 50 分位的薪酬水平设计了全新的薪酬调整方案。同时，将绩效结果与绩效薪酬充分挂钩，通过强制分布，让绩效表现优秀的员工获得更多的薪酬激励。五是完善职位管理办法，拓展双通道职业发展模式。以《职位管理办法》为基础，制定了职位职级优化方案，严格按照管理职务序列和专业职务序列的双通道职业发展模式，根据员工绩效水平、工作年限、学历职称资格等进行员工职位职级调整。

【信息化建设】一是制定金融板块 IT 规划。公司牵头，金融板块三家公司一起参与开展了金融板块 IT 规划项目，提出打造电气金融一体化的金融运营管理平台以支撑整体决策支持、组织管控、职能共享的要求；支撑金融服务战略要求，对业务运作实现进一步的覆盖支撑，打通系统之间的连接。二是推进中国人民银行征信系统、网银定期等项目。中国人民银行征信系统于 2012 年 1 月通过了人行的现场验收；对网银系统定期功能进行升级，实现了定期开立申请（简易版本功能）、定期支取申请和定期续期转存申请等主要功能。三是开发了金融报送管理平台。系统已与 7 月初上线，先期解决了“存款保证金”与“每日央行对账”两个流程的报送及时性，后期将在保证系统稳定性的情况下逐步实现公司报送流程的系统管理。四是升级改造五级分类项目。2012 年 6 月对公司贷款管理五级分类功能进行升级改造。

【企业文化建设】认知电气文化。通过邀请集团先进典型人物和集团老领导以演讲、座谈等方式宣传上海电气的文化；组织员工参观上海电气电站、临港等重大项目和基地，增加对公司的认同感和归属感。

学习部队文化。通过与解放军南京军区政治学院上海分院开展军民共建活动，对员工进行思想、作风、纪律、理想教育，实现思想共建、文化共建、业务共建的目标。

感受社区文化。通过与社区党支部开展“结对子”活动，参加社区的各项活动，组织员工积极参加社区帮扶、联谊服务和志愿者活动，不断提高员工整体文明素质和社会责任意识。

和谐企业文化。制定了关于加强对积极分子的培养教育意见，开展党员和积极分子“结对子”活动；注重人才队伍建设，为人才的成长搭建舞台；建立员工情感体系，开办总经理谈话制度、春节员工家属慰问等活动，组织员工体检、旅游，增进员工亲密度，提升企业凝聚力，让员工有家的感觉。

中国能源建设集团葛洲坝财务有限公司

【组织变革】中国能源建设集团葛洲坝财务有限公司（以下简称“公司”）通过引入中国能源建设集团有限公司及所属中国电力工程顾问集团公司、中国能源建设集团广东省电力设计研究院三家新股东增资扩股，经中国银行业监督管理委员会批准更名而成，注册资本金13.71亿元人民币，母公司为中国能源建设集团有限公司。

【经营概况】2012年是公司面对国际金融危机和国内严峻经济形势双重压力迎难而上、保持平稳较快发展的一年。公司坚持“依托集团、服务集团”宗旨，努力增强服务集团能力，着力提升发展质量，取得了较好的成绩。全年实现营业收入2.49亿元，完成年度计划的115.03%，同比增长177.14%；实现利润总额1.46亿元（含贡献额0.14亿元），完成年度计划的112.06%，同比增长199.43%；其中，实现主营业务收入2.30亿元，同比增长27.46%；实现主营业务利润1.20亿元，同比增长24.54%。年末，公司资产总额、负债总额双双突破百亿，分别为118.67亿元、102.84亿元，同比分别增长36%、35%。

【存款业务】2012年，公司继续深入开展“全面提升服务质量”活动，不断加大业务信息系统的推广运用力度，采取了存款利率上浮到顶、网银结算手续费减免等让利政策，进一步扩大了业务信息系统在集团的覆盖面，促进了存款规模持续提高。自系统运行以来，开通公司网银的客户已达102个，通过网银上划资金的客户为27个，累计归集资金23亿元，累计办理结算2.43万笔，结算金额241亿元。截至年末，公司各类存款余额为102.39亿元，其中自营存款34.18亿元，同比增长6%；委托存款68.22亿元，同比增长57%。

【贷款业务】2012年，公司贷款规模在存款规模持续增长的基础上实现了较快增长。全年发放自营贷款45.47亿元，其中为建筑施工板块发放25.34亿元，为房地产板块发放9.8亿元，为高速公路板块发放3亿元，为民爆板块发放1亿元，为水电、新疆投资等投资板块发放3.05亿元，为水泥板块发放0.5亿元，为集团其他重要项目发放2.78亿元。年末，公司各类贷款余额98.02亿元，其中自营贷款余额29.50亿元，同比增长26%；委托贷款余额68.22亿元，同比增长57%。

【资金业务】2012年，公司头寸资金年化收益率为3.68%，较上年提高0.48个百分点；实现同业往来收入5 200万元，与上年基本持平。

【结算业务】2012年，公司累计办理内部转账结算10.82万笔，累计结算金额2 556亿元；其中通过网银累计办理结算18 142笔，占总结算笔数的16.76%，较上年全年提高12.08个百分点；累计结算金额174亿元，较上年全年增加108亿元，增长164%。

【资产质量】2012年，公司不良贷款率继续保持为零；不良资产率为0.64%，同比降低0.06个百分点；贷款利息回收率继续保持100%；各项资产减值准备均足额提取，抗风险能力进一步增强。

【服务创新】2012年，公司围绕“服务集团、努力实现集团资金管理整体效益最大化”的终极目标，加强了服务手段的多元化创新，采取了降低贷款利息、提高存款利率、免收网银交易手续费及部分中间业务手续费等方式，全年累计为集团成员单位让利1 368万元，使公司服务功能得到了有效发挥。

【理论建设】2012年，公司在过去三年发展实践的基础上，对“以服务促发展”理念进行了认真总结，强化了“服务集团”和“自身发展”两大核心战略互为依存、共同促进、平衡协调、一致提高的关系，进一步明确了“努力实现集团资金管理整体效益最大化”的终极目标。这一理念获选财务公司行业经营管理成功案例，并被编入《探索与创新——企业集团财务公司经营管理成功案例》一书，面向全国财务公司系统公开推介。

【制度建设】2012年，公司继续强化制度化建设：一是为适应服务范围扩大至中国能建集团这一新形势，启动了制度的再修订工作，截至年底已初步梳理出需修订制度条目102项。二是编印了《岗位职责及工作标准》，将各项考核指标进一步量化，使考核更加科学。三是对考核制度进行了修订，将业务信息系统的推广工作及成效作为专项考核指标纳入考核体系，以激励手段调动全体职工集中资金的积极性。四是实行了工作日志制度，并进行了检查，“日日清”的工作风气逐步开始形成。

【风险管理建设】一是高度重视操作风险防范，加强了一线岗位系统操作的培训和责任意识教育，进一步强化了统计工作，努力避免统计误差，并有一人获得全省金融统计业务竞赛二等奖；稽核部重点开展了委托贷款、结算业务、投资和制度执行力等重点稽核项目7项，提出整改意见23条，使一批风险漏洞和操作风险隐患得到解决。二是坚决执行了“三重一大”科学决策制度，制定、实施了《“三重一大”实施细则》，进一步完善了决策程序，提高了决策效率和效果，全年保持了决策零风险。三是风险管理与法律事务部继续强化了业务风险季度分析报告制度，强化了制度审查工作，制定了2012—2014年法律工作三年目标及落实方案，加强了依法合规经营能力建设。四是初步建成了以“董事会为领导、监事会为指导、总经理负总责、各分管领导和各专门委员会（信贷、投资、预算委员会）分担责任、风险管理部门（包括风险管理与法律事务部、稽核部）统领实施、各部门具体实施”的全面风险管理架构。

【创先争优活动】2012年，公司将创先争优活动与“全面提升服务质量”活动、“管理效能提升”活动和“喜迎十八大、争创新业绩”活动相结合，进一步丰富了创先争优的内涵，提高了参与面。在党员中开展了主体地位教育活动，倡导党员争做科学发展的生力军、改革创新的先行者、廉洁自律的带头人和职工群众的贴心人。全年共涌现出了集团公司模范共产党员1名、优秀大学毕业生1名、“四优”共产党员1名、“四强”基层党组织1个，最佳文明班组1个，公司优秀共产党员4名。

【党建工作】一是公司围绕党的十八大开展了以“学党史、知党情、跟党走”为主题的一系列教育活动，利用党组织分类定级的契机，查漏补缺，进一步强化了基层支部的政治功能和发展定位；加大了改革、发展和稳定政策的宣传力度，认真贯彻落实了各项民主管理机制，确保了公司改革重组期间的稳定发展。二是狠抓了党风廉政建设工作，制定了《廉洁文化实施细则》和《廉洁文化“进企业、进班子、进家庭”活动方案》，不断深入推进廉政教育；认真开展了廉洁风险点的自查工作，排查出廉洁风险点177个（其中一级风险点115个，二级风险点55个，三级风险点7个），制定防控措施201条；在公司经济活动中，全体干部职工坚持按制度、按程序和市场化操作，继续保持了清正廉洁。公司继续获得集团公司“党风廉政建设优秀单位”称号。

【人力资源管理】2012年，公司从高校招聘大学毕业生4名，聘任中级职称3人，人才结构继续向年轻化、知识化、技术化优化。深入开展了“转三风、提效率、强服务”活动，推行讲实话、做实事的风尚，倡导广大干部职工继续转变工作作风，不断提升服务意识，进一步营造出了务实高效的发展氛围。认真组织职工深入学习、理解公司扩大范围至中国能建集团的重要意义，要求职工深明大义、服从大局，踏踏实实做好本职工作，努力完成好集团公司交给的各项任务，确保了中国能建葛洲坝财务公司顺利组建。

【企业文化】2012年，公司组织了各种主题的文化建设活动。一是围绕“喜迎十八大”的主题，开展了一系列庆祝活动和学习贯彻十八大的建功立业活动，在职工中引起了强烈反响。二是围绕职工文化生活建设，公司先后组队参加了集团公司组织的元旦长跑、羽毛球比赛、葛洲坝之夜；举办了职工春节团拜会、女职工“三八”对话会活动、消防演练、重阳登高、趣味运动会等文体活动。

【文明创建】2012年，公司全年共获得集团（地市）及以上各类荣誉9个，荣获集团（地市）及以上荣誉的个人达到8人；在统计、消防安全、综合治理、离退休、最佳文明班组等方面连续保持了荣誉，保持了“集团公司最佳文明单位”称号，首次获评“湖北省”守合同、重信用“企业”称号，再次获得“湖北省文明单位”的参评资格。

兵工财务有限责任公司

【经营概况】2012年在国家金融支持实体经济发展的政策引领下，依托兵器集团大产业，兵工财务有限责任公司（以下简称“公司”）转变职能定位，将做好金融服务放在首要位置，经营理念全面转向“服务为本、客户中心”，深度融入到兵器集团大产业发展中去，全力搞好“产融结合”，为兵器集团实体经济的发展提供全方位的金融服务。

2012 年，公司累计实现主营业务收入 8.67 亿元（不含投资收益），实现利润总额 5.08 亿元，全年平均资产规模达到 418.46 亿元，期末资产规模突破 500 亿元大关，达到 514.24 亿元。公司“两个平台、三个中心”建设取得新成就：一方面，全年结算存款日均规模达到 141.16 亿元，资金集中度进一步提升；另一方面，累计为兵器集团及各下属成员单位提供金融服务 436.19 亿元，对兵器集团公司实体经济发展的金融支撑作用进一步凸显。具体而言，资金融通业务稳步开展，全年累计提供贷款、贴现等融资业务 193.39 亿元，提供“票证汇”等中间业务 177.29 亿元；资金结算服务更加快捷高效，全年累计完成结算量 5 077.05 亿元；投资业务克服市场波动影响，稳健规范运作，全年自营及代理业务共计实现投资收益 25 377 万元。

【信贷业务】2012 年公司发挥业务“全牌照”优势，利用贷款、委贷、票据、代理开证、保函等多种金融手段，满足客户多样化金融需求。全年累计为兵器集团各成员单位提供金融服务总量 436.19 亿元，其中：贷款和贴现 193.39 亿元，委托贷款 65.51 亿元，开立各类票据 100.05 亿元，代理开证、代理押汇、各类保函 77.24 亿元。全年日均贷款规模为 120.36 亿元，同比增长 22.24%；12 月末贷款和票据贴现余额为 144.91 亿元，同比增长 17.30%。

【产品销售信贷业务】2012 年公司筹备成立了汽车金融部，探索开展买方信贷、消费信贷、融资租赁等业务品种，全面完善制度，严格管控风险，促进重车与工程机械类产品销售，服务产业发展。

【资金业务】2012 年公司银行授信规模显著扩大，同业融资及“银企财”渠道不断拓宽。与 17 家银行签订综合授信合同，累计授信规模 293 亿元；与国家开发银行达成 300 亿元授信意向，对于保障兵器集团重点项目等中长期资金需求将起到关键作用。

公司灵活融入资金，保障产业发展需求。保持融资渠道畅通，丰富主动负债手段，拓展合作机构范围，综合考虑宏观货币政策、市场价格水平及客户需求，灵活融入资金，适当承担融资成本，有效保障了资金需求。2012 年公司资金统筹调剂水平显著提高。掌握存款波动规律，做好资金计划及调度，保持合理备付金水平，积极灵活操作，提高闲置资金收益，有效控制资金成本。

【投资业务】第一，在有效控制风险的基础上，抓住市场反弹机会，调整权益类产品配置比例，盘活现有资产存量，通过减持定向增发、战略配售以及部分封闭式基金，释放部分资金，为统筹资产配置留出空间。第二，积极拓展信托业务，在弱市中求生存、创收益。在信托品种选择上，有效规避地产类信托、城投类信托、矿产类信托等高风险品种，将投资重点放在有上市公司股权、金融股权作为质押或有金融机构信用担保的品种上。同时积极参与固定收益产品的投资以实现较高的稳定收益。2012 年通过有效操作，累计实现自营投资收益 5 571 万元。同时，在严峻市场形势下优先保障客户理财收益，为客户实现理财收益 19 806万元。第三，加强金融理财中心建设，理财实现新模式运作。

【票据业务】2012 年公司票据业务成为增长新亮点。试点开展了票据集中管理工作，进行了票据集中管理课题研究，做好票据系统开发及电票业务推广的同时，开展了“票据业务推广季”活动，探索“商转银”、票据拆分等创新业务，全年累计办理各类票据业务

100.05 亿元，规模再创新高。票据业务成为公司发挥金融支撑作用的重要业务手段。

【外汇业务】 2012 年公司外汇业务品种和手段不断创新。启动了美元、欧元等多币种项下定期存款、协议存款业务；创造条件开展异地结售汇业务；代理开展了押汇、掉期等外汇业务；建立起了外币资金快捷归集渠道。外汇业务品种和手段日益丰富，为兵器集团国际贸易业务提供了多样化金融服务。

【资金集中】 2012 年公司资金集中管理工作逐层推进。第一，完成资金集中管理课题研究。与兵器集团相关部门及财审中心合作，总结资金集中管理工作成果，分析现状，进一步挖掘可集中资金的范畴，提出推进资金集中管理的改进建议及措施。第二，结算业务与服务手段相互作用，带动资金存量提升。编写修订结算业务规章制度，梳理完善结算业务流程，加大网银系统推广应用力度，开发运用电子回单功能，完成结算凭证改造工作，结算速度与效率显著提高。全年累计完成结算量 5 077.05 亿元，同比增长 12.59%，网银结算覆盖率提升至 90.25%。第三，客户经理团队推动与业务带动相结合，克服宏观形势不利影响，促进了资金集中度的提升及资金存量的增长。2012 年存款日均规模达到 141.16 亿元（含外币），同比增长 2.65%，期末存款余额达到 200.24 亿元（含外币），同比增长 9.69%。

【业务创新】 2012 年公司关键性创新课题研究取得重大成果。从关乎长远发展的“银企财”合作模式创新、金融服务方式创新、金融产品创新、票据集中管理研究、资金集中管理状况分析及推进措施、金融理财方式和品种创新、选人用人机制及考评办法创新等七个方面，结合工作实践，进行了深入研究。全部课题顺利结题，研究成果已经在具体工作中得到了运用，研究问题与工作实践相互促进。

2012 年公司全产业链式的金融服务方案不断推出。将金融服务贯穿于兵器集团数条重要产业链，针对重型车辆与工程机械产业、石化及精细化工和原料工程、矿产资源海外开发与贸易等产业链条，量身定制了“票据 + 短期贷款”、“信用证 + 结售汇 + 代理押汇”、“保函 + 贸易融资 + 资金归集”等多项整体服务方案，有力支持了兵器集团重点产业发展。

【风险管理和内部控制】 2012 年公司对结算业务、信贷业务等板块进行了流程梳理优化，推出了结算业务、信贷业务制度及流程汇编，编制了信贷业务手册，全面风险管理工作进一步推进，精细化管理水平明显提高。

【人力资源管理】 2012 年公司深化干部人事制度改革，通过加强员工基层锻炼、内部轮岗交流、中层管理人员竞聘选拔、大胆提拔使用“80 后”优秀人才等措施，建立健全了创新型选人用人机制，为公司发展提供人才保障。

【信息化建设】 2012 年公司软件自主开发取得新成果。公司完全依靠自身信息队伍，创造性地自主开发了工资系统、固定资产系统以及综合业务管理平台、网银系统安装检测工具，解决了外聘软件开发机构不能完全了解并有效满足具体业务需求的问题。完成了异地灾备系统建设；商业汇票系统、外币业务系统成功验收；基础设施建设及运维管理工作正常开展；信息系统平稳运行，为各项业务工作的开展提供了平台和支撑。

【企业文化建设】 2012 年公司通过全体员工培训会、新员工入职培训、兵工传统教育、红色教育等形式，直接宣讲、参观展览等多种方式相结合，提升员工忠诚兵器、热爱岗位的文化理念，培育快乐和谐的工作氛围，“忠诚、高效、求实、创新”的企业文化进一步深入人心，企业文化建设取得新成果。

三峡财务有限责任公司

【经营概况】2012 年是党的十八大召开之年，也是三峡财务有限责任公司（以下简称“公司”）迁址北京、建立总分管理模式后，稳中求进，积极探索，攻坚克难，改革创新的一年。公司紧紧围绕集团发展战略，加强资金集中管理，精心运作间歇资金，加大融资服务保障力度，积极推动金融平台建设和金融业务创新，经营业绩保持平稳较快增长，全面完成集团经营业绩考核年度目标。截至 2012 年末，公司自营资产余额 133.44 亿元，比年初减少 47.12 亿元，下降 26.10%；日均规模 154.66 亿元，同比减少 5.25 亿元，下降 3.28%。全年实现总收入 7.32 亿元，同比减少 1.67 亿元，下降 18.45%。总支出 2.61 亿元，同比减少 17 487 元，下降 40.08%。全年实现拨备前利润总额 5.06 亿元，实现拨备后利润总额 47 088万元。全年实现净利润 36 150 万元，同比增加 721 万元，增长 2.03%。

【结算业务】2012 年公司资金结算金额达 18 963 亿元，与上年同期相比增长 7 716 亿元，增长幅度为 68.60%。办理成员单位结算业务笔数 188 474 笔（付款业务笔数 152 316 笔、收款业务笔数 36 158 笔），与上年同期相比增长 34 786 笔，增长幅度为 22.63%。全年结算业务差错率为零，结算延迟率为零，无一笔资金损失事件发生，确保了公司结算资金的安全性和及时性。

【存款业务】截至 2012 年末，一般性存款余额 75.67 亿元，与上年同期相比减少 48.16 亿元，减少幅度为 38.89%。日平均存款余额为 115.52 亿元，与上年同期相比减少 5.4 亿元，减少幅度为 4.47%。

【信贷业务】2012 年，累计发放自营贷款 83 亿元，收回 76 亿元，年末自营贷款余额为 69 亿元。贷款日均余额 48 亿元，同比减少 4.71 亿元，下降 8.88%。贷款利息收入 30 689万元，同比增加 599 万元，信贷资产平均收益率 6.35%，同比提高 0.68 个百分点。

【资金和投资业务】2012 年，存量股票分红收益 2 732 万元，减持交通银行 550 万股冲回减值 323 万元，基金收益 268 万元。全年自营固定收益类产品实现收益 8 085 万元，剔除货币基金后实现收益 7 128 万元，完成全年预算的 149%。

【股权业务】2012 年，公司管理集团及自身金融及类金融股权项目 8 个，金额 39.6 亿元。8 个项目投资收益合计 2.13 亿元，三峡担保公司、湖北银行、宜宾商行、中广核基金管理公司投资收益率（账面净利润/投资成本）分别为 14.6%、11.3%、20.9%、23.3%。民生加银基金公司已扭亏为盈，全年实现净利润 1 059 万元，向好趋势显现。

【外汇业务】2012 年，公司获得面向成员单位开展经常项目下的外币资金集中管理和结售汇业务资格，以及银行间即期外汇交易市场会员资格。经过业务准入、系统建设、流程设计、人员培训等各方面的准备，公司具备开立外币账户、吸收外汇存款、发放外汇贷款及即期结售汇等基础外币业务功能。12 月份，公司为成员单位成功办理结汇和购汇业务各一笔，顺利实现外汇资金的上收和下拨功能，为集团公司境内经常项下外汇资金集中管理提供技术支持。

【受托资产管理】2012 年，集团融资较多，部分时点存在大额短期资金理财需求。截至年末，公司共管理 13 家单位的 17 期受托理财合同，本金余额 87.77 亿元，日均本金规模 53.06 亿元，产生收益 2.86 亿元，收益率 5.39%；全年新签受托理财合同 14 期，清算合同 15 期，清算收益 3.70 亿元。

【代理电费回收】2012 年，共回收电费 253.51 亿元，回收率 100%，全部以现金方式收回。与上年同期相比，电费回收进度同比提前 20 余天。

【财务顾问】2012 年，集团公司启动并完成了 2012—2014 年度短融和中票的注册工作，完成了两期 140 亿元短融、两期 120 亿元中票及 50 亿元超短融的发行。在短融、中票额度注册工作中，公司协助集团完成材料制作、申请注册等工作；在债券发行中，协助集团修订材料、推介发行等，不仅为集团提供了专业的金融服务，还锻炼了队伍，获取财务顾问费 2 207.5万元。

【资金集中】截至 2012 年末，按照全口径统计，集团主要成员单位日均资金集中度为 76.27%；剔除外汇存款、税款户及电费回收等因素，成员单位日均资金集中度为 95.31%。

【风险管理和内部控制】2012 年，完成一、二、三级共计 126 篇业务制度的修订和发文，《规章制度汇编（第三版）》印制完成；启动廉洁风险全面排查，首次将廉洁风险防控提炼固化到具体的业务环节之中，涉及公司管理人员以及 11 个部门共计 40 个操作环节的《廉洁风险防控手册》编制成册；组织各部门集中学习 53 次，员工参与率达到 100%。全年监督结算业务 51 万笔，审核各类合同 226 份，开展稽核项目 13 项次，提出意见建议 30 余条，实现对重点业务和关键环节 100% 覆盖。宜昌分公司通过宜昌银监分局、湖北财政专员办等检查；公司完成监管关系由北京银监局向中国银监会的转移工作、完成股东变更及董事、高管资格审批工作。

【人力资源管理】2012 年，组织员工参加保险经纪人职业资格考试，共计 26 人取得保险经纪人资格证书，8 人取得保险公估人资格证书。组织内部培训项目共 22 项，外派培训 33 人次，其中境外培训 1 人次。组织开展后备干部选拔工作，确定 5 名后备干部。同时，对部分培养成熟的后备干部进行了选拔任用。首次组织开展对 16 名部门经理助理及以上干部的综合考核评价工作。

【信息化建设】2012 年，加大信息技术力量投入，客户综合服务系统（CISS）开发进度按计划推进。通过前期研发，CISS 先导版正式在三峡新能源试运行。经过一个月的试运行后，集团业务模块也正式在集团范围内投入应用。CISS 先导版的建设与应用，得到了集团公司及有关成员单位的高度评价，为 CISS1.0 版建设奠定了基础。

【企业文化建设】2012 年，在集团公司党组和直属党委的领导下，公司坚持以邓小平理论、“三个代表”重要思想和科学发展观为指导，以学习贯彻党的十七届四中、五中、六中全会和党的十八大精神为主线，以创先争优和管理提升为动力，制定了《企业文化建设专项提升工作组实施方案》，精心组织开展丰富多彩的企业文化活动。2012 年，公司开通党务短信平台，每周一、三、五定时向全体员工发送短信，全年发送量达1000条/周，内容涉及党的理论知识、方针政策和公司党建工作动态。全年还组织党委中心组学习（扩大）9次、党支部、党小组集中学习20余次，专题培训讲座12次。组织员工参观《不朽的丰碑，永远的榜样——雷锋事迹大型原创摄影作品展》，以“红色之旅忆峥嵘岁月，绿色之行促作风建设”为主题，开展了洪湖瞿家湾红色之旅爱国主义教育实践活动。组织全体党员分两批赴井冈山进行红色教育之旅。公司党委还组织观看了红色教育影片《信仰》、《复兴之路》等。领导班子成员以身作则，带头加强学习，撰写了《论企业共产党员的修养》、《感受井冈山精神》、《怎样做好支部工作》等多篇理论文章；带头讲党课，为全体员工作《认真学党史，喜迎十八大》、《从共产党宣言看马克思主义的强大生命力》等专题报告。在党的生日到来之际，举办了以“我们的中国心，向党的生日献礼”为主题的庆七一歌咏比赛。成功举办了15周年庆典联欢会。公司团委发起创办的青年论坛，现已成功组织了三期。

中广核财务有限责任公司

【经营概况】2012年是中广核财务有限责任公司（以下简称“公司”）夯实基础、管理转变提升之年，是贯彻落实集团和公司“十二五”规划的关键一年。公司以管理提升活动为契机，紧密围绕集团战略需要和年度战略焦点任务，践行“三实两基”，深入打造六大金融服务平台，不断解放思想、主动谋划，经过全体员工的共同努力，各项重点工作均取得了良好的成绩。

2012年全年，公司实现营业收入10.88亿元，利润总额4.52亿元，实现净利润3.37亿元，净资产收益率为21.33%，实现EVA2.46亿元，资产总额（不含委托资产）200.24亿元，净资产总额16.06亿元，财务效益再创历史新高。

【信贷业务】为满足集团发展迅速增长的资金需求，针对全年严峻的融资形势，公司积极谋划，加强集团资金保障。2012年全年公司累计完成融资约794.24亿元，与上年同期相比增长57%。一是加强高层联系，应对复杂的信贷形势。为保障集团各项目落实全年的资金需求，公司年初即以集团名义向各合作银行发出新春致函，及时通报集团经营情况和明年资金需求，并陪同集团高层分别走访了国家开发银行、中国银行与农业银行等总行，加强了高层联系，争取融资支持。二是重点推动银行发放项目银团贷款，保障项目长期建设资金需求，降低融资成本。截至2012年12月31日，集团各项目银团提款比重由上年同期的44%上升到66%。三是积极拓展融资渠道。配合集团开展在香港人民币借款工作；完成集团在香港发行人民币债券15亿元、风电公司

20亿元保险债权计划、能源公司10亿元信托贷款、咸宁核电20亿元信托贷款业务；争取利用国家外汇储备支持集团铀矿开发等。四是大力推进“走出去”项目的融资工作。完成21.15亿美元湖山项目并购贷款，争取到优惠的贷款条件与合理的信用结构，预计每年可为集团节约财务费用约3 200万美元；推动发展改革委就土耳其项目召开了两次部级协调会；积极参与境外核电项目和铀矿开发等融资工作。五是积极谋划，努力开拓离岸金融市场融资渠道。为解决集团境外项目面临的资金保障问题、更好地利用境外低成本资金，公司积极与国家发展改革委、人民银行以及香港金融机构联系，推动集团香港人民币借款相关事宜，目前已获得国家发展改革委批准。

【资金和投资业务】公司积极开展资金业务，实现集团资金的保值增值。在确保资金安全性的前提条件下，稳健开展了银行理财、债券逆回购、人民币同业协议存款、货币市场基金、债券基金、信托投资等资金保值增值业务。此外，集团年金管理获得较好收益。公司积极主动开展年金管理，及时调整投资策略，取得了满意的投资收益，截至2012年底，投资收益率达6.2%，远高于三年期银行定期存款利率。

公司积极参与定向增发业务，优化创新固定收益类投资。2012年开展了19个定向增发项目的研究分析和调研工作，存量的定增股票中行业配比较合理，占比相对均衡。此外，公司为集团境内外发债提供高效及时的顾问服务。完成集团2012年度第一期50亿元人民币短融的发行，利率4.37%，发行利率处于同期发行利率的较低水平；集团评级工作成绩突出：惠誉、穆迪对集团本币主体评级结果分别为AA－级和A－级，惠誉的主体评级结果达到了中国国家主权评级，高于绝大部分国内企业。

【外汇业务】结售汇业务。2012年公司首次开展了异地企业资本项下需核准项目的购汇业务，通过异地银行代理审单，突破了资本项下境外直投业务只能在当地办理购汇的惯例，成功为铀业公司办理了多笔资本项下境外直投的即期购汇业务。截至2012年底，财务公司累计办理即期结售汇业务约7.15亿美元，所有结售汇业务均实现“零差错”、“零延误”。

债务风险管理服务。2012年以来，财务公司抓住国际外汇市场巨幅波动的有利时机，利用简单金融衍生工具，帮助集团内成员企业完成共计约3.4亿欧元债务的汇率保值、0.21亿英镑债务的汇率保值、16.64亿美元的利率保值，通过以上保值交易，有效降低或锁定了相关成员公司面临的利率和汇率波动风险。

【资金集中】2012年，公司结算笔数合计约25万笔，结算量折合人民币达7 942亿元；全年集团日均资金集中度超过98%（全口径资金集中度75%），结算支付率100%，导致损失的支付差错案件为零，资金集中管理工作进展良好，各项资金结算业务有序、正常开展。

不断完善境内多银行现金管理平台。公司积极与各银行探索改进合作模式，升级并完善现有的与工、农、中、建四大银行的现金管理系统。另外，完成在线式资金监控系统的搭建并实现上线运行，通过银行及信息化系统替代手工报表方式加强对集团内外部资金存量及流量的实时监控，提升管理效率，进一步保障资金安全。

进一步加强境外资金集中管理平台建设。对集团境外资金管理体系进行梳理和优化，提出了全过程、多方位的境外资金管理体系。修订并发布了新版《集团境外资金管理实施细则》，已实现对香港迈威、金牛、瑞石三家公司的资金归集，S公司部分账户已完成授权查询协议签署，与韩国美亚公司对资金管理进行了探讨并提供了建议方案，启动了境外资金集中管理平台的内部网银系统和资金结算平台搭建工作。

【业务创新】一是开展碳债券研究，支持可再生能源发展，探索国内CDM出路。在缺乏国内外经验借鉴的情况下，公司勇于创新，克服时间紧、任务重的实际困难，完成了碳债券发行方案，发行方案获得了集团、国家发展改革委财金司领导的肯定和认可；目前碳债券研究已经顺利结题，并转入落地实施阶段。

二是积极开展其他金融新业务研究，为公司发展思路提供支撑。先后完成了开办个人本外币兑换特许业务、小额贷款公司、碳金融及碳交易市场发展、利率市场化对财务公司的影响、前海政策研究与解读、前海与横琴比较研究等工作。

三是着手申请金融衍生品交易资格，不断改进债务风险统筹管理和顾问服务。为了加强核心能力建设，与银行和集团成员企业开展背对背金融衍生产品交易，提升集团整体交易效率，2012年公司启动了金融衍生品牌照申请工作。

【风险管理和内部控制】公司按照国资委的要求形成了风险管理的“三道防线”，由各业务管理部门负责各类风险的一线管理，风险管理委员会与风险管理人员定期对公司风险管理情况进行分析与评价，审计人员进行定期的审计评价。2012年，公司根据业务和管理发展的需要，完成了对23个内部控制制度、70个记录表单的修改和完善的工作，并顺利通过了ISO9001质量体系年度复审和管理评审。

【人力资源管理】2012年，公司积极探索人力资源管理改进，通过组织召开人力资源管理研讨会，推动岗位任职资格体系建设，逐步开展岗位设置与人员编制梳理、完善岗位说明书、确定岗位规划职级、改进日常绩效考核办法、优化专业技术岗位评聘办法、调整薪酬发放结构及薪点值等系列工作，有效地推动和改进了人力资源管理工作，为建立科学可持续发展的人力资源机制奠定了坚实的基础。

【信息化建设】2012年，公司以ERP深化实施为重点，全面开展信息化建设与应用，保障公司重点工作顺利有序开展。结合金融行业的特点，公司狠抓信息系统安全，在2011年成功实施ISO27001信息安全保障体系（获得资质认证）的基础上持续对体系进行了优化及改进；积极开展ISO27001认证2012年度复审、三级等保测评及网银系统临时灾备系统建设工作，制定相关改进措施，有效提高集团内部资金结算系统的安全系数。充分借助集团内部IT专业技术支持团队，IT客户服务、机房管理、系统运维等方面全面由专业队伍负责，为公司的重要业务信息系统的安全稳定运行提供了技术保障。

【企业文化建设】2012年，公司通过开展征文活动、制作纪念画册和宣传片、举行座谈会和集团财务系统联谊等公司成立十五周年系列庆祝活动，全面总结了公司成立十五年来所取得的经验和成绩，对外充分展示了财务公司良好的经营业绩和品牌形象，对内凝聚了人心、鼓舞了士气，为新时期新起点更好地谋划和推动公司新发展奠定了良好的基础。

中船财务有限责任公司

【经营概况】中船财务有限责任公司（以下简称“公司”）认真贯彻落实中国船舶工业集团公司（以下简称“中船集团公司”）和公司股东会、董事会的各项决议，充分发挥自身非银行金融机构的职能，为集团降本增效做实事，为成员单位破局发展提供金融服务。公司积极面对全球航运市场持续低迷、船舶出口下滑的不利局面，对外寻求突破，对内加强管理，完善各项制度建设，全面提升了公司资金运营能力、资源配置能力和盈利水平，完成了中船集团公司和公司股东会、董事会下达的工作任务，各项监管指标均达到中国银监会规定的标准。

2012 年底，公司资产总额 435.00 亿元，比年初 220.13 亿元增加 214.87 亿元，增幅 97.61%；负债总额 413.03 亿元，比年初 202.12 亿元增加 210.92 亿元，增幅 104.35%。2012 年实现营业收入 10.48 亿元，比 2011 年同期增加 3.25 亿元，同比增长 45.02%；2012 年公司实现利润总额 5.47 亿元，所得税 1.33 亿元，净利润 4.15 亿元。

【资金集中和结算业务】公司按照流动性期限配比，做好资金头寸管理，确保结算、信贷、投资等业务的开展，适时办理基于同业拆放利率的存放同业定期存款，提高冗余资金收益。全年办理存放同业定期存款 145 笔次 688 亿元。公司积极推广网银结算业务，强化财务公司结算平台功能，减少资金的在途时间，控制集团公司资金风险。公司办理内部转账 307.99 亿元；为成员单位办理委托付款 297.88 亿元；接收成员单位网银付款指令 699.54 亿元；全年为成员单位办理定期开立及续存 390.08 亿元，定期支取 157.77 亿元；办理通知存款开立 411.17 亿元，通知支取 340.11 亿元。

【信贷业务】公司组织人员主动走访成员单位，深入挖掘信贷需求，制定差异化的信贷政策，缩短审核周期，在保证信贷资金安全的前提下对部分资金趋紧的企业发放了贷款，使公司对成员单位提供服务的效率和质量得到进一步提升。为了控制贷前风险，公司通过收集成员单位的相关数据，并借鉴银行的信用评级模型，建立了适合本集团的信用评级系统；为了控制贷后风险，公司在贷后检查中会重点监督贷款使用情况，分析企业生产经营状况，评估企业还款风险，并以此作为得出贷后检查结论的判断依据。

【票据贴现业务】加强与成员单位的沟通，尤其是加强与广州地区成员单位的联系，在风险可控的前提下做大票据贴现、票据承兑、保函等业务。公司开展电票系统推广活动，对所有申请开通电子商业汇票系统的成员单位采取上门服务，实地安装系统并进行操作培训，取得了较好的效果。该系统已基本覆盖了上海、广州及江苏地区主要成员单位，票据贴现和电子商业汇票承兑业务均呈现快速增长的势头。票据贴现和票据承兑业务的扩大，创造了新的盈利增长点，节约了集团公司整体的融资费用。全年新增票据贴现12.28亿元，票据承兑14.67亿元，同比都出现了一定的增长。

【投资业务】为了控制投资风险，提高资金收益率，公司及时调整投资策略，优化公司资产配置。在上半年证券市场超跌反弹时，公司对所持股票中涨势较猛的部分品种进行逢高减持，规避了下半年市场的大幅下跌，全年共实现1.4亿元的投资收益。2012年，公司加大了确定性较强的固定收益类品种投资，遵循严格的筛选标准，购买了部分银行理财产品及信托产品；公司将货币型基金作为公司现金管理的手段充分运用，全年取得投资收益1 350万元。

【外汇业务】公司立足集团及成员单位外汇资金管理需求，强调服务在先，以节约客户费用为己任，努力做大结售汇业务。2012年公司为集团成员单位办理即期结售汇共48笔，总计3.57亿美元，通过即期结售汇业务的开展，成员单位享受到了财务公司场内交易优惠的价格和内部结算网络快捷便利的结算服务。

【风险管理和内部控制】公司根据外部政策变化，进一步加强了公司内控制度建设，完善了防范金融风险体系。为加强公司防范投资风险的管理，确保投资业务运作安全，提高资金使用效益，公司修订了《中船财务有限责任公司投资决策委员会章程》；为保障公司资金安全稳健运作，严格公司各项投资业务的审批程序和权限，修订了《中船财务有限责任公司投资业务审批程序和权限管理办法》；为规范公司二级市场投资业务，防范投资风险，新增《中船财务有限责任公司二级市场投资业务实施细则（试行）》；为完成公司内控建设工作，编制《财务内控手册》，配合中船集团公司完成财务内控验收工作。

公司各部门积极发挥部门作用，规范业务审批流程，加大内审稽核工作力度，强化业务的事前、事中监督。合规管理部、风险管理部认真做好各项业务的事前评审工作。稽核部按季度对财务及结算业务的合规性、审批程序和记账程序的规范性、账证、账表、账账的一致性进行了审核；对投资业务的审批程序、资金划拨程序、交易操作程序进行了核查；对信贷业务贷前审查的充分性、审批程序及放款手续的规范性进行了审核，对贷后跟踪管理情况进行了监督；对公司的组织决策控制、人事制度控制、资金运营控制、贷款业务控制、投资业务控制、结算业务控制、安全保障控制、信息系统控制体系制度进行了稽核，同时，根据案防及操作风险排查工作部署，检查公司运营中的风险隐患和问题节点。全年未发现明显的风险隐患和违纪违规现象。

【人力资源管理】为适应业务发展需要，解决人员匮乏问题，公司公开招聘新员工，为战略的实施、业务的拓展进行人才储备。同时，公司从自身业务发展需要出发，选派员工参加各类业务学习，促进人才快速成长，提升公司人员整体业务素质。

中核财务有限责任公司

【经营概况】2012 年，中核财务有限责任公司（以下简称“公司”）以“融入集团、服务集团”为价值理念，深入践行“规范、改革、创新、高效”经营方针，根据中核集团 JYK 管理体系要求不断改进工作，为集团公司改革发展持续发挥金融支持服务作用。截至 2012 年末，公司资产规模 285.01 亿元，全年实现主营业务收入 12.70 亿元，同比增长 8.45%；实现利润总额 4.97 亿元，同比增长 6.88%。

【资金集中】2012 年，全集团日均集成资金 261.77 亿元，同比增长 6.07%。结算平台业务金额 7 284 亿元，计 26.83 万笔，同比分别增长 9.32% 和 5.31%；扣除客观不可集成因素，集团全年平均资金集成率为 96.17%。公司各期限存款利率均按基准利率上浮 10% 的上限执行，此举共为各单位增加存款利息收入约 1 700 万元。

【资金管理】公司开发维护的现金流预算管理系统运营稳定，上线单位集成资金占集团总量超过 90%。借助该系统，中核集团“预算到日”的工作目标得以实现。全年集成资金月平均预测执行偏差率 4.79%，为集团和公司经营决策提供了较准确的数据支持。公司合理分配同业定期存款的期限及到期时间，实现流动性与效益性的匹配，实现定期存款利息收入 3.16 亿元。

【信贷业务】公司通过调整贷款结构，实现了“贷款用途—贷款期限”的合理匹配，有效控制贷款风险。2012 年末，公司自营贷款规模 149 亿元，实现利息收入 7.60 亿元，占公司总收入的 59.84%，继续位居公司收入第一来源。公司委托贷款年末余额 131.09 亿元，增长 26.69%。在市场资金趋紧的环境下，公司坚持各期限贷款利率同比国家基准利率下浮 10%，全年为成员单位节约利息支出逾 8 500 万元。

【集团化融资】公司持续坚定贯彻中核集团融资政策，深入打造集团化融资服务平台。公司配合集团调研项目融资需求，制定融资方案，组织参与同相关金融机构的谈判。积极参与阿根廷核电出口融资、福清核电项目融资和江苏核电二期项目融资等工作。

【集团化保险】公司开展了秦山一期核电站核物质损失险保险安排工作，首次投保获得优惠的保险条件；协助秦山二期实现国内核物质损失超赔保险成本最优；协助集团公司、404 公司进行乏燃料项目核风险勘查，并开展保险条件设计及投保工作，完善乏燃料后处理阶段的保险管理；协助秦山核电基地保险单梳理工作，使保险责任更加清晰；协助集团公司开展江苏核电 3 – 4 号机组货物运输险、建安工程险保险安排。目前集团公司各运营核电站保费均处于国内最优水平。

【集团化债务管理】公司通过切实了解成员单位需求，结合深入分析经济形势变化，向集团总部和成员单位提供专业债务管理咨询，逐步构建集团债务管理服务平台。公司为秦山二期提供欧元债务风险管理分析报告，对其欧元债务转化为美元债务提供操作建议；为江苏核电提供二期项目外币融资成本测算报告暨外汇研究报告，对其外币贷款的币种匹配提供专业操作建议。

【外汇业务】公司已陆续与中行、工行、中信、农行等4家银行签订现金管理服务项下合作协议，基本覆盖集团各单位的业务需求。公司持续对外汇走势进行跟踪分析，及时将分析预测观点与客户沟通交流，为客户确定结售汇时机提供参考。加强与作为交易对手的银行进行协商，使成员单位享受到更大幅度的优惠。全年成员单位通过公司开展结售汇业务147笔，累计金额9 515万美元、2 951万欧元，共为成员单位节约费用165万元。

【证券投资】在国内股票市场总体呈现调整之势，公司坚持以低风险投资为主的投资策略，将债券、债券基金、货币基金作为操作的重点，有效降低了股票市场调整带来的风险，2012年新增投资全部实现盈利。

【业务创新】2012年8月，经国家外汇管理局批准，公司正式取得购汇还贷业务资格，成为全国首家获此资质的财务公司。11月，经与秦山三期合作，公司把握美元汇率连续跌停触底的有利时机，分批次代理购入外汇累计4 000万美元，用于归还其国内银行外汇贷款，为秦山三期节约财务费用近40万元。

【财务顾问服务】公司继续履行集团公司拟上市企业财务顾问职责。公司作为中国核能电力股份有限公司财务顾问参与尽职调查、现场问核工作，组织协调现场工作，深入提供财务顾问服务。公司受聘为中国同辐公司上市财务顾问，协助选聘中介机构，开展项目前期可行性研究，为进一步开展工作奠定基础。公司出任集团总部及成员单位全部债券票据发行的财务顾问。

【咨询服务】公司继续通过项目实施、讲师培训、长期咨询顾问等多种方式为集团总部及成员单位提供风险管理服务，全方位提升公司风险管理咨询服务品牌。公司正式启动全面预算管理咨询服务工作，协助核燃料公司完成了全面预算管理报表体系的建立。整个报表体系结合核燃料公司各成员单位的经营特点，进一步强化了业务部门对全面预算管理的参与性和重要性，强化了业务报表与财务报表间的衔接。

【金融研究】公司进一步强化金融研究服务，提高研究报告的应用价值。重点加强了对宏观经济形势、利率、汇率以及铀价等进行研究分析，全年共发布《宏观经济研究报告（双月）》6期、《金融市场简报（双周）》24期、《铀价走势分析报告（半年）》2期，为集团各单位开展相关业务及时提供信息支持。

【风险管理和内部控制】2012年，公司设立了资产与风险管理委员会，负责对公司风险与资产管理事项进行审议决策、沟通协调，确立了由董事会总体负责、以三道防线为主体的风险管理组织体系，制定了《操作风险损失事件处理管理规程》，明确了各部门的风险管理职责；切实开展风险管理工作，定期评估公司的风险状况，实现了风险指标的实时监测；建立了风险管理报告制度，按月和按季将风险管理报告报送公司领导、董事会风险管理委员会、董事、监事，确保了风险管理信息的有效、及时传递。

【人力资源管理】公司于2012年2月对组织机构进行了调整，职能部门由9个减少至7个，进一步理顺了部门职责和业务流程。公司启动了自成立以来首次全员竞聘工作，部门经理及以下员工全部竞争上岗，实现了“干部能上能下、薪酬能升能降”的管理理念。公司《薪酬管理暂行办法》于2012年3月正式实施，薪酬体系由原来的行政职务单一序列变更为“行政职务—专业技术职务”双轨制体系，为专业技术人员职业发展拓宽了路径。

【信息化建设】公司《“十二五”信息化规划》于2012年启动实施，按规划对业务信息系统进行开发、升级，持续打造集团安全、稳定、先进的资金管理信息化平台。公司对现金流管控系统进行升级，满足了集团现金流按日管理的要求；公司核心业务系统服务器实现升级，对机房不间断电源进行更换，进一步提升信息系统运行安全性与稳定性。公司全年信息系统运行正常，无影响业务开展的重大事故发生。公司预算报销系统正式上线，为深入实施全面预算管理提供硬件基础。

【企业文化建设】公司组织开展了第二届管理创新征文大赛，鼓励广大员工紧密围绕集团改革发展与公司经营出谋划策。公司“财富大讲堂”2012年共举办9讲，邀请核工业老领导、金融行业专家、公司员工等出任主讲人，在核工业产业链业务流程、经济与金融、税法等方面拓宽了员工的眼界和知识面。

上海浦东发展集团财务有限责任公司

【经营概况】2012年，上海浦东发展集团财务有限责任公司（以下简称“公司”）按照集团下达的经营目标和董事会确定的工作重点，稳步有序地推进各项工作。截至2012年末，公司总资产82.93亿元，所有者权益19.83亿元，实现业务收入3.53亿元，完成预算的111.36%；实现净利润1.73亿元，完成预算的122.41%；净资产收益率8.73%，完成预算的120.41%。

【信贷业务】2012年，公司牵头完成了罗山路银团项目的签约工作，启动了申江路和中环线银团的组建，并引入了社保资金参与中环线项目。同时，公司还利用利率浮动新政，积极为集团和成员企业提供金融服务，累计发放各类贷款47.82亿元；办理委托贷款17.55亿元；办理各类保函1.89亿元；日均存贷款分别为57.82亿元和19.93亿元；实现资金归集率为91%。

【资金业务】通过完善资金备付体系，加大对资金的调度和周转，提高资金的使用效率；通过跟踪资金市场，加强对资金运用和配置的研究，提高资金的收益率；开拓银行间客户市场，并与20余家法人银行建立同业往来关系，为公司流动性管理提供有力保障和支持。

【投资业务】在深入挖掘固定收益产品投资盈利模式的前提下，通过学习券商、基金公司等同行的投资思路和风控方法，加之对股票市场实践的参与及研判，在提振投资团队士气的同时，实现投资业务的新突破。

【业务创新】为配合业务推进、防范业务风险，公司开展了《财务公司流动性管理体系研究》等7项课题研究。同时，为缓解集团成员企业的资金压力，公司成功设计了“银行理财+券商资管”、“信托股权融资”等创新融资模式。

【风险管理和内部控制】2012年，公司实施了将风险管理与内控优化相结合的《内控手册》编制项目，并启动自成立以来最大规模的制度修订工程——新增、修订了50余项制度、办法和流程，有力提升了公司经营决策、日常管理和业务操作的水平。同时，通过构建全员、全面、全程的风险管理体系，编制各类非现场监管材料和风险评估报告，开展常规稽核检查和外部专项审计等活动，确保日常经营符合监管要求。

【财务结算】公司坚持以客户为中心，在提供个性化金融服务和开展结算业务的同时，完成了旨在提高对账效率和降低附加成本在内的电子印章开发项目，以期通过该项目上线和网银功能的联动，实现成员企业自主打印对账单功能。

【人力资源管理】2012年，公司以绩效优先、兼顾公平为导向，重新修订并推行了新的《员工考勤管理办法》，实现对员工的有效激励。同时，公司着手开展了新的薪酬体系落地实施前的相关准备工作，力争为今后5—10年的平稳发展提供一个制度化保障。

【信息化建设】2012年，公司围绕提升信息服务能级、提高信息管理水平，推进年度信息化建设的开展。一是在做好IT系统日常运维的基础上，完成对OA系统进行升级改造，达到提高办公效率和优化处理流程的初衷。二是网上报销系统上线运行，加强预算管理且规范报销流程。三是在坚持信息数据异地备份的同时，着手开展同城灾备调研，着力夯实IT基础安全。四是开发并完成了资金集中管理系统，满足成员企业对下属公司资金实施统一管理、收支两条线和利息清算等需求。五是根据外部事务所对公司IT现状的评估报告，逐项完善和落实，规范并提高了公司IT管理水平。

【企业文化建设】2012年，公司组织开展了喜迎十八大、公推直选和反腐倡廉等专项党建活动，并完成了上海市文明单位的创建工作。同时，为配合学习型企业文化的建设，公司深入开展了读书活动、公文写作培训和金融信息交流会等活动；在做实做深《信息参考》的基础上，适时推出《金融信息周报》，并辅以各类课题研究的开展，凸显知识型团队的企业文化；公司开展的“人民币国际化背景下的人民币国际债券市场建设”课题研究成果，荣获上海市金融学会2012年度青年研究课题一等奖，彰显专家型员工的企业文化。

鞍钢集团财务有限责任公司

【经营概况】2012年是鞍钢集团发展历程中最为困难的一年，也是鞍钢集团财务有限责任公司（以下简称“公司”）经营任务最为繁重的一年。在集团公司的大力支持下，公司按照董事会年初确定的工作目标，以“4·28”经济活动分析会及“9·27”扭亏控亏增效动员会的精神为指引，精心组织，群策群力，圆满完成各项工作任务。截至2012年12月31日，资产123.51亿元，贷款208.51亿元（其中委托贷款124.51亿元），存款82.52亿元，实现利润总额5.39亿元。各项监管指标全面完成，其中：资本充足率为32.16%，流动性比例为33.77%，资本利润率为14.72%，资产利润率为3.07%，不良资产率为零。

【信贷业务】面对成员单位严峻的生产经营形势，公司变被动服务为主动服务，了解成员单位的资金状况，积极与集团进行沟通，平衡资金的使用，满足成员单位的融资需求。为股份公司、建设公司等成员单位发放自营贷款58.08亿元，实现贷款利息收入4.54亿元；代理集团公司向股份公司、鞍凌公司及福建莆田公司发放委托贷款233.65亿元，代理鞍千矿业向攀钢钒钛发放10亿元委托贷款，共实现佣金收入0.14亿元。为股份公司、重机公司及钢绳公司办理纸票贴现15.14亿元；为股份公司、鞍凌公司办理电票贴现19.92亿元，共实现贴现利息收入0.56亿元。

【投资业务】2012年货币市场资金价格逐渐回落，集团可用资金大幅减少，但公司仍然紧盯金融市场货币价格走势，深挖盈利潜力。在银行间市场与金融机构开展质押式回购229.15亿元，实现收入1 682万元；与攀钢财务公司开展信用拆借9亿元，实现收入46.2万元；代理成员单位产权交易实现收入60万元，共实现资本市场收入1 788万元。

【资金集中】对资金管理系统进行一次全面的升级改造，新系统对原有资金结算方式进行一次彻底的改进，解决了账务处理繁琐及账户复杂等问题，新增了电子回单及代理支付业务，满足了成员单位个性化的资金结算需求。以资金集中管理系统为平台，实时监控成员单位的资金流向。全年资金结算总额达20 390亿元，结算业务量达23万笔；代理保管票据12 497张，金额达253亿元，资金集中度达77%。

【风险管理和内部控制】一是围绕重大风险及核心业务流程，针对内控环境、风险合规管理、信息与沟通机制及内部控制效果进行风险识别，共查找出245个风险事件，并将其中48个事件列为年度重大风险点进行实时监控，避免出现风险控制的盲点。二是开展“合规管理活动月”活动，对12项业务进行检查并出具合规报告，促使各项业务规范开展。三是按照总分公司管控模式和职能定位，建立业务流程管理及制度体系，绘制46个业务流程图，构建业务流程管理架构，并以此为切入点，进一步整合重要管理制度，建立健全覆盖业务流程的制度体系。2012年在鞍钢集团对32家单位及192个机关部室进行规章制度大检查中，公司均获得“优秀单位”称号。

【业务创新】通过加大与监管部门沟通，外汇业务实现零的突破，将账面上闲置多年的500万美元存款贷给集团，增加了贷款利息收入65.91万元。通过积极主动与银行沟通，同业存放利率实现新突破。工行、农行、中行、建行、交行及中信银行分别将同业利率由1.62%上调至1.71%—1.89%，增加了利息收入517万元，新开户的汇丰、光大、兴业及盛京四家银行将同业利率与上海银行间市场隔夜利率挂钩，增加了利息收入435万元。与建设银行、兴业银行开展了拆入资金附定期存款业务，增加利息收入691万元。通过了解成员单位需求，融资渠道实现新突破。将股份公司贴现的9.82亿元纸质票据，以回购的方式转贴给盛京银行，将股份公司贴现的9.06亿元电子票据，以卖断方式转贴给光大银行；为国贸公司开出电子承兑汇票1.1亿元。

【人力资源管理】提升职工队伍素质，强化“学习与成长”关键指标考核。一是坚持以人为本与人才兴企的发展战略，建立“全面培养、重点突出、方式灵活”的人才培训机制。全年共有62人次参加集团公司组织的各类专业培训，有2人次参加中国财务公司协会举办的基础业务培训。二是加强人才队伍理论研究工作，围绕财务公司行业成立二十五周年，在总结自身发展经验的同时，站在全行业的角度为财务公司行业的发展出谋划策，共出具论文14篇，其中一篇论文获得财务公司协会二十五周年论文评选优秀奖。

【信息化建设】在系统应用方面，增加资金预算管理模块和分公司结算模块。在新技术引用方面，引入负载均衡、硬件加密、网络运维管理、磁盘阵列、入侵监测等新兴技术。在网络建设方面，新增同业拆借及债券交易数字专线，提升业务操作效率；新建光纤专线，用于与攀钢财务公司业务系统信息传输和办公系统联网。

【党务工作】围绕迎接党的十八大召开，以“推动科学发展，争创一流服务”为主题，以开展“讲党性、重品行、善学习、做表率”活动为载体，以增强主人翁责任感，学习郭明义、蒋东明的先进事迹为主要内容，组织广大党员和团员开展“当钢铁市场好转时，我们准备好了吗?”为主题的大讨论活动，共撰写14篇优秀论文。为党组织输送新鲜血液，一名预备党员顺利转正。

中国电力财务有限公司

【经营概况】2012年，中国电力财务有限公司（以下简称“公司”）围绕“促变革、强服务、控风险、增效益”十二字方针，坚持不懈深化坚强资金管理平台建设，圆满完成了全年各项任务，保持了健康稳健的发展态势，为国家电网公司推进“两个转变”作出了积极贡献。2012年，公司资产规模达到1 498.87亿元，净资产145.01亿元，实现利润30.35亿元，各项指标全面满足监管要求，全面完成国家电网公司业绩考核指标，经营管理工作取得优异成绩。2011年和2012年，公司连续两年荣获“金龙奖”年度最佳财务公司称号。

【结算业务】2012年，公司大力深化统一结算平台建设，积极创新结算产品，持续提高结算业务自动化、集成化水平，结算服务能力明显增强，实现年资金结算总量18.82万亿元，营业结算业务笔数427.79万笔。2012年，公司统一结算体系日臻完善。大力推广企—财—银自动支付结算业务，完成对31家网省公司的电子结算业务推广应用，自动结算业务金额达到14 158.31亿元，有效提高了客户结算效率。完善资金结算系统功能建设，进一步提高资金结算系统交易、查询受理能力，资金交易执行效率大幅提升。加强结算业务品种创新，完成封闭结算业务研发，为国家电网公司加强内部债权债务清理奠定基础。积极建设结算实时监控系统，实现全天候向各机构提供在线业务信息服务，全方位展示国家电网公司千余家成员单位一万余户的资金存量、资金流量、业务运行等功能。稳步推进国家电网公司银行账户授权工作，国网系统银行账户纳入公司统一结算平台办理转账和查询，为履行国家电网公司资金管理平台职能提供了有力保障。

【信贷业务】2012 年，公司积极稳定信贷规模，贷款日均余额 695.77 亿元。信贷业务是公司的主要资产业务，也是向成员单位提供融资服务的主要业务形式。2012 年，公司在满足监管要求的同时，积极创新业务品种，提高信贷业务管理水平，实现了信贷规模稳步增长。加强信贷资源优化配置，信贷规模创历史新高。落实国家电网公司做优做强直属产业单位政策，加大对国网直属产业单位和省公司直管、控股县级供电公司的融资服务力度，有效缓解直属产业单位和县公司融资困难。加强信贷业务品种创新，完成首笔外币贷款业务。积极推进公司票据业务发展，票据池如期实现系统功能上线。

【资金业务】2012 年，公司加强存款组织管理工作，保持存款规模稳步增长，存款日均余额 1 395.93 亿元。2012 年，公司不断提升资金管理水平，提高资金使用效率。深入推进资金管理机制建设，系统提升资金精益化管理水平。加强集团客户信息沟通机制建设，提高资金计划准确性。落实流程型财务公司建设总体部署，优化资金管理流程。落实机构规范化建设统一部署，圆满完成系统切换资金相关工作。优化资金定价机制，适应利率市场化进程。科学调剂资金头寸，加强资金短期运作，提升资金收益。拓展同业授信规模，拓宽融资渠道。

【投资业务】公司具有首次公开发行股票询价对象、全国银行间债券市场交易及上海证券交易所大宗交易系统合格投资者资格。公司始终坚持价值投资和组合投资理念，以谋求中低风险的稳定收益。2012 年，公司积极开展投资创新，有效规避市场风险，积极开展短期资金运作，逐步扩大固定收益品种投资规模，调整新股申购策略，加强证券研究，在证券市场持续低迷的情况下，实现了投资收益正增长。

【票据业务】2012 年，公司积极推进票据业务发展，票据池搭建工作取得阶段性成果，实现了系统功能上线和票据在线管理，客户范围不断扩大，电子商业汇票承兑业务和贴现业务持续提升。通过拓展电票业务，扩大了以国家电网公司购、售电产业链为依托，服务于产业链上下游企业的金融业务，进一步提升了公司融资服务能力。

【外汇业务】2012 年，为更好地服务国家电网公司国际化发展战略，公司积极深入推进外汇业务发展，取得了外汇业务相关资格。2012 年上半年取得即期结售汇业务经营资格，9 月 28 日取得银行间人民币外汇即期市场会员资格，11 月 7 日成为银行间外汇市场会员。积极开展外汇业务，2012 年 6 月发放第一笔外币贷款，11 月 21 日以“T+0”模式完成首笔结汇操作，初步完成公司外汇业务制度、流程、系统等基础建设。为保证外汇业务持续开展，通过与多家银行沟通协商，已与 7 家银行建立了即期外汇交易的授信额度。

【资金集中】2012 年，公司资金归集服务不断加强，积极拓展资金归集的深度和广度，带动公司存款规模不断增长，为公司经营发展提供了有力支撑。通过不断深化资金集中服务工作，公司资金归集率达 99.89%（可归集资金口径），同比提高 0.91 个百分点。完成与平高、许继两家上市公司的资金归集工作，进一步提高了归集资金的差异化。做好国网直属单位重组过程中的资金集中业务衔接及金融服务工作，确保产业单位资金归集工作平稳有序开展。突破控股县级企业的资金归集难点，基本完成省公司直管、控股县级供电公司的经费、电费资金集中工作。持续优化银行集团账户体系，建立了以公司一级账户为依托的国家电网公司资金集中账户体系。

【风险管理和内部控制】2012 年，公司始终坚持将风险管控和依法治企摆在突出重要的位置，严格依法合规经营。推进风险“两防两控”机制建设，初步建立了涵盖操作风险、信用风险、流动性风险的多层次沟通协同机制，优化风险管理流程，进一步健全全面风险管理体系。认真做好各项审计检查整改工作，完成国家电网公司“十一五”信息化建设项目、依法治企综合专项检查等迎审迎检工作，边检查、边整改、边落实，规范管理流程，堵塞管理漏洞，健全依法治企长效机制。加大历史遗留不良资产清收处置力度，基本清理完毕历史遗留问题委托贷款，不良资产清收处置工作取得阶段性成果。有效防范信息系统运行风险，深入开展“安全年”信息通信专项活动，推进信息运维“管操分离”，全面梳理和整改信息安全隐患，各应用信息系统运行平稳，未发生重大信息安全事故及信息泄密事件。深化内部控制体系建设，落实国家电网公司内部控制实施方案，加强“三重一大”决策管理，开展物资集约化采购，进一步加强接待、会议、车辆、薪酬福利等六项费用管理，规范企业负责人职务消费。

【人力资源管理】2012 年，公司深入推进人力资源体制机制改革创新，深化人力资源集约化管理，不断提升人力资源管理管控能力和资源优化配置能力。认真开展“三定”（定编、定岗、定员）工作，全面加强组织机构及岗位体系建设。全面开展“三考”（考核、考试、考勤）工作，切实提高工作水平，转变工作作风。教育培训管理工作力度不断加大，全方位开展员工培训。深化收入分配管理，不断健全薪酬管理体系。干部和人才队伍建设不断加强，进一步规范劳动用工管理工作。企业年金管理、社保管理工作不断完善。

【信息化建设】2012 年，公司信息化积极适应金融信息化趋势和管理创新要求，持续加强信息化建设、应用和运维管理，信息化支撑能力进一步提升。支撑流程型财务公司建设，落实国网人、财、物集约化管理要求，建立信息风险“联防联控、协防协控”机制，落实国网“安全年”信息通信专项活动，全面落实国网“十一五”信息化审计调查和规范化管理检查要求。组织建设的国家电网公司资金结算系统、参与建设的电网信息安全等级保护纵深防御示范工程分别荣获 2012 年全国电力行业信息化优秀成果一等奖。

【企业文化建设】2012 年，公司认真学习贯彻党的十八大精神，深入开展创先争优活动，扎实推进“基层组织建设年”活动和“三亮三比三评”活动，积极开展“互结互带”先锋工程擂台赛活动。深化科学的管控与惩防体系，不断加强协同监督工作机制和廉政风险防控机制建设。多措并举，推进“五统一”企业文化传播、落地和评价工作。深化职工民主管理纲要宣传贯彻，组织公司职代会及工会换届选举，积极开展“创新工作室”和“职工之家”创建活动，建立完善困难职工帮扶机制。坚持党建带团建，组织开展庆祝共青团成立 90 周年系列活动，打造“团聚力量，共同精彩”团青活动品牌。

神华财务有限公司

【经营状况】2012 年神华财务有限公司(以下简称“公司”)紧紧围绕集团发展战略，认真开展“找抓促”、管理提升和“创一流”活动，积极推进政治本安和经济本安体系建设，进一步完善资金集中管理服务系统，提升服务水平和风险管控能力，全面完成年度经营任务，剔除政策性拨备率调整因素，经营业绩创历史最高水平。2012 年末，公司全年实现利润总额 7.8 亿元，实现经济增加值 2.1 亿元，可控成本费用占收入的比重为 47.67%，七项费用控制在目标范围内。

【信贷业务】2012 年，公司保持与北京银监局、人民银行的及时沟通，积极获取政策支持，协调争取信贷规模，提供存贷款利率优惠，节约成员单位财务费用。公司从大局出发，以降低全集团财务费用为目标，所提供的金融服务具有显著的价格优势，通过合理调配贷款额度，确保集团重点项目的资金需求。目前向集团成员单位提供存、贷款服务价格优于同业，贷款利率为中央银行同档次基准利率下浮 10%，存款利率为中央银行同档次基准利率上浮 10%。公司全年与 31 家集团成员单位累计签订自营贷款合同 45 笔，合同金额 315.35 亿元。

【票据业务】2012 年，公司继续强化服务能力建设，推进票据托管业务。分别与五家成员单位签署了票据托管协议，并与五家商业银行签署了票据转托管协议。截至 2012 年末，全年票据托管 1 389 张，金额 68.1 亿元。通过票据托管及转托管业务的开展，减少了成员单位票据流转环节，简化了手续，提高了票据管理的安全性，也为票据集中管理和建立“票据池”奠定了基础。

【资金集中】公司持续加强和改进资金集中管理服务平台建设。为更好地推进股份公司的资金预算管理，在股份公司财务部的指导下，公司为股份公司定制了资金预算管理系统，实现了股份公司资金的“事前”计划和“事中”动态监控。目前，已累计为股份公司 302 家成员单位和 431 个用户开通了资金预算服务。公司成功完成资金结算系统即“神华资金网”的扩建改造项目，在整合既有产品功能的基础上，开发了定期存款业务系统、通知存款业务系统、客户网上对账回单打印系统和电子验印系统，进一步丰富了系统功能，改善了用户体验，规范了业务流程，具有神华特色的财务管理一体化集成平台日臻完善。为满足结算业务对于银行账户信息实时性的要求，公司实现了与四大国有银行的全部直联互通。公司全年实现结算量 12.61 万笔，同比增长 1.7%，结算金额 1.81 万亿元，同比增长 29.24%。截至 2012 年 12 月 31 日，公司全口径资金集中度为 29.99%，较上年增加 11%，增幅 55%。

【业务创新】公司受集团财务部的委托，

作为300亿元并购银团贷款及100亿元流动资金贷款的财务顾问，承办相关融资事宜。以公开招标的形式向与集团有合作关系的23家商业银行发出邀请，并本着公正、公平、公开原则对所有参与意见回复函进行了全面评定。此次300亿元并购银团贷款每年能为集团减少利息支出2.07亿元。

【风险管理和内部控制】建立风险与合规管理制度框架，积极推进管理提升活动和经济本质安全体系建设工作。通过全面风险管理制度、风险管理委员会工作规则、内部稽核暂行办法等一系列制度的编撰，以及对现有风险管理制度的修订完善，初步建立起公司全面风险管理制度体系，未来将以此为纲，建立覆盖公司具体业务的风险管理细则。同时，公司与外部研究机构合作，开展合规风险体系建设课题研究，已查找到涉及财务公司经营的法律法规近100部，梳理法条近7 000条，整理出合规点近1 900余个，目标是将合规风险点内嵌到公司具体业务流程中，进一步完善公司合规风险体系。

有序开展内控与稽核工作。公司通过开展全面风险排查工作，对结算、信贷、资金、信息管理等重要环节进行自查自纠，发现问题及时整改；通过监控风险指标，对公司资金使用情况进行控制，防范公司经营风险，满足监管要求；通过现场稽核和非现场稽核，对前台凭证要素、大额资金划拨、审批、利息收支、合规性进行检查，做到及时发现问题及时纠正。

【人力资源管理】积极推进人力资源管理提升，组织开展加强人工成本管控“找抓促”活动，完善人才队伍建设。贯彻落实公司新的“三定”方案，明确公司组织架构和职责分工。建立健全人才引进机制，通过社会化公开招聘方式，引进25名高学历、高素质人才，占公司人员编制的50%；加强人力资源制度体系建设，进行了7项人力资源管理制度的修订；组织开展全方位岗位培训工作，举办员工入职、金融法规、基础业务、投行业务等专题培训。

【信息化建设】2012年，公司成功推进资金结算系统中的定期存款业务系统、通知存款业务系统和客户网上对账及回单打印系统的测试上线。新系统的数据库迁移和电子回单模块成功地完成了上线；资金结算系统扩建改造项目搭建了财务业务一体化集成平台，实现数据共享，加强了资金管理，提升了资金运用效率；资金预算系统的成功切换上线实现了“事前”计划和“事中”动态监控，提升了股份公司的资金管理水平。

中国电子财务有限责任公司

【经营概况】2012年，中国电子财务有限责任公司（以下简称“公司”）紧紧围绕集团公司“十二五”发展战略，大力支持集团实体经济的发展，积极应对宏观调控，坚持稳健经营，保持信贷规模适度增长，加速市场化转型，提升综合金融服务和管理能力，重点狠抓“控风险、促发展、提能力”三大任务的落实，全面超额完成了2012年的各项经济指标，并再创历史新高。2012年，公司实现营业收入3.88亿元，同比增长13.78%；实现利润总额2.31亿元，同比增长0.87%；资产规模达到了158.1亿元，净资产24.01亿元，金融服务规模达到了80亿元，日均存款为64.06亿元，增长了38%；全年累计结算量达到1 779亿元，年结算笔数达到4.6万笔，开户数达到了402家。

尽管公司连年取得优异的经营成绩，但也存在一些问题：资金集中度总体不高；人力资源结构有待完善。针对资金集中情况，公司提出“重点推进上市企业的资金归集”、“协助集团做好资金集中管理”和“加快客户经理服务向市场化转型”的具体方案以落实资金集中工作的推广。针对人员结构情况，公司开始进行组织机构调整，2013年将全面调整公司人力资源结构现况。

【信贷业务】2012年，公司克服了企业经营形势严峻、利率市场化趋势、归集资金波动较大等不利因素，充分运用归集资金，最大限度地满足企业金融需求，保持信贷规模适度增长，截至2012年末，公司金融服务规模已达到80亿元（其中委托贷款24.9亿元），比上年58亿元增长38%。公司信贷规模占集团总体信贷规模的比例稳居第一位，每年为集团直接节约财务费用3亿元以上。公司已成为中电熊猫、桑达集团、武汉中原、中电广通、中国软件、中电物资、深圳爱华、中电科技等集团企业的主融资渠道。

作为牵头行之一，2012年公司发放了中电液晶六代线项目银团贷款剩余的1.7亿元额度，同时创新方式方法，为六代线项目新增了2亿元授信额度，替代附生效条件的2亿元银团贷款额度。公司的服务对保障六代线项目资金需求发挥了重要作用。

【资金和投资业务】2012年，公司进一步稳步扩大同业合作规模，通过资金拆借融入资金累计98.9亿元，通过票据再贴现从人民银行融入资金累计2.23亿元，保持了资金流动性和安全性；积极维护与人民银行关系，争取了约20亿元的新增信贷额度，充分保障了集团企业信贷需求。在有价证券投资方面，2012年公司继续持有集团公司3亿元债券和南京中电熊猫公司5 000万元债券，这些债券的发行人是集团母公司和集团控股的重要子公司，债券风险较低，风险可控。

【外汇业务】公司完成了开展外汇业务的各项准备工作，已实现外汇资金结算的功能和条件。在前期取得外汇局的4份批文基础上，2012年上半年再获得外汇局的最后1份批文，即外汇交易中心会员资格的批文，外汇局的各项批复已全部获得。与中国银行、建设银行、交通银行的外汇业务合作协议已经签署。有5名人员参加了培训获得外汇交易员资格。各项外汇业务的内部操作流程也已确立，公司已具备开展外汇资金归集、外汇存贷款、即期结售汇等外汇业务的条件。

【资金集中】2012年，集团公司和财务公司在深圳、南京组织召开深化资金集中工作会，集团公司芮晓武董事长、李晓春总会计师高度重视，亲临会议指导和部署工作。公司新任董事长邓向东、总经理田伟带领经营班子及公司业务人员按照集团领导要求，积极推动二级账户联动实施，协调银行及企业解决有关问题，使中国电子成员企业在中国银行、建设银行、交通银行、招商银行、北京银行开通了二级联动结算。2012年资金集中工作取得历史最佳成绩，可支配资金集中度达到85%，比2011年增加近10个百分点；全口径资金集中度达到48%。

【业务创新】为方便客户归集资金，公司努力推广创新结算模式。为使集团成员企业更方便快捷地取出资金结算单据，公司开发了资金结算系统的结算单据终端打印功能。成员企业通过登录资金结算系统网银终端即可打印加盖财务公司电子印章的凭证回单、结算单、对账单等结算单据，彻底解决了寄送纸质盖章单据的时间滞后和安全性隐患，便于成员企业及时进行账务处理，有效提高工作效率。为开展外汇业务，公司一方面积极争取外汇局各项批复，积极建立操作流程，另一方面大力培训员工获得外汇交易员资格，终于在2012年具备了开展资金归集、外汇存贷款、即期结售汇等外汇业务的条件。

【风险管理和内部控制】2012年末公司资产158.1亿元，正常类资产占全部分类资产的99.95%，不良贷款率比年初下降了0.21%。2012年公司较好地处理了业务发展与风险控制的关系，实现了在控制风险基础上稳步发展的既定目标。

在信用风险方面，公司加强授信业务的调查和风险审查，通过强化授信调查—审查—审批—放款审批—贷后检查业务链条，持续加强对信用风险的管理；在流动性风险方面，公司一方面大力推进资金集中，另一方面与金融同业建立了良好的合作关系，截至2012年末公司获得商业银行总授信额度68亿元，保证了公司有良好的资金头寸调动能力，极大地降低了公司的流动性风险；在市场风险方面，公司克服宏观调控对成员企业带来的不利影响，充分发挥财务公司集团内金融机构的功能，对成员企业的贷款在尽量满足资金需求的同时还对部分企业实行优惠利率，有效地支持了成员企业生产经营的资金需求；在操作风险方面，公司依然按照全面风险管理的要求，从制度和流程的有效执行角度防范操作风险；在法律风险方面，2012年，对业务部门新开展的业务和政策不明确的业务，法律合规部提前介入，探索和研究，使有关业务既能顺利开展，又尽可能做到合法合规、风险可控。

【信息化建设】公司运行的信息系统：一是财务系统。该系统通过EAI接口与公司的资金业务平台相联，自动传递凭证等财务数据，使用用友U8财务软件进行日常财务核算，实现了业务处理到财务核算的自动化。二是公司网站（www.cec-f.com.cn）。该网站仅用于对外宣传沟通和发布日常信息，不与公司网络直接相联。三是业务系统。公司的业务系统主服务器是2台IBM小型机，采用双机热备的方式工作，主要网络设备和服务器部署在集团公司的中心机房。公司小机房通过网通专线与集团公司中心机房相联，作为资金结算平台的异地冗灾备份系统使用。公司员工在公司以局域网的方式访问资金业务系统，并通过集团公司统一的网关访问互联网。集团成员企业通过VPN方式登录集团公司网络，经过网络防火墙、入侵检测系统、身份认证系统等一系列访问控制措施访问财务公司业务系统服务器。

信息化系统的建设，特别是资金业务系统的建设使资金集中工作得到了保证，有力支持了集团成员企业的生产经营。

【企业文化建设】2012年，公司开展了一系列企业文化建设活动。组织全体党员、职工集体收看《一个大国的崛起与崩溃》，学习前苏联兴衰史，领悟我中华风雨情；赴腾冲参观学习，重温入党誓词；参观天津前进监狱，敲响廉洁长鸣警钟；参加财协年会等系列活动，增强了党性修养，坚定了理想信念，培养了党员职工爱党、爱国、爱企的情怀。以“创先争优”活动为载体打造团结和谐、健康向上的企业文化。

航天科技财务有限责任公司

【经营概况】 2012 年，航天科技财务有限责任公司（以下简称“公司”）按照年初工作会议确定的总体工作思路，扎实稳健推进董事会下达的年度经营计划，实现业务收入 20.05 亿元，利润总额 11 亿元，圆满完成了年初董事会确定的各项重点工作。公司资本充足率、不良资产率、资产损失准备充足率、流动性比例等各项监管指标符合监管要求，全年无新增不良资产。公司经营中也存在一些问题：一是公司的市场化程度不高，需要加快培育自身独特的核心竞争力；二是团队的专业化水平尚需提高，可持续发展能力还需进一步提升；三是创新能力不足，创新引领发展的管理体系尚未建立；四是工作作风有待改进，企业文化的引导作用还需加强。

【信贷业务】 一是完善服务网络，丰富服务手段。截至 2012 年末，新建航天桥、九院、乐凯服务点，完成所有大院及重点二级单位金融服务点的建立，实现了各服务项目向服务点前移。推广和完善融资业务的电子申请平台、电子票据管理平台、数据仓库系统等，为成员单位提供高效、便捷的融资业务办理及管理手段。二是扩大业务规模，创新业务品种。在全面满足集团公司两大主业融资需求的基础上，大力提高航天技术应用产业和航天服务业重点领域的资金支持力度。扩大了委托贷款、资信证明、担保、承兑、承诺函、保函等中间业务的规模，委托贷款余额已达到 170 亿元；开展了多轮外汇业务调研，将根据需求适时开展外汇贷款业务。三是协同外部金融资源，丰富间接融资渠道。加强了与其他金融机构的协同，充分利用社会资金，建立包括财务公司、信托公司、商业银行等金融机构在内的多种间接融资渠道和资源储备，在集团公司重大融资项目中发挥财务公司统筹协调作用。四是做精做细基础服务，凸显财务公司核心竞争力。充分开发利用信息化手段，完善财务公司服务手段，帮助集团成员单位提高财务精细化管理的水平，促进了各单位财务管理能力的提高。进一步优化和完善已有业务流程，推广了成员单位资金归集数据、存贷款数据的查询。五是拓展服务内涵，确保财务公司服务水平上台阶。服务重心向高端服务转移，丰富服务产品，灵活服务方式，2012 年结合主要二级单位的金融需求，为其提供了有针对性的综合金融服务方案；对于集团重点发展的项目，从原来由客户服务部单独服务的方式，转变为实施项目团队服务制，实现公司内部有关部门对客户服务部强有力的配合与支撑，最终能为客户提供高效的综合服务。六是强化客户关系维护，处理好与成员单位的关系。充分发挥财务公司与成员单位得天独厚的血缘关系，做深做细客户营销工作；充分发挥公司高管的公关能力，公司领导、主管领导长期深入重点客户第一线洞察客户高层管理者的经营思路与需求方向信息；开展有特色的营销活动，先后举办专业培训会、业务交流会二十余场，实现与客户中低层管理者的紧密交流。

2012 年公司为成员单位办理融资租赁业务 2 笔，合计金额 1 880 万元。

【资金和投资业务】公司紧密跟踪经济走势及动态，及时把握投资机会，加大同业存款高利率长期品种的配置，全年定期存款日均 125 亿元，平均利率达 5.83%，实现利息收入 7.29 亿元，为超额完成全年目标奠定了基础。为提高债券收益，积极调整债券投资品种，争取信用债投资额度，全年新增信用债投资 12.7 亿元，占全部债券组合的 23%，全年实现债券收入 1.96 亿元，较上年增长 32%。持续跟踪分析银行股市场走势，制订光大银行股票减持方案，全年净减 1.06 亿股，实现股票投资收益 1.41 亿元（含分红），有力地保障了公司全年收入指标的实现。公司积极寻找合适的金融股权投资标的，完成中信建投基金股权投资，占股比例达 25%，成为其第二大股东。目前，公司的金融股权结构日趋全面，投资经验日益丰富。

【票据业务】坚持以“需求带动服务，以服务引导需求”，不断提升服务集团的能力，不断满足成员单位个性化的融资需求。年内除贷款外的其他融资产品在业务笔数和业务规模上较往年均实现较大突破，其中，办理票据承兑 77 笔，合计金额 14.73 亿元；办理票据贴现 131 笔，合计金额 7.21 亿元。

【外汇业务】2012 年，适应集团公司国际业务发展需求，针对结售汇业务开展了面向成员单位、同行财务公司、合作银行的调研与分析工作，制订了财务公司结售汇业务实施方案，并配合集团论证集团结售汇业务管理方案，已经正式向国家外汇管理局北京外汇管理部申请即期结售汇业务资质。

【资金集中】公司网银系统增加了电子回单的自助打印功能，并陆续开通了数据仓库客户端查询功能，为成员单位提供了实用高效的结算和财务管理工具；新增工商银行赵登禹路支行为结算代理行，采用信息化手段管理代理行清单，进一步提高了结算服务效率；新增资金归集账户 97 个，成员单位在财务公司归集的银行账户已达 1 082 个，全年资金集中度达到 87%。

【业务创新】2012 年 4 月，中国保监会批准了公司关于“保险兼业代理资质”的申请，向公司发放了“保险兼业代理业务许可证”，标志着公司执行集团统一保险管理工作取得了阶段性成果。保险代理业务拓宽了公司对成员单位的服务范围，将为提高公司整体服务水平、增强公司竞争力发挥重要作用。

【风险管理和内部控制】开展了滚动规划编制工作，强化规划的分解实施，确保公司战略落实到位。开展了管理提升活动和内部控制体系建设，制订了《管理提升工作方案》和《内部控制体系建设实施方案》；全年新增及修订规章制度共计 37 项，形成了各部门的业务和管理的工作规范，提高了精细化管理水平。开展了“三重一大”自查整改工作，顺利通过了集团公司“三重一大”专项检查；结合银监会风险评价的监管要求，开展了各部门的风险自评与整改工作；创新风险管理模式，推行业务连续性管理，分析贷款行业风险，加强流动性风险的监测，使公司整体风险较低、可控。配合集团公司完成前任总经理离任审计和各类综合审计，并开展了多方位的内部审计工作，提出了 39 项管理改进建议并得到落实。

【人力资源管理】以创新和服务为牵引，优化公司绩效考核工作；开展定岗定编工作，推进职位任职资格体系建设；举办青年讲堂，搭建员工成长交流平台；开展“传帮带”培训模式，提升青年员工的岗位胜任能力；开展“司库管理”等八项课题研究，助推公司管理实践；建立运行保障服务规范流程，提升运行保障能力；加强过程管理与指导，努力打造专业化服务团队。

【信息化建设】2012 年开发完成了人力资源系统、企业门户系统、容灾备份系统、公司治理数据库，完善了恒生投资管理系统、财务信息化系统、数据仓库等系统功能，为公司业务开展提供了安全强大的信息系统保障。

【企业文化建设】公司领导班子积极加强党的建设，公司党委获得“创先争优先进基层党组织”称号；积极推进学习型党组织建设，组织了系列主题教育活动；按照“把党员培养为骨干，把骨干培养为党员”的要求，认真做好党员发展工作。组建了公司纪委，通过讲座、谈话和宣传栏的方式，加强反腐倡廉宣传教育；通过与中层签订廉洁从业责任书、与重要岗位人员签订廉洁从业承诺书，落实反腐倡廉工作。深化企业文化体系建设，编制了《企业文化手册》，开展了企业文化主题实践活动。认真履行社会责任，开展了“情系太阳村”志愿者爱心服务活动和“爱心课堂、照亮希望”支教活动，引导员工积极参与公益事业。2012 年在集团公司和监管机构的各项评比中，公司多次获得优秀集体和优秀个人的荣誉称号。

航天科工财务有限责任公司

【经营概况】截至 2012 年 12 月，航天科工财务有限责任公司（以下简称“公司”）资产总额 445. 90 亿元（含委托资产 81. 90 亿元），与上年同期相比增加 102. 08 亿元，同比增长 29. 69%。实现收入 10. 52 亿元，同比增长 7. 79%。其中，贷款利息收入 5. 57 亿元，同比增长 55. 15%；金融企业往来收入为 4. 54 亿元，同比下降 16. 85%；投资收益实现 0. 30 亿元，手续费收入 0. 10 亿元；实现利润总额 6. 20 亿元，同比增长 21. 33%。

【信贷业务】截至 2012 年 12 月 31 日，公司信贷业务规模为 102. 03 亿元（含武汉分公司 35. 31 亿元），较上年同期的 80. 11 亿元增加了 21. 92 亿元，同比增长 27. 36%。全年信贷日均规模为 91. 14 亿元，较上年同期的 61. 64 亿元增加了 29. 50 亿元，同比增长 47. 86%。贷款集中度月均达到 69. 95%。

【资金和投资业务】2012 年，中央银行两次降准、两次降息，资金市场价格随即下降。公司加大了与商业银行的议价力度，一方面提高活期存款的利率，另一方面最大限度地利用富余资金，开展周期性配置工作。2012 年公司的同业结构性存款平均收益率达到 4. 80%。

2012 年，公司在权益类证券投资方面，不断加强投资研究工作的力度，在十分困难的市场环境下，把握投资主线，严控投资风险，大幅降低权益类投资规模3.30亿元，使得公司权益类证券投资业务能够在风险可控的范围内实现稳健运行。此外，公司积极开展与集团公司产业紧密相关的战略性大项目的投资研究工作，积极发挥公司金融平台作用，努力助推集团公司与其他大型集团公司的战略合作。

【票据业务】2012年，集团公司加大了票据结算力度，公司积极配合集团公司成员单位，全年为成员单位承兑商业承兑汇票800多笔，金额共计8.80亿元，有效发挥了内部金融机构的作用。为推动汇票业务开展，重新修订了汇票承兑业务指导书，梳理了承兑业务办理流程，有效提高了业务办理效率。票据业务的开展有力支持了集团公司主营业务、关键项目和重点工程的发展，有力支撑了集团公司二次创业、产业整合的顺利进行。

【资金集中】2012年，集团资金集中管理工作稳定运行，全年资金集中度保持在88%以上，资金集中规模超过310亿元（含武汉分公司48亿元），二级账户数量较往年增幅明显。公司继续完善资金集中管理平台，对核心业务系统和网上银行系统的网络运行环境和功能进一步调整升级，同时对工商银行区域资金集中管理平台进行了优化调整，通过多家银行的现金管理服务，满足了成员单位多样化的金融需求，进一步提升了客户服务质量与服务水平。

【业务创新】2012年12月21日，公司顺利完成了第一张电子银行承兑汇票的签发、承兑、收票工作，标志着公司电子商业汇票系统正式上线并具备了运营条件，也是公司利用信息化手段拓展金融创新业务、提升金融服务能力的又一举措。

2012年11月20日，公司参与的首笔银团保理款成功打入客户账户，标志着该项业务的成功开展，进一步拓宽了公司的金融业务，提升了公司金融创新能力和金融服务水平。

【风险管理和内部控制】2012年，公司认真开展落实各项风险管理工作，有效推进全面风险管理工作进程，从制度体系建设、法律事务管理、风险合规监控、全面风险管理评价、内控体系建设等多个方面不断完善风险管理体系，为公司的合法、合规、稳健经营提供了有力保障，确保了年度各项经济指标和工作任务的顺利完成。

2012年，公司通过内审检查、外审评价、全面风险管理自评、客户满意度调查等工作不断发现在风险管控过程中的新问题，积极调整管理方法和管理思路，通过修订制度文件、调整监控指标、改进报告流程等方法，努力提升公司风险管控能力。公司还结合集团公司内控管理评价标准，开展对标工作，编制内控工作方案，列出缺陷清单，明确整改措施和时间节点，为内控体系建设工作的有序进行奠定了良好基础。

【人力资源管理】2012年，公司继续深化人才强企战略，开展了人力资源管理专项提升活动，人力资源管理制度更加健全、管理流程更加科学，人力资源管理的标准化、制度化、规范化水平明显提升。公司依据“十二五”发展规划和战略目标，结合管理模式、经营模式调整以及业务创新等需求，建立中长期人才资源开发与规划，对人才引进、培养、使用、调配形成了有力支撑。

【信息化建设】2012年，公司信息化继续秉承支撑战略、创造价值的理念，紧密围绕公司战略发展及业务开展发挥作用。对原有授信评级体系从评级科学性和风险控制两方面进行了优化提升，确保系统授信流程合理、科学、高效；顺利完成了现有信息系统银行账户及账务体系的变更平移工作，标志着信息化支撑公司总分战略重组取得目标成果；根据公司“开展票据业务，改善集团现金流，向上拓展供应商金融”的思路，公司积极申请加入人民银行电子商业汇票系统，成为2012年北京地区唯一一家成功上线的金融机构。

【党建工作】2012年，公司在开展反商业贿赂、反洗钱活动的基础上，以读书会、观看教育录像片和纪录片等形式，进一步加强经营班子和全体党员的廉洁从业教育；组织全体党员和积极分子认真学习十八大精神，不断提高党员群众的思想政治素养；以创建“四好”领导班子为重要载体，以科学发展观学习实践活动中查找出的问题为突破口，全面加强自身建设，系统提升领导班子的治企能力，经营领导班子在集团2012年度综合考核中获得优秀称号；2012年公司党支部通过上级党委审批，改建为党总支，同时党员队伍进一步壮大，人数增加到全体员工的2/3。

【企业文化建设】2012年，公司以社会主义核心价值体系为基础，以集团公司核心价值观、企业精神和使命为统领，继承和弘扬航天传统文化，不断推进航天文化与公司文化的融合和文化创新；通过开展读书会、演讲比赛、建设公司新版互联网等活动构建公司企业文化的共享平台，通过同业机构文化交流活动和“财务公司行业二十五年发展成就展”展览活动，较好地展示了集团公司及公司的良好企业文化。

中船重工财务有限责任公司

【经营概况】2012年，中船重工财务有限责任公司（以下简称“公司”）秉承“依托集团、服务集团”的经营宗旨，紧紧围绕“十二五”发展规划和建设一流财务公司总体目标，发挥集团公司整体优势，加强业务创新，优化资源配置、降低资金成本、提高资金效率，致力于为集团成员企业打造高效、规范、安全运营的资金结算和资金融通平台，为集团公司各项事业不断发展提供金融服务，实现了持续稳定发展。

截至2012年末，公司资产规模442亿元，全年实现收入总额20.80亿元，实现利润7.20亿元，净利润5.50亿元，各项准备金余额超过22亿元，主要经济指标继续保持稳定增长，主要监管指标符合银监会的监管要求。

【资金集中管理和结算业务】2012年，公司资金结算业务实现了零差错的目标，全年完成资金结算总量3 403亿元，完成结算业务72 439笔，日均274笔，较上年增加30笔。

2012年，公司加强业务创新，积极发挥资金结算平台的作用。一是建设运行分资金中心管理系统。公司分资金中心管理系统——现金管理系统于2012年8月31日正式上线运行，资金预算系统于2012年9月完成开发与测试工作。分资金中心系统的上线运行，为公司结算业务开辟了新的领域，预算管理系统、网上结算系统和现金管理系统构成了事前、事中、事后的全过程资金管理平台，改变了以往单一的结算服务模式，进一步扩大了公司作为集团资金管理平台的服务范围。二是进一步完善网上结算系统。公司对原有的结算系统（包括网上结算、CS 结算、存款管理、BP 控制台、电子回单等）进行升级改造，增加了疑似重复指令处理、标准行名行号、自由转账设置审批等功能和内控措施，使结算业务系统操作界面更加清晰，业务流程更加合理。三是增加与银行的互联，进一步增强结算平台的资金归集功能。公司网上资金结算系统已与五家银行实现了直联；通过协调银行与试点单位完成银行账户的授权工作，已有 17 家单位共计 30 个银行账户进入分资金中心系统。四是积极推广电子单据系统。截至 2012 年末，已有 87 家客户单位签订协议并使用了本系统，覆盖了大多数结算活跃单位。五是大力宣传推介，加大结算服务力度。通过走访客户、宣传结算业务和举办业务培训等工作，增进与客户的沟通，收集客户意见建议，准确把握客户需求，积极推介公司的资金结算业务。

【信贷业务】2012 年，公司全面把握成员单位的生产经营和资金需求情况，加强沟通与协调，充分发挥信贷服务功能，实现信贷业务的持续发展。一是以优质和完善的服务，积极争取和拓展成员单位各类贷款，实现了贷款规模的稳步增长。公司加大对船厂贷款的营销力度，增加日常联络频率，密切跟踪客户资金需求情况，做到重点客户，重点服务。贷款业务始终坚持贷款利率不上浮、不提附加条件，放贷条件明显较商业银行更优惠。二是严格授信管理，实施动态监控。通过年初授信和授信中期检查掌握客户所有本外币、表内外信用余额的风险控制界限，并综合考量客户生产、经营、财务、重大事项、法律风险、或有负债、对外投资、预警信号等情况，根据重新评估后的授信限额从严管理使用，实施动态信息监控，有效防范信贷风险。三是加大贷款质量管理，严格落实贷款担保手续落实在先、办理贷款手续在后的原则。四是落实贷款三查和风险五级分类，规范信贷业务操作。

2012 年末，公司贷款规模达到 172.44 亿元，同比增加 26.30 亿元，实现贷款利息收入、节约集团融资费用 10.15 亿元，为集团公司发展提供了强大的资金支持。

【资金业务】2012 年，货币市场利率表现为两头高中间低，存款利率差异化定价格局初步显现。公司注重资金的统筹规划，强化资金运营，取得了较好实效。一是注重资金收支计划平衡，加强资金流动性管理。坚持和健全资金“年预算、月计划、周安排、日调度”管理制度，各业务部门间及时沟通资金需求变化情况，以资金流动性和安全性为准则，结合信贷及投资计划，合理安排同业存放。二是通过开展分析客户定期存款的到期结构、主动出击寻找买方以及深入研究金融机构的资金动向等工作，合理安排资金头寸，做到同业定期存款长短期结合，同业活期存款多点开花，存放同业收益率超过 5%。三是发挥同业存款优势，减少集团中票利率损失。集团公司 8 月发行 100 亿元中期票据以归还 9 月和 10 月到期的 90 亿元中期票据。公司积极发挥公司同业合作的优势，经过多方询价谈价为集团公司的 100 亿元资金做了代理资金管理，平均收益达到 4%，有效减少了集团提前发行中期票据造成的利息损失。四是积极争取商业银行同业授信，为公司融资打好基础。

【投资业务】2012 年中国经济处于高速增长周期末端、新老政府换届和经济发展方式转换三大因素叠加的特殊时期，经济发展在底部徘徊，GDP 增速破八，企业利润增长缓慢，宏观政策面并未出现预期的宽松状态，加上国内政府换届、国外欧债危机、主要经济体国家经济低迷，导致国内 A 股股票市场行情以下跌为主、而债券市场行情相对走强的局面。在这种市场背景下，公司随着信贷业务的扩张整体战略上对投资业务有所缩减，权益类投资主要以逢高减持、固定收益类投资主要以融资回购套利业务为主。截至2012年末，公司投资规模为约88亿元，同比减少约6亿元，全年证券投资收益4亿元，同比减少2.30亿元。

【风险管理和内部控制】2012年，公司着力抓好强基础、促发展，扎实推进制度建设及风险管理工作，不断提升内控和管理水平。

一是扎实开展管理提升活动，推动公司管理水平上新台阶。公司全面深入检视发展历程和当前经营管理现状，深入开展自我诊断，查找薄弱环节和短板问题，并对查找的3个发展瓶颈和8个重点提升领域分解细化，以求全面提升管理水平，为实现公司持续协调发展夯实基础。

二是有效提升信息科技风险防控能力。完成分资金中心管理系统的设计、建设和上线运行，启动同城应用级灾备建设和网上资金结算系统安全评估，进一步夯实公司信息科技风险防范工作基础。

三是内控管理体系工作进一步夯实。在公司制法人治理结构下，公司经营管理层充分发挥风险控制委员会、贷款审查委员会和内部稽核审计部门的功能，并依据“制度先行”、“内控优先”的原则，落实一线岗位自律检查、业务部门日常监管和内控部门再监督评价的检查机制，进一步明确细化各岗位及业务职能部门的内控职责；同时，持续跟进制度修订和完善，建立健全完善合理的制度流程框架，增强可执行力。

【人力资源管理】2012年，公司坚持将以人为本的管理理念贯穿于人力资源管理的各个方面，不断完善基于员工工作业绩的考核和奖励制度。一是进一步完善从公司经营管理层、部门经理层到员工的多层级考核机制，公司经营管理层接受董事会和集团公司的双向考核；员工实行季度和年度考核，员工自我评价与公司考评相结合。二是公司董事会设立福利薪酬委员会，对经营班子和员工建立了绩效奖励机制。三是以制度规范员工业绩考核工作，公司考核工作依据集团有关规定、公司董事会的绩效考核决议和公司相关制度开展。

【信息化建设】2012年，公司实施部署了机房环境监控系统、电子交易系统和互联网线路的链路负载均衡设备，新增OA系统的业务审批流程，完成分资金中心管理系统的设计、建设和上线运行，启动了同城应用级灾备建设和网上资金结算系统进行安全评估，信息化基础工作实现质的提升。

【企业文化建设】遵循以人为本的文化理念，构建和谐企业，营造以人为本、创新为本的企业文化。坚持以人为本，把尊重人、理解人、关心人的理念落实到具体工作中。一是公司领导率先垂范，积极倡导企业文化；二是加强公司与员工之间的互动，增强员工的归属感和使命感；三是抓好团队意识培养，创造良好工作氛围。

中海石油财务有限责任公司

【经营概况】 2012年，中海石油财务有限责任公司（以下简称“公司”）依托中国海油“二次跨越”发展战略，坚持“规范经营，优质服务，较好盈利”的经营方针，以服务求发展，克服了市场利率震荡下行、利率市场化带来的利差空间收窄以及信贷规模管控等不利外部经营环境的影响，截至2012年末，公司资产总额937.40亿元，同比增加25%，全年实现经营收入20.96亿元，完成年度预算15.88亿元的132%，同比增加24%；实现拨备后利润8.81亿元，完成年度预算5.78亿元的152%，同比增加12.66%；人均利润总额达1 024万元。

【信贷业务】 公司努力克服信贷规模管控的影响，全年吸收存款575.50亿元，同比增加43%；全年日均存款余额448.96亿元，同比增幅为19%；累计发放各类信贷产品1 884.72亿元，收回1 871.30亿元；年末各类信贷产品余额达到424.88亿元，同比增长13.40%；年均自营信贷余额达107.09亿元，同比增长19.40%，首度突破一百亿元大关；2012年末，公司自营信贷在集团内部信贷市场占比大幅提升，由年初的19%升至34%；初步估算，信贷业务的收入和利润在全公司的占比增加到27%。

在泰州石化一体化47亿元银团贷款项目中，公司成功争取到20亿元的份额，并于成立以来首次担任银团贷款联合牵头行，实现了银团贷款业务上的历史性突破。

【资金和投资业务】 公司全年新配置债券27只，截至2012年末，债券余额达89亿元，加权利率达4.83%；投资领域首次延伸至货币市场基金产品，全年完成申购32笔，申购金额115亿元，赎回23笔，赎回金额81亿元，年末余额达到34亿元，加权七日年化收益率达4.81%，发挥了这一现金管理工具安全性、流动性强，收益性较好的优势。基于稳健的投资策略和严格的风险管控，自成立以来，公司投资业务始终未出现一笔不良资产。

同时，在成员单位大额资金流动频繁的局面下，公司精心调度头寸，合理调整同业存款期限结构，捕捉同业市场机会，年内公司本外币同业存款日均余额195亿元，平均期限27天，加权平均利率达3.93%。

【外汇业务】 公司继续面向成员单位拓展外汇业务，服务中国海油的国际化发展，全年外汇业务客户单位增加11家，增长122%；完成外汇结算业务笔数641笔，外汇售付金额达到18.43亿元。根据成员单位的要求，公司将服务范围扩大到外汇存款，充分发挥内部金融服务平台安全便捷、沟通顺畅的优势，进一步提高了服务集团“走出去”战略的能力。

为进一步拓展外汇服务领域，形成综合性外汇服务能力，公司积极申请开办远期结售汇业务，并于12月31日获得银监会批复。

【资金集中】公司按照集团对于加强内部资金集中的更高要求，一方面不断完善资金集中管理监测服务机制，为集团落实资金管理要求提供有效平台、有力手段与充足信息；另一方面，坚持寓管理于服务，进一步增强通过财务公司平台集中资金对于集团成员单位的吸引力，全年全口径资金集中度均值达到39.32%，同比增加4.69个百分点，达到历史最好水平。

公司积极拓展服务网络，2012年新增客户30家，新增账户83个，开户单位和账户数比上年分别增长9.65%和18.99%；年末开户单位达341家，账户达520个，对集团内具备条件单位的服务覆盖率达91%；全年完成结算业务16.60万笔，结算金额达2.26万亿元。

【信息化建设】为配合集团“二次跨越”对于提高财务管理水平、加强资金集中的更高要求，公司于2012年内完成了金融服务电子化平台增强项目建设，对现有网上客户服务系统进行优化和开发。集团成员单位通过这一平台，在公司实现与工、农、中、建、交五家银行银企直联的基础上，借助登录公司网上银行系统，在同一个界面上，实现了对其在公司及五家银行业务的操作集成与账户集中管理。

【信用评级】基于严密高效的风险管控和稳健扎实的经营策略，公司在2012年继续保持不良资产、不良贷款为零的纪录，继续维持国内最高信用评级。公司信用评级为标准普尔AA－、穆迪Aa3，与中国国家主权评级一致，高于工、农、中、建、交五大国有商业银行。

【服务精细化】在2012年以推进金融服务精细化为切入点，正式启动内部金融服务升级工程。自2012年3月起，公司开始为15家重点客户编制专属的个性化金融服务月报，以便客户全面掌握其资金账户信息以及在财务公司的金融业务情况。从第一季度起，公司开始编制季度工作简报，帮助集团领导与部分重点客户增进对于财务公司工作的了解，提升作为总公司资金集中统一管理平台的公司形象。6月份，财务公司开始面向总公司领导和相关机关部门编报国内金融市场动态，以发挥公司作为金融机构的专业化优势，突出服务增值效益。

【企业文化建设】2012年6月28日是公司开业十周年纪念日。公司以十周年庆、总结发展经验、展示公司形象、鼓舞员工士气为主线，组织实施了一系列宣传与团队建设工作，具体内容包括：组织专题征文活动，总结发展经验，研讨金融服务升级；组织“服务之星”、“业务之星”评选；借助《海洋石油报》头版消息和三版整版对公司十周年庆进行了集中报道，配合业务推介；借助三楼总公司电子橱窗集中宣传，展示公司形象；召开专题研讨会，邀请服务满十年及满五年员工代表分享感悟；举办全公司户外拓展活动与知识竞赛，凝聚服务团队。

海尔集团财务有限责任公司

【经营概况】2012 年，海尔集团财务有限责任公司（以下简称“公司”）秉承集团“创新和创业”的两创精神，聚焦集团产业链金融创新和升级金融服务模式，抢抓产业链升级和动荡的金融市场所带来的新机遇，在有效驱动集团产业发展的同时获得了自身的稳健成长。截至 2012 年末，公司总资产达 381 亿元，营业收入 21.16 亿元，利润总额 15.51 亿元，总资产利润率 4.08%，上缴地方税金达 5.50 亿元（累计达 17 亿元），人均利润达 1 536 万元/人，位居行业第一。

【信贷业务】一是升级大客户战略合作模式，实现客户升级与多赢。在海尔集团产业近年来的快速发展过程中，公司力图发挥整个集团“提速机”的作用，创建了独特的大客户金融（海尔大单金融）模式，协助集团产业打开大客户的大门。2012 年，共计协同集团产业获取产品与服务订单 71.90 亿元，比 2011 年增加 31%。在集团大客户大订单营销以及客户方案设计、业务设计及签约、项目实施等全过程中提供全流程贴身金融服务；从前期预案、过程管控、项目后评估进行全流程风险防控；从解决集团产业与客户之间应收账款瓶颈问题，到丰富产品线、个性化产融方案满足集团级客户需求。通过大客户战略合作升级，绑定了大客户的定单资源，涵盖海尔家居集成，商用、家用空调，卡萨帝电器，U－home 集成，幕墙等全系列产品，助推集团成为战略合作伙伴第一联想度品牌，增强了客户黏度。二是优化小微信贷服务模式，推动集团销售倍速发展。2012 年公司在原有服务于专卖店、社区店等小微企业的“海尔小微信贷”模式下创新了小微信贷模式的子品牌——小额贷分期付、伞下贷等金融服务模式，通过提供差异化金融解决方案，缓解客户季节性资金短缺，帮助客户实现旺季备货销售，构建客户、用户黏度，提升自有渠道网络可持续发展力。截至 2012 年末，小微信贷金融服务模式已覆盖 27 个省级区域，39 个销售平台公司，780 多家客户，累计提供信贷资金支持 25 亿余元，成为支持集团终端销售力提升的助推器。

【支付结算业务】持续推广保兑式信用证，实现品牌价值在金融领域的再增值 。随着海尔集团产业的全球化战略布局和海外业务量的不断增长以及保兑式信用证服务模式的持续推广，85% 的供应商已接受财务公司信用证。其中，2012 年新增 52 家供应商接受公司开证，包括 LG Display，瑞智，三达（三星子公司）等一流国际供应商，累计供应商接受数量达到 98 家。2012 年公司合计对外开立信用证 1 600 余笔，承兑付款 2 300 余笔，全年累计对外开出信用证 5 亿多美元，开证总额较上一年度增加 292%，未发生任何逾期付款情况。随着公司信用证覆盖率的提升，进口开证费降低

60%，改证费降低 60%，承兑费降低 57%，不仅为集团节约成本 220 万元人民币，提高了集团成本竞争力，更实现了品牌价值在金融领域的再增值。

【资金和投资业务】拓展投资业务品种，大大提高了资金使用效率。2012 年，中央银行实施了稳健的货币政策，两次降息以及两次降准，有效缓解了市场资金流动性紧张状态，特别是下半年来，中央银调控货币供应量的工具没有选择降准，而是采用了滚动逆回购的操作方式，大大改善了资金市场的流动性问题。相比降准，公开市场操作是一种温和、更加可控、更加灵活的货币政策工具。公司在充分了解宏观经济政策，及时掌握金融市场信息，精准把握资金市场利率走势的基础上，创新投资业务品种，2012 年，公司共实现收益 4 亿元，其中银行间市场经营体实现收益 1.50 亿元，同业市场经营体实现收益 1 亿元，资本市场经营体实现收益 1.50 亿元，特别是银行间市场，通过对不同性质交易对手的剖析，基本已建立稳定的投资客户群，并且创新投资业务品种，提高了资金收益。相比 2011 年，2012 年投资业务品种更加丰富，不仅包括质押式回购，还拓展了买断式回购和现券交易业务品种。投资业务品种的创新，充分利用了闲余资金，大大提高了资金使用效率。

【外汇业务】持续推进"全球利率一体化"成本管理战略，助推集团扩大海外产业市场利润空间。2012 年，公司围绕"全流程、低成本、高效率"的客户价值主张开展各项业务，打造集团内外外汇金融资源整合与集聚的开放式平台。自 2008 年实施全球外汇资金集中管理项目以来，集团以财务公司为平台在境内外搭建海尔集团外汇资金集中管理平台，整合集团内外的金融资源推进集团全球利率一体化成本管理战略，以配置全球最优价格的资金支持集团海外事业有利发展。2012 年累计为集团全球产业提供融资支持 5 亿美元，其中，为境内成员公司提供融资支持 1.70 亿美元，为境外成员公司提供融资支持 3.30 亿美元，合计支持了境内外 15 家成员单位的市场拓展，年拉动销售平均增幅达 20%。

【票据业务】推进海尔电票实现 100% 社会化流通 。2012 年，公司持续推进海尔电票，累计签发量超 7 万笔，金额超 700 亿元。从客户层面，3 月 15 日，已实现对集团 1 500 余家供应商 100% 的电子支付，艾默生、LG 电子、巴斯夫、日立、松下、富士康、陶氏等著名跨国公司以及武钢、中化、TCL、清华阳光、五矿、中铝、扬子石化、贵州航天等国内知名企业均已接受海尔电票，海尔品牌信用参与社会化电子结算得到了产业链客户的广泛认可，提高了客户忠诚度；从金融市场层面，2012 年度向中央银行再贴现达 700 余笔共计 15 亿元，各行受理海尔电票达 7 300 笔共计 96 亿元，海尔电票得到了中央银行及各金融机构的普遍认同，真正实现了在金融市场上零障碍社会化流通。

【风险管理】建设风险缓释资源网，实现资产零损失。2012 年，公司为有效转移与缓释客户融资风险，积极拓展与担保公司的合作，实现资源共享，做透专卖店融资风险转移与缓释资源网样板并复制。为各业务部门提供风险转移与缓释资源网，公司在引入担保公司的环节建立了严格的漏斗机制，同时也建立了严格的保时审查制度和保后管理措施，每月监测担保公司各项指标变化，确保平台内担保公司符合公司授信政策，具备优质的担保能力。截至 2012 年 12 月 31 日，公司拓展了与 15 家担保公司的合作，覆盖了 28 个工贸公司，在保余额 3.85 亿元，比年初增长 78%，且未发生一笔代偿。

【信息化建设】2012 年 11 月 15 日，公司顺利通过英国标准协会（BSI）的现场认证审核，成为海尔集团首家通过 ISO27001 体系认证的公司，同时也位列国内金融业通过 ISO27001 认证的总行级金融机构 TOP10，标志着公司在信息安全管理方面已达到国际标准。

公司通过引入国际最佳实践的实施规则并达到 ISO27001 体系标准，有效规避信息安全事件隐患，为客户和用户的信息安全保驾护航，提升了客户及用户使用公司金融服务产品的信心，以金融信息科技资源换取互联网时代虚实网客户资源和用户资源，增强客户和用户黏度，从而提升金融服务和产品的价值（安全、可信、体验）和竞争力；同时，公司通过全面提升业务流程、用户操作、系统处理等各方面的信息安全管理水平，加强了对系统化的风险防范能力，也为公司聚焦产业链前中后端创新金融服务模式和研发金融产品提供了最有力的支持，满足了公司当前和未来创新发展的需求。

吉林森林工业集团财务有限责任公司

【经营概况】2012 年，吉林森林工业集团财务有限责任公司（以下简称“公司”）实现营业收入 1.61 亿元，同比增幅为 5.10%；完成资金结算量 1766 亿元，同比增幅为 95.10%；实现利润总额 0.81 亿元，同比增幅为 16.60%；实现净利润 0.60 亿元，同比增幅为 15.90%。截至年末，资产总额 28.44 亿元，比上年末增加 2.29 亿元，增幅为 8.80%。

【信贷业务】2012 年，公司通过全面掌握集团成员企业资金和贷款情况，落实《集团成员企业信用评级授信办法》，及时合理安排调度资金，累计发放贷款 27.46 亿元，年末贷款余额为 18.49 亿元，保持了公司信贷资产规模的稳定增长。2012 年，公司与吉林森工股份公司合作，分别与其上、下游客户开展了 200 万元消费信贷业务，对解决集团成员单位和关联客户生产经营资金紧缺问题，扩大产品生产与销售规模和拓宽公司经营收入渠道进行了有益尝试。年内，公司与集团公司、红石林业局、湾沟林业局合作开展了 1.70 亿元委托贷款业务；利用金融政策为集团公司在商业银行的 3.60 亿元贷款项目提供了担保。此外，公司在集团成员单位推广代理结算业务，解决了部分集团成员单位之间应收账款额度较大，短期融资较为困难的问题。

【资金和投资业务】2012 年，公司积极调整融资方式和业务结构，实行金融同业全方位合作。一方面，积极向商业银行争取大额授信，先后完成了十三家商业银行的授信工作，累计取得授信额度 48.20 亿元，与 2011 年相比，增加授信额度 10.50 亿元；与各商业银行合作开展同业拆借业务 24 笔，拆入资金 24.80 亿元，有效弥补了公司短期流动性不足问题。另一方面，深化同业合作，通过购买商业银行理财产品、协定存款等产品盘活闲置资金，2012年与各类金融机构共签署了各类合作协议100余份，合同标的累计达200亿元，进一步增强了资金盈利能力。

【票据业务】2012年，公司为扩大集团成员单位票据结算量和融资规模，支持集团成员单位加快发展，申请以直联方式加入中国人民银行电子商业汇票系统。实施计划包括：完善了公司票据业务管理和内部控制制度，为电子商业汇票业务系统稳健运行提供保障；按照电子商业汇票系统需求书要求，完善现有票据系统模块；加大对商业票据业务操作人员的培训力度，切实防范票据业务操作风险；向集团成员单位宣传电子商业票据业务作用，引导集团成员单位的金融需求方向。已完成电子商业汇票系统的网络联通、模拟运行和接口检测验收。

【资金集中】2012年，公司深入贯彻落实集团公司关于加强整体货币资金管理的要求，准确掌握资金动向，严格清理不合格账户，严肃资金集中指标考核，并加强对外埠及新设企业的资金归集力度，切实提高了资金集中率。同时，通过提供优质快捷的结算服务、大比例向股东分红等举措密切了与各成员单位的协作关系，取得了成员单位在资金归集方面的有力支持。2012年，公司有效资金集中账户总数逾200户，集团成员单位在全国各个地域开立的账户已基本纳入公司资金结算范围，资金集中率始终处于同行业前列水平。

【业务创新】2012年，公司积极与集团内部供应单位和消费单位进行协调与合作，深入开展集团内部代理结算业务；协调人民银行，取得了电子商业汇票系统直联的批复，为开通电子汇票承兑、贴现、转贴现业务扫清了技术障碍；经中国外汇交易中心、全国银行间同业拆借中心批准加入全国银行间债券交易市场，成功开办了债券质押式回购业务。

【风险管理和内部控制】2012年，公司通过推行制度流程约束和转换机制相结合的合规管理与风险防控手段，保障和促进了公司稳健发展。一是公司扎实推进内部控制制度建设，制定和修订了《合规风险管理办法》、《内部审计实施办法》等19项内部规章制度，逐步完善了流程制度体系，通过有效运行为公司的持续、快速、健康发展提供了有力的制度保障。二是明确管理职责，强化管理人员的尽职考核。根据公司《员工绩效考核及薪酬支付办法》和《部门日常工作绩效考核细则》，着力抓好对员工的履职考核，对各位经营管理人员实行双线考核，既考核经营结果，又考核管理成效，使公司发展与内控得到有机统一。三是建立并实施风险信息报告制度，每季度由风险管理委员会成员和各部门负责人参加的风险报告会，通过各业务部门负责人总结工作中发现的问题和了解监管机关的要求，进而总结规律，促进公司及时采取有效措施规避风险和调整经营策略，提高公司风险管理水平。四是借助集团视频专线建设机遇，构建了数据和系统备份软硬件系统，实现了财务公司与集团公司互为异地数据备份，有效保证了公司计算机系统不间断安全运行。五是按照公司风险发生的可能性及其影响程度等，对识别的风险进行分析，确定关注点和优先控制的风险关口，进而建立了公司风险定量评估指标测试表、财务部合规风险测试表、信贷业务合规风险测试表、对贷款单位风险监测表、结算部合规风险测试表，初步建立了风险识别、计量、控制风险、程序和方法。

【人力资源管理】2012年，公司通过落实《员工绩效考核及薪酬支付办法》，把员工工作业绩与薪酬相挂钩，并做到奖优罚劣、按绩取酬；落实《员工薪酬标准及晋级办法》，把员工的职级待遇与业绩能力相挂钩，让优秀员工脱颖而出；并打破收入平均主义，年终根据贡献大小兑现奖励，突出有功人员，体现多劳多得。公司聘请吉林大学专家教授讲解金融知识，提高了员工金融理论水平；总经理亲自把关，分管副总和培养人为每一员工重新修订了个人发展规划，督促和帮助员工自我成长；利用员工激励系统，让员工在相互激励中得到感悟，共同进步。

【信息化建设】2012 年，公司信息化建设取得了显著成效。一是完成集团视频会议系统专网搭建和视频会议系统设备的安装调试维护工作，为集团和成员单位的有效沟通提供了便捷的网络平台；二是借助集团视频会议项目的基础网络平台，在集团信息中心建立完成了异地数据备份系统，强化了财务公司数据备份容灾管理，推动了财务公司数据安全的建设；三是完成与工、农、中、建四大商业银行银企直联接口搭建，建立并疏通了公司与银行的资金融通渠道，实现了更大范围的资金调剂功能；四是公司内部网上资金结算系统安装工作顺利开展并投入使用，为集团和成员单位的网上结算、资金划转等提供了方便快捷的服务；五是完善和规范公司信息化制度建设，完善了信息系统管理组织架构，确保了信息工作的高效运行。

【企业文化建设】2012 年，公司深入践行集团公司文化，开展“为国效力、为民造福”、“五算账五对比”等主题教育活动，让员工更加热爱工作、感恩公司；组织开展了羽毛球、乒乓球、排球、长距离徒步走等活动，增强了团队凝聚力，并参加集团公司组织的各项体育比赛、演讲比赛等，展现了员工拼搏进取、积极向上的精神风貌；筹建了员工阅览室、文化墙，重要节日落实员工福利，想方设法为员工搭配丰富多样的营养午餐等，体现了公司对员工的关爱，提升了员工幸福度。

万向财务有限公司

【经营概况】2012 年，万向财务有限公司（以下简称“公司”）经营效益保持稳健增长势头，全年经营指标均较上年有不同程度增长，营业收入、利润和净利润三项指标分别完成年度计划的 110. 73%、73. 78%和 81. 74%，分别较上年同期增长 22. 93%、4. 45%和 15. 03%。

【信贷和结算业务】2012 年，公司实行适度、合理的信贷政策，不断加大主营业务规模，有效满足客户经营需求。截至 2012 年末，公司自身日均存款余额为 49. 28 亿元，同比增长 19. 93%；存款余额为 35. 68 亿元，同比增长 6. 57%；资金集中度为 40%；累计发放贷款同比增长 6. 86%；贷款余额同比增长 18. 44%。公司“全网覆盖”的目标深入推进，已形成“以工行为核心，中行、建行、农行为重点，其他股份制商业银行为补充”的网银业务综合体系。截至年末，网银业务结算金额和结算量分别较上年同比增长 52.20% 和 3.94%，较好满足了客户企业的业务需求。

【资金和投资业务】在对金融机构的股权投资上，至 2012 年末，公司合计对浙商银行股权投资占比 4.09%。

【电票业务】大力创新、拓展电子商业汇票业务，成为公司业务经营最大“亮点”。至 2012 年末，开立电子银行承兑汇票完成年度计划的 126%，比上年增长 22 137%。

【筹融资业务】按照“筹融资为核心”的目标要求，公司 2012 年完成了万向钱潮 15 亿元公司债的发行工作；万向钱潮短期融资券续发工作已于 11 月正式启动。

积极贯彻落实“以司定行、以行配司、以司配人”工作。2012 年集团企业在各家银行人民币综合授信和实际使用人民币授信余额以及美元授信余额分别比上年增长 23.92%、31.72%、714.29%。持续优化了对集团代理融资的银行负债结构，年末固定资产项目贷款占比 22.42%，流动资金贷款占比 73.97%，贸易融资余额占比 3.61%。争取多渠道低利率融通资金，基准利率下浮 10% 及以下的贷款占代理融资余额的 28.23%，较大幅度地为集团降低了财务成本。

【风险管理和内部控制】2012 年，公司坚持以防范风险、审慎经营为出发点，强化风险内控体系建设，完善合规风险制度和管理体系，坚持事中以风险控制为核心，事后以稽核跟踪为导向的风险内控理念，进一步强化和控制风险薄弱环节，不断实现合规和稽核在风险、控制与治理中的作用。

【人力资源管理】根据公司发展战略，围绕人力资源管理模块体系，公司重点扎实开展了以下人力资源工作：一是完善了公司 2012 年度薪酬分配，公司实行风险金提留制度相结合的分配模式，进一步加大了考核手段在薪酬分配中的作用，使薪酬分配更加理性、科学。二是积极开展人员梯队建设的准备工作，重点做好了新招收员工的培育工作。一方面，对新员工进行岗位培训、确定督导师、定期考评等制度；另一方面，根据新员工特点，开展岗位轮换等体验式培训的前期准备，为人员梯队建设打下坚实基础。三是积极进行“学习型组织”建设，员工学习热情高涨。截至年末，公司中级职称人员占比为 33%，本科学历以上人员占比为 85%，人力资源结构进一步优化。四是进一步健全公司激励机制，完善《公司季度优秀员工评选办法》，使评选办法更加科学、公正和有效。在 2012 年度总结评比工作中，对本年度工作中涌现出来的 2 个先进部门、2 名集团劳动模范和 8 名先进个人进行了表彰通报。

【信息化建设】为了满足公司电子商业汇票等新业务品种的开拓及业务信息系统的发展要求，2012 年开展了公司业务系统的升级工作，确保了业务系统的安全性和稳定性，提高了业务开展效率。

【企业文化建设】积极筹划、实施“凝聚力工程”建设，增进公司团队凝聚力、向心力和创造力建设。一是积极组织和参加各类文体娱乐活动，丰富员工工作和生活，促进员工身心健康。二是开展员工关怀工作，2012 年，组织对春节留守员工进行团拜慰问等活动，进一步激发了员工的主人翁意识。

中粮财务有限责任公司

【经营概况】2012年，中粮财务有限责任公司（以下简称“公司”）把握“专业管理、优质服务”主线，稳健经营、优化服务，加大资金集中管理力度，充分发挥对提高集团整体资金效率、控制集团债务风险、降低融资成本和加强风险防范能力的重要作用。截至2012年末，公司资产规模118.07亿元，负债总额93.80亿元，所有者权益24.27亿元。2012年累计营业收入3.13亿元，经营利润2.79亿元，净利润2.15亿元。资本充足率35.01%，不良贷款率为零。

【信贷业务】2012年，监管部门不断加大对信贷投放规模和节奏的监管力度，公司一方面积极与监管部门沟通，针对集团信贷投放的特点和节奏做出相关说明；另一方面围绕集团全产业链、全服务链战略，深入挖掘成员单位信贷需求，在严格执行监管机构各项政策的同时，加强信贷投放的控制，保证公司信贷业务健康安全发展、盈利能力持续平稳增长、服务水平全面稳步提高。截至2012年末，公司自营贷款余额总计人民币61.25亿元，较上年增长10.82%。公司贷款全部属于正常范围，贷款收息率100%，没有逾期、不良贷款。全年实现利息收入2.80亿元。

【贸易融资】公司配合外汇局跨境外汇资金集中试点业务，拓展美元贸易融资业务。美元贸易融资业务基于成员单位真实的贸易背景，与交易相匹配，且期限短（一般为三个月）、流动快、风险相对可控，可使信贷结构更为合理，降低总体风险。集团成员单位大多以国际贸易进出口业务为主，且受现有融资环境影响，美元融资成本远低于人民币融资成本，因此成员单位多次向公司提出美元融资的需求。开展美元贸易融资业务，为成员单位提供了新的融资渠道，对其解决美元资金缺口、提高对外议价能力等都提供了强有力的保障。2012年12月1日公司办理首笔美元T/T进口贸易融资业务。截至2012年末，公司贸易融资余额1 597.66万美元。

【投资业务】由于国内资本市场在2012年呈现先跌后涨格局，公司本着稳健操作的原则在年内并未对股票和基金进行买入与卖出操作。2012年公司为实现资金的保值增值，加大对货币基金的投资，在认真扎实的研究工作基础上，适度扩大了货币基金品种，以进一步提升资金的投资效益。

【外汇业务】2012年，公司外汇结售汇业务快速发展，业务已覆盖中粮粮油、中粮控股、中粮置地、中土畜、中粮屯河等经营中心及业务单元。全年累计办理结售汇780笔，结售汇美元金额34.10亿美元，较2011年增长85%。2012年11月30日，公司成功获得首批外汇资金集中运营管理改革试点资格，并于2012年12月1日成功完成试点首发业务。此次外汇试点显著突破了原有外汇管理政策框架，放松了资本项下外汇管制，为集团打通境内外资金循环，实现境内外资金一体化管理带来可能。

【资金集中】2012 年，公司积极落实集团资金集中管理政策，全面加大资金集中管理的力度和深度。在全面账户盘查工作基础上，继续跟进账户清理进度并加强账户联网工作，将集团资金集中度按经营单位分解，找出资金集中度低的板块，分析原因、查找解决方法，针对重点板块重点改进，大幅提升了账户联网率，巩固了集团资金集中管理的实施效果，进一步提高了可归集资金集中度。截至 2012 年 12 月 31 日，共有 486 家成员单位在公司开立结算账户，联网银行账户 1 250 个。2012 年完成结算业务 86 551 笔，金额 7 706 亿元，同比增长 10. 40% 。2012 年末公司吸收人民币存款余额91. 95 亿元，同比增加10%；其中活期存款 44. 24 亿元，定期存款 38. 71 亿元，同业存款 9 亿元。

【资金集中】随着集团全产业链战略的推进，公司不断满足经营中心个性化资金管理需求，结合现有系统优势及特点，设计符合各经营中心资金管理模式的子平台，加强经营中心、业务单元的风险监控，提高资金使用效率，降低财务费用。

（一）中国粮油控股资金集中子平台

中国粮油控股子平台总体运行状况良好，利用资金池有效替换外部贷款，优化资本结构，降低资产负债率，节约财务费用，管理效益及经济效益显著。截至 2012 年末，已有 67 家企业 371 个银行账户通过平台进行资金集中管理，联网率已达 99%。2012 年 606 平台累计发放委托贷款 36. 37 亿元，节省财务费用 0. 87 亿元。

（二）中粮包装资金管理子平台

中粮包装资金管理子平台具备每周资金计划管理、每日资金支付审批、每笔资金流向控制等功能，能够实现经营中心总部对整体头寸和资金付款的管控要求，有利于经营中心提高自身的资金管理水平。中粮包装资金管理子平台能够为集团企业提供安全、高效和便捷的结算服务，现有功能可满足各经营中心的管理需求，为系统在集团范围内推广奠定了良好基础。2012 年，中粮包装资金管理子平台完成对外支付 14 315 笔，金额合计 30. 73 亿元，支付准确率达 100% 。

（三）中粮肉食资金管理子平台

截至 2012 年底，中粮肉食全面运用中粮包装资金子平台实现资金计划的报送、审批。已启用代理支付功能，实现了中粮肉食资金管理子平台全面上线运行。

（四）中粮粮油粮贸部资金管理需求

中粮粮油粮贸部拟借助 606 系统归集模块实现下属企业资金的归集和借款的拨付，通过中粮包装资金平台实现对下属企业粮款的集中支付和监控。截至 2012 年末，已确定由中粮粮油粮贸部 ERP 系统审批资金计划、登记借款台账，公司资金系统与中粮粮油粮贸部 ERP 系统对接，完成借款的划拨和粮款的支付方式；正在开发付款计划的批量导入功能，以实现两系统的对接。

（五）中粮屯河资金管理子平台

2012 年中粮屯河提出运用 906 系统提高资金计划准确性和规范计划审批流程的需求，2012 年 11 月中粮屯河资金管理子平台试运行，逐步推进中粮屯河 906 系统上线工作。

（六）中粮置地资金管理子平台

中粮置地提出利用 606 资金平台归集模块和代理支付系统相结合，实现下属企业的资金集中和统一调度，提高资金利用效率和融资能力；建立统一的资金计划管理体系，对下属企业的付款集中监控、及时分析预警。中粮置地已启动下属企业账户的全面盘查和联网及委托贷款框架协议的签订。

【协助集团直接融资】2012年，公司作为集团对外债券直接融资业务的经办部门，利用自身金融机构优势，一直致力于利用市场上多种债券融资工具为集团融资，配合集团战略发展，改善集团融资和负债结构，保障集团整体财务安全，节省了大量财务费用，并使集团在银行间债券市场建立了良好的市场形象。同时，公司凭借对债券市场丰富的发行经验，指导中粮屯河10亿元短期融资券额度注册工作，丰原生化5亿元企业债发行工作。2012年公司协助集团本部完成了300亿元超短期融资券发行额度注册，若以当期同期限贷款利率计算，可为集团累计节省财务费用约3.50亿元。

【风险管理和内部控制】2012年，公司不断加强相关监管政策法规的学习，及时掌握国家宏观金融政策方向，掌握政策法规的要求，完善公司组织架构，强化制度的建设和执行的管理，进一步规范业务操作流程，加强合规文化建设，全面提高风险管控能力。

【信息化建设】2012年，公司通过强化运维管理和日常监控，保障了公司各业务系统的平稳运行。在此基础上，根据公司经营管理发展的实际需要，重点完成了对公司信贷业务管理系统和客户关系系统的升级改造和建设工作。截至2012年末，公司信息系统实现不间断安全运行10余年，从未出现过重大安全故障和资金安全隐患。

【企业文化建设】公司秉承“诚信，团队，专业，创新”的企业文化，努力建设学习型组织，提倡在工作中领会共同思考问题和做事的方法。公司将员工培训与职业激励相结合，通过对员工进行职业素质教育和专业技能培训等，全面提高员工的金融专业水平、风险管理意识和综合业务能力，有效增强了团队的凝聚力、向心力和创造力。

苏州创元集团财务有限公司

【经营概况】2012年，苏州创元集团财务有限公司（以下简称“公司”）主要经济指标实现了“双增长”20%以上，即实现营业收入5 724万元，同比增长21.05%；实现利润3 093万元，同比增长28.50%。总资产规模144 700万元，同比增长4.40%；营业费用同比下降6.78%；资产负债率严格控制在监管指标以内；不良贷款率继续保持为零；2012年累计共为集团成员单位节省财务费用逾1 300万元；全面完成了年初董事会下达的目标任务。

【信贷业务】在合规且风险可控的前提下，最大限度地保障主业企业的资金供给，促使集团主业企业快速成长。一是紧抓集团首期5亿元中票启动机遇，加快贷款结构置换调整步伐。年初已圆满完成集团发债资金13 000万元的置换任务，解决了部分贷款结构的刚性化和存贷期限的错配，以及资金集中度低的矛盾。二是全力做好自营贷款业务，加大对集团转型项目的支持力度。2012 年，仅书香投资管理集团、大宗贸易公司，财务公司就累计给予信贷支持近 40 000 万元。2012 年累计发放贷款 75 700 万元，同比增长 1.31%。

【资金和投资业务】公司经银监会批准可参与银行间市场的有价证券投资。2012 年公司继续持有 2 000 万元“09 汾湖债”（2009 年苏州汾湖投资集团有限公司公司债券）。该债券发行规模 10 亿元，固定利率 7%/年，8 年期，2012 年取得收益 140 万元。

【票据业务】票据贴现业务。2012 年，公司累计办理汇票贴现 50 笔，金额 4 794.60 万元，同比增加了 23.19%，加权平均贴现利率 5.05%，价格明显低于同期市场平均价格。

票据承兑业务（包括代理承兑）。2012 年公司累计自主签发电子商业汇票 16 笔，合计金额 1 601 万元；通过工商银行、中国银行平台代理成员单位签发银行承兑汇票 3 523.85 万元；代理签发银行保函 541.96 万元。

【资金集中】畅通内外部融资渠道，着力增加有效存款。2012 年，资金归集率增长较大的企业，如一光华昌仪器公司超 95%，电梯厂超 90%，创元驾校超 80%，远东砂轮公司超 80%，这类优质企业的有效存款增加，保证了公司存款规模的基本稳定。公司还与部分优质存款企业探讨进行新的金融项目合作，即进行大规模汇票贴现业务，通过财务公司提供更低廉、更快捷的融资条件，使双方能建立长远和共赢的合作关系。2012 年全口径资金归集率达 52.62%，可归集口径资金归集率达 87.64%。

【业务创新】转变思路务实创新，构筑金融服务平台。一是做好委托存贷款业务。2012 年，共办理委托存贷款业务 6 100 万元，同比增加 60.53%。充分发挥了集团内部资金调节功能，使融资企业获得更低资金成本支持，资金富裕企业获得更高资金回报率，并获得较好反响。二是做好对外担保业务。上述票据业务、委托贷款业务、对外担保业务、同业授信业务，不仅丰富了集团及成员单位日常支付的方式，也解决了集团及成员单位流动资金周转问题，更重要的是降低了融资和经营成本。2012 年累计共为集团成员单位节省财务费用逾 1 300 万元。三是为解决公司资金来源相对偏紧的困难，在取得中国人民银行苏州市中心支行再贴现资格及额度的情况下，2012 年公司尝试在人民银行苏州市中心支行进行了 1 000万元的银行承兑汇票再贴现业务。

【风险管理和内部控制】加强内部控制，向管理要效益。一是利用信息化资金管理项目实施契机，聘请中联软件公司专业人员对财务公司原来的管理模式进行管理评估，撰写了近 400 页的管理评估报告，为公司找出了管理上的差距和今后改进的方向。二是制定和修订了《内部责任追究制度》、《请假、加班及考勤制度》、《员工年休假制度》、《工作绩效考核方案》等多项内控管理制度，进一步加强了工作任务的挂钩考核，增强责任心。三是结合内审、外审、任中审计、银监局现场检查、财务规范性检查、税务检查、高管监管会谈等多项检查，进一步理顺管理流程，增强规范性。此外，还开展了“反洗钱”、“执行人行金融统计法规”、“执行人行政策评价”、“人行企业征信系统”、“三重一大”、“应急预案体系建设”、“银行业发展和监管规划执行评估”、“基层组织建设年”、“平安金融”等自查自纠工作等。

【人力资源管理】2012 年，公司继续坚持“引进加培养”的人才策略，从而使公司人员的年龄结构、文化结构、知识结构更趋合理。2012 年末，在公司 20 名员工中，本科以上学历占 60%，其中硕士研究生及研究生 2 名，大专以上学历占 95%，具有高级职称人员 1 名，中级职称人员 3 名；具有银行业从业经历人员 2 名，具有证券业从业经历人员 5 名，具有期货业从业经历人员 1 名，具有保险业从业经历人员 1 名，具有江苏省高级职业经理人资格证书的 4 名，具有注册会计师和注册税务师资格证书的各 1 名；具有江苏省中级职业经理人资格证书 1 名，具有初级职称人员 12 名，具有财会上岗资格人员 13 名，具有银行业从业资格证书人员 18 名。

【信息化建设】信息化项目（资金管理项目）正式启动。调研、立项、招投标近一年的资金管理系统项目于 2012 年 4 月 25 日正式启动，它标志着公司自成立以来投入最大的信息化项目落地建设。该信息化项目是公司五年规划（2011—2015 年）中的重要内容之一，在五年规划中公司的信息化项目总投资约为 500 万元，其中一期投资 160 万元（即资金管理系统项目）。该项目正式上线运行后，公司经营将达到“三个提高和一个优化”即提高业务效率、提高服务质量、提高管理水平和优化资源配置。2012 年末，该项目提前上线双轨试运行，并且该项目作为 2012 年苏州市市级加快信息化建设专项资金扶持项目获得了市财政局和市经信委的专项资金扶持。

【企业文化建设】一是加强信息化服务建设。充分利用公司的各项信息渠道办好公司信息刊物，为集团领导决策提供前瞻性的宏观经济、行业发展信息。全年出刊《创元财务信息》25 期，其中专刊 1 期。二是走出去向同行学习，进一步扩大金融创新视野。三是以经营场所扩展为契机，将体现公司文化理念的“聚、创、诚、稳、优、廉、智、信”8 字做成 KT 板上墙，进一步提升公司合规文化内涵，使得“合规要从高层做起”、“主动合规和合规创造价值”成为全体员工的共同价值观，并逐步成为每位员工的自觉行为和行动指南。

珠海格力集团财务有限责任公司

【经营概况】截至 2012 年末，珠海格力集团财务有限责任公司（以下简称“公司”）资产总额为 122.18 亿元，负债总额为 101.01 亿元，所有者权益为 21.17 亿元，全年累计实现利润总额 2.91 亿元，净利润 2.18 亿元；贷款余额 47.05 亿元，同比增长 23.46%；企业存款余额 96.14 亿元，同比增长 35.88%。2012 年公司资本充足率为 46.38%，不良贷款率为零，资产质量优良。

【信贷业务】2012 年，公司继续加大对成员单位及产业链企业的信贷支持力度，全年累计发放各类贷款（含贴现）122.76 亿元，同比增长 2.11%；截至 2012 年末，各项贷款余额合计 47.05 亿元，同比增长 23.46%；贷款五级分类情况全部为正常，没有出现逾期贷款、贷款欠息等不良情况。

2012 年公司根据集团成员单位业务发展情况，结合公司信贷业务发展规划，积极调整信贷结构、提供个性化金融服务、大力推广电票业务，成功开展了成员单位项目贷款、成员单位产品买方信贷、产业链企业赎回式贴现等信贷业务，降低了企业融资成本。

【产品销售信贷业务】为了促进成员单位产品销售，2012 年公司积极拓展成员单位产品买方信贷业务，经过对各地区经销商进行走访调查，发现许多经销商存在融资需求，但无法提供类似房产、土地、股票等传统抵质押物。为了解决经销商融资中存在的实际困难，公司通过对《物权法》、《担保法》等相关法律、法规的研究，并根据经销商的实际情况，设计了以公司股权质押、存货质押等多种质押担保形式的授信方案。2012 年累计发放买方信贷 10.40 亿元，有效地促进了成员单位产品销售。

【资金与投资业务】2012 年，公司充分发挥资金管理平台的作用，不断完善资金预算管理，在保证备付的前提下，对资金存放期限进行科学组合，积极与同业交易对手沟通谈判争取较高的同业存款利率，努力实现资金收益的最大化。在 2012 年中央银行基准利率两次下调的前提下，存放同业业务收入同比仍有一定幅度增长。通过加强金融同业合作，发展稳定的交易对手，积极调整融资结构，稳步推进拆借、回购、转贴现等融资业务。2012 年，公司通过不断拓宽的融资渠道，增加了的备付能力，提高了资金流动性管理水平。投资业务稳步发展，目前公司持有三只 AAA 级企业债，平均收益率 4.76%。2012 年通过现券买卖和债券投资业务共取得 0.38 亿元的投资收入。

【票据业务】票据业务是公司的主要业务之一，2012 年公司加强了信贷结构调整，票据业务占比有所降低，但仍占信贷业务的 73.66%。截至 2012 年末，累计办理贴现 2 160笔，合计金额 110.36 亿元。

在电票推广方面，截至 2012 年末，公司已签约成员单位客户 29 户，占成员单位总户数的 100%。为了加强电子商业汇票在格力产业链结算中的应用，提高格力票据资产的使用效率，创造新的利润增长点，公司结合格力电器产业链结算特点，制定了《加强电子商业汇票在产业链结算中的应用方案》。截至 2012 年末，公司累计开出电子商业承兑汇票 160 笔，总金额 49.60 亿元，累计办理电子商业承兑汇票和电子银行承兑汇票贴现 227 笔，总金额 51.48 亿元，全年累计电票业务发生额占总票据业务发生额的 46.65%。

【资金集中】2012 年，公司通过加强与集团公司资金管理部门的沟通及加大对各成员单位的服务力度、开拓相关业务等措施促进成员企业的资金集中。公司资金增量的最大来源仍是大股东格力电器。2012 年，公司累计资金结算总额达 2 616.93 亿元，结算业务量达 15 591笔，吸收存款日均 145.68 亿元。

【业务创新】为了不断满足成员单位及产业链企业的融资需求，2012 年公司成功开展成员单位项目贷款，促进了格力电器相关生产基地的建设；并积极拓展成员单位产品买方信贷，设计了以公司股权质押、存货质押等多种质押担保形式的授信方案，获得控股股东及经销商认可，促进了成员单位产品销售。为了满足企业个性化金融服务需求，开展票据回购式贴现业务，降低了企业融资成本。

为适应变化的金融运营外部环境，公司于 2012 年首次申购了货币市场基金，取得较好的收益。为了进一步适应服务集团公司及成员单位的需要，增加业务发展点和盈利增长点，2012 年公司已向银监部门申请增加投资业务范围。

【风险管理和内部控制】2012 年度，公司将风险管理视为核心竞争力之一，拟定了业务运营与风险管理并重的发展战略，建立了以风险管理为核心的事前、事中、事后的内部风险控制系统，健全了各项业务的管理制度和操作规程，完善了责任追究与处罚机制，将信用风险、市场风险、操作风险、流动性风险、声誉风险及其他风险纳入全面风险管理范畴，进一步明确了董事会、监事会、高级管理层、操作执行层在风险管理上的具体职责，形成了明确、清晰、有效的全面风险管理体系。进一步健全合规风险管理工作体系，坚持定期风险管理工作报告制度，及时反映公司风险管理工作状况、已识别的合规风险管理缺陷、已采取的意见建议或纠正措施，适时对公司风险管理状况进行监测与评估。加强风险管理预警工作，提升风险管理工作的科技含量，探索建立财务公司适时、有效的风险预警系统。在公司信息系统建设工作中，密切结合风险管理计量、监测工作要求，在各业务子系统中嵌入风险监控、监测指标体系，并设置相应风险限额控制权限，实现对风险控制目标的适时监测和预警。与此同时，公司还注重审计部门的事后稽核监督职能，内外部审计发现问题均能够得到及时的整改落实。公司领导高度重视员工风险意识教育培训工作，组织全体员工开展金融企业内部控制讲座，以及风控专题研究、职业道德教育，严格执行风险管理考核、业务差错考核，及时、有针对性地开展讲评工作，努力培养各级员工风险管理意识。

【人力资源管理】为充分发挥公司的战略定位，加强流动性管理与风险管控，公司2012年在不改变原有部门设置基础上，细分业务部门组织架构，根据不同的业务种类设立部门内的业务小组，制定各业务小组的职责，细化业务流程，加强以风险管理为核心的事前、事中、事后的内部风险控制系统，打造一支风险可控、稳健发展，精简、高效的团队。

2012年，公司在原季度、年度考核的基础上，增加了月度考核，根据员工月度绩效目标完成、风险控制、安全运营、金融服务与创新完成情况，确定员工绩效考核业绩；并建立了员工积分考核制度，与已建立的管理制度并行，对差错进行积分考核；严格落实风险控制、内部控制、合规经营，在提高员工素质基础上，努力完成公司战略经营目标与金融服务目标。

【信息化建设】2012年，公司完成主机双机冗余项目和数据级异地灾备项目，将系统主机相关网络、主机全部改造提升至双机热备状态，项目于2012年3月验收合格。建立数据灾备系统，该项目参照国家标准要求建设，于2012年10月验收合格。通过以上2个项目的改造，公司系统运行安全性、稳定性、可靠性、可持续性提高。为符合长远发展规划，公司已启动二期软件招标工作，比较多家软件公司系统与测试，力求选择最适合合作的公司与业务操作系统。

【企业文化建设】2012年，公司大力加强企业文化建设，规范员工日常行为，进一步明确企业的文化导向，加强文化治理。通过布置公司文化园地、党员活动室大力宣传公司企业文化，年内组织召开三八妇女节女员工、五四青年节全体青年员工座谈会、员工水上运动会、农庄摘菜等多项活动，在丰富员工业余文化生活的同时，增强员工团队向心力、创造力。

国机财务有限责任公司

【经营概况】2012 年，国机财务有限责任公司（以下简称“公司”）累计实现营业收入 45 723 万元，实现利润总额 19 837 万元，实现净利润 15 535 万元。2012 年末，资产总额为 1 560 300 万元，所有者权益总额为 141 700 万元。

【信贷业务】公司通过加强对资金的精细化管理，提高资金运用效率，信贷业务继续向集团内优势企业、成长类企业及进行产业化建设的科研院所倾斜，并对多家有条件的内部企业开展了综合授信业务。在有效满足成员企业信贷需求的同时，实现信贷规模的稳定增长。公司 2012 年累计发放自营贷款 740 100 万元，委托贷款 370 000 万元，办理票据贴现 146 000 万元，融资租赁 39 000 万元，买方信贷 3 780 万元。全年共实现信贷利息收入 27 953 万元，同比增长 12%，其中自营贷款收入 21 687 万元，贴现收入 2 140 万元，融资租赁收入3 346 万元，买方信贷收入 84 万元，中间业务收入 696 万元。

【产品销售信贷业务】为促进集团工程机械板块的产品销售，结合产品特点及自身业务优势，公司继续开展融资租赁业务，运作模式日趋成熟，受到了多家成员单位的欢迎。2012 年累计办理融资租赁业务 709 笔，发放金额 39 000万元，实现利息收入 3 346 万元。为促进集团成员单位大型设备的销售，推出了买方信贷业务，基本形成了较为规范和完整的操作体系，并已成功开展运作，发放金额 3 780 万元。

【资金和投资业务】公司建立流动性预警机制，通过资金周报、资金例会、流动性监测数据表等多种方式，及时把控公司资金的流转状况。针对短期闲置资金开展了同业存放、货币基金等业务，在保证日常备付的前提下，提高短期资金使用效率和收益。同时，设立专人对货币市场、票据市场利率进行跟踪和预判，积极与银行同业询价、议价，按照长短期限结合、滚动操作的策略开展同业业务，取得了较好效果。

公司 2012 年的投资策略主要以坚持规范经营、严格控制投资比例、调整持仓结构、消化库存、跟踪管理为主。2012 年主要开展了一些安全性较高、流动性较好的短期投资业务，如新股申购、可转债申购、质押式回购、货币基金等。

【票据业务】2012 年，公司票据贴现业务保持稳定增长态势，全年累计办理票据贴现 145 846 万元，实现贴现利息收入 2 139 万元，为集团成员单位有效节约了融资成本，提高了资金运用效率。通过推广电子票据业务，为多家成员单位办理了电子商业汇票贴现，包括电子银行承兑汇票和电子商业承兑汇票，进一步提高了票据业务方面的服务能力。

【外汇业务】2012年，公司加强对成员单位外汇业务的调研，及时了解成员单位外汇业务的需求，并协助成员单位进行外汇业务的询价、议价，充分利用银行同业资源，为成员单位寻找更加优惠的外汇业务产品。通过与多家银行开展代开保函、信用证等国际结算业务，代开函证业务量达60 000万元，为成员单位的境外业务发展提供有力金融支持。

【资金集中】2012年，公司加强财务公司网银系统的宣传和推广力度，并结合部分成员单位提出的个性化需求，对网银系统进行有针对性的升级开发，为成员单位的资金集中收付提供更为便利的条件。根据成员单位资金集中管理需求，公司对原有的资金池业务进行方案优化，进一步契合成员单位的业务特点，满足成员单位对其下属公司的资金管控，提高了成员单位资金归集和使用效率。这些工作的实施，对稳定并提高集团资金集中度发挥了积极作用。

【业务创新】公司致力于融入企业经营链条，开发符合成员企业特点的特色金融产品，提升服务能力。2012年业务创新工作取得新的进展。一是开发了买方信贷业务，在控制风险、完善操作模式的基础上，向部分成员企业提供了该项金融产品；二是针对成员企业日益增加的票据一体化管理及融资服务需求，创新开展了“票据池”业务，为成员企业提供票据托管、票据信息查询、贴现、委托收款等票据服务，协助成员企业实现了票据管理工作的精细化、便利化。

【风险管理和内部控制】2012年，公司继续坚持以完善内部控制为前提的全面风险管理。首先，通过不断完善制度体系建设，使每项识别出来的风险都能被规章制度覆盖，具备相应的风险控制措施；通过针对关键风险控制点开展定期检查，及时纠正行为中的偏差，保证风险控制措施实施的有效性。其次，在内控实施过程中，通过考核、培训等多种方式，促进各部门、各岗位严格执行控制措施，并注重在实际操作中根据情况变化不断进行制度更新，保证制度的可操作性。最后，通过加强内部审计的工作力度、增加流动性等重要指标的日常监测、提高预警指标统计频率、加强合同用印审批等措施，强化经营全过程的风险控制，保证公司风控思路得到落实，取得了一定的成效。

【人力资源管理】公司重视人才培养和员工的职业道德教育，培训教育工作进一步趋于专业化、规范化和常态化，在提高员工的综合素质、职业技能等方面收到了良好的效果。2012年通过开展新员工培训教育工作，促进新员工充分了解公司的发展历程、增强对公司经营活动及内控体系的认识，尽快融入公司的企业文化。为提高员工的专业素质，组织了系列培训，包括聘请集团内不同业务板块的企业专家授课，增强员工对集团成员企业主要经营业务的了解，拓宽了视野和知识面；组织专业技能讲座，加强对业务的了解与横向交流。

【信息化建设】公司根据集团管理提升活动中提高管理信息化水平的要求，在深入查找管理信息化短板与瓶颈的基础上，继续深化信息化建设，开展了一系列管理信息化整改提升工作，主要包括两方面：一是完善系统功能、提高服务能力和水平，成功实施了六大项目，包括资金管理系统改造、OA系统流程重建、链路负载均衡建设、银企直联、网银开发改造及内外网分离等；二是深化安全风险管理、确保系统安全运行，进行了大小几十次检查和巡检，整改了系统运行隐患十余项，新增及修改了十个管理制度。

【企业党建与文化建设】2012年，公司以学习贯彻党的十八大精神为本年度党建及文化建设工作的重中之重。根据集团党委的统一部署，公司党总支对学习宣传贯彻党的十八精神的工作进行了研究，制定工作计划并迅速作出部署。一是以党员干部为重点，带动员工深入学习十八大精神，通过准确把握精神，达到统一思想、凝聚力量的目标；二是将学习宣传贯彻党的十八大精神与创先争优活动、管理提升活动紧密结合起来，通过认真分析公司在科学发展方面存在的不足，充分认识经营环境变化给公司发展带来的挑战，进一步明确了公司的经营方针和发展方向，坚定了干部员工战胜困难的决心和信心。

海航集团财务有限公司

【经营概况】2012 年，海航集团财务有限公司（以下简称“公司”）各项经营指标持续优化，年末资产总额达 210.47 亿元（含代理业务资产 13.01 亿元），资本充足率达 22.25%，实现收入 6.06 亿元，实现利润 3 亿元。

【信贷业务】2012 年，公司深入了解集团各产业金融需求，有序规划业务结构，合理控制业务规模，不断拓宽业务广度和深度，取得了长足的发展，有力支持了集团及成员单位的发展。全年累计完成 239 笔信贷业务，总金额达 336.29 亿元，公司贷款平均规模为 175.79 亿元。同时，公司新增法人账户透支、承兑汇票、买方信贷等业务品种，传统贷款业务品种单一的局面得到了改观。

【产品销售信贷业务】2012 年，公司成功取得了成员单位产品的消费信贷买方信贷业务资质。在此基础上，公司成立消费信贷买方信贷专项工作小组，积极联系集团及成员公司，大力开拓集团内资源，研发了多款消费信贷买方信贷创新产品，实现商用房租金买方贷款、商业助学贷款等两款产品的上线。

【资金和投资业务】2012 年，公司与全国各地多家金融机构及同业公司建立了密切的授信合作，通过同业拆借等手段进行日常短期资金管理。2012 年 5 月公司正式开展债券交易业务，全年债券交割量 612.62 亿元，债券交割量连续数月排名非银行金融机构债券交割量前十，为公司创造了可观的收益。

【票据业务】2012 年，公司票据业务发展平稳，通过商业承兑汇票及银行承兑汇票的贴现、转贴现、再贴现及回购业务，既满足了成员单位短期资金需求，又为公司创造了收益。2012 年公司首次与中国人民银行营业管理部合作，完成近 0.53 亿元再贴现业务；公司首次开展财务公司承兑汇票业务，业务规模达 3.90 亿元。

【外汇业务】2012 年，公司完成中国银行、工商银行和建设银行境内外币银企直联系统的搭建工作，帮助集团实施外汇资金集中管理、提高外汇资金使用效率和节约资金成本，为成员单位的本外币日常清算业务提供便利，全年为集团成员单位提供了 0.32 亿美元的结售汇服务。

【资金集中】2012年新增中信银行、民生银行和华夏银行三家银企直联合作银行，进一步拓宽了集团银企直联结算渠道。2012年公司全年完成结算笔数共254 044笔，结算金额24 958亿元，较2011年分别增长38.09%和34.77%。

【业务创新】2012年，公司成立了创新业务专项工作组，制定了《海航集团财务有限公司创新工作管理制度》，创新工作制度化建设初见成效。在创新工作组领导下，公司研究并推出了多类新业务：以集团公司为客户的法人账户透支业务，业务规模3亿元；首次与中央银行开展再贴现业务，业务规模0.53亿元；完成2笔财务公司承兑汇票（电票）业务，业务规模3.90亿元；上线并陆续开展了多笔商用房租金贷款业务，面向集团内客户发放0.69亿元信贷资金；推出了商业助学贷款产品。

同时，公司充分利用有价证券投资等业务资质，开展了债券投资交易、信托财务顾问等业务，有效发挥了资质优势及渠道优势，为公司及成员企业创造了一定的收益。

【风险管理和内部控制】2012年，公司持续完善风险管理体系，按业务条线对风险管理机制进行了重新划分，并根据公司业务发展情况新增了数据质量管理、资本充足率管理等制度。同时，通过加大公司风险量化能力建设，建立公司单一风险指数模型，实现了风险动态信息的可视化。公司各项风险管理流程、职责及操作划分明确，各项措施执行严格，风险控制状况良好。

在内部审计方面，公司紧密结合《银行业金融机构内部审计指引》的相关要求，在组织与功能定位、业务体系及操作规程等方面通过制度建设进一步完善了稽核内审体系。公司通过开展针对合同台账、贷后管理等的常规业务检查，确保了稽核内审日常职能的有效发挥；通过开展针对债券投资、授信业务等的专项检查，进一步提升了内部审计的价值增值能力；并积极开展了专项后续审计工作，实现了公司稽核内审工作的全闭环管理。

【人力资源管理】2012年，公司重点加强对现有人力资源的开发，着力提高员工整体素质和专业技能。全年组织完成各类培训62次，参训人员达316人次。公司员工整体素质和能力大幅提升，员工英语六级以上水平人员占全体员工的75%，具备各项岗位从业资格认证人员占全体员工的88%。同时，公司积极落实员工心灵工程建设工作，员工敬业度持续提升，2012年员工敬业度水平达95.92%，较2011年增长三个百分点。高素质结合高敬业度有效提升了公司全员的工作绩效，2012年公司人力资本回报率达到20.24倍，较2011年增长6.25%。

【信息化建设】2012年公司信息系统在已有信贷、同业、外汇、集团资金集中与结算等业务范围全覆盖的基础上，完成了1104数据报表系统和风险控制模块的安全、平稳上线，顺利实现了与非现场监管信息系统的数据对接和对各项监管指标的实时监控。

【企业文化建设】2012年，公司积极践行“海航精神”价值体系。通过组织员工体检、办理健身卡、定期体育活动等方式，丰富员工业余生活；积极组织党团工会活动，开展心灵工程建设工作，组织云蒙山春游踏青、“展青春作为，放激扬光彩”五四青年主题征文活动、“学习贯彻党的十八大”主题学习交流会等一系列活动，增进员工交流，提升团队凝聚力，传播企业正能量。

中国华电集团财务有限公司

【经营概况】2012 年，中国华电集团财务有限公司（以下简称“公司”）累计实现收入 17.75 亿元，实现利润 11.37 亿元，完成年度目标的 134%，比上年实际完成额增长 45.60%；月均资金归集率 86%，完成年度目标的 104%；净资产收益率为 13.34%，比上年增长 3.50%；公司各项监管指标全面达标，各月末流动性比例均优于 25% 的监管标准，年末资本充足率为 29.41%，优于 10% 的监管要求。长短期投资比例合计为 57.04%，严格控制在 70% 的监管范围之内。

【信贷业务】2012 年，公司根据存款情况适当增加信贷投放，着力优化信贷结构，重点投向集团公司战略重点发展项目和经营效益良好的企业，降低经营风险，盘活投资存量资产，努力提升盈利水平。一是规模上保持适度增长。根据公司整体资金状况，合理把握信贷投放节奏。二是结构上不断优化。积极投向集团公司战略重点项目，加大水电、风电项目和煤矿项目的参与力度。2012 年全年信贷类业务全口径余额 216 亿元，比年初增加 37 亿元，同时通过各种方式，累计为集团公司提供资金支持超过 400 亿元；全年累计实现贷款利息收入 11.72 亿元，成为公司效益增长的坚强基石。

【资金和投资业务】在资金业务方面，2012 年，公司通过新增日资金计划和积极运作短期富余资金，进一步加强资金计划管理，显著提升了资产配置的科学性和资金运作的盈利性，授信规模达到 288 亿元，授信额度 329.60 亿元，为集团系统提供了良好的资金服务。在投资业务方面，2012 年，公司在证券市场持续低迷的投资环境下，抓住新股投资机会，实现新股投资收益 0.70 亿元，投资收益创历史新高。面对 2012 年极其复杂的 A 股市场，按照公司经营班子对新股投资“不求多，但求准”的要求，对市场风险充分评估的基础上，积极参与调研拟上市公司，全年调研上市公司 60 多家，接待拟上市公司上门“一对一”路演 25 家，为科学投资进行了扎实的市场研究。为提高资金使用效率，减少无效占用，公司抓住 12 月份上证指数回转的有利时机，卖出存量证券，最大限度地降低浮亏，优化资产结构。此外，公司扎实做好年金受托管理业务，投资收益率为 6.61%，较好地实现了年金的保值增值。

【票据业务】2012 年，公司全口径累计办理票据业务 23.21 亿元，为下一步集团公司票据资源整合运用积累了宝贵经验；尝试开展担保业务，并取得成效，2012 年为成员单位提供各类担保 29.91 亿元，提升了成员单位的融资能力，降低了融资成本。

【资金集中】2012 年，公司抓住产融结合、产业协同的有利契机，在集团公司的支持下，积极推动开展资金归集效能监察，将账户入网和资金集中纳入专项审计和绩效考核之中，通过反复沟通、上门服务等不懈的努力，积极拓宽资金集中的范围，获得了长期、稳定的资金来源。公司日均归集资金 172.31 亿元，达到公司成立以来最优值。

【业务创新】2012 年，公司创新工作成效显著。在债券承销业务方面，首次实现了利用银行间市场 T+0 交易进行债券承销的新模式，先后为集团及成员单位承销短融、中票、企业债等各类债券品种 50 多亿元。在租赁业务方面，打通了公司自营租赁业务产品出口，与中信银行一起进行产品创新，开发出中信总行系统首笔交易对手为财务公司的应收融资租赁款保理业务，签订保理额度协议 3.80 亿元，累计办理 4 笔保理业务，累计引入外部资金 14.75 亿元。在其他创新业务方面，制定了《集中代理国内信用证业务操作规程（试行）》，填补了公司国内信用证业务空白，增加了公司服务集团成员单位的业务品种。与建设银行签署了代理国内信用证业务协议，为国电新能源科技、国电南自办理了财务公司首笔国内信用证开证和议付业务 0.10 亿元，实现了以财务公司为平台集中代理国内信用证开证和议付业务的模式创新，为集团成员单位提供了全新的国内结算工具及短期融资渠道。

【风险管理和内部控制】2012 年，公司大力推进全面风险管理和内部控制两个体系建设，严把合规经营、风险预警、过程控制、事后监督四个关口，不断优化内外部监管环境，全年未发生重大风险事件和责任事故，监管指标全部达标，为全面完成年度经营目标提供了安全保障。

【人力资源管理】2012 年，公司与中介机构合作开展市场化招聘工作，进一步完善了公司市场化招聘模式。一是体制机制创新成效突出。2012 年，公司确定信贷部、创新部、资金部和资产部四个利润中心，创造性地运用“内部转移价格”和“一揽子奖金”的绩效考核方式，激发了干部员工的工作热情，促进了公司效益的提升。二是加强公司创新性业务急需人才和短缺技术骨干人才引进，在公司债券业务开展和核心系统升级工作中发挥了重要作用；按照劳动用工市场化改革的总体要求，针对 2012 年出现的岗位空缺，全面推行内部竞争上岗，提高人岗匹配度和员工满意度，有效地释放了机制活力，员工工作的主动性提高。

【信息化建设】核心系统是集团公司金融资源管理运作的核心平台之一，是财务公司 2012 年工作的重中之重。核心信息系统升级，包括三项内容：一是更换了核心系统所有硬件设备，提升了服务效率；二是对系统工作流平台进行了功能升级改造，扩展了系统新功能；三是增加了短信订阅平台，服务集团系统单位更加快速。核心信息系统升级，同时也有效降低了集团公司资金管理的风险，对促进公司长远发展、加快“十二五”战略实施有着十分重要的影响。2012 年 3 月以来，公司把“凝心聚力打造坚强信息系统”作为重中之重来抓，经过全体员工 180 多天的拼搏，11 月 20 日新系统成功实现升级上线。升级后的新核心系统显示了整体运行的稳定性和可靠性。

【企业文化建设】2012 年，公司积极发挥党的引领作用，激扬精神动力，形成了“敢于担当、勇于超越”、“我奉献、我快乐”的“金帆”企业文化，增强了公司的吸引力和凝聚力，队伍建设得到不断加强。一是围绕中心全面加强党建工作。因地制宜开展特色党小组建设，使党组织的活动更加灵活丰富，更加结合实际，更快地融入经营管理，在各项工作中更好地发挥引领作用，第二党支部获得集团公司“基层系统创先争优先进党组织”荣誉称号。二是大力弘扬“金帆”文化，增强公司的凝聚力。通过编辑《金帆之道》丛书、建设金帆文化走廊、推出金帆视频展台，吸引广大干部员工自觉学习、融入、宣扬金帆文化，被集团公司授予“企业文化示范点单位”，获得文化部年度“中国企业文化影响力十强”，得到社会认可。三是扎实做好纪检监察工作，广泛深入开展廉洁文化建设，细化惩防体系五年规划，围绕中心开展效能监察，为公司健康发展保驾护航。

中国大唐集团财务有限公司

【经营概况】2012 年，中国大唐集团财务有限公司（以下简称“公司”）领导下，在中国大唐集团公司（以下简称“集团”）领导下，积极应对复杂多变的宏观经济金融形势，实现了存贷款规模双增，全口径资金集中度达 74.41%，全年利润总额 8.09 亿元，创历史最高水平。公司通过调剂内部资金，减少集团外部融资 138 亿元，直接降低集团资产负债率 0.23%。

【资金集中】2012 年，公司以资金调度中心建设为工作主线，推进资金管理水平再上新台阶。日均存款 169.36 亿元，公司对五大行账户监控率达 73%，预算执行准确度 75.48%，集团全口径资金集中度达到 74.41%。资金调度中心建设取得了阶段性成果，公司梳理了集团三级责任主体在资金调度管理中的职责权限，强化了与集团总部和各分公司、子公司在资金集中、账户监控和资金调度方面的日常沟通，进一步巩固了集团实施全面现金调度工作以来的成果，预算控制支出的刚性进一步加强，集团资金集中管理提升到新水平，资金集约化管理、集团化运作进一步提升。资金安全是公司的本质安全，公司将强化流动性管理能力放在重要位置，实现了“三个满足”：满足应急融资需求，满足信贷结构调整，满足结算安全支付。

【信贷业务】2012 年，公司日均自营贷款达到 133.89 亿元，有力支持了集团业务发展。在信贷规模大幅上升的同时，建立了应急融资保障能力，构建了“随时提供 20 亿元应急融资保障”服务机制，并在业务实践中取得了良好效果，为保障成员单位正常运营、保障集团资金链安全作出了积极贡献。

【资金和投资业务】公司坚持积极稳妥的投资策略，抓住市场机遇，审慎开展以固定收益为主、头寸运用为辅的有价证券投资业务，开辟新的利润增长点。2012 年，公司富滇银行等权益投资项目取得良好收益，拓展了利润来源。

【票据业务】公司组合开展了票据承兑、贴现、转贴现等全部票据业务种类，票据产品丰富、业务规模大。“大唐电票”已获建设银行、工商银行、北京银行充分认可，并以 2.25% 的价格向人民银行办理了再贴现。6 月 15 日，公司首次实现票据异地转贴现，向中信银行苏州分行转贴现 0.50 亿元，并创下上半年全国银行间票据贴现卖出4.20%的最低价，实现了120个基点的利差，提高了短期资金使用效率。全年累计承兑28.58亿元，累计贴现21.20亿元，完成“双20亿元”目标，打造“大唐电票”的行业品牌。票据业务的实践与创新，既丰富了服务方式，又为成员单位增加了融资渠道，还降低了融资成本，缓解了公司流动性压力。

【结算业务】2012年，公司新增结算单位70家，完成结算业务量28.36万笔，同比增长13%，结算资金量首次突破20 000亿元，同比增长21%。截至2012年末，在公司开立结算账户的成员单位已达654家，全年为集团系统单位节约资金汇划费用近千万元。公司深入推进标准化网银电子结算，结算模式和系统优化取得新进展。通过改进结算指令跨行支付自动接收功能，提高结算处理效率30%以上；通过优化结算系统路径控制，实现对集团内部转账业务的全部在线监控。公司网银支付已成为集团各单位资金划转的主要通道。

【业务创新】2012年，公司在业务及管理上持续推出创新举措。一是创新启动资金调度中心建设。为全面推进资金管理水平，公司以开创性的工作态度和方法，广泛调研、精心规划、反复论证，先后整理了43个分析指标，梳理了4 381个资金数据，组织了5次集团层面和公司层面的专题汇报，形成《中国大唐集团资金调度中心建设方案》。经人民银行、银监会等专家论证后，组织和实施集团资金数据库和决策支持系统招标工作，确定了软硬件中标单位，同时开展了调度中心工作场所的现场勘测、设计和方案论证工作，项目实施扎实推进。二是创新开展金融政策咨询服务。公司站在政策研究前沿，把握并及时传导国家金融政策，发挥集团财务顾问作用，强化了政策预测能力，与中央银行、同业公司和商业银行等多家金融机构建立了更加紧密的联系，超前分析市场和同业操作动向，在内部推出行业政策分析报告，全面剖析当前及未来经营风险，为集团公司和成员单位赢得战略主动。三是创新供应链融资服务模式，组合开展全部票据业务种类，形成了产品类型丰富、规模优势明显、服务能力强的特点。四是创新推动全面标准化建设。公司举办了五期“标准化攻坚营”，全员宣贯、全员培训、全员参与，标准化理念深入人心。完成主要制度的诊断、梳理及流程图编写，覆盖了公司主要管理流程、业务条线，提出了部门优化、授权体系、流程再造等专项提升方案，标准化建设取得良好成果。特别是增进了员工对制度建设与执行，流程合规与优化，岗位标准与责任的深入认识，对公司合规经营、稳健发展具有现实而深远的意义。

【风险管理和内部控制】2012年，公司全面风险管理体系不断健全。按照集团和监管当局的要求，加强内控管理，开展内控评价，进一步丰富和完善公司全面风险管理体系，巩固和发挥各项风险管理工具对风险控制的作用，开展审计监察活动、业务风险排查及风险分类自查，公司合规经营、风控良好，各项监管指标均优于监管要求。

【人力资源管理】2012年，公司人才引进、培养、考核机制不断深化，干部人才队伍建设得到有力加强。一是加强干部队伍建设，优化了组织机构设置，选拔了部分中层管理人员，增强了中层管理力量；开展人才招聘工作，引进了公司急需的专业人才，充实了员工队伍；强化人才交流，向富滇银行及集团其他金融机构输送了专业人才。二是加强岗位管理，开展了高级主管竞聘和全员述职测评工作，通过竞聘测评，促进了员工立足岗位深入思考、总结工作，促进了员工交流，为公司发现人才、促进人才成长提供了新的方式。三是修订完善了公司绩效考核办法，更加突出业绩考核，拟订了职级管理办法，将职级调整与绩效考核挂钩，明确了职级升降标准和操作规则，推进了员工职业规划建设，进一步夯实了全员绩效考核机制。

【信息化建设】2012 年，公司信息化服务保障能力持续提升。集团资金调度中心建设全面推进，搭建了决策支持系统、数据仓库，推进一体化调度及展示系统，服务集团资金决策能力有效提升；资金管理信息系统持续优化，系统结算服务能力、风险监控能力、安全保障能力、标准化工作能力得到加强；系统处理性能、服务响应时间达到同行业先进水平，日结算笔数突破 3 000 笔，系统效率大幅提升。研究课题《基于持续数据保护的公司异地灾备系统》获人民银行科技进步三等奖，这是公司信息化建设的成果，也是公司行业信息化建设的一个突破。

【企业文化建设】2012 年，公司企业文化多维发展、齐头并进。一是党建纪检工作深入推进，成立了党组、纪检组，并在各部门设立了党支部。公司党组织充分发挥政治核心和战斗堡垒作用，围绕中心工作，统一思想，发挥党员先锋模范作用，带领和团结干部职工凝心聚力、攻坚克难，推进各项工作深入开展。党风廉政建设与廉洁风险防控工作扎实推进，结合金融机构特点开展廉洁风险防控和廉洁文化教育，使“管财不贪、用财不腐、理财不乱”和“廉洁理财、廉洁处事、廉洁为人”的廉洁从业意识深入人心。二是宣传工作紧密围绕公司经营管理，在外部媒体发布了多篇重要专题报道，获得集团公司优秀宣传作品称号，为公司及集团金融板块发展宣传鼓劲。积极参加公司行业成立 25 周年系列活动，展示了公司各项成绩。三是成立了公司工会，促进民主管理，维护职工切身利益。开展了“立足岗位比贡献，同心冲刺新目标”系列活动，获得了首批“大唐先锋号”称号；开展了具有针对性的文体活动，组织摄影培训班、瑜伽练习班、理疗、健身操等系列活动，丰富了员工生活，凝聚了员工心气。

南方电网财务有限公司

【经营概况】2012 年，南方电网财务有限公司（以下简称“公司”）实现营业收入 13.09 亿元，利润总额 7.22 亿元，公司资产总额（不含委托资产）212.06 亿元，贷款余额 153.13 亿元，不良贷款率为零。

【资金业务】2012 年，公司不断加大资金运作力度，强化资金运作，有效整合五省区金融资源，全年共开展同业拆出、债券质押式逆回购及“定活通”等业务 3 564.55 亿元，全年从外部金融市场获取收益 2.15 亿元，是 2011 年同期的 2.69 倍，有效优化了公司的利润结构。畅通外部融资渠道，降低电网融资成本，为了缓解第一季度资金流动性压力，公司通过同业拆借、债权质押式回购组合等方式及时从外部市场融入低成本资金24亿元，最大限度降低集团融资成本。中间业务收入比2011年有较大幅度增长，各项手续费收入为0.58亿元。

【信贷业务】公司从南方电网大局出发，服务电网大型项目建设，继续以牵头行身份组织银团贷款，在信贷额度普遍紧张的情况下，组织资金44.60亿元，为工程的顺利实施提供了有力的资金保障。全年累计为海南琼中抽水蓄能电站等29个项目开具贷款承诺函177.40亿元，为电网建设项目取得国家核准提供了融资保障。科学调整信贷资产结构，全年累计发放自营贷款18.50亿元，其中流动资金贷款11.30亿元，占新增贷款总量的61.08%，年末公司短期贷款占比由2011年的5.60%提升到2012年的6.50%。配合南方电网直接融资，承担南方电网公司发行短期融资券和中期票据的财务顾问服务，降低了集团融资成本。

【结算业务】公司落实南方电网公司资金集中管理方案，做好资金归集与零余额结算服务工作。全年公司结算量达13 619亿元，同比增长8.50%，结算笔数181 195笔，同比增长4.90%。拓宽结算服务范围，为各成员单位立量身定制资金结算服务方案，做好结算服务，实现委贷资金支付全部通过电子支付系统办理。做好信息系统开发和功能优化工作，完善电子支付指令批量接收、电子支付财企接口、集团资金监控接口等功能。开展资金结算工作理论研究，公司资金管理经营案例“立足集团，开拓创新，打造特色资金管理平台”，入选财务公司协会特色推广案例。

【业务创新】2012年，公司在资金成本不断提高、整体融资环境十分严峻的情况下，积极创新外部融资方式，扩大电子商业汇票客户覆盖面，打通内外部票据流转渠道，实现了客户签约率100%的目标。把票据融资服务与西电东送电费结算相结合，采取买方付息的贴现形式，办理电子票据贴现3亿元，有效缓解了成员单位资金紧张的不利局面。试点推出购售电供应链票据业务。首次开展非融资性保函业务，出具了6笔投标保函和1笔履约保函，减少了成员单位资金占用。此外，公司还积极开展结算业务创新，提供个性化的结算服务。向南方电网招标服务中心提供保证金结算服务，开展投标保证金收付、计息等结算业务；为南方电网能源公司提供资金归集服务，建立三级资金归集体系，协助其归集下属子公司资金。

【风险管理和内部控制】公司以风险管理为导向，结合监管重点和发展需要，开展常规审计和专项审计，提高依法合规经营的水平。组织开展了审计整改工作，确保审计发现问题整改落实到位。密切关注监管机构的新要求，分析政策变化可能对公司运营产生的影响并提出对策，防范合规风险和政策风险。进一步加强法律风险的防范和控制，持续、动态地加强全部业务和各个业务环节的法律风险管理，重要决策法律审核把关率达100%。开展业务流程的优化和固化，将业务流程嵌入信息系统，有效防范操作风险。以“十八大”信息安全保障服务为契机，对公司信息安全进行了精确诊断，全面检查修复信息安全体系薄弱点，提高了信息安全水平。开展了业务信息系统容灾恢复、电子支付系统运行异常模拟演练，进一步完善了应急预案。

【人力资源管理】公司切实加强干部人才队伍素质能力建设，为公司战略发展提供坚实的人才支持。加大竞争性选拔、引进人才力度，开展公开选聘、竞争上岗，有效充实和优化了公司干部人才队伍结构，为提升金融服务能力储备了人才。加大培训培养力度，提升干部人才素质能力，重视业务知识更新培训，采取送出去和自主办班相结合，提高干部人才履职本领；重视管理能力提升培养，加强理论武装和党性修养，促进干部领导能力提升；重视年轻干部实践锻炼培养，推动多岗位锻炼，积累管理经验，加速年轻干部成长。有效地拓展了干部人才视野、更新了思维理念、丰富了知识结构，提高了干部人才管理能力。

【信息化建设】公司加大信息系统投入，建立了完备的信息安全防护体系，重点推进金融数据分析平台建设，加大信息的集成和综合运用，实现由业务导向向管理导向和服务导向转变。通过金融数据分析平台，实现了全网范围的资金交易情况、客户和银行账户等信息实时共享，及时反映不同时点各类指标的情况，准确预测业务发展趋势，为成员单位各级管理人员资金决策提供了全面信息支撑，公司资金管理水平得到大幅提升。

【党建工作】公司认真组织开展基层组织建设年活动，开展了“强组织、增活力，创先争优迎十八大”为主题的系列活动；开展分类定级活动，公司党支部自评优秀率达 100%；组织开展党支部公推直选，严格组织程序，公推直选比率超过 10%；开展选优训强支部带头人活动，把基层党支部书记培训纳入干部教育培训总体规划，全年公司党支部书记参训率为 100%；开展窗口部门党组织示范建设，公司 2 个党支部受到南方电网公司表彰；强化党建信息系统应用，进一步规范党务工作。全面执行党风廉政建设责任制，制定实施公司“三重一大”决策实施办法，完善反腐倡廉制度；积极开展纪律教育月活动，切实提高党员干部拒腐防变的意识；深化“全员、全过程”风险文化体系建设，积极推进有金融企业特色的反腐倡廉建设工作。全年没有发生任何违法违纪事件。

【企业文化建设】深刻领会南方电网公司企业文化内涵，立足自身实际，培育具有南网特色的金融文化。2012 年重点开展南网文化理念宣贯。

按照南方电网公司企业文化战略提出的“文化培训率、文化覆盖面达到 100%，文化认知度、理念认同度达到 95% 以上”的要求，采取制订实施方案、组织支部学习、制作标语等多种方式，使南网文化理念在员工中入心入脑，成为员工的理想信念和行为习惯，并将此升华为爱岗敬业、积极奉献的自觉行为，凝聚为共谋发展、开拓创新的思想意志。开展“永远跟党走”主题演讲活动，组织员工参观革命老区，进行爱国主义教育，增强了员工的凝聚力和自豪感。

开展幸福南网建设，加强员工关爱。定期开展网球、太极拳、跳操等健康向上、形式多样、群众喜闻乐见的文体活动，增强了企业的凝聚力和向心力。针对公司青年员工多的特点，团支部加大关注青年文化现象和热点的力度，结合青年特点和需求，开展了形式多样的文娱活动，满足青年多样化的精神文化需求。积极开展学习雷锋主题活动，组织青年员工主动前往广州市血液中心献血，得到血液中心的高度评价。

中电投财务有限公司

【经营概况】 2012 年，中电投财务有限公司（以下简称“公司”）经营情况总体呈现出资产规模减少，利润增加；外部金融环境不好，公司流动性向好；业务量大幅增加，备付头寸有效降低；外部融资减少，搭桥贷款大幅增加等显著特点。截至 2012 年末，公司资产规模 285 亿元，合并利润总额完成 13.81 亿元；归属母公司净资产收益率 12.54%，同比增长 1.02%；集中结算未发生结算差错，准确率达 100%；公司不良贷款率为零，远远好于中国电力投资集团公司（以下简称“集团公司”）5% 的考核目标；认真组织开展管理提升年活动，有效提升了经营管理能力，各项指标符合监管部门要求。2012 年，公司可归集资金集中度已达到 96%。

【信贷业务】 2012 年，公司在外部金融形势趋紧，全社会资金流动性减少的情况下，坚持信贷指引和利率政策，通过调整信贷政策和贷款结构，在日均外部融资较上年减少 21 亿元的情况下，为成员单位提供搭桥贷款 28 亿元，确保利用有限的信贷规模为集团公司主业发展提供重要支撑，有效维护了集团整体的资金链安全。公司根据成员单位的经营现状、财务和现金流状况，加大债务重组力度，通过置换成员单位高息贷款，降低了集团总体财务费用。公司发挥金融资源集约优势，积极做好银团贷款牵头行和代理行工作，累计牵头组成银团 23 个，融资额高达 752.33 亿元，保障了集团重点项目的建设资金。

【资金和投资业务】 公司进一步加强对资金成本的分析，适时调整利率政策，拓展高收益资金运作渠道，资金运作收入水平明显提高。公司在投资系统性风险凸显的大环境下，加强投资品种的分析研究，及时调整投资策略，梳理投资渠道，严格规范投资决策机制，从严控制投资规模。2012 年，公司成为银行间外汇市场会员，获得即期询价交易资格，填补了集团公司外汇交易领域的空白；完善了股权债券投资流程，成功在中债登、上清所开设交易账户，短期融资券实现获利；加强市场行情分析，股票交易获得盈利。

【票据业务】 2012 年，公司加强了票据业务管理，积极协调外部银行票据贴现和信用证融资规模，合规、有序地开展票据贴现业务。公司充分发挥为成员单位服务的职能，全年累计办理 1 026 笔共计 181.72 亿元的新票据业务，确保了部分困难成员单位资金需求和集团重点项目建设资金安全。

【资金集中】 公司面对年初流动性高度紧张的压力，坚持“现金为王”理念，强化资金集中管理，资金集中度大幅提高，日均存款较上年保持增长态势，确保了资金来源。为成员单位提供更好的资金监控平台，防范资金风险，公司升级完善现有的资金系统功能，逐步在集团公司多个成员单位间开展了资金“集中支付+定向支付”试点工作，实现了资金集中结算、账户定向支付、刚性资金预算、资金支付预警的资金全流程监控，以资金预算、资金支付和资金监控与预警为一体的资金管控模式基本形成。公司加强账户非现场检查工作，进一步强化了成员单位银行的账户动态管理。截至2012年末，成员单位上线银行账户1 400余个，可归集资金集中度达96%。同时，公司除了加强成员单位资金跟踪监测外，还强化了资金计划和平衡能力，合理控制备付水平，资金管控能力得到进一步提高。

【业务创新】探索集团公司供应链贸易融资新模式。2012年，财务公司深入挖掘集团公司物流、铝业和物资装备三大板块潜在的贸易融资需求，创新资金运营模式，加快理顺三大板块及其上下游、外部银行的融资渠道，积极开展贸易链融资工作，将综合金融服务向产业链上游企业有效延伸。其中，物流板块，积极疏通燃料公司采购模式的融资障碍，开展了河北、河南区域煤炭上游供应链试点工作；铝业板块，开展了上海铝贸、山西铝业以及其上下游的调研，完成了山西铝业供应链试点工作；物资装备板块，制定了集团物资装备板块供应链金融服务方案，开展了物资采购上游的调研工作。截至2012年末，公司完成供应链融资0.62亿元。

【风险管理和内部控制】2012年，公司面对金融危机带来的各种不确定因素和风险，以管理提升年活动为抓手，不断提升风险内控和依法合规运作能力，公司全年所有监管指标符合监管要求，不良资产率保持为零，未出现违规经营行为。一是严守风险底线，加强对存贷款结构、投资结构、资金头寸平衡和同业拆借等流动性指标的监控，有效规避市场风险、操作风险和信用风险，确保风险防范收益最优化和服务集团整体利益的最大化，各项监管指标均符合监管要求，特别是重点监管指标远高于监管要求；二是根据公司资金密集型的特点和基础业务管控要求，加强业务全过程风险管理，定期对可能出现的风险进行排查和风险提示，将内控管理固化到日常业务流程中，全流程风险内控管理体系进一步完善；三是建立较为完备的授权管理体系，健全授信决策机制，统一客户信用评定标准，规范审贷分离，建立了资产五级分类十二级的管理体系；四是创新法律风险防范机制，全面建设以总法律顾问制度为核心的法律管理体系，开展了法律风险排查工作，树立依法治企的理念，全员法律风险防范意识得到进一步提升；五是定期编制风险内控报告，参与编写国内首个指导财务公司风险与内控的管理制度，按照新资本管理办法，强化资本约束监管，进一步提升监管数据及材料的报送质量，荣获“金融统计数据报送工作中资非银行金融机构类”一等奖；六是紧紧围绕“经济安全”这个主题，进一步完善企业内部审计制度，坚持直接审计与间接审计相结合，内部审计与外部审计相结合，全面审计与专项审计相结合，推动内部审计工作制度化、程序化和规范化。

【人力资源管理】2012年，公司以体制机制改革创新为核心，注重执行力建设。一是立足“三位一体”的管理模式，搭建界面清晰、严谨有序的管理体系，按照集约化、专业化的方向，有序开展了“定责、定岗、定员”工作。结合公司及业务发展，编制部门和岗位职责说明，以岗位管理为核心，优化岗位设计，使岗位职责、岗位考核更加明确，更加有效地激励干部职工精干高效、尽职尽责。二是以“工作业绩+行为能力”为原则，对完善绩效考核评价机制进行了有益探索，健全完善薪酬激励机制，努力实现更有针对性、更为真实客观的考核机制。三是在开展员工基础业务培训，提高全员业务素质水平的同时，加强了与知名院校的培训合作，员工理论水平进一步丰富，知识结构进一步优化，切实提升了公司员工的履职能力。

【信息化建设】2012 年，公司注重信息化工作对支撑公司管控、提升管理水平的重要作用，以业务和管理需求为驱动，优化、改造、提升在运信息系统，加强信息安全保障和运维管理，稳步推进公司信息化建设。一是根据集团公司“七统一”和“管控”+“ERP”的信息化建设思路，完成信息一体化系统项目第一、第二阶段全部工作，形成 38 个最终解决方案，7 257 个用户视图；二是根据公司资金集中管理的需要，完成资金预算系统和资金预警系统功能的开发与上线，为公司推行新的资金管理模式创新创造了条件；三是对现有信息系统运行效率进行优化，在指令数量逐步增加的情况下，每笔指令的平均处理时间大幅下降，下降幅度高达 314.72%，系统运行效率显著提升；四是以新办公大楼建设为契机，编制网络与数据中心规划，推进智能化楼宇建设，为打造集团金融数据中心奠定了坚实基础；五是开展了信息风险自查，信息安全等级保护自查和现场检查等工作，确保信息系统应用安全畅通。

【企业文化建设】2012 年，公司紧紧围绕“强组织、增活力，创先争优迎十八大”这一主题，开展“基层组织建设年”系列活动，推进学习型党组织建设，公司领导班子的政治素质、专业能力和廉洁自律能力不断提升。坚持以人为本，重视加强对优秀青年团员、入党积极分子的培养和教育，员工队伍呈现出团结拼搏、积极向上的良好精神风貌。根据集团统一企业文化建设的要求，初步提炼出金融与能源行业特色兼具的企业文化理念；将开展丰富多彩、健康有益的文体活动与加强精神文明建设有机结合起来，在潜移默化中强化了员工对公司发展战略目标的认同，员工的向心力和凝聚力不断增强。

国电财务有限公司

【经营概况】2012 年，国电财务有限公司（以下简称“公司”）经营业绩再创新高，提前 2 个月超额完成利润指标，营业收入同比增长 15.54%，利润总额完成董事会预算目标的 120.24%，同比增长 45.92%，实现净利润同比增长 47.77%。“国电网银”全面优化升级，成功上线指纹识别功能和电子签章技术，成为国内第一个全部用户均实现密码、密钥、指纹“三合一”登录模式的在线网上银行系统。监管指标符合要求，党风廉政建设成绩突出。注册资本增至 50.50 亿元，同业拆借额度增至 50 亿元，多项指标提前完成“十二五”目标，服务中国国电集团公司转型战略的能力显著提升。

【信贷业务】公司按照“总量适度、审慎灵活、效益优先、创新驱动”的基本思路，制定了优先向大型火电、效益有保障地区的风电、优质水电、科技环保等项目倾斜的信贷政策。截至2012年末，全年累计发放贷款224.11亿元，各项贷款余额（含自营及贴现）163.50亿元，同比增长16%（各项贷款日均余额145.30亿元，同比增长4.80%）；实现信贷收入9.14亿元，同比增长15.50%。不良资产率及不良贷款率均为零。信贷资金投向更加科学，信贷资产结构明显改善，火电、热电企业贷款占比从上年的52.20%下降至44.20%，但60万千瓦级以上火电、热电机组项目贷款占比却有较大幅度提高，从51.70%上升至62.60%。清洁能源、新能源贷款也有大幅增加，水电、风电企业贷款占比由23.20%上升至32.30%；大型煤炭企业贷款占比由9.50%上升至14.10%。

【资金和投资业务】2012年，投行业务范围不断扩大，完成7期国电集团短融、超短融及科环集团、国电电力公司债发行的财务顾问工作，全年财务顾问收入近0.20亿元。稳步开展大额短期资金运作，及时掌握资金变动情况，结合流动性短时段充裕的波动特点，滚动开展总规模30亿元的金融同业短期资金运作，资金运作收益0.29亿元，超额收益0.12亿元。

【票据业务】2012年，公司继续推进电子商业票据业务，通过“国电网银”电子商业汇票系统办理承兑业务2笔，金额1亿元；办理贴现业务2笔，金额1亿元；办理中央银行再贴现业务1笔，金额0.50亿元。办理代开代贴票据贴现业务1笔，金额1.50亿元。票据贴现利率始终坚持不高于同期商业银行平均水平。电子商业票据业务的开展，在满足成员单位对集团内外购煤、运煤及购买设备的融资及支付需要的同时，简化了票据业务手续，提供了更为优惠的利率，缓解了企业融资难及经营资金紧张的局面，对降低集团融资成本，提高资金使用效率都有积极作用。

【资金集中】公司资金集中管理工作始终坚持“专业化、市场化”的服务方式，以新一代“国电网银”建设为抓手，针对集团资金管理安全隐患，开发投运了多项安全服务功能，履行优惠承诺，落实优惠措施，参与集团资金检查，宣传资金政策，进一步提高了资金结算和归集量。2012年末，共有701家单位在国电财务有限公司开立了828个存款账户，新增开户单位53家，增长8.18%，新增存款账户数量92个，增长12.50%；归集资金余额147.94亿元。2012年完成结算量13 244亿元，同比增长了6.48%，完成结算笔数19.52万笔，同比增长了3.89%，完成归集资金日均余额166.54亿元，同比增长了1.15%。

【业务创新】2012年，公司在金融、科技创新方面取得新突破。一是服务创新，探索金融发展新模式。主动提供金融优惠政策，根据客户信用评级和实际经营情况，向客户提供一定的存款、贷款、结算优惠政策。依托国电网银系统，不断提升电子化金融服务水平，不断扩大国电网银覆盖面，有效提高了工作效率，降低了资金安全风险。二是产品创新，开拓电子化服务新领域。量身定制金融服务产品，为集团公司全产业链上下游企业量身打造产业链金融产品，在原有的8大类18种金融产品基础上，开发出电票承兑、贴现、保理三大类电子商业汇票产业链金融产品，并在系统内大力推广，有效贯通了集团公司产业链票据结算全过程。进一步推进自营贷款、电子票据、投资投行、同业资金运作的多元化收入模式的建立，加快培养新的利润增长点。

【风险管理和内部控制】公司以落实《企业集团财务公司风险评价和分类监管指引》为主线，以“夯实基础、重视预警、全程监控、强化培训、高度关注信息系统风险”为风险管理重点工作，认真贯彻落实内部控制四十字指导思想，着力开展合规风险教育，重点防范操作风险，严格控制流动性风险，保持了风险管控能力持续提升的良好势头。一是开展系列安全检查专项工作。联合国际知名信息咨询机构开展信息系统安全大检查工作，是北京辖区财务公司行业第一次针对自身信息系统进行的全面风险评估项目。完成《国电财务有限公司信息科技风险评估报告》等多份总结报告，推动信息科技风险管理体系建设。二是完善风险指标每日监测机制，持续推进风险管理关口前移，风险管理量化工作迈上新台阶。三是全面梳理管理制度，有效指导公司业务操作实践，并进一步充实完善公司内部控制管理体系。

【人力资源管理】积极探索多种干部选拔途径，高度重视学习型团队建设，为企业健康发展提供人才后盾。一是创新选人用人工作措施方法，逐步形成注重品行、崇尚实干、鼓励创新、群众公认的良好干部选拔风气。二是创新高端专业人才公开招聘工作，完成投资总监公开招聘工作和应届毕业生公开招聘工作。通过笔试、面试层层筛选，以 1 000:1 的比例选拔出 3 名应届博士毕业生充实进员工队伍中，为公司长远发展提供充满活力的人才资源。三是创新绩效考核体系建设。把员工聘用、职务升降、培训发展、劳动薪酬结合起来。严格执行“月监测、季考核”的考核方式，形成了充满活力更加开放的人才发展环境。四是拓宽专业技术人才职业发展通道，修订完善《财务公司职级管理办法》，实行人员轮岗制度，不断培养、使用、储备高端、复合型人才。

【信息化建设】公司充分发挥信息科技的支撑引领作用，依托“国电网银”大力开展创新研发，筑牢企业发展基础。一是积极开展创新研发，提升资金安全管理水平。成功上线并推广了指纹验证功能和电子回单功能。“国电网银”成为国内第一个全部用户均实现密码、密钥、指纹“三合一”登录模式的在线网上银行系统。研发银行直连接口，扩大资金归集范围。建成投运了“国电网银”大屏幕监控系统，为运营监控和决策提供了可视化平台。二是新一代“国电网银”、“两地三中心”建设迈出实质性步伐。基于“两地三中心”设计构架的第二数据中心已全面展开施工，通过主备数据中心为集团及成员单位提供不间断的资金管理和金融服务，并获得国电集团重大研究课题二等奖。三是信息科技安全防护体系全面建立。认真开展信息安全大检查活动，多环节全方位排查信息安全风险隐患；聘请国家级权威机构中国信息安全测评中心对“国电网银”进行全面安全测评，有效建立信息安全防护体系。

【企业文化建设】公司大力宣贯集团“严格、高效、正义、和谐”的核心价值观和“家园·舞台·梦”的企业愿景等一系列文化理念，确保与本公司企业文化有效相融。以集团企业愿景为基础，积极营造讲奉献、比业绩、创一流的文化氛围，注重加强廉洁文化建设，引导职工增强荣辱与共的责任感和奉献意识。以学习宣传贯彻党的十八大精神为主线，深入落实科学发展观，坚持融入中心，服务大局，为企业又好又快发展提供政治保证、精神动力和智力支持。2012 年围绕各项重点工作和中心任务，以管理提升活动为契机，组织开展了“我为公司管理提升活动献一策”、“赠书促学”、“特色党日”、“拒腐防变每月一课”、“映像中国摄影比赛”等一系列活动，充分调动广大员工的主动性和创造性，进一步激发了团队的凝聚力和奋斗热情，增强了国电财务有限公司服务集团转型发展的战斗力。

华联财务有限责任公司

【经营概况】截至2012年12月31日，华联财务有限责任公司（以下简称“公司”）资产总额61.53亿元，比上年同期增长5.07%；负债总额48亿元，比上年同期增长4.43%；所有者权益总额13.53亿元，比上年同期增长7.44%；实现营业收入3.02亿元，比上年同期增长24.20%；实现利润总额1.24亿元，比上年同期增长19.23%；净利润0.94亿元，比上年同期增长20.51%。

【信贷业务】截至2012年12月31日，公司为成员单位发放贷款263笔，全年累计发放贷款151.85亿元，贷款利息收入2.80亿元，分别较上年增长48.98%和22.81%，有力地支持了集团主业的发展。公司给予集团成员单位的授信总额达65.38亿元。

【票据业务】截至2012年12月31日，公司办理票据贴现98笔，贴现金额1.78亿元，分别较上年增长104.17%和27.91%。2012年，公司尝试性地开展了一笔电子商业汇票的贴现业务，为下一步深入开展电子商业汇票工作打下了基础。

【结算业务】截至2012年12月31日，公司吸收成员单位存款38.23亿元，较年初增长6.37%，日均吸收存款45.17亿元，较上年增长31.61%。截至2012年12月31日，集团成员单位及下属各门店共142家在公司开立资金结算账户，公司办理代理支付近56万笔，日均处理约2 100笔，全年代理支付金额109亿元，满足了成员单位的资金支付需求。

2012年，公司新增了中国银行、工商银行和农业银行三条银企直联通道，使直联通道增加至7条。多银行直联结算平台的建立，不仅使公司的代理支付业务更安全、更有效，同时也降低了公司整体的结算成本。

【资金和投资业务】2012年，公司根据市场情况进行了包括大额存单、债券投资、基金投资、债券回购和可转债申购等方面的业务，资金运用收益有了提升。

【中间业务】公司为集团下属各门店提供保险代理业务，利用集中形成的规模优势为集团下属291家门店统一投保，节省了成员单位保险费用支出。与此同时，利用专业服务的优势提供优质理赔中介服务，2012年办理284笔门店保险理赔案件，门店、保险公司均满意。

【风险管理和内部控制】2012年，公司加强了稽核审计人员配备，加大了对各业务部门稽核审计的频次和深度，并对历次稽核发现问题的整改情况进行了追踪，有效地防范了业务风险，对于规范业务流程、提高管理水平起到了积极的作用。2012年，公司还对公司信息系统进行了专项的风险排查工作，针对公司信息系统的安全性、有效性进行认真细致的分析，提出整改意见并监督落实。此次风险排查工作提高了公司信息系统的风险抵御能力，相关工作人员的风险意识也得到加强。

【人力资源管理】2012 年公司在招聘工作中首次使用招聘管理软件，极大地提高了招聘工作的效率，全年招聘新员工 6 名。2012 年，根据集团的统一部署，公司上线了 e－HR 系统，完成了公司各部门的定岗定编定责工作。除了日常 e－Learning 网上培训外，2012 年 9 月，综合管理部组织了以“提升执行力，打造高绩效团队”为主题的室内体验式培训课程，新老员工间加强了了解，团队明确了目标，培训效果良好。

【信息化建设】2012 年公司 IT 工作平稳开展，全年未出现重大系统故障。年中，公司组织力量对 IT 工作进行了全面的风险排查，对于排查出的问题及时作出整改，如加强了机房隔热、清洁设备，对于硬件维护商提交的文件要求更加细致等。2012 年，通过电子商业汇票系统完成了票据贴现业务，为该业务的开展积累了宝贵的经验。2012 年，公司在原有核心业务系统的基础上开发了“电子签章”和“资金账户查询”两个模块，通过上述业务模块，成员单位可以实现在线下载打印单据，并实时查询自身及下属单位在各大商业银行的资金余额，为成员单位提供了便捷、有效、安全的财务管理工具。

【企业文化建设】2012 年 6 月，公司组织慕田峪长城春游活动。2012 年 11 月，公司工会举办了第二届跳绳踢毽比赛，公司员工参赛热情高涨，在比赛中体现了“积极、温馨”的企业文化和努力拼搏的体育精神。

兵器装备集团财务有限责任公司

【经营概况】2012 年，兵器装备集团财务有限责任公司（以下简称“公司”）积极实施“差异服务、高效运营、平衡风险、创造价值”的竞争策略，以资金集中管理为基础，以传统信贷业务为核心，以汽车金融业务为增长引擎，按照“增存款、调贷款、抢市场、控风险、树文化、促党建”的工作思路，着力提高发展质量和效益，有效保证了公司经营活动的健康稳健运行。

2012 年，公司实现营业收入 9.88 亿元，完成 9.27 亿元预算目标的 106.58%，同比增长 16.78%；实现利润总额 4.63 亿元，完成 4.60 亿元预算目标的 100.49%，同比增长 12.68%；实现净利润 3.51 亿元，完成 3.44 亿元预算目标的 102.19%，同比增长 11.21%；截至 2012 年 12 月末，公司资产总额达到 301.05 亿元，同比增长 25.54%。

【信贷业务】增存款是公司 2012 年工作的首要任务。一是积极围绕重点客户吸收和挖掘存款；二是通过优惠的贴现利率盘活企业票据，带动日均存款增加。在企业理财意识增加、商业银行存款争夺加剧、理财产品不断推出、集团内部资金整体趋紧的情况下，通过服务和业务带动，2012 年公司日均存款规模 152 亿元，同比增长 13.74%。2012 年，公司按照“三升、两降、一平”的信贷调整原则，在力求稳定现有贷款总量的基础上进行结构性调整，提升汽车和特种产品的信贷规模、提升低风险业务收入比重（“三升”），适当降低单一贷款客户和经营持续下滑企业的信贷规模（“两降”），对经营出现暂时困难的企业维持现有信贷规模（“一平”）。2012 年，公司信贷业务日均贷款规模 91 亿元，同比增长 2.66%；特种产品、汽车、重点民品占比上升，贷款结构与集团主业匹配度趋于合理。

【产品销售信贷业务】截至 2012 年末，公司批准合作经销商总数达 446 家，较年初增加 89 家，增长 24.93%；给予经销商存货融资授信额度 99.19 亿元，同比增长 53.59%；汽车金融批售业务信贷余额 68.31 亿元，同比增长 44%；公司汽车金融业务累计投放信贷资金 331.32 亿元，同比增长 47.33%。此外，2012 年，通过加强培训、大力宣传、紧密联合厂家、深挖市场需求，消费信贷业务取得突破性发展，全年累计收到零售业务申请 11 032 件，消费信贷业务累计信贷投放 4.61 亿元，同比增长 514.67%。截至年末，已完成在全国 241 家车管所、235 家经销商的抵押登记备案手续，分别较年初增加 118 家、99 家。

【资金和投资业务】2012 年，公司积极关注宏观经济形势和货币政策变化情况，加强流动性分析管理，积极拓展资金渠道，支持集团发展。合作银行对公司授信总额由 2011 年末的 136 亿元增加至 152 亿元。在投资方面，截至 12 月 31 日，公司共结算投资收益 0.14 亿元，公司年末持仓证券浮动盈亏 0.38 亿元。

【票据业务】2012 年，公司累计办理票据承兑 80.90 亿元，办理票据贴现 33.95 亿元。

【资金集中】作为集团公司的资金集中管理平台，公司始终坚持把配合集团实施资金集中管理作为公司发展的首要任务。2012 年，公司资金集中度 38.60%，较 2012 年初提高了 5.21 个百分点。剔除特殊因素，可归集资金集中度已达 90% 以上。

资金集中管理有效降低了集团资金成本，提高了资金效率，更好地满足了集团企业的资金需求。一是为集团公司降低了财务成本，日均减少外部融资近 100 亿元，集团公司整体财务成本下降 6.20 亿元；二是向集团企业让利，公司通过优惠的利率向企业让利 1.70 亿元；三是保障集团企业资金链安全，提供综合授信额度 120 亿元，临时贷款资金 40 亿元，有效保障了企业资金链安全。

【风险管理和内部控制】2012 年，公司成立风险管理与内部控制项目组，聘请咨询公司对业务流程进行全面梳理，评估流程中存在的缺陷，形成内控操作手册。公司还收集业务风险点，编制形成公司的风险清单，绘制公司风险坐标图，形成风险诊断报告。为构建通畅机制、预防潜在风险，项目组还编制了风险管理手册，从政策、架构、流程技术、监测体系、汽车金融五方面全面指导公司风险管理工作。

在日常稽核工作的基础上，公司按照年度工作计划开展季度稽核、专项稽核，并在全国范围内开展汽车金融业务盘点稽核，通过集中抽查、重点检查相结合的方式对各项业务进行审核，撰写稽核报告，及时反映业务开展过程中存在的问题及落实整改情况，保证了公司业务合法合规运行。

2012 年 11 月，北京银监局对公司投资及委托贷款业务开展情况进行现场检查，并出具了“现场检查事实与评价”，认为公司能够较好地开展投资和委托贷款业务，能够按照公司内控制度和流程谨慎开展低风险有价证券投资，拨备充足。内部稽核审计部门对投资和委托贷款业务进行了稽核审计，加强了业务监督工作。另外，公司通过聘请会计师事务所对全面业务的内控制度进行梳理，建设有价证券投资业务的信息系统，公司风险管控水平较大幅度提升，为公司各项业务的长远发展夯实了基础。公司组织各部门对照存在的问题认真分析，针对发现问题进行了整改，使得公司各项业务管理进一步规范。

【人力资源管理】2012 年，公司多举措加强人才队伍建设。一是组建人才队伍，支持公司业务发展。借鉴福特汽车金融公司等的经验，对各基础性岗位采取劳务派遣用工形式。通过校园招聘、社会招聘等多种方式相结合，吸纳所需人才。2012 年度公司累计招聘正式员工 12 人，其他员工 62 人，其中绝大部分为公司战略发展的汽车金融业务员工。截至 2012 年 12 月 31 日，公司直接从事汽车金融业务的人员共 77 人。二是强化业务培训，提升人才队伍素质。针对公司员工队伍年轻、从业经验较少的问题，公司通过开展内外部培训工作来解决。三是结合汽车金融业务特点及汽车金融战略发展目标，公司搭建了汽车金融业务模拟公司制薪酬绩效管理体系，为 2012 年汽车金融业务指标顺利完成提供保障。四是修订完善公司本部薪酬绩效管理体系，最大限度地调动了部门和员工的积极性、主动性和创造性，以价值为导向的薪酬绩效体系深入人心，确保了公司整体目标的实现。

【信息化建设】公司高度重视信息化建设工作。一是委托专业公司制定了信息化三年发展规划，提出了在已有管理经验和系统研发成果的基础上，全面提升以“客户服务平台、核心业务平台、综合管理平台、决策支持平台”为核心的应用架构，打造更加安全、可靠、高效的基础环境，建立安全体系、标准体系和保障体系。二是公司建立了“由综合向专项、由总体向具体”的三级信息化管理制度体系。三是强化信息化项目协调管理，保质保量完成信息化项目建设工作，完成汽车金融个人消费信贷系统、TMS 系统升级、协同办公系统、北京和重庆新办公场地弱电装修及视频会议系统等建设工作，同时，公司还启动了汽车金融系统建设和集团司库系统建设工作。四是强化信息系统安全管理，确保信息系统稳定运行。公司组织进行了信息系统全面风险排查工作，建立信息系统运行监控平台，建立部门内部信息系统档案库等。

【企业文化建设】2012 年，公司党委致力于企业核心竞争力和企业文化的培育，坚持“视觉展示风采、理念塑造品质、行为规范全员”的建设标准，制定了企业文化建设五年规划，促进了企业文化建设水平的提升，形成了具有时代特色、行业特征和公司特点的企业文化体系。公司企业文化体系以价值文化为核心和灵魂，包含理念体系、工作方法、品德修养、公司形象四个层级，提出了“汇通财智，创造价值”的企业愿景，“助推一流企业集团，打造一流公司”的企业使命，“诚信至上，共创共赢”的价值观以及“创新、进取、乐观、谦和”的企业精神。公司通过周密部署，多管齐下，利用外网、内部刊物、办公网络等多种载体，有序推进了“价值文化”的落地生根，发放《价值文化手册》，发出企业文化建设总动员；宣讲核心理念，组织全体员工进行企业文化考试；通过外网、《公司简报》、《党建通讯》、内部协同网等多种载体，传播企业文化；逐步建立企业文化视觉标识，做到人人知晓，个个行动，努力在全公司形成合拍一致的文化共振，打造“用新理念引领和促进新发展”的生动局面。

京能集团财务有限公司

【经营概况】2012年，京能集团财务有限公司（以下简称“公司”）资产总额87亿元，所有者权益18亿元；吸收存款余额69亿元，自营贷款49亿元，代理业务资产（表外业务）78亿元。全年实现利润总额2.13亿元，净资产收益率9%，资本充足率37%，贷款本息回收率100%，不良贷款率为零，圆满完成了集团经营考核任务。

【信贷业务】2012年，公司日均自营贷款规模41.75亿元，较上年减少1.96亿元，累计发放自营贷款59.45亿元，发放委托贷款62.26亿元，回收自营贷款51.85亿元，回收委托贷款61.62亿元，贷款本息回收率100%。全年自营贷款利息收入2.81亿元，较上年增加4.03%，委托贷款手续费收入0.16亿元，较上年增加28.38%。

【资金和投资业务】截至2012年末，共计取得13家金融机构的授信额度82.70亿元，开展同业拆借16笔共融入资金22亿元，确保了公司流动性安全。抓住时机有效筹划资金存放，公司年度同业存款平均利率达到2.62%，是非金融企业活期存款利率0.50%的5.2倍，公司存放同业利息收入中有一半以上来自于同业定期存款利息，有效提高了闲置资金收益，深度挖掘了金融牌照功能。

【资金集中】截至2012年12月，共有101家成员单位实现了资金归集，本年新归集深圳钰湖、源深设备租赁、京能电力检修等19家单位。2012年度全部资金归集率平均为76%，可归集资金归集率平均为95%。

【业务创新】在信贷业务方面，2012年为推动票据业务的发展，公司成立票据业务课题小组，在多方调研、广泛讨论的基础上完成了票据业务实施方案，提出了票据业务开展的具体措施，并于11月成功举办了票据业务研讨会，使票据业务的推广取得了阶段性成果；在投资业务方面，2012年成功开展债券投资业务，截至2012年末投资规模为0.50亿元，实现投资收益12.55万元；在询证业务方面，为满足成员单位审计询证特别是关联交易询证要求，对其有关资金情况进行核实，公司梳理询证业务流程，分析业务关键控制点，协同相关部门，拟定了《询证业务管理办法》，强化了客户询证业务的管理创新。

【风险管理和内部控制】在风险管理工作方面，公司建立了财务公司全面风险管理体系建设规划，明确“以集团规划为纲领、分步实施、体系建设与信息系统同步推进”的总体建设思路，提出全面风险管理体系的内容框架、建设路径和切实可行的保障措施。

2012年，公司各类风险继续保持在良好可控水平。不良资产率和风险事件发生率保持零纪录，流动性风险控制在公司可承受范围，各项风险指标均符合监管要求。全年完成合同的合规性审查153笔，完成法律审核业务10笔。顺利完成3家律师事务所的年度法律服务评价和续聘工作。创新法律服务内容和方式，增加关于新政策法规资源共享和政策风险提示的合作要求。全年法律合规风险保持零事件，无涉诉事项。

2012年，完成了合同档案、法人治理会议档案、合规性审查工作底稿、五级分类档案的全面自查和整改工作，相关签字、盖章、审批手续完备且完全符合内控要求。此外，增加了风险指标测试内容。公司顺利通过了北京银监局的风险评级现场预检查，受到监管部门的好评。

在内控体系文件建设方面，2012年，公司标准化和内控体系建设工作获得新成果。一是建成了内控体系，完成了152项管理流程中的风险识别工作。二是持续修订各项标准，完成了369项管理标准和工作标准的补充与修订并落实。三是配合集团和外部会计师事务所完成了领导任中经济责任审计，并根据审计结果补充了长效机制进行整改。

【稽核管理】2012年，围绕现金、银行存款、资产五级分类、大额合同、同业拆借、自营贷款、委托贷款、资金调拨、存款准备金缴纳、大额支付、反洗钱、资产盘点等进行了现场稽核。全年开展日常稽核4次，共完成日常稽核工作底稿303份，审查新放自营贷款94笔，委托贷款50笔，审查同业拆借16笔，检查1 000万元以上大额合同99份，复核审查1 000万元以上大额支出1 002笔，金额800.10亿元，全年共提出了纠改措施和合理化意见5条。通过日常稽核可以看出，公司重点业务和管理活动内部控制和管理执行情况良好，风险控制较好。

围绕经营管理重点，对结算网银系统、投资业务、流动性风险管理体系、自营贷款业务、资金业务、预算管理进行专项稽核及后续检查。专项稽核结果显示，公司内部控制制度较为适用与完善，内部控制执行情况较好，风险控制效果良好。

【人力资源管理】公司贯彻“人才兴企”战略，加强人才队伍建设，在人才引进、人才培养、干部提拔等各方面取得了成效。全年市场化招聘引进人才7人，竞聘上岗提拔干部4人，储备干部4人。实现了“学习—学习型—学习型组织”的纵深推进，“金融政策研究基地”建设初见成效，为提升企业发展能力和影响力迈出关键一步。2012年，公司共获得外部荣誉19项，其中2项管理创新分别获得北京市管理创新成果一等奖和二等奖，3篇文章入选监管机构研究文集，2个案例入选财务公司协会经营管理成果。

【信息化建设】一是通过短信平台提升资金安全，助推资金结算和网银系统的升级与推广。截至2012年末，已有82家成员单位使用网银系统进行日常业务处理，系统运行平稳，用户使用反馈良好。二是配合集团ERP建设，强化集团资金集约化管理。一方面推动集团公司将统一结算的基本内容纳入ERP资金管理流程，建立集团统一的资金预算控制和支付管理平台，实现预算有审批、支付有控制；另一方面通过调研出具详细的可操作性的需求方案，协调软通动力、埃森哲开展SAP财务规则设置、接口数据联调，完成计划、支付和财务三个接口的开发、测试工作。三是夯实基础，加强信息化建设交流。根据网银稽核报告拟订了合理的整改方案，根据国家相关规定拟订了《信息安全等级保护工作方案》、《核心业务系统数据异地容灾备份方案》和《核心业务平台双机冗余方案》，拟定了包含内外网分离及安全加固的整改方案。完成了安全加固二期改造项目的招投标工作。十八大召开期间圆满完成了2012年信息化保障工作。此外，公司还组织与工商银行数据中心专家进行了技术交流，拟订了内外网分离方案，提高了信息网络安全级别，降低了受到的攻击和泄密的风险。

【企业文化建设】2012年，公司多举措加强企业文化建设。一是完善工作机制，促进企业文化工作。2012年，公司在不断践行企业文化建设的基础上，总结了工作做法和经验，提出了促进文化建设工作的建议，建立了全新的工作机制，制订了2012年文化工作方案和计划，初步提出了文化理念，进行了知识的普及培训，设计问卷并进行了详细的分析，开展了企业文化调研，成功组织了企业文化座谈会。加强了工作机制，保障各项工作的顺利进行。二是发挥党团工会桥梁作用，凝聚人心。公司鼓励争先创优，组织了“三八”、“五一”、“五四”、“七一”技术比武等评选活动。组织迎新大会和公司6周年司庆系列文化活动。为员工设计建设全方位的保障体系，定期组织体育锻炼，开展踏青，观看演出、影片等形式丰富的文化活动。积极组织和参加集团羽毛球、台球、网球、篮球比赛。先后获得集团优秀共产党员、网球团体二等奖、“三八”优秀女职工等荣誉称号。提高员工的文化生活和精神乐趣，发扬正能量，营造积极向上的企业文化。三是加强宣传，提升公司影响力。2012年，公司整合宣传资源，通过集团网站、公司网站、《京能通讯》、办公协同系统等多种渠道，运用文字、图片、音像等载体全方位、多角度加大宣传力度。

浙江省能源集团财务有限责任公司

【经营概况】2012年，浙江省能源集团财务有限责任公司（以下简称“公司”）紧紧围绕浙能集团“大能源战略”和“十二五”发展规划，以服务集团资金管理为核心，积极开展代理成员单位集中对外支付平台建设和集团系统融资集中管理工作，进一步发挥财务公司金融和财务管理服务功能，有序推进司库型财务公司建设。截至2012年末，公司资产总额达134.25亿元，比上年增加10.39亿元，增长8.39%；归集资金121.68亿元，比上年增加8.94亿元，增长7.93%，银监会口径归集度74.60%。全年累计实现营业收入4.27亿元，利润总额1.88亿元，净利润1.43亿元。

【信贷业务】公司以“调结构、增效益、防风险”为主线，适时调整信贷策略和资金流向，稳步开展信贷业务。积极跟踪了解成员单位的资金需求，以优惠的贷款利率为成员单位提供融资服务，通过贷款和票据贴现等方式帮助解决成员单位的资金难题，为成员单位的重大项目建设和生产经营活动提供资金支持，发挥好集团“内部银行”的作用。同时，加强对符合集团能源产业长期稳定发展的项目的资金支持，加大对集团重点建设项目和战略性产业投资项目的信贷服务。积极落实“金融支持实体经济”的政策指引和支持小微型企业发展的政策导向，确保信贷资金投向实体经济领域，并适当增加对小微企业的支持力度，发挥好资金的导向性作用。截至2012年末，公司自营贷款余额68.11亿元，比上年增加6.81亿元，增长11.10%。

【资金和投资业务】2012年，公司审慎开展资金和投资业务。根据资金预算头寸，合理高效地利用资金资源，充分盘活备付闲置资金并加以利用。一方面，积极推进银行间同业市场业务，适时开展同业存放和债券质押式逆回购业务等资金业务。2012年，公司债券质押式逆回购业务累计成交金额136.87亿元，实现利息收入0.11亿元。另一方面，进一步深化有价证券投资和金融股权投资，并以有价证券二级市场业务开展为契机，加强证券市场研究和人才队伍建设，按照“风险控制第一、盈利第二”的投资原则，抓住机遇，审慎投资。2012年，公司实现投资收益0.13亿元。

【资金集中】2012年，公司按照“集团协调，财务公司具体落实；充分依托和发挥各板块公司的作用，由易入手、先易后难；抓大头、重实效”的工作思路，重点推进资金存量大、归集度低的成员单位的资金归集，进一步加大资金归集工作力度，资金归集率有明显提高。截至2012年末，共有129家成员单位在财务公司开立了结算账户，其中有96家实行“收支两条线”的资金管理模式；归集资金121.68亿元，银监会口径归集度74.6%，月均归集度84.13%。

【业务创新】公司积极开展代理成员单位集中对外支付工作的前期准备工作，稳步实施代理成员单位集中对外支付。公司于年初成立了专门的课题小组，对国内多家不同类型的财务公司进行了深入调研和审慎论证，并与集团财务部和成员单位进行广泛的沟通和讨论，提出了代理支付的具体实施方案。在此基础上对原有业务系统进行了升级改造。新业务系统于2012年12月10日如期上线，代理支付试点工作也在12月17日正式实施。按照“先易后难、逐步深入”的原则，在集团“一主四辅”五大板块选择6家单位进行试点，边实施边完善，力争在2013年年中在集团系统进行全面推广。

【风险管理和内部控制】2012年，公司积极应对复杂的内外部经营环境，认真贯彻落实浙能集团和监管部门各项工作部署，抓牢风险管理和内部控制的工作主线，稳步推进全面风险管理体系建设和合规运行机制建设。在风险管理上，按照全面风险管理的要求，持续完善法律审核和监控体系，通过开展年度合规风险评估、监控和排查风险点以及起草和审查各类合同、制作法律风险控制清单等措施，对公司的重大投融资项目和易发生纠纷领域进行了全方位的风险防控。在内审工作上，积极规范内部监督管理机制，提高内审工作效能。以业务和财务稽核为重点，积极开展账项核对和差错纠弊；同时，根据实际工作需要，开展各类专项稽核。

【信息化建设】公司对业务管理综合信息系统进行了升级改造，进一步满足资金管理和代理支付等功能需求。继续推进投资研究决策分析信息系统的建设，为投资业务提供技术保障。强化信息安全风险防范，全面实施信息安全风险评估，对办公设备进行安全准入管理，确保网络和信息系统安全运行，保障业务工作高效稳定开展。定期发布《信息科技风险要情提示周报》，切实提高在信息安全领域的专业水准。

【企业文化建设】2012年，公司积极参与集团组织的“浙能文化节”系列活动，加强与集团公司的母子文化衔接，继续巩固和弘扬以“诚实、责任”为核心的价值理念，进一步丰富财务公司特色合规文化内涵。

广东粤电财务有限责任公司

【经营概况】2012 年，广东粤电财务有限责任公司（以下简称“公司”）全体人员以高度的责任感和使命感，“依托集团、服务集团、扎根基层、服务基层”，经营业绩显著、内部管理优良。截至 2012 年 12 月 31 日，公司资产总额 166.20 亿元，同比增加 39.76 亿元；已开户成员单位 85 家，负债总额 142.67 亿元，同比增长 39.90 亿元；累计发放贷款 159.14 亿元，贷款余额 97.92 亿元，同比增长 15.47 亿元，委托贷款余额 26.21 亿元；实现利润总额 3.78 亿元，净利润 2.79 亿元，同比增长 15.32%，净资产收益率 12.00%。

【信贷业务】2012 年，公司加大信贷投放，做好特殊时点信贷资源调配。一是积极争取政策支持，最大限度用好用足人民银行信贷规模资源；二是加强与成员单位互动沟通，加快业务拓展与创新，全面推进票据融资业务，有针对性地实施贷款“短期化、票据化”和“双十亿元票据计划”，有效提高信贷资产流动性；三是以对标为要求，进一步提升信贷服务水平，并根据成员单位的经营实际情况制订专项信贷方案，切实发挥项目经理作用，做到“贴身服务、量身定做”。

2012 年，公司首次实现贷款规模突破百亿元大关，全年贷款日均规模 90.79 亿元，同比增长 17%，在有效应对信贷调控的同时，最大限度提升了信贷资源使用效率。

【资金和投资业务】一是金融同业资金业务，针对公司资金为阶段性富余的特点，2012 年公司积极利用金融牌照资源，进一步深化同业资金运作。一方面积极把握特殊时点交易机会，在头寸备付模型及资金计划的配合下，寻找恰当时机进行同业竞价存放业务操作，努力获取较好收益（定期最高成交利率较同期 Shibor 高出 250 个基点），全年共实现同业利息收入 0.93 亿元，较成员单位以企业存款存放可争取的最高收入增加了 0.55 亿元（与企业 7 天通知存款收益率相比较）；另一方面开展产品专业运作，通过再贴现、商票转贴、低成本策略性拆借—定存组合等业务，在不实际占用集团资金的情况下，为公司带来利润收入近千万元。

二是股权投资业务，公司积极审慎地进行了金融股权投资项目遴选，投资 4.46 亿元持有珠海农信 9.9% 股权，成为排名第一的主要战略股东并作为发起人设立珠海农村商业银行，进一步推进了集团产融结合，并开创了广东省内财务公司投资银行类金融机构的先河。同时完成了对深圳天鑫保险经纪有限公司剩余 4% 股权的收购工作，并以此为平台，开展风险专项课题研究，对集团 600MW 及以上机组风险、雇主责任险进行了进一步的探讨与完善。

【外汇业务】为配合粤电集团“走出去”

战略发展需求，公司积极推进外汇即期结售汇业务申请工作。2012 年 3 月，经国家外汇管理局广东省分局同意，公司获准在广东省粤电集团有限公司内部开办即期结售汇业务，并已完成外汇业务开展的前期准备工作。

【资金集中】2012 年，公司资金集中度一直保持在较高水平，截至 2012 年 12 月末，资金归集率为 96.79%，全年累计结算业务笔数 60 972 笔，结算金额 4 975 亿元，结算集中度超过 90%。

2012 年，公司从源头挖掘资金归集潜力：一是开展成员单位休眠账户清理工作，实现新增存量账户授权 19 个，进一步增强对集团资金收支的管控力度；二是持续跟踪潜在用户的资金流向，主动开展营销工作，以攻坚“困难户”、紧盯“潜力户”为工作主线，把单位日常自主掌控的资金作为重点，通过定期对存量资金进行分析，实现资金归集突破。

【业务创新】一是拓宽业务领域。公司 2012 年成功获批新增两项业务范围：进一步扩大有价证券投资领域，现已能开展除股票二级市场投资以外的其他有价证券投资业务；同时完成了外汇即期结售汇业务申请工作并完成业务开展前期准备工作。

二是开展票据业务。2012 年完成了电子商业汇票系统上线工作，实现了从纸票业务到电票业务质的飞跃，全年累计开出电票 8 张，办理电票贴现 6 笔，累计金额 5.59 亿元，提高了票据业务在贷款结构中的占比；加大票据业务推广力度，以燃料公司为平台，以票据为载体，探索新型信贷合作模式，增强成员单位融资能力，如通过引入商业银行办理商票保贴业务。截至 12 月末，累计办理贴现 26.57 亿元，年底贴现余额 11.07 亿元，有效地配合了公司流动性管理的需要。

三是构建同业纵向竞价体系。在原有跨行横向竞价的基础上，构建同行纵向议价体系，引导合作银行进行产品创新并开发“阶梯价格同业存款”业务，最大限度提升日末、周末、月末、季末资金收益。

四是开展流程优化。在充分评估业务风险的前提下，推行“代理支付”业务，以简化资金划拨及各单位账务处理流程，同时开展对外支付业务流程再造，既确保了过程监控力度，又有效加快了业务处理效率。

五是拓展服务领域。进一步发挥企业内部银行服务功能，完成了集团公司和成员单位私募债、中期票据、短期融资券发行等多个项目的财务顾问工作，对市场形势及企业融资的新环境、新趋势进行了分析并就融资发行提出专业建议，协助各单位对债券发行时机、规模、价格等融资要素进行统筹，以实现费用控制与风险规避的统一。

【风险管理和内部控制】一是通过扩大风险事项覆盖面、细化关键业务风险点、引入风险分布矩阵及风险热地图等方式，更为全面、直观地掌握和呈现风险分布情况；二是开展评估结果后续汇总、矫正及应对措施有效性检验，进一步对量化评估工作进行客观评价并进行及时调整，确保评估结果的可靠及可操作性，进一步提升公司风险管理整体水平。

【人力资源管理】公司 2012 年在内部搭建了“分享·学习”交流平台，通过定期邀请员工进行知识、业务分享和交流，在进一步丰富公司培训渠道的同时，也为员工创造了一个展现自我的平台，有效提升了其工作热情及积极性并进一步巩固了公司“学习型企业”氛围。

【信息化建设】2012 年，公司资金集中管理系统——“粤汇通”信息系统实现了系统运行稳定可靠、网络专线畅通顺达、数据备份安全无误。公司对其不断完善与升级：一是以系统为平台开发“粤电金融之窗”模块，以量身打造的方式为各成员单位提供多种类型的市场动态及信息解读，以更为直观的数据展示方式呈现集团资金最新信息；二是广泛收集用户意见，开展系统升级及二期开发内容制定，在严格防范风险的前提下，进一步完善业务信息的处理功能；三是加强操作风险防范，制定严格生产系统管理措施，通过双人执行、加强密码管理等方式确保非授权人员不能进入生产系统操作，有效控制和防范操作风险。

“粤汇通”系统经过申报评审，荣获2012年度中国电力联合会信息化优秀成果三等奖，并获得了国家版权局颁发的软件著作权证书，成为具有完全知识产权的软件系统。

【企业文化建设】一是在公司内部全面推行“对标管理”，通过各部门选择可比对象“找差距、树标杆”，进一步提升公司业务及管理水平；二是大力鼓励并引导员工进行业务及课题研究，在多个监管部门以及财协组织的征文活动中均获优秀名次，其中《基于数学模型的全面资产负债管理》更是得到了多个兄弟单位的肯定；三是优化公司宣传平台，以打造集团内部专业金融杂志为目标，通过对纸质刊物进行全面改版，为集团公司及成员单位提供另一角度的金融服务。

TCL 集团财务有限公司

【经营概况】2012 年，TCL 集团财务有限公司（以下简称“公司”）以“优资源、创效益、控风险、重运营”为主题，在业务创新和整合资源上下功夫，运用金融平台服务实体经济，支持信贷、结算、投资等业务板块发展，对内促进集团形成了较大协同效应，对外拓展市场，取得了良好经营业绩。

截至 2012 年末，资产总额为 55.17 亿元，总负债为 49.23 亿元，均与上年基本持平；全年实现净利润 0.81 亿元，同比增加 50.76%；企业结算量 3 295 亿元，同比增加 35.25%；资本充足率 35.33%，流动性比例 76%，均优于监管标准。

【信贷业务】一是提供多样化信贷服务方案。2012 年，公司关注成员单位金融需求，调整信贷结构，加强集团支柱产业的支持力度，全年累计发放贷款（含贴现）19.61 亿元，同比增加 83.10%。同时大力推进买方信贷等供应链融资业务及商票承兑，满足企业多种信贷产品需求，为企业提供优于同业市场利率的信贷支持。

二是完善信贷管理。修订年度授信评级模型，优化信贷授信管理体系；严格贷款发放的风险控制措施；加强贷后管理，对企业财务、非财务状况进行动态监控。年末信贷资产分类全部为正常，贷款损失准备计提比例由 1.00% 提高到 1.30%，足额提取贷款损失准备。

三是提供金融增值服务。发挥熟悉金融市场优势，牵头完成 TCL 集团 12 亿元短期融资券和10亿元中期票据发行，为集团运营提供低成本资金支持。

【产品销售信贷业务】公司积极拓展买方信贷业务，通过成员企业向其经销商介绍买方信贷业务，不断积累客户资源，并对抵质押式买方信贷业务进行积极探索和方案研究。同时参考同业对消费信贷、融资租赁业务的成功经验进行对比分析，研究和探索适合财务公司的消费信贷和融资租赁业务模式。

【资金和投资业务】2012年，公司在《有价证券投资业务管理办法》的规范下进行有价证券投资业务，提高资金使用效率，并严格进行风险管控，确保财务公司金融创新持续健康发展。利用非银行金融机构平台，积极参与债券、拆借、票据同业市场，操作同业定期存放、票据转贴现、债券回购等业务，有效提升了短期闲置资金使用效益。

债券业务方面，取得了券款对付（DVP）业务资格，通过修改债券投资管理制度，确立了券款对付业务操作细节规则，保证业务的依法合规操作，降低了结算风险，提高了结算效率；货币基金业务方面，建立了《货币市场基金投资业务操作规程》，从投资范围、业务流程、部门职责、资料归档等方面规范公司的基金投资业务，9月成功申购第一笔货币基金，截至12月31日已累计投资5.50亿元，累计实现收益0.04亿元，平均收益率为3.46%。

【票据业务】2012年，公司力推电子票据业务，电票结算量稳步提升，电票开票金额达到27亿元，同比上升382.55%，电票收票金额15.03亿元，同比上升573.53%。加大票据贴现支持，全年累计完成对成员单位票据贴现5.02亿元，及时满足了集团核心业务发展资金需求。通过拓展供应链票据业务，体现公司对成员单位业务的支持，实现金融资源支持产业集团的功能，全年共操作供应链票据业务12.93亿元。

同时完善金融服务平台功能。在人民银行的大力支持下，公司启动了已停办十几年的再贴现业务。2012年，公司累计取得再贴现资金5.80亿元人民币，满足了TCL集团内部及上下游企业的融资需求。

【外汇业务】境内外汇资金池业务拓展有力，覆盖面进一步提升。2012年，公司不仅在工商银行成功搭建了外汇资金集中管理的“资金池”体系，而且取得了在建设银行建立外汇“资金池”的资格，并于7月正式运行，外汇资金集中管理上了一个新台阶。公司为成员单位提供快速高效的即期结售汇业务服务，全年成员企业即期外汇交易业务量达4.91亿美元，企业在公司结售汇占企业全部即期结售汇业务比重保持在86.74%，为集团减少财务费用约0.01亿元。

公司负责集团汇率风险管理，在汇率风险控制、外汇理财等方面提供专业支持，协助制订年度汇率风险管理方案，整合合作银行资源，通过主动引入、联合开发等方式完成产品创新，在有效管控汇率风险的同时帮助集团实现2012年度汇兑收益1亿元。

【资金集中】2012年，公司强化资金集中管理，以集团整体效益最大化为目标，紧紧围绕提高资金效益和效率，在加强资金集中管理上做到统一结算、统一监控、统一调度和统一运作，进一步提高了成员单位资金集中度。截至12月31日，吸收存款余额46.77亿元，公司资金集中度（剔除口径）为76.27%，较上年同期提升5.43个百分点。

【风险管理和内部控制】2012年，公司不断加强合规建设，基础管理工作进一步夯实，实现结算资金零损失，贷款不良率、市场交易违约率为零。

一是建设全面风险管理体系。聘请德勤会计师事务所开展“全面风险管理诊断与规划”项目，分析风险管理现状，诊断风险点和流程缺陷，提出改善项目和路径，完成了提升风险管理水平的三年规划。

二是完善操作风险管理。加强重点业务和关键流程环节的操作风险管理，持续完善不相容岗位（职责）制度体系，突出岗位制衡的刚性约束；完善应急预案，加强应急演练，保障业务安全运行；修订了《授权审批流程明细》，明确了流程的起点与流向，规范了权限管理；梳理和健全了公司31个关键业务流程，树立关键风险点220个，有针对性地提出防范措施，操作风险得到有效的防范与控制。

三是加强制度建设。在业务办理过程中，一直贯彻制度先行和按章办事的原则，对任何创新业务，全部先制定制度后办理业务，使各项业务均合规运行；2012 年，完成制度汇编并印刷成册，共收录公司112 个制度，分为公司治理、资债管理、风险内控、信息科技等十二大类制度，涵盖了公司工作的各方面。

【人力资源管理】2012 年，公司加强员工培训管理，修订出台了《培训管理办法》，进一步规范培训管理要求和操作流程，安排组织员工内部培训及外派员工学习达49 次，选派4 人参加全国银行间本币市场交易员培训班和外汇交易员培训认证；启动新员工导师机制，对新员工进行业务培训，开展新员工座谈会，增进新员工对企业文化的认同；继续启动“客户经理岗位”和“部门副经理岗位”竞聘活动，为员工建立新的提升通道；进一步完善岗位竞聘机制，充分体现竞聘的“公正、公开、专业”原则。

【信息化建设】2012 年，公司大力推进业务系统升级，信息化水平得到进一步提升，形成了以资金管理系统为核心、电票系统及 OA 办公系统为支持的信息化体系。

一是电票系统功能不断完善，得到集团成员企业的大力支持及肯定。公司通过完善操作指引、系统优化等大力推动电子票据业务，提高电子票据使用率，取得显著成效。

二是利用信息化手段提高公司知名度。公司网站于 5 月 1 日正式上线，主要包括金融信息、产业动态、公司产品信息等内容，作为对外宣传窗口，树立公司品牌形象，提升公司影响力。

三是办公自动化管理水平提升。公司与金蝶软件公司开发 OA 办公自动化系统软件，并于 6 月 27 日正式上线运行，有效促进了公司内部信息沟通和资源共享，提高了办公效率和执行力。

【企业文化建设】公司坚持以人为本，关注员工工作和生活，组织丰富多彩的业余活动，积极营造相互沟通、相互协作、共同进步的工作氛围，构建“敬业、诚信、团队、创新”的企业文化。2012 年，主办了银企联谊活动，首次组队参加惠州银行杯羽毛球比赛，并积极动员员工参加集团第八届运动会，增强了银企合作关系和团队活力；成立了篮球协会、羽毛球协会，与企业、银行开展不定期的友谊比赛，加强沟通与交流；定期开展短途旅行、电影会、生日会，丰富员工业余生活；积极参加省人民银行组织的“银行消费权益金融博览会”和惠州市人民银行组织的“金融消费权益展览会”，提升了公司的形象和宣传力度。

湖南华菱钢铁集团财务有限公司

【经营概况】2012 年，湖南华菱钢铁集团财务有限公司（以下简称“公司”）在集团公司和各成员单位的大力支持下，转变观念，统一思想，坚持以“立足集团、服务集团”为经营宗旨，以“风险第一、效益第二”为经营原则，以“资金是根本，信贷是主业，投资是补充”为经营方针，紧紧围绕集团公司“减债降负，挖潜增效”中心工作，调整经营思路，创新经营模式，优化业务结构，加强运营管理，突出风险防范，公司经营业务稳中有进，主要经营指标同比大幅提升。2012 年，公司实现营业总收入 1.66 亿元，营业利润 1.00 亿元，净利润 0.95 亿元，同比分别增长 32.87%、432.72%和 265.97%，资产收益率达 3.39%，净资产收益率达 10.86%。

【信贷业务】2012 年，公司加大为成员单位服务力度。全年累计为成员单位发放贷款 46.85 亿元，贴现票据 24.15 亿元，开立电子银行承兑汇票 2 亿元，外汇结售汇 4.23 亿美元，提供资金支持合计 73 亿元，与 2011 年 42.60 亿元相比，增长 71.20%。

【资金和投资业务】2012 年，公司在保证成员单位资金需求的前提下，以“谨慎、可控”为原则，适度开展投资业务。根据对资本市场的预测和判断，公司暂停新股申购业务，主要进行债券类投资，品种为信用评级较高的企业债券和中期票据，投资规模 5 亿元，全年实现投资收益 0.23 亿元。

【票据业务】2012 年，公司累计为成员单位开立电子银行承兑汇票 2 亿元，办理银行承兑汇票贴现 24.15 亿元。在票据转让业务方面，全年与商业银行开展票据转贴现业务累计 14.10 亿元，与人民银行办理票据再贴现累计 14.80 亿元。

【外汇业务】2012 年，公司累计为成员单位办理外汇即期结售汇业务 4.23 亿美元，为成员单位节约结售汇财务成本 0.03 亿元。

【资金集中】2012 年，资金集中工作取得重大突破，账户联网率和资金归集率大幅提高。全集团撤销银行账户 320 个，新增联网账户 207 个，可联网账户实现 100%联网；资金归集率保持在 65%以上，最高达到 87%；日均联网资金 9.68 亿元，比 2011 年 6.57 亿元增加 47.34%。

【风险管理和内部控制】公司秉承“合规经营，稳健发展”理念，将风险可控作为各项经营活动的前提，狠抓风险管理和内部控制工作。一是加强股东会、董事会、监事会制度建设，修改“三会”议事规则，提高决策水平；二是完善公司制度体系，对公司现行的 95 个规章制度进行全面梳理，制定制度 12 项，修订制度 11 项；三是调整资产结构，暂停新股申购等高风险业务，压缩信托投资规模，将资金用于服务成员单位业务上；四是强化制度落实和执行，对事前、事中、事后全过程的制度执行情况进行常态化稽查，加强检查督促，严格责任追究。公司各项监管指标均符合银监会要求，全年未发生任何风险事故。

【人力资源管理】公司切实加强人力资源管理，推进“三项制度”改革。一是普及和加强员工从业资格等各类业务培训，全年共有25人次参加由银监局、外汇局、上海外汇交易中心、中央国债登记结算公司等部门举办的培训和讲座，4人获得上海外汇交易中心前台交易员资格，2人获得后台交易员资格，4人获得上海清算所短期融资券交易员资格，1人获得银行间外汇市场交易员资格；二是精简部门，重新定员、定岗、定编，修订部门职责和岗位职责；三是以“公开、公平、公正、择优”为原则，按现代金融企业的要求，进行市场化招聘，成功引进五名业务骨干，员工队伍整体素质得到提升；四是对全体员工进行360°综合考核，对考核成绩名列前茅的员工给予表彰和奖励，对考核排名末位的员工进行诫勉谈话，形成了“优胜劣汰”的竞争机制。

【信息化建设】随着联网账户的快速增加，公司加大信息安全及维护保障工作，每日营业前检查应用系统和硬件设备，日终进行数据备份；与多家银行的接口实现对接，顺利推进银行账户联网工作。

【企业文化建设】公司着力打造以“诚信、风险、合规、廉洁”为内涵的具有财务公司特色的企业文化，积极倡导和培养全体员工的核心价值观，规范行为准则，营造和谐氛围，初步形成了企业文化理念体系。公司党支部开展党课教育、“七一”重温入党誓词等活动，提高党员思想理论素质。工会组织员工拓展训练、文体锻炼，增强企业凝聚力，促进员工身心健康，为财务公司企业文化的形成和成长提供了坚实的基础。

江西铜业集团财务有限公司

【经营概况】2012年，在国际经济复苏总体疲弱、国内经济下行压力增大、利差空间进一步压缩、资金市场利率逐步走低的严峻形势下，江西铜业集团财务有限公司（以下简称“公司”）坚持“立足集团、服务集团、规范经营、稳健发展”的经营方针，深入贯彻落实集团公司各项决策部署和降本增效专题会议精神，做到内部存贷服务不放松，外部投资理财增效益，全年取得丰硕成果。公司年末资产总额137.49亿元，较年初增长6.54%；全年完成营业收入4.41亿元，较2011年增长13.85%；实现利润总额4.14亿元，较2011年增长17.28%。在全国147家财务公司中，资产总额、营业收入、利润总额和净资产收益率分别排在第37位、36位、33位和第5位。在全国9家有色财务公司中，资产总额、营业收入和利润总额仍保持第一名的位置，净资产收益率受增资影响，列第2位。2012年，公司被集团公司授予“双文明建设先进单位”和“经营红旗”等荣誉称号。

【资金集中】账户清理一直是公司的重点工作之一。2012 年，公司积极加强与成员单位沟通，实时了解成员单位的资金状况，坚持一手抓成员单位银行账户清理，一手抓资金计划管理，做到既确保成员单位结算支付需要，又尽可能减少资金闲置。在全年日均外部结算量 10.86 亿元、较 2011 年增长 21.47% 的情况下，全年日均同业活期存款仅为 7.81 亿元，较 2011 年净减少 6.38 亿元，资金使用率和资金备付水平再上新台阶。

【信贷业务】由于公司与集团公司拟订的金融服务协议议案未获得股份公司股东大会通过，公司从年初起不能再为非上市成员单位提供融资服务。面对压力与挑战，一方面，公司积极开发上市成员单位贷款新客户，大力办理票据贴现业务，全年发放贷款 38.39 亿元，办理票据贴现 5.78 亿元，开出电票 1.63 亿元。年末，公司各项贷款余额 40.27 亿元，较年初增加 4.80 亿元。另一方面，公司协助集团公司恢复成立了财务结算中心并代为管理，财务结算中心全年累计为非上市成员单位发放贷款 9.30 亿元，实现利润 0.15 亿元，大大缓解了非上市成员单位的融资压力，保证了其生产经营的顺利进行。

【保险代理业务】2012 年，公司继续为集团提供保险代理服务，全年实现保险代理手续费收入约 0.01 亿元。

【投资理财业务】公司加大投资理财研究力度，积极寻求风险相对较低、收益相对较好的投资理财产品，除开展信托产品投资、银行理财、同业定期存款、债券代持及回购、同业拆出等业务外，还尝试开展了一级市场认购债券业务，新增了货币基金投资品种。

公司在对信托公司及中介机构进行充分调研的基础上，研究完成了《财务公司参股信托和保险公司可行性研究报告》课题，为集团公司动态调整“十二五”发展规划提供了强有力的参考依据。

【业务创新】公司原本只开展了对成员单位的外汇贷款业务，2012 年增资后，7 月公司向外汇管理局江西省分局提交了即期结售汇业务申请，并于 10 月 31 日获批开办外汇即期结售汇业务，于 11 月 30 日批准核定了结售汇综合头寸。即期结售汇业务资格的获批，为公司今后全面开展外汇业务迈出了关键的一步，拓展了公司外汇业务的发展空间。

【风险管理和内部控制】风险管理是公司治理的核心内容。公司统筹推进《巴塞尔新资本协议》实施的各项准备工作，认真组织开展了 2012 年度内部控制评价工作，以现场检查的方式分别开展资产质量五级分类和结算业务的专项稽核，对现金、承兑汇票、重要空白凭证、公章使用等案件易发风险点进行了两次突击稽核检查，开展了反洗钱宣传月活动和防范、打击非法集资宣传教育活动，有效防范了信用风险、市场风险、流动性风险和操作性风险等各类风险，提升了风险管理技术水平。

【人力资源管理】2012 年，公司继续加大对员工的培训力度，为员工创造各种良好的学习条件和机会，员工全年参加各类期限的培训十余次，员工参培率 100%，培训内容涉及外汇、投资、债券、内控等。通过培训，员工综合素质得到大幅提升，知识结构得到持续改善。为留住和吸引人才，公司在 4 月份通过内部招聘，公开选拔了 3 名中层管理人员；8 月份面向社会公开招聘了 4 名员工，壮大了员工队伍，优化了公司总体知识结构，提高了员工总体综合素质。2012 年末，公司共有员工 31 人（女 14 人，男 17 人），平均年龄 35 岁，取得中级以上资格 24 人，本科及以上学历 30 人，含硕士研究生（包括在读）8 人。

【信息化建设】随着公司的快速发展，原有信息系统已不能满足各项业务量迅速扩展的需求。公司于2012年对九恒星业务管理信息系统实施升级至N6版本，并搭建了财务结算中心资金管理系统平台。

【企业文化建设】公司充分发挥党组织、工会的作用开展各项活动，组织员工参加瑜伽、羽毛球、英语角等活动，有效缓解了员工的工作压力，提高了员工的工作积极性，增强了公司凝聚力，构建了和谐的企业文化。

天津港财务有限公司

【经营概况】2012年，天津港财务有限公司（以下简称“公司”）紧密围绕集团发展战略，加强风险防范，夯实管理基础，深化机制体制改革，积极推进金融创新工作，努力提升盈利能力和经济效益，全年主要经济指标完成较好，员工收入水平得到提高，达到了预期效果。2012年公司实现收入3.92亿元，比上年（2.70亿元）增长45.19%；利润总额达到2.51亿元，比上年（1.53亿元）增长64.05%；不良贷款率和不良资产率均为零。

【信贷业务】2012年，公司通过合理配置信贷产品，为成员单位办理贷款业务、应收账款保理业务、票据贴现、保函业务和委托贷款业务等，逐步调整信贷结构，强有力地支撑了集团公司重点产业、项目的发展和实施。全年累计实现信贷业务收入3.25亿元，较上年同期增加了47.06%，实现信贷收入大幅增长。

【产品销售信贷业务】2012年，公司通过调研了解，最终与成员单位以售后回租方式签订了2笔融资租赁合同，正式开始了融资租赁业务的运营。该业务的开展，不仅解决了成员单位的融资问题，缓解了企业到期还本压力，而且丰富了公司金融服务产品种类，提高了公司资产流动性，优化了公司资产结构。

【资金和投资业务】2012年，公司不断丰富资产配置方式和手段，通过开展银行承兑汇票转贴现买断、同业定期存款、理财产品投资、新股申购等一系列业务，增加了投资收益，提高了资金使用效益。全年累计实现投资收益0.87亿元。

【票据业务】2012年，公司进一步完善了电票管理制度，加强电子系统的建设，始终以方便成员单位为第一原则，加快业务处理速度，为成员单位提供优质的服务。在强化原有业务的同时，公司结合实际又推出了拆分业务，使成员单位的业务往来更为快捷、灵活，既提升了服务质量，又拓宽了业务领域。

截至2012年12月31日，公司共开出电子银行承兑汇票1 211张，金额累计10.35亿元。其中2012年共为16家成员单位出票680张，金额累计5.03亿元。

【资金集中】2012年，公司认真贯彻落实集团公司的资金管理办法，重点推进了以下三方面的工作：一是归集多元化成员单位存款，逐步提高公司存款的稳定性和总体规模；二是加强资金集中度精细化分析，强化日均存款概念，确定月度重点跟踪对象，查找原因进行改进；三是对各商业银行、软件商提供的资金管理系统进行学习、探讨和比较，形成利用多银行资金管理系统实现资金归集的可行性研究报告。

【业务创新】2012 年，公司一是创新开展了融资租赁业务，被集团评为创新工作二等奖，拓宽了成员单位的融资渠道，丰富了金融服务产品的种类；二是成功发行两期“金色港湾”理财产品，为集团企业发展提供融资支持，实现员工个人资产的保值增值；三是正式启动公司寿险业务的代理，创新开展了女职工重疾保障团体保险等一系列寿险服务，进一步拓展了保险业务范围。

【风险管理和内部控制】2012 年，公司重点从强化信息化建设、完善各项制度和提高培训质量三个方面进行了风险管理，进一步加大了公司规避风险的能力：启动数据灾备中心，成为了天津首家具备同城异地灾备中心的财务公司，推进了公司信息化风险管理工作；结合公司实际修订了 30 项相关制度，并按照新业务的要求制定了 10 项新制度，进一步健全了公司的内控体系；邀请法律顾问为公司员工开展法律基础知识培训，增加员工的法律常识，培养守法意识。

【人力资源管理】2012 年，公司注重加强员工队伍建设，同时引入绩效考核管理办法激励员工，不断提高工作效率。一是加强员工队伍建设，提前谋划，精心组织完成第四轮全员竞聘，选拔任用了两名科级干部，并根据公司实际工作需要，招录 7 名新员工，扩充了公司员工队伍；二是进一步完善了绩效考核管理办法，有效地调动了员工的积极性。

【信息化建设】2012 年，公司大力发展信息化建设，全年共研发 8 项专业系统程序，即 1104 报表转换程序、保险与结算系统接口、法律法规库 BS 版、保险系统赔付子系统、保险系统寿险子系统、客户评级管理系统中小微版、住房补贴管理系统交接转换、关联交易管理系统单日最高存款汇总统计，加大各项业务的信息化水平，做到每项业务都能无缝衔接，提高工作效率。

【企业文化建设】在文化建设方面，公司始终坚持集团公司提出的“发展港口，成就个人”核心思想，平时注重加强员工的思想教育，通过开展庆祝“七一”党员活动、公司成立六周年庆典等一系列活动，丰富了企业文化建设内涵，增强了员工的凝集力和向心力。通过运用多种形式，从多个方面完善企业文化建设，使之成为企业发展的源泉和动力。

松下电器（中国）财务有限公司

【经营概况】松下电器（中国）财务有限公司（以下简称“公司”）截至 2012 年末，

已与全部37家集团成员单位开展了业务合作。开展了无本外币差别的资金集中、外汇、内部结算等各项业务，以实现在华成员单位的资金成本控制和强化财务风险管理为目标，为在华集团成员单位节省融资以及资金运转等成本。

【信贷业务】2012年，公司信贷授信成员单位为3家，与其中一家开展了美元贷款业务，与另一家开展了票据贴现业务。每季度召开信贷管理委员会，针对贷款企业的资信、还款意愿、还款能力等进行分析，对信贷资产的五级分类结果进行投票表决。全年及年末余额皆控制在授信额度内，不良贷款率为零。与2011年末相比，因票据业务的逐步开展，信贷资产余额有较大幅度的增长；委存委贷余额降幅为10.73%。

公司利用人民币现金池进行资金集中调配处理，使整个集团的闲散资金得到有效利用，降低了资金的风险并减少了资金流动的成本；同时，得到了一定的利率优惠。在委托贷款手续费方面，本需向银行交纳的手续费转至集团内部消化，为减少集团成员单位的融资成本作出了贡献。

【资金和投资业务】公司2012年未开展投资业务，在资金运作方面，除交存法定存款准备金外，以存放同业存款为主。以Shibor价为基础，在各大商业银行间进行询价，力争取得对公司最优惠的市场利率。2012年，存放同业存款利息比2011年有一定程度的下降，主要是成员单位再投资及进行利润分配所致。

【票据业务】2012年，公司根据集团企业情况重新开展了票据业务。

【外汇业务】松下电器集团资金有一定盈余，公司流动性比例较高。但由于外汇资金在国内营运等方面的限制，国内公司的外汇资金无法自由调配到海外松下集团。公司通过协助成员单位实现海外交易款项的收付、集中代理远期结售汇，实现集团全球资金的融通运用，为集团企业财务管理效率的提高做出贡献。

【资金集中】公司2012年末的集团资金集中度约为62%（含委托资金）。根据银监局口径计算的资金集中度约为18.48%，比2011年末的26%略有降低，主要原因是各成员单位在年内的再投资以及分红。

【风险管理和内部控制】2012年，公司一是修订了12个管理规定，如《存款业务管理办法》、《信贷政策》、《票据业务管理办法》等，并新制定了2个内部管理规定，分别为《固定资产管理规定》、《案件防控及处置管理规定》。通过对内部管理规定的梳理，公司的内控能力得到了进一步的提高。二是季度性召开风险管理委员会，分析公司的市场风险、流动性风险、信用风险、操作风险、系统风险及合规风险等，并对各风险的风险级别进行了判别，制定了风险对应策略，对下一季度风险发生的趋势进行分析。三是对重要业务进行了风险流程图的绘制，描述重点风险的同时，详细制定了风险点的对应策略，提高了公司风险管理的水平，使高级管理层更好地掌握公司风险管理情况。

【人力资源管理】2012年，公司在员工培训方面加强了力度。公司员工分别参加财务协会、母公司——松下电器（中国）有限公司及各商业银行提供的培训约达每人2次。随着业务品种的增加及业务规模的扩大，公司新录用3名员工，以保证公司的人员配备能及时跟上业务的发展。年内原营业科改制成为营业部，内设营业一科及营业二科，新任命了首席风险运营官。同时，公司的董事长、总经理及监事也发生了变更。

【信息化建设】2012年，公司对财务系统进行了改善，提高了系统自动化效率，并根据实务操作的需要，对系统进行了进一步的搭建、推广、应用与维护升级等工作。在系统的正式运行前进行了试运行及压力测试，待证实有效性后正式启用。

【企业文化建设】2012 年，公司继续加大企业文化建设力度。与松下（中国）有限公司联合，关注上海市儿童教育及环境教育，支持浦东新区青少年活动中心开展活动。

中航工业集团财务有限责任公司

【经营概况】2012 年，中航工业集团财务有限责任公司（以下简称“公司”）以市场为导向，以客户为中心，开拓创新，攻坚克难，深耕业务，改进服务，取得了经营管理和业务发展的新成绩。公司严控费用支出，狠抓管理提升，降本增效成绩显著，管理科学化、精细化水平进一步提升。经营业绩逆势增长、再创新高，收入、利润等主要指标跨入行业前十，以优质高效的“贴身”金融服务为集团公司和成员单位的转型发展、跨越升级做出了新的贡献。

2012 年，公司实现营业收入 13.03 亿元，同比增长 6.93%；实现投资收益 1.36 亿元，同比增长 21.37%；实现利润总额 8.38 亿元，同比增长 20.20%；实现净利润 6.46 亿元，同比增长 21.47%。年末，公司资产总额（不含委托资产）371.98 亿元，同比增长 22.36%。

【资金集中】2012 年，公司一是通过加强业务沟通与创新，提高结算服务水平，走访答谢客户，鼓励资金集中先进单位等多种举措稳定公司存款。年末存款余额 338.75 亿元，同比增长 24%，集团可归集资金集中度 85%，全口径资金集中度由 24% 跃升到 31%。

二是积极争取上市公司资金集中政策支持，两次向深交所汇报情况，召开上市公司资金管理研讨会，取得重要进展。集团 20 家上市公司中，除哈飞股份和中航国际下属 5 家上市公司因重大资产重组等原因暂缓，均确定了在公司的存贷款额度及履行决定程序时间表，集团上市公司确定在公司的存款额度总量为 70 亿元，占上市公司资金总量的 55%。

三是全力开展全级次账户联网工作，前后历时 8 个月，涉及 15 家商业银行，24 家直属单位，1 474 家下属单位，5 062 个账户。截至 2012 年末，公司收到 4 765 个账户的授权资料，办理完成 3 260 户。全级次账户查询余额共计 800 亿元，占集团年底货币资金量的 85.14%。同时完成了集团金航网树型全景查询功能的开发。

【信贷业务】年末公司自营贷款余额 172.95 亿元，同比增长 10.99%，委托贷款余额 395.71 亿元，同比增长 14.66%。全年实现自营信贷业务利息收入 10.80 亿元，同比增长 47.95%，实现委贷手续费收入 0.16 亿元，同比增长 83.95%。

公司全力为集团重点项目和成员单位关键项目开发建设提供资金支持，全年累计办理自营信贷业务 5 143 笔，总计贷款金额 132.82 亿元。贷款用途涉及重点项目、并购重组、扩大生产、技术改造等集团发展的各个领域。通过改进业务流程，提高信贷业务的办理效率，实现了倒贷业务无缝衔接，提高了资金使用效率。同时，公司通过协调监管机构，获得了银团贷款代理行资格，联合多家开展银团贷款和银团保理业务，极大地满足了成员单位融资需求。

【投资业务】2012 年，公司共实现投资收益 1.36 亿元，同比增长 21.37%。公司密切关注市场动态，稳步扩展投资品种，逐步建立健全了短、中、长期自营投资业务体系及中间业务体系，资产配置稳健，实现投资业务收入多元化的同时，投资收益率进一步提升。初步搭建金融资讯服务平台和集团公司债券监测管理系统，与兄弟成员单位合作开发了理财产品方案，以财务顾问身份配合集团超级短期融资券和机电系统中期票据的发行工作，实现财务顾问费收入 0.04 亿元。

【票据业务】2012 年，公司加大力度拓展票据业务，累计办理各类票据业务 33.70 亿元。与多家大型商业银行洽谈保贴合作，通过银行对财务公司承兑汇票的保贴来提高票据的接受程度与流通性，初步建立了公司承兑票据的保贴网络。加大电票业务的推介力度，先后在西安和贵阳召开了两次业务宣传会议，收到良好效果；票据业务品种进一步丰富，拓展了市场空间，提升了金融服务能力。

【保险代理业务】2012 年，公司多维度开拓保险代理业务，着力加强对集团重点产业的支持，注重服务能力的提升。年内多次服务于重点型号科研、能源建设、产业园区建设等集团重点项目，在业务中解决了涉密项目、特殊工程投保，超紧急投保等各种投保困难。2012 年公司代理业务实现了三个新突破：首次完成飞机保险集中管理方案、首次办理产业园区保险、首次办理船舶建造保险。

【外汇业务】2012 年，公司获批即期外汇市场会员资格，具备了作为集团外币资金集中运营管理工作平台的全业务牌照。修订完善外汇集中运营方案，制定外汇业务流程制度，完成外汇业务系统验收工作并正式上线。同时积极开展相关宣传和培训以配合外汇业务深入开展。截至年末，公司累计办理结售汇业务 2.19 亿美元，为推广该项业务，公司将 90% 以上收益让利于成员单位。

【业务创新】2012 年 12 月，公司与洪都集团签署了全面战略服务协议，对洪都航空产业园发展现状和融资安排等进行了初步调研，确定了以财务公司为金融运作平台，整合、撬动内外部资源，为产业园提供一揽子金融解决方案的商业模式，为航空产业发展搭建了金融桥梁，提供了金融驱动。以此为契机，公司开始了新的探索，认真研究从点到面打造集团内部综合金融服务平台的新举措。

【风险管理】2012 年，公司大力推进全面风险管理体系研究成果的落地运行。利用全面风险管理指标预警体系，动态监控公司各项监管指标数据变动情况，大大提高公司风险预警能力，全年各项风险指标保持优良。成为集团全面风险管理信息化试点单位，全面风险管理体系建设迈上新台阶。

公司于 2012 年 3 月启动了客户信用评级工作，历时 9 个月，历经成立信用评级项目组、制订信用评级工作方案、探索信用评级方法、研究信用评级技术、确定信用评级指标、完善信用评级框架六阶段。年末系统正式启用，初步建立了科学有效、能充分反映客户信用水平、切合集团特色的信用评级体系。

【人力资源管理】2012 年 4 月公司聘请安永公司开展的人力资源咨询项目顺利完成。公司积极推动项目成果的落地运行，进一步完善了人力资源管理体系，如职位管理体系、薪酬管理体系和绩效管理体系，科学规范了员工职业生涯规划体系和员工胜任素质模型，提升了公司人力资源管理水平。

公司成立了票据业务部、人力资源部和信息发展部，明确了部门编制、职责，完善了公司组织架构。就总部6个部门副职岗位开展了内部干部竞聘，公平、公正、公开的选拔年轻干部。制定了员工绩效管理制度，提高了绩效考核的规范性和严谨性，并通过启动以战略为导向的KPI指标考核，结合360度评价，优化人才考评和绩效管理，初步建立了科学的绩效考核管理体系。为加强学习型团队建设，持续开展“学习日”活动，由公司领导、中层干部轮流授课。深入开展员工岗位交流工作，全年共有9人在集团和有关上级单位挂职锻炼，总部有4人分别赴西安、贵阳分公司进行交流。

【管理创新】公司大力推行6S管理，于2012年9月高分通过集团公司验收，成为集团第一家晋级6S铜牌的写字楼类成员单位。管理中不少创新性的做法，被集团收纳为6S管理的新标准，公司基础管理水平大幅跃升。

2012年，公司启动以战略为导向的KPI指标考核，深入推进综合平衡记分卡的应用；完成两个六西格玛管理项目，绿带人数达到7人。年末，公司数字档案馆初步建成，以此为载体，公司探索建立知识管理数据库，搭建了知识共享建平台，促进了内部知识共享和交流。

【企业文化建设】公司强力推进“党、工、团”联动机制，党政工团协同开展丰富多彩的文化活动。召开“五四”青年节座谈，举办“七一”主题座谈，提高员工思想认识，坚定员工“立足岗位、航空报国”的理想信念；紧扣“质量效益年”主线，开展“节能环保宣传周”活动，贯彻集团公司“安全生产月”要求，组织参加防灾培训；配合6S管理晋级铜牌，开展主题征文活动；开展合理化建议活动，员工踊跃参与，积极为公司发展建言献策，共提交各类建议183条；组织交谊舞培训、羽毛球比赛、拓展训练等文体活动，丰富员工文化生活。

在公司成立五周年之际，邀请众多专家学者、集团领导与客户代表在北京举办了“聚焦转型升级、论道产融协同”的高峰论坛，展示了公司成立五年来的发展成就，彰显了公司推动集团产业发展的巨大能量，拓展了公司发展的视野。

中冶集团财务有限公司

【经营概况】2012年，中冶集团财务有限公司（以下简称“公司”）始终坚持“集团意识”“服务意识”，紧紧围绕集团公司重点工作，结合战略目标，积极调整资金管理、运作和服务方式，“树正气、讲责任、比贡献”，在全面完成全年运营目标基础上，努力为集团提供更专业的金融服务和资金支持，各项工作取得了新的成效。

2012年，公司实现营业收入5.20亿元，完成集团下达预算指标4.40亿元的118%，实现利润3.30亿元，完成集团下达预算指标2.60亿元的130%。经营比率指标已处于同行业中上等水平，各项运营指标均符合监管要求。

【信贷业务】2012年，公司确立了“维持总量，调整结构，关注风险，有保有压”的信贷政策，一方面调整贷款结构和比例，重点支持集团主业及转型重大项目；另一方面通过产品创新，引导子公司信贷走向，为实现集团“降低带息负债、资产负债率、应收账款、存货”等指标要求而积极努力。2012年累计发放贷款63.78亿元，共支持集团及子公司重点项目55个。其中，建筑业贷款45.08亿元，占比73.5%；房地产业贷款9.85亿元，占比16.2%；环保项目企业贷款6.35亿元，占比10.3%。从贷款分布上看，基本与集团发展战略保持一致，较好地支持了集团主业和转型企业及重点项目。

【资金和投资业务】2012年，公司以提高备付资金使用效率为目标，根据货币市场资金松紧状况，不定期与合作银行议价开展短期协议存款业务，加强存放同业的资金运作。全年共办理同业定期存款56笔次（合计140亿元），增加收益近0.06亿元。此外，公司继续巩固与各商业银行、基金、券商等机构的合作往来，获得包括四大国有银行在内的11家同业机构授信近90亿元，在加大自身融资能力的同时也树立起银行间市场诚信形象，为开展拆借、票据转贴、外汇买卖等基础业务打下了坚实基础。

【票据业务】2012年，公司共办理票据贴现20笔387张，总金额10.19亿元；转贴现业务1笔，总金额2.86亿元；再贴现业务1笔，总金额1.2亿元。

一是盘活资金，在不降低资金存量情况下，推出转定存式贴现模式，一方面满足子公司资金需求，另一方面从集团角度盘活票据资金，实现票据集中。二是开展多种票据业务，积极推进集团票据池业务，缓解子公司资金链紧张局面，支持集团主业发展。公司积极代表股份公司与广发银行签署了票据池业务合作协议，顺利在天津地区开展了试点工作，取得了很好的效果，为探索以产品运作方式开展集团票据集中工作做出有益尝试。同时，大力推行电子商业承兑汇票业务，全年共开出电票近0.18亿元，已从中信银行、农业银行等四家商业银行取得22亿元保贴额度。全年共为成员单位节约财务费用近0.15亿元，对提高子公司对外支付能力起到了很好的作用。

【业务创新】2012年6月，经国家外汇局和上海外汇交易中心批准，公司正式成为银行间外汇市场交易会员，至此，公司已获得即期外汇业务整条业务流程的准入批复。在推进和扩大国内外汇集中的基础上，公司于2012年末成功办理了首笔面向集团内成员单位的即期结汇业务，使结算中心业务向全面发展迈出了一大步，也为在全集团范围内进行业务推广奠定了良好的基础。

【资金集中】在人民币集中管理方面，一是强化收入账户集中和账户系统化管理。截至2012年末，股份公司收款账户625个，其中518个结算银行内收款账户全部完成授权，107个结算合作行外的账户将限期关闭，系统内可监控银行账户新增232个，达到2 046个，占股份总账户数量3 893个的58.60%，占结算行账户数量2 736个的73.80%，较年初上升10.8个百分点。二是完善票据和外汇系统，开发代理支付模块，满足了票据集中管理、结售汇和代理支付业务需求。三是推进代理支付和内部结算业务，为提高资金运行效率创造了有利条件。截至2012年12月底，共完成人民币结算量4 688亿元，其中内部结算225.60亿元，占股份公司内部资金往来量的50%，代理对外支付646亿元，占股份公司现金流出量的20.30%，集团结算中心作用进一步突出。

在外汇集中管理方面，一是在启动二级公司中国银行外汇集中的基础上，积极推进交通银行、建设银行、工商银行的外汇业务，开展非外汇合作银行销户，实现了二级公司境内外汇全面集中；二是取得即期结售汇业务资格，启动了集团统一即期结售汇试点工作。

【风险管理和内部控制】2012年，公司结合金融机构的特性和管理经营的实际需要，组织各部门对现有制度进行了全面的分析和整理，全年共修改制度12项，新增制度16项，废止现行制度2项，提出审核意见120余条。制度的不断完善大大规范了公司业务操作流程，使公司制度更好地满足了监管要求，更贴近财务公司运营实际和现行业务发展状况。截至2012年末，公司对客户服务部、结算业务部、信息科技部、投资业务部和计划财务部的内部控制情况进行了稽核评价，并对整改情况实施后续审计，落实审计成果。为完善内控评价，组织对公司重点业务进行穿行测试，审计人员从业务立项、审批、核算、后续管理、回收管理以及合同管理等方面入手，对业务全流程的合规性进行了审查和抽查，出具检查报告三份，专项检查对规范重点业务操作、提升管理水平起到了一定的督促作用。

【人力资源管理】2012年，公司进一步建立健全了人力资源相关制度，如强制休假办法、离职管理办法等，在梳理劳动关系，规范劳动合同签署，人员录用、调动、辞职和基本考勤等手续方面进行改进。制订了有针对性的员工培训方案，通过外聘老师及专业公司、内请员工，分主题、分层次完成公司级培训讲座活动十余次，涵盖业务培训、规范和制度学习、保密教育、基本办公技能培训、英语培训等不同内容。同时提倡部门组织有针对性的专业培训以及通过员工自学等方式提高职业素养。

【信息化建设】2012年，公司不断研讨优化网络建设，从多方面改进和提升了系统综合能力：通过优化业务处理流程，提高业务处理效率；通过对银行接口的全面优化，提高系统的收付款效率，增强公司单位时间内的收付款效率；改进代理支付功能，为在集团范围内推广财务公司代理支付奠定基础。通过建设业务系统异地数据灾备，防范数据风险：2012年公司在上海建立了数据级灾备中心，生产中心实时将系统数据同步至灾备中心，提高公司信息系统的风险抵御能力，减少灾难打击和重大事故造成的损失，确保重要业务系统的数据安全和业务持续运作，避免引起重要服务功能和业务渠道的严重中断，保障业务的持续稳定运行。

【企业文化建设】2012年，公司成立满五周年，为总结公司五年来为集团所做的贡献，展示公司五年来的发展成果，扩大公司在集团和行业的影响力，鼓舞人心，倡导企业文化，公司以“精益运营结硕果、创新服务促发展”为主题开展了一系列活动：一是公司结合创先争优，举办了“五周年征文比赛”；二是以活跃员工业余文化生活，增进公司员工的交流与友谊为目标，举办了“羽你共享”羽毛球比赛并组织成立了员工羽毛球俱乐部；三是通过举行“制度与业务知识竞赛”，进一步激发了广大员工学习制度、掌握制度和遵守制度的自觉性，强化了遵守执行公司各项规章、制度、办法的力度；四是组织了员工摄影作品展，开拓员工视野，展示员工风采。

申能集团财务有限公司

【经营概况】 2012年，申能集团财务有限公司（以下简称“公司”）夯实运营基础，大力开展存款业务，存款结构进一步优化；围绕集团年内主要项目，提供以信贷业务为主的多种金融服务，并努力提升服务质量；加强金融市场研究，把握金融市场动态，提高投资收益；开展金融创新，提升公司竞争力；围绕风险控制，提升公司的管理水平；围绕“学习型”组织建设，建立适应公司发展的企业文化氛围。

2012年，公司累计实现净利润1.26亿元，总资产112.74亿元，净资产12.46亿元，吸收存款和发放贷款日均数分别达到95亿元和55亿元，各项监管指标良好，均符合银监会要求。

【信贷业务】 2012年，公司累计发放贷款61.98亿元，年末贷款余额为61.73亿元，较年初增长20%，其中流动资金贷款占比为42.37%，贴现占比为23.09%，公司贷款结构进一步优化。

公司牵头集团重点项目的信贷投放，积极提供专业金融增值服务。作为联合牵头行和代理行参与了管网公司崇明管道项目银团，作为银团顾问设计了一揽子融资计划方案，使燃气集团拿到了较优的融资成本和有利的融资条件；作为临港、嘉禾银团项目的牵头行和代理行，牵头协调成员企业与各银行间在提款、结息、船舶抵押等方面的事宜。紧密跟踪“崇明燃机”和“平山项目”，进行前期融资方案的设计，提供符合项目特点的银团融资条件和方案。公司较好地承担起成员企业重大项目融资需求的主要顾问和设计者的角色。

【资金和投资业务】 2012年，公司不断加强债券和货币市场等研究，始终坚持稳健原则，以风险控制为前提，积极运用现金管理工具，重点开展固定收益品种投资和现金类资产的配置。推行资金计划信息化，提高资金计划的准确度，并充分利用短期资金的期限错配，压缩低息资产占用资金，提高资金收益率。配合集团进行资金运作，降低了集团资金成本。通过及时运作集团两次发行短融期间的短期资金，取得8.56%和4.13%的收益率，高于市场平均收益率。

2012年，公司共取得投资收益约0.40亿元，浮盈0.31亿元。在金融市场巨大波动的背景下，整体取得了较好的投资收益。

【票据业务】 2012年，公司积极开展流动资金贷款和票据贴现，方便企业“随借随用”。公司为日常资金需求大的成员企业提供便捷的流动资金贷款等个性化融资方案，既降低了成本，又方便灵活，全年累计发放额度达25.19亿元；开展买方付息商业承兑汇票贴现业务，充分利用票据利率市场化的特点，有效降低了成员企业财务成本。

【外汇业务】2012年，公司把握政策变化，外汇业务顺利开展，全年为成员企业提供外汇结售汇业务，涉及美元、欧元2个币种，交易量共计5.17亿美元（含欧元496万元）。公司针对外汇市场改革，对成员企业进行多方面的辅导，帮助成员企业平稳过渡；在实现业务拓展的同时为有外汇头寸的企业提供有益的保值方案设计。面对汇率波动加大，公司加强了自身对市场的研究，努力扩大对手面，增加交易对手，提高公司在外汇交易市场中的议价能力。

【资金集中】2012年，公司总结算量达3 970.27亿元，比2011年增加45.10%；结算笔数85 283笔，日均结算量达到11亿元，由此带动沉淀资金进一步上升。公司存款稳步上升，日均存款达到94.96亿元，比上年同期增长19.76%。系统成员企业存款稳步上升，各类存款分布更趋合理，与贷款业务期限相匹配，存款结构进一步优化。

（1）不断优化结算模式，多银行合作平台建设完成。公司进一步优化结算系统，先后推出多银行资金池、电子回单、异地结算等特色功能，上线至今交易量已突破3 000亿元，成为集团系统内主要的支付结算平台。2012年，除工商银行、建设银行、上海银行三家直联合作银行外，完成与中国银行、农业银行、交通银行、浦发银行、光大银行5家银行的直联对接，基本覆盖了系统企业的合作银行，加快了系统资金特别是燃气款的归集速度，方便了系统内企业的现金管理业务。

（2）配合集团发展战略，推进异地结算工程。通过进行可行性研究、调研沟通、系统开发调试等前期工作，2012年公司完成了与合作银行的异地直联接口更新上线，具备了全面开展异地结算业务的功能，为申能集团系统企业走向全国提供贴身优质的全方位结算服务。

（3）延伸服务手段，提升服务质量和运营效率。为配合集团资金集中管理办法的实施，公司2012年扩大服务范围，为燃气系统市北和大众燃气提供上门收款和票据托收服务，财务公司上门押运服务共计55个营业站点，全年累计完成现金收款20 000笔，共计6亿余元。

（4）系统不断升级，“申财通”系统2.0成功上线。“申财通”系统交易量和交易笔数的稳步增长，促进了系统出纳人员的规范操作，降低了成员企业财务人员的操作风险。通过“申财通达人赛”的举行，推广新功能，了解新需求，实现产融结合、服务能源实体经济的系统开发目标。“申财通”系统获得申能集团2011—2012年科技创新三等奖，得到集团和成员单位的高度认可，该系统已成为财务公司行业内较为领先的综合结算服务系统。

【业务创新】2012年，中央银行金融改革以利率市场化作为重要突破口，基于行业特点以及利率的市场化趋势将会对公司的发展和盈利模式等产生重大影响，公司认真研究政策，积极思考应对利率市场化改革策略。此外，公司通过探索信贷资产证券化等方式，盘活现有信贷资产，进一步吸收非控股企业存款；探索建立公司信贷资产的定价模型；并成立中长期融资课题工作组，分设资产证券化及金融债两个课题组，旨在拓宽公司的中长期融资渠道，优化公司资产负债结构，提升服务集团的金融能力。

【风险管理和内部控制】2012年，公司通过聘请德勤、上海信息安全测评中心和上海立信锐思信息管理有限公司等第三方专业机构，多次对公司信息系统和内部控制进行专项评估，评估结果为“内部控制指数为86分，在立信锐思进行内控调研过的财务公司及其他金融行业企业中属于内控较为优秀的企业之一”。在评估过程中公司全体员工积极参与，提高了企业整体的内控管理意识，收到了良好效果。同时深化全员风险管理和合规经营理念，通过开展“合规在我心”知识竞赛，促进公司合规建设，营造“人人讲合规、处处显合规、全司重合规”的良好氛围；通过举办内部学习论坛，邀请信息安全专家，对全体员工进行专项培训。认真落实监管“案件防控工作”等具体要求，在公司内部形成了合法合规的良好经营环境。

【人力资源管理】 以“学习型组织”建设为抓手，实践“创新和学习能力”培养。公司努力搭建“全方位+全天候”的学习架构，坚持8+2学习模式，充分发挥8小时工作时间之外的2小时的积累和撬动作用。积极开展同业和外部金融机构的交流，中国财务公司协会、河北省国资委和十多家财务公司赴公司开展调研。公司内部杂志《申财有道》全年共自主发表专业研究类文章数十篇，激发了全体员工专业思考，是公司全员营销理念的延伸。

【信息化建设】 提高信息系统安全性，加强公司信息系统建设。2012年，公司通过了专业机构上海信息安全测评中心的信息系统安全等级测试，公司的信息系统安全等级达到二级水平；实施完成了内外网隔离，进一步强化信息系统安全基础设施；实施完成了机房自动气体灭火装置，确保公司系统运行的安全；根据公司业务连续性管理（BCP）工作安排，在第三季度开展了应急指挥及业务处理中心基础设施的建设工作。

【企业文化建设】 公司通过开展多种形式的企业文化建设工作，形成了以“凝聚力、亲和力、执行力、创造力”为核心的企业文化，即对内狠抓凝聚力，对外讲究亲和力，工作要有执行力，思想强调创造力。在这四个力的指引下，公司树立了“四力”企业文化基石，保持了坚实的团队凝聚力、持久的学习能力、谦和的服务姿态、高效的执行能力以及推陈出新的创新能力。

潞安集团财务有限公司

【经营概况】 2012年，潞安集团财务有限公司（以下简称“公司”）积极应对煤炭下行压力，创新工作思路，通过账户归集专项监察奠定资金集中管理基础，通过多样化金融产品服务保证成员单位差异化融资需求，通过增强主动服务意识提高综合金融服务能力，通过全面风险管理筑牢集团资金安全防线。充分发挥财务公司金融服务功能，积极为成员单位破解融资难题，全力助推集团建设具有国际竞争力能源品牌企业，取得了良好的经营业绩。

截至2012年末，公司资产总额206亿元，同比增加27亿元，增幅15.13%；负债总额193亿元，同比增加26亿元，增幅15.53%；所有者权益12.65亿元；资本充足率21.88%；流动性比率40.11%；全年实现营业收入4.92亿元，同比增加0.39亿元，增幅8.61%，实现利润总额 3.04 亿元；资本回报率 18.83%，资产回报率 2.20%。

【信贷业务】2012 年，公司制定了“科学统筹、有保有压、支持重点、兼顾一般”的信贷政策，明确了“优先支持整合煤矿建设”的信贷工作重点。在信贷服务方面，不断增强主动服务意识，开展资金需求调查统计和整合煤矿现场调研，积极扩大授信范围，优化授信业务流程，全力推进银团贷款、融资租赁、电票等新业务，支持集团重点项目建设。2012 年，公司共对 56 家成员单位完成授信，授信覆盖率达 90% 以上。全年累计为 49 家成员单位提供信贷支持 160.76 亿元。同时，除定期贷后检查外，还开展专项贷后现场检查，从宏观和微观两方面进行跟踪关注，保障了各项贷款本息回收率达到 100%，不良贷款率、不良资产率继续保持为零。

【资金和投资业务】2012 年，公司加强资产负债和流动性管理，制订资金配置方案，合理调剂资金余缺，将资金“用好、用活、用精”，努力提高资金管理水平和运营收益。首先，公司重新修订流动性管理办法，完善了流动性的预测、预报和预警机制，为资金的精细化管理奠定基础；其次，修订了用款审批流程，并推进了用款预报审批机制，为资金的灵活掌握提供条件；最后，发挥短期定期、同业拆借、质押式回购等业务的安全高、期限短、流动性强、品种期限能有效错配的优势，继续加强同业合作力度，全年共进行 500 余笔资金运作，累计运用资金 600 余亿元，获得收益 0.55 亿元。

为应对投资市场不利行情，公司坚持“固定收益类投资品种为主、浮动收益类投资品种为辅”的投资原则，制定并严格执行了以风险防控为主的组合投资策略，开拓低风险投资品种，新股申购和货币市场基金两项业务全年实现利润 0.10 亿元。

【票据业务】2012 年，公司充分发挥电票安全性高、无须保证金、手续简便的优势，通过优化业务流程、拓展客户应用范围和加强同业电票合作三方面，有力促进电票业务发展。除招商银行保贴模式外，公司在交通银行顺利实现签发电票的贴现，同业合作继续深入推进，进一步提高了公司电票的市场认可度和信用度，扩大了电票使用范围。全年签发电票 24 张，累计金额 4.20 亿元，同比增加 2.49 亿元。

【资金集中】2012 年，公司坚持“归集资金，账户先行”的原则，全力推进账户和资金归集工作。第一，严格执行《潞安集团资金集中管理办法及其补充规定》和《潞安集团资金归集度抵押考核办法》，与集团监察、审计、财务、企管等部门建立联动机制，对成员单位资金集中度进行监督检查和考核兑现，并进行联合专项检查；第二，制定了参照成员单位资金归集度对金融产品进行浮动定价的鼓励机制；第三，继续增加非直联网上银行资金归集范围，加强异地资金归集；第四，重点开展了对新加盟集团和部分非煤产业成员单位的开户和资金归集工作；第五，鼓励成员单位到财务公司开立验资账户以及出具资信证明，以减少资金外部沉淀时间。2012 年末，集团 218 家成员单位中共有 214 家在财务公司开立账户，全年日均归集资金 89.78 亿元，全口径月均资金归集度为 57.48%。

【业务创新】一是首次开展同业拆入业务，增强了头寸管理和主动筹资能力，2012 年公司积极与多家银行沟通，获得了 40 余亿元授信额度，并同建设银行和交通银行开展同业拆入业务，累计拆入资金 27.50 亿元。二是制定了《财务公司开展整合矿井技改项目银团贷款实施方案》及相关措施，确定了符合银行准入政策的 18 家整合矿井名单，与多家银行同时开展银团贷款业务，有效解决集团外源融资问题。三是融资租赁工作取得突破性进展，进一步理顺了综采设备融资租赁业务办理流程，解决了整合煤矿通过集团租赁站办理的综采设备款项支付问题，为整合矿井提供综采设备售后回租专项授信，发放融资租赁款0.39亿元，及时解决整合矿井项目建设资金需求。

【风险管理和内部控制】2012年，公司以制度建设为抓手，以业务环节风险防控为基点，以业务流程风险审查为主线，以风险管理技术为手段，以稽核检查为保障，不断健全完善全面风险管理体系，保障了各项业务的安全稳健运营。全年保持了零风险事件，各项监管指标均控制在合理水平。

在健全风险管理体系方面，第三次修订完善制度流程，形成了包括135个制度分项的《制度汇编》（2012年版），重点推进了信用风险和流动性风险管理制度建设；全面梳理风险点，充实了四项重点风险的识别与评估等内容，加入了压力测试、关键风险指标测试、风险坐标图等管理技术，编制下发了包括521个风险点的《全面风险管理手册》（2012年版）。

在风险防控方面，公司继续创新风险监测方式，加大稽核力度，不定期进行风险排查，积极发现排除新的风险趋势及苗头。除采取日常稽核、专项稽核等方式外，重点对结算、信贷、资金运作业务做了风险揭示与跟踪，对流动性指标监测报送做了改进，先后对东盛煤业、日照国贸进行了信用风险专项检查等。

在案件防控方面，公司组织全体员工签订了案防目标责任书、合规从业承诺书，定期召开案防分析会，并借助违规积分管理办法，有效防范和抵制了各类违规行为。在风险文化建设方面，以“制度强化学习年”活动为契机，采取以考促学方式，提高了员工对公司制度的掌握、运用能力以及合规从业意识。

【人力资源管理】公司按照集团“好人+能人”的人才理念和干部“德、新、和”的要求，探索现代企业人力资源管理模式，逐步摸索出了一套对员工工作过程、工作表现、创新成果、工作业绩进行全程监控、考核、评价和奖惩的“一机制、五载体”激励约束管理机制。2012年，公司组织员工参加各类专业培训达67人次，开展了“保持党的纯洁性”、“深入推进学习型党组织建设”、“《峭壁边缘》研讨会”等多项主题活动，促进人的发展目标与企业目标互惠共生、协调统一，引导员工在学习及工作中不断锤炼、提升自己，保证了公司各项业务的合规运行和经营目标的顺利实现。

【信息化建设】2012年，公司把系统安全放在工作首位，坚持日常维护和专项建设并举。修订完善了多项信息系统相关制度，不断加强系统软硬件升级和软件正版化管理，重新部署了公司UPS系统，完善了测试环境及流程，评估了资金结算系统的安全性、稳定性和操作性，建立了系统故障分类与应急管理机制，开展了信息系统建设改造升级调研，全力保障了公司业务网络的安全运行。

【企业文化建设】2012年，恰逢潞安文化建设十周年，公司在对潞安文化积极宣贯的同时，加快自身文化建设步伐。在“谨慎稳健、开拓创新、以人为本、服务集团”经营理念的基础上，提出了“合规、风险、服务、创新、真诚”的合规文化基本理念；制定了《潞安集团财务公司企业文化建设方案》，成立了文化建设领导组和办公室，完善了组织机构和职责分工，为合规文化建设奠定了组织基础。合规文化建设与“一机制、五载体”激励约束机制相得益彰，共同推进了“合规型、学习型、创新型、服务型”金融团队建设步伐，有效发挥了企业文化在企业管理和科学发展中的软实力作用。

淮南矿业集团财务有限公司

【经营概况】2012年，淮南矿业集团财务有限公司（以下简称“公司”）积极应对煤炭市场变化带来的不利影响，贯彻以效益为中心的管理思想，大力拓展融资渠道，降低融资成本，强化经营管理，加强资金运作，使集团公司融资成本保持在较低水平，并实现了公司经营效益的大幅提升。截至年末，公司资产总额95.16亿元，同比增长5.99%；实现利润总额3.18亿元，同比增长45.17%；累计为集团公司融资291.43亿元，节约融资费用3.86亿元。

【信贷业务】公司根据客户资质、风险程度合理确定投放额度，并保持合理信贷规模，支持集团公司持续健康发展。2012年1—10月，受集团公司参股电厂经营效益持续回暖大量归还贷款的影响，公司信贷规模逐月下降，10月底进入低谷；进入11月，由于部分成员单位临时性资金周转需求量加大，一定程度上扭转了信贷投放颓势。截至12月末，公司自营贷款余额48.76亿元，较年初增加5.85亿元，增幅13.64%。

【资金和投资业务】公司合理调整资产结构，强化价格管理，加强资金营运，投资及资金营运创造的经营效益显著，已成为公司利润的一项重要来源。全年共实现投资及资金营运收益0.82亿元，较上年增长11.5%。一是加强资金价格管理。根据市场情况，强化同业存款利率的管理，同业存款利率较上年提高了0.09个百分点。根据资金情况努力增加贷款投放，全年新增贷款5.33亿元，贷款平均收益率达到6.50%，比上年提高0.71个百分点。二是加强资金运作。根据资金头寸情况，积极运作短期闲置资金，开展国债、理财产品投资、同业定期存款、再贴现等业务，全年共营运资金204亿元，取得收益近0.33亿元，平均收益率达4.23%。

【资金集中】公司联合集团有关部门，对成员单位开展资金集中管理的检查，促进成员单位撤销了外行部分呆滞账户；重申外行开户审批程序，提高了成员单位进行资金集中管理的意识。密切跟踪集团公司和成员单位外行收入款、融资款，并督促相关单位及时将款调回财务公司。启动了实施推广联动账户结算模式、通过财务软件久其系统对成员单位资金情况进行监测、实施资金集中管理季度通报等工作。通过这些措施，一定程度上阻止了公司资金集中度不断下滑的趋势。

【业务创新】利用人民银行推广商业票据再贴现的契机，公司成功开展了第一单0.50亿元票据再贴现业务，盘活资产、融通资金，进一步提高流动性管理的延展性。同时制定了《淮南矿业集团财务公司转（再）贴现管理办法》，完善业务操作流程，为开展再贴现业务打下了坚实的基础。

【代理融资】2012年，公司主要采取了三项措施为集团融资：一是扩大直接融资规模。利用交易商协会短期融资券、中期票据扩容的政策，加大短融、中票发行力度，发行短融83亿元、中票9亿元，引入保险资金20亿元，发行私募资金30亿元，全年直接融资155亿元。二是努力降低贷款利率。通过加强与银行的衔接，逐步将贷款利率从上浮恢复到基准，并最终实现了贷款利率较基准利率下浮10%。三是用发行债券及低息贷款及时置换集团高息银行贷款56亿元。通过以上措施使集团母公司的贷款利率基本保持在6%以下，全年共为集团公司融资291.43亿元，综合融资利率较银行基准利率低12.41%，节约融资成本3.86亿元。

【风险管理和内部控制】公司在确保完成主要经营目标的同时，始终重视风险内控建设和基础管理水平的提高。

一是完善制度建设，完善了反洗钱制度，制定了全面预算管理办法及细则、转（再）贴现管理办法、党支部基础工作制度等多项制度，增加了重大信息和事项报告制度等，对会计科目进行了重新清理布排，完善了信息系统，增加了投资等相关模块。

二是进一步规范了相关业务流程和工作流程，强调在各项工作中遵守流程的重要性，结合廉洁风险防范机制的建设，制定了代理融资、资金投资、自营贷款、代理保险、物品采购等主要业务流程，同时也规范了报告制度、会议制度和发文流程等。

三是注重发挥风险审查和稽核检查的作用，大力支持风险、稽核等内控部门工作。两个部门对各项业务进行了连续不断的监督检查，对检查中提出的问题积极进行整改落实，较好地保证了各项制度的执行。

【人力资源管理】公司采用了自主培训的方式，以教促学，培养业务骨干，提升员工综合素质；成立课题组，制定课题研究计划，对金融经济热点进行研究，员工的理论研究成果多次在金融系统、财协的论文评比中获奖。

【信息化建设】优化完善信息系统，完成投资业务模块测试，完善存款业务模块，支撑公司重要业务开展；提升财务系统功能和效率，对会计科目进行优化调整，实现了九恒星系统与财务软件久其系统的对接；实施联动账户结算模式，系统准备工作基本就绪。

【企业文化建设】有计划、有目标地开展了党的纯洁性教育、党章学习、十八大精神解读等活动，强化党员干部的理想信念和宗旨意识；开展“议德察德”活动，进一步加强党员干部“德”的教育；努力为职工做好事、办实事，认真安排落实了员工带薪休假、健康体检、大病救助、育才关怀等工作；开展了庆祝公司成立五周年摄影征文活动、徒步走拓展训练以及各类比赛、竞赛等文体活动，丰富职工文体生活，创造良好的人文环境。

日立（中国）财务有限公司

【经营概况】2012年，日立（中国）财务有限公司（以下简称“公司”）以为成员单位提供金融解决方案、服务集团为宗旨，整合集团内各类资源，凭借专业的金融知识与尽责的服务理念，为集团企业客户提供融资、咨询、资金运营等多样的金融服务，调节成员单位间的资金供求关系，提高集团整体的资金使用效率，加强在华企业的资金集中管理力度与凝聚力。同时坚持“依法经营、优质服务、提高效益、和谐发展”的经营方针，大力发展公司业务规模，取得了稳中有升的盈利业绩。本着“稳健经营、服务高效、客户满意”的经营原则，不断构筑完善合规、涵盖风险管理在内的经营管理体制，以安全合规为本，以客户利益为上，兼顾自身效益，较好地发挥了公司在集团中的资金管理、提升资金利用效率的作用。

截至2012年末，公司资产总额为175 596.29万元人民币，同比增长58.21%，负债总额为141 873.29万元人民币，同比增长78.83%，所有者权益为33 723.00万元人民币，同比增长6.53%；公司全年实现营业收入3 780.49万元人民币，同比增长4.56%，最终净利润2 068.01万元人民币，同比增长16.92%。资本充足率为70.29%，无不良资产。本年度资产质量优良，各项监控和监测指标均符合中国银监会规定。

【信贷业务】2012年，公司在合法合规、风险可控的基础上，向成员单位发放人民币一般贷款，同时为成员单位之间办理委托贷款业务，信贷业务规模有了一定的发展。公司贷款均为短期、正常类贷款，截至2012年末，一般贷款余额47 400万元，比上年末减少了24.64%，主要因为成员单位中的日立租赁（中国）有限公司年末资金回笼，根据其资金安排，将富余资金进行了贷款还款。委托贷款余额6 000万元人民币。全年共实现贷款利息收入3 626.12万元人民币，同比增长20.40%；委托贷款手续费收入270.93万元人民币，比上年略有小幅提升。

【资金集中】2012年，公司吸收自成员单位的存款稳步上升，为业务的深度开发奠定了基础。一是围绕“加强与成员单位联系，扩大业务量”的工作计划，加强了与各成员单位的联系与沟通。以业务课为中心，主动出击、上门营销，前往北京、无锡、重庆、杭州、苏州、大连、常熟、烟台、芜湖、南京、广州、福州等地拜访了多家成员单位，了解成员单位的业务服务需求、生产经营状况，解决其系统上的问题，将其纳入公司的系统网络，积极吸收存款。二是集团在日本的总公司日立制作所制定了全集团适用的《财务管理规程》，要求各成员单位将富余资金存入财务公司，对没有切实对应该要求的企业，集团高层通过各种手段督促其将资金存入公司。截至2012年末，公司吸收成员单位存款余额为 110 781.12 万元人民币，同比增长 40.82%。

【业务创新】为加大对成员单位的支持力度，更好地服务集团企业，2012 年，公司正式加入银行间同业拆借市场，开展了拆借业务，全年共计拆入 3 笔，累计拆入金额为30 600万元。拆借业务作为公司流动性管理的重要手段，得到了合理的应用。

【风险管理和内部控制】2012 年，公司坚持风控为先、合规先行的原则，从完善制度着手，进一步强化和完善全面风险管理体制，不断健全相关管理制度，细化业务管理办法和操作流程。结合公司实际情况修改了《信息系统管理办法》、《贷款风险分类管理办法》、《同业拆借业务管理办法》、《人民币贷款业务管理办法》等业务管理办法，并将其最新修订版报送监管部门。管理办法的修改，使实际工作中各个岗位职权明确，相互独立、相互制约，更加符合相关规章制度与实际工作需要的要求，在风险可控的前提下，保证了业务的顺畅进行。同时，公司加强内审在内部控制中的作用，通过每月的专项内审、各业务排查，根据不同的业务内容，定期进行内部审计；引入了美国 SOX 法案的相关要求，全面对公司业务进行审计。审计后通过各相关部门联席会议的形式落实改善措施的实施，并由内审人员对相关责任人的整改结果跟进追踪。此外，公司就全年的业务情况接受安永会计师事务所的外部审计，对发现的问题及时纠正、解决。2012 年公司各项监管指标均符合监管当局的非现场监管要求。

【人力资源管理】注重员工业务素质的培养，围绕公司经营宗旨，依托公司核心文化，强化员工的服务意识、风险意识和质量意识。2012 年，公司主抓了培训工作和考核激励工作。在培训工作上，组织了数次内部培训，通过对外部法规规章以及公司内部管理办法的讲解，增强了员工的合规意识及业务操作水平。同时，公司积极分派员工参加集团总部以及财务公司协会等组织的外部培训，有效拓展了培训的知识面，丰富了培训内容，提高了员工的综合素质。在考核与激励工作上，实行 MBO 目标管理考核制度，从公司经营目标到个人目标，层层递进、层层相扣，将个人工作目标计划与公司目标计划有效地结合在一起，目标的设定客观、科学、真实，在具体实施考核时，本着公开、公平、公正的原则，合理地对员工进行绩效评价。在最终评价以及决定激励措施时，充分考虑考核结果，通过定岗定责，将员工升职加薪及年度奖金与绩效考核结果挂钩，进一步提升员工的工作积极性，进而提升工作效率。

【信息化建设】2012 年，根据业务发展需要，公司新增了一台服务器，提高了公司信息数据备份的安全性，完善了公司信息系统的整体结构。此外，公司及时应对人民银行、银监局等监管部门对公司非现场监管数据报送系统的升级要求，保证了非现场监管数据能够及时准确地传送到监管部门。公司还认真做好对成员单位的服务工作，及时处理成员单位资金管理系统发生的各类问题，保证了成员单位能够正常及时地使用资金管理系统进行业务操作。

【企业文化建设】公司坚持以人为本，提倡“服务、合规、学习、效率、和谐”的企业文化，并在公司中自上而下地贯彻、培养，使企业文化得到了全体员工的认同。要求员工在工作中将合法合规作为大前提，所有业务都要在风险可控的前提下开展。面对成员单位时强调服务意识与效率目标，竭尽所能向其提供高质贴心的服务。在内部员工培养方面，重视员工与企业的共同成长，给员工提供各种进修提升的机会，提倡员工自我学习、自我提升，在公司中形成了浓厚的学习氛围。同时，注重公司内部的和谐管理，充分发挥工会等组织的作用，听取员工的心声，解决员工实际困难，改善员工福利，并通过公司旅游以及新年联欢、文体活动等形式，提升员工对于公司的归属感，增强企业凝聚力，力争将公司建设成为和谐企业。

【高管变更】根据公司2012年度董事会第一次会议的决议，2012年3月30日经沪银监复［2012］201号文批复同意，公司的法人代表（总经理）由吉冈准人变更为水流孝一，并于年内完成了营业执照变更等相关证照的变更工作。

保利财务有限公司

【经营概况】2012年，保利财务有限公司（以下简称“公司”）按照“三年打基础，五年上台阶”的规划思路，以“抓管理，求创新，促归集”为工作重点，存款首破百亿元，贷款及结算规模大幅提升，超额完成各项经营指标。

截至2012年末，公司总资产88亿元，净资产10.59亿元，资本充足率43%。全年实现营业收入3.30亿元，利润总额1.91亿元，净利润1.45亿元，分别完成预算目标的127%、128%和129%。

【信贷业务】2012年，公司大力支持集团主业发展，在政策允许、严控风险的前提下，适度增加贷款规模，成功开展担保、票据贴现及融资租赁业务。截至2012年末，公司自营贷款余额15.47亿元，其中票据贴现0.21亿元，融资租赁近0.18亿元，为成员企业提供担保1.50亿元，全年信贷投放在集团各板块间合理分布，覆盖集团房地产、能源、贸易等多个主业。同时，积极响应国家政策号召，支持保障房建设，为成员企业提供经适房贷款1亿元，协助集团办理委托贷款41.83亿元，进一步发挥了公司金融服务职能。根据业务发展需求，细化各项规章制度，修订《保利财务有限公司委托贷款管理办法》及相关操作流程，制定《保利财务有限公司客户信用等级评定办法》，并以借款人的信用评级作为贷款定价的主要依据，提高了贷款定价的科学性和规范性。

【资金业务】面对2012年市场利率大幅走低的形式，公司积极管理资金头寸，密切关注中央银行货币政策和同业拆借市场利率的变化趋势，优选交易对手，积极推动合作银行提高存放同业利率，确保存放同业资金取得较高收益。同时加强与同业的沟通合作，积极争取同业授信，截至2012年末，公司共取得12家金融机构54亿元额度的同业授信，有效抵御了市场风险，提升了流动性管理的灵活性。

【投资业务】2012年，公司始终遵循“严控风险、适度收益、与集团主业相契合”的原则，稳健开展投资业务。一方面，积极挖掘内部需求，重点开展联合贷款、艺术品信托等业务，以多种形式支持主业发展；另一方面，控制外部市场产品的规模与种类，主要投入货币基金、债券基金等风险较低的产品。在操作时严格遵循有关规定，控制投资总规模，取得了较好的投资回报，有效提升了资金收益水平。

【票据及融资租赁业务】2012年，公司根据集团发展规划及成员企业实际需求，以“多品种、多方式”向成员企业提供业务支持，并根据集团各主业特点，广泛听取成员企业意见，有针对性地对成员企业办理票据贴现及售后回租业务；积极探索电子票据、商票保贴、直接租赁和循环流动资金贷款业务，完善相关制度和业务操作流程，丰富了公司业务品种，为业务开展和创新奠定基础。

【资金集中】2012年，公司加强与集团沟通，资金结算部将每周掌握的集团整体资金变动情况和实际业务中的资金流向，及时反馈给相关事业部，并会同事业部推动资金集中管理工作的有序开展。同时对开户直联流程进行了全面的梳理，稳健推进各级成员企业开户直联和资金归集工作。新增交通银行为直联银行，直联行达到5家，为成员企业在公司开展资金归集提供了更多的选择，为公司资金归集工作的深入开展提供了更加有效的保障。

【业务创新】2012年，公司进行组织机构调整，将功能导向型调整为客户导向型架构，将原有的信贷、资金集中功能合并到相应事业部，由其提供一站式服务，推动服务质量进一步提升；开发、启用电子签章系统，彻底解决纸质单据的时间滞后和安全隐患等问题，为成员企业提供更为便利和高效的结算服务；开发并推出循环委托贷款系统，帮助成员企业规范内部资金往来；开展联合贷款，引入信托等融资渠道，满足成员企业大额融资需求。

【风险管理和内部控制】一是完善内控体系。公司在普华永道的协助下，完善内控环节，制作关键风险控制流程图，编写《内部控制管理手册》及《内部控制评价手册》，针对查找出的内控薄弱环节，研究制订整改方案，落实相关责任部门，确保整改到位。二是优化制度体系。定期梳理规章制度，全年新增、修订规章制度7项，制度及流程达到13大类100项。三是加强风险管理。开展了风险自评、案件防控、统计数据质量等多次风险排查工作，按照“边查边改”原则，发现问题及时改进，不断推进管理的精细化，防范经营风险。

【人力资源管理】2012年，公司根据业务发展需要，扩充了员工队伍，新增员工5名，员工人数达到21人，人力资源配置更加优化，年龄结构更加合理，人员素质进一步提升。同时为提高员工的综合素质，公司制定了详细的全年培训计划，涵盖针对中高级管理人员的境外培训、针对新员工的入职培训以及针对业务人员的岗位培训；培训方式多种多样，除传统的讲授法、案例法、自学法外，还引入了网络培训法、互动小组法等。

【信息化建设】公司根据五年信息化规划中2012年的工作安排，在尽量继续利用现有设备的基础上，对核心硬件设备进行升级、改造。核心设备性能得到提升，并全部实现双机模式，进一步提高了系统的安全性和稳定性。

【企业文化建设】2012年，公司秉承“务实、创新、卓越、规范”的企业精神和优良传统，在为集团公司和成员企业开展金融服务的过程中，以热情、周到、细致、严谨的工作作风，得到了成员企业的肯定。工会为丰富员工的文娱生活，提高员工的文化艺术修养，制定了员工文化活动计划，为员工发放了电影票兑换券、购书券，定期组织有益员工身心健康的文体活动，并与成员企业组织对抗性体育比赛，增强了员工的团结协作精神和凝聚力。

2012年，公司根据发展需要扩大办公面积，完成新增及原有办公室各项装修、改造工作，并投入使用，办公室功能设置更趋合理，办公条件和服务环境明显改善。

深圳能源财务有限公司

【经营概况】2012 年，深圳能源财务有限公司（以下简称“公司”）积极应对市场变化，坚持“依托集团，服务集团”的经营宗旨，采取科学、积极、审慎、稳健的经营策略，不断提高资金归集水平，扩大同业融资范围，充分利用集团闲置信用资源，努力降低融资成本，提高资金保障能力，确保集团公司重点项目的用款需求以及个别困难企业的资金链衔接。同时，公司不断强化风险管理机制，通过完善内控制度和项目实地调查的方式，有效地规避了公司经营风险。截至 2012 年 12 月 31 日，公司总资产 65.78 亿元，净资产 13.01 亿元，全年实现营业收入 2.92 亿元，实现净利润 1.10 亿元。

【同业业务】2012 年，公司共获取综合授信额度合计 83 亿元，其中新增额度 5 亿元。全年办理同业拆借业务累计金额 21 亿元；票据转贴现交易累计 20.99 亿元。

【信贷业务】2012 年，在人民银行加强信贷规模控制，商业银行纷纷提高贷款条件的形势下，公司充分发挥内部银行优势，灵活调剂内部信用资源，全年共为集团重点项目融资近 18 亿元，资金主要投向风力发电，垃圾处理发电等环保能源产业。

【结算业务】截至 2012 年 12 月 31 日，公司结算业务量已达到 1 499.66 亿元，同比增长 14.83%；结算笔数 24 330 笔，月均 2 000 多笔，同比增长 1.10 %。

【人力资源管理】2012 年，公司根据能源集团组织、绩效与薪酬的三项管理制度改革的总体要求，参考翰威特人力资源咨询公司建议，本着平稳过渡套改的原则，结合公司现状及未来业务发展需要，完成了公司中层以下人员岗位调整工作。作为集团非电力行业代表，公司以试点企业身份参与深圳能源集团 ERP 项目二期人力资源模块，协助集团搭建绩效、招聘、培训三个模块，并完成了大量的流程梳理、蓝图设计、系统测试、用户培训工作。

【风险管理和内部控制】2012 年，公司以强化风险管理为主线，完善各项内控制度，编制业务操作手册。4 月，公司完成并发布了《票据池业务系统（BMS）操作手册》、《电子商业汇票业务操作手册》和《电子商业汇票业务操作规程》。多次组织相关部门到成员企业进行实地信贷调查，形成专题信贷调查报告，对项目风险和控制措施提出明确的意见和建议，有效控制了公司的金融风险。

【信息化建设】2012 年，公司完成了“深圳银监局电子政务系统”的同步安装工作，保障了公司与银监局、各银行业金融机构之间文件传输的安全、高效。对电子商业汇票系统进行了报表体系开发及运行环境完善，并于 11 月完成系统运行环境双机热备及存储工作，报表体系的发布及系统运行环境的完善为公司开展电子商业汇票业务提供了强有力的技术支撑。

【廉政建设】2012 年，公司领导班子认真落实《国有企业领导人员廉洁从业若干规定》、《深圳能源集团建设廉洁企业实施方案》等规章制度，将廉洁风险防控融入到公司具体业务流程，自觉接受广大党员干部和职工群众的监督，廉洁奉公，坚持述职述廉，着力抓好公司党风廉政建设，确保了公司没有发生任何违法和严重违纪问题。在“十八大”期间，严格按照集团“百日防护”要求成立专门领导值班小组，确保全年没有发生影响稳定的事件及任何员工上访事件。

【企业文化建设】2012 年，公司坚持“健康生活，快乐工作”的理念，充分发挥党支部、工会、青联的组织作用，紧紧围绕公司的经营大局，开展了一系列主题鲜明的团队建设活动，营造团结、奋进、和谐、向上的活力文化，增强了员工归属感和凝聚力。

中化集团财务有限责任公司

【经营概况】2012 年，中化集团财务有限责任公司（以下简称“公司”）面对复杂严峻的经营环境，提前研究和判断市场变化，及时调整部署、细化方案，采取多种有效措施，千方百计加大市场开拓力度，全力以赴做好支持和保障工作，取得了明显成效。全年完成主营业务收入 7.50 亿元，税前利润 4.70 亿元。

【信贷业务】紧密围绕中国中化集团公司（以下简称“中化集团”）产业链拓展融资业务，组织走访调研客户 60 余次，把准客户资金需求的脉搏，站在服务全局的高度，审慎统筹规划，稳步调整结构。通过多种方式，把相对有限的资金资源高效率地聚集到能源、化工、农业等中化集团核心主业上来，特别是集中力量对重点建设项目进行融资支持，使公司在中化集团产业发展和战略转型中的支持和推动作用更加突出。2012 年，自营贷款新增客户 7 家，日均余额达到 47.80 亿元，利息收入达到 3 亿元。

【资金和投资业务】2012 年，A 股市场大幅震荡，沪指首度跌破 2 000 点，投资风险日益凸显。公司审慎研判市场形势，将“控风险、稳增长”作为年度投资策略重点，进军基金自营投资和债券专户等领域，引入量化对冲等风险抵御能力较强的产品，进一步扩展和优化投资结构，努力实现投资组合的系统性风险免疫。同时从多个渠道积极争取银行同业的支持，广泛引入同业市场的源头活水。同业拆借额度由 10 亿元调增为 30 亿元；同业授信总规模达到 186.52 亿元，同比增长 75.96%。

【票据业务】在严格遵循风险管理规定的前提下，稳步开拓票据业务，为成员单位生产、贸易提供便捷的资金融通服务。2012 年，公司票据开立及贴现累计发生额 3.50 亿元，电子票据业务逐步获得了客户与市场认可。

【外汇业务】2012 年，公司敏锐把握了跨国公司外汇资金集中运营管理改革的契机，作为首批获得试点资格的三家企业之一，于第一时间成功办理了全国首发业务，在中化集团境内、境外两个外币资金池间建立了双向资金通道，大幅提升了全球范围内外币资源调剂和运作的空间；深度挖掘客户代开证服务需求，完善了代开证服务模式，推动了代开证业务覆盖范围的扩展。新增代开证业务服务客户 8 家，推广度达到 38%。

【资金集中】2012 年，通过财企直联方式，在公司核心业务系统和成员单位财务管理系统之间搭建了联通的桥梁，并为成员单位设计个性化资金集中管理服务方案，帮助其有效管控所属企业资金收付，提高资金管理效率。稳步推广人民币统付、统收业务，取得了显著的效果，全年纳入统付业务的成员单位新增 44 家，纳入统收业务的成员单位新增 16 家，同时还增加了统收业务所覆盖的收款类型，促进了大型成员单位人民币结算集中管理的深入开展。

【保险业务】2012 年，重点围绕中化集团核心主业和大型建设项目，提供高度专业化的保险服务。中化集团投资建设的中化泉州石化 1 200 万吨/ 年炼油项目是被国家炼油规划列为“十二五”期间建成投产的重点项目之一，保险业务团队围绕该项目进行多次磋商谈判，充分发挥市场影响力，成功将保费成本控制在国内市场较低水平，同时通过妥善安排重点环节的保险方案、邀请专家提供风险查勘和风险管理培训等方式，在中化集团石化下游产业发展中发挥了关键作用。

【财务顾问业务】2012 年，在资本市场持续低迷，成员单位融资难、融资贵问题未得到根本缓解的形势下，公司深度介入中期票据等直接融资工具的核心发行环节，在融资规模的提升、融资渠道的扩展和融资成本的降低等方面发挥专业作用，提升了咨询服务的价值含量。同时，在投资并购、资金增值等领域进一步发挥了防控项目风险、增强投资回报等作用，综合金融服务的协同效应日益凸显。

【金融股权管理业务】2012 年，以理顺股权关系、促进参股企业规范管理为重点，为推动参股企业改制上市等重要议题打下良好基础。通过多轮谈判协调，顺利将参股企业中宏保险人寿保险有限公司的部分股权由中国对外贸易信托有限公司转移至中化财务公司，实现了出资人、管理人与名义持股人的一致，有效理顺了股权结构、提高了管理效率；同时着力推动参股企业强化规范管理意识，促进参股企业的健康、持续发展，使其为股东提供稳定收益。2012 年，公司管理的总资产达到 19. 80 亿元。

【风险管理和内部控制】将 2012 年确定为规章制度的全面评估年，从合规要求、内控规定、可执行性方面逐项检查、评估、完善，使制度流程建设的有效性、严密性获得了较大提高。完善风险监测机制，推动风险跟踪控制工作深入到金融业务的一线操作环节，并细化明确监测指标，使风险辨识和管控力度进一步提升。

【信息化建设】将“优质、专业、满意”的服务文化理念与信息化建设相结合，2012 年开发完成财企接口平台、头寸行自动匹配、同业拆借、网上金融等功能，优化客户服务体验，提高内控管理效能。同时实现了核心业务系统的双机热备，大幅增强了信息系统在异常情况下的应急能力和续航能力。

【人力资源管理】2012 年，围绕专业化人才队伍建设，在人才引进和岗位设置两个方面进行了重点优化。人才引进方面，加强青年人才储备，优化人员结构，进一步丰富了招聘生源的多样性；岗位设置方面，以启动业务流程管理项目为契机，通过全面梳理，明确了各岗位的工作内容、任职资格及能力要求，对岗位设置进行优化，为完善岗位及专业序列管理、客户经理选拔培养、人员轮岗等工作奠定了基础。

【党群工作】2012 年，公司党总支紧紧围绕“基层组织建设年”主线，有的放矢地进行支部分类定级，制定晋位升级方案，引导和发动各支部从工作的各个方面找不足、想办法。各支部在党总支的指导和督促下，扎实严谨、生动活泼地开展了“重品德、树正气、讲奉献”等教育活动，认真学习落实十八大精神，在实践中积累了经验，锻炼了队伍，凝聚了党员的信心和力量。

工会重点抓好技能人才培养、民主管理和团队建设，组织开展“练技能、优服务、促发展”劳动竞赛，为技能人才创造了切磋、学习和提升的机会；完善了职工代表大会制度，增强了员工参与企业管理的使命意识；着力打造“成长”系列活动品牌，组织员工成立兴趣小组、开展兴趣活动，既鼓励广大员工开拓视野、强健体魄、锻炼成长，更在潜移默化中塑造了团结协作、攻坚克难的集体意识。

海信集团财务有限公司

【经营概况】2012 年，海信集团财务有限公司（以下简称“公司”）以“立足集团、服务产业”为宗旨，加强集团资金集中管理，提高资金使用效率。公司全面贯彻集团发展战略，积极应对宏观调控和金融形势变化，坚持审慎合规经营原则，努力夯实基础管理工作，加强内控制度建设，提高金融服务水平，稳步提升经营业绩。截至 2012 年末，公司实现利润总额 1.45 亿元，同比增加 63.32%；净资产利润率 15.56%，较上年同期提高 4.67 个百分点；资本充足率 44.20%，流动性比率 105.43%，各项指标均优于监管要求。

【资金业务】公司充分发挥同业业务议价优势，深入分析研究资金市场利率走势，建立同业利率询价机制，结合自身资金状况，灵活进行短期资金的配置，有效提高了资金收益。2012 年，公司存放同业收入同比增长 91.03%。

【票据业务】2012 年，公司大力推广海信电子商业汇票，提升海信品牌在金融市场的信誉度，提高集团整体支付能力，降低集团对商业银行融资的依赖度。公司相继与各主要合作银行通过战略合作协议等方式，明确各银行对海信电票提供保贴支持，提升供应商对海信电票的认可度和接受度，并通过与合作行共同建立联络机制，保证供应商融资需求的落实。在积极争取银行对海信电票保贴额度的同时，通过集团政策的引导，在供应商的开票付款环节积极推广电子票据支付。截至年末，各成员单位累计对集团外签发电票 38.20 亿元。

【外汇业务】公司积极开展即期结售汇业务，通过内部结售汇和外汇市场交易调剂集团内部外汇资金余缺，降低集团整体汇兑成本。2012年，公司累计为成员单位办理内部结售汇232笔，金额合计13.50亿美元，为集团节约汇兑成本0.05亿元。

【资金集中】2012年，公司一是在加强账户管理的同时，探索新的资金收付方式，为通过多种形式提高资金归集率打下良好基础。二是严格执行成员单位银行账户开销户管理规定，定期进行账户清理，加强对成员单位银行账户的监控。三是上线新核心业务系统，为实现资金集中收付功能做好了技术准备。实现集中收付有利于减少成员单位外部货款户和备付金户资金沉淀，降低成员单位资金收付风险和资金管理成本，加强集团对成员单位资金收支的管控力度，提高集团资金管理效率和收益。四是深入研究销售回款形式，缩短销售回款路径，开展POS代理收款业务，客户刷卡资金T+1日直接清算到各成员单位在财务公司账户，提高了销售回款的归集效率。

【风险管理和内部控制】2012年，公司继续强化和完善内控体系建设及风险管理水平。一是进一步完善制度体系建设，对本外币账户管理办法、贷款管理办法、结售汇业务管理办法等9项规章制度及操作规程进行了修订完善。二是进一步做好内控基础工作，加强对印章、密押、重要空白凭证的分离保管及销毁制度，系统操作人员权限与口令以及U-key的管理，客户预留印鉴的管理等业务的日常检查，强化对基础性规定的执行力度。三是加强专项稽核力度，开展对授信业务、贷款业务、贴现业务和对账业务的专项审计，加强对制度执行情况的监督，进一步促进业务规范化。通过全面的内控稽核、业务专项稽核和日常监测等工作，公司的内部控制和风险管理水平进一步提高。

【人力资源管理】2012年，公司大力加强人员引进与培养，完善人资体系制度建设。通过多种渠道引进六名员工，人员的补充使各部门人员配置更加科学，为业务的持续健康发展提供了人员储备；人员学历结构改善，2012年末硕士学历占比由2011年末16%提升至27%。人力资源体系建设持续推进，人事、招聘、福利、绩效管理等制度建设逐步完善。同时组织多种形式的培训，提升员工专业素质和工作效率，营造良好工作氛围，激发员工的工作热情。

【信息化建设】公司加快推动信息系统升级改造工作，实现了信息系统安全、稳定、高效运行，信息化整体水平显著提高。为满足业务发展需要，公司2012年建设完成新一代核心业务系统，在实现对资金集中收付功能支持的基础上，涵盖了电子回单、电子对账单及线上自动对账、事后监督、柜员差错率考核等功能。新系统业务功能完善，大幅提高了业务处理自动化程度，有效降低了操作风险，促进了公司日常业务操作的标准化、规范化。网络安全方面，公司对业务网络进行专网改造，通过将业务网络与互联网及集团办公网络进行物理隔离，实现了业务系统专网专机运行，信息与网络安全性能得到大幅提升。

国联财务有限责任公司

【经营概况】 2012 年，国联财务有限责任公司（以下简称“公司”）以“准确定位、合规经营、严控风险、稳健发展”为宗旨，除做好资金归集、信贷资产经营和成员企业金融服务工作外，还努力拓展业务创新，进一步提升了公司综合竞争力和服务成员企业的能力。截至 2012 年末，公司表内外资产规模 37.54 亿元，实现利润总额 0.50 亿元，存款余额 26.30 亿元，各项贷款余额 11.67 亿元，资本充足率 45.45%，流动性比例 87.35%，平均存贷比 64.28%。

【信贷业务】 2012 年，公司积极走访企业，切实了解成员企业融资需求，在科学论证的基础上为成员企业提供资金及金融服务支持。一方面结合集团发展战略，合理配置信贷资源，优化信贷资源结构，助力中小企业发展；另一方面加强产品营销，助力新业务开展，始终以成员企业利益为核心，致力于降低成员企业财务成本。公司全年累计发放自营贷款 16.41 亿元，较上年同期增加 3.62 亿元，增幅 28.3%；累计办理贴现 4.02 亿元，较上年同期增加 0.96 亿元，增幅 31.47%；累计向 14 家小微企业发放贷款 10.97 亿元。同时充分利用自身各类金融业务牌照、同业合作关系等优势，为成员企业调整授信结构、设计最优融资方案、提升谈判地位和议价能力提供支持，有效提高了集团资金使用效率，降低了集团整体资金成本。

【产品销售信贷业务】 2012 年，公司成功开展了买方信贷业务：5 月 16 日，公司为友联热电向华光电站工程购买的 24MW 抽凝机改 24MW 背压机技术改造项目设备及材料提供买方信贷的支持。该项业务的开展，一方面帮助友联热电解决了购买商品及劳务的资金需求；另一方面充实了公司的业务品种，提高了公司的综合业务竞争优势，实现了成员单位与财务公司的双赢。

【资金业务】 2012 年，公司在整体资产和负债的匹配上，不是刻意追求粗放式、大规模，而是追求资源的集约有效和精细化管理，追求平均资产收益和周转效率的提高。在资金的经营管理方面：一是降低备付资金比例，比上年降低 7.93%。同时，运作资金比例相应提高，通过再贴现提高资产的周转率和资产经营效率。二是提高存量资金的综合收益。公司设置资金岗，每日记录 Shibor 报价，通过向各银行询价，争取较高的短期同业存款利率，2012 年比上年同期增加 66 个基点。提高票据资产在信贷资产中的比例，从而增强了资产的流动性。

【票据业务】 2012 年，公司继续深挖票据业务潜力，进一步推进商票融资、代理签发银票、小面额票据贴现等业务。全年累计办理贴现 4.67 亿元，较上年同期增加 1.06 亿元，增幅为29.33%，有效满足了成员单位的资金需求。一是鼓励集团内部企业间的真实贸易项下支付使用商票进行结算，解决公司融资成本较高的问题。公司全年共办理商票贴现0.50亿元。二是以代开银票替代直接付款。公司全年累计代开银票近0.05亿元，帮助企业减少资金占用约0.03亿元，累计节约财务成本7万元。三是以小票贴现替代持有到期，降低企业资金压力。为解决集团下属电厂的资金压力，公司全年共办理小票贴现85笔近0.20亿元，最小票面金额仅为1万元。

【资金集中】2012年，公司通过提高传统业务的服务质量和提供特色服务业务，提升成员企业对财务公司的信任度；通过建立有效、双赢的沟通渠道来做好资金归集工作。与上年相比，公司结算量1 010.74亿元，增加了17.1%，结算笔数5.98万笔，增加了4.94%。

【业务创新】2012年，公司在严控风险的前提下，继续推广业务创新：9月21日，公司为华光新动力向力港电厂销售的脱硝剂开立了预付款保函，该保函为公司开立的首份保函，此业务也是公司首次涉及集团外成员单位的业务。12月，公司以牵头行身份成功组织了由无锡农村商业银行营业部参加的无锡太湖美生态环保有限公司银团贷款项目融资，作为公司首笔牵头的银团贷款，此次合作不仅标志着公司的银团业务取得实质性进展，而且标志着公司在地区金融行业的信用度和影响力的提升，对公司业务的发展具有里程碑的意义。

【风险管理和内部控制】财务公司的行业特性，决定了其风险绝不可能独立于集团风险之外，因此，在信用风险管理方面，公司不局限于对成员企业的“三查”工作，而是根据成员企业的实际情况，有针对性地对成员企业开展调研和分析，发现企业经营过程中存在的问题和困难并提出合理化建议，为集团决策提供依据。2012年，公司启动了制度的全面修订工作，按照全覆盖、针对性、可操作的原则，采取“废、留、改、立”的办法，分条线、分部门，对公司制度进行了全面梳理。通过制度修订，使每项工作有章可依，真正实现管理工作的制度化、标准化、精细化和流程化，为防范各类风险保驾护航。

【人力资源管理】2012年，公司全部岗位推行“关键绩效指标考核办法”，即KPI考核办法。按照“针对性、敏感性、可操作性”的原则，对每个岗位制定考核内容、考核标准并设置分值，考核过程全员参与、充分沟通，考核结果和收入、职业发展高度结合，提高了员工的工作积极性、责任心，对员工个人和公司整体的发展有着正面的积极意义。此外，公司在人才选拔方面推行竞聘上岗办法，对金融部经理助理岗位进行了内部公开竞聘，本着公平、公开、公正的原则面向全体员工，通过笔试、面试、竞职演说三个环节科学评定出最终人选，对调动员工工作积极性，营造积极向上的工作氛围，建设高素质的员工队伍具有重要意义。

【信息化建设】2012年，公司不断优化系统的服务和功能，使公司信息系统运转更加安全、稳定和高效。一是业务信息系统方面：年内，与建设银行的直联由原先的重客系统升级为资金管理平台。截至2012年末，公司与工商银行、建设银行、交通银行、农业银行、兴业银业、无锡农村商业银行6家银行正式建立了直联平台，更好地为公司资金归集服务。同时，将主机房搬迁至国联金融大厦，并顺利通过了人民银行无锡市中心支行的现场检查，提高了公司中心机房的安全性。二是办公信息系统方面：OA系统正式启用，主要用以发布各类公告和通知、提供公司制度的下载、在线考试等。此外，由员工自主研发的公司网站在年内试运行，主要用以发布公司最新经营动态和各类活动内容等。

【企业文化建设】2012年，公司在党支部的领导下深化“基层组织建设年”活动，推出“党员示范岗”和“青年文明示范岗”评选活动。全体员工认真学习十八大精神，积极投身国联集团开展的“创先争优”和“创新创业主题活动”中，党政工团积极联动，开展丰富多彩的活动，增进了员工对公司的认同感和归属感。此外，作为江苏省财务公司中的首本内部刊物，《信息汇编》继续坚持内容健康向上、题材活泼新颖、报道迅速及时的宗旨，坚持全方位展示公司发展历程及员工风采的理念，为构建和谐企业文化打下了良好基础。

首都机场集团财务有限公司

【经营概况】2012年，首都机场集团财务有限公司（以下简称“公司”）积极应对宏观经济金融环境变化，取得了较好的业绩，各项业务平稳开展，内部管理狠抓不懈，信息化建设卓有成效，财务效益稳步提升，党建工作扎实推进，圆满完成了集团公司年初下达的各项重点任务和经营指标。

截至2012年末，公司资产总额为74.99亿元，负债总额为67.51亿元，净资产总额为7.48亿元，同比增长9.84%；2012年全年累计实现收入3.16亿元，同比增长9.25%；实现利润总额1.77亿元，同比增长3.27%；实现净利润1.33亿元，同比增长3.87%。

【信贷业务】截至2012年末，公司共向10家成员企业发放48笔自营贷款，金额总计43.22亿元；共向成员企业发放83笔委托贷款，金额共计90.83亿元。2012年，公司信贷业务紧密围绕集团发展战略和成员单位需求，不断丰富信贷服务内容，优化信贷资产结构，创新信贷业务产品。一是银团贷款持续增长，助推主业健康发展。2012年公司作为牵头行或参加行的银团，陆续为成员企业扩建项目提供了总额为77.50亿元的银团贷款，其中公司承贷金额达到14.43亿元。二是丰富信贷服务内容，提升金融服务水平。2012年，为配合部分成员机场扩建项目，公司利用金融机构的特殊身份，向部分成员机场提交了银团贷款金融服务方案，提供了相关合理化金融服务建议，维护了成员机场的切身利益。三是优化信贷资产结构，增加信贷资源供给。通过综合比价选定合作金融机构，适时开展信贷资产业务。2012年，公司成功完成了两笔信贷资产的转出，转让金额总计1.04亿元。四是创新信贷业务产品，提高中间业务收益。针对成员企业的个性化融资需求，及时为成员企业开出履约保函，为公司开展表外业务做出了有益的尝试。

【资金和投资业务】2012年，公司积极借鉴同业先进经验，制定了同业拆借管理办法及操作流程，确定了交易对手；通过跟踪货币市场走势结合公司头寸情况，提出了同业拆借可行性研究报告；根据风险控制程序，对拆借业务进行审批。截至2012年末，公司共开展5笔拆借业务，其中拆出资金0.33亿元，拆入资金0.10亿元，年均拆出收益率达到3.69%，实现拆借利息收入17万元。

【票据业务】2012年，公司申请以直联方式加入人民银行电子商业汇票系统。其间公司完成了网络环境搭建、专线连接和测试、硬件环境搭建、软件系统开发、制度建设、人员配备等相关准备工作。2012年9月，公司获批加入电子商业汇票系统并完成正式上线前各项业务及技术准备工作。

【资金集中】2012年，公司积极推进建设项目资金归集工作，截至2012年末公司已累计归集建设项目资金2.30亿元，机场建设费返还款6.60亿元，中小机场补贴款1.50亿元，民航基金1亿元，增强了资金管理的深度，有力地支持了吸收存款的稳定增长。同时，公司协助成员企业细化资金支出预算管理，在保证对成员企业支出户限额管理的情况下，结合成员企业的实际情况，满足成员企业的用款需求，压缩了成员企业支出户资金沉淀。

【风险管理和内部控制】2012年，公司开展了规章制度的梳理、修订和新增工作，做到所有制度、流程能够覆盖公司所有的机构、部门、业务和管理活动，使得内部控制更加完善。根据监管要求，公司于2012年2月中旬正式启动“不规范经营”专项治理活动，主要业务部门严格根据贷款治理“七个不得”，全面梳理和检查了存量贷款业务，坚持价格管理的“四项原则”，对现行收费服务价目进行全面梳理，通过查源头、查程序、查行为的方式，对公司收费的服务项目一一“过筛子”梳理。经自查，公司不存在贷款管理“七个不得”，价格管理符合“四项原则”，通过降低贷款利率、合理收取相关费用等均体现了让利于成员单位的原则。公司还开展了风险排查和落实案件防控工作，制订了详细的实施方案，历时半年，通过五个阶段，围绕岗位轮换、内外部对账、审计工作及严禁的违规行为四个方面总结了44项内容，有针对性地开展自查自纠及联合检查，并形成了总结报告。

同时，公司还建立了反洗钱内部控制制度，开展了以“警惕网络洗钱，增强反洗钱意识”为主题的反洗钱宣传月活动，测试了反洗钱监管信息平台，按照《反洗钱法》的监管工作与监管机构实现了对接。

【人力资源管理】2012年，公司积极完善人才机制，开展人力资源管理规划，在人才培养、员工晋升等方面制订科学的发展方案和实施措施，打通员工发展“三个通道”。公司聘请咨询公司设计年度绩效考核方案，经过反复酝酿和讨论，形成以工作能力、工作态度和工作绩效为考核要点，以360度不记名打分为考评形式，与战略绩效挂钩的绩效考核方案，并顺利完成了2011年绩效考核，获得员工一致好评。

【信息化建设】为了全面系统地指导公司的信息化建设，满足业务可持续发展的需要，2012年，公司开展了IT规划工作，结合公司业务发展战略，通过专业咨询服务，提出未来三至五年的信息化战略及具体信息系统的架构设计和实施策略，为公司的信息化建设奠定良好的基础。

2012年7月，公司制订了详细的信息安全风险排查实施方案，从制度建设、信息系统安全保护体系、信息系统安全管理和供应商安全风险管理等方面，认真开展了自查工作，做到“安全责任落实到位、隐患风险排查到位、整改提高措施到位”，建立健全信息科技风险管理机制，进一步树立信息科技风险防范意识，保证集团公司、成员单位和财务公司的资金安全。同时不断完善信息系统的制度建设，新增了《信息系统机房安全管理规范》、《信息安全组织管理规范》、《信息系统访问控制规范》等六个制度，逐步建成信息安全运维管理、信息建设管理及信息系统运维操作三大类信息制度框架。

2012年，公司完成了人民银行征信系统、信贷流程审批系统、信贷档案管理系统的正式上线；完成了人民银行对电票系统技术环境的现场验收、测试环境的连入申请，并提交了正式接口验收的申请。根据优化和改造资金管理系统的方案，公司于2012年11月正式完成了系统管理、预算审批和结算业务等系统功能的更新优化，进一步完善了核心业务系统的建设。

红豆集团财务有限公司

【经营概况】截至2012年末，红豆集团财务有限公司（以下简称“公司”）总资产17.22亿元，贷款及贴现余额11.84亿元，其中贷款余额8.33亿元（其中贴现余额3.51亿元）、资金归集10.30亿元、担保余额0.32亿元，全年实现营业收入0.97亿元，净利润0.49亿元，并做到了“三无”，即无重大差错、无不良贷款、无案件发生。

【信贷业务】2012年，公司累计授信单位20家，完成综合授信24笔，共计14.05亿元；发放贷款102笔，共计11.10亿元，贷款余额为8.33亿元，较年初增加0.85亿元；贴现132笔，共计34.68亿元，贴现余额3.51亿元；担保业务25笔，共计6.24亿元（其中敞口5笔，共计1.10亿元，余额0.31亿元），保费收入为59.10万元。公司严格做好贷前调查、贷中审查、贷后检查工作，按照授权范围操作业务。无逾期贷款及托收不成功银票，各类信贷资产质量五级分类均为正常。

【投资业务】2012年公司对江苏大丰农村商业银行股权投资3 000万股，共计9 000万元，占总股本10%，实现现金分红450万元；2012年3月13日，对江苏锡山建信村镇银行投资，金额共计1 050万元，占总股本7%，为筹建状态。

【资金业务】公司与多家银行开展同业授信，共计5亿元，主要以票据业务和资金拆借业务为主。主要结算的银行均已实行了1.62%以上的利率。2012年在人民银行两次降息的情况下，公司通过进一步协商，仍然将建设银行和农业银行两家主要的结算行利率提高到了1.82%，增加了存款利息收入。

【再贴现业务】截至2012年末，公司累计再贴现1.20亿元，再贴现余额1亿元。

【担保业务】截至2012年末，公司累计完成敞口担保业务5笔，共计1.10亿元，担保余额0.30亿元。2012年8月无锡红豆居家服饰有限公司申请签发电子商业汇票150万元，提供存单质押75万元，敞口部分为75万元。年末表外业务余额0.32亿元。

【结算业务】2012 年，公司共计受理各项结算业务 82 194 笔，共计 813. 97 亿元，结算量比 2011 年增长 10. 71%。同业存款日均余额为人民币 2. 70 亿元（不包含存放中央银行款项）。吸收存款日均余额为 9. 28 亿元，其中企业活期存款日均余额为 4. 05 亿元，企业定期存款日均余额为 4. 86 亿元，通知存款为 0. 37 亿元。贷款日均余额为 8. 14 亿元。

【资金集中】2012 年，公司备案成员单位 60 个，开户 60 个，成员单位开户归集率为 100%。截至 2012 年末，集团货币资金约为 22 亿元，其中保证金 3. 79 亿元，股份公司货币资金约 4. 68 亿元，吸收存款 10. 30 亿元，资金归集率约 37%（全口径）。

【服务集团】2012 年，公司积极利用自身的资金管理平台和资源，为集团及成员单位节省融资成本及经营费用。公司配合通用、红豆杉公司的上市，积极调整贷款、与集团关联交易，保障了上市的顺利进行；积极配合集团企管部共同参与修改完善了集团 53 项规章制度，为集团绩效的提升奠定了基础；为集团成员单位提供财险服务，实现为集团节约财险保费支出 80 万元，在未增加保险费用基础上扩大保险额 15 亿元，免赔额标准降到最低。

【风险管理和内部控制】2012 年，公司通过严格控制和防范金融风险，将风控过程融入组织治理的各个方面。一是完善制度和流程。公司根据新业务的发展，积极对现有的规章制度进行了认真梳理、修订，真正做到以制度促规范，以规范促发展。二是加大稽核检查。2012 年公司通过加大稽核检查，提升内控制度执行力。在对具体业务进行风险审核时，公司坚持审慎原则，注重对业务操作环节中合规性和岗位监管制约的审核，检查各个风险环节，如票据回购制度方面、转贴现操作的风险控制方面等，杜绝业务操作风险，坚持做好“事前、事中、事后”各个相关环节对风险因素的分析、识别、判断、化解，最大限度地降低业务开展中的风险隐患。同时，通过抓好长效机制、激励机制、监管机制和道德建设，确保“三无”目标，即无重大差错、无不良贷款、无案件发生。

【人力资源管理】公司通过大力培养内部人才、引进外部人才的方式实现人才队伍整体素质的提升，知识专业化程度得到显著提高。2012 年公司共引进 3 位专业人才，其中本科学历 1 人、金融法律硕士研究生 1 人、海外金融硕士 1 人。在引进专业人才的同时，公司依托行业协会及红豆大学的资源平台培养现有员工。公司全年有 356 人次参加培训，总计 1 274学时，人均积分 91. 33。公司在员工管理上实现“人性化 + 科学化”，积极推行民主管理，在内部营造积极、向上、活泼、好学的良好氛围，提升员工工作的积极性。

【信息化建设】2012 年，公司进一步建立健全信息安全管理方面的制度，对信息系统的运行情况开展定期检查和抽查，通过完善安全事件预警通报机制和流程，及时处理和通报安全信息并加强应急管理机制建设工作，增强应急处置能力，提高应急预案的可操作性和针对性。同时，公司不断优化与更新原有系统，并针对运行中的具体细节及各种问题多次积极与九恒星公司和银监局科技信息部门，以及地方电信单位、总部网络中心联系商讨，保证了各项新系统正常运行无重大问题发生。

【企业文化建设和党建工作】公司积极倡导求真务实、爱岗敬业、善于学习、乐于奉献、勇于创新的精神，积极推行民主管理，在内部营造有利于员工成长和企业共同进步、和谐发展的环境与氛围，建立起企业文化宣传以及员工满意度调查机制，提高员工幸福感、责任感。2012 年公司党支部开展活动 16 次，组织党员、积极分子培训 17 次，引进大学生党员 2 名，发展新党员 1 名。在集团“挖潜月”

中积极组织开展合理化建议活动，支部党员共提合理化建议 29 条，为促进集团和公司的发展献计献策。2012 年，支部一名党员被评为年度优秀共产党员，一名党员在创先争优征文中获三等奖。

海马财务有限公司

【经营概况】2012 年，海马财务有限公司（以下简称“公司”）紧紧围绕集团公司发展的总体目标，坚持专业化、市场化的发展方式和“规范经营、稳健发展”的经营方针，积极做好资金集中管理，加强风险管控、适度增加信贷规模、创新业务品种等工作，重点拓展汽车消费信贷业务，加强内部管理，全面提升内控管理水平，圆满完成了全年经营管理目标。

截至 2012 年末，公司资产总额为 36.94 亿元，全年实现收入 1.22 亿元，实现利润 0.99 亿元，人均创利近 126 万元；贷款规模 10.69 亿元，同比增长 3.94 倍；全年纳税 3.04 亿元；资本充足率为 71.53%，资金集中度达到 78%，不良贷款率为 0.21%。

【信贷业务】2012 年，公司共发放海马汽车个人消费贷款 11 552 笔，共计 6.04 亿元，年末汽车个人消费贷款余额为 6.33 亿元，80% 的海马汽车 4S 店开展了车贷业务，合作家数增长了 0.44 倍，贷款笔数增长了 1.6 倍。

截至 2012 年末，公司对公贷款余额为 4.48 亿元，其中集团成员单位贷款 3.57 亿元，经销商贷款 0.91 亿元，这得益于公司对外良好的经营策略和内部机制的不断完善。一是推进产品研发，丰富信贷产品，提升竞争优势。全年相继推出了新福美来专项贴息产品：“5050 城市精英、轻松带福回家”和短期流动资金贷款及一年期流动资金贷款产品。二是做好产品市场推广、拓展工作。全年对销售网络共进行了 15 场新产品推广培训，151 家经销商、208 位经销商业务人员或金融专员参加了现场的业务培训。同时全年共计走访经销商 65 家，进行金融专员及销售顾问业务培训 29 场。2012 年与公司合作开办汽车个人消费贷款的经销商达 160 多家。三是对业务部门组织架构进行调整和优化，实现内部分工专业化。明确岗位和职责，实现了各司其职、迅速反应，大大提高了工作效率。四是建立个贷客户分类审查标准。公司在分析已有客户的基础上，依据借款人的职业特点和收入特性对客户进行分类，简化审查资料，从而帮助金融专员、调查经理及审批经理提高工作效率。

【资金和投资业务】2012 年，公司安排人员到北京和上海参加了中央结算公司和上海同业拆借中心的考试，并取得了结算资格和交易资格证书。与此同时，公司先后开立了中央结算公司结算的乙类账户和上海同业拆借中心交易账户，并且安装调试好相关的系统，同时制定了内部交易规程，这标志着公司成功进入银行间债券市场。2012 年 9 月公司获批金融机构股权投资业务资格，该业务资格的获批，为公司金融业务的做大做强打下了良好的基础。

【票据业务】 2012 年，公司借助光大银行电子票据业务系统建立起电票系统，积极发展电子票据业务，全年完成票据交易 186 笔，银票 322 张，交易票面金额 21.85 亿元。

【资金集中】 2012 年，公司紧紧围绕“安全性、流动性、盈利性”的经营原则，加强与集团成员单位的沟通，实现资金头寸管理流程化，使资金集中度达到78%。截至2012 年末，公司共办理结算业务 3.2 万笔，交易金额 712 亿元，存款余额达 25.30 亿元，并做到全年无差错无事故，保证了资金的及时和安全。同时积极营销盈余资金存出，全年实现同业存放利差收入 0.64 亿元。

【风险管理和内部控制】 2012 年，公司继续加强风险管理和内部控制。一是以制度建设为基础，加强风险管控的规范管理。2012 年公司先后制定了《个贷客户信用审批标准》、《不良个人贷款清收实施细则》、《个贷业务稽核操作指引》等管理制度，保证了业务的合规开展。二是加强稽核工作，防范风险。2012 年全年共开展了专项稽核工作 7 次。同时对部分经销商的授信业务进行了现场稽核检查工作，通过检查发现了部分问题，并提出后续的管理建议，有效防范了风险发生，提高了对风险的控制管理水平。三是开展专项催收工作，控制风险指标。同时，公司针对催收情况进行了工作总结，对未来的风险管理工作提出改进建议，有助于加强对各个环节的风险把控能力。四是完善内控管理体系，加强内控管理工作。公司从控制环境、控制活动和控制手段三个层面确定了 16 项一级业务循环及相应的主要责任部门，全面涵盖了公司现有业务，梳理确定 16 项一级业务循环对应的 71 项二级业务循环及 290 个内控关键点，梳理业务流程管理制度缺陷 31 项，完成需要修订或新增的制度 19 项，并编制了《内控管理手册》。五是做好信息、法规收集及培训学习。公司全年不间断地通过各种渠道收集与业务及风险管理相关的资料、监管法规等相关材料并组织全体员工进行学习。六是认真组织做好反洗钱工作。公司全年严格按照人民银行的要求于每季度按时按质报送反送钱报表和报告，积极响应“反洗钱宣传月”的号召，举行了一场形式多样的反洗钱知识宣传活动，取得了良好的效果。

【人力资源管理】 2012 年，公司努力扩大业务范围，积极创造就业机会，通过平面媒体、网络、现场招聘等多种形式开展招聘工作。2012 年公司共招聘新员工 41 人，其中大学生 22 人，社会招聘 14 人，实习生 5 人。为实现员工综合素质和业务技能的提升，公司分层级、分内容、分渠道开展培训工作，2012 年公司共举行培训 15 次，内容涵盖管理技术应用、汽车业务知识、金融行业法规、新员工入职培训等。同时，公司还开展了岗位职责和 KPI 修订专项工作，从职责、工作内容、输出成果、工作流程图等方面对全公司的岗位职责进行了全面梳理和分析，并以 KPI 考核为导向建立绩效考核管理体系。

南山集团财务有限公司

【经营概况】2012年，南山集团财务有限公司（以下简称“公司”）准确把握复杂多变的经济金融形势，不断提高服务能力，完善服务手段，强化内部管理和队伍建设，较为圆满地完成了全年各项工作任务。

截至2012年末，公司本外币总资产达到45.70亿元，负债37.20亿元，当年实现净利润1.18亿元；累计计提贷款损失准备0.78亿元；资本充足率为31.10%，流动性比例为32.70%，贷款损失准备充足率271%，不良率为零，各项指标均符合监管要求。

【信贷业务】2012年，立足集团需求，公司提前规划，灵活调节，解决了成员单位的资金需要，加大了对集团有色金属和精纺服饰等核心主导产业的资金投放力度，支持企业引进先进技术和生产设备，推动产业结构的优化升级，累计发放贷款（含贴现）153笔，投放资金33.40亿元，办理担保业务2笔，委托贷款1笔。

【资金集中】2012年，公司紧跟集团发展战略，多渠道扩大“现金池”规模，日均存款余额达34.50亿元，同比增长了9.10%。公司及时为符合条件的企业提供账户及结算服务，满足核算和管理的需要，全年新增账户49个；积极建议集团以收购股权方式使青岛海高置业等成为成员单位，首次对集团烟台资金实施归集，进一步扩大了服务范围；认真做好房地产预售资金监管工作，先后将烟台房地产项目、青岛“逸景湾”项目纳入监管范围；推动财务公司同业存款置换商业银行保证金事宜，置换规模达1.30亿元；通过电子化服务手段，先后对集团北京投资公司等异地资金实施归集，将集团海南项目全部银行资金纳入“现金池”，不仅使异地资金及时回归，而且还为集团提供了异地资金监控手段，服务覆盖率达100%，网络服务比例达到80%以上。

【资金管理】2012年，公司全面加强流动性管理，提高资金运作能力，资产收益率达到2.48%，净资产收益率14.86%，利润率77.75%，均高于行业平均水平。公司加强与集团财务部门沟通，分析资金活动规律，根据支付计划合理安排头寸，满足企业支付需要，月均流动性比例保持在39%左右；敏锐捕捉市场信息，把握利率高企的有利时机，全年调拨资金近400次，提高了资金收益；利用流动性管理的技巧，采取资金头寸长短线相结合等策略，将资金向长期限、高利率方向转移，提高资金使用效率和效益，金融企业往来收入达到0.57亿元，同比增加11.26%。

【风险管理和内部控制】2012年，公司进一步完善了集“决策集体化、制度全面化、稽核深入化、准备充足化”四位一体的风险管理机制，确保了安全经营无疏漏。公司通过推行新的考核体系、发挥各专业委员会作用、每周召开总经理办公会等方式，实行精细化管理；健全规章制度，在对开业以来 138 项制度梳理、汇编的基础上，新出台二十余项制度；实行风险等级管理，建立相应的监控措施；开展合规风险评估、案件防控、风险整治等系列活动，及时排除风险隐患；根据财政部《金融企业准备金计提管理办法》，决定提前 2 年实现“一般准备余额达到不低于风险资产期末余额 1.5%”的目标，计提专项准备达 0.76 亿元，贷款损失充足率达到 271.46%；参照《商业银行业务连续性监管指引》有关要求，构建完善的应急管理体系，全年开展演练 8 次，通过“以练代训”，使员工增强了应对突发事件的处置能力。

【信息化建设】2012 年，公司以打造安全、特色、实用的信息科技系统为目标，建立起了与业务发展和风险管控能力相适应的信息系统管理架构，确保系统安全运行。公司先后邀请中国银行技术人员、集团网络信息中心人员、省银监局专家对公司系统进行评估，制定完善的整改方案；投入近 50 万元购买设备，将业务网与互联网分离，通过将成员单位业务客户端 IP 加入防火墙访问控制列表等方式加强网络安全性，实现了与集团网络的物理隔离；建设本地灾备系统，安装专用日志管理服务器、机房远程监控系统、网络管理系统、入侵检测系统等提升系统安全性；完成了电票系统和核心业务系统整合、新需求开发等工作，对统计报表自动化进行了详细论证，完善系统功能；巩固与系统开发商的战略合作关系，提供全方位的技术和服务支持；选派人员前往系统开发商进行实习培训，提高系统专业管理能力。

【人力资源管理和企业文化建设】为了使员工快速成长，2012 年公司加大培训力度，累计集中培训 160 多小时，通过交任务、压担子，理论与实践相结合，引导员工快速提高专业素质，员工技能达标率、制度测试合格率均达到 100%；关心爱护员工，将员工培养成有理想、有抱负、有职业道德和素养的专业人才；充分发挥三个课题小组的作用，搭建员工施展才能的舞台；组织开展系列集体活动，推行晨会制度，加强企业文化建设，提高队伍的凝聚力。

国投财务有限公司

【经营概况】2012 年，国投财务有限公司（以下简称“公司”）圆满完成了集团和董事会确定的各项目标任务，进一步拓展公司经营资质，优化服务手段，超额完成了资金归集、信贷投放、营业收入和利润总额等各项经营指标，业务发展和公司建设再上一个新台阶，风险管理获得监管机构肯定，有力地提升了“国投”品牌在财务公司行业的影响力。公司连续三年获得集团经营业绩考核 A 级，2012 年度被授予“国投集团先进集体”荣誉称号。

【信贷业务】公司立足于“服务集团、创新发展”的理念，积极了解成员企业需求，加大信贷投放力度，调整信贷投放结构，力求提高集团整体资金利用效率，节约财务费用。

2012 年，公司完成了 8 个二级板块的集团授信及 2 家单户授信。全年累计发放人民币贷款 141 笔，共计 101.50 亿元；发放美元贷款 2 笔，共计 820 万美元；累计贴现 808 笔，共计 23.70 亿元；累计委托贷款 23 笔，共计 15.13 亿元。截至 2012 年末，自营贷款余额 115 亿元，较上年增加 19 亿元，委托贷款余额 31.84 亿元，累计参与银团项目 2 个，贷款总金额 33.60 亿元，公司作为牵头行承贷份额 1.68 亿元。

【资金和投资业务】2012 年，公司投资业务稳健发展。一是正确配置大类资产，大幅增加了货币型基金和有良好增信措施的信托产品等固定收益类品种的投资规模，严格控制权益类品种投资，取得了较好投资收益。二是拓展对金融机构股权投资以及新股网下配售等新业务品种，深入研究了定向增发、量化投资、行业 ETF、银行间一级半市场等储备品种。三是不断拓宽短期资金运用渠道。通过同业拆借、同业存款、货币型基金等多种方式的灵活搭配运用，提高公司短期资金收益率水平。2012 年，公司短期资金运用收益 1.35 亿元，其中投资货币基金收益 0.25 亿元，同业收入 1.10 亿元。

【票据业务】2012 年，公司继续大力打造票据池，票据业务取得重大进展。公司利用良好信誉引入上游供应商资源，与上海电气、东方电气、哈尔滨电气集团及其财务公司以及国电财务公司协商签订合作协议，互认对方开出的电子承兑汇票。2012 年公司为成员企业办理电子银行承兑汇票共计 3.18 亿元，用于向上游供应商支付设备款，有效地缓解了成员企业资金紧张的压力，拓宽了外部渠道。截至 2012 年末，已有 12 家成员企业在公司办理贴现业务，全年累计贴现 808 笔；再贴现 353 笔，共计 12.88 亿元；产业链票据共计 3.29 亿元。

【外汇业务】2012 年，公司继续利用自身外汇资本金开展外汇贷款业务。为进一步拓展金融服务职能，公司成立了外汇小组全力筹备外汇资金集中管理与结售汇业务，在充分进行同业外汇业务调研和政策研究的基础上，积极准备可行性报告、业务流程设计、结售汇管理制度等相关材料，获集团批准。2012 年 8 月，公司向国家外汇管理局北京外汇管理部提交了申请即期结售汇业务的书面材料并通过初审，完成了外汇资金业务管理平台建设的招投标工作。

【资金集中】2012 年，公司采取统筹兼顾、重点突破的方法来推进资金集中管理工作。一是继续以领导带队模式进行实地调研和客户经理电话营销，不断推进资金归集。对全国 26 家成员企业进行了实地调研及服务，深入地了解了成员企业的需求及情况，推动资金归集。同时，实行客户经理负责制，逐户跟进落实。二是专项攻破重点户、难点户。对于集团内资金量大且归集情况不佳的成员企业，通过领导沟通、客户经理上门服务以及给予信贷支持等方式进行推动。2012 年，集团内两个资金大户都实现了归集并保持了较高的归集率。三是推动专项资金的归集。通过对上市公司政策和金融政策的研究，经与成员企业及监管部门多次沟通，公司成功实现了对集团某上市公司的资金归集，并与集团某产业投资基金达成了资金托管协议。

【业务创新】2012 年公司开展了多种创新业务，提高了服务水平，满足了成员企业多样化资金需求。一是信贷资产转让。公司与信托公司合作开展了信贷资产转让业务，首笔转让金额为 2 000 万元。此模式将信贷资产由“表内”转到“表外”，有效打通了公司和非金融机构之间的融资渠道，盘活了公司存量资产，为调整公司资产结构、防范公司流动性风险、提高公司信贷能力、促进公司进一步发展提供了有力保障；同时提高了集团客户的资金收益率，增加了公司与客户之间的良性互动，促进了客户资金有效归集。二是应收账款保理。为进一步拓宽业务渠道、创新业务模式，更好地为成员单位服务，公司经过多次研究和探索，开展了应收账款保理业务，盘活了成员企业流动资产，促进了成员单位的业务发展。

【保险业务】2012 年，公司保险业务发展较快，实现代理保费规模近 800 万元，提供保险顾问服务的统保项目保费规模超过 0.50 亿元，实现保险代理费收入近 50 万元。公司主要以保险顾问身份参与电力、交通两个板块的保险集中采购，并以保险经纪人身份办理中成孟加拉海外工程险项目。保险经纪公司设立进展顺利。

【风险管理和内部控制】公司按照“依法合规、审慎经营”的原则开展了全面风险管理，全年未发生影响业务发展和公司信誉的不良风险事件，未发生任何贷款坏账和投资损失。公司风险管理工作在银监会风险评价中获得肯定；按照“风险第一、兼顾管控，普遍优惠、兼顾区别”的原则，正式推出利率风险定价政策，执行情况良好，得到了集团和成员企业的肯定；明确了公司贷款利率定价标准，使公司贷款利率定价有据可依，促进了集团资金归集和结算集中；风险管理部门独立开展风险评价，完成 166 份风险评价意见，为公司决策提供参考；及时组织贷审会和投决会召开，完成 95 份贷审会决议、15 份投决会纪要；为减少多余的审批流程、提高贷款审批效率、最大程度响应成员企业的需求，只保留线上审批，提高了贷款审批的效率；结合集团开展的管理提升活动，公司对信贷业务、投资业务的主要业务品种进行了风险点梳理；全年新制定制度 19 项，修订制度 5 项。

【人力资源管理】公司积极开展人力资源管理工作，规范工作流程，建立工作体系，发挥工作效能。一是推进学习型组织建设，通过业务培训、同业调研交流、资格考试等方式，提升员工队伍综合素质和业务能力，全年共计参加集团内外培训 172 人次。二是为聚集人才、稳定人才、调动人才积极性，公司积极推动人力资源管理差异化改革，通过开展同业调研，学习借鉴其他财务公司在人力资源管理方面的先进做法和经验，并结合市场化导向，研究讨论薪酬、考核机制等相关方案，从而进一步有效发挥激励方式对经营绩效的促进作用。三是及时组织开展员工招聘，充实专业金融人才，全年共招聘到岗新员工 11 名。四是致力于优化服务产品及模式，公司结合自身业务发展需要，建立了创新鼓励机制，在公司上下形成了“研究探索、积极创新”的良好氛围。

【信息化建设】2012 年，公司在集团信息化测评中由 C 级晋升为 B 级，实现了登高目标，信息化水平再上一个台阶；成立了信息化领导小组，实行了年度信息化工作绩效评价，提高了信息化工作领导力和员工参与信息化建设的积极性，促进了公司信息化建设健康发展；加强 IT 需求建设过程管理，跟踪需求调研、讨论、确认、开发、测试、UAT 测试、上线等阶段，通过进度表、周报、上线施工计划及文档等一系列手段进行全周期管理，实现了 20 项重点功能建设，集中更新业务系统 18 次，启动了外汇业务系统和投资管理系统的建设工作，有力保障了公司核心业务系统功能持续优化；完成身份认证网关改造和 VPN 平滑过渡，有效增强了信息化安全性能；加强系统日常监控与维护工作，保持了信息系统平稳运行，加大了技术支持服务力度，全年更新网银用户 CA 证书 169 张，不断总结运维保障、技术支持经验，提高信息系统运维能力和技术服务水平。

【企业文化建设】2012 年，以创建学习型组织为目标，以加强党的执政能力建设和先进性建设为主线，公司党支部全面加强党的思想、组织、作风和制度建设，为全面推进公司党建工作营造良好的氛围。公司通过宣传贯彻发展目标和发展战略，让员工对企业的前途有明确和良好的预期，以振奋精神，凝聚人心；坚持教育与管理相结合，不断建立和完善自律与他律、激励与约束相结合的充满活力的企业管理机制，做到人尽其才、激励先进，努力形成奋发向上的氛围；鼓励员工进行各种形式的专业知识学习，为公司长远发展奠定了良好基础；开展健康向上、丰富多彩的集体业余文体活动，增强公司凝聚力。

河南煤业化工集团财务有限公司

【经营概况】2012 年，河南煤业化工集团财务有限公司（以下简称“公司”）始终坚持“立足集团、服务集团”的经营宗旨，牢牢把握“持续提升，稳中求进”的工作总基调，围绕公司年度经营目标，创新金融服务，强化资金集中管理，严控资金风险，狠抓工作落实，积极开展“合规建设提升年”活动，确保公司业务稳健开展。

截至 2012 年末，公司资产规模达到 231.35 亿元，营业收入 11.84 亿元，实现利润 7.30 亿元；资本充足率为 27.47%，流动性比率为 41.14%，不良资产率和不良贷款率均为零，各项监管指标均符合监管部门要求，并通过河南银监局风险评级现场检查。

【信贷业务】2012 年，公司积极开展信贷业务，充分发挥集团金融中心的作用，在符合监管要求的前提下，尽全力满足成员单位的资金需求。公司在对成员单位进行信用等级评定和统一授信的基础上，共向 25 家成员单位发放贷款，共计 49.35 亿元。截至 2012 年末，公司各项贷款余额为 155.66 亿元，其中自营贷款余额为 130.65 亿元，融资租赁余额为 0.93 亿元，贴现余额为 24.08 亿元。另外，公司还根据成员单位需求，积极开展了代理保险业务和委托贷款、担保及保函等表外业务。

【票据业务】2012 年，公司积极开展银行承兑汇票贴现业务，既满足了成员单位现金需求，又加快了资金的周转速度。同时，公司还积极与邮储银行、兴业银行等商业银行签订银行承兑汇票转贴现协议，开展票据转贴现业务，通过外部资金融通满足了集团内部资金需求，又确保了公司资金的流动性。2012 年，公司共为成员单位办理票据贴现业务 58 笔，共计 56.71 亿元。

2012 年，公司积极推进电子商业汇票业务，发挥信用创造资金来源的功能。一是对票据管理系统进行持续升级和改造，加大对集团成员单位业务人员、上下游客户进行培训和宣传的力度；二是积极与中国银行、交通银行、招商银行等多家银行签订协议，使公司签发的电子银行承兑汇票能够贴现，实现了集团信誉的社会化支付。2012 年公司签发电子银行承兑汇票共 25 笔，金额 1.26 亿元，较 2011 年增长 1.05 亿元，增幅 83%。

【资金集中】随着集团公司的快速发展，财务公司的服务范围逐步扩大，截至 2012 年末，成员单位开户数量已增加到 376 家，同比增长 30 家；累计结算量 20.14 万笔，同比增长 6.50%；结算金额 6 285 亿元，同比增长 17.90%；吸收存款 187.96 亿元。公司积极配合集团公司资金管理中心做好资金安排，确保了集团公司投资款和成员单位结算资金的及时支付。

为加强资金管理，提高资金集中度，公司主要采取了以下措施：一是对已经开立账户但一直未使用的单位逐一进行调查，限期将资金转入财务公司；二是对纳入集团公司合并报表范围尚未在财务公司开立账户成员单位，积极催促其及时在财务公司办理开户手续；三是对成员单位投资款的使用情况指定专人进行跟踪，敦促被投资企业验资后，及时将验资款转回财务公司；四是积极向集团公司参股不控股的成员单位宣传财务公司的功能作用，争取其将资金纳入到财务公司管理；五是确保成员单位的银企直联行支出户授权到位，保证按照限额对大额资金进行上收，从而提高资金集中度。

【业务创新】2012 年，在加强原有业务的基础上，根据成员单位需要，积极拓展担保业务品种，在已开办融资保函业务的基础上，又向成员单位提供了工程履约、工程务工人员工资支付和货款履约等多种形式的保函业务，确保成员单位工程进度的顺利进行。2012 年为集团成员单位出具保函 0.96 亿元。

【风险管理和内部控制】2012 年，公司进一步推行合规理念，以合规促内控，以内控保合规，保障和促进了公司稳健发展。一是进一步健全了内控制度建设，新增、修订了 10 项内控制度。二是根据河南银监局“合规建设提升年”活动要求，开展了“合规建设大讨论”、“合规建设好建议”等活动，引导员工积极主动思考，提高参与合规建设的自觉性。2012 年公司共收到员工建议 34 条，采纳 5 条。在“合规建设提升年”活动中，公司精心制作了 18 期《合规简报》，及时反映国家宏观金融政策、监管动态和公司“合规建设提升年”活动开展情况，为员工提供了学习法律法规、监管政策、同业风控经验的平台。

【人力资源管理】2012 年，公司不断完善人力资源管理，一是积极组织开展员工法规、业务培训，引导员工参加学历教育、专业技术职称评定、专业从业资格认证等，不断提高员工的知识结构、政策水平、业务素质和操作能力；二是按照集团公司人力资源管理的统一要求，做好人力资源报表和工资使用情况统计工作，完善 HER 系统的各项设置和应用工作。

【信息化建设】2012 年，公司加大信息系统投入，实现了电子申请、电子回单、电子对账单等业务的电子化处理，增强了集团及成员单位资金结算信息获取的准确性、完整性、时效性，降低了信息传递风险，消除了资金结算的信息盲点。

【企业文化建设】2012 年，公司通过开展企业文化宣传、拓展训练和职业素质培训，进一步提高员工的执行力和凝聚力，使集团公司企业文化在公司落地生根。一是通过强化员工培训，开展以优帮劣、以老带新、师傅教徒弟等活动，提升员工的整体素质；二是通过搭建和完善人力资源管理体系，优化人力资源管理，将优秀员工配置到重要岗位，充分发挥员工工作的积极性和创造性；三是通过开展“合规建设大讨论”、“稽核责任追究制度”、“首问负责制”等活动，增强了员工对集团公司企业文化的理解，使“用心做事、追求卓越”的文化理念深入到每位员工的内心，达到“内化于心、固化于制、外化于行”的效果。

中国化工财务有限公司

【经营概况】 2012年，中国化工财务有限公司（以下简称“公司”）按照“十二五”规划中“一个中心、两个支柱、六大平台”的战略定位，强化开拓创新意识，以新业务拓展为牵引，丰富金融服务品种、提高营运水平、提升全员业务能力，圆满完成全年业务指标，全年实现营业净收入2.07亿元，实现利润总额1.18亿元。2012年公司的所有监管指标均符合监管要求。

【信贷业务】 为规范信贷业务，同时为成员企业提供更便捷快速的用款渠道，2012年4月开始，公司对所有办理信贷业务的企业进行综合授信，截至2012年末，综合授信业务覆盖所有贷款企业。公司积极支持集团管理变革重点项目——煤炭集中采购，为集中采购平台公司提供0.50亿元的首期周转资金，并利用财务公司结算平台为煤炭集中采购提供内部资金流转服务，在一定程度上保障了煤炭集中采购资金的顺畅周转。2012年度公司累计发放自营贷款76笔，共计117.19亿元；累计发放委托贷款77笔，共计87.05亿元。截至2012年末，自营贷款余额（含贴现）31.23亿元，委托贷款余额51.64亿元。为让利于企业，公司调整贷款利率结构，提高利率下浮贷款的比重，为企业节约大量财务费用。2012年发放的自营贷款中，80%执行贷款基准利率下浮10%，其余为基准利率。

【资金和投资业务】 在资金流动性管理方面，公司积极发挥主动负债工具的作用。一方面，公司加强银行授信工作，获得交通银行等五家银行共计23亿元银行授信；另一方面，公司积极申请并获得了同业拆借资格，并在年末利用同业拆借工具防范流动性风险。在资金效益管理方面，公司在不具备证券投资资格的情况下，仍采取包括增加月内周转贷款和临时周转贷款的规模、增加同业定期存放的规模和频率、与银行协商提高同业活期存款利率等多种措施提高短期资金使用效益。

【票据业务】 2012年，公司共为成员企业办理银行承兑汇票贴现3.49亿元，贴现利率均低于同期银行承兑汇票贴现利率，为企业节约了财务费用。

【资金集中】 2012年，由于集团经营形势和外部金融环境的变化，公司资金集中管理工作面临诸多困难，银行账户清理无法继续进行，工作重点转向现有资金集中企业和未上线企业的挖潜。公司与集团内某上市公司通过修改金融服务协议取消了存款限额，实现日常资金的全部集中，集中额增长40%以上。年内资金集中上线企业新增9户，截至年末上线企业共145家，资金集中账户237户。

【业务创新】2012年9月，公司获批全国银行间同业拆借会员资格，批准拆借额度6亿元，12月与工商银行、广发银行开展了资金交易。为拓展新服务形式、扩大为企业服务范围，公司参照银行建立了规范的应收账款保理制度和流程，并为济南长城炼油有限公司与蓝星石油济南分公司之间的1 000万元应收账款办理了有追索权保理业务。

【财务顾问业务】公司作为集团的内部财务顾问，承担集团及各专业公司的国际并购、引进战略投资者、国际合资合作、资产重组等工作。2012年，公司作为一家企业的唯一财务顾问，历经两年半完成与美国公司合资项目协议的最终签署。在项目过程中，公司提供了从项目可行性分析、估值模型构建、财务效益分析，到协调内外部资源、促进各方沟通等一系列服务，完全取代了外部财务顾问。同时，公司继续密切关注全球优质化工资产，与集团及各专业公司探讨潜在收购机会；推进各专业公司引进战略投资者和实现IPO的工作，以多元化的股份制产权结构带动现代公司治理机制提升；不断跟踪创新债权市场的融资工具，为集团的国际并购、项目建设及产业结构调整筹措资金。公司还与交银租赁合作，通过融资租赁方式为昊华宇航有限责任公司获得5.50亿元的授信，并通过谈判，将租赁费用降至行业最低水平，为企业节省了财务费用。

【风险管理和内部控制】2012年公司继续完善内控体系建设。一是合理调整职责分工，法人治理结构趋于规范。二是根据监管机构要求，开展“内控和案防制度执行年”活动。公司要求主要业务部门实行风险自查，借机重点改进对账、大额支付业务流程，建立《反洗钱管理办法》、《对账管理办法》等多项业务制度。通过风险自查，提高了员工防范道德风险和业务操作风险的能力，对易发案部位的控制力度明显加强。三是对结算、信贷和财务业务开展了专项稽核，对所发现问题提出稽核建议，督促业务部门及时整改，完善业务流程和操作规范。

【人力资源建设】公司以加强队伍建设，提高员工整体素质为重点，加大人才培养的力度，努力调整和改善人力资源结构。2012年，公司任命了代理CEO，引进了1名职业经理人。在提高员工队伍建设方面，一是开展资金集中、风险控制、授信分析方法等银行相关业务专题培训、讲座；二是结合自身工作特点，与相关金融机构进行对口交流；三是制定岗位练兵、技术比武考核安排，分别对全体员工和不同岗位提出考核的内容、要求，考核组织能力、计划能力、计算机应用能力和文字语言表达能力，通过考核过程，使每个人的专业技能、工作能力提高到一个新水平。

【信息化建设】2012年，公司完成了本地业务系统加固和异地灾备系统建设。本地业务系统方面，通过新增磁盘阵列和光纤链接，对原有架构进行了加固，加固完成后业务数据同时写入两个磁盘阵列，消除原先架构中单块硬盘、单条光纤、单个盘阵等多个单点故障隐患，同时在多台设备上分担数据库读写压力。公司还在顺义机房建设完成了灾难备份系统，通过远程数据同步技术将本地数据备份到灾备系统的远程盘阵中。灾备系统的应用服务器、数据库服务器及磁盘阵列的连接，设置为类似本地的多层级结构，以使本地发生故障灾难时视情况全部或局部地与本地系统连接，接管本地系统的业务运行。本地加固和异地灾备系统经演练测试证实满足建设要求，目前已转入运维阶段。

【企业文化建设】2012年，公司在传承中国化工优秀企业文化的基础上，努力培养和弘扬“三从四尚”的企业文化。通过开展多种形式的活动，将企业文化的每一个细节分解到人的行为中，发挥人的主观能动性，拓展企业文化建设，借助岗位比武活动，学习交流等机会，培养大家学习兴趣，树立终身学习的意识，掀起学习业务的热潮，将财务公司打造为学习型、学术型的公司。

紫金矿业集团财务有限公司

【经营概况】2012 年，紫金矿业集团财务有限公司（以下简称“公司”）立足集团实际，深入成员单位积极调研，努力创新，扎实开展各项业务；根据内外金融形势变化，加强风险量化指标的监控监测，及时有效地调整风险管控策略和措施；重视团队建设，服务质量不断提升，公司整体经营规范有序，发展持续稳健，效益显著。截至 2012 年末，公司资产规模达 51. 38 亿元，总收入 2. 31 亿元，其中营业收入 1. 69 亿元；存款余额 44. 48 亿元，贷款余额 31. 25 亿元。

【信贷业务】2012 年，公司优化信贷投放结构，有计划有重点地支持集团重点单位和重点项目建设；根据市场融资情况，加强与成员单位交流沟通，及时主动调整利率水平，最大程度上为成员单位节约财务费用。截至 2012 年末，公司累计发放贷款 36. 60 亿元，净投放 5. 38 亿元，年末贷款余额 31. 25 亿元，覆盖采掘、冶炼、酒店、水电行业，实现信贷有效倾斜，为集团发展做出了积极贡献。

【资金和投资业务】2012 年，公司坚持审慎经营原则，充分利用股东投资信息资源共享渠道，认真分析筛选投资品种，坚持投资保本型产品和兼顾投资收益的投资理念，有效推进证券投资（股票二级市场除外）业务的稳健发展，积累了一定的市场经验。2012 年，公司在新股申购的基础上，对国债回购和逆回购进行常态化操作，还积极参与可转债认购，年投资收益率达 5. 70%，为公司调整业务结构，增加业务收入品种打开了良好局面。

【票据业务】2012 年，公司票据业务快速发展，并得到成员单位一致认可，票据开立、贴现、再贴现、转贴现规模均突破亿元。公司票据信誉度逐步得到外部金融机构认可，2012 年建设银行广东省分行等金融机构已签收公司开立的票据，这标志着公司票据业务开始走入同业市场，为公司同业拆借、授信评级等业务开展迈出了重要一步。

【外汇业务】2012 年，公司获批外汇结售汇业务，开办了外汇委托贷款业务，更好地支持了集团海外战略的实施，明确了公司持续发展的方向。

【中间业务】截至 2012 年末，累计办理结算 63 497 笔，共计 959. 77 亿元，分别同比增长 65. 70% 和 58. 70%。2012 年，公司向政府部门、会计师事务所、金融机构共开具资信证明 78 份，社会认知度进一步提高。同时，公司共代理上杭县境内 14 家成员单位的保险业务，代理开展货运险、机损险、意外险等五个险种，成为集团办理保险业务的首选。

【资金集中】2012年，公司采取内部分片区分部门负责方式实现对资金的有效归集；此外，公司深入成员单位实地集中召开座谈会，加大公司服务职能宣传，积极收集成员单位意见，并上浮存款利率，加大其他业务优惠。

【业务创新】2012年，公司在合法合规和风险可控的前提下，加大了业务创新力度。除获批开展外汇业务外，还开展了同业拆借业务，成功进入全国银行业间同业拆借市场，为外部融资提供了广阔的市场平台。公司为提高成员单位融资灵活性和融资效率，开办了循环贷款业务；根据成员单位实际，推出了票据质押贷款业务；为方便成员单位对外结算，对一些资质好的优质客户开办了法人账户透支业务，为成员单位提供快速、短期的资金融通。

【风险管理和内部控制】2012年，公司继续推进“整体规划、全程控制、量化跟踪”的风险管控模式，逐步构建集人员监控、岗位交叉、部门管理、制度约束、外部监管五位一体的内控体系，加强风险跟踪、识别、预警。公司全年共修订制度20项，新增制度26项；实行部分岗位轮换，加强岗位履职监督；完成对所有贷款单位的贷后检查，全年进行4次资产五级分类，开展合规工作检查5次，开展灾害应急演练2次；积极配合集团公司、监管部门对公司经营情况的审计检查，并对相关问题进行及时整改跟踪，实现了风险第三方管控，内外联动的风控模式有效推进。此外，公司严格按照财政部新颁发的关于金融企业计提准备金的有关规定，足额提取风险准备金，实现准备金对风险资产的全覆盖，风险抵御能力明显增强。

【人力资源管理】2012年，公司员工素质不断增强，服务质量持续提升。公司全年共派出20人次参加各项专业培训，3人通过全国银行业间同业拆借资格考试，3人通过全国外汇交易员资格考试，通过率均为100%；通过组织自学、公司内部培训、强化宣传等方式提升员工专业素质和风险意识；实现员工职业道德教育与日常工作有效结合，团队工作执行率、责任心显著提升。

【信息化建设】2012年，公司信息化建设迈上新台阶。一是升级系统登录口令，加强对U－KEY的管理，系统安全性进一步增强；二是架设上线外汇业务系统，接入全国同业拆借系统，系统建设有效支持业务发展；三是系统维保工作顺利开展，全年共对系统全面巡检2次，系统软硬件维护工作得以充分保证；四是完成与集团ERP财务模块接口的开发、测试和接入工作；五是系统运用创新成果显著，实现业务回单自主打印、存款业务类型自主选择转换功能；六是数据信息灾备建设工作开创新局面，构建以总部大楼为主，以紫金矿业学院为灾备、厦门分部机房为备份的“两地三中心”的资金管理系统，信息数据安全和风险抵御能力大为提升。

江苏华西集团财务有限公司

【经营概况】 截至2012年末，江苏华西集团财务有限公司（以下简称“公司”）资产总额20.19亿元，负债总额16.14亿元，所有者权益4.05亿元。公司全年实现利润0.64亿元，同比增长29.58%。吸收单位存款15.45亿元，同比减少16.41%；贷款总额8.12亿元，同比增长14.04%；资本充足率为43.69%，流动性比例38.56%，各项监管指标均符合监管要求。

【信贷业务】 一是做好客户维护、评级、授信、贷款的发放工作。2012年公司通过与人民银行的沟通，新增贷款规模1亿元，累计办理银行承兑汇票贴现52笔，共计136.93亿元，累计再贴现5笔，共计1.50亿元，既为成员企业融通了资金，又为公司创造了可观的效益；公司还积极向商业银行申请授信，先后向建设银行、交通银行、工商银行、天津银行、上海银行等提出授信要求。二是加强内部业务档案、台账的登记管理工作。业务发生后，及时对贷款用途进行贷后检查，对业务档案进行整理归档，建立了公司授信业务综合管理台账、企业综合授信额度使用管理台账、贷款分类管理台账、贷款业务管理台账、贴现业务等业务台账，通过台账可以清晰地反映出公司授信、贷款管理的相关数据，为公司领导决策及有关统计分析及时提供数据。

【资金和投资业务】 2012年3月，公司获批进入全国银行业拆借市场。截至2012年末，公司共进行了同业拆借二笔，为弥补公司资金头寸、帮助成员企业解决临时资金困难提供了良好的途径。2012年10月，经过与重汽财务公司和重汽集团协商，将公司对重汽财务公司的股权投资溢价转让给重汽集团，完满处理了历史遗留问题。

【票据业务】 截至2012年末，公司累计贴现62笔，共计141.48亿元，累计银票转贴现52笔，金额136.93亿元，共实现利差收入0.18亿元。累计再贴现5笔，金额1.50亿元，实现利差收入165.98万元。票据业务为公司节约了成本，也创造了效益。

【资金集中】 为了挖掘存款来源，2012年公司积极增加成员企业开户，特别是对调整转型中新设成员企业做到及时服务，新增开户数7个。共计基本户72个，开户率达80%。除上市公司存款、外汇存款、保证金存款外，归集率已达70.72%。

【业务创新】 2012年4月，公司顺利完成同业拆借市场入网申请，派员工赴上海参加了交易员的培训。同年10月进行了首笔资金同业拆入业务，金额0.20亿元，利率为3.30%，操作人员熟悉了资金拆借系统和测试交易速度，累积了对同业拆借业务经验，为拓展新业务打下坚实基础。

【风险管理和内部控制】 2012年，公司按照监管部门批准的公司内部控制制度开展工作，加强公司治理和内部控制。一是完成现场常规、专项稽核项目28个。二是根据公司业务的发展变化和监管部门新的监管要求，修订、增补、健全、完善公司的业务规章和内控制度，删除41条不符合实际的制度，新增12条，修改188条。三是按照公司治理制度的要求，开展了授权体系建设，董事会对公司总经理进行授权，若超出授权，必须报风险管理委员会或董事会。四是完善风险控制机制，每笔贷款授信必须先报风险管理部审查通过后，再报贷款审查委员会审议。五是完善部门架构，实现前后台分离，避免前后台职责混淆带来的风险可能性。六是将风险控制的责任落实到每个岗位每位员工，使每项业务、每个部门、每位员工的工作都能做到有章可循，有序运行。七是建立了汇报审批制度和集体决策机制。八是在公司内部形成风险管理文化。

【人力资源管理】2012年，公司积极组织员工参加稽核审计、信贷管理、监管统计、信息技术、宏观经济政策、监管政策等方面的培训。同时，组织员工参加银行业从业资格的考试并取得了良好的成绩。公司还开展了各种团体趣味活动，丰富职工业余生活、陶冶职工情操，加强了团队建设，增进了感情交流，达到了凝心聚力的效果。

【信息化建设】公司根据应用系统的规模确定网络架构和模型，同时利用防火墙实现不同安全区域的划分，各区域间进行逻辑隔离和访问控制，增强网络的安全性和可靠性。公司业务应用系统主要分为应用核心模块、外围系统接口以及用户接口三部分。其中柜面结算模块主要完成客户资金管理以及财务公司业务结算的功能，系统管理包括基本信息管理、权限管理和操作日志管理。

【企业文化建设】为了加强公司内部风险控制管理，有效防范和化解金融风险，确保公司经营活动安全、稳健运行，公司开展了“银行业内控和案防制度执行年”活动，将风险管理理念和风险管理文化传播到每位员工。

冀中能源集团财务有限责任公司

【经营概况】2012年，冀中能源集团财务有限责任公司（以下简称“公司”）面对紧张的资金环境，坚持以资金集中管理工作为基础，围绕拓展融资渠道，降低集团融资成本，稳妥有序地推进各项工作，实现发展质量的稳步提升。经营工作重点加强了存贷款业务的综合调控和应用，在集团公司的大力支持下，发挥财务公司金融职能，实现了资金集中平台安全运行，票据业务蓬勃发展，融资能力稳步提高，信贷资产结构逐步优化的良好效果。截至2012年末，公司累计实现营业总收入2.98亿元，累计实现利润1.37亿元；年末资产总额60.97亿元；贷款余额43.08亿元；年结算量4 429亿元；各项监管指标全部优于监管考核标准。

【信贷业务】2012年，公司资金较为紧张，信贷业务通过扩大流动性较强的票据资金投放，提高信贷资产流动性，来保证对成员企业的资金服务，同时优化信贷资产结构。全年自营贷款30.46亿元，较上年下降11%；流动性较强的贴现资产12.62亿元，较上年增长71%；年末贷款余额43.08亿元，较上年增长5%。

【资金和投资业务】2012年，公司资金存量维持较低水平，资金管理工作中，一方面提高流动性管理，加强大额资金支付预约管理和大客户资金询访工作，为资金计划提供较为准确的信息；另一方面加强效益性管理，将市场比价与资金分析结合，提高外部融资周转效率，降低综合融资成本30%；挖掘存量资金潜力，加大同业利率协商力度，增加收入427万元。同时，积极拓展融资渠道和融资规模，新增法人账户透支业务，累计短期融资17.50亿元。全年各类外部融资总量73亿元，较上年增长238%，在资金紧缺的环境下满足了成员企业低成本融资和支付安全的需要。

【票据业务】2012年，公司继续以优惠利率为成员企业提供票据贴现业务，全年累计办理票据贴现47亿元，较上年增长93%，节约企业财务费用0.29亿元，降低了集团总体融资成本，为财务公司进行外部票据融资创造了可能。全年累计实现同业票据融资48亿元，较上年增长100%；再贴现融资8.20亿元，较上年增长162%。

【资金集中】2012年，公司按照集团资金集中管理规定，不断完善作为资金集中平台的服务能力，促进资金集中的持续深入。公司坚持执行优于银行同业的利率及手续费标准，积极协调开办提高企业存款收益的存款品种，全年累计节约财务费用0.33亿元。同时，开展客户询访，及时发现问题，解决银行系统升级维护、查询缺陷、地市行业务办理受限等问题49个，协助二级集团完善内部资金管理。

【风险管理和内部控制】2012年，在内控机制建设方面，公司强化提高了稽核工作的主动性和前瞻性，由静态监督检查向动态监控转变，随时跟踪检查业务开展情况，建立稽核自主采集信息的数据分析监控系统，由单纯的合规检查向经营风险防控转变。基础管理方面建立了详尽的资产业务台账、岗位权限列表、票据交接登记等主动风险防控措施，并通过稽核检查确保执行。

【人力资源管理】2012年，公司下大力气狠抓人才培养工作。根据集团公司人才队伍建设工作要点，编制完成《财务公司中长期人才发展规划》，并制定、执行与之配套的年度人才培养计划，在员工中引起积极反响。与实际工作结合，组织开展专业课题研讨，带动了相关专业岗位员工的学习，促进了工作水平的提高。开展内部岗位培训、外派培训考察等多类型、多层次的培训工作近70次，并将员工学习培训效果与绩效考核挂钩，激励员工学习提高的主动性。

【企业文化建设】围绕集团公司倡导的“提质增效”、“精细化管理”等理念，大力开展公司文化建设，利用会议、文体活动、培训等机会进行宣传教育。与业务的风险管理相结合，营造合规企业文化，促进员工提高主动防控风险的意识，为公司稳健发展创造良好的文化氛围。

山西焦煤集团财务有限责任公司

【经营概况】山西焦煤集团财务有限责任公司（以下简称“公司”）始终坚持审慎经营和规范管理原则，发挥自身金融服务和财资管理平台作用，加快金融创新步伐，推动资金集中管理进程，2012 年实现营业收入 4. 87 亿元，利润总额 2. 79 亿元，年末资本充足率 37. 45%，流动性比率 72. 99%，无不良贷款。

【增资扩股】为了能提供更好的优质金融服务，提高公司核心竞争力，经股东会同意，公司于 2012 年 9 月将未分配利润 1. 60 亿元转增注册资本，注册资本由 10 亿元增资至 11. 60 亿元，并办理了工商变更登记等相关手续。

【信贷业务】为兼顾资金来源和期限结构，满足流动性管理要求，努力提供更多内部信贷资金，公司在信贷项目选择上坚持“有计划、有侧重、有标准、有所为有所不为”原则，对符合集团战略发展方向、转型跨越发展的骨干企业进行重点支持和集中投放，对资金困难的企业针对性地推出低息贴现等信贷产品，加大扶持力度，截至 2012 年末，公司累计发放流动资金贷款 18. 20 亿元；配合集团发行私募债资金 60 亿元，办理集团统一融资资金内部划转等委托贷款 106. 90 亿元，充分体现了财务公司的金融支撑作用。

【票据业务】截至 2012 年末，公司累计票据贴现 40. 80 亿元，并与招商银行、主要成员单位签订电子商业承兑汇票业务三方合作协议，组织相关人员培训学习，制定了《电子商业承兑汇票管理暂行办法》。

【结算业务】公司始终坚持“服务优先”原则，努力提高金融服务质量，进一步扩大“零余额”管理单位，最大限度实现结算方式的“本质安全型”。经过努力，全年新上线成员单位 68 个，截至 2012 年末 272 个成员单位在财务公司开立了 323 个账户。结算系统业务操作规范流畅，结算业务办理安全快捷。

【资金集中】一方面，公司积极主动与成员单位联系沟通，努力提供优质金融服务，取得更多的理解和支持，为资金归集创造良好环境，组织条件成熟的资源整合矿井尽快实现上线归集，采取有效技术措施和手段扩大资金上收覆盖面，促进资金归集量和沉淀量增长，积极发挥账户监管职责，防止无序新增账户，降低备付资金的低效率占用。另一方面，公司主动强化资金预算管控，严格在煤炭销售资金回笼、集中融资规模内协调成员单位支付总需求，开展成员单位大额资金流向实时跟踪，重点监控超过 2 000 万元的大额资金支付需求，月度资金预算管理的科学性和执行力得以不断增强。

【保险经纪业务】2012 年，公司新增环境污染责任险、公众责任险等代理险种，全年为 123 家成员单位办理商业保险等 139 笔，保单金额 163 亿元，代理收缴保费 0. 52 亿元，手续费收入988万元。

【业务创新】2012年7月，公司成功获批承销成员单位债券、有价证券投资的新业务开办资格。同年，公司向中国人民银行上海总部上报了同业拆借资格申请资料。

【风险管理和内部控制】公司始终把资金安全放在首位，举办“安全生产宣传咨询日”活动，组织观看银监部门《再现真相》系列专题片，学习《银行业典型案例汇编》、《名人与洗钱》等宣传材料，强化案防意识和合规意识，加强员工职业道德教育，下发《重要岗位员工轮岗制度和年度轮岗计划》。截至年末，财务公司经营状况良好，风险监管指标合格，未发生一起安全管理事故。

【人力资源管理】2012年，公司制定下发了《工作绩效考核办法（试行）》，公司薪酬管理更加科学严谨，维护了广大员工的切身利益；修订完善了公司《内部管理制度》；大力倡导员工参加多种形式的培训学习活动；鼓励员工参加各类与公司业务相关的执业资格考试，有多人通过银行业从业资格认证考试、保险从业资格考试和证券从业资格考试，取得相关行业从业资格。

【信息化建设】2012年，公司进行了2次资金管理信息系统功能更新，和农业银行、光大银行等四家直联银行成功对接；下发了《资金管理系统培训管理办法》，对有关成员单位操作人员进行集中培训，确保熟练掌握业务操作及安全规程，实现持证上岗，培训28课时，参加培训209人；下发《规范资金管理系统用户和密钥的通知》，清理睡眠用户并收回密钥，完善了信息系统用户和密钥管理；每季度进行一次信息系统安全应急演练。

【企业文化建设】公司坚持为员工办实事、办好事，增强员工对公司的归属感，致力于提升企业文化软实力。组织员工听取山西省学雷锋志愿者服务模范事迹报告会，大力弘扬雷锋精神；冠名举办山西焦煤集团总部“财务公司杯”乒乓球比赛；利用业余时间举办棋牌类项目比赛，活跃业余生活，提升机构形象；积极参加中国财务公司协会25周年系列庆祝活动；与《会计之友》杂志共同出版发行了山西焦煤专刊，刊发财务公司员工业务论文17篇。

阳泉煤业集团财务有限责任公司

【经营概况】2012年，阳泉煤业集团财务有限责任公司（以下简称“公司”）围绕集团公司“亿吨双千亿”的战略目标，拓展经营范围，推进业务创新，夯实基础工作，固化工作流程，深入实体产业，服务成员单位，公司各项业务稳健发展。截至2012年末，公司实现营业收入4.51亿元，同比增加61%；实现利润2.64亿元，同比增加62.40%；资产规模122亿元，资产收益率1.74%，资本收益率21.42%，各项监管指标均符合监管机构的监管要求。

【信贷业务】2012 年，公司信贷工作根据成员单位的多元化融资需求，向煤炭、化工、铝电、建筑地产、机械制造、服务贸易等多个产业投放自营贷款 114 笔，共计 63.21 亿元，其中发放流动资金贷款 72 笔，共计 42.87 亿元，办理租赁融资 7 笔，共计 6.58 亿元，办理承兑贴现 35 笔，共计 13.76 亿元；全年共办理委托贷款 18 亿元。同时，为进一步缓解成员单位长、短期的资金压力，探索创新服务手段，于 3 月份推出了首笔电子汇票业务。

【资金业务】2012 年，公司加强预算管理，有效调度资金，资金备付率由 55%—65%降到 40%—45%，提高了资金利用率。在保证资金流动性、风险可控的前提下，通过与各银行的合作，存放同业活期平均利率由 2011 年的 1.65%提高至 1.80%，并且逐步扩大了与多家商业银行合作开展的同业短期定期存款业务，截至 2012 年末，公司累计办理同业短期定期存款 73 笔，金额 139.70 亿元，实现利息收入 0.37 亿元。

【资金集中】2012 年，公司坚持资金集中为第一要务的理念，通过账户管理，提高归集率。截至 2012 年末，成员单位共开立结算账户 276 个，二级单位开户率 99.30%，三级单位开户率 94.40%，绑定银行账户 452 个；通过让利成员单位，提高资金归集的自觉性，日均吸收存款 114 亿元，比上年 92 亿元增加 22 亿元；通过系统建设，提高资金结算效率，累计结算 10.40 万余笔，比上年度增加 0.50 万笔，累计下拨资金 1 492 亿元，上收资金1 494 亿元。

【业务创新】公司于 2012 年 6 月取得了“承销成员单位的企业债券、有价证券的投资（股票一、二级市场投资除外）和成员单位产品的融资租赁”三项业务的批复，成功解除了经营规模和经营范围对公司发展的束缚。2012 年 10 月，公司完成了首笔 490 万元国债回购业务，形成了公司新的利润增长点，丰富了资金的运作手段。全年共完成 28.79 亿元回购交易，资金投入规模达到 3 亿元，回购成交业务平均收益率 4.80%。

【风险管理和内部控制】2012 年，公司继续完善内控管理机制，提升风险控制能力。一是加强了制度建设，制定了《投资决策委员会工作制度》、《有价证券投资管理办法》、《有价证券投资业务风险管理办法》等制度，保证了投资业务的顺利开展；二是固化了业务流程，对现行的各项业务流程和管理程序重新进行了梳理，共确定业务流程 118 个；三是加强日常监督检查，全年组织对重点业务、重点环节专项检查 12 次；四是完善案防责任体系，出台了《财务公司案防工作实施方案》，定期组织案防研讨会，层层签订案防责任书，明确各级人员责任。

【人力资源管理】为打造一支高素质的员工队伍，公司在 3 月份组织 8 名新员工进行了为期两周的军事体能培训和业务技能培训，提高了新员工的责任感和归属感；7 月 21 日，开展了以“心灵动力”为主题的“沙漠掘金之旅”思维拓展训练，提高了员工的团队协作能力；全年组织集中学习 10 次，涉及法律、业务理论基础、业务操作等多个方面；出台了后备干部制，公开、透明选用人才，提高了工作效率效果，促进了班子建设。

【信息化建设】2012 年，公司累计投资 72.70 万元，完成了机房的数据中心改造升级，增加了入侵检测和入侵防御系统，保证了资金的安全；增加了一家直联行，增加了“代理支付”结算模式，实现了预算管理信息化；建立了网格化管理系统以及部门共享平台，实现了资源的共享，提高了工作效率。

【企业文化建设】公司一直致力于营造和谐、愉快的工作氛围，通过组织各类活动，激发团队活力，提升团队凝聚力。2012 年，公司组织成立了羽毛球兴趣小组，组建了舞蹈队，组织了首届业务技能大赛，开展了天河山体能拓展训练，建立了职工流动书屋，开展了“假如我是总经理”的征文比赛，成功举办开业三周年文艺晚会，通过一系列丰富多彩的活动，丰富了员工的业余生活，更使企业文化深入人心，为营造具有公司特色的企业文化氛围奠定了基础。

【党团支部工作】公司以“基层组织建设年”为契机，经过公司团支部以及全体员工的共同努力，公司结算部获得了山西省“省级青年文明号”的荣誉称号。为扩充公司党员队伍，提高员工的内生动力，公司培养了一名入党积极分子，两名预备党员正式转正，党员人数达到了 24 人，占公司总人数的 48%。为纪念建党 91 周年，公司举办了以“忆党史、颂党恩”为主题的演讲比赛，进一步凝聚了人心，凸显了党员模范作用。

晋煤集团财务有限公司

【经营概况】2012 年，晋煤集团财务有限公司（以下简称“公司”）紧紧围绕集团公司“再造两个新晋煤，跨入世界五百强”的发展目标，采取“四加强，三严格，两探索”的有效工作措施，各项工作平稳有序开展，取得了良好的经营业绩。截至 2012 年末，公司实现营业收入 4. 76 亿元，利润 3. 08 亿元；资产收益率 2. 25%，净资产收益率 18. 76%，资本充足率 20. 86%，不良贷款率和不良资产率均为零，各项监管指标均符合监管要求。

【信贷业务】截至 2012 年末，公司贷款余额为 55. 36 亿元。其中，流动资金贷款余额为 52. 33 亿元，固定资产贷款余额为 1 亿元，票据贴现余额（包括银行承兑汇票贴现和商业承兑汇票贴现）为 2. 03 亿元。信贷资产五级分类：正常类贷款 24. 38 亿元；关注类贷款 28. 53 亿元；无后三类不良贷款。公司信贷投放范围覆盖了集团公司全部产业板块，贷款覆盖面进一步拓宽，有效支持了集团的转型跨越发展。另外，通过和工商银行的积极沟通，与晋煤太钢公司签订项目委托融资代理协议，28 亿元的融资方案基本确定，在项目委托融资业务方面进行了有效探索。

【票据业务】2012 年，公司票据业务继续稳步向前发展。业务品种包括银行承兑汇票贴现、代签银行承兑汇票、商业承兑汇票保贴等。截至 2012 年末，公司累计办理银行承兑汇票贴现业务 3. 42 亿元；累计办理商业承兑汇票贴现业务 1. 50 亿元；实现贴现利息收入近 0. 12 亿元。

【资金集中】2012 年，为提升公司资金集中管理水平，公司有针对性地出台了《2012 年资金归集工作安排》。资金集中管理工作坚持“分户到人、专人负责、部门连带、按月考核、按季兑现”的原则，一名员工具体负责联系三户成员单位，将资金集中管理责任制落实到每一名员工。对资金集中管理实施绩效考核制度，将资金归集率与员工薪金紧密挂钩，有效促进了资金集中管理工作的开展。截至2012年末，共283家成员单位在财务公司完成开户，较上年末增加33家；吸收存款日均达到94.57亿元，较上年末增加15.59亿元；货币资金日均53.83亿元，较上年末增加7.75亿元。

【业务创新】一是同业合作类融资业务取得突破。2012年公司召开了金融产品推介会，向成员单位介绍了包括银行承兑汇票贴现、代签银行承兑汇票、商业承兑汇票保贴、代理融资、平安银行供应链融资等在内的六款新的融资产品并和招商银行就代理签发银行承兑汇票签订业务协议，为成员单位签发银票0.80亿元；和晋城银行就商业承兑保贴业务签订18亿元业务协议，已为15户成员单位出具总额10.20亿元的业务推荐函；和中国银行就煤机板块成员单位办理信用证的融资业务达成合作意向。二是开展债券质押式回购业务。公司坚持“业务开展、制度先行”的风险管控原则，先后制定了《有价证券投资业务管理办法》、《债券质押式回购业务管理办法》等一系列业务制度，同时组织员工学习相关业务知识。

【风险管理与内部控制】2012年，公司不断加强资金管理信息系统建设，不断提高系统对风险信息的收集、分析能力，通过对成员单位资金收付情况的监测，掌握成员单位资金使用情况，对公司各项业务进行全面的风险管控。在银监局和集团的相关要求下，公司在各个职能部门中推行严格的内控指标，并对重要的存款业务进行滚动式排查，对贷款业务逐一排查实时监控，将排查过程中发现的问题按照相关制度及时整改，充分保障公司各项业务的顺利运行和健康发展。2012年公司的结算业务无差错发生，公司自营贷款无一笔发生逾期和欠息，不良贷款率保持为零，信贷资产质量在全市金融机构中处于领先地位，内部风险控制成效显著。

【人力资源管理】2012年，公司完善了薪酬制度与绩效考核办法，根据集团公司员工三条线管理的思路，将公司整体绩效与员工个人绩效、员工个人积极性相结合，将薪酬制度与员工职业生涯规划、员工晋升通道相结合，给予员工最优的待遇和发展空间。同时继续采取多种形式加大公司员工的培训力度，全年累计外部培训23人次，内部培训二十余次，内容涉及金融法律法规、金融业务知识、公司业务规章和内控制度。人才引进方面，公司2012年完成四名重点财经类院校研究生的招聘及入职工作，壮大了公司队伍。

【企业文化建设】公司充分发挥党组织、工会、共青团的作用，在“三八”节，“五四”青年节和“七一”组织员工参加各种活动，在丰富员工业余文化生活的同时也提高了全体员工的凝聚力和向心力。公司党支部响应集团党组织的号召，积极开展廉洁从业教育活动，分层次对党员干部和重点岗位工作人员进行廉洁从业教育。

云南冶金集团财务有限公司

【经营概况】2012 年，中国经济在持续回落中逐步趋稳，但自身发展面临困境。云南冶金集团面对冶金市场整体不景气、全行业大面积亏损的严峻环境，通过完善产业布局，延伸产业链，逆势有为，面对冶金业的经济严冬，在发展中寻求机遇。云南冶金集团财务有限公司（以下简称“公司”）主要业务也受到了关联影响，面临资金池大幅波动、资金集中度下降、利率空间大幅收窄等重重困境。面对困难，公司全体干部员工团结一致，迎难而上，千方百计开拓业务渠道，努力推进业务结构调整和经营模式转型，服务实体经济的发展。截至2012 年末，利润总额同比增长 15.37%，完成年度计划的 114.55%；营业收入同比增长 24.14%，完成年度计划的 85.58%。

2012 年，公司的业务发展围绕集团“十二五”规划布局，通过业务结构调整和经营模式的转变，帮助集团及成员单位调整融资结构；通过积极拓展创新业务，提供更为优质金融服务，促进了全集团资金高效运用；实现了以自身“小平台”促“大发展”的目标，从根本上保证了实体经济发展所需的资金支持。

【资金集中】在资金集中度方面，由于集团项目投资力度持续增长，资金需求大幅增加，资金池规模缩量，资金集中度下降，尤其是上市公司受监管限制资金集中度大幅下降，公司通过各种渠道积极争取有利于提高资金归集度的政策支持，有效缓解了由于上市公司资金集中度下降对整体经营发展带来的不利影响。

【业务创新】通过对同业市场的积极拓展，积极推广票据业务和同业业务，帮助集团及成员单位调整融资结构，改善现金流状况；利用公司在商业银行授信额度和人民银行再贴现通道，改善融资渠道；通过开展代开银行承兑汇票和商业承兑汇票的业务，解决了部分成员单位融资需求；在云南省内的金融机构中首次成功办理租赁保理业务，大幅降低了成员企业项目资金需求成本，公司金融平台作用得以充分显现。

【风险管理与内部控制】2012 年，公司以实现“全面风险管理”为目标，通过风险管理系统的建设提升风险管理水平，通过信用、合规、操作、流动性等重点领域的风险管理确保公司业务的合规、健康发展。公司业务的发展，始终坚持制度先行，在开拓新业务（如代理开票、融资租赁等）的同时，为保证业务的健康、合规发展，先制定风险控制制度，再开展业务。

2012 年，公司实现了流动性风险常态化的监控，加强了信贷投放与回收的管理和资金预算统计分析工作，持续做好资金收支情况、资产负债比例指标的统计和监测。在缓解流动性风险方面，业务部门加强了信贷投放与回收的管理，对资金流入流出情况进行调研分析，通过票据置换贷款、转贴现业务等方式，提高资产流动性；结算部门加强了资金预算和统计分析工作，充分把握集团资金供求规律，落实集团及各单位资金计划，合理安排头寸预算；风险管理部门密切监控指标动向，根据监管要求和公司流动性风险的变化态势，持续做好资金收支情况，资产负债比例指标的统计、监测，共同研究制定有效的应对措施；公司管理层进一步加强了与集团的沟通汇报，阐明了流动性风险防范的重要性，争取集团更多的支持，及时组织资金来源缓解流动性紧张，确保了流动性指标的安全。

【信息化建设】2012 年是信息化建设的转型年。为配合集团提出的集团化管控转型，信息化工作重点从“夯实基础建设、抓好安全保障”向以“面向业务，强化支撑和服务”为导向的工作模式转换。重点加强信息化工作针对公司和集团化发展的业务支撑和管理服务能力，在思想认识和工作格局上统一信息化管理工作的目标要求，实现了信息高速公路的基础建设，并部署了下一个三年规划的具体实现目标。

2012 年，公司积极推进“银企直联”，实现了资金管理系统与 15 家商业银行联通；实现了公司、成员单位和商业银行之间信息系统的互联互通；根据监管要求完成了风险管理系统上线；与集团内的专业信息化公司建立了合作研发中心，进行了一系列围绕业务进行的工具开发；通过建设异地冗灾建设，实现数据零丢失，增强了系统对业务体系的支撑保障能力。

【企业文化建设】2012 年是公司企业文化的建设年，通过 3 年的积淀，公司总结提炼出“责任、合规、风险、创新、和谐” 5 大核心文化。公司围绕该核心开展了一系列公司 VI 形象、内涵的系列活动，并通过建立“职工电子书屋”、举办跳绳比赛、参加银行业协会运动会等活动，丰富了职工的业余生活，展现了公司专业的团队形象。

中海集团财务有限责任公司

【经营概况】2012 年，中海集团财务有限责任公司（以下简称“公司”）紧紧围绕中国海运（集团）总公司总体工作要求，经过全体员工的共同努力，实现了“确保完成全年任务一个目标，抓住业务和管理两个重点，提高服务质量、信息系统、员工队伍素质三个水平”的总体工作目标，各项工作保持较为稳健的上升态势，圆满完成了年度各项工作任务。

2012 年，公司经济效益持续增长，资金流量稳中有升，吸收存款大幅增加，信贷业务稳中求变，同业存放平稳增长，关联交易成功续签，现场检查评价肯定。同时，公司积极开拓投资业务，努力开办结售汇业务，扎实推进异地资金归集，全面启动全球资金中心建设。

管理上，公司全面开展管理提升活动，不断完善核心信息系统建设，大力推进人力资源改革，实施内控项目建设。

【公司金融】2012 年，公司积极拓展金融服务，以合规稳健为前提开展信贷业务。截至年末，公司新增自营贷款人民币 7.30 亿元、美元500 万元；新增委托贷款人民币 97.75 亿元、美元 1.30 亿元，全年信贷利息收入 2.12 亿元。公司还积极探索了保函、资信证明等表外业务，实现了担保业务零的突破，全年共开立了保函 5 份，融资意向函 1 份。

【资金业务】2012 年，公司获批承销成员单位的企业债券、有价证券投资两项新增业务资质。公司还积极开展流动性管理和投资业务。截至 2012 年末，公司累计购买保本型银行理财产品 2 笔，累计金额 4 亿元，实现资金运作收益约 320 万元，成为公司新的经济增长点。此外，公司参考各主要合作银行做法，结合集团资金实际情况灵活调整各类存款利率，按人民银行最新基准利率上浮部分利率。2012 年操作同业定期累计人民币 217.50 亿元，平均利率水平约为 4.27%；美元约 4.42 亿，平均利率约 1.78%。全年实现同业利息收入近 2.27 亿元，同比增加 35.29%。

【票据业务】公司积极拓展票据贴现业务，针对集团内成员单位之间的交易，适时推出买方付息商票贴现和银票贴现业务。截至 2012 年末，累计买方付息票据贴现余额为 2.70 亿元，累计银票贴现余额为 0.68 亿元，大大降低了集团成员单位的融资成本。

【外汇业务】公司全面启动广州、大连两地外汇资金归集工作，截至 2012 年末，广州地区外汇资金集中度达 66.74%，大连地区外汇集中度达 87.22%，集团境内外币资金集中度已超过 50%。2012 年 12 月公司又成功完成集团天津地区本外币一次归集试点，为实现集团境内资金一次归集打下了扎实基础。同年，公司获批即期结售汇业务资质和银行间外汇交易即期市场会员资格，填补了集团外汇交易领域的空白，同时也为公司下一步开展外汇业务提供了更大空间。截至 2012 年末，公司已累计为集团成员单位操作结售汇业务 6 510 万美元。

【业务创新】2012 年 9 月，集团授权公司作为集团外汇资金集中运营管理操作平台。该业务开放首日，公司成功完成了 1 500 万美元归集和 500 万美元对外放款的境内外资金双向调拨，操作了跨国公司总部外汇资金集中运营管理的首笔业务，迈出了跨国公司总部外汇资金便利化运作的重要一步。截至 2012 年末已归集境外资金 1.30 亿美元，并通过外债借入，提前归还境内金融机构的外汇贷款，为集团节约财务费用约 500 万美元。

【风险管理】公司已建立较为完备的法人治理结构，并能按照制度要求履行职责；制定了较为完善的制度流程和组织机构，并能有效运行；较为重视合规性管理和风险管理工作，内部控制和审计监督有效，并在监管部门现场检查中获得肯定评价。

2012 年，公司作为集团内部控制建设项目第一批试点单位，遵循“四结合”原则，成立了内控项目领导小组及工作小组，制定了《中海财务内部控制建设项目实施细则（试行）》，积极推进内控项目建设。已评估的 26 项一级内部控制流程中，未发现重大风险和重大缺陷；共识别 2 个重要风险和 2 个重要缺陷，以及 77 个一般风险和 22 个一般缺陷，并针对上述风险和缺陷均逐项制定了整改措施。

【人力资源管理】2012 年，公司全面启动了人力资源体系新框架落地实施工作并开展员工薪酬体系改革，建立了以岗位价值评估为核心、行政与技术系列相结合的双通道薪酬架构。为继续深化干部人事制度改革，不断优化公司内部的选人用人机制，上半年公司采取现场面试与民主测评相结合、领导考评与员工代表打分相结合的综合评比模式，公开竞聘全体中层管理人员，7月份受聘者以全新的工作姿态到岗。

【信息化建设】2012年，公司进一步强化信息系统建设。一是优化核心业务系统TMS二期共计9项功能，开发了即期结售汇应用模块，为新业务开展提供了技术支撑。二是“走出去，请进来”，赴相关单位学习调研，并邀请多家国内知名软件开发商交流资金管理平台建设经验，同时认真回顾公司三年来业务运作情况，对所有业务流程进行梳理，提出提升业务管理、加强资金管控、优化金融服务的业务需求。

【企业文化建设】公司充分发掘愿景和工作理念的内涵，提高干部员工的认同感和参与度，用先进的企业文化凝聚员工的力量、统一干部员工的思想。2012年，公司组织开展多种形式讨论活动，发动员工畅谈对愿景和理念的理解和认同，进一步凝聚人心；开展共建结对活动，共同交流提高；通过与上海银监局联合举办廉政教育活动，和招商银行东大名支行党支部继续开展共建活动，同时做好与中远财务公司、申能财务公司和粤电财务公司的文明共建活动，进一步形成互帮互学机制，寓业务于共建，以共建推动交流，通过文明共建活动促进各项工作开展。

中集集团财务有限公司

【经营概况】2012年，中集集团财务有限公司（以下简称“公司”）紧紧围绕年初董事会确定的各项要求和经营目标，坚持“稳中求进”的经营管理原则，不断强化资金集中管理工作，努力发挥集团资金资源的最大效用，取得了较好的管理和经营业绩。截至2012年末，公司总资产超过60亿元人民币，存款余额超过50亿元人民币，贷款余额超过30亿元人民币；2012年度营业收入和净利润获得了稳定的增长，营业收入超过1.20亿元人民币，净利润超过0.60亿元人民币。

【资金集中】2012年，公司继续大力加强资金集中工作，通过深入分析资金集中度低的企业情况，抓重点、抓落实，加强服务，强化账户管理，解决企业资金占用问题，有效推进各项管理措施。自2012年8月开始，境内可归集资金集中度连续保持在90%以上；全年资金集中度达86.67%，较之前有了较大幅度的增长，为集团资金管理效率和效益的提升打下了坚实的基础。

【信贷业务】2012年，公司信贷业务的客户不断丰富，结构不断优化。客户数量增长迅速，涉及业务板块覆盖集团九个业务板块。全年信贷投放较上年增长57.50%；美元贷款大幅增加，达3亿美元；中长期贷款比重逐步增加，6个月以上的中长期日均贷款比例达到

38%。服务范围的扩大与产品结构的优化使得成员企业享受到了集团资金集中后带来的低成本资金资源，同时也降低了公司自身的经营风险，实现了双赢。

【业务创新】2012年，公司在开展业务创新方面做了大量工作，收到了良好的工作成效。一是开展出口发票融资业务。公司于2012年3月正式推出出口发票融资业务。该业务作为非银行金融机构业内首家开展的创新项目，入围了深圳市金融办金融创新奖并进入第二轮评审。二是获批电子商业汇票系统经营资格。公司于2012年12月正式获得了“电子商业汇票系统”经营资格，标志着公司的业务范围进一步拓展，为票据业务的发展打下了坚实的基础。三是获批即期结售汇业务经营资格。2012年12月，公司获批“即期结售汇业务”经营资格。公司在正式成为银行间即期外汇市场会员后，可以发挥专业金融机构的优势直接参与银行间外汇交易，将对集团外汇业务的集约化经营、促进外汇资金的优化配置、提高外汇资金的使用效益和降低结售汇成本发挥积极的作用。四是中集—宝钢货款集中结算项目一期正式上线。2012年11月中集—宝钢货款集中结算项目一期正式上线运行，该项目有利于集团在商务谈判中制定更加平等、互利的价格和支付条款。中集—宝钢货款集中结算方案成功后，公司还可以将其推广、应用于集团潜力巨大的供应链结算领域，实现集团与各重要供应商的财务协同、互利双赢。

【风险管理和内部控制】2012年，公司结合集团内控工作的不断深化，进一步加强内控体系建设，与此同时，结合监管机构的工作要求对多项公司制度流程进行了重新梳理，特别着重加强结算、风险、信贷等重要业务环节，完成了内控手册的编制工作。2012年，公司没有发生重大违规事项。

【信息化建设】2012年，为保障、支持业务运营及发展，公司积极稳妥推进了电票系统、结售汇系统的建设与结算系统的升级；公司制定了《信息科技风险管理制度》并进行自查总结，保证了系统安全稳定高效的运行。此外，公司内部门户网站的上线为提升形象和更好地为成员企业提供服务打下基础。

【企业文化建设】2012年，公司在“客户至上，以人为本”的核心价值观的指引下，开展了形式多样、内涵丰富的企业文化活动，努力打造一流的产业金融组织。公司与管理团队成员签署了管理团队行为准则公约，进一步推动了管理团队建设；通过员工活动委员会、员工满意度调查、管理层与员工直接沟通等方式以及组织员工旅游、月度员工生日会、集团30周年庆典、新年晚会等活动，加强了公司统一价值导向的引导作用，增强了员工的凝聚力与向心力，有力地促进了公司的业务运营与发展。

沙钢财务有限公司

【经营概况】2012 年，沙钢财务有限公司（以下简称“公司”）面对严峻的外部经济环境，严格贯彻监管要求，进一步发挥财务公司功能，努力为集团及其成员单位开展好金融服务工作，各项业务有序推进，全面完成了年度任务目标。截至 2012 年末，公司资产总额达 58.21 亿元，较年初增加 7.54 亿元，同比增长 14.88%；全年实现营业收入 1.08 亿元，利润总额 0.95 亿元，净利润 0.72 亿元；净资产收益率为 6.44%，资本充足率为 43.75%，不良贷款率为零。

【信贷业务】2012 年，公司通过主动与成员单位沟通了解成员单位生产经营情况及资金需求，更好地为成员单位提供授信业务。2012 年共向 6 家成员单位进行了授信，授信总额 33.28 亿元。截至 2012 年末，公司各项贷款余额 23.75 亿元，其中流动资金贷款 10.50 亿元，贴现贷款 12.28 亿元，累计票据贴现 31.57 亿元，累计办理“代开银票”19.48 亿元，有效地满足了成员单位的资金需求。为了降低成员单位财务费用，公司根据人民银行规定的贷款利率下限，将流动资金贷款利率由基准下浮 10% 进一步下调至基准下浮 30%，票据贴现利率 3%，并将存款利率上浮至基准利率的 1.1 倍。2012 年，公司通过控规模、调结构、谈价格等措施，共计节约融资成本 2.80 亿元。

【资金和投资业务】2012 年，公司着重加强资金计划管理，进一步提高资金使用效率。一是认真梳理资金日报编报流程，督促各成员企业及时编制报送资金日报。二是高度重视月度资金平衡工作，不断提高资金预算正确性。认真组织召开集团本部资金计划例会，严格分解、执行、反馈资金计划，从紧控制资金支出。三是严格执行董事局压降库存，减少资金占用要求，努力减少库存资金占用，提高资金效率。逐步实现以资金收支为抓手，充分提升董事局的管控力。四是合理运用资金，在保证支付的前提下，将资金用于收益更高的业务，以提高资金使用效率。与相关商业银行洽谈提高结算账户资金存放利率，获利差收益 0.19 亿元。五是代理集团理财，提高闲置资金收益。在不影响资金正常周转前提下，充分利用短期闲置资金通过购买理财产品等方式使资金收益达到最大化。2012 年累计购买银行理财产品 114.80 亿元，获得利息收入 372 万元，与银行协定存款利率相比增加收益 202 万元。

【票据业务】2012 年，公司大力推进票据贴现、转贴现、再贴现工作。截至 2012 年末，公司累计票据贴现金额 31.57 亿元（其中银票贴现 14.81 亿元、商票贴现 16.76 亿元），转贴现业务 30.28 亿元（其中银票转贴现 13.62 亿元、商票转贴现 16.66 亿元），实现贴现、转贴现、再贴现利差收入 0.37 亿元；累计为成员单位“代开银票”19.48亿元，同比增长114%，获得“代开银票”手续费51.82万元。

【外汇业务】公司积极做好外汇业务申报准备工作。2012年，除对境外公司实行资金额限额管理外，为解决外汇存款无法归集的障碍，公司积极与外汇管理部门沟通，并到相关财务公司学习，充分了解外汇业务申报要求，为尽早开通外汇业务努力做好前期准备工作。

【资金集中】2012年，公司采取多项措施提高资金集中度。一是进一步推进系统直联，扩大资金归集范围。2012年完成了江苏银行系统直联，使公司直联银行机构达到13家。新增归集账户17个，合计归集成员单位结算账户223户，归集人民币存款35.84亿元。二是加强开销户管理。对本部各公司在各银行长期不用账户进行了梳理，并组织不动户的销户。三是积极推进电票业务，逐步归集成员单位保证金存款。四是加强对未归集资金原因的分析。每月梳理集团货币资金结构，对成员单位资金集中情况进行统计和分析，及时查找未归集资金原因，推进资金归集工作。通过加强资金集中管理，资金归集度有明显提高。截至2012年末，公司资金归集度达35.39%，比上年末提高了16.86个百分点。

【业务创新】2012年，公司在巩固和发展现有业务的同时，不断拓展新业务。一是积极推进电票业务。专门成立电票业务推进小组，制定电票业务推进工作计划，落实专人进行跟踪，并与多家软件开发公司联系、洽谈，确保电票系统顺利上线。二是积极构建保险管理平台，努力提高保险代理的服务水平。2012年，公司大力为集团提供保险代理服务，积极参与集团本部保险招标及保险管理工作，初步实现了本部成员企业的保险业务纳入到财务公司统一管理。公司配备有资质的保险代理业务人员，参与协调保险公司与相关成员企业之间的关系，及时处理有关理赔事项。逐步扩大保险代理范围，提高保险代理收入。2012年共实现保险代理费收入242万元。

【风险管理和内部控制】2012年，公司不断完善制度建设。一是组织对公司各项规章制度进行认真梳理和修订，形成制度汇编。根据业务和管理需要及时新增了《保险代理业务管理办法》、《合规政策》、《网银业务管理制度》、《代理集团资金计划管理办法》、《代理集团办理融资业务管理制度》、《合同管理办法》、《企业信用等级内部评定管理制度》等15项制度，同时修订了《合规问责制度》、《资产质量五级分类管理办法》、《票据转贴现管理办法》等7项制度。二是开展业务流程优化、细化工作，组织编制业务流程图115个，并找出每个业务流程图中的关键节点，编写了员工业务操作手册。为加强风险管理，公司狠抓内控检查，确保每个季度对每个部门的业务合规检查一次。2012年共开展了14次稽核检查，检查中及时发现问题并提出整改意见，跟踪督促整改，保障公司平稳运行，确保风险可控。

【人力资源管理】2012年，公司通过开展员工业务知识培训和轮岗交流等措施，切实提高员工业务素质。在培训方面，公司组织各部门编制培训课件，采取部门负责人亲自授课、全员参与的方式开展培训。另外，鼓励员工参加银行从业资格、期货从业资格考试等。为进一步加强人才培养，公司对营业处、办公室、财务处等部门有关岗位人员进行了轮岗，通过岗位轮换，优化了人员结构，提高了员工业务素质。2012年，公司不断完善考核激励机制，通过制定再贴现业务单项奖励、开展个人对标考评、每季度开展职工干部考核等，充分调动了员工的积极性。

【信息化建设】2012年，公司更新了用友模块，启用了集团新账套功能，优化了财务核算功能，提高了工作效率。此外，公司进一步加强了对银企直联系统进行跟踪、分析，对银行现金管理系统上线、升级和调整及时拿出应对措施，确保结算系统稳定运行。同时，对“财企通”平台指令查询服务进行定期跟踪和监控。2012年末，公司电票系统设备硬件已安装到位并进行了调试，软件方面也已进行了系统开发及接口改造。

【企业文化建设】公司注重员工的思想道德教育，经常组织学习集团公司优秀员工先进事迹，定期开展员工座谈会和职工谈心活动，从工作、学习和生活上了解和关心员工，及时掌握员工的思想动态。公司加强党团组织建设，充分发挥党团组织堡垒作用。一是发挥对外宣传平台作用，积极与金融单位联系，组织开展学习交流活动。通过学习交流，进一步加深银企双方之间的合作。二是组织开展形式多样的文娱活动，充分调动了员工的积极性和创造性，增强了团队凝聚力，切实提高团队的战斗力，全面提升公司的各项指标水平。

美的集团财务有限公司

【经营概况】2012年，美的集团财务有限公司（以下简称“公司”）积极落实银监会提出的财务公司“立足集团，服务集团”理念，配合美的集团战略转型的发展策略，为集团成员单位提供优质的金融服务。截至2012年末，公司资产总额44亿元，同比增长8%；负债总额27亿元，同比增长8%；所有者权益总额17亿元，同比增长6%；净利润1.30亿元，同比增长86%。

【信贷业务】2012年3月，公司经中国银监会批准开展贷款业务，截至年末，公司贷款余额30.60亿元，贷款均用于企业日常经营所需，支持实体经济发展，为集团成员单位提供了较好的金融支持。

【信贷业务】2012年9月，公司经中国银监会批准开展对成员单位的消费信贷、买方信贷及融资租赁业务。获得批复后，公司积极开办经销商汇票贴现业务，全年组织了7场买方信贷业务融资推荐会，并参加了3场事业部经销商大会，对买方信贷业务进行现场业务宣贯。2012年全年，公司累计为19家经销商办理了票据贴现业务3亿元。

【资金集中】公司积极履行集团资金集中管理功能，2012年新增加31家成员单位，截至2012年末，公司成员单位共82家，资金集中度为52.50%。

【业务创新】2012年，公司大力推广电票业务，全年累计为成员单位签发承兑电票42.80亿元，累计办理贴现52.06亿元。

【风险管理和内部控制】2012年，公司继续强化风险管理和内部控制工作，公司的制度体系更加完善，内控管理制度基础更加牢固。一是公司结合业务发展的需要，对原有的制度进行了全面的修订，共修订制度33份，修订面达到69%。二是重点加强了常规检查的力度，要求业务部门建立相关台账并定期复查，使问题在业务端就能被及时发现和暴露，减少了各类风险。同时，加强对发现问题的后续跟踪检查，要求被检查部门及时出具整改报告。

【人力资源管理】2012年，公司通过多种方式大力引进人才，优化人员队伍结构，并为员工举办各类培训班22期，共计316人次。此外，公司还组织员工参加银行业从业人员资格考试，通过率100%。为加强员工管理，增强团队凝聚力，公司开始试行绩效面谈制度。

【信息化建设】公司高度重视信息化建设工作。2012年，公司在信息化建设方面投入了大量的人力和物力，取得了多项成绩，具体表现在以下几个方面：新一代金融信息系统建设全面启动；信贷系统和电子商业汇票系统顺利上线运行；完成企业服务总线升级优化项目；持续开展系统安全建设。

宁波港集团财务有限公司

【经营概况】2012年，宁波港集团财务有限公司（以下简称“公司”）坚持“稳健经营、科学发展”的经营方针，履行集团资金集中管理，提高资金使用效率职能。截至年末，公司吸收存款24.54亿元，贷款24.63亿元，总资产40.72亿元；全年实现经营收入1.62亿元，实现利润1.20亿元，各项监管指标符合监管要求。

公司拥有一支专业化高素质的经营运作团队，截至2012年末，公司共有员工20名，本科及以上学历占比90%以上，中高级职称占比60%以上，90%以上人员具有银行、证券、保险等从业资格。公司还通过内外部培训、行业交流等措施，不断提高员工的业务素质和操作能力。

【资金集中】公司是集团成员单位主要结算平台，全年为成员单位办理各类结算业务超过20万笔。公司采用集团联动账户资金管理模式。截至2012年末，公司已有账户169户，开户面达集团成员单位的78.57%，日均存款余额超过30亿元，资金归集率超过80%。

【信贷业务】公司取得信贷资质后，在努力为成员单位提供资金支持的同时，严格落实信贷业务贷前调查、贷款资金用途跟踪、贷后检查的具体细节，完善业务制度，保证信贷资产质量。截至2012年末，公司累计发放贷款金额30.95亿元，贷款余额24.63亿元；累计办理委托贷款金额19.07亿元，委托贷款余额1.40亿元；累计办理票据贴现0.94亿元，票据余额0.51亿元；累计办理财务公司承兑汇票业务0.21亿元。

【中间业务】公司积极开展为集团成员单位提供财务顾问、融资顾问、保函、信用鉴证以及资本金验资等各类中间业务。公司已开办财产险、船舶险、车辆险及码头责任险等各类保险代理业务。2012年，公司累计办理保险代理业务涉及保费收入超过0.30亿元。

【内部控制】公司内部控制体系完善，建立了完整的内部控制手册和控制矩阵。公司共有内部控制制度四大类112项，涉及公司行政管理、业务经营等各个工作领域，实现了内控制度的全覆盖。同时，公司建立内部控制的评价制度，对内部控制的制度建设、执行情况定期进行回顾和检讨，并根据国家法律规定、监管要求、经营状况、市场环境和业务需求的变化不断对内控制度进行修订和完善。公司内控部直接向董事会负责，持续进行稽核和审计，确保制度严格执行。公司还设立了内控自评小组，每年度进行内部控制的自我评价，推进公司内控管理体系的不断完善。

【信息化建设】公司开发建设了与集团联动账户资金管理模式相适应的、具有完善风险控制体系的综合业务管理系统，并不断进行改造优化。综合业务管理系统以集团内部网络为平台，以风险监管为重点，全面支持公司资金管理、银企互联、财务核算、资金监控、资金融通、资金分析、风险控制和决策等，为公司实现风险控制目标提供科学的技术支持，为公司合法、规范和有效地履行金融服务职能提供安全保障。

兖矿集团财务有限公司

【经营概况】2012年，兖矿集团财务有限公司（以下简称“公司”）着力完善公司治理结构，强化内部控制，提高风险管控能力，公司保持平稳较快发展。

截至2012年末，公司资产总额78亿元，所有者权益7.66亿元，全年实现营业收入2.59亿元，利润总额2.01亿元。资产质量优良，资金集中度72%，资本充足率26.20%，不良资产率为零，各项指标符合监管规定。

【法人治理】公司完善法人治理结构，健全决策科学、执行有力、监督有效的运行机制，持续提升公司治理水平。按照《公司法》、《公司章程》规定，定期召开董事会议，召集股东会会议，向股东会报告董事会工作。董事会进一步提高决策水平和管控能力，指导经营班子科学制定年度经营计划，定期听取经营班子的工作汇报，监督经营班子有效履行职责。开展经营计划实施情况的评估和调研，及时发现新情况、新问题，提出改进意见。

【资金集中】一是加强账户管理。公司配合集团财务部，对成员单位开户进行了清理规范。截至2012年末，已有559个结算账户纳入资金管理信息系统。二是依托资金管理系统，实施资金预算控制、资金支付的网上申报及审批制度，动态监控成员单位资金的流量和流向，增强了集团总部对资金资源的管控能力。三是发挥资金管理信息系统优势，提高资金结算效率，为成员单位提供安全、高效、快捷的结算服务。公司全年办理结算业务9.50万笔、金额2 459亿元，实现资金结算“零”

差错。四是通过“资金池”，实时或定时归集资金，实现对集团资金的统一管理和集中支付，全年吸收集团及成员单位存款日均余额70亿元。

【资金业务】公司加强资金计划管理，在确保资金安全性、流动性的前提下，提高资金运作效率和资产回报水平，积极开展了同业定期存放业务。2012年，参照上海银行间同业拆放利率，公司按照市场化原则办理同业金融机构定期存款519亿元。

【信贷业务】2012年，经中国银监会批准，公司获得开展贷款、委托贷款及融资租赁三项业务的资格，加大了对成员单位的信贷投放和资金支持力度。全年发放流动资金贷款24亿元。

【风险管理和内部控制】公司坚持稳健发展，不盲目追求速度、规模和效益，对信用、操作、流动性、信息科技四类风险实现了动态识别和持续监控，确保业务发展速度与风险管理能力相匹配。完善和强化内控制度建设，督促经营班子对制度建设、业务流程和管理办法进行梳理、修改和完善，对制度执行和落实情况进行监督检查。支持风险管理和审计合规部门对重点业务、薄弱环节进行持续检查评价，提出整改意见，督促落实。坚持合规经营，把制度约束、系统控制、员工职业道德教育相融合，全年未发生任何案件和事故。

【信息化建设】公司采取多项措施，加强资金管理信息系统的管理与维护，确保系统安全稳定运行。一是利用网络防火墙集群和防入侵设备，提升系统防黑客、防病毒、防入侵能力。二是通过数据备份磁带机、双机热备、灾备计算机对系统的数据进行备份，确保系统数据安全。三是通过系统开发商、设备供应商提供的技术支持和维保服务，对系统的软件和硬件运行情况进行定期和不定期的巡检，确保系统运行安全。四是按照“最小授权”和“相互牵制”原则，完善系统操作人员的权限管理。

哈尔滨电气集团财务有限责任公司

【经营概况】截至2012年末，哈尔滨电气集团财务有限责任公司（以下简称“公司”）实现营业收入8 555万元，为年计划的122.21%；利润总额3 675万元，为年计划的122.7%；资本充足率92.14%，各项监管监测指标均表现良好，圆满通过黑龙江省银监局各项专项检查。在公司开户的成员单位29家，集团覆盖率为44%；公司服务集团的功能定位进一步凸显。

【资金业务】2012年，面对市场利率和资金规模“双降”的不利局面，公司一方面加强沟通协调，动态掌握成员企业资金需求，科学安排资金头寸，最大限度提高资金使用效率；另一方面积极协调合作银行，增加短期业务品种。通过精细计算备付期间和备付额，努力提高收益率，效益水平稳中有升。虽然营业收入有所下降，但利润总额同比增长 3.70% 左右。截至 2012 年末，在关联交易限额和有限业务资质的情况下，公司累计完成同业存款业务 1 760 900 万元。

【票据业务】公司积极开展电子商业汇票系统上线工作。经过积极协调，人民银行总行正式批准公司以直联方式加入电子商业汇票系统，公司电票系统上线进入倒计时。2012 年，公司为成员企业办理票据承兑 27 000 万元，同比增长 40.61%；贴现 20 000 万元，同比增长 2 505.5%；保函业务 7 086.42 万元，同比增长 277.6%。

【资金集中】公司以探索资金集中管理的有效模式和资金统筹运作为重点，配合集团着力推动资金集中管理的各项工作。一是及时跟踪成员企业的资金动向，不断摸索企业资金的运行规律。二是积极配合上市公司做好关联交易的各项准备工作。三是积极探索资金吸收方式和银行账户管理模式，深入分析和研究资金集中管理不同模式下的功能和特点，提出符合集团实际的资金归集模式建议。

【业务创新】2012 年，公司正式获得《企业集团财务公司管理办法》第二十八条规定的信贷类业务的开办资格。公司根据成员企业的流动贷款及委托贷款需求，认真研究，细致梳理，倒排放款计划，并在利率和手续费方面给予充分优惠，成功发放贷款 5 300 万元、委托贷款 80 000 万元，实现了公司贷款和委托贷款业务“零”的突破。

【风险管理和内部控制】一是加强公司内控制度建设，完善风险防范体系。结合公司的运转情况，进一步规范内控制度管理程序，先后组织编制了《规章制度管理办法》、《业务流程管理办法》、《反洗钱工作实施细则》、《案件防范工作责任制实施细则》等 7 项专项管理制度，逐步搭建起适合公司发展的制度管理架构，通过内控制度的健全和有效实施，保证公司管理的规范化。二是积极开展专项治理工作，建立公司规范经营长效机制。以“金融机构不规范经营问题”专项治理和财务检查工作为契机，公司将“七不准、四公开”规定及金融服务项目收费价格表向成员企业公示，真正做到服务价格公正透明，有效地促进了公司规范化运作。三是全力推进“金融机构案件防控工作考评”。公司针对案件防控工作组织情况、案件防控工作质量、内部稽核工作力度、内控执行力建设、案件责任追究与整改五大项 22 小项内容，层层推进，逐一落实，顺利通过银监局现场检查。四是大力开展金融风险宣传活动，树立具有风险意识的企业文化。注重通过开展反洗钱宣传月活动、《金融动态》媒介宣传、参加反洗钱知识竞赛等方式，加强金融风险知识普及和警示宣传，逐步将风险文化建设与公司制度建设及人力资源管理有机结合，在公司范围内树立正确的风险管理理念，增强风险管理意识。五是进一步完善公司基础管理工作，对公司内控建设以及执行情况进行全面自查，对发现的问题进行逐一整改，顺利通过国资委监事会的“资金管理、招投标、采购业务内部控制情况专项检查”。六是定期开展审计稽核工作，建立完善的内部审计监督体系。

【人力资源管理】2012 年，公司继续加强人力资源建设。一是不断完善全员绩效考核体系，建立公司人才激励机制，为推进公司人才队伍建设提供制度机制上的保障。二是继续推行从业人员持证上岗和统一培训制度，支持员工参加专业机构组织的多种形式培训，鼓励员工取得相关专业领域的从业资格，全面提升员工队伍的整体素质。目前，取得银行从业资格员工占公司人数的 67.50%。三是建立定期学习培训机制，通过每周定期举办专题培训班，全面提升员工综合素质。四是加强与同行业企业的学习和交流，积极参与财协举办的各类专业化活动，通过行业间的业务交流和课题研究，进一步加快人才培养步伐。

【信息化建设】2012 年，公司不断加强信息系统建设，确保系统运行安全、平稳、高效。一是建立健全信息化安全管理体系。公司成立了以公司领导为组长，各部门负责人为组员的信息安全工作领导小组，并根据国家信息安全的相关要求，研究制定了《项目管理工作规范》，确保信息化管理规范。二是大力推进公司信息化（二期）建设。搭建了包含“信用评级和授信”、“保函”、“同业往来”、“票据承兑”、“电子商业汇票系统”、“1104 报表系统”的核心信息系统（二期）。三是全面开展公司软件正版化工作。

【企业文化建设】2012 年，公司努力培育具有自身特色的企业文化。一是率队参加人民银行反洗钱知识竞赛。公司在全省 78 家金融机构中脱颖而出，闯入决赛，荣获优胜奖。本次竞赛提高了公司全员对反洗钱工作的认识，普及了反洗钱知识，有效推进了公司的金融文化建设，提升了公司品牌信誉和影响力，展现公司员工良好的精神风貌，得到了人民银行各级领导的高度赞扬。二是通过“2012 年党员湿地徒步大赛”等一系列丰富多彩的文化活动，展现公司员工良好的精神面貌。

北大方正集团财务有限公司

【经营概况】截至 2012 年末，北大方正集团财务有限公司（以下简称“公司”）资产总额 67.99 亿元，较上年同期增长 20%。其中缴存人民银行存款准备金 8.02 亿元，较上年同期增长 10%；吸收成员单位存款 44.36 亿元，较上年同期增长 29%。全年实现主营业务收入 4.12 亿元，较上年同期增长 136%；净利润 1.70 亿元，较上年同期增长 218%。成员单位已开户 75 家，吸收成员单位存款首超 85 亿元，全年资金结算超过 3 495 亿元。

【信贷业务】2012 年度，公司积极协调信贷规模及成员单位资金需求，合理调整信贷结构，力争为优质成员单位及集团战略行业提供持续性支持。在较为严峻的宏观调控形式下，公司给予成员单位的自营贷款利率均为同期人民银行贷款基准利率，一定程度上节省了成员单位的财务费用。截至 2012 年末，公司向成员单位发放自营贷款余额 51 亿元。公司在致力为成员单位提供优质便捷服务的同时，持续跟踪信贷业务发生企业，对重点企业进行不定期走访调研，确保了信贷资产质量，全年本息回收率 100%，同时获得了较高的成员单位满意度。公司还为成员单位提供委托贷款、担保等业务服务，满足成员单位的多种融资需求。

【资金集中】公司不断优化资金管理制度和结算操作流程，强化公司在资金集中管理方面的核心作用。截至2012年末，公司共吸纳成员单位75家，开设各类结算账户152个（包括6家分处香港、深圳、上海的上市公司），成员单位同比增加26家，结算账户数量同比增加58个。在资金方面，截至2012年末，成员单位在公司存款合计金额约44.36亿元，吸收存款同比增加29%。其中，6家上市公司成员单位与公司签订金融服务协议共约定最高存款限额达36亿元。与此同时，公司在坚守集团资金流动性与风险性底线的前提下，积极抓住金融市场波动的机遇，提高资金运营效率，取得较高的投资收益。全年共实现同业存放资金业务收入1.09亿元，较2011年大幅提升。在结算方面，公司不断优化结算系统和资金汇划途径，大力推广结算业务系统和方正网银系统，继续积极推行结算费用免除措施，并在人民银行规定许可的范围内主动上浮存款利率，做到最大让利于成员单位，结算业务量获得井喷式增加。2012年，公司全年共处理结算业务4 057笔，结算金额3 496亿元，全年结算金额同比增长574%，超过2010年与2011年度的总和，各项服务数据均创开业以来最高水平。

【票据业务】2012年，公司积极推进票据贴现业务，全年累计办理商业汇票贴现46.04亿元，转贴现57.81亿元，再贴现3.13亿元，实现利息收入1.60亿元。在提升票据规模与收益的前提下，进一步丰富了成员单位融资手段，提高了融资服务能力。

【风险管理和内部控制】公司加强风险管理力度，细化风险管理工作内容，将风险意识贯穿在由相关业务部门、风险管理部、审计合规部、风险管理委员会、董事会等组织形成的内部控制体系中，进一步巩固公司防火墙。公司召开风险管理委员会，审议风险政策，听取风险工作报告，明确风险资产五级分类结果。信用风险管理通过加强对产业集团调研，增加对各产业经营周期和资金需求的了解，为审贷委员会审批工作提供依据。操作风险管理从资金、票据等业务进行识别和评估。2012年，公司根据《银行监管统计数据质量管理良好标准》对数据质量、指标监控等内容进行评估，还在日常监测系统之外建立了流动性比例等敏感指标的预测流程，保证各项指标实时符合监管要求。公司对上年度的规章制度进行了全面修订，除梳理业务流程，补充、完善57项内控制度外，还为配合新业务顺利申请、运行，另行制定了11项新制度。全年审计人员共完成包括信贷、票据、资金收付、信息系统、资产风险管理等内容的3项专项审计、4项日常稽核和1项离任审计工作，对业务部门提出多项审计建议，并对审计整改进行后续检查跟踪。

【人力资源管理】2012年，各项人力资源管理工作有序、高效开展。在招聘管理方面，公司重点吸纳优秀毕业生，引进具有发展潜力的人员，大幅提升公司的人才储备质量。在培训管理方面，以业务为导向，开展新员工培训、新经理培训、通用技能培训和管理类培训，重实效，不盲目，做到点面结合，既确保提升全体员工素质，又向管理干部、后备人才倾斜。除了邀请外部讲师，公司还努力培养内部讲师，并引入E－Learning学习平台，提高全员学习的积极性。在员工关系方面，公司开展了员工与高层领导的跨层级沟通活动，公司董事长作为主要访谈人，通过集体座谈的方式，与公司中层及基层员工进行充分沟通和交流。在逐步整改落实员工意见和建议的同时，了解和发现有潜力干部和员工，纳入公司人才库。

【信息化建设】2012年，公司继续加大信息化建设的人员、资金投入，在信息安全和业务系统建设等方面取得了突破性进展。在信息安全建设方面，通过建设“安全桌面”管理系统，一定程度上解决了数据分散的管理问题，实现文档自动加密，限制文档打印、屏幕拷贝、阅览次数及有效期，从根本上提高了数据及文档传输过程中的安全性，满足公司对员工数据及文档安全的规范化管理要求。业务系统建设方面也得到进一步完善。一是将金蝶财务系统替换为 oracle 财务系统。2012 年底，oracle 财务系统正式运行。按 oracle 会计科目重新搭建的 1104 报表系统，系统自动取数率提高到 80% 左右，减少了填报人员填报和复核的工作量。二是通过在方正网银端嵌入加密电子签章方式，实现了成员单位足不出户即可打印结算单据的需求，降低了账单邮寄成本。三是邮件提醒平台系统成功上线，采用邮件适时提醒方式，对贷款到期、存款到账等 19 项业务的办理结果进行提醒，提高办理业务的效率。除此之外，公司通过制订最高权限系统账户的审批、验证和监控流程等方式，不断完善公司信息化运维管理机制，及时发现和排除风险隐患，积极提高和改善信息化的服务能力及水平，确保公司各信息系统有序通畅运转。

【企业文化建设】公司大力推进企业文化建设，开展丰富多彩的文化生活。公司组织全体员工开展户外素质拓展活动，提升员工队伍探索创新能力，增强团队的向心力和凝聚力；定期安排高管和员工的沟通谈心，倾听员工心声，关心员工成长，引导员工树立健康向上的心态；妇女节、圣诞节等节日为员工送慰问，送祝福，增强员工幸福感和归属感；积极参加集团组织的各类文体活动，编排练习舞蹈参赛，充分展现公司全体员工的良好形象和职业风采。

通用技术集团财务有限责任公司

【经营概况】2012 年，通用技术集团财务有限责任公司（以下简称“公司”）全年实现营业收入 30 507.85 万元，实现利润总额 14 106.43万元，基本实现“初步建成基础资质齐全，基础业务全覆盖的金融服务平台”的目标。

【信贷业务】公司按照“安全性、流动性、收益性”的总体要求，本着先评级、后授信、再使用的原则，分类有限提供信贷资金，支持成员单位业务发展。公司广泛深入成员单位，积极拓展业务来源，统筹规划，合理安排，严格把控信贷风险，稳健开展贷款业务，既能及时满足成员单位资金需求，又使资源配置效率得到进一步提升。截至 12 月底，共向成员单位发放贷款 372 000 万元。

【资金业务】2012 年，公司本着“先内后外”的原则，在满足成员单位业务资金需要的同时，积极强化同业合作，合理设计安排存放同业品种。注重研判市场走势，抢抓市场机遇，狠抓资金计划，强化指标监测，合理错配资金，科学筹划，系统安排存放同业业务，在市场利率持续下跌的情况下，实现了较好的资金效益，总体收益水平明显好于市场平均的Shibor水平。

【票据业务】公司在上年构建产业链票据融资模式的基础上，拓宽成员单位范围，择优选取票据资源，合理利用价格功能，在为成员单位提供灵活资金支持的同时，有效促进了业务协同。截至12月末，票据贴现业务累计发生额为316 300万元，转贴现业务累计发生额为8 738万元，承兑业务累计发生额为228 300万元。

【外汇业务】2012年，公司实现外币归集，在提升归集度和归集规模的同时，为未来开展结售汇业务奠定了基础。

【资金集中】公司下大力气狠抓资金归集工作，在2011年全面启动二批成员单位上线工作的基础上，积极与成员单位沟通，大力推动条件成熟的成员企业上线。按二批上线的要求，截至2012年末，基本实现全覆盖，按可归集口径计算，全年日均资金归集度43%，资金归集范围、归集规模和归集度迈上了新台阶。

【业务创新】公司通过新产品、新业务的实施，进一步拓宽金融服务领域。一是启动票据再贴现业务，进一步拓展公司外部融资渠道，通过合理安排提高资金配置效率，锻炼专业队伍。全年累计发生再贴现业务3笔。二是积极参与中邮集团短期融资券发行工作。公司作为财务顾问全程参与了短期融资券发行前期工作，通过对市场形势的专业预判，在发行时机的把握、利率走势等方面给出专业建议。已向中邮集团提供三期财务顾问建议书，在专业能力方面得到了成员单位的认可。

【风险管理和内部控制】公司通过建立全面风险体系，确保有效控制风险，管理风险，为促进公司各项工作合规有序开展提供切实保障。一是审慎开展各项业务合规审查工作，切实提升风险识别能力，在进行日常合规审查的同时，确保全业务流程、全管理流程的风险监控。二是进一步加强风险指标和资产质量监测，有效发挥稽核监督职能。2012年，公司共进行4次季度专项稽核工作，针对19项业务和重点工作进行检查，出具稽核建议29条，通过强化监测、预警及后评价，有效促进防范风险。三是顺利完成监管机构组织开展的风险评价工作，进一步促进公司风险管控体系建设。

【人力资源管理】2012年，公司围绕人力资源有效开发、使用，稳步开展各项工作。一是围绕学习型团队建设，有计划组织开展包括高层管理类、专题培训类、任职资格类在内的三大类培训，参与培训230人次，人均培训时间40小时，在提升员工专业技能与综合素质的同时，营造了浓厚的团队学习氛围。二是积极鼓励支持员工获取相关资格，以此促进整体专业水平提升。三是引进人才，培育骨干，充实队伍，激发活力，通过对人才有效引进和开发，进一步加强选人用人的科学性。四是以人力资源专项规划编制工作为契机，进一步丰富以人力资源开发、使用为核心的人力资源管理体系，明确工作计划和保障措施，为打造适应业务发展的规模适度、结构合理、素质优良、高效精干的专业人才队伍指明方向。

【信息化建设】公司高度重视核心业务系统功能的优化和升级工作，不断强化软硬件平台的基础建设，逐步构建较为完备的平台体系。一是顺利完成核心业务系统2011年项目以及外网系统、征信系统、非现场数据质量监测系统等系统项目的实施和终验，进一步丰富公司应用系统平台体系。二是顺利完成核心业务系统2012年一期项目开发内容发布上线，重点包括电子签章和金融交易两大模块以及八十余项系统优化，进一步扩充了完善核心业务系统功能。三是通过磁盘阵列冗余和网络链路均衡设备的部署，不断加固基础硬件平台，有效提升硬件平台的可靠性和稳定性。四是先后完成《核心业务系统承载能力评估报告》、《办公自动化系统研究报告》、《内部资金池概要方案》等专项研究工作，为公司信息化建设后续发展提供理论支撑和操作依据。

【企业文化建设】2012 年，公司积极开展企业文化宣贯与文化建设，在公司形成良好的企业文化氛围，为公司开展各项业务提供良好的环境。首先，公司结合实际，适当调整充实企业集团文化宣讲教案，邀请集团讲师对全体员工进行集团企业文化宣贯，完成集团企业文化宣贯工作。其次，以集团第二届企业文化月活动为契机，制订并落实公司企业文化月活动方案，先后组织开展了成员单位座谈、全员素质拓展、优秀话剧欣赏以及集团企业文化知识网络竞赛等系列主题活动，积极践行集团企业文化，有效促进集团及自身文化的建设和融合。

铜陵有色金属集团财务有限公司

【经营概况】截至 2012 年末，铜陵有色金属集团财务有限公司（以下简称“公司”）实现营业收入 1.60 亿元，利润总额 0.88 亿元。总资产 26.80 亿元，吸收存款 17.40 亿元，贷款余额 20 亿元。

【资金集中】2012 年，公司累计撤销成员单位银行账户 24 个，完成 147 个银行账户直联，新增成员单位在公司上线运营 26 家，累计实现直联银行账户达 305 个，基本实现账户管理全覆盖。公司积极与安徽证监局和深交所沟通，提升上市公司在公司的存款额度，提高整体资金归集度。

【信贷业务】获批贷款资格后，公司以优惠利率为 15 家成员单位办理了共计 32 笔贷款业务。同时，针对集团中小成员企业融资成本高，财务费用居高不下的现状，公司共为 26 家中小企业融资 16 亿元，支持集团中小成员企业的发展。

【票据业务】公司共为 22 家成员单位提供 29.75 亿元票据贴现服务。2012 年 9 月 24 日，公司电子商业汇票系统上线，首日成功开具两张电子银行承兑汇票。截至 2012 年末，公司共开具 9 张电子银行承兑汇票，票面金额近 0.08 亿元。

【业务创新】2012 年，公司为 4 家单位办理了 5 笔保函业务，担保金额 0.17 亿元。此外，公司还完成了集团 2013 年统一保险工作。

【风险管理和内部控制】公司结合监管部门关于开展“银行业内控强化年”活动要求，修改完善内控制度 20 篇。同时，公司认真开展事中审核工作及成员单位客户信用评级授信审查工作。2012 年 5 月，公司获批贷款资格后，及时出具贷款业务审查意见，保证贷款及时合规发放成员单位。

【人力资源管理】一是公司根据铜陵有色集团薪酬改革要求，对所有岗位进行了价值评估，根据岗位评估确定岗位价值。二是按集团要求提前完成了人员聘任工作，做到了公正、公平、公开。

【信息化建设】一是完成了电票系统的第二次模拟测试，并顺利通过人民银行组织的电票接口验收，成功实现电票系统上线运行。二是新增与交通银行、浦发银行、徽商银行等商业银行的银企直联，通过测试后顺利对接。三是电子回单管理系统成功上线。公司新增“电子回单”模块，成员单位可自行打印回单、对账单。四是开通直联行对私接口，全面实现成员单位自由转账功能，方便成员单位操作，实现“柜面业务桌面化，异地业务本地化”。五是积极走访调研。2012 年，公司共走访成员单位 376 次，重点加强对异地城市成员单位的走访，共收集成员单位建议 19 条，完善了 9 处系统和流程不足。六是继续加强对重要数据的备份工作。

【企业文化建设】公司组织全体员工登黄山，学习“黄山松”精神。在铜陵有色集团机关党委的领导下，公司党支部组织员工参加了跳绳等文体活动。公司还积极开展送温暖走访活动，全年发放慰问金约 15 000 元、社会公益性捐款 102 200 元。

中建财务有限公司

【经营概况】截至 2012 年末，中建财务有限公司（以下简称“公司”）资产总额 154. 61 亿元，同比增长 51%；负债总额 141. 33 亿元，同比增长 55%；所有者权益 13. 28 亿元，同比增长 15%；实现营业收入 5. 56 亿元，同比增长 74%；实现利润 2. 79 亿元，同比增长 48%；净利润 2. 36 亿元，同比增长 176%，全面超额完成集团下达的经营目标和任务。

【信贷业务】2012 年，公司充分发挥资金配置功能，一方面开启资金配置平台建设，开展流动资金贷款、项目贷款、保函、委托贷款等业务；另一方面积极制定信贷政策，将信贷配置与促进集团各产业板块发展相关联，服务集团产融结合战略。针对集团建筑施工板块、设计勘察板块及专业化公司，公司通过提供流动资金贷款的方式缓解其资金压力，全年共发放流动资金贷款 26 笔，金额 35 亿元，全年累计收回流动资金贷款金额 13 亿元，截至年末，流动资金贷款业务余额为 22 亿元。针对集团基础设施和房地产板块，公司通过提供项目贷款融资以及搭桥融资的方式，解决项目短期资金需求，保证项目顺利建设，全年累计发放项目贷款 4 笔，金额 10 亿元，累计收回项目贷款金额 4 亿元，截至年末，项目贷款业务余额 6 亿元。针对成员单位之间的内部借款，公司依靠金融业务资质，通过委托贷款置换内部借款的方式，实现集团内部借款规范化、标准化管理，全年累计办理委托贷款 11 笔，金额 64. 42 亿元，截至年末，委托贷款业务余额 62. 42 亿元。

【资金和投资业务】为提高资金收益水平，公司制定了《同业存款业务风险控制办法和操作规范》，开展存放资金利率招标工作，让更多的合作银行特别是城市中小型商业银行参与投标。在防范和控制风险、保证资金流动性和安全性的前提下，公司科学合理地选定利率水平合适的银行进行存放。2012 年，在货币市场收益率持续走低的情况下，公司全年同业存款收益率明显高于市场平均收益水平。

【票据业务】一是努力扩大票据贴现规模，依靠票据融资简单便捷的优势，缓解成员单位日常流动资金周转压力。公司全年累计实现票据融资 45 笔，金额 6.77 亿元，收回票据贴现金额 8.97 亿元，截至年末，票据贴现业务余额 3.26 亿元。二是积极扩展票据新业务品种。自上半年首次开展商业汇票承兑业务以来，公司累计承兑汇票 11 笔，金额 2.24 亿元，到期结束 0.79 亿元，截至年末，承兑汇票业务余额 1.45 亿元。三是搭建电子商业汇票系统，全力打造票据作为集团“内部货币”的功能。公司以银行代理模式接入了电票系统，为票据在集团内部的结算提供了技术支持。

【资金集中】2012 年，公司实现了境内二级单位全部上线，结算总量达到 10 512 亿元，日均存款余额达到 130.50 亿元，同比增长 45.70%，吸收存款峰值达到 216 亿元。公司根据成员单位的需求与账户分布情况，不断扩大具备资金集中功能的合作银行，目前已扩大至 11 家，极大限度方便了成员单位的资金划拨，大幅提高了资金集中服务效率。与此同时，公司积极探索资金集中管理创新模式，通过走访部分成员单位、深入分析和研究各企业整体资金状况以及资金现行模式，形成了《关于集团开展统收统支资金集中模式的研究报告》和《关于集团三级集中的初步研究》，提出了符合集团实际的资金集中模式建议，为集团未来打造富有特色的资金管理模式打下坚实基础。

【保函及担保业务】为拓宽对集团成员单位资金支持的渠道，便利集团成员单位工程施工，公司积极开展工程履约保函、预付款保函等担保业务种类，截至年末，公司累计办理保函 8 笔，金额 1.41 亿元。其中为支持集团阿尔及利亚海外项目建设，公司开展了成立以来首笔境外工程保函业务，为集团海外业务的开展提供有力支持。

【业务创新】一是对再贴现业务进行可行性研究分析。公司建立再贴现业务制度，并顺利完成试点工作，使再贴现业务成为公司解决临时流动性不足的补充手段之一。二是启动代理支付业务。为进一步提升公司金融服务能力，解决成员单位点多面广、收付款频繁的问题，公司于 2012 年开始对代理支付业务进行研究、分析及推广。公司借助先进的信息系统，使分布在全国各地的成员单位足不出户即可汇达四方。在业务开展仅半年的时间里，公司累计办理代理支付金额达 189.48 亿元，成员单位付款效率得到极大提高。

【风险管理和内部控制】公司秉承“规范管理、审慎经营”的指导方针。在内部控制环境方面，公司根据运作科学规范原则，建立了决策系统（董事会及其下设的风险管理委员）、执行系统（高级管理层及其下属贷款审查委员会和各业务职能部门）、监督反馈系统（监事会和直接向董事会负责的风险控制部门）三道风险管理有效防线。在制度建设方面，公司根据行业及自身特点，对 20 余项涉及风险管理的制度性文件进行了审议，量身定制符合自身实际的风险管理制度。公司已初步打造出良好的内部控制环境，形成了风险管理全员参与的优良文化，为进一步开展全面风险管理工作打下了坚实基础。

【信息化建设】2012 年，公司信息化建设主要体现在基础设施建设及应用软件系统开发及推广等方面。核心业务“中建财务金融业务信息系统”的开发应用，为公司各项业务的开展提供了有力支撑。该系统与14家商业银行计算机信息系统之间实现银企直联，在成员单位间可自助打印客户回单和对账单，实现了从成员单位柜台业务办理到公司财务报表自动生成的全流程信息化管理，为集团“十二五”规划在公司落地提供了坚强保障。该系统取得了软件著作权，获中建集团2012年度科技进步二等奖。此外，征信系统已完成非现场测试环节的报文上报等工作。

【企业文化建设】公司在传承中建企业文化的同时，努力打造公司特色企业文化。公司以中国建筑成立三十周年为契机，组织员工参观中国建筑30年成就展，并赴中建联合体承建的央视新址参观，实地感受作为中国建筑一员的骄傲和自豪；以“中建信条”为主线，组织员工开展登山活动，增强员工克服困难、团结协作精神，增加公司凝聚力；通过举办各种文体活动，使员工深刻理解中建的企业使命、企业愿景、核心价值观念。同时，在公司党委的领导下，不断加强基层党组织建设，以建设学习型党组织，抓好党员教育工作为切入点，开展向“书记大姐”陈超英学习的“争先创优”活动，使广大党员干部在公司的发展中发挥党员先锋模范作用。

江苏省国信集团财务有限公司

【经营概况】2012年，江苏省国信集团财务有限公司（以下简称“公司”）资产规模、为成员单位提供的资金支持双双突破百亿元，贷款、委托贷款及融资租赁、保险代理等新业务获批，业务功能不断完善，经营业绩稳步增长。全年公司管理资产规模达到144.10亿元，实现营业收入2.26亿元，实现利润总额1.42亿元，归集资金余额达到52.13亿元，为成员单位提供融资额50.87亿元，为成员单位节约费用1.04亿元，圆满超额完成了各项目标任务。

【信贷业务】2012年，公司为40家成员单位办理授信116.15亿元。在资金偏紧，银行年贷款利率普遍上浮20%的情况下，公司仍坚持以低于市场10%—20%的优惠利率为成员单位提供资金，大大节约了成员单位的融资成本，保障了成员单位的正常生产经营。公司以贷款、贴现等多种形式的资金运用方式，为成员单位累计提供资金支持71.51亿元，较上年同期增加14.01亿元。除了给予成员单位直接资金支持，公司还积极协调银行等其他金融机构，为成员单位提供金融支持。

【资金和投资业务】一是公司要求成员单位按年度、月度编制资金预算，逐笔审核成员单位调整追加资金计划的申请并提出修改意见，努力做好资金调度工作，协调集团内各种资金支付，掌握集团的资金需求，保证成员单位的正常营运。二是加强与金融同业的沟通与合作，拓展融资渠道。公司分别与工商银行省分行和交通银行省分行签订了银财合作协议和战略合作协议，并取得了工商银行、农业银行、中国银行、兴业银行、南京银行、中信银行等9家银行共计59亿元的同业授信额度。三是积极与人民银行进行沟通，累计办理9.67亿元的再贴现业务，为公司筹措了低成本的外部增量资金来源。

【票据业务】截至2012年末，公司累计为12家成员单位办理票据贴现14.82亿元。公司在兴业银行、南京银行办理了2.07亿元的卖断式转贴现，盘活了资金和信贷额度；同时积极研究集团票据集中管理工作，探索以提供票据承兑、贴现、转贴现等一揽子业务为抓手的集团票据池运作模式，力争进一步盘活集团票据资产，提高成员单位支付能力以及资金归集度。此外，公司的电子商业汇票业务已通过人民银行组织的系统验收。

【资金集中】公司对集团下属企业开展账户调研，收集71家成员单位调研表，梳理集团货币资金分布情况，着重加强对贸易板块资金归集的推进工作。针对贸易企业特点，公司进一步优化业务模式，设计符合各企业需求、具有个性化的资金归集方案，其中对舜天五矿的资金归集试点工作取得突破性进展。公司全年累计为舜天五矿及其下属公司办理结算业务5 549笔，结算金额达到59.48亿元，累计归集资金21.82亿元。舜天经协、舜天有色等企业也先后加入了资金归集系统。截至2012年末，公司有开户成员单位122家，上线97家，日均上收成员单位资金余额约46.49亿元。集团整体资金归集率47.57%，其中已上线成员单位的资金归集率达到65%以上。

【业务创新】2012年，公司首次尝试与集团信托公司开展了2.70亿元的资产业务合作，促进了集团金融板块之间以及金融板块与集团实体经济间更加紧密的合作，为成员单位用款提供了有力保障。

【风险管理和内部控制】根据《企业集团财务公司管理办法》等法规和监管规章的要求，公司以防范风险和审慎经营为原则，不断梳理和完善内控制度，加强机构建设，完善业务制度，初步建立了较为科学、严密的内部控制制度体系，形成了“事前防范、事中控制、事后监督和纠正”的风险防范和内控机制，保证了管理的严格性和风险的可控性。

【人力资源管理】公司人力资源工作紧紧围绕公司核心工作，不断提升人力资源管理水平。一是逐步建立人力资源管理制度。公司制定了《人力资源管理办法》、《员工绩效考核与奖惩办法》等10多项规章制度，使日常管理工作制度化、规范化、具操作性。二是建立“四结合”的长效教育培训机制。坚持将全员学习与廉洁从业教育相结合，建立公司全员集中学习制度；坚持将学习内容与中心工作相结合，提升员工展业能力；坚持将学习与考试相结合，以考促学，强化学习成效；坚持将政治理论集中学习与专题辅导相结合，提高党员与员工的政治素质。全年共计开展各类培训学习20多场次，全员综合业务素质大幅提升。三是建立较完善的激励约束机制。加强员工的绩效考核与管理，制定了科学合理的考核体系、考核指标和考核方式，建立了以员工业绩为导向的奖惩机制，将员工贡献大小与职级晋升、薪酬调整、评优相挂钩，形成职工能进能出，岗位能上能下，工资能升能降的良性循环。四是实施首问负责，创建“服务行风监督员”工作机制。制定服务公约，改进工作作风，建立客户投诉处理机制，增强服务意识，营造出更加良好的金融服务环境。

【信息系统建设】公司以服务成员单位，维护信息安全，提高运营效率为宗旨，积极推进网络建设，完善电子平台。一是顺利完成与江苏银监局网络对接，实现与江苏银监局电子政务传输系统、1104报表申报系统的联网。二是完成人民银行城市金融网接入工作，并积极开展九恒星电票模块调试工作，推进电票业务开展。三是与中国银行、工商银行、农业银行、交通银行四家银行实现银企直联，为推进公司业务发展，深化金融服务提供有力保障。四是完成公司协同OA系统12个模块，建设搭建Exchange邮件服务器，构建财务公司统一沟通平台，完成公司门户网站建设并试运行。

【企业文化建设】公司大力弘扬企业精神，积极培育符合社会和企业自身发展的核心价值观，建设健康、向上、和谐的特色金融企业文化。公司以“家”文化为核心，营造亲如一家、团结和谐的企业氛围，注重关心员工生活，让员工共享企业发展成果；深化民主管理，切实维护职工对企业事务的知情权、参与权、表达权和监督权；组织开展拓展训练、联谊会等活动，展现员工精神面貌，建设精神家园，增强公司凝聚力；组织开展奉献爱心，捐资助学活动，彰显了企业的社会责任。丰富多彩的活动增强了公司员工的归属感、职业素养和精神风貌，提升了公司的凝聚力，和谐、健康的金融企业文化逐渐形成。

重庆化医控股集团财务有限公司

【经营概况】2012年末，重庆化医控股集团财务有限公司（以下简称“公司”）资产总额59亿元，净资产6.13亿元，资产负债率88%，资本充足率26%，资金集中度70%，票据集中度79%，不良资产率和案发率持续为零。全年累计实现收入1.19亿元，利润总额0.58亿元，计提贷款损失准备累计0.26亿元，计提一般风险准备累计0.81亿元，信贷规模26.40亿元。

【信贷业务】2012年，公司开展了贷款、委托贷款及融资租赁三项新业务，经营范围进一步拓宽，金融服务手段进一步完善。公司采取“支持实体经济，让利成员单位，置换高息贷款，补缺流动资金”的贷款运作模式，承接集团债权11亿元，为20户企业发放自营贷款2.08亿元，办理委托贷款0.15亿元，融资租赁1.13亿元，为成员单位节省财务费用0.25亿元，有力支持了集团实体经济发展。

【资金集中】公司始终紧紧围绕“资金集中管理和提高资金使用效率”这一核心任务开展各项工作。一是扎实推进账户资金归集，力争应归尽归，提高资金效率。公司重点加强对三峡油漆、紫光化工、普莱克斯、卡贝乐等企业的资金归集，并陆续清理了20余家企业的归集账户，补办归集近30个账户。二是不断深化与银行合作关系，探索资金归集管理新模式。一方面，公司采取和成员企业一道上门获取开户银行签署意见的方式，逐步实现账户归集；另一方面，对成员企业较为集中的区县，公司还采取异地开户的方式实施归集。公司与农商行丰都支行合作，顺利实现紫光蛋氨酸等六户企业的账户和资金归集。此外，公司还利用中国银行票据池，为长风 MDI 项目做了 0.50 亿元票据质押开信用证业务。截至 2012 年末，集团下属所有二级成员企业均实现了账户归集，在公司开户单位达到 87 户，资金集中度 70.55%，票据集中度 79%。

【票据业务】公司理顺并严格执行票据管理流程，新增建峰股份、紫光化工、合川盐化等企业票据归集，使票据集中家数达到 23 家。公司为成员单位办理票据贴现累计总金额 39 亿元，托收 82 亿元，代理 11 户成员单位开具银行承兑汇票 8 亿元，开具商业承兑汇票 0.15 亿元，业务办理效率显著提升。

【管理创新】2012 年，公司在广泛借鉴金融同业先进管理模式的基础上，紧密结合公司自身业务特点以及未来业务开展的需要，认真分析原有业务流程弊端，对原有管理模式进行了大胆调整。公司将业务运行部变为单一的前台业务拓展部门，专职负责业务拓展，将原属业务运行部负责的会计稽核、资金计划、对外报表、渠道管理等后台业务职能划归计划财务部，实施后台集中管理。这一大胆创新在公司很快取得实效：一方面，业务运行部的市场拓展职能大大增强；另一方面，公司的日常管理和业务流程不断优化，账务日清月结、报表延时等问题迎刃而解。

【风险管理和内部控制】为了做到有章必循，公司不断加强考核落实力度。一是强化事后核查，对每一笔柜台业务逐笔核查，及时发现并纠正日常业务运行中错记、漏记、串户、漏盖章戳等问题，有效防范。二是公司按月与开户单位核对账户余额与资金往来情况，并由开户单位在账单上盖章确认，回收率达到 100%。与此同时，公司坚持对全体员工进行合规守法教育培训和员工异常行为排查管理，合理设置各级岗位，干部员工自觉防控案件风险的意识不断加强。

【人力资源管理】公司根据《公司法》、《财务公司管理办法》等法律法规及《公司章程》，不断完善股东会、董事会、监事会和管理层独立运作、有效制衡的公司治理结构。公司董事会下增设了关联交易及风险控制委员会、审计委员会、薪酬委员会 3 个专门委员会，并依法制定了各委员会议事规则。各专门委员会之间有效分工协作，同时充分发挥独立董事的专业优势，不断提高公司的决策效率和质量。此外，公司积极开展人力资源管理工作。通过业务培训、同业调研交流，资格考试等方式，提升员工队伍综合素质和业务能力。

【信息化建设】公司使用的招商银行 TMS 系统与金蝶公司数据接口工作完成，具备加入中国人民银行征信系统的基本条件，并获人民银行同意正式使用。公司电子票据系统获准开通。

【企业文化建设】2012 年，公司组织开展了一系列活动，比如红歌会、摄影展等等，加强了员工之间的凝聚力，为构造和谐企业文化打下了良好的基础。

金川集团财务有限公司

【经营概况】2012 年，金川集团财务有限公司（以下简称“公司”）全年实现营业收入 1.56 亿元，同比增长 51.30%；实现利税总额约 1 亿元，其中净利润 0.85 亿元，同比增长 50.10%。年末资产总额 36.36 亿元，负债总额 25 亿元，所有者权益总额 11.36 亿元。各项监控指标均达到银监会的监管要求。

【资金业务】公司根据集团整体资金状况，多渠道、低成本筹集资金，优化资金配置，保证了集团生产、项目建设和对外投资的资金需求，全年累计融资 349 亿元，综合融资成本 4.69%。另外，公司加强对日常资金头寸管理和实时监控，积极与各家商业银行议价，争取较高的同业存款利率，在保障资金需求的前提下，利用闲置资金适时办理协议定期存款，增加存量资金收益。

【票据业务】一是增加贴现规模。经与人民银行积极沟通协调，公司贴现规模调增至 16.40 亿元。全年累计办理票据贴现 36.31 亿元，同比增长 92%，年末贴现余额 16.45 亿元。二是建立“票据池”，对成员单位的票据进行集中管理，为盘活存量票据资金奠定了基础。三是开展电票业务。2012 年 10 月 29 日，公司电票操作系统正式上线，开始为成员单位办理电子票据的承兑和贴现。公司印制了《票据业务介绍》，积极向成员单位宣传、推广电子商业汇票业务。

【资金集中】2012 年，公司进一步加强资金集中管理，采用“收支两条线”的资金管理模式，通过资金结算平台实时或定时归集国内所有成员单位的收入账户资金。截至年末，公司完成了国内 88 家成员单位收入账户的资金集中，比上年新增 17 家，日均存款余额 33.40 亿元，比上年增长 53%。全年办理结算业务 56 191 笔，结算金额 4 932 亿元，分别比上年增长 34% 和 22%。

【风险管理和内部控制】一是持续推进业务流程化管理和制度建设工作，修定《内审工作管理办法》，制定《电子商业汇票管理办法》、《电子商业汇票系统运行管理办法》等制度。二是开展内审稽核工作，对票据业务和结算业务进行专项稽核，严格执行业务审批程序，加强合规性审查，严加防范操作风险。三是建立资金流动性管理体系，有效识别、计量、监测和控制资金链风险，维持合理的资金备付以满足集团生产及大经贸等资金需求，确保流动性安全。此外，公司接受了甘肃银监局的现场监管检查，发现并整改业务流程和管理流程上的漏洞，增强员工合规理念，进一步提高风险防范能力。

【人力资源管理】公司新制定了员工绩效考核实施细则，加大对员工业绩指标的考核力度，以绩效工资分配激励业绩突出的员工，对创新工作、增加收益、防范风险、推动新业务开展等方面做出贡献的员工进行专项奖励，调动员工工作的主动性和积极性。此外，公司还通过多种渠道引进金融专业人员充实员工队伍；加强对员工进行思想品质与职业道德教育，培养员工敬业精神；聘请银行业务专家授课，选派业务骨干参加商业银行组织的各种研讨会和财协举办的基础业务培训班，加强员工的业务知识和技能培训；鼓励员工参加金融业各类考试。

【信息化建设】一是信息化建设紧跟公司业务规模和发展速度。为配合电子商业汇票业务开展，资金管理信息系统增加了电子票据系统模块并通过了人民银行验收，保证了电子商业汇票的顺利上线。二是加强信息科技风险管理。公司完善了系统应急预案并实施演练，提高系统安全风险的控制能力和员工应急处置能力。三是加大对系统实时监测力度，及时处理系统问题。着力做好系统软、硬件的日常管理和升级维护工作，通过对系统各业务模块功能节点的测试，及时发现并解决了12个系统问题，确保系统安全运行和各项业务正常进行。

【企业文化建设】2012年，公司持续推进金川集团企业文化宣贯工作，坚持“以人为本，关爱员工”，培育和弘扬具有金川特色的金融企业文化。公司积极为员工创造良好的工作、生活环境，开展丰富多彩的业余活动，组织员工为岷县灾区捐款、为集团困难职工捐款，组织员工开展“五四”联谊活动，举行党团知识竞赛，安排员工体检等，不断增强员工的归属感，增强公司的凝聚力和向心力。

新希望财务有限公司

【经营概况】2012年，新希望财务有限公司（以下简称“公司”）在提高集团资金管理水平的同时创造了公司自身价值，探索并初步建立起一套有新希望特色的匹配世界级农牧企业的资金管理和运营模式。

截至2012年12月31日，公司总资产116 075.68万元，贷款余额63 000万元，实现营业收入3 930.29万元，实现利润总额2 970.82万元，各项监管指标均达标。为更好为集团提供金融服务，公司进行了增资，注册资本由30 000万元人民币增加到50 000万元人民币，同时正式加入人民银行电票系统。

【信贷业务】新希望集团是以农牧业为主的民营企业集团。公司紧紧围绕集团主业，服务实体产业，服务农牧业。2012年，公司累计发放贷款26笔，共计136 500万元，累计涉农贷款66 500万元。

【票据业务】2012年12月，公司正式加入人民银行电子商业汇票系统，并成功开出由公司承兑的第一张电子商业汇票。电子商业汇票上线为集团提供了更多的金融服务品种和延期支付手段。

【资金集中】资金集中是2012年公司工作重点。公司有针对性地以构建“事业部资金池”为基础实行资金集中，并取得了较好的效果。2012年，包括乳业、上市公司在内的超过200家成员单位成功加入资金归集和支付体系，集团的资金集中率比上年有明显提升。

【风险管理和内部控制】2012年，公司不断加强制度建设，推行“全员风控”的理念，把合规和风险控制落实到公司的各个环节。一是完善制度。公司按照“业务发展、内控先行”的工作要求，集中修订了15个业务管理办法，同时为电票等业务制定了9个新的业务操作管理办法，进一步规范了公司的内部管理和业务操作流程，提高了公司的风险控制能力和水平。二是定期或不定期开展业务风险排查和内部管理稽核检查。通过部门自查、抽查和专项全面检查相结合的方式，及时发现制度漏洞、违规操作等问题，提出完善意见、整改措施及问责建议，进一步解决了各部门和各岗位制度的执行力问题。三是积极开展案件防控工作。通过开展员工行为规范教育、制度学习、业务技能培训，不断增强员工的案防意识、安全意识。公司逐步形成了内控建设、案件防控、风险管理三位一体的案防体系，有效预防了案件发生。

【人力资源管理】公司注重人才培养，采取“引进来”和“走出去”的方式，在严把招聘关，引进高素质、有潜质人员的同时，主动与同业联系进行学习与交流。公司全年共组织各类培训共九轮，涉及200余人次。

【信息化建设】2012年，公司在信息化建设方面做了大量的工作。首先，电票业务的上线，构建系统、完善业务流程控制并整合系统；其次，创造性地开发了“事业部资金池”系统，将其嵌套在现有的核心业务系统中，极大地满足了事业部资金管理需求，提高了事业部资金集中的积极性，推动了集团资金集中工作；最后，深入成员单位调研，认真听取成员单位在系统使用过程中的问题和建议，并给予解决和优化。公司业务系统已在集团近400家成员单位使用，取得了绝大多数成员单位的认可，成为集团主要的结算渠道（日均结算量近2 000笔）。

【企业文化建设】2012年，公司通过业务培训、同业交流和资格考试等形式，推动建设学习型组织，提升员工综合素质和业务能力。同时积极参加集团组织的各项文化活动，让公司员工深刻体会集团的企业文化，融入集团大家庭。

酒钢集团财务有限公司

【经营概况】截至2012年12月31日，酒钢集团财务有限公司（以下简称“公司”）资产总额52.25亿元，负债总额40.22亿元，所有者权益12.02亿元；实现营业收入1.69亿元，利润总额1.41亿元，分别为年计划的141%和125%，超额完成全年经营目标，各项经营指标完全达到监管要求。

【信贷业务】2012 年 9 月，公司获得贷款、委托贷款、融资租赁三项业务经营资质。公司在完成贷款业务调查摸底和对主要成员单位信用评级、综合授信的基础上，向集团公司、宏兴股份、宏丰公司及宏晟电热 4 家成员单位发放流动资金贷款 6 亿元，实现了集团成员单位内部的资金融通。公司还积极向人民银行申请增加信贷规模，有效缓解了信贷规模对公司信贷业务的制约。截至 2012 年末，公司信贷余额 15.72 亿元，吸收成员单位存款余额 36.57 亿元。

【票据业务】经过前期申报筹建和系统测试验收，公司电子商业汇票系统于 2012 年 10 月下旬正式上线运行，开展电子票据的签发、承兑和贴现等业务，进一步完善了金融服务职能。全年累计办理票据贴现业务 79 笔、总金额 34 亿元，实现贴息收入 0.48 亿元，既保证了成员单位正常生产经营的现金流量，又节约了其融资成本，贴现利率低于银行同业 1.25 个百分点。

【资金集中】公司一方面协同集团公司财务部制定下发了《关于实现资金高度归集　发挥资金整体效益的通知》，从加强资金预算管理、账户管理、业务考核等方面提出具体要求，另一方面通过实地调研走访，了解成员单位经营状况及服务需求，提供优质的结算、信贷等金融服务，借助资金管理平台，加强预算管理，清理成员单位账户，监控大额资金收支等手段，克服成员单位众多、地域分布广、管理链条长等不利因素，促进了资金集中度的提高。截至 2012 年末，按全口径计算的资金集中度为28%，同比提高 12.56 个百分点；剔除不可归集因素外，资金集中度为 65%，同比提高 30 个百分点，归集资金增加额 13.82 亿元。

【风险管理和内部控制】公司严格按照监管要求，继续建立和完善“三会一层”的法人治理结构和严格的内部控制机制。公司根据信贷业务的拓展和行政管理的需要，修改并不断完善制度体系，完成了 72 项基本制度的建设，建立了一整套横向与纵向职责分离、相互监督制约，涵盖公司业务各个领域、各个环节的内部控制体系，基本覆盖和满足了公司各部门业务和管理需要。与此同时，公司着力加强制度执行力建设，进一步强化内控制度建设，坚持非现场风险监测报告制度和月度查库制度，坚持全面稽核与专项稽核相结合，查证问题，督促整改，严格依法合规经营。

【人力资源管理】公司建立人才培养机制，强化金融业务培训，提高全员的金融服务意识和金融综合素质。通过组织内部学习、集中培训、岗位培训、专家授课、监管机构和行业协会不同层级的业务轮训等方式，不断提高员工的金融服务理念、业务水平和管理能力，为公司开展各项业务做好充分准备，也为公司健康发展提供了人力资源保障。公司已有 80% 的员工参加并通过了银行业从业人员认证资格考试。公司还认真组织党、工、团工作，在加强政治理论学习、创先争优、挖潜增效、廉洁自律、风险防控方面取得了积极成果，奠定了公司发展的稳固根基。

【信息化建设】公司注重对信息系统硬件、软件的日常维护管理，保证系统的正常运行和数据安全。着重加强资金平台的管理与维护，对集团公司及 140 多家成员单位就如何使用资金管理信息系统进行业务培训和指导，实现网上办理结算、预算管理、对账、票据管理、融资授信管理、信贷管理等业务，提高了各成员单位资金归集、收付款结算、预算上报及监控、网上对账、票据贴现等业务的工作效率。

包钢集团财务有限责任公司

【经营概况】 截至2012年末，包钢集团财务有限责任公司（以下简称“公司”）资产总额31.88亿元，负债总额26.29亿元，所有者权益5.59亿元。存贷比例19.83%，比上年提高17.09%；资本充足率175.55%，流动性比率101.37%，资产质量和流动性指标合规；资本利润率11.40%，资产利润率2%，较上年大幅提高。共有43家成员单位在公司开户，吸收存款26.23亿元，资金归集率20%。公司全年实现营业收入0.82亿元，营业利润0.64亿元，完成包钢集团利润考核计划326%，累计上缴各项税金0.17亿元，各项指标符合监管要求。

2012年，公司获得包钢（集团）公司机关职工第十三届气排球比赛“积极参与组织”奖；一名员工获得“纪念财务公司成立二十五周年征文比赛”二等奖。

【信贷业务】 截至2012年末，公司共获得信贷规模5.50亿元，并全部占用。公司为包钢集团成员单位授信11亿元，发放流动资金贷款0.70亿元。

【票据业务】 公司于2012年首次开展商业承兑汇票贴现、转贴现和担保业务，实现了该两项业务零的突破。全年共为9家成员单位提供直贴服务26.06亿元，其中为集团直贴商业承兑汇票2亿元。在银行间票据市场上转贴票据31.42亿元。开展代签银行承兑汇票0.57亿元。

【资金和投资业务】 公司通过开展同业存款业务，全年取得收入0.49亿元。为加强资金计划管理，公司通过编制年度、季度资金经营计划及每日资金头寸表及同业存放明细表等手段，完善资金头寸管理制度。同时进行资金计划执行情况分析、资产负债比例管理分析等，近一步规范资金运作，降低透支风险。

【保险代理】 公司从取得保险代理资格以来，逐步代理了包钢集团的财产险、质量保证险、产品责任险和家财险等险种。2012年，公司取得了子公司西创公司财产保险代理工作，接收了集团车辆险代理工作。全年取得保费收入约0.03亿元。

【风险管理和内部控制】 2012年，公司根据业务开展需要，进一步规范内部运营管理，制定业务授权、业务管理办法和操作流程。对所有制度进行完善和修订，有效降低风险；开展“案件防控长效机制建设年”和“银行业内控机制建设强化年”活动，加强内控建设；进行不规范经营专项治理，提高合规经营意识；组织防范非法集资宣传教育和排查活动，提高对非法集资危害性的认识，自觉抵制非法集资；加强案件防控，监督员工遵章守纪，按流程办事，将风险尽量消灭在萌芽状态。

【风险评估】 10月24日至11月8日，包头银监局对公司进行了初次全面风险预评估，对存在的制度的有效性和执行的有效性、功能定位、功能发挥、对集团的支持度以及发展等问题，进行了逐项评审。通过评估，明确存在的问题和不足，进一步规范公司业务，提高运营水平。

【人力资源管理】公司把加强学习培训作为提高员工技能的重要手段。2012 年，公司组织全体员工系统学习了十余部金融法律法规；要求各部门根据自身业务特点，有针对性地开展实际操作能力培训；派员参加中国财务公司协会组织的业务培训。同时，将自学和集中学习相结合，鼓励员工积极获取从业资格、参加职称晋级和在职研修，把学业务、学规程作为经常性任务贯彻始终，大大提高了员工的业务技能和理论水平。

【信息化建设】整合配备硬件设施，维护检修主干线网络，完善信息基础工作，保证公司内外部结算信息网络畅通；改造公司银企互联核心机房，减少设备故障率及收发报文错误率，延长网络设备使用寿命，建立良好的网络运行环境；实现银行前置机的远程操作，节约成本；完善九恒星资金管理系统，签订多项包括安全证书在内的采购合同，更新完善系统漏洞；建立和完善公司网站及 OA 系统，创建公司网络基础数据库，实现无纸化办公；创建无线局域网络平台，实现交流及工作的无线环境。

【5S 推进工作】公司“5S 推进领导小组”制定了《财务公司 5S 管理整理整顿实施细则（试行）》、《包钢财务公司 5S 管理推进办法（试行）》、《5S 检查和考核办法》，积极推进 5S 工作，把 5S 工作与日常工作有机结合，并将检查和考核结果与员工绩效考核和评先评优挂钩，形成长效机制。公司已顺利通过 2012 年第四季度 5S 推进工作检查验收。

【党群工作】公司通过“党员先锋工程”建设，进一步加强员工思想品德教育和职业道德建设；制定党员培训和学习计划，提高党员的政治素质和业务水平。通过开展各种“创先争优”活动，教育和引导广大党员立足本岗，勇于改革创新。组织参加丰富多彩的文体活动，加强与有关部门和单位的交流，丰富职工业余生活，增加凝聚力和向心力。

新奥财务有限责任公司

【经营概况】新奥财务有限责任公司（以下简称“公司”）积极拓展融资渠道，扩宽公司业务范围，完善集团整体资金结构，内部运营管理日渐完善。2012 年，公司实现营业收入 0.93 亿元，净利润 0.44 亿元，总资产 17.10 亿元，总资产收益率 2.56%，各项经营指标总体完成良好，全年各项监控指标符合监管部门的要求。

【信贷业务】2012 年，公司获得银监会贷款业务资质审批，扩大了经营范围。为及时满足集团的资金需求，公司积极开展自营贷款、票据贴现、委托贷款业务，尝试开展融资租赁业务。公司全年累计信贷投放28.56亿元，完成年度计划105%。其中，累计发放贷款4.70亿元，票据贴现8.37亿元，委托银行贷款3.61亿元，租赁业务0.05亿元，签发银行承兑汇票5.79亿元，办理委托贷款6.04亿元。

【资金业务】公司以金融机构的身份，利用转贴现安排，在授信和贷款额度受限的情况下，成功获得1亿元银行资金。打通了属地人民银行再贴现业务的渠道，推动人民银行廊坊市中心支行制定《廊坊财务公司再贴现管理办法》，为进一步扩大再贴现规模，争取更多低成本资金创造了条件。

【同业业务】公司同业授信工作取得实质突破，完成包括农业银行、工商银行、交通银行、华夏银行等授信，取得同业授信总额12亿元，为公司的业务创新创造了条件。公司还成功完成了集团保险承保团的选择、谈判和签约，为集团直接节省资金86万元。

【票据业务】公司票据池建设逐步完善，各成员企业分散的票据逐渐集中到公司统一管理。2012年5月，电子商业汇票系统上线运行后，公司利用传统的纸票业务和电子票据业务相结合的方式，全年完成票据贴现业务余额5.24亿元，累计贴现业务8.37亿元。

【资金集中】为了充分发挥财务公司结算平台、资金管理平台功能，公司积极提升专业能力和服务水平，吸引更多的成员企业到公司开户并办理结算业务。截至年末，成员企业在公司共开立账户188个，归集资金达到7亿元人民币，结算笔数达到了6.20万余笔，交易总金额达到667亿元人民币。

【风险管理和内部控制】2012年，公司修订《全面风险管理建设规划》，制定《对账管理办法》、《重要凭证管理办法》及《融资租赁业务管理办法》，使风险管理制度体系层次更加清晰，覆盖更加全面，确保了制度流程的统一；制定《流动性风险处置预案》、《票据业务风险处置预案》及《结算风险处置预案》，进一步完善公司风险应急机制。公司采取定期自查、不定期内部稽核抽查、聘请外部机构全面稽核三种方式有机结合，保障运营合规和风险防范，推进问题的解决，实现风险管理目标。2012年第二季度，公司组织了为期三个月的“风险排雷行动”，推进风险文化建设，全面提高全员风险意识，降低操作风险发生的可能性。

【人力资源管理】2012年，公司逐步建立起人力资源管理体系，通过职位管理、培训管理，探索与市场对标的薪酬体系等一系列工作，实现人力资源对战略的支撑力。一是由评审委员会对标杆岗位进行岗位价值评估，并以此确定公司所有岗位的价值区间。在定位关键和核心岗位的基础上，完成了公司所有岗位的职位说明书编写。二是根据《员工文化建设和整体能力提升方案》，采取融资租赁讲座、财务讲座、基金知识和风险控制讲座、入职业务培训、制度流程知识竞赛等多种学习形式，满足公司发展经营需要。三是要求所有青年员工两年内通过银行从业人员资格考试全部考试科目，以此督促员工自我学习，提高员工整体专业素质。四是充分利用公司内部资源，以专家型员工亲自指导传授的方式，开展青年员工培养工作。

中外运长航财务有限公司

【经营概况】2012 年，中外运长航财务有限公司（以下简称“公司”）完成营业收入 10 772.09万元，实现利润总额 3 404.95 万元，超额完成全年预算任务。

【信贷业务】2012 年 3 月 5 日，公司正式获得“对成员单位办理贷款及融资租赁”业务经营资质，积极有序开展各项信贷业务。全年累计发放贷款 193 000 万元。截至 2012 年末，公司信贷余额达到 117 000 万元，为集团成员单位节省财务费用 1 842.53 万元。

公司严格控制信贷业务风险，确保信贷资产质量优良，无任何不良贷款和不良资产。一是持续跟踪、研究宏观经济形势及行业发展趋势，准确把握市场走势，以防范行业市场风险。二是建立科学有效的客户评级体系，严格把握客户准入标准。三是认真落实贷前调查和贷时审查检查工作，充分识别风险点并制定有效的风险控制措施。四是落实贷后管理工作，密切关注授信客户生产经营和项目运行情况，并对物流投资和广西公司进行现场贷后检查。五是加强信贷资产五级分类监控，如实反映信贷资产风险状况。

【资金和投资业务】2012 年，公司的资金和投资业务仍然为固定收益类投资中的银行存放同业存款。在紧跟资金市场形势的基础上，公司向各合作商业银行积极询价，争取存放同业的有利价格，优化资金存放的期限搭配。公司抓住春节假期前等高利率时机，取得存放同业利率最高达 9.2356%，平均 4.67%，相比同规模企业存款，为集团净增加资金收益 9 149万元，实现全集团利益最大化。

【外汇业务】2012 年，公司积极推进外汇资金集中业务。一是初步搭建完成境内外汇资金池。确定 CACB 报送需求，推动集团资金信息系统开发相应接口和数据报送模块；完成资金管理系统外汇业务模块测试，并申请外汇账户信息数据接口现场验收；确定主要合作银行，与银行签署外汇归集业务协议；拟定外汇资金集中计划，实现外汇资金的归集和下拨。二是稳步推进外汇结售汇业务申请工作。下发外汇业务调查问卷，了解全集团外汇资金及国际结算情况；积极与国家外汇管理部门沟通，确定业务开展方案及模式，拟定相关制度流程文件及完成资质申请文件准备工作，并已确定结售汇系统详细的开发需求。

【资金集中】2012 年，公司从广度和深度两方面采取多种方式积极推进资金集中工作。一是继续推进上线计划。截至年末，上线单位 328 家，新增 136 家，集团境内非上市公司上线工作已基本完成。二是拓展银企直联渠道。将银企直联渠道拓展至 8 家银行，开通银企直联账户 576 个，占集团可挂接账户的91%。三是重启与上市公司合作工作。与中外运股份签署“新金融服务协议”，打通了集团与上市公司的资金通道。四是推进结算集中工作。完成集团结算集中实施方案，以结算集中促资金集中。五是探索资金集中方法。积极研究国家外汇政策，学习外汇资金集中运营改革试点方案及前海试点政策，争取通过试点的方式，打通境内外资金通道。

截至2012年末，公司吸收成员单位存款205 600万元，比上年同期增长15%；日均存款为204 700万元，比上年增长37 %。境内非上市单位物流板块人民币资金集中率达到67.67%。公司为成员单位提供结算服务3.91万笔，较2011年增长484%；结算金额总计4 441 100万元，较2011年增长132%。

【业务创新】一是拓展结算业务种类。2012年下半年，根据集团本部及部分成员单位需求，为其开展内部委托代理收款业务，在三方签署协议的前提下，实行内部结算；探索代理收款业务，为建立完整的人民币资金收付闭环管理运营平台，进一步推进资金集中打下基础；积极联系进出口银行，探索代理贷款监管业务。二是提高服务能力。提炼形成为上市公司量身定做的多级资金池系统开发方案，满足股份公司多项资金管理需求；摸索成员单位需求，提交“在线客户平台”方案，可通过短信、电子邮件的方式向客户发送账户变动信息，便于成员单位及时了解相关信息，提高风险控制能力。

【风险管理】公司加强规章制度建设，新增制度9项，修订22项，进一步夯实风险管理制度基础；通过开展充分的贷前调查、严格的贷中审查和有效的贷后检查，严格控制贷款信用风险；落实监管机构要求，开展不规范经营专项治理、全面风险排查、反洗钱宣传月、现场风险评价等风险管理专项工作，进一步提高公司风险管理水平；组织员工参加24项内外部专题培训，提高员工业务素质和综合素质，进一步提升风险管理能力；发挥专业研究能力，先后完成十余份宏观经济研究报告及热点分析报告，为公司经营管理决策提供深度分析及智力支持。2012年，公司风险管理各项指标均符合监管要求，不良贷款和不良资产均为零，全年无重大风险事件发生。

【内部控制】一是将制度审阅纳入审计稽核部日常工作范围之中，对内控体系的建设进行监督和评价。各部门新建立的各项制度，均需经过审计稽核部进行制度稽核通过后，方可履行下一步程序。二是对信贷部开展的委托银行贷款业务、转贴现业务及结算业务部的部分结算业务、柜台操作行为等进行日常稽核，重点检查内控制度执行的有效性。通过检查，及时发现内部控制制度在执行过程中不全面、不到位的情况，提示有关风险，加强各部门的风险防范意识。

【人力资源管理】为适应经营管理的需求，公司基于公平原则建立并完善绩效管理模式；建立较科学严谨的人才招聘流程，以优化专业结构为核心，从各个渠道努力引进专业骨干和优秀人才；强调培训工作，先后组织进行了“船舶融资”等十余次内外部知识讲座与培训交流，参加财务公司协会基础业务培训等各类专业培训班，形成专业互补、知识共享、全面提升的学习型公司氛围。

【信息化建设】2012年，资金管理系统各功能模块优化及新业务模块的开发、实施工作有序推进。在资金管理系统开发建设方面，公司根据新业务的拓展计划需要，开展了资金管理系统二期、三期的需求调研及分析工作；完成信贷管理模块、票据管理模块、短信平台等二期需求的开发和集成实施任务；完成建设银行、中信银行、招商银行、浦发银行四家新增银企互联接口的开发、开通工作；启动了外汇业务管理模块及各类报表、股份资金池管理模块等三期需求的分析调研和建模开发的相关工作；同时完成现有业务模块的44项性能优化需求的开发实施及系统优化管理工作。在资金管理系统信息安全风险管控方面，完成银监会信息安全风险排查、自查和第三方信息系统安全审计评审的相关工作；完成了年内资金管理系统的应急演练工作，取得了实施预期效果。在资金管理系统运维及制度建设方面，确保系统安全稳定、高效运行，完成了服务器硬件升级、数据库、应用系统性能优化、安全网关访问响应优化等工作；同时对信息管理制度进一步完善。

青岛啤酒财务有限责任公司

【经营概况】2012 年，青岛啤酒财务有限责任公司（以下简称“公司”）全年累计完成收款结算业务 552 亿元，付款结算业务 536 亿元，资金流转总量 1 729 亿元，资金集中净额 55 亿元，剔除募集资金监管等因素，资金集中度达 94%。截至 2012 年末，公司资产总额 59.5 亿元，实现营业收入 2.88 亿元，利润 1.57 亿元，顺利完成“业务拓展年”各项经营目标，

【信贷业务】2012 年 2 月 8 日，公司取得中国银监会贷款和委托贷款业务正式批复，分别于 3 月 31 日、4 月 24 日发放第一笔自营贷款和委托贷款。各项贷款及委托贷款业务推进顺利，对成员单位的支持和促进效果得到较好体现。

【产品销售信贷业务】为促进啤酒销售，推动主业发展，公司启动了买方信贷业务的筹备和申办，陆续完成了团队组建和培训、制度和流程建设、系统开发和测试等工作。为全面把握买方信贷市场需求，公司先后对山东新银麦公司、成都公司、东南营销和青岛当地经销商等进行了走访和调研，了解部分经销商资金需求状况及经营状况，掌握了大量的一手市场信息资料。

【资金和投资业务】2012 年，公司的资金运用仍以存放同业业务为主。全年共实现存放同业资金流转 271 亿元，利息收入 2.58 亿元。在资金运用方面，一是密切关注宏观经济形势，灵活配置资金运用结构。2012 年，在银行间资金市场利率大幅下跌的情况下，公司及时调整思路，在保证支付需求及流动性的前提下，适量增加中长期产品存放的比重，实现资金效益最大化。二是完善制度建设，严格制度执行。根据监管要求和公司业务发展需要，积极完善资金管理制度，明确资金运营相关部门和人员职责，加强内部监督和制衡，促进资金运作的合法性和规范性。三是梳理资金业务流程，严控关键环节风险。通过对资金运营流程的分析和梳理，明确各环节的工作内容和程序，针对关键控制点制定有效的控制措施，严控关键环节风险。

【票据业务】2012 年 5 月，公司纸质票据承兑业务顺利开办，丰富了成员单位货款支付的结算工具，提高结算效率，节省集团整体财

务成本，对青岛啤酒商业汇票的推广起到了积极作用。12月11日，公司取得中国人民银行总行批准，接入人民银行ECDS（电子商业汇票）系统，正式取得电子银行承兑汇票业务资格。

【资金集中】一是积极推动资金集中管理模式推广。公司以青啤特色资金集中管理模式和“三位一体”金融服务平台为依托，以高归集度的资金集中管理为主线，成功实现合并报表范围的成员单位资金全集中，实现子公司设立之初即纳入系统化的资金集中管理。截至2012年末，共有118家成员单位纳入财务公司集中管理，实现资金归集度达94%（扣除募集资金等因素）。二是深化资金集中度的挖潜。为满足成员单位经营运作的差异化需求，公司有针对性地设计个性化资金管理创新模式，包括产销账务分离管理模式、委托内部转账管理模式等。为提高成员单位资金支付效率，开通网上银行资金结算批量支付功能，在提高效率、降低管理成本的基础上，减少资金体外循环，满足成员单位运行需要，实现财务公司资金集中管理。

【业务创新】2012年，公司持续创新个性化资金管理方案，积极探讨拓展新的业务和服务领域。一是完善账户管理机制，实现资金的循环增值。根据各成员单位股权结构现状和资金管理需要，公司创新设计以法人为依托的三级账户管理模式，实现以财务公司账户为资金收付主体的集约化资金管控机制。同时根据业务需要适时增设自营贷款虚户、委托贷款专户、保证金账户等专项管理账户。对于成员单位的银行账户，一方面进行账户清理和精简，另一方面实行资金收支两条线的“虚户”管理，避免资金体外循环与沉淀，节约管理成本，实现头寸资金的循环增值。二是丰富中间业务品种，提升金融服务能力。公司利用专业化和信息资源优势，面向成员单位开办了账户询证、资金证明、委托贷款、票据承兑等中间业务，进一步丰富和完善了公司业务产品和服务功能。三是把外部监管要求转化为内生管理机制，扎实做好反洗钱管理工作。公司顺利完成首次账户年检及客户风险再评估工作，并在反洗钱客户风险评级、机构信用代码应用推广等工作基础上，率先在金融机构领域开展将机构信用代码引入账户年度核查的工作，获得人民银行青岛中心支行好评及大力推广。

【风险管理和内部控制】2012年，公司重点强化了合规管理、案件防控、内部控制、稽核审计等工作，风险管理和内部控制水平显著提升。在合规管理方面，公司新制定制度13个，修订和转化制度15个，建立起了覆盖所有业务和管理活动的制度体系。加强风险管理、稽核审计等部门的检查监督力度，还通过完善董事会对高管层的授权、总经理对各部门的授权，辅之以职务履职和责任追究等机制，促进授权的规范性和授权执行的有效性。在案件防控方面，公司进一步完善了违规行为处理、重大事项报告、举报监督、自查自纠等制度和机制，重点强化轮岗制度和对账制度，严格规范印、押、密管理，加强重要岗位和敏感环节工作人员的行为监督，有效防范操作风险和案件风险。在内部控制方面，公司完成了公章管理流程的内部控制评价，组织了一次全业务的风险评估，并在内控评价和风险评估基础上，对2012年度公司内部控制状况进行了自我评价，内部控制对经营管理的保障和促进作用日益显现。在稽核审计方面，在上年度全覆盖检查的基础上，公司进一步扩大稽核深度、广度和频率，实施事后监督224次，开展专项审计20次，并针对发现的问题及时反馈，跟踪促进整改落实，筑牢公司风险防范的最后一道防线。

【人力资源管理】2012年，公司逐渐探索出了适合自身特点的人力资源管理模式，有效支撑了各项业务的快速发展和公司战略目标的达成。根据集团战略，公司制定了经营目标，并组织内部目标责任书签订仪式，将目标层层分解落实，保障公司整体战略目标的达成。公司积极组织员工参加各类外部培训，并建立了有效的内部转训机制，培训覆盖率达到100%。

【信息化建设】为提升信息系统建设和管理水平，2012 年，公司聘请第三方测评机构——工信部第五实验室赛宝认证中心，对公司核心业务和网银系统进行了验收和安全测评，并出具了验收和安全评估报告。

【企业文化建设】2012 年初，公司党支部、工会、团支部体系正式搭建完毕，在“诚信、和谐、开放、创新、凝心、审慎、自律、效率”的核心价值观基础上，积极构建更加富有本公司特色的企业文化。公司以职工大会为载体，倾听并解决员工提案，加强民主管理；以人为本，全面开展送温暖慰问工程，每月组织员工庆生活动，营造浓厚人文关怀氛围；结合五四青年节等大型节日开展拓展训练、金融技术比武、知识竞赛、寻访金融老建筑等有意义的活动，达到“凝聚人心、凝练团队”的目的；组织学习十八大精神及撰写心得体会活动，充分发挥基层党支部战斗堡垒作用。此外，通过 KM 平台金融频道建设，结合内刊《青岛啤酒报》等载体开展宣传活动，在行业内外树立良好形象，达到以宣传促发展的效果。

上海复星高科技集团财务有限公司

【经营概况】2012 年，上海复星高科技集团财务有限公司（以下简称“公司”）努力提高公司业务规模和发展速度，超额完成年度经营目标，公司步入稳健发展轨道。截至 12 月底，公司吸收存款 136 600 万元，发放贷款88 000万元，委贷业务 344 000 万元，营业收入 4 387.14 万元，计提拨备 1 320 万元，税前利润 1 959.60 万元。

【信贷业务】2012 年 3 月，公司取得贷款业务资格，金融和信贷业务发展较快。截至 12 月末，公司的资产总额中，贷款余额88 000万元，占总资产比例 52.18%；与年初相比，贷款为变化较大的资产项目，增加 88 000 万元；在表外业务中，委托贷款余额 344 000 万元，占表外业务比例 100%。

【资金业务】2012 年，公司尚未取得拆借、有价证券投资、外汇业务等业务资格，因此资金业务集中于人民币同业存放，投资业务尚未开展。随着公司的信贷业务逐步发展，吸收存款大幅增加，存放同业及存放中央银行款项相应增加。2012 年末，公司存放同业余额 69 842.36 万元，占总资产比例41.41%，其中存放中央银行款项增加 10 052.64 万元，存放同业款项增加 8 336.48 万元。

【资金集中】公司贯彻落实集团资金集中管理的要求，积极打造、优化结算平台，为成员单位提供高效、优质服务，努力将业务触角覆盖集团各产业板块。截至2012年末，共有59家成员单位在公司开立账户，归集资金136 600万元。

【风险管理和内部控制】2012年，公司调整、充实了风险管理团队，完善岗位设置和风险管理制度建设。全年先后完成公司文件的审查，新修订和制定43份文件，完成了公司制度目录（2012年版），实现了公司日常业务操作和运营管理的“有法可依”、“有章可循”。全员签订2012年版案件防控责任书，开展员工廉洁从业自查，提高员工合规、自律意识。在内部稽核工作上，先后完成了委托贷款业务风险排查、资产真实性检查、成员单位的开户资料自查和信用风险压力测试等。

【信息化建设】2012年，公司积极完善信息系统建设，不断满足业务发展和管理监控需求。在组织和制度建设上，公司成立了跨部门的信息工作小组，建立由各部门参加的每周信息工作沟通例会制度与信息项目招标管理制度，制定信息故障应急预案，修订信息系统管理、机房管理等制度。在硬件建设上，公司加大投入，对部分设备进行了冗余配备，规划机房异地备份，为信息安全提供有力保障。在系统优化上，与系统开发商深入合作，不断开发完善业务系统功能，提高安全性和稳定性。

【人力资源管理】公司坚持以精简、效率为原则，实行扁平化管理，部门和岗位设置严格遵守预算编制。在团队建设上，多渠道招聘引进外部优秀人才，通过绩效考核实行末位淘汰，对风险管理团队、市场业务团队进行大幅度调整优化。2012年，公司开展了员工挂职轮岗、团队拓展、银企交流学习、同业互访对标等活动，引导员工学习，促使团队成长。重视内部人员培养选拔机制的建设，部分中层干部和业务骨干成长迅速，得到任用提拔。

【企业文化建设】公司坚持“修身、齐家、立业、助天下”的文化理念，坚持“以发展吸引人，以事业凝聚人，以工作培养人，以业绩考核人”的人才观，以“实现企业发展与个人成功高度和谐统一”为企业文化建设的核心，建立学习型组织、创业型团队，提高员工满意度，提倡人性化管理。公司组织了年度员工体检、集体春游、员工生日会以及新员工“星计划”等各种活动，宣贯企业文化，营造和谐向上的文化氛围。

中铝财务有限责任公司

【经营概况】2012年，中铝财务有限责任公司（以下简称“公司”）紧密围绕集团公司结构调整、战略转型和控亏增盈、降本增效开展各项工作，积极推进吸储工作，全力支持集团成员单位融资需求，不断创新金融服务能力，扎实启动金融板块建设，公司整体运行平稳，发展势头良好。截至2012年末，公司资产规模为67.82亿元，累计完成营业收入1.67亿元，利息收入为2.15亿元。各项监管指标均符合监管部门的要求，资产质量保持良好。

【资金集中】公司统一思想、全面部署，形成中铝公司财务部和财务公司联动机制，有效提高了资金集中率，截至2012年末，公司存款余额达51亿元。上市成员企业的资金归集是资金集中工作的重点，公司积极协助中国铝业和云南铜业在股东大会上通过了关联交易议案，协助中铝国际在董事会上通过了金融服务协议。上市公司存款限额的大幅提高扩大了可集中资金基数，为公司的经营发展奠定了坚实基础。

【信贷业务】公司加强与中央银行有关部门的沟通，积极争取信贷规模。2012年实现信贷总投放规模66亿元，年末余额32亿元。同时，在49亿元的信贷规模内给予利率优惠，为成员企业在银行取得优惠贷款争取了谈判筹码，发挥出金融杠杆作用，间接地为成员单位创利增盈，为企业扭亏增盈做出了贡献。公司积极发挥资金平台作用，为资金充裕企业与资金紧缺企业开辟资金调剂渠道。2012年，公司累计办理委托贷款56亿元，余额达50亿元。通过办理委托贷款业务，降低了集团公司合并口径下的资产负债率，节省了财务费用。

【业务创新】公司开辟担保业务新领域，及时完成担保业务流程及风险点建设，为成员企业办理了多笔融资性担保业务，实现了公司信贷业务新品种的突破。同时，公司还通过对集团公司成员企业实际业务的需求调研及与多家财务公司的交流学习，对外汇业务和电票业务开展的可行性进行了分析研究，并制定了业务开展计划。

【票据业务】在信贷规模受限、成员企业票据融资需求不断增大的形势下，公司及时调整了业务开展思路，以服务成员企业，兼顾收益为宗旨，以“严审核、低成本、高效率”的原则扩大了票据贴现规模。截至2012年末，累计为数十家成员企业办理票据贴现20.88亿元。

【风险管理和内部控制】2012年，公司不断提升风险防控能力，初步构建风险管理组织体系，进一步明确了公司董事会、专业委员会、管理层和各部门的风险管理职责，夯实了制度基础，启动了内控体系建设，构建了合规风险管理体系。公司结合业务及管理实际，以信用风险、操作风险、流动性风险等为防控重点分类制定了风险管理策略和程序，对授信、贷款、银票贴现、委托贷款实施了业务风险审查，以及季度资产五级分类风险审查，同时强化风险预警和应急能力，建立了风险事件报告及风险提示机制，为公司各项业务的安全开展提供了保障。此外，通过稽核工作牢筑后台风险防线，通过现场检查、非现场检查、专项检查等一系列方式，全面开展后台审计工作，确保公司合规运营、稳健发展。

【人力资源管理】公司进一步加强了绩效考核、队伍建设和员工薪酬管理。公司完善了以关键绩效指标（KPI）及360°全方位考核为主要考核内容的绩效管理体系，并根据各部门业务开展的需要引进了多名具有丰富从业经验和较高素质的专业人员，充实了公司力量。为提升业务技能水平和掌握成员企业实际运营情况，公司还组织了有色冶金行业知识主题系列培训，聘请集团各板块公司领导专家授课，为员工普及了铝、铜等行业生产经营常识，介绍了各板块公司的财务运营情况。

【信息化建设】公司一方面加大了对系统的检测维护工作力度，另一方面不断优化完善核心业务系统功能，完成了结算功能模块的调试运行以及信贷功能模块的开发工作，为满足客户的个性化需求，制定了总分资金统收统支管理方案，并有针对性地设计开发了系统功能模块，在完成资金集中工作的同时，也为客户办理业务及结算提供了便利，极大地提高了客户的财务管理效率。

【企业文化建设】公司继续奉行“阳光、简单、坦诚、健康”的企业文化。公司成立一周年之际，为回顾一年来的发展历程和可喜变化，抒发讴歌广大职工投身公司的拼搏奉献情怀，展望公司的美好前景，弘扬爱岗敬业、艰苦奋斗的公司精神，公司在集团范围内举办了摄影和征文比赛，丰富了企业文化生活，推动了企业文化品牌形象的建设。

【党建工作】公司党支部按照集团公司直属党委的统一部署开展支部活动，做到规定动作不走样，自选动作有特色。在抓好政治思想工作的同时，围绕中心，服务大局，开展了三个方面的活动：创先争优方面开展了“五个一”活动，即读一本专业书，交一个同行朋友，研究一项业务制度，提一个合理化建议，解决一个实际问题。“六型总部”建设方面重点研究了四个问题，即公司发展战略、金融服务体系、集团政策支持体系、信息系统优化。与基层企业结对子活动方面，与焦作万方结对子，探索集团内金融企业与上市公司的合作模式，促进共同发展。

中兴通讯集团财务有限公司

【经营概况】2012 年，中兴通讯集团财务有限公司（以下简称“公司”）各项业务快速发展，管理水平不断提高，全面完成了集团及公司董事会下达的经营任务，各项监管指标均符合监管部门的要求。截至 2012 年末，公司的资产总额 52.95 亿元，负债总额 42.10 亿元，表外业务 0.62 亿元，所有者权益 10.85 亿元，实现营业收入 1.14 亿元，利润总额 0.73 亿元，净利润 0.55 亿元。

【资金集中】公司以提高业务支持力度、提高服务水平为主，集团出台的资金集中管理规定为辅来促进资金集中管理工作。公司加强与成员企业的沟通，根据成员企业的具体情况，采取“分步走、多条腿一起走”的策略，资金归集工作进步较快。到 2012 年末，公司有 9 家直联银行、109 个直联账户、164 个归集账户，70 家成员企业都有至少一个归集、直联支付的账户，年末归集资金达 41.13 亿元。

【信贷业务】公司逐步建立了配套信贷管理制度，票据和贷款业务稳步推进，2012 年实现信贷业务收入 1.18 亿元，年末人民币信贷余额 22.02 亿元，人民币日均信贷余额 16.58 亿元。

【资金业务】公司注重资金安全性、流动性和收益性之间的平衡。通过对成员单位的资金计划管理，进行流动性期限缺口分析及资金流向跟踪，在确保成员单位用款的基础上，积极开展定期存款业务，按照市场化原则，努力提高短期闲置资金的收益。

【票据业务】公司推动建立了集团统一的票据池，实现集团票据集中标准化管理和票据资源共享，为集团成员单位提供商业汇票真伪鉴别、查询、保管、托收等一揽子服务，并可以根据成员单位的需要，随时提供商业汇票的提取、贴现及赎回、托收、质押、背书转让等业务办理及融资服务。公司根据业务规模和头寸安排，适时开展转贴现业务，保证了票据资产的流动性，提高了集团资金使用效率。

【业务创新】公司针对集团提高会计核算质量和报表提速等需求推动建设了电子单据系统，并上线使用。通过电子单据系统，公司向成员单位推送收支结算的电子信息，大幅提高了结算单据的传递效率，为最终实现智能化银企对账，提高会计核算效率、质量以及集团合并报表提速提供了有力的支撑。2012 年 4 月，公司开通了人民银行征信中心应收账款质押登记系统，为开展应收账款质押业务创造了必备条件，之后对每笔应收账款质押业务，公司均在该系统进行了查询和登记。公司于 2012 年 9 月经银监会批准获得承销成员单位的企业债券、对金融机构的股权投资及成员单位产品的消费信贷、买方信贷及融资租赁业务资格，并组织人力就产品销售信贷业务进行了积极推进。

【风险管理和内部控制】公司在风险管理和内部控制方面进行了持续改进。2012 年，公司风险管理部门牵头，推进完成了 27 项制度的起草和修订，从防范操作风险入手狠抓业务流程和制度落实。公司内部审计独立、有效，审计工作稳步开展，共完成 11 个内审项目，审计内容覆盖到所有业务模块，并对票据业务、资金系统权限、存款准备金管理等进行了重点稽核和审查。公司顺利通过了深圳市银监局对公司开业一周年的验收检查，并对检查中发现的问题进行了整改，整改情况已向深圳市银监局报告。2012 年，公司各项风险监管指标均符合银监会规定。

【人力资源管理】公司逐步建立起人力资源管理体系，人力资源管理工作得到有序推进。公司进一步完善了考核激励制度，客观、公正地评价员工绩效，通过绩效管理的双向激励手段，有效传递经营压力，牵引绩效持续改进。公司积极开展外部招聘，严格选拔专业适用人才，为公司业务发展提供支撑。

【信息化建设】公司对资金管理平台进行推广与完善。新完成了与 6 家商业银行的直联测试和上线工作，有力地支持了公司的资金归集和结算工作。规划开发了外汇支付和票据模块，为后续的外汇资金归集和接入人民银行电票系统打下了基础。制定了项目开发管理和外包管理的相关制度，确保公司的信息化建设规范有序地进行。

【企业文化建设】公司倡导“以专业创造价值，以诚信铸就未来”的企业文化理念，鼓励多种形式的交流和学习，提高员工业务能力和综合素养，提升企业软实力。公司强调客户至上的服务意识，通过满意度调查、客户走访等活动，及时掌握客户的意见和诉求，不断进行服务改进。公司注重丰富员工的业余生活，通过组织年会、文体活动等方式，增强员工的归属感。

国核财务有限公司

【经营概况】 2012 年，国核财务有限公司（以下简称“公司”）不断夯实管理基础，提高服务水平，开拓创新业务，提升运作效率，防范经营风险，拓展金融平台。截至 2012 年末，公司资产总额 52.62 亿元，同比增长 25.66%；负债 41.58 亿元，同比增长 13.76%；所有者权益 11.04 亿元，同比增长 107.35%；实现营业收入 1.85 亿元，利润总额 1.29 亿元。

【资金集中】 截至 2012 年末，集团公司各二级单位和部分三级单位已在公司开立结算账户 24 个，存款余额达到 41.44 亿元，日均结算金额 4.56 亿元，日均结算业务量 212 余笔，资金结算准确率达到 100%。

【信贷业务】 公司在 2012 年积极开展信贷业务，满足集团公司成员单位资金需求。截至 2012 年末，各类贷款余额 10.98 亿元，累计完成贷款利息收入 0.30 亿元。

【资金和投资业务】 公司根据市场走势适时调整期限结构，把握年初利率较高的有利时机，以长期运作为重点，锁定较高收益；把握关键时点，采用公开竞价方式，争取较高报价，最大限度提升资金收益。2012 年实现资金运作收益 1.28 亿元。

【风险管理和内部控制】 公司根据集团风险和内控体系建设的要求，全面梳理业务流程和制度体系。2012 年共新建及修订了包括公司治理、综合、人力资源、财务、结算、信贷、资金、信息、风险控制、稽核在内的 10 大类共计 94 项制度，优化各项业务流程 122 项。公司开展风险摸底排查工作，组织各部门学习各项监管法规，认真排查操作风险、流动性风险、信用风险、合规风险等各种风险，开展各类监管自查活动，不断提高公司风险管理水平。

【人力资源管理】 根据集团人力资源发展规划和公司战略规划，充实完善人力资源制度体系，在业务开展过程中注重对人才的发掘与培养。随着融资租赁、保险、投资等新业务的申请与开展，公司于 2012 年引进具有保险、投资、信息、金融、财务教育背景和管理经验的人才 5 名，正式员工达到 26 人，较好地满足了经营管理的需要。

【企业文化建设】 公司全面贯彻落实集团公司企业文化理念体系、视觉识别体系和行为规范，大力推进企业文化建设，积极通过宣传、培训、竞赛等多种形式普及宣贯“以核为先、以合为贵、以和为本”的“三和”文化价值观。将企业文化宣贯与公司制度体系建设相结合，以制度规范行为，激励人心，将“三和”文化内化为员工的自觉。

福建省能源集团财务有限公司

【经营概况】2012 年末，福建省能源集团财务有限公司（以下简称“公司”）资产总额 24.98 亿元，比年初 7.90 亿元增长 216.20%；营业收入 0.86 亿元，完成全年计划的 120.05%；利润 0.54 亿元，完成全年计划的 134.68%；管理费用 759 万元，比预算下降 14%；净利润 0.40 亿元。

2012 年 12 月平均流动性比例为 97.34%，比监管指标 25% 高出 72.34%；资本充足率为 117.65%，比监管指标 10% 高出 107.65%；存贷款比率为 25.65%；资产收益率为 2.45%；100% 提足资产损失准备和贷款损失准备；无不良资产和对外担保。各项风险监管及监测指标优良。

【资金集中】公司强化资金集中管理，增收节支效益显著。通过修订《集团资金集中管理规定》，实现日均归集成员单位资金超 20 亿元，资金归集率突破 70%，资金归集率逐月稳步增长；集团重拳出击专项安排清理账户并提供政策支持，共组织清理账户 104 户，保留账户 421 户，为强化资金集中管理奠定基础；公司以优惠利率为成员单位提供 7 亿元的启动资金，使全集团共完成贷款置换 33.10 亿元，置换后总体贷款利率水平大幅下降，年节约财务费用约 0.80 亿元；充分利用资金管理平台及公司与各直联银行实行包干结算费的有利条件，截至 2012 年末，累计完成结算业务量 27473 笔，结算资金量 936.83 亿元，仅对外支付结算一项每月就为成员单位节约费用约 20 万元；与各家直联银行协商沟通，根据各单位支付头寸和资金总量，以“利率优先，兼顾使用”为原则确定同业存放银行，2012 年全年实现同业存放利息收入超过 0.40 亿元。

【信贷业务】公司全面铺开成员单位评级授信工作，积极开展信贷业务。2012 年全年共完成评级、授信单位 10 户，授信总额近 15 亿元。累计发放自营性贷款 19 笔，金额总计 6.398 亿元，全年新增信贷余额 4.73 亿元；办理贴现 9 笔，余额 0.10 亿元；发放委托贷款 16 笔，金额共计 14.30 亿元。累计实现各项贷款利息收入 0.16 亿元，手续费收入 0.27 亿元。公司先后制定出台《信用评级操作办法》等 5 项新制度，提出修改了《授信管理办法》等相关制度，做到制度先行，进一步提高公司的信贷管理水平。

【票据业务】2012 年，公司一方面加强与各金融机构的合作，通过同业授信等方式为成员单位提供融资结算产品等，另一方面依托集团产业链，加快发展特色的财务公司电子汇票业务。12 月，公司完成了电子汇票业务系统的测试。

【风险管理和内部控制】公司修订完善了制度目录及新增目录。2012 年，风险管理委员会会议审议并通过公司急需实施的业务类新增类管理制度共10项，待修改完善制度1项，审议通过了19项修订类管理制度。公司强化全体员工的合规意识和风险意识，在公司内部通过考核、培训等多种方式倡导“合规创造价值”的金融文化理念，推行依法合规经营、稳健经营思路。公司对现有的制度督促各部门结合实际进行逐项消化，严格复核、审批流程，加强事前风险防控。公司发挥操作系统审计员角色的作用，适时对系统各操作人员的证书操作权限设置、变更等进行审核，落实相互制约的内控机制。

【人力资源管理】公司加强人才梯队培养，努力提升员工队伍素质。公司建立健全了相关配套办法，积极完善人才引进、招聘工作制度和实施流程体系。2012年，公司向社会公开招聘金融类高级人才4人，其中研究生2名，本科双学士2名，极大增强了公司队伍的战斗力。公司按照公开、平等、竞争、择优的选拔原则和动态管理的要求加强后备干部队伍建设。2012年12月，公司开展了民主推荐中层管理人员，有3名职工进入中层管理队伍。

【信息化建设】公司加强日常巡视，每天至少安排两次巡视机房并做好巡视记录，确保系统正常运行；公司对VPN、KEY授权进行了改造升级，修补系统错误，改进系统操作，提升稳健性；对网络拓扑进行了重新规划，新增防火墙、漏洞扫描等安全设备，对网络关键设备进行冗余，调整数据备份策略，从每两小时一备改为每半小时一次增量，每天两次的全备，新增每天导出备份，新增机房远程报警装置，增强系统安全性、可靠性。

【企业文化建设】公司通过集团企业文化宣传、宣讲，大力推行集团主文化精神，使企业职工对集团企业文化有更深一步的认识和理解；宣导公司“服务集团、诚实守信、规范运作、稳健经营”的企业经营理念，努力推进公司亚文化建设；组织户外、中秋博饼、公司周年庆等文体活动，增强公司凝聚力，丰富员工的业余文化生活。

湖南高速集团财务有限公司

【经营概况】截至2012年末，湖南高速集团财务有限公司（以下简称“公司”）实现总收入2.48亿元，净利润0.71亿元，分别完成全年目标任务154.75%和262.48%；资产收益率为2.12%，资本充足率71.45%；为成员单位节约成本0.60亿元；不良贷款和不良资产率均为零，各项指标符合监管要求。

【资金集中】公司在省政府、省交通运输厅等省直各部门的支持下，全力做好资金归集工作，截至2012年末，归集资金余额为23.27亿元，日均归集资金约14.80亿元，比年初预计增长48%。

【信贷业务】公司一方面致力于贷款和融资租赁资质申请，2012年9月顺利获得贷款和融资租赁资质；另一方面积极开展委托贷款业务，支持高速公路建设。截至2012年末，公司为总公司、集团公司办理银行委托贷款业务9亿元，为总公司、集团公司、成员单位办理委托贷款业务7.31亿元。

【票据业务】公司注重为成员单位降低成本，不断提高公司资金整体使用效率，积极开展票据业务，截至2012年末，办理银行承兑汇票贴现业务1.20亿元，办理成员单位票据贴现业务25.50亿元。

【资金业务】公司强化资金运营，提高资金效益。全年共办理资金内部调拨29笔，共计金额20.58亿元，与各大银行广泛开展同业业务8笔，总金额20亿元，开展转贴现业务1.20亿元。

【信息化建设】公司建立了完善的业务管理系统和风险控制系统，系统全面支持账户管理、资金计划、预算控制、支付审批、资金管理、信贷管理、票据管理、统计查询、资金监控、资金分析、银企直联、风险控制，实现了业务操作流程化、公司管理规范化。

【企业文化建设】公司以“依托高速，服务高速”为经营宗旨，以“规范经营、稳健发展”为经营方针，以“创百年品牌，打造综合金融服务公司”为目标，坚持以人为本，深入开展企业文化建设，致力创造“人人为公司，公司为人人”的企业文化。

马钢集团财务有限公司

【经营概况】2012年，马钢集团财务有限公司（以下简称“公司”）从优质服务、精细管理、防控风险入手，坚持金融创新，坚持服务主业，抓机遇谋发展，有效应对内外部环境变化带来的各种挑战，取得了较好的经营业绩。全年实现营业收入2.41亿元，实现综合效益1.85亿元。截至2012年末，公司资产总额90.60亿元，所有者权益11.10亿元，资产负债率87.75%。通过提供高利率的存款，优惠利率的贷款，贴现、再贴现等服务，全年为集团降本增效、节约财务费用间接贡献近1亿元。

【资金集中】公司通过无偿的、高效快捷的结算服务，推介多品种存款服务，满足成员单位提高资金收益的需求，吸引成员单位存款。通过优化资金系统日末归集账户业务流程，日间在资金系统设置留底余额，日末实行批量上收，确保可归集资金的100%归集。2012年末全口径资金集中度62.91%，可归集资金集中度83.05%。

【信贷业务】2012年，公司取得自营贷款业务资格，通过到成员单位实地调研，结合财务报表对17家成员单位进行了授信，综合授信额度为83.45亿元。全年累计发放流动资金贷款30.31亿元（含500万美元），办理委托贷款5.30亿元，其中向股份公司发放贷款22

亿元，全部用于置换外部银行贷款，利率下浮30%，全力支持实体经济，把金融服务融入集团的主业发展当中。公司关注异地成员单位的经营性资金需求，适度调整授信额度，先后为马钢合肥公司、长江钢铁公司的流动资金缺口提供信贷支持，增强了异地成员单位对公司的依赖度和信任度。2012 年末，公司信贷资产余额 41.77 亿元，同比增加 34.72 亿元，增长 492.48%，信贷资产五级分类全部为正常类。

【资金业务】公司通过对成员单位资金流量的统计调查，掌握集团资金收支存情况，设计资金运营方案，建立科学的资产负债模型。密切关注金融市场资金利率走势，把握同业拆借市场高利率时机，将短期闲置备付金做 7 天、14 天同业定存，提高了日常备付金收益率。

【票据业务】公司积极向人民银行争取政策支持，获得再贴现额度 5.88 亿元，为集团及成员单位争取到低成本资金来源。全年办理银票贴现 18.12 亿元，成员单位利用公司的授信额度，开具 12.60 亿元商票在公司贴现，释放开票保证金 3.78 亿元。针对集团票据业务快速增长的特点，公司与外部银行签署票据池协议，增强了票据服务能力，保障票据信息和风险的集中管理。

【业务创新】公司为成员单位开立 3 亿元的税款保付保函，为成员单位进口商品提供了即时通关便利。公司与工商银行签署票据池协议，依托票据池的质押功能，将散落于本异地成员单位的票据统一归集和灵活分配使用，实现集团票据资源共享。公司积极推进保险兼业代理，在获得保险兼业代理资格后，与相关保险公司签署保险兼业代理协议，稳步推进全集团的保险代理业务，在推动集团各成员单位所投险种的科学整合、扩大保障范围的同时，大幅降低保费支出。

【风险管理和内部控制】公司构建以流程管理为基础的全面风险管理体系，2012 年修订完善 70 多项制度，覆盖公司治理、信贷、结算、财务、风险管理等各个方面，并编印成册发到每位职工手上，从制度上保障内部分工明确、业务授权严格、经营稳健规范。公司扎实开展“内控强化年”活动，围绕“建、学、考、做、查、改、罚”开展工作，促进公司内控机制更加完善，内控制度更加科学，内控责任更加明确，内控文化更加成熟。公司建立审贷分离、分级审批，前后台相互监督制约的信贷管理体制，重点开展对钢贸类企业的信用风险排查，钢贸企业的商票贴现必须有真实的贸易背景，且资金在集团内部封闭运行。公司加强内部稽核，定期开展合规性检查，评估存在的问题并加以整改。

【人力资源管理】公司加快人才引进力度，通过选拔竞聘，从“211”以上院校吸纳一批高学历、高素质的金融专业人才；加强员工岗位培训和专业培训，有针对性地参加安徽银监局、中国财协、银行业协会组织的各类培训，并鼓励员工参与各类专业资格考试，全面提升公司员工的综合素质；建立以业绩考核为导向、定量考核与定性考核相结合、发展成果由职工共享的绩效考核体系，形成 21 档职位级次，拉开分配差距，更加客观准确地反映员工的工作实绩，引导员工提升业务素质、服务质量和工作效率，形成争先创优的浓厚氛围。

【信息化建设】公司以提高系统安全性、稳定性、高效率为目标，制定公司系统管理办法和系统应急预案与演练方案，成立多部门参与的信息化领导小组，初步建成系统安全的制度体系。每天进行重要数据的同城异地备份，扩展主备机房的安全隔离功能，定期开展系统灾备演练，成功实现突发事件发生时灾备系统迅速切换、重要数据零丢失的目标，进一步提升系统安全保障水平。

【企业文化建设】公司注重发挥先进典型

对企业文化建设的示范带头作用，大力培育积极向上的企业文化氛围。一是发挥工会组织在企业文化建设中的推动作用，通过开展职工羽毛球比赛、自排迎春晚会、体验式拓展训练等多种形式的文体活动，丰富职工的业余文化生活，增强公司的凝聚力和向心力。二是通过职工大会、经济活动分析会等形式，发动职工以主人的身份参与企业管理，保障职工对经营活动的知情权、参与权，建立畅通的利益诉求渠道。三是在管理中坚持人文关怀，如组织健康体检，为福利院的儿童进行爱心捐助，对困难职工进行帮扶救助等，营造和谐健康的企业文化氛围。四是深入开展“银行业内控强化年”活动，培育企业风险文化。公司把文明创建工作提升至“软实力”的高度，扎实开展以“创先争优活动”和“全面提升服务质量”为核心的一系列创建活动。2012 年，先后荣获马钢先进集体、马钢文明单位标兵、马钢精神文明建设“双十佳”和马鞍山市金融服务先进单位等称号。

湖北宜化集团财务有限责任公司

【经营概况】2012 年，湖北宜化集团财务有限责任公司（以下简称“公司”）不断完善公司治理，强化风险防范意识，加强内部管理，提高经营服务管理水平，确保了公司健康、持续、稳定发展。截至 2012 年末，公司总资产 69 631 万元，负债 39 247 万元，净资产 30 384 万元，营业收入 1 685 万元，净利润 584 万元。

【资金集中】公司加强与九恒星公司及四大银行的协调，完善优化系统，解决重复记账、与银行汇路不畅通、部分银行账户使用不正常、直联出现汇划款项到账时间长、系统容易中断等情况，对成员单位下发《规范财务公司资金归集的通知》、《资金归集管理办法》等一系列管理办法，将成员单位资金归集率纳入集团财务每个月的比较管理，对资金归集率达不到制度要求公司的财务部长及出纳人员进行考核。

【信贷业务】2012 年末，公司贷款余额为 50 000 万元，累计为成员单位发放贷款 43 笔，累计放款 245 000 万元、还款 195 000 万元。

【风险管理和内部控制】在风险管理方面，公司制定了《合规风险管理办法》，明确了合规管理人员的职责，并建立了问责管理制度；公司认真贯彻银监会《关于加强案件防控、落实轮岗、对账及内审有关要求的工作意见》和《严禁柜台违规行为防范案件风险的工作意见》的文件要求，制定了相关细则，与内部部门及员工分别签订了案件防控责任状、合规从业、按章操作承诺书。在内部控制方面，公司建立了完善的制度体系，涉及公司治理类 12 个、信息类 5 个、行政类 4 个、结算业务类 14 个、计划财务类 10 个、信贷业务类 11 个、风险管理类 14 个、稽核审计类 1 个共计 8 个方面的71项制度，基本覆盖了公司各项业务及流程，为各项工作开展提供了有效的制度保障。公司运营一年来，不存在因政策法规调整形成的禁止事项，无超范围经营情况，各项监管考核指标符合要求。

【信息化建设】公司采用了九恒星公司开发的核心业务管理系统，经过论证、测试、正式运行、查缺补漏，系统运行基本稳定，能提供及时有效的管理信息。公司建立了相应的信息系统安全管理制度，要求定期对重要信息进行备份。

【企业文化建设】2012年，公司紧紧围绕“业界领先、国内知名”的发展目标，开展经营管理工作。通过坚持召开“四会”（晨会、周例会、月度例会和民主生活会），让大家清楚地了解了国际国内、集团及公司的经济形势和发展方向，消除了误会和隔阂，拉近了领导与员工以及同事之间的距离，让大家心往一处想，劲往一处使；通过组织学习集团会议纪要、“六项精进”及《李嘉诚在长江商学院十周年校庆上的讲话》、《世界上最伟大的五十种思维方式》、《成功是和自己的较量》等一系列推荐文章、书籍，拓宽了员工的知识面，打破了惯性思维，汲取了先进观念，提升了思想境界，从而有效促进了工作的开展。

北京汽车集团财务有限公司

【经营概况】2012年是北京汽车集团财务有限公司（以下简称“公司”）开业运营的第一个完整年度。公司遵循“依托集团、服务集团”的经营宗旨和“规范管理、审慎经营、专业诚信、创新发展”的经营理念，紧紧围绕“夯实基础”的年度经营主题，完善各项经营管理基础，业务稳步推进，较好地完成了全年各项工作任务目标。2012年末，公司资产总额52.15亿元，较年初增加36.48亿元，增幅332.80%；实现收入1.58亿元，实现利润总额0.68亿元，服务集团成效明显，获得了集团公司颁发的“2012年度生产经营突出贡献奖”；公司各项监管指标全部符合要求。

【资金集中】公司配合集团完成资金集中考核指标的设计、完善和反馈，为资金集中管理提供各种数据支持；进行系统功能的优化及开发，通过代理收款功能畅通资金汇划的渠道，为资金集中管理提供技术支持；从资金集中管理的广度和深度为成员单位定制个性化服务，为资金集中管理提供各种服务支持。全年公司资金集中度稳步提高，促进了集团资金协同效应的发挥，提高了集团资金使用效率。

【信贷业务】公司开展了短期流动资金贷款、固定资产贷款、委托贷款、银团贷款等信贷业务，支持集团核心整车企业及其上下游成员企业多元化信贷服务需求，促进了集团产业结构调整，降低了成员单位的筹资成本。

【票据业务】公司根据汽车产业链特点，

通过银行承兑汇票贴现、开立商业承兑汇票等形式，以较低的服务价格为成员单位服务，节约了成员单位财务成本，缓解了其资金压力，盘活了企业资金。

【结算业务】公司通过推行银企直联、二级企业现金池产品、电子化结算等措施，不断提高结算服务效率和水平。开户成员单位覆盖集团范围内的全部板块，贯穿了集团产业链的上、中、下游主要企业。成员单位结算业务量稳步提升，内部交易效率得到提高。

【资金业务】公司利用自身金融机构的优势，秉持安全性、流动性、效益性的原则，在加强内部资金计划及流动性风险控制的前提下，发挥协同效应，努力提高与银行同业资金议价的能力，进行同业资金运作，提高资金收益，实现了集团资金的价值创造。

【业务创新】公司积极探索供应链金融服务方案，并试点开展了商业汇票承兑、与整车厂及汽车经销商三方联动的票据贴现等创新业务，促进了集团产业链上企业间的有效衔接运转；开发了资金管理系统的直接代理收款功能，通过银企直联，实现公司资金管理系统与银行核心系统直接对接，畅通了资金汇划途径；针对集团二级平台企业推出资金池业务，帮助其实现对下属企业的资金集中管理的需求。

【风险管理和内部控制】公司完成了首批14个示范项目流程再造工作，以及现有制度的梳理工作，全年累计出台制度109项。公司进行了包括案件防控专项检查、全面风险排查、监管评级自评价等在内的3次专项检查和2次全面规范性大检查。通过检查整改，各项业务操作的规范性有了较大程度的提高，为业务发展奠定了一定的基础。2012年末，公司各项监管指标值均控制在监管要求范围之内，无不良资产。

【人力资源管理】公司从人才招聘、培养和激励考核方面积极搭建科学实际的人力资源管理体系。人才招聘方面，依据业务发展需要，充分利用各种渠道资源，不断创新招聘工具和方法；人才培养方面，通过员工内部轮岗、开展主题教育和系列大讲堂活动、外部挂职等形式提高人员综合素质；考核激励方面，公司采用正激励与负激励有机结合的方式，通过年度绩效考核，对优秀员工进行表彰，并相应提升职位职级和薪酬，对考核结果不称职的员工，采取降级及辞退等措施，初步实现能者上、平者调、庸者下的人力资源管理目标。

【信息化建设】公司信息化建设坚持稳定、高效、安全、支持的工作原则，从业务系统功能的优化和完善、应急处理机制的建立和完善等角度开展信息化建设。公司进行了同业交易台账管理软件的自主化开发，监管报表报送系统、征信系统、文书档案管理系统的建设，在线客服平台、代理收款、客户评级、资金池、短信平台、同存交易等功能模块的建设。通过核心系统功能的建设和优化，保障了各项业务发展所需，提高了工作效率。公司建立了信息系统应急预案和应急演练机制，保障信息系统的安全运行。

【企业文化建设】公司以“连接银企、联系群众、廉洁做事”为主线加强企业文化建设。一是通过开展业务交流培训、银企联谊、系列大讲堂等活动，构建学习型企业，全面树立服务意识，实现“连接银企，服务集团”；二是实施“透明计划”，加强民主建设，激活职工“创业、创新、创造”的热情，建设创新文化，实现“联系群众、引领员工”；三是以融入业务、促进业务为核心，以严格管理、严密制度为抓手，扎实推进反腐倡廉体系建设，开展作风建设月和党风廉政建设宣传月活动，启动廉洁文化建设，实现“廉洁做事、清白做人”，在北汽集团落实2012年度党风廉政责任制推进惩防体系专项检查中，被评为优秀单位。企业文化建设在丰富职工业余文化生活的同时，营造了和谐向上的企业氛围，引领员工凝心聚力为企业发展做出积极贡献。

大连港集团财务有限公司

【经营概况】2012年是大连港集团财务有限公司（以下简称“公司”）正式运营的起步之年。公司紧密围绕集团公司的发展规划，积极发挥资金管理和金融服务职能，克服了初期经营的种种困难，通过加强资金集中管理、合理科学运作资金、引入同业存款利率竞价机制、增加贷款发放额度、压缩成本等举措，最大限度满足了集团各成员单位的资金需求，各项业务顺利开展，整体运行平稳，主要经济指标良好。截至2012年末，公司资产总额为24.31亿元，负债总额为18.90亿元，所有者权益5.40亿元，全年实现营业收入0.77亿元，利润总额0.54亿元。

【资金集中】公司对成员单位账户逐一进行沟通核实，符合开户要求的账户，会同集团财务部进行审批，核定限额管理，不按规定设立账户的单位，要求限期撤户。对集团新成立单位，沟通宣讲财务公司的职能作用、增值服务，及时解决成员单位在开户和结算过程中的各种问题。通过努力，集团分公司、全资子公司、控股公司账户都按要求进行管理，部分参股公司也在公司开立了账户。

【信贷业务】公司努力克服宏观政策及监管机构对信贷规模进行压缩的不利影响，积极协调争取信贷规模，以支持集团主业发展为立足点，千方百计加大信贷投入，实现了信贷规模翻倍的突破。公司根据集团的建设规划以及战略取向，利用信贷业务有效调控内部资源向重点发展方向配置，紧密跟踪集团战略支持项目，重点满足符合集团发展方向的建设项目及行业企业的资金需求。2012年，累计为成员单位发放贷款金额18.40亿元，通过优惠利率为成员单位节省利息支出约950万元；发放委托贷款总金额15.42亿元，通过优惠费率为成员单位节省手续费支出约260万元。

【资金运作】公司坚持在保证资金安全性、流动性的前提下，通过合理运作资金，提高资金的盈利性。公司及时掌握各成员单位账户资金使用情况，合理调度头寸资金，保证了各成员单位的用款需求及存款准备金足额缴纳；运用科学的资金预测和管理方法，制定最优的资金运作计划开展同业存款业务；遵循“参照同业拆借市场的基准价格，比价格、比效率、比服务”的原则，引入竞价机制，选择合作银行。2012年，公司实现同业存款利息收入0.56亿元。

【业务创新】公司在信贷品种方面积极创新，开展了固定资产支持融资、最高额保证项下的循环式贷款等新品种，满足成员单位多样化的资金需求。同时，积极探索银团贷款模式，与合作银行就集团重点项目达成了总金额 2.50 亿元的银团贷款意向，进一步提升了服务能力。

【风险管理和内部控制】公司以构建"覆盖公司全业务流程的全面风险管理体系"为目标，从内控环境、风险识别、控制措施、监督检查、信息交流要素入手，不断完善内部控制长效机制建设；从风险的事前防范、事中控制、事后监督纠正的动态管理机制入手，强化风险的动态管控；从信用风险、市场风险、操作风险、流动性风险管理入手，实施全面风险管理，建立起全方位、多角度、内容丰富、措施有效的风险管理框架，保障和促进了公司稳健发展。公司对信用风险、流动风险、市场风险、操作风险等各类风险明确分析和总结方案，定期开展全面风险管理分析总结和报告，进一步推进风险量化管理工作，逐步优化风险管理手段。同时，不断强化风险管理文化建设，通过公司内部自学和外部培训，员工风险和内控意识普遍提高。通过一年的不懈努力，公司各项业务稳步开展，实现了不良贷款率为零、金融风险事故为零的风险管理目标。

【人力资源管理】公司人力资源管理重点放在制度建设和员工培训上。在制度建设方面，完善了公司的薪酬制度和绩效考核制度，开展岗位价值评估，突出不同岗位之间的责任与贡献，达到稳定和激励现有人才队伍的作用；采取按岗定酬、按任务定酬、按业绩定酬等多样化的分配方式，将个人绩效考核与组织绩效考核有机结合，促进员工与企业同步发展。在员工培训方面，结合公司业务开展和员工需求，制定实施适合公司发展的全员培训计划，全年"九恒星"业务管理系统操作通过率达到 100%，会计从业资格通过率达到 100%，银行业从业资格通过率达到 80%。通过强化员工培训，有效提高了员工的业务素质和技能，满足了公司业务开展的需要。

【信息化建设】公司围绕防范信息化风险、夯实信息化建设基础、深入推进信息系统建设、保障系统安全稳定运行、规范信息化管理与流程、信息系统推广实施等方面开展信息化建设工作，并取得了很好的成效，保障并支撑了集团公司资金集中管理工作及公司各项业务的正常、有序开展，进一步提高了公司的服务能力与服务质量。

【企业文化建设】公司传承大连港"老码头"精神，积极响应集团公司"服务品牌再造年"活动号召，狠抓服务质量、服务水平、服务态度，以"建设一流的服务团队，培育一流的服务文化，打造一流的服务品牌，展示一流的公司形象"为目标，树立起公司服务品牌。公司以建设学习型企业为抓手，狠抓全员专业素质提升，号召全体员工"创优争先"，利用"请进来、走出去"、骨干员工进驻银行在岗培训、每月撰写学习报告等方式有效提升员工专业技能，促使员工勤学多思，岗位成才，增进员工的归属感。通过积极宣传企业文化、参与开展各类活动等方式，使员工理解、体验、领悟公司经营理念和风险防控理念，营造独具特色的企业文化氛围。

大唐电信集团财务有限公司

【经营概况】2012 年，大唐电信集团财务有限公司（以下简称“公司”）以“立足集团、创新发展”为经营宗旨，致力于为大唐电信科技产业集团所属单位提供高效便捷的专业化金融服务，并以管理和市场手段相结合的方式，增强集团资金调控能力，构建覆盖全集团范围的资金集中管理平台，进一步提高资金集中度，有效降低集团财务成本，提高内部资金、资源的使用效率和效益，通过内外资源的整合，助推集团产业链的不断拓展和完善的同时，圆满完成了各项经营任务与考核指标。截至 2012 年末，公司资产总规模达到 30 亿元，负债规模达 19.50 亿元，累计实现利润总额 0.70 亿元，净利润 0.52 亿元，所有者权益相应增加 0.52 亿元。

【资金集中】公司分步推进集团所属成员单位开户工作，截至 2012 年末，集团各二级单位及部分三级单位共 59 家在公司开立账户，资金集中度由成立之初的 6% 增长至 35% 左右。公司通过多家商业银行逐步分批与各成员单位建立银行总分账户关系，对成员单位在银行的账户实施了资金自动归集，并持续加强与重点单位的沟通，积极开展内部结算、代理支付、存款及对私代理代发业务，以结算带动存款，实现吸收存款规模的稳步上升。截至 2012 年末，累计完成结算业务 9 447 笔，吸收成员单位存款 19.42 亿元。2012 年集团整体资金集中度平均达到 63.15%，比公司成立之初的 55.70% 提高了 7.45 个百分点。

【信贷业务】公司以集团“十二五”战略规划为指引，围绕集团产业布局，积极了解成员单位的融资需求，严格执行“三查”制度，为集团主要成员提供了优惠、高效的信贷支持，有效降低了集团整体财务成本，提高了内部资金的使用效益。2012 年，公司累计完成自营贷款规模 14.38 亿元，累计实现自营贷款利息收入 0.67 亿元；实现委托贷款规模 23.90 亿元，累计实现委托贷款手续费收入 143.65 万元。

【票据业务】公司相继实现了电子银行承兑票据承兑、纸质商业汇票承兑业务的突破。2012 年，公司完成票据承兑规模 0.77 亿元，其中电子银行承兑汇票规模 0.50 亿元，纸质商业承兑汇票规模为 0.27 亿元，累计实现票据承兑手续费收入 3.86 万元；完成票据贴现规模 0.83 亿元，实现票据贴现收入 101.42 万元。

【代理业务】公司密切关注理财市场动态，将理财渠道逐步由传统的银行理财拓展至券商、信托公司和交易所国债逆回购，提升理财资金收益率水平。2012 年，公司累计为集团理财资金 77 亿元提供顾问，使集团理财资金实现收益 0.83 亿元，取得综合年化收益率 6.08% 的良好业绩。公司以财务顾问身份承办集团银行间市场债券融资工作，共完成四期短期融资券与一期中期票据发行工作，累计融资42亿元，其中一年期短期融资券40.50亿元、三年期中期票据1.50亿元，加权综合融资成本比银行贷款低23%。

【风险管理和内部控制】公司成立了“业务流程建设小组”，努力推进公司各项制度和流程建设。公司完成结算、资金、信贷和综合管理相关的30项制度和流程的新增和修订，编制公司试行版内控手册，基本实现内部控制体系建设的阶段性工作目标，实现了主要业务和关键环节的内控管理覆盖。公司全年共开展了针对结算业务部、信贷业务部、战略与金融市场部、计划财务部四个部门的现场稽核共7次，对公司业务的潜在风险点进行逐一排查，控制合规性风险。

【人力资源管理】公司积极探索符合监管要求和行业特点的人力资源管理机制。2012年，公司以E－HR系统建设为契机，全面梳理人力资源管理工作流程，提高人力资源基础管理工作的规范性和科学性。公司采取美世IPE在线评估工具，对公司现有岗位价值进行评估，搭建薪酬管理体系，为公司人力资源的培育、发展和使用奠定了基础。

【信息化建设】公司成立了信息化领导小组，统筹规划信息工作。公司对已上线的业务信息系统进行功能优化，提出业务信息系统功能扩展和优化方案，探索出与系统开发商最佳合作模式。公司OA系统建设在较短时间内完成了流程梳理、需求确定、系统测试及实施等工作，并于7月实现上线试运行，为公司提高办公效率提供了技术支撑。

【企业文化建设】公司在集团“创新、市场、诚信、责任”的文化体系框架下，探索搭建适合公司的文化体系。公司在对集团和集团产业链进行深入分析的基础上，对公司在集团产业链中的位置进行了准确定位，并确定了以“专注服务”为核心的价值体系，搭建起了符合集团和公司自身实际的文化架构。公司以公司外网为对外窗口，以学习年活动为依托，通过内部培训、同业交流、团队建设等多种形式，引导全员逐步认同企业的核心价值观，共同为公司持续健康发展保驾护航。

开滦集团财务有限责任公司

【经营概况】2012年，开滦集团财务有限责任公司（以下简称“公司”）认真贯彻落实集团公司战略，上下齐心，协调联动，充分发挥财务公司资金集中的优势，在加强集团资金管理、提高资金使用效率方面发挥了重要作用。公司先后开展了资金结算、同业存放、信贷、代理融资、融资租赁等业务，资金结算安全、快捷、顺畅，资金增值作用和经济效益显著。截至2012年末，公司资产总额51.45亿元，全年实现营业收入1.31亿元；实现利润

0.67 亿元。12 项行业监管指标全部符合或优于监管要求，公司运营稳健，资产质量优良。

【资金集中】公司资金集中稳步提升，2012 年第一、第二、第三季度和年末资金集中度分别达到 46%、46.90%、56.04%、65.95%。一是资金集中全面覆盖，在集团公司独立核算并开户的 118 个单位中，除 8 个单位因外汇业务和政策体制限制未纳入外，其余 110 个单位全部纳入；二是具备归集条件资金实现全部集中，在已纳入的 110 个单位中，除银行承兑汇票保证金、安全环境治理保证金等政策规定需专户存储管理不能纳入财务公司外，其余资金实现了全部归集。

【信贷业务】公司认真学习同行业先进经验，夯实信贷基础管理，健全工作机制，理顺工作程序，建立工作规范，结合信贷业务刚刚起步的实际，选取集团内优质客户开展业务，全年为集团内成员单位办理授信 15 亿元。积极向人民银行申请信贷规模，2012 年累计发放贷款 5.80 亿元，办理融资租赁业务 1.80 亿元、票据贴现业务 2.88 亿元，信贷投向为集团主要产业煤炭、煤化工等，公司信贷工作实现平稳起步、快速推进，初具规模。

【结算业务】公司逐步完成了工农中建交五大行银企直联系统上线运行，增设各大银行大额支付号以及本地同城交换号查询功能，提供同城同行普通、异地他行加急等八种不同的支付结算方式，资金结算系统具备多银行支付结算功能，实现跨行支付全程不落地。进入财务公司的单位，所有银行结算业务全部通过系统自动结算，减少了资金在途占用，提高了资金使用效率。2012 年公司完成资金结算业务 93 559 笔，资金结算流量 6 042 亿元，资金结算安全、便捷、顺畅。

【资金业务】公司利用成员单位资金需求时间差，在保证正常支付前提下降低活期备付资金，通过同业拆借市场赚取利差。2012 年，以金融同业市场利率取得存款利息收入 1.13 亿元，按法定最高存款利率对成员单位支付存款利息 0.36 亿元，赚取利差 0.77 亿元。

【票据业务】2012 年，公司共办理票据贴现 2.88 亿元，缓解了成员单位资金压力，降低了融资成本，提高了资金使用效率。

【中间业务】2012 年，公司办理成员单位之间的委托贷款 39 笔，累计金额 41.92 亿元，手续费率按市场最低水平收取；为集团发行短期融资券提供财务顾问服务，从主承销商分取 200 万元承销费用，降低了集团整体融资成本。

【风险管理和内部控制】公司对开业申报的 65 项基本管理制度进行了系统梳理，重新修订完善 28 项制度，新建制度 14 项，健全和完善了公司制度体系；公司把风险点落实到制度中，用刚性制度指导工作规范化，建立健全业务流程，进一步完善了信贷审查审批流，做到“事前防范、事中控制、事后监督”的动态风险监控机制；公司建立了风险分类规范，组织了公司风险资产的质量分类，各项资产均为正常，实现了全年资产不良率为零的目标；公司积极落实监管部门要求，明确监管重点，制定了重要岗位员工轮岗制度、安全巡查制度并严格执行，针对信息科技风险，成立信息科技部，从信息安全方面进行自查整改，有效提升完善了公司全面风险控制的整体能力与水平；公司开展风险点排查，在 30 个方面查找出 63 个风险点及存在问题，针对性地提出 57 项风险防范措施或工作建议，各条线风险意识和防控意识得到提升，树立了审慎、稳健的全面风险管理理念。

【人力资源管理】公司增设信息科技部，部门定员三人，以推动信息化建设，加强网络安全管理；公司引进博士生 1 人，金融专业硕士生 1 人，进一步改善了公司人才结构；公司通过组织员工集中学习、聘请专家授课、参加专业培训、外出考察、参加银行从业资格考试等培训方式，提高员工综合素质。

【信息化建设】公司以创建“一流财务公司”为目标，进入了“有运行、有开发、有实施”的新阶段。公司通过持续加强财务信息化建设、应用和运维管理，基本实现了公司核心业务的全覆盖。公司对授信、信贷、资产分类、融资租赁等模块进行了开发实施，并协调软件公司解决了50个问题与需求，资金日报实现一次生成，1104报表基本实现自动生成，增设了风险指标监测分析表和流动性风险监测功能，实现银企直联系统中银行同业账户的自动对账，各类利率系统功能进一步得到优化。公司建立并完善了信息安全保护体系，制定了合理的安全策略，对信息资源进行了安全分级，划分不同安全等级的安全域，进行不同等级的安全管理。

中国航油集团财务有限公司

【经营概况】2012年是中国航油集团财务有限公司（以下简称“公司”）正式开业运营的第一个完整年度，也是公司全面发展的“基础建设年”。公司以保障集团资金运营安全为宗旨，以服务集团成员单位为己任，稳步开展各项已批准的业务，对标国内先进，着力加强基础建设，完善预算管控制度，强化风险管控体系建设，起好步、开好头，攻坚克难，稳中求进，努力完成集团公司下达给财务公司的各项目标任务，为集团公司建设综合性世界一流的航油公司贡献力量。2012年，公司累计实现营业收入8 241万元，完成预算101.47%，其中贷款利息收入6 820万元、存放同业利息收入1 313万元、手续费收入108万元；营业成本703万元，完成预算65.4%；营业费用1 357万元，完成预算86%；利润总额5 801万元，完成预算114%，实现各项税收1 906万元。顺利完成集团公司年初下达的各项经营业绩指标，基本实现了作为集团公司资金集中中心和结算中心及重要融资渠道的功能。

【信贷业务】公司在严控风险的前提下，按照“结构合理”的信贷工作理念，逐步实现了“短中长”信贷资产结构的合理配置，积极保障集团公司和各成员企业的资金需求，信贷业务覆盖了集团公司、航油公司、石油公司、物流公司、进出口公司、北方储运公司、重庆泽胜公司、海鑫公司等四大业务板块及其下属公司，贷款业务品种涉及流动资金贷款、固定资产贷款，贷款期限包括短期、中期、长期等，形成资产结构渐趋合理的信贷业务局面。全年为成员单位发放信贷资金36笔，金额累计341 000万元，年末信贷投放规模为130 000万元。

【资金业务】在集团财务部的协调和支持下，通过及时了解成员企业资金收支情况和银行贷款安排，合理安排资金头寸，积极开展7

天、14 天等短期的定期存款业务，充分发挥了非银行金融机构的优势，提升了集团公司资金集中管理的价值。全年完成结算业务 41 984 笔，结算金额 9 929 亿元。

【业务创新】在财务顾问业务方面，公司通过与合作银行就融资方式、融资成本等进行比较、沟通，对集团发行债务工具提出了合理的建议。2012 年协助集团公司先后发行了两期超短期融资券，共发行 50 亿元，发行利率处于同期市场较低水平。担任财务顾问是公司进入投资银行业务领域的首次探索，为集团公司降低融资成本发挥了积极作用。在保险代理业务方面，公司通过与太保、人保等保险公司积极沟通合作和展开调研，已成功取得中国保监会批复，获得开展全险种的保险兼业代理资质。在票据承兑和贴现业务方面，年内成功办理公司首笔票据承兑及贴现业务，进一步丰富了为成员企业提供金融服务的产品。在融资租赁业务方面，在与重庆泽胜公司和昆仑金融租赁有限公司三方多次沟通的基础上，草拟了《关于开展融资租赁业务的可行性研究》，为开展融资租赁业务做好了准备。

【风险管理和内部控制】坚持“平衡风险与收益，兼顾控制与效率”原则，在明确公司各职能部门风险管控职责的前提下，以制度建设和重要风险业务流程梳理为重要抓手，初步建立起“横向到边、纵向到底”的风险管控网络体系。一是本着先易后难、逐步完善的原则，全面开展重要风险业务流程梳理工作，覆盖了公司的重要风险业务。二是完成了风险管控体系有关制度和办法的起草和编制工作，为公司持续开展风险管控体系的建设、运行和维护提供指引。三是严格贷款业务审查，通过综合授信额度管理、信贷业务审核、现场监督、贷后联合检查和授信文档综合管理等形式，实现了公司贷款业务 100% 审查，有效防范了信用风险的发生。四是按照内审稽核工作程序，全年有针对性地对公司主要业务风险点开展了稽核审计工作，检查的重点包括业务资料的齐全性、准确性以及审批操作环节的合规性，检查范围涵盖业务合同、审批手续、业务相关制度等。五是加强法制工作的组织领导和协调，增设了总法律顾问岗位，明确了总法律顾问职责定位，成立了法制工作领导小组。六是切实加大合同法律审核把关力度，实现了经济合同 100% 审核。

【人力资源管理】公司共组织 2 批 9 人次分别去中国航油新加坡公司学习调研，派出 3 名部门经理参加集团在清华大学的中青班进修，派出 2 人次参加集团组织的入党积极分子培训学习，组织员工参加各类资格认证考试，共有 13 人次获得各类证书，其中 4 人次取得银行从业资格证书，1 人通过会计师考试获得会计师资格，3 人通过经济师考试获得经济师资格，2 人通过证券从业资格考试获得证券从业资格证书，2 人通过会计从业资格考试获得会计从业资格证书。此外还有 2 人参加集团法律顾问培训，1 人取得国资委企业法律顾问执业资格。公司还积极开展多层面业务培训、调研与学习交流活动，全年通过外请专家、内部业务骨干主讲等形式，共计开展培训 16 次，64 个学时，使全员在熟悉整个业务系统的基础上，提高了业务系统的操作和使用能力；为了进一步加强产融结合研究，学习借鉴国内先进同行的经验和方法，分别组织赴国电集团、华能集团、五矿集团和首都机场财务公司等外出交流学习 5 次，汇总形成了《中国航空油料集团发展产融结合情况的调研报告》；组织参加监管机构、财协等外部机构培训 26 人次。

【信息化建设】公司综合业务信息系统的建设涵盖了资金模块、核心业务和会计核算 3 大系统，包含核心业务系统的开发、核心业务系统与 ERP 会计核算系统的集成、核心业务系统和资金系统的集成 3 项内容，涉及 5 家系统（软硬件）提供商和7家直联银行，系统的架构复杂，建设和实施的难度较大。核心业务系统上线后，公司每日跟踪统计用户使用状态，及时发现、解决出现的技术问题；同时，加强与集团和各成员企业用户对系统问题的沟通与反馈，努力改进客户体验，保证了集团公司及成员单位资金结算业务的正常开展，全年结算业务没有发生重大差错，成员单位服务满意度调查问卷获得了成员单位的好评，平稳实现了公司开业后向集团资金集中管理中心、结算中心的过渡。

【企业文化建设】公司按照《中国航油品牌形象管理手册》的要求，结合公司筹建及开业当年的工作实际，对公司办公区域的企业标识、宣传橱窗、走廊文化、办公用品以及在集团公司内、外网的宣传素材进行了系统的筹划和整理，初步搭建了公司企业文化和对外宣传的展示平台；公司联系行业协会、监管机构和地方有关媒体，组织实地拍摄，整理外宣稿件、图片，分别参加北京银监局、中国财务公司协会、顺义区金融办和镇宣传部组织的行业成就展、产业新闻宣传等，不断提高公司在行业和驻地的知名度，塑造良好企业形象；公司在积极落实集团公司“员工关爱”工程有关政策的同时，充分考虑公司所处周边环境实际，购置自行车、洗衣机、办理部门公交一卡通等，方便员工在公司期间的生活和出行。

海南农垦集团财务有限公司

【经营概况】2012年，海南农垦集团财务有限公司（以下简称“公司”）紧紧围绕“规范经营、稳健发展、专业服务”的经营方针，充分发挥非银行金融机构的自身优势，积极开展并推进各项工作，取得了较好的经营业绩。全年实现营业收入8 465.55万元，全年利润总额4 186.78万元，净利润3 133.35万元。2012年通过公司进行资金集中管理，集团公司资金综合收益率为4.47%，比上年翻了一番。

【资金集中】截至2012年末，完成集团所属的27家二级成员单位和65家三级成员单位的资金归集工作，资金归集面79%。归集资金日均余额144 200万元，资金归集率68%。截至12月末，资金业务累计结算量1 475亿元。同时，在16家成员单位试点开展代理支付业务，支付笔数395笔，支付金额153 700万元。

【信贷业务】公司在保证资金安全的前提下，一方面，优先保障集团成员单位的流动性资金需求，对有需求的成员单位发放流动资金贷款和提供票据贴现业务等短期融资服务；另一方面，对集团有信贷需求的优质项目提供长期资金支持。同时，与集团公司资本运营部、规划发展部等管理部门建立定期联系制度，及时了解集团公司的项目建设进度，在风险可控和公司资金规模允许的前提下，选取部分优质项目做好融资服务；对暂时不能提供资金支持的项目，与集团公司财务资金部密切配合，积极采取组建银团贷款等方式融资，多渠道创造性地解决集团资金需求，保障集团公司战略目标的实现。2012 年，公司累计发放贷款62 010万元，贷款户数 10 户，其中本年新增发放贷款 58 310 万元，累计收回贷款 7 402. 50 万元，贷款余额为 54 607. 50 万元。全年累计办理票据贴现 772. 36 万元，贴现余额 576. 88 万元。

【风险管理和内部控制】公司梳理和优化了绩效管理、财务管理、应急预案等 80 多项重要规章制度，进一步确保了业务操作有法可依，有章可循，风险可控，方便快捷，公司管控能力得到明显增强。公司以风险管理部为牵头部门，及时了解和掌握公司的经营状况，建立风险监测、监控与评价体系，加强过程控制和流程控制，培育良好的风险管理文化，保障公司风险管理目标的实现。公司先后接受了集团财务部、环保部、省银监局进行的内部审计、年度安全生产现场考核、现场稽核等检查，对查出的问题及时整改，督促、跟踪落实，使公司各项基础工作得到了进一步规范，有效堵塞了风险漏洞。公司强化审计稽核部的职能职责，加大审计力度，实时开展各项内部稽核工作，促进公司规范经营。

【人力资源管理】公司多次选派员工参加中国财务公司协会等权威机构组织的各类业务培训，同时组织开展了“现金管理产品和银企互联业务培训”、“操作风险案件防控培训”等专题培训，积极鼓励员工参加业务资格认证考试，全面提升员工的整体专业素质。

【信息化建设】公司各部门针对运行中的具体细节及出现的问题积极与相关公司联系商讨，不断优化更新，保证了运营系统正常运行无重大问题发生；为加强业务数据的安全性，完成同城异地备份；搭建公司 OA 平台，满足公司公文传递等管理的要求。

【企业文化建设】公司根据自身具有的金融机构特质，从实际出发，不断创新学习，激发员工的企业文化认同感、工作积极性和创造精神，培养集体荣誉感和团队意识，建立起员工与公司共同发展的信心和理念；积极响应集团号召开展反“庸懒散贪”及“创先争优”活动，通过民主生活会的形式，加强党的建设、企业文化建设和干部队伍建设，持续提升团队的凝聚力和执行力；结合现代金融服务管理理念，采取办公环境管理、统一员工标识牌及员工着装管理等措施，提升了公司团队整体形象；关爱员工的身心健康，年内对全体员工进行了全面健康体检；丰富员工的精神文化生活，组织开展参观母瑞山革命纪念园、中秋茶话会等各类活动，积极参加集团工会组织的羽毛球赛、篮球赛、安康杯等活动，并获得农垦集团篮球比赛组织奖、“安全生产月”知识竞赛二等奖等荣誉称号，有效减缓员工工作压力，增进员工交流，促进公司和谐，营造了良好的工作氛围。

西部矿业集团财务有限公司

【经营概况】西部矿业集团财务有限公司（以下简称“公司”）是由西部矿业集团有限公司和西部矿业股份有限公司共同出资组建的青海省首家财务公司，注册资金5亿元人民币，股东占股比例分别为40%和60%。2011年12月8日，公司获得中国银行业监督管理委员会开业批复，是年12月15日取得金融许可证，12月19日注册成立。

2012年，公司秉持“立足集团、服务成员、合规经营、稳健发展”的经营宗旨和“完善制度、夯实基础、规范管理、稳健经营”的年度经营方针，以资金归集、业务拓展、效益提升为重点，整章建制，夯实基础，解放思想，明确定位，制定中长期发展规划，理清业务发展思路，不断调整经营目标，多措并举全面推动业务又好又快发展，各项业务从无到有，规模不断增长，首年取得较为突出的经营效益。

截至2012年末，公司资产总额45.10亿元，负债总额39.70亿元，所有者权益5.40亿元，营业收入0.69亿元，实现利润0.39亿元。资产总额和营业利润分别完成年初计划的196%和449%，人均创利150万元，在青海省金融机构中名列前茅。

【公司治理】公司按照现代企业制度和审慎经营的原则，建立了完善的法人治理、内部控制、风险防范和重大事项决策机制。按照决策系统、执行系统和监督系统相互制衡的原则，以公司章程为总纲，建立了“三会一层”治理结构及相应的各机构议事规则、风险隔离、法人授权等方面的11项配套制度。公司能够按照法律法规及公司章程的规定，依法组织召开各类会议。风险管理委员会、信贷管理委员会和资产负债管理委员会等专业委员会能够按照规定履行相应职责。公司日常经营管理重大事项，通过总经理办公会、月度经营分析会等制度进行集体民主决策。

【资金集中】公司通过采取多种措施，在资金集中管理方面取得了较为显著的成绩。公司以系统为支撑，与省内外11家银行建立了合作关系，开立了内部结算账户，实现了银企系统对接，开通了多家银行的企业网银；以结算为基础，提高结算服务质量和效率；认真计划，分步实施，先易后难，逐步推进；以成员单位账户清理为抓手，依托集团和股东单位的行政权力，自上而下强势推进；与成员单位保持密切联系，大力推介公司金融业务，为其提供优质、高效的金融服务；针对不同成员单位的特点，采取不同的归集模式，最大限度地提高资金归集率。全年累计办理资金结算27 865笔，结算金额1 859亿元，资金集中度达82%。

【信贷业务】公司以集团发展战略和产业政策为导向，深入了解成员单位生产经营情况和资金需求，提供贴身式金融服务，在合规且风险可控的前提下，最大限度地保障成员单位的资金供给，在流动资金需求和项目融资上给予成员单位优惠条件，降低其财务成本。2012年累计发放贷款9.10亿元，完成年初计划的182%，贷款余额8.20亿元，贷款投放在公司信贷业务运营的首年就突破了8亿元，正常类贷款占比100%。

【资金业务】公司通过加强资金计划管理，密切关注政策走向，认真分析研究同业市场趋势，在确保资金安全性、流动性的前提下，加强日常头寸调剂，合理配置资产结构，加强与商业银行的沟通合作，实现存放同业收益最大化。截至2012年末，存放同业款项余额31.85亿元，实现利息收入0.55亿元，占营业收入的79.50%。

【票据业务】公司票据业务实现零的突破，累计办理贴现0.71亿元，完成年初计划的143%，并不断完善业务管理办法和操作规程，为促进业务常态化发展奠定了基础。

【风险管理和内部控制】公司建立健全风险管控体系，按照相互监督、相互制约的风险内控管理机制，建立了覆盖全部业务的“三道防线”风险管理体系。一是不断完善法人治理结构，建立健全规章制度，优化业务流程，建立和完善各类制度和操作规程80余项。二是强化风险管理措施，以操作风险、科技风险和信用风险为重点，加强对信贷、结算、资金等各个环节风险点的控制。三是强化监事会及内部审计监督作用，加强对各业务领域、各层面的监督检查力度。四是通过管理提升、工作督导与内控自评等专项活动或工作，科学评价业务运行质量，确保各项业务稳健运行。全年公司风险管理体系运转正常，能合理控制各类风险，报告期内无案件及风险事项发生，资产质量分类全部为正常，各项风险监管指标均符合监管要求。

【人力资源管理】公司制定了中长期人力资源发展规划，完善组织架构，精简职能部门，重新定岗定编，建立了精干高效、权责利相统一的组织机构。采取多种方式从监管机构、商业银行和集团内部等多渠道招聘各级员工6名。积极开展员工能力提升活动，加大人才培养力度，通过“走出去、请进来”，全年组织内外培训20余期300多人次。建立激励约束机制，推进绩效考核体系建设，出台了《绩效考核管理办法》。历时8个多月推进ERP项目人力资源信息化建设，提高了人力资源工作效率和管理开发水平。提高员工福利待遇，完善各项劳动管理，建立和谐劳动关系。

【信息化建设】公司结算、信贷、财务等模块业务系统全面上线。搭建了银企直联平台，接入了监管机构电子公文交换系统和1104报表专线。完成35家成员单位资金管理系统培训，并成功将28家成员单位接入资金管理系统。综合营业系统完成升级，并对机房物理环境风险点逐一进行了排查整改。根据业务开展情况提出了下一步针对主要网络、系统主机及UPS的双机模式改造升级方案，已开始实施。建立健全了《计算机信息系统管理办法》等多项管理制度和操作细则，为防范系统风险提供了制度保障，全年系统保持安全、高效运行。

【企业文化建设】公司在集团企业文化的大框架下，着力建设“服务、卓越、效益”为核心的独具特色的财务公司文化。通过愿景激励、使命加压和理念教育，强化全员的服务意识、责任意识和效益意识，提高执行力。工作中高标准、严要求，提倡严谨卓越的工作作风。通过组织开展形式多样的文体活动，提高员工的凝聚力和归属感。通过加强党风廉政建设和员工自律管理，营造风清气正、团结和谐的工作氛围。

江苏交通控股集团财务有限公司

【经营概况】2012年，是江苏交通控股集团财务有限公司（以下简称“公司”）运营起始之年。公司有条不紊地开展各项业务，在高起点上基本实现了平稳开局。截至2012年末，公司各类存款余额26.87亿元，自营贷款余额11亿元；委托贷款余额53亿元。累计协助集团办理直接融资业务133亿元。公司总资产37.30亿元，负债26.95亿元，净资产10.35亿元。实现营业收入0.71亿元，利润总额0.41亿元；为集团节省财务费用0.53亿元。公司各项监控指标符合监管要求，其中，资本充足率88.56%，流动性比例63.65%，自有固定资产比例0.46%，不良资产率、不良贷款率、短期证券投资比例、长期投资比例、拆入资金比例均为零，担保比例为2.40%。

【资金集中】公司实施“预算控制、进度控制”的资金分级控制制度，以预算统筹年度资金，按进度部署月度资金，做到资金收支的合理掌控。公司根据年初制定的过渡方案，积极稳妥地办理结算中心业务向财务公司转移工作，至2012年10月底，结算中心业务全部平稳过渡至财务公司。公司与成员单位密切联系，了解资金头寸分布，挖掘资金归集来源，扩大“资金池”容量，全年共37家成员单位纳入资金集中管理；公司与联网管理中心合作起草了《江苏省联网高速公路通行费资金划拨方式调整实施方案》，方案实施后，全网拆账划拨笔数将由原来的80 000笔减少到3 000笔左右，减少在途资金约5亿元，每年可节约结算费用约400万元。

【信贷业务】公司信贷投放以集团产业政策为主导，密切配合集团高速公路行业发展需要，在风险可控、合理授信的前提下，适时适度地向路桥企业提供信贷支持，缓解其短期流动性困难。全年对集团11家成员单位进行了信用评级和综合授信，授信总额29.60亿元，累计发放自营贷款21笔，金额12亿元。公司按照集团融资规划，配合完成直接融资及融资新品种引进工作。2012年，配合集团完成133亿元的非金融企业债务融资工具的发行工作。其中，9月19日成功发行的10年期15亿元中期票据，是全国地方企业发行的第一单10年期中期票据。同时，协助成员单位引进售后回租、并购贷款等融资品种，拓宽融资渠道。

【资金和投资业务】公司及时关注上海银行间同业拆借利率变化趋势，利用同业有利条件，提高存量资金收益水平。2012年，共办理定期存放同业56笔，累计金额117.78亿元，取得利息收入0.36亿元。公司及时与各行沟通，为活期存款争取到协定存款以上的利率，积少成多，努力提高资金收益。

【风险管理和内部控制】在风险管理组织架构建设方面，公司成立了董事会风险管理委员会，确保公司法人治理结构有效运转；制定了《部门和岗位职责》，建立起分工合理、职责明确、报告关系清晰的内部运营组织结构；重新制定了《授权管理暂行办法》，建立清晰的授权管理体系，明晰关键岗位、特殊岗位的控制要求，实现了不相容岗位和前、中、后台的有效分离。在完善内控和风险管理制度方面，公司按照“开展业务，制度先行”的原则，对制度的合规性、可操作性、有效性进行检验、修订和补充。截至2012年末，公司共制订了综合管理、业务管理、内部控制和风险管理三大类10小类85个规章制度。在风险自查方面，公司对工作岗位职责、工作环节和业务流程进行了系统分析，对可能存在的风险点逐一排查，并确定其风险程度，及时采取改进和防范措施。在安全保卫和应急预案管理方面，公司对各类印章、票据等建立了明确的管理责任，重空物品登记入库，专人保管；开展安防知识培训暨消防应急演练，确保应急报警系统与南京市公安局110指挥中心联网畅通；对支付、信息系统等重要突发事件进行预演，提高应对突发事件的能力。在审计稽核监督和评价方面，公司对主要业务流程进行全面审计稽核，提出审计稽核意见20余条，下发《稽核整改通知书》4份；建立信息报告和共享机制，审计部每季度向董事会报告审计情况，每月定期与风险管理部门交换信息，并加强与监管部门及集团有关部门的信息沟通和报告。

【人力资源管理】公司一方面积极营造学习氛围，倡导终身学习观念，建造“学习型”组织。2012年，公司通过开设“周末课堂”、参加中财协、金融时报社、监管部门举办的培训班，进行员工培训，全年共参培25期，参培人员合计53人次，达到了业务培训全员覆盖的目标；公司组织员工踊跃参加银行业从业资格考试，通过率达80%；公司选派人员到银行临岗培训，到其他财务公司考察学习，扩大与同行业的交流、学习；公司开展“阅读与写作”活动，要求每位员工每年须阅读论文、著作不少于20篇，鼓励员工发表论文。另一方面，公司充实关键岗位，完善人力资源管理制度。公司从银行或财务公司适当引进具有丰富从业经验和扎实专业知识的金融从业人员，充实重要专业岗位和员工队伍；公司及时修订、制定了《人力资源管理暂行办法》、《薪酬管理暂行办法》、《绩效考核暂行办法》、《补充医疗保险管理暂行办法》、《企业年金实施细则》和《违规行为处理暂行规定》，初步建立了人力资源管理制度框架。

【信息化建设】在搭建信息系统方面，公司选聘了具有一级系统集成资质和网络安全实施经验的吉大正元信息技术股份有限公司作为硬件、网络安全合作伙伴，选聘了具有丰富资金管理系统开发经验的北京九恒星科技公司作为业务系统软件合作伙伴，公司业务管理系统采用双机集群、双线路通讯方式，为保证机房用电及安全防护，公司租用了江苏电信在南京河西建设的IDC机房。在完善信息系统建设方面，公司对系统信息参数进行了调整，完善了权限设置和电子审批流配置，完成了1104报表系统的设置；及时对系统操作手册进行更新，为操作人员学习、参阅提供更加详细、充实的资料；加强对系统的维护巡查管理，定人定时对IDC机房、系统服务器、网络等硬件设施进行巡检，查找安全隐患，及时记录和解决系统运行中存在的问题。

【企业文化建设】公司注重提高员工职业修养，构建企业文化。公司教育员工树立正确的人生观、价值观和荣辱观，把心思用在学习和工作上，把精力用在为公司和成员单位服务上；针对金融行业的特点，加强廉政警示教育，保持风清气正的工作作风；教育员工讲政治、顾大局，珍惜集体荣誉，承担集体责任。积极发挥党员表率作用，团结、带领员工为公司发展贡献力量。公司体现以人为本的经营理念。公司把风险和合规管理活动与文化建设结合起来，积极营造风险文化、合规文化，使风险和合规管理落实到员工的具体工作中去；积极开展团队活动，丰富员工文化生活，增强团队凝聚力、执行力；通过多种途径增进员工间的信息沟通和交流，积极开展“建言献策”活动，把员工的工作积极性、创造性和责任感与公司发展联系起来，形成一心一意抓经营、脚踏实地谋发展的和谐氛围。

中国移动通信集团财务有限公司

【经营概况】中国移动通信集团财务有限公司（以下简称“公司”）经中国银行业监督管理委员会批准（银监复〔2012〕27 号），于 2012 年 1 月成立。公司由中国移动通信集团公司及中国移动通信集团北京有限公司共同出资组建，注册资本金为 50 亿元，是国内通信行业第一家财务公司。公司秉承“依托服务集团，审慎稳健运营”的经营方针，着力打造全集团资金集中管理平台、业务结算平台、筹融资平台和内部金融服务平台，为集团提供全面的财务资金管理服务和金融服务。

2012 年，公司稳步开展资金业务及信贷业务，重点推进资金集中、成员单位内部结算等各项工作并积极探索各项新业务。公司以制度流程建设为抓手，按照“制度管人，流程管事”的原则，大力夯实基础管理，在组织架构搭建、风险管理、信息管理及人力资源管理等方面取得了初步成效，公司运营步入正轨。截至 2012 年末，公司资产总额 415.25 亿元，负债总额 360.35 亿元，所有者权益 54.90 亿元；累计实现利润总额 6.53 亿元，超额完成集团下达的年度目标。资本充足率、流动性比率等各项监控指标均符合监管要求，不良资产率及案件发生率均为零。

【资金集中】公司采取“稳步实施资金集中方案，成员单位分批上线”的方式，搭建公司资金集中体系，并面向成员单位做好资金集中管理推广工作。公司与多家合作银行深入研讨资金集中管理模式，并走访多家同业财务公司，学习先进资金管理理念及运作模式，全新创建了资金集中管理模式；公司组织成员单位进行资金集中管理模式、网上金融操作培训，做好资金集中管理体系的推广工作。

【信贷业务】公司夯实信贷业务基础，制定信贷业务管理制度和流程规范，编制完整的业务操作模板，梳理信用评级、综合授信、合同管理、贷款发放等环节工作。2012 年，共批准综合授信 16 亿元，发放自营贷款 14 亿元，解决了成员单位的资金缺口，助力集团业务发展。

【资金业务】公司坚持风险控制先行，逐步建立起同业存款业务的内部闭环管理流程，确保业务操作合理、高效。2012 年，在保证资金安全性、流动性的前提下，公司立足可持续发展与合作共赢，在与多家银行建立了合作通道的同时，密切跟踪金融市场动态，研究、分析监管政策及利率等相关变化，把握市场机会，提高资金收益。

【风险管理和内部控制】公司参考同业金融机构风险管理的先进经验，积极倡导“以风险的有效管理创造价值为核心”和“风险管理，人人有责”的风险文化理念，以全面性、重要性、制衡性和适应性作为标准，逐步构建完善的内部控制制度体系。公司完成了覆盖与财务报告相关的现有日常管理、主要业务流程和关键控制点的内部控制手册及矩阵的编写。公司聚焦主要业务和日常管理关键环节，对于现阶段业务和日常管理中存在的各类风险分别进行有效识别、防范、监督和检查，推动风险管理和内部控制长效机制的建立。2012 年，公司未发生重大风险事件以及违法违规行为，切实做到合规稳健运营。

【人力资源管理】公司通过引进金融领域专业人才、组织校园招聘等途径充实了员工队伍，确保人才队伍结构合理，加强多元化的人才队伍建设和梯队建设，促进公司专业化水平的不断提高，为公司持续健康发展做好人力保障。公司按照“大 H 双向晋升体系、360 度全方位绩效考核以及加大薪酬激励力度”等基本原则和思路，完成职位薪酬绩效体系框架的搭建及相关管理办法的编制工作，为实现薪酬绩效考核体系的全面实施和整体落地打下良好基础。

【信息化建设】在资金管理系统方面，实现了对账户开户、资金归集、联动支付、内部结算、网上金融等业务的支撑，完成了与各主要银行间的接口互联和与公司 ERP 系统的对接，基本实现核心业务结算与核算的自动化。通过与多家同业公司、合作银行及业内主流软件厂商的广泛交流，学习了业内成熟核心业务系统的运作模式。梳理和规划公司业务需求，针对资金结算、信贷、风险管理等六大模块形成需求功能点近 300 个，为后续的系统建设打下坚实的基础。在管理信息系统方面，公司借助集团力量，按照集中化建设思路，完成了公司 OA 系统、ERP 财务系统、人力资源管理系统的建设工作，满足了企业内外部公文往来、财务核算以及工资发放的需要，实现对综合、财务、人力等业务条线的系统支撑，助力公司低成本高效运营。

【企业文化建设】公司宣贯“诚信、责任、敬业、专业”的团队文化和职业精神，教育干部员工“诚实做人、诚信做账”，弘扬主人翁精神和敬业精神，倡导认真细致、求真务实的工作理念，着力打造团结拼搏、积极向上、富有责任心的职业团队；公司重视员工培训，与银行和兄弟公司合作交流，广泛组织参加业务培训，普及金融行业知识，提升团队金融专业技能，不断增强公司核心竞争力和团队凝聚力，着力打造积极健康、和谐成长的企业文化。

山东钢铁集团财务有限公司

【经营概况】山东钢铁集团财务有限公司（以下简称“公司”）于2012年2月1日经中国银监会批准开业（银监复〔2012〕53号）。公司注册资本16亿元人民币（含1 000万美元），是山东钢铁集团有限公司的控股子公司，由山东钢铁集团有限公司、山东钢铁股份有限公司、济钢集团有限公司、山东金岭矿业股份有限公司、中国信达资产管理股份有限公司5家公司共同出资成立。公司下设资金计划部、信贷业务部、营业部、投资银行部、国际业务部、风险管理部、审计稽核部、综合管理部八个职能部门，负责公司日常事务的管理。截至2012年底，共有职员37人，其中从事金融或财务工作五年以上的人员有35人，占在编人员的94.59%；研究生7人，本科生30人；高级职称14人，中级职称18人，初级职称5人。截至2012年末，公司资产总额达31.06亿元，净资产16.40亿元，累计实现营业收入1.02亿元，实现账面利润总额0.54亿元，剔除提取的贷款减值准备0.24亿元后，累计实现利润总额0.77亿元。对18家成员单位累计授信75.10亿元，累计发放各类贷款25.30亿元，不良贷款率为零。集团全口径资金归集率10.21%，可归集口径资金归集率17.39%。

【资金集中】公司通过集团召开了“资金集中统一管理推进大会”和十一家银企直联银行参加的座谈会，为账户统一管理工作在集团内外部营造了良好的环境。公司通过建立客户经理负责制，将账户挂接工作落实到人，截至2012年末，实际完成416个账户的挂接，占可挂接账户的95.41%，其中归集账户213个，占比51.20%；监控账户203个，占比48.20%；清理低效账户105个。通过财务公司、资金中心统一运作，集团整体资金管理效益显著，共降低财务费用4.78亿元。集团资金存量由2012年初的190亿元，下降到目前130亿元左右。实现同业存款收益0.27亿元，比同额度企业存款增加收益0.20亿元。

【信贷及资金业务】截至2012年末，公司已陆续开展人民币及外币贷款业务、银行承兑汇票贴现及转贴现业务、委托贷款业务、定期存款业务等，其中，累计发放贷款25.30亿元（其中美元1 000万元）；办理票据贴现66笔，金额合计1.98亿元；办理转贴现600万元；办理成员单位之间委托贷款2笔，金额5亿元；吸收成员单位日均存款21.44亿元（2012年下半年日均）；通过公司信息管理系统直接办理的结算业务788笔，资金结算额96.25亿元；在符合人民银行规定的前提下，上浮成员企业活期存款利率，办理企业定期存款0.3亿元。在积极为成员单位服务的同时，公司也不断提高自身的实力，积极增加同业授信规模。截至2012年末，已经有7家金融机构完成授信，额度32亿元。

【保险代理业务】2012年，公司共办理了4个成员企业的保险业务，投保资产达到48.85亿元（原投保资产20.29亿元），保费支出320.70万元（原保费450万元），为成员企业直接节约保费129.30万元，若不增加保险资产，可直接降低保费242万元，降低率近60%。同时，投保险种顺利升级（财产综合险一律升级为财产一切险），保障范围有效扩大。

【风险管理和内部控制】公司开展了对内部业务部门的重点专项审计和操作风险防范的探讨，以监督优化各业务流程开展情况，并完善公司内部审计流程，取得了良好的效果，促使各业务流程更加优化，符合公司实际运营情况，也提高了公司员工的风险意识，为后续开展全面风险管理奠定基础。

【信息化建设】公司成立了信息化小组，全面推进信息化建设，制定了信息系统管理制度，确保信息系统安全稳定运行。先后与IBM、Oracle等国际知名公司及H3C、上海宝信等国内著名IT公司合作，搭建了硬件、网络、供电、制冷、消防、监控及布防等支撑系统，实施了资金管理、监管报送、1104报送、银监局公文及报送、备份、防篡改等应用系统。与工商银行、建设银行等12家银行实现了银企直联，成功挂接多个账户，实现资金归集。同时实现了与银监局、人民银行系统互联互通。

【企业文化建设】公司围绕“风险控制一流、服务质量一流、价值创造一流”的发展目标，以“依靠职工办企业，促进企业科学发展、和谐发展”为主线，将党务建设和中心任务相结合，组织实施文化建设。针对员工来自不同区域、主体、文化背景的实际，公司以自身企业文化统领全体员工的理念，统一思想，坚定信心，凝聚人气，形成合力，先后建立健全党总支、党支部、工会、团支部、女工委等各级党群组织，并组织党员群众参加了山东省银监局组织的“泉银杯”乒乓球、羽毛球比赛，庆七一红色爱国教育等活动，取得显著成果。

国药集团财务有限公司

【经营概况】国药集团财务有限公司（以下简称“公司”）于2012年2月经中国银行业监督管理委员会批准成立，3月29日正式开业运营。开业以来，公司秉承“规范管理、稳健经营、品质服务、和谐发展”的经营理念，以“依托集团，服务产业”为宗旨，以建设集团的资金集中支付结算、资金资源配置和金融信息咨询服务“三大中心”为长期工作任务，按照打基础、推服务、上水平“三步走”安排，组织开展经营管理活动。截至2012年末，公司资产规模突破50亿元，实现利润总额0.21亿元，吸收成员单位存款36.17亿元，自营贷款余额12.65亿元，风险监管指标全面达标。

【信贷业务】截至2012年末，公司各项贷款余额为12.65亿元，年末存贷比35%，本息收回率100%，信贷资产分类全部为正常类，准备金计提充足。贷款资金投向均为集团当前重点发展的战略业务板块，分布于医药分销、医药工业、医院科研、医疗器械、国际业务、生物制药等领域。公司在传统信贷业务的基础上，分析企业需求，探索新业务品种，联合租赁公司开展了售后回租型融资租赁业务；与子公司共同探索并试点开展了应收账款保理业务；协助集团分析资本市场资金供给情况，选择阶段性低点发行中期票据，完成了集团中票发行财务顾问工作。

【票据业务】公司针对医药行业票据业务量大、品种丰富的特点，积极开展票据业务营销。2012年，累计贴现票据数量近1 000张，累计贴现票面金额为7.84亿元，贴现客户涉及北京、天津、深圳、河南等地成员单位。公司票据业务具有贴现手续简便、效率高、利率优惠的特点，形成了较为明显的竞争优势，解决了成员单位资金周转的压力，满足了成员单位用款迫切的要求。

【资金集中】公司确立了资金归集整体思路，在集团内部全范围开展成员单位内部账户开立工作，对所有二级子公司及重点三级子公司进行走访、分析，基本完成了主体企业的开户工作；协同集团组织召开资金集中会议，在全集团内提出资金归集目标和考核要求并下发文件；在保证集团资金安全和高效使用的前提下，结合集团内各成员单位不同的行业特点以及各自的需要，在与成员单位充分协商的基础上，制订资金集中归集方案；加强账户授权工作，了解集团内成员单位的账户分布情况，与国内主要银行完成资金自动归集的系统搭建及协议签订。截至2012年末，公司已开立各类账户92户，结算金额达到580亿元，除上市公司之外的二级子公司和主要三级公司已完成银行账户授权工作，明确了归集策略并实现了自动上收、下拨。

【存款业务】根据集团资金集中管理会议的统一部署，公司与各成员企业一起，商定了资金的归集策略并稳步推进，吸存范围从最初的闲置、定期、专项资金，逐步过渡到了通过账户授权实现自动归集资金和通过结算服务稳住资金。截至2012年末，各类存款余额36.16亿元，包括活期、通知、协定和定期等主要业务品种，存款利率设置灵活优惠，存款规模得到稳步增长。

【风险管理和内部控制】在风险管理方面，公司搭建了较为完善的风险管控体系。公司构建了“三会一层”法人治理架构，重大事项提交董事会下设的专业委员会、经营管理层管理下的业务评审委员会及总经理办公会集体决策；按照“前中后台分离”和“不相容岗位分离”的审慎原则，设置了八个职能部门及岗位，各级管理人员以及全体员工共同参与风险管理；成立了独立于其他业务部门的稽核审计部，对公司风险管理及内控建设、执行情况进行评价、监督。在内部控制方面，公司不断优化制度流程体系，健全内部控制措施。公司开展了管理提升、风险排查、案件防控、不规范经营自查等一系列专项活动，新增制度及流程19项，修订制度13项，形成了公司层级、业务层级和流程层级三个方面共计81项制度；实行AB岗管理及业务应急预案机制，确保业务运行的连续性、安全性和稳定性，将风险控制在可接受范围之内；有针对性地组织风险专题会议、法律法规学习、业务实操培训和内控制度考试活动，提升员工主动控制风险能力。2012年，公司案件及风险事件为零，各项监管指标均符合监管当局的非现场监管要求。

【人力资源管理】在人才引进方面，公司从多个渠道选聘了一批优秀的骨干人才。截至2012年末，公司共有管理及专业技术人员23

人，平均年龄33岁，本科以上学历22人（其中，硕士7人，本科16人；具有海外学历背景3人；高级职称3人）；拥有金融、财会类相关资格的人员为20人，占全员的87%。在人才管理方面，公司针对金融行业特点，完成了员工手册和人力资源制度制定工作，建立并不断健全薪酬管理和绩效考核机制；公司多次邀请医药集团内部、同业合作伙伴专家开展医药行业和金融行业专业培训，主题包括集团“十二五规划”讲解、融资租赁、票据鉴别、风险管控等内容，初步建立了公司与人才彼此促进、共同成长的机制。

【信息化建设】公司信息化建设与业务开展同步推进，先后完成了综合业务系统上线、数据异地备份、OA协同办公系统正式运行等主要工作，并启动推进了信息化管理提升工作，结合票据贴现业务量大的特点，自主开发了票据挂失信息查询软件。公司启动信息化规划编制工作，建立了内容覆盖安全防护管理、系统维护管理、系统应急管理及硬件设备与资源管理的多项规章制度，建立了与集团成员单位信息化资源互通互利的合作机制。

【企业文化建设】公司注重团队建设和企业文化核心观念的认同。公司先后通过党支部、工会、共青团等各类组织开展了不同形式和主题的教育、讨论和拓展活动，集中宣传“仁爱与责任”、“团结协作、积极向上”的企业文化，在员工中间进行了互动和交流，极大调动了全员工作热情和积极性，为形成和发展公司企业文化奠定了基础。

郑州宇通集团财务有限公司

【经营概况】郑州宇通集团财务有限公司（以下简称“公司”）于2011年10月28日获得中国银行业监督管理委员会批复筹建，2012年2月10日批准开业（银监复〔2012〕69号），2月24日取得企业法人营业执照并开始营业。截至2012年末，公司资金集中度为52.68%，累计发放贷款21.92亿元，利润总额0.31亿元，存贷款比例50.83%，各项指标均符合监管要求。

【资金集中】2012年，公司按照集团发展规划和公司资金归集目标，依托软通、拜特和SAP系统，总结出一套有资金集中管理、收付结算等功能的业务运营模式；不断加强资金集中管理政策，推行资金大额支付核实制度，进一步提高资金集中度；逐步完善资金计划管理，掌握集团各单位未来三个月现金流量变化及未来一年主要的现金流变化情况。

【资金和信贷业务】公司积极探索资金管理模式，加强备付金管理，合理安排存放同业的期限与结构；扩大同业业务询价范围，在集团范围内实施滚动资金计划管理模式，最大限度提高资金的使用效率；向银行同业申请授信，建立流动性补充应急机制，确保了公司资金的流动性与安全性。2012年，公司对集团及下属成员单位综合授信额度为29.55亿元，累计发放贷款21.92亿元。其中，为支持集团成员单位新厂区建设项目，累计发放固定资产贷款1.50亿元；为支持集团客车及工程机械产品的销售，开展了应收租金保理业务，累计发放保理融资款1.71亿元。同时，公司积极开展委托贷款业务，委托贷款累计发放2.54亿元。

【风险管理和内部控制】公司建立了股东会、董事会、监事会、高级管理层的法人治理结构，并设立了风险管理委员会、贷款审查委员会等专门委员会，明确了各自的工作职责，形成了层次分明、制衡到位、权责明确的公司治理结构和体系；制定了按照“理性、稳健、审慎”原则处理风险与收益的关系，风险偏好适应业务发展与市场条件发展的风险管理政策；针对信用风险、市场风险、流动性风险、操作风险和其他风险类别，分别制定了相应的规章管理制度，实现对各类风险管理的全流程覆盖；制定了2012—2015年公司风险管理体系建设规划，为今后公司全面风险管理建设做好了规划；建立了对风险进行事前防范、事中控制和事后监督与纠正的动态管理过程和机制，促进各项经营活动合法有序进行。

【内部审计】公司制定《内部审计工作管理办法》指导和规范内审工作。内审部门在该办法的指导下开展结算、信贷审计，对被审计单位的整改、落实情况进行后续跟踪审计；牵头结算、计财、信息技术部门进行了资金、信息安全自查，对资金、信息风险点进行了系统梳理，提出整改措施。

【人力资源管理】公司制定有效的人才培养与发展计划，建立公司人才梯队；搭建同行业学习交流平台，创建学习型组织氛围；完成相关绩效管理制度的制定、施行和监控；制定《宇通财务公司客户经理管理办法》、《从业人员职业行为规范》、《绩效考核管理办法》等为公司的稳健发展奠定了坚实基础。

【信息化建设】公司逐步完善金融业务管理系统，上线网上结算、银企直联、资金结算、财务核算和贷款管理系统，筹建电子商业汇票和汽车金融系统。公司成立信息技术部，明确部门职责、引进专业人才、制定内部章程，保障信息系统安全、稳定运行。

【企业文化建设】公司以“崇德、协同、鼎新”核心价值观为指导，深入贯彻落实“以客户为中心、以员工为中心”的经营管理理念，提升服务能力，提高服务标准，满足成员单位的金融需求，同时通过舆论引导，增进成员单位对财务公司的正确认识。

中国铁建财务有限公司

【经营概况】中国铁建财务有限公司（以下简称“公司”）于2012年4月18日正式开业运营。公司坚持“依法合规、审慎稳健、依托集团、服务企业、开拓进取、创誉争效”的经营方针，树立“以服务求生存、以服务谋发展”的经营理念，致力于打造集资金结算和集中管理、信贷、创誉、推动结构调整和产融结合于一身的中国铁建综合性金融平台，促进中国铁建的产业结构调整和转型升级。2012 年，公司实现营业收入 3. 40 亿元，利润总额 1. 86 亿元，净利润 1. 39 亿元。

【信贷业务】2012 年，公司信贷业务包括了流动资金贷款、固定资产贷款、融资租赁、银行承兑汇票贴现和委托贷款等，为集团 12 家成员单位核定授信额度 64 亿元，累计投放信贷资金 22. 20 亿元。

【资金集中】公司通过举办业务研讨会和推介会、针对重点单位推进一企一策、紧抓结算业务实现资金沉淀、因地制宜建立区域资金池、加强信息化平台的安全高效运行等策略为资金集中提供了强有力支撑，针对系统单位账户分散和项目部流动性大的特点，以“实事求是、注重实效”为原则，为成员单位提供了内部结算、代理收付款、“资金池”、上存款等多种归集模式。2012 年，公司集中 21 家成员单位 178. 30 亿元资金，全年月均集中资金 132 亿元。

【风险管理和内部控制】公司设立了董事会风险控制委员会、风险控制部和审计稽核部；起草结算、信贷、风控、审计稽核等规章制度，经过梳理和完善，形成较完备、科学的制度体系；开展风险防控和审计稽核工作，梳理业务流程，进行风险排查，提出解决方案，跟踪整改结果，构建风险防控网；成立内控经办小组，将内控延伸到每个部门，形成全员内控的格局。

【人力资源管理】公司制定下发人力资源管理、员工日常行为规范、薪酬待遇、岗位评定、绩效考核等方面的文件 12 个；形成 7 个部门、8 个岗位层级的组织架构，在编员工 25 名，35 岁以下员工占比达 80%，满足业务需求；通过绩效考评、竞聘上岗、岗位轮训等途径，鼓励和引导员工爱岗敬业、开拓创新。

【信息化建设】公司上线核心业务系统，包含资金结算、信贷业务、网上金融、领导查询、银企直联、资金监管和系统管理中心等功能，采用最新的数据加密技术，提供多级联动审批，是集团进行资金集中管理的重要信息化平台；完成北京市金融城域网及银监局系统、人民银行的金融统计数据处理报送系统和征信数据综合报送系统的接入工作，实现与北京银监局的电子公文自动传输，满足了公司向监管部门及时准确报送数据、传输公文的需要。

【企业文化建设】公司成立党委、工会筹委会和团委，共同推动企业健康发展；要求员工树立“诚实守信、坚持原则、服务至上”的职业操守，倡导“自觉守法、主动合规、审慎创造价值”、“工作快乐、快乐工作”的工作理念，大力倡导“信仰、修养、责任，自律、自信、自强”的员工价值观。公司致力于弘扬铁道兵优良传统，促进中国铁建文化和金融企业文化的融合，努力打造具有财务公司特色的先进文化，引领企业向更高的层次、更高的目标迈进。

山东省商业集团财务有限公司

【经营概况】 山东省商业集团财务有限公司（以下简称“公司”）于2012年4月28日正式开业运营。公司围绕集团战略，扎实做好基础业务，加强资金集中管理；规范业务操作程序，提供优质高效金融服务；积极拓展融资渠道，为客户提供资金支持；调整同业存款结构，合理安排资金存放；加强业务培训，提高金融服务能力；强化合规运营，提高风险管控水平。截至2012年末，公司资产总额为20.60亿元，负债总额为15.78亿元，所有者权益总额为4.82亿元。

【信贷业务】 公司积极为成员单位提供综合的融资服务，与成员单位交流、调研、座谈，充分了解成员单位经营情况及融资需求，形成了《市场业务发展调研情况汇报》，利用专业优势，为成员单位提供融资综合服务方案。2012年，公司对主要成员单位开展了信用评级和授信工作，共发放贷款6.70亿元。

【资金和投资业务】 公司加强资金的计划管理，根据资金头寸，合理确定存款结构，及时办理同业资金存放。在各银行的资金归集账户按同业存款利率计息，除保证日常支付的资金保留活期存款外，其他可调度资金分别选择做定期存款。2012年，共办理各类定期存款62笔，最大限度地提高资金收益。

【资金集中】 公司制定下发相关规定，对各成员单位账户开立、银行账户清理归类、银行账户授权、资金归集相关工作做出具体要求；完成了成员单位银行账户授权，签订了银企直联协议，实现成员单位资金定时归集。集团将各成员单位在公司的资金集中度作为考核指标之一，通过签订目标责任书的形式，加强资金集中管理。截至2012年末，公司共办理成员单位银行账户授权1 013个，与8家银行签订了银企直联三方协议及现金管理服务协议，吸收单位存款余额为15.71亿元。

【风险管理和内部控制】 公司严格信贷业务的审查工作，坚持合规运营，稳健发展；分析报表数据、经营状况、监测指标、资产质量、信用风险等，完成了2012年上半年、第三季度及全年风险分析报告；以档案管理为重点，建立分类管理机制，强化信贷业务操作风险管理。

【信息化建设】 公司根据业务发展需要，组建了济南市金融网、山东省金融网、山东银监局监管专网，建设数据报送系统，并基于三网开通了多项系统用于与人民银行济南分行、人民银行济南分行营业管理部及山东银监局进行数据交互，包括1104报表报送系统、金融统计数据报送系统、人民银行反洗钱数据报送系统。

深圳华强集团财务有限公司

【经营概况】深圳华强集团财务有限公司（以下简称“公司”）于2012年5月28日正式开业。公司秉承“依托集团、服务集团、稳健经营、规范运作”的经营方针，一是紧密围绕集团战略发展及产业需要，推进公司存款、结算、信贷等基础业务逐步开展；二是严格按照相关监管部门的要求，制定各项规章制度，完善相关业务流程，构建完整的风险管理体系。截至2012年末，公司资产总额20.39亿元，累计实现营业收入0.29亿元，利润总额0.09亿元，净利润0.07亿元。

【信贷业务】华强文化科技产业作为集团核心产业，坚持自主创新与自有知识产权，打造“创、研、产、销”一体化产业链，市场前景良好、发展迅速，同时具有前期投资巨大、回收期限长的特点，需要大量的资金支持。公司通过提供配套金融服务，充分发挥金融对实体经济发展的支持和服务作用，为产业发展提供资金支持。截至2012年末，公司对包括文化科技产业在内的华强集团成员企业累计发放贷款5笔，贷款余额5.75亿元，办理贴现1笔，贴现余额230万元，为集团核心产业的快速健康发展提供了重要支撑。

【资金业务】2012年，公司紧跟资金市场形势，合理安排资金头寸，在满足正常运营的基础上积极办理同业定期存款以实现资金收益最大化。2012年公司累计办理同业定期存款29.47亿元，实现利息收入266.11万元。

【票据业务】公司为盘活成员企业的票据资产，帮助成员企业实现短期融资，开展票据贴现业务。同时，积极向人民银行、商业银行学习票据再贴现、转贴现业务，为全面开展票据业务打下坚实的基础。

【风险管理和内部控制】公司通过制定内控及风险管理制度，并在工作中进一步充实和完善，建立起一套较为完整的风险管理体系；明确董事会的风险管理职责，下设风险管理委员会，形成自上而下、层层落实的组织架构；建立完整的监管指标监测体系，确保公司各类经营指标符合监管要求，保障经营的安全性；建立了以成员企业信用评级为依据的贷前信用评级体系及以信贷质量分类系统和贷后检查为内容的贷后管理流程，确保公司各项业务风险可控，有效地把经营风险降到最低。

【人力资源管理】公司制定了专业人才引进、内部人才培养选拔的人才战略。同时，注重加强员工培训工作，一是通过组织内部风险控制、业务知识培训等活动，强化员工基础业务知识，提升业务素质水平；二是通过邀请集团各主要产业的专家对产业动态、行业信息等进行介绍和讲解，并结合对集团产业基地的实地考察，加强员工对集团产业的认知，推进公司复合型人才的培养。

【信息化建设】公司制定相关工作流程，

完善核心业务系统，建立了一套覆盖财务管理、结算管理、信贷管理等日常业务的现代化资金管理软件系统，并通过对系统进行权限管理、日常维护巡检、数据备份、灾害防备、系统管理和升级管理等，实现网络和信息系统安全运行，切实防范信息安全风险，确保公司各项工作顺利展开。

【企业文化建设】公司坚持以人为本，在“诚信、创新、和谐、共赢”的企业文化指引下，致力创造和谐、友爱、团结、互助的人文软环境。通过开展丰富多彩、健康有益的各类活动，与企业文化建设有机结合，加深了员工对企业文化的了解，激发了员工的归属感及凝聚力，营造出积极向上的企业氛围。

诚通财务有限责任公司

【经营概况】诚通财务有限责任公司（以下称“公司”）是经中国银监会批准筹建（银监复〔2011〕42 号）、核准开业（银监复〔2012〕236 号）的非银行金融机构，于 2012 年 6 月 14 日正式成立，注册资本金 10 亿元人民币。中国诚通控股集团有限公司（直属国务院国资委）、中国纸业投资总公司和中储发展股份有限公司分别出资 7.10 亿元、2 亿元和 0.90 亿元组建。公司拥有结算、存贷、担保及咨询等九项经营许可。公司恪守“诚信为本，通商四海”的核心理念，坚持“稳健、规范、服务、发展”的经营方针，发扬“只争朝夕”创业精神，完成了“开业冲刺、基础攻坚、业务起步，初见成效”的良好开局。截至 2012 年末，公司总资产 29 亿元，实现收入总额 0.53 亿元，利润总额 0.37 亿元，净利润 0.28 亿元。

【信贷业务】公司实行信贷规模与风险控制并举的经营策略，开业后累计为集团节约了 0.15 亿元的资金成本，取得存款利息增量收入 0.15 亿元，实现了成员单位与财务公司的双赢。信贷业务利率视信用状况，以基准利率下浮 3—5 个点确定，支持了成员单位发展。同业存款按照满足资金运用、头寸安排分散、可控风险、利率择高原则实现结构化配比，年化收益率达 3.85%。截至 2012 年末，公司贷款及票据贴现余额 9.08 亿元。其中，贷款余额 5 亿元，贴现余额 4.13 亿元，未发生不良贷款。

【资金集中】2012 年，公司资金集中工作取得初步进展，96.50% 非上市公司纳入资金集中管理体系，6 家合作银行中 94.97% 的可授权账户已完成授权，非上市公司资金集中度达到 50.03%。与境内三家上市公司的金融服务协议及相关资料已发至上市公司董事会秘书和相关高层，授权工作正在推进。

【风险管理和内部控制】公司建立企业内控及风险制度 50 余项。各项监管指标均在监管要求范围内，其中资本充足率 112.37%，流动性比率 93.23%，自有固定资产比率

0.04%。主要收益率指标：资产收益率1.91%，净资产收益率5.38%，资本金收益率5.53%，利润率86.13%。其他指标：资产负债率64.49%。

【人力资源管理】公司采用内部调剂与外部招聘相结合的方式，建立了一支素质较高的专业队伍。本科以上学历100%，其中研究生及以上学历占61%，高级会计师4人、高级工程师1人、经济师1人、国际高级财务管理师1人、注册会计师5人，具有银行从业、证券从业、保险代理从业、外汇交易员等从业资格证的共18人次，为公司发展奠定了人才基础。

【信息化建设】公司完成了信息化平台“中国诚通资金网”一期工程建设。平台由数据处理层、业务处理层、应用缓冲层三层结构组成，2台搭载AIX系统和ORA11g数据库的IBM P740小型机、12台PC服务器为核心设备，并利用思科技术加密组网，结构先进，安全可靠，稳定性好，处理能力强。横向与5家银行支付系统联通，纵向具备了全级次单位线上处理结算、信贷、贴现等业务的能力，是业务开展的重要保障。

山东重工集团财务有限公司

【经营概况】山东重工集团财务有限公司（以下简称“公司”）于2012年6月5日取得中国银监会开业批复（银监复〔2012〕269号），6月11日办理了金融许可证并在山东省工商行政管理局注册成立，注册资本金10亿元人民币。公司坚持依托集团、服务集团，围绕集团“十二五”发展战略和公司年度经营目标，扎实开展各项业务。公司对成员单位的账户体系、融资状况及合作银行等外部单位进行了系统的梳理；以资金归集为重点，以为各个成员单位提供金融服务为工作抓手，充分利用公司的金融资源，努力追求集团协同效益最大化。截至2012年末，公司存款24.36亿元，贷款（含贴现）10.34亿元，实现营业收入0.53亿元，实现拨备前利润总额0.26亿元，在集团内产生了较大的协同效益，为今后的健康可持续发展奠定了坚实的基础。

【信贷业务】公司采取现场调研、电话访问等多种方式，了解成员单位需求，掌握第一手生产经营资料，有针对性地提供最优融资方案。2012年，公司先后为19家成员单位进行了评级，并完成15家成员单位的授信，授信总额达47.20亿元。在贷款定价方面，公司全部贷款均较客户同期在银行贷款下浮5%以上，为成员单位节省财务费用近200万元。

【资金和投资业务】公司注重资金计划管理，提高资金使用效率。通过研究集团及成员单位的资金变动规律，加强日常资金头寸调度，使资金备付率控制在6%以内；通过挂牌、银行竞价等方式，提高了资金使用效益，平均资金执行价格为3.82%，高出上海同业市场价格23.50个基点；创新与商业银行的合作方式，开展超短期同业存放业务；按月、季、年编制公司资金计划，并逐步将资金计划细化到周，编报周资金计划。

【票据业务】公司制定了商业汇票贴现管理办法和业务操作规程，明确了业务流程和部门分工；在信贷投行部设立了票据业务岗，明确工作职责；组织开展票据业务需求调查，对重点客户积极实施跟进营销，提供优质服务。为防范业务风险的发生，组织人员认真核查贴现申请人资格及交易背景，及时对票据进行查询，2012年无贴现票据出现到期不能按时回收的现象。

【资金集中】公司派出工作组提供贴身的现场服务，帮助成员单位接入公司资金管理信息系统，开展开户、批量付款等工作；为满足成员单位流动性强、收益率高、操作简便的存款需求，为成员单位量身开发了个性化的存款产品，并通过“现金池”建设和代理上收下拨服务，实现了成员单位资金动态的实时监控和归集。2012年，为成员单位开立各类账户326个，其中结算账户84个；办理结算业务4 878笔，结算金额302.85亿元，实现了成员单位资金的有效归集。为成员单位节省了结算费用，提高了结算效率，为公司增加资金来源奠定了基础。

【风险管理和内部控制】公司树立了以风险防范为核心的经营管理理念，严格按照内控制度和风险管理要求开展各项工作。公司对已启用的制度进行了梳理和重检，并下发到各部门严格执行；对成员单位的信用评级、额度授信、单笔贷款、票据贴现等业务进行了严格审批；每季度组织各部门开展合规风险检查；完成了公司的授权和转授权工作；完成了信贷资产的五级分类工作；对结算业务和资金管理进行专项审计，保障了各项业务健康运行。

【人力资源管理】公司制定了符合实际的薪酬管理制度和绩效考核管理办法，定期组织开展员工素质能力测评，调动员工工作的积极性和主动性；利用公司月度运营分析会等形式，对部门绩效考核指标完成情况进行及时调度分析；对全员进行业务操作、风险管理、信息系统、从业行为规范等全方位、多层面的培训，提高员工的专业素质和业务水平。

【信息化建设】公司在充分调研成员单位金融服务需求的基础上，开发上线了资金管理信息系统；对公司和成员单位业务人员开展了两期资金管理系统培训，介绍系统运行及操作流程；完成了与中国工商银行、中国建设银行等11家合作银行的银企直联和资金管理信息系统生产环境下的全部接口测试工作，保障了成员单位业务顺利开展。

【企业文化建设】公司积极践行山东重工集团“责任、沟通、包容”为核心内涵的企业文化，大力倡导“三个第一”和“五树立”理念，即“公司利益第一，公司发展第一，工作第一”，“树立科学的经营理念；树立以公司为事业，以公司为家的思想；树立和谐严格的作风；树立敢为人先、开拓创新、赶超标杆的思想；树立兼容共济，和谐共事，肝胆相照的思想”，激励员工的事业心、责任心和使命感，勤奋学习、扎实工作、激情干事，增强公司的凝聚力、向心力，推动公司快速、健康发展。

湖北能源财务有限公司

【经营概况】湖北能源财务有限公司（以下简称“公司”）是经中国银监会批准成立的湖北省首家省属财务公司（银监复〔2012〕306号），于2012年7月27日正式挂牌营业。公司坚持“立足集团、服务集团”的经营宗旨和“规范、服务、发展、创新”的经营理念，以建设“四个中心”（结算中心、信贷中心、融资中心和财务顾问中心）为目标，夯实基础，奋力开拓。在银监会的监督管理下，控制风险，稳健经营，充分发挥金融职能，为集团及其成员单位提供金融服务。在保障集团资金安全的前提下，服务主业发展，创造财务价值，实现股东利益最大化。

【信贷业务】公司充分发挥平台功能，灵活运用信贷等金融产品，融通集团内外部资金，在降低集团及成员单位财务费用的同时，取得了良好的经营效益，助推了集团实体经济发展。2012年，累计发放各类自营贷款17.87亿元、委托贷款56.42亿元。同时，参与成员单位对外贷款谈判，提升贷款议价能力，协助集团各成员单位取得银行授信，争取融资额度和优惠利率，落实项目贷款。

【资金集中】公司与集团财务部构建了一体化的资金管理模式；依托集团行政指令，实现开户率100%；保障成员单位日常支付需求，提供代理收支清算、头寸户收支结算服务；根据成员单位资金实际状况，灵活运用定期、通知及协定存款等业务品种，提升成员单位的存款收益；与银行签订电子汇划手续费协议，为成员单位提供免费结算服务。2012年，累计结算资金总量392.65亿元，资金归集率达87.36%。

【风险管理和内部控制】公司在公司治理、岗位设置、业务流程、信息化建设、应急预案等各方面筑牢风险防控安全体系。通过制度建设、落地执行、严格检查，规避经营风险；通过积极学习监管政策、认真落实监管要求，准确及时报送各类报表及报告，规避监管风险；通过推进信息化建设、制定系统维护机制、建立安全防护体系、系统数据重复备份，规避系统风险。

【企业文化建设】公司秉承湖北能源集团责任文化，建设具有自身特色的企业文化。通过加强党支部组织建设、作风建设、党风廉政建设，发挥党建引领作用。通过开展“学习十八大，增创新业绩”、“立足岗位、争做贡献，我为党旗添光彩”大讨论、捐资帮扶献爱心、“多读书、读好书”、“党员号”创建等活动，增强全员道德修养，提高公司凝聚力、战斗力。

港中旅财务有限公司

【经营概况】港中旅财务有限公司（以下简称“公司”）是中国港中旅集团公司的全资子公司，于2012年6月20日经中国银监会批准开业（银监复〔2012〕312号），注册资本人民币5亿元。公司以“依托集团、服务集团、规范运作、稳中求进”为经营方针，打造集团境内人民币资金集中管理平台、集团内部银行。截至2012年末，公司总资产达到11.12亿元，负债总额6.04亿元，年内实现利润总额0.11亿元。

【信贷业务】公司按照合规经营、严控风险的要求，展开贷款业务，满足成员单位经营发展的资金需求，实现了预期收益。截至2012年末，自营贷款余额3.43亿元，完成委托贷款业务1.55亿元。在开展贷款业务中，严控信贷风险，规范授信行为，全年无一笔不良贷款。

【资金和投资业务】公司实时监测银行资金情况，每日跟踪Shibor报价、每周向同业询价，争取较优惠的同业活期存款利率和同业定期存款利率，切实做好资金计划、头寸管理和调拨工作，在保证公司资金的流动性和安全性基础上，大力开展同业业务，2012年存放同业利息收入0.05亿元，最大限度提高资金效率。

【资金集中】公司确立超额度资金归集的资金管理模式，为集团资金管理打造专业、高效的资金集中管理平台。截至2012年末，公司的银企直联和资金归集基础工作稳步推进，先后与中国银行、建设银行、交通银行、招商银行、农业银行5家银行建立银企直联，积极推进各成员单位日常营运资金留存额度的核定工作。共完成成员单位开户43家，其中29家成员单位实现银企直联功能。2012年累计归集资金89笔，总额63亿元，年末吸收存款净额5.99亿元，可归集口径资金集中度为28.44%。

【风险管理和内部控制】公司致力于夯实规范运营的基础，秉承“风险为本”的经营策略，稳中求进，强化管理，努力建立严谨、科学、高效的全面风险管理体系和多级内部控制体系。以风险组织架构、风险管理制度、风险管控机制为核心的全面风险管理体系，为业务的合规性提供制度、机制保障。在内控管理方面，公司成立内控专项工作小组，指导和督促各职能部门履行内控职责，同时，充分发挥内部稽核审计和岗位自律功能，落实风险责任和尽职问责制度，确保了业务健康稳定发展。

【人力资源管理】公司根据人力资源战略规划及发展目标，设定人力资源管理目标，设计组织管理体系、岗位设置及内部管控体系，制定了部门职责及岗位说明书，初步搭建起了人力资源管理的基本框架；根据监管机构的要求和业务开展的需要，进行部分关键岗位人才招聘；制定公司各项人力资源管理制度，建设人力资源管理制度体系，确保人力资源管理工作有章可依、有规可循；组织完成多项同业交流、全面培训与专项业务培训。

【信息化建设】公司依托软件供应商提供的标准产品功能，结合公司个性化需求，开发部署了业务信息系统；完成了符合国家4级标准的机房建设，顺利通过了监管机构的检查验收；开通了电子政务传输系统，完成了银监局机构平台和城市金融网的接入；通过加强系统安全控制，明确机房管理制度，严格控制设备及系统的密码口令，提升网络安全防护级别，并利用软硬件对相关数据进行本地备份和异地容灾备份等，保障了业务的稳定、连续开展。

【企业文化建设】公司将“营造互相尊重、相互信任的氛围、维持健康的劳动关系”放在首位，构建以“精（精诚信实）、融（融合通达）、才（才智卓越）、务（踏实务本）”为灵魂的公司企业文化。2012年举行了多次企业文化建设活动，把企业文化作为企业发展的动力，融入员工的思想和实际行动中，从而激发员工工作的积极性、创造性和工作热情，切实增强企业凝聚力和向心力。

陕西煤业化工集团财务有限公司

【经营概况】陕西煤业化工集团财务有限公司（以下简称“公司”）2011年10月28日经中国银监会批准筹建（银监复［2011］474号），2012年6月28日获得中国银监会开业批复（银监复〔2012〕332号），8月28日开始正式运营。公司注册资本10亿元人民币（含1亿元人民币等值的港元），由陕西煤业化工集团有限责任公司联合陕西煤业股份有限公司，引进三峡财务有限责任公司、交银国际信托有限公司、农银国际控股有限公司三家战略投资者共同出资成立，投资比例分别为45%、20%、15%、10%、10%，其中农银国际控股有限公司出资额为1亿元人民币等值的港元。

公司本着“依托集团，服务集团”的基本思想，通过追求“一个目标”（以集团整体效益最大化为目标），发挥“两个平台”优势（资金集中结算、集中管理平台与金融服务平台），实现“六个中心”功能（集团资金集中管理执行中心、筹融资执行中心、财务顾问服务中心、产融结合发展研究中心、金融创新与国际化拓展中心，金融管理人才培养和储备中心），结合集团产业特点，走个性化、专业化、创新发展的道路，为提升集团财务管理水平和资金使用效率发挥作用。

截至2012年末，公司资产总额22.37亿元，各项贷款余额7.99亿元，其中自营贷款7亿元，贴现业务0.99亿元；委托贷款余额4.40亿元；负债总额12.36亿元；所有者权益10.01亿元；资产负债率55.25%。存款余额11.99亿元，存贷比66.64%。全年实现营业收入0.22亿元，利润总额123.14万元。

【信贷业务】2012年，共办理贴现1亿元、流动资金贷款7亿元、委托贷款4.40亿元，用于支持集团采矿业、制造业等主导产业的发展。

【资金和投资业务】公司本着统筹运作、提高效益、兼顾平衡的原则，加强对市场及宏观政策的研究，与同业紧密联系，利用富余头寸配置于无风险且兼顾收益性的业务。2012年，同业定期存款业务14笔，累计运用资金约26亿元，较同业活期存款多212万元利息收入，实现了资金安全性、流动性与收益性相结合，对利润指标的实现做出了贡献。

【资金集中】试运营期间，集团批准确定了四家成员单位为资金集中试点单位，开始进行业务培训及资金归集。随后，集团下发《陕西煤业化工集团有限责任公司关于在财务公司结算平台进行网上资金结算的通知》，开始全面业务推广。在集团财务部的大力支持下，公司与成员单位进行一对一实地对接，2012年完成了约300家成员单位、800人次的初期业务培训，归集二级成员单位资金10家。

【风险管理和内部控制】公司建立了由董事会、监事会、高级管理层、风险管理委员会、审计委员会和风险管理部组成的完整的风险管理组织架构，明确了各部门的岗位设置及职责范围，有效防范操作风险，制定了完善的内控制度并落实执行，将风险控制落到实处。

公司对筹建期制定的120多项制度进行了梳理，在广泛征集意见的基础上，先后对82项制度进行了上会讨论修订，及时下发并编印《制度汇编》（第一册）；深入开展稽核审计工作，进行了多次常规及专项检查，出具了有针对性的管理建议书；组织开展了多次内控制度培训工作，加强对监管政策及公司内部管理制度的学习，增强全员的合规意识。

【人力资源管理】公司通过公开招聘，从商业银行、会计师事务所、国内外知名院校及集团内部引进了开业和运营初期所需的各类专业人才。截至2012年末，公司共有职工41人，平均年龄32岁，其中研究生及以上学历占比近40%，专业涵盖经济、金融、工商管理、财务管理、会计、法律及计算机等领域，80%以上人员具有3年以上金融、财务工作经验。

公司注重加强学习型企业建设，多次赴国内先进财务公司及商业银行进行学习调研；在开展相关业务及操作规程学习的同时，积极参加各级监管机构组织的交流与培训；建设包括图书报刊、检索终端及各类资料在内的资料室，编印公司内部刊物《金融速递》，以鼓励员工进行业务相关的理论与实践的探索研究。

【信息化建设】公司完成了核心业务系统建设、网络建设、机房建设、硬件体系建设等主要工作，构筑了严密的核心业务网、人民银行专用网、银监局专用网和网络办公体系。核心业务信息系统涵盖了资金结算、信贷管理、资金池管理、票据池管理、客户服务、数字认证签名和电子签章等基本业务功能，以及财务业务一体化、资金预算、大额支付上级复核、定额控制、资金实时监控等资金管控功能，实现了“柜台业务桌面化、结算业务同步化、操作业务流程化、异地业务本地化、账户管理扁平化、服务标准统一化”，同时，实现了资金集中管理、有效识别与控制风险、降低成本并提高效率的总体目标。

【企业文化建设】公司立足于“依托集团，服务集团”，坚持金融服务实体经济的本质要求，抓住定位，找准方向，以强化集团资金集中管理，提高集团资金运营总体效益为目标，为集团及成员单位提供全面、优质、高效的金融服务。

上海华谊集团财务有限责任公司

【经营概况】上海华谊集团财务有限责任公司（以下简称“公司”）于2012年6月28日获得中国银监会的开业批复（银监复〔2012〕333号），7月9日获得上海银监局颁发的金融许可证，8月15日取得企业法人营业执照，同年9月开始运营。公司由上海华谊（集团）公司、双钱集团股份有限公司、上海氯碱化工股份有限公司和上海三爱富新材料股份有限公司共同出资设立，其中，上海华谊（集团）公司占股70%，双钱集团股份有限公司、上海氯碱化工股份有限公司和上海三爱富新材料股份有限公司各占股10%。

公司股东会确定了“控制风险，稳健经营；规范发展，合规经营；依托集团，创造价值；服务至上，提高效率”的经营方针，以加强集团资金集中管理和提高资金使用效率为目标。

【信贷业务】公司在开局之年围绕集团发展战略和公司功能定位，测定集团主要二级子公司的初步信用评级，了解成员单位的资金需求，慎重认真做好运营初期对成员企业的授信业务，严格按信贷业务操作流程进行尽职调查、审查、贷审会集体审议，并严格遵循授权金额和权限审批，较好地把握信贷资产的投向和客户结构。

【资金业务】公司在满足集团成员企业支付需求的同时，充分利用资金流入流出时间差获利。密切关注银行间市场变化，抓住市场利率变动时机，在确保流动性和安全性的前提下，充分利用资金市场上的价格差异，结合公司资产负债结构，通过与银行议价，开展定期存款业务提高资金的收益率。

【资金集中】公司按“先易后难、突出重点、稳步实施”的原则对成员企业实施资金归集，企业资金账户分批转移、设立、逐步挂接到公司资金池，基本完成了集团在沪控股企业账户的全面上线，截至2012年末，管理口径资金集中度大于80%，全口径资金集中度超过50%。

【风险管理和内部控制】公司建立了规范的公司治理结构，形成了科学有效的职责分工和制衡架构，明确了“稳健经营”的风险偏好，实行法人授权及董事会对管理层的经营授权，并以制度形式加以保障；建立了与现阶段业务性质、规模、复杂程度和风险特征相适应，与业务发展战略、管理能力、资本实力和能够承担的总体风险水平相一致的内控管理机制和管理制度；在具体业务运营上，通过在制度管理办法中明确流程规范，约束和明晰公司全员在各项业务中合规操作；注重全员合规培训和教育，对保障公司审慎、稳健、合规经营奠定了思想基础。

【人力资源管理】公司以从社会引进高素质专业人才、打造专业化金融团队为目标，现有员工18名，其中研究生学历7人，约占40%，35周岁以下约70%，五年以上财务、金融经历的人员超过三分之二，党员占三分之一（已设立党支部）。公司实施了理论联系实际、有针对性的培训方式，重视职业操守和道德品质建设，加强内部交流，加强同业学习，增进相互了解，强化团队建设，凝心聚力，营造执行力强、合作性高的和谐氛围。

【信息化建设】公司构建了以存款、贷款、票据、担保等业务为核心的信息处理系统；建立了连通财务公司核心业务系统、集团资金管理信息系统、客户服务系统、银行账户系统的统一结算平台，通过财银接口实现了与核心合作银行间点到点贯通和无缝连接；开通了上海银监局电子政务传输系统、信息专网以及1104报表报送平台，接入了人民银行上海总部城市金融网；确定了各项信息管理制度及应急预案，保障信息系统整体的安全、稳定和可靠。

河北钢铁集团财务有限公司

【公司概况】河北钢铁集团财务有限公司（以下简称“公司”）2011年10月10日经中国银监会批准筹建（银监复〔2011〕424号），2012年8月20日批准开业（银监复〔2012〕428号）。公司注册资本为20亿元人民币，由河北钢铁集团有限公司、河北钢铁股份有限公司共同出资，出资比例分别为51%、49%。公司于2012年8月28日取得金融许可证，8月31日取得企业法人工商营业执照，9月6日在集团燕山酒店举行开业庆典，9月25日核心业务系统正式上线试运行。

截至2012年末，公司完成了8个成员单位14个账户的资金归集，涉及工、农、中、建、交5家银行，日均存款余额4.18亿元。为成员单位提供贷款5亿元，承兑汇票贴现金额6.73亿元。全年实现营业收入0.40亿元，实现利税总额0.26亿元，其中实现利润0.23亿元。

【组织架构】公司建立了“三会一层”的法人治理结构，即股东会、董事会、监事会及经理层。董事会下设战略与投资委员会、风险管理委员会。根据业务管理需要，本着“精简高效”原则，公司设风险管理部、稽核审计部、结算业务部、信贷业务部、计划财务部、综合发展部六个职能部门。

【制度建设】公司各项制度建设取得进展，初步制定公司治理类、综合管理类、财务管理类、资金管理类、结算业务类、信贷业务类、中间业务类、风险管理类、稽核审计类、信息科技类等各项规章制度及实施细则60余项。

【信息化建设】公司完成了计算机房基础设施建设；完成了信息化建设项目招标及合同签订工作；完成了核心业务系统软件、硬件、网络环境配置和集成工作，并进行了全面技术测试，建立了核心业务系统网络。与省银监局、人民银行，工、农、中、建、交五家银行，成员单位，集团 SAP 系统建立了网络专线连接，与12家成员单位建立了网银端链接。在运行过程中，及时发现并解决出现的各种问题，不断优化各项功能配置，使信息化系统日趋完善并不断满足业务需求。

【人力资源管理】公司员工20人，其中具备本科学历18人，占总人数的90%；研究生1名，占总人数的5%；从事金融或财务工作五年以上的人员11人，占总人数的55%；从事金融或财务工作三年以上的人员14人，占总人数的70%；在风险管理岗位上从银行引进了专门人才。人员从业经验、年限、学历等均符合《企业集团财务公司管理办法》的要求。

中化建工程集团财务有限公司

【经营概况】中化建工程集团财务有限公司（以下简称“公司”）是经中国银行业监督管理委员会核准成立的非银行金融机构（银监复〔2012〕451号），由中国化学工程股份公司和中国化学工程集团公司共同出资设立，注册资本10亿元人民币，其中中国化学工程股份有限公司出资9亿元人民币，占公司注册资本的90%；中国化学工程集团公司出资1亿元人民币，占公司注册资本的10%。公司于2012年9月正式营业，在董事会的领导下，坚持“依托集团、服务集团”的理念，严格执行监管机关的相关政策，适时调整经营策略，不断完善内控管理体系，顺利地完成了开业初期的各项业务目标。

2012年，公司发展态势稳定，资金利润情况良好。公司积极开展了贷款业务和同业存放业务，实现营业收入0.36亿元，实现利润总额0.27亿元，实现净利润0.21亿元。截至2012年末，公司总资产达到34.67亿元，其中吸收企业存款作为公司的主要资金来源，金额达到24.31亿元。发放贷款金额0.60亿元。

【信贷业务】公司积极组织人员认真梳理各项信贷业务制度流程，制作、发放信贷需求调查表，对各成员单位的信贷需求作了调研和排查。根据各成员单位的信息反馈，公司向中国化学工程第七建设有限公司进行了总额3.40亿元的综合授信，该成员单位于12月3日提款0.60亿元，是公司完成的第一笔贷款业务。

【资金和投资业务】2012年，公司权衡同业报价，规避合规性风险，实现有限资源的优化配置，在保证备付金充足的同时，根据市场Shibor利率的变化，适时调整同业存款方案，实现同业存款利息收入0.36亿元。

【资金集中】公司在集团公司财务资产部的大力支持，完成对职能定位、资金业务、集中策略等问题的初步构架。公司开展非活期存款调查工作，举办资金管理系统培训，从系统操作方面确保资金集中工作的顺利进行。针对企业账户清理情况进行核查，出台《资金集中管理办法》规范账户管理，并下发《关于财务公司运营前有关准备工作的通知》、《关于发布财务公司存贷款利率的通知》等。截至2012年末，共有17家企业使用专线，归集成员单位资金24.31亿元，资金归集度14.05%（按银监局全口径公式计算）。

【风险管理和内部控制】2012年，公司制定了各项规章制度及业务操作规范，构建了公司内部控制制度；开展风险教育工作，提高全体员工的风险意识及对风险管理工作的重视程度；修订完善了《中化建工程集团财务有限公司内部评级办法》，为有效计量和控制信用风险奠定基础；开展了审计稽核工作，针对发现的问题进行了规范和整改，对公司规范运营及风险管理起到了良好的促进作用。

【人力资源管理】公司注重人才引进工作，不断扩大自身的人力资本，以满足业务发展及监管需要。在面向应届硕士、本科毕业生开展公开招聘，加强人才储备的同时，针对总经理助理、风险管理部经理等重要岗位，招聘具有金融及银行丰富从业经验的高级人才。公司注重开展实地调研、交流学习、业务培训等活动，不断提高员工专业素质与工作能力。

【信息化建设】公司完成了核心业务系统的建设，已通过银监局的现场验收并上线使用；完成了核心业务系统和日常办公“双网络”环境的建设，保证系统的安全可靠运行；完成了与中国银行、农业银行、工商银行、建设银行、交通银行、中信银行、招商银行的银企直联专线，人民银行拨号上网数据专线、北京市银监局监管专线等专线建设；完成了信息化软硬件基础环境的建设，满足了核心业务系统日常应用和备份的需要；完成了信息化制度建设，共制定包括网络应急预案、计算机设备管理办法、数据保密管理办法、安全防护管理办法等重要的相关制度13项，保证日常信息化运营有章可循，有律可依；完成了具有先进技术设施的机房建设工作，满足未来3—5年的发展需要，并通过了北京市银监局的现场验收。

【企业文化建设】公司高度重视企业文化建设工作，结合“依托集团、服务集团”的经营理念和中长期战略发展规划，逐步打造形成符合自身特色的企业文化。2012年，公司组织职工开展新年联欢会，通过节目演出、竞技比赛，提升职工的凝聚力；通过制作悬挂公司服务宗旨等标语口号，提升职工的精神力量和企业责任感；通过设置员工天地等宣传栏，提高员工的互动意识与创新力。

天津天保财务有限公司

【经营概况】天津天保财务有限公司（以下简称“公司”）于2012年1月29日获得中

国银监会批准筹建，9月24日批准开业（银监复〔2012〕540号）。由天津保税区投资控股集团（以下简称“集团”）独资设立，注册资本金10亿元人民币。

截至2012年末，公司资产总额达到21.76亿元，负债合计11.71亿元，所有者权益合计10.05亿元，其中实收资本10亿元人民币。实现营业总收入0.16亿元，利润总额744.64万元，净利润518.80万元，提取一般准备466.92万元。年末资本充足率61.10%，不良资产为零，流动性比例为46.30%。

【法人治理】公司建立符合现代金融企业制度特征的法人治理结构。建立股东会、董事会、监事会，股东会为最高决策机构，监事会为经营活动监管机构，董事会为统筹决策运作机构，内设战略发展委员会、风险管理委员会及薪酬与考核委员会。公司实行董事会授权下的总经理负责制，下设公司业务部、结算财务部、风险与合规管理部、内审稽核部及综合管理部五个部门。

【风险管理和内部控制】在风险管理方面，公司始终贯彻安全性的经营原则，防控风险，审慎操作。各项业务严格按照各监管部门相关管理办法进行操作，建立健全公司风险防控体系，每笔贷款业务坚持授信审查委员会审议工作制度，确保授信业务决策的科学、民主。在合同管理方面，紧紧依托集团风控部加强合同管理，坚持法律顾问先行制，保证公司合同手续，付款合法、合规。在内部控制方面，公司拟定了完备的业务制度和操作流程。建立涵盖公司治理和组织架构、内控风险、业务管理、公司管理等四大类共76项规章制度和操作标准，有效规范各业务领域的操作流程，基本形成了比较全面的制度体系，为各业务开展建立可循的标准和依据。

【人力资源管理】公司通过内外部招聘，组建了一支高学历、高素质、专业化员工团队，共有18名员工，平均年龄36岁，均为本科及以上学历，其中12人具有金融从业经历。公司定期组织各类相关培训，依托集团培训平台，采取集中、共享等形式，合理组织各类有针对性的培训，建立培训后反馈机制，不断提高员工专业素质与工作能力。

【信息化建设】公司信息化建设以“高标准、高水平”为原则全力推进。硬件建设“高标准”，搭建专业机房，配备先进的数据服务器、网络设备、环境监控系统，搭建专线网络，为信息化建设打下硬基础。软件开发“高水平”，通过招标方式选择主流软件供应商为公司设计符合业务需要、安全高效的核心业务管理系统。该系统包括信贷业务管理、客户关系管理、资金结算系统等在内的30个模块，有效满足公司日常经营需要，通过银企直联、证书认证、身份识别、授权管理等方式实现了系统风险的有效防控，为信息化建设提供软实力。软硬结合为公司日常运营提供了坚实的信息化支撑。

【党风廉政建设】2012年，公司高度重视廉政建设，大力加强廉政教育，严格执行《党员领导干部廉洁从政若干准则》，认真落实“三重一大”议事规则，充分发挥职代会、内审稽核部门的监督检查作用，同时定期向集团风控部进行汇报。不断提高民主管理水平，不断强化廉洁从业教育，建立健全党风廉政建设各项规章制度，加强党风廉政教育，坚持制度管理，将廉政建设工作融入到日常工作中，扎好廉政防火墙。

【企业文化建设】公司打造积极向上、以人文本的企业文化理念，扎实推进学习型企业建设，创造浓厚的学习氛围，全面提升公司员工素质。举办各类读书会、课题讨论会，进一步激发员工的学习热情。树立“爱岗、敬业、拼搏、诚信”的核心价值观，对表现突出的员工，树典型，表先进，为公司发展注入“正能量”，营造和谐向上的企业文化氛围。

亿利集团财务有限公司

【经营概况】亿利集团财务有限公司（以下简称“公司”）2012年9月27日经中国银监会批准开业（银监复〔2012〕575号）。公司注册资本为5亿元人民币，由亿利资源集团有限公司、内蒙古亿利能源股份有限公司、鄂尔多斯市金威建设集团三方共同出资，出资比例分别为40%、30%和30%。公司于2012年9月29日取得金融许可证，10月10日取得企业法人营业执照。公司始终秉承“规范经营、审慎管理、品质服务、和谐发展”的经营宗旨，全面贯彻落实亿利资源集团整体的发展战略，以“立足集团，依托集团，服务集团”的经营方针，为集团争做全球沙漠绿色经济的领跑者提供较为完善的金融服务支撑。

【法人治理】公司依据“三会分设、三权分立”的原则建立了由股东会、董事会、监事会及高级管理层组成的现代公司法人治理架构，搭建起较完善的组织架构。董事会下设风险管理委员会和审计委员会，经营层下设信贷审查委员会。公司按职能设置了结算部、信贷部、风险管理部、资金部、计划财务部、审计部、信息部、综合部8个部门。

【制度建设】公司根据相关规定，以“适用性、实效性、全面性”为原则，以实现公司经营目标为目的，初步设计了较为全面的制度体系。制定了包括公司治理、行政管理、信息技术、计划资金管理及财务管理、结算业务、授信管理及信贷业务、风险管理及稽核审计管理8类68项规章制度，为公司规范管理及各项业务的顺利开展奠定了坚实基础。同时，在业务运行过程中，不断对各项规章制度进行梳理和完善。

【人力资源管理】公司经营层领导及员工共计16人，其中从事金融、财务工作3年及3年以上的13人，占总人数的81%，从事金融、财务工作5年及5年以上的9人，占总人数的56%。公司着力丰富员工培训课程，先后多次组织内部业务培训、制度培训、领导力培训，十八大报告专项学习、企业文化专项学习，外部同业调研、监管机构行业培训等30余期。

【信息化建设】公司信息化建设采用了业内主流的硬软件配备，通过了监管机构的现场检查验收。截至2012年末，与工商银行、建设银行、交通银行等多家银行的直联网络连接顺畅，能较好满足30余家成员单位的多项业务需求。公司制定了较为完备的办公自动化流程，借助自有平台，实现了包含公文流转、用印审批、档案借阅等办公项目的无纸化全流程处理。

【企业文化建设】公司始终秉承亿利资源集团“厚道、共赢、领导力”的核心价值观，积极贯彻落实集团“绿化沙漠、美丽中国”的企业使命，开展丰富多样的企业文化活动，组织员工远赴内蒙古沙漠腹地开展绿化植树活动、举办员工生日会等活动宣贯企业文化，营造和谐的文化氛围。

厦门海翼集团财务有限公司

【经营概况】厦门海翼集团财务有限公司（以下简称“公司”）经中国银行业监督管理委员会批准成立（银监复〔2012〕576号），2012年10月30日正式成立。注册资金5亿元，股权结构：厦门海翼集团有限公司出资2.75亿元，占55%股权；厦门海翼国际贸易有限公司出资1亿元，占20%股权；厦门金龙汽车集团股份有限公司出资0.75亿元，占15%股权；厦门厦工机械股份有限公司出资0.50亿元，占10%股权。

公司坚持“立足集团、规范经营、创新服务”的经营方针，在监管部门的指导下各项业务有条不紊地开展。截至2012年末，累计归集成员企业资金42.25亿元；累计批准7家成员企业授信额度为12.50亿元，累计发放贷款4.04亿元；公司资产总额6.21亿元，营业收入594.43万元，净利润178.51万元，实现当年开业，当年盈利的良好开局。

【风险管理与内部控制】公司建立了完善的法人治理机构，依法设置了股东会、董事会、监事会和高级管理层，制定公司章程，明确了各自行使的职责权限及议事规则，对董监事和高级管理层的产生制度在公司章程中进行了规定。公司制定和完善了60余项具体管理制度和操作规程，覆盖了各业务流程各操作环节和所有岗位部门，形成了对风险进行事前防范、事中控制、事后监督和稽核纠正的内控机制。公司制定了《审计工作管理办法》、《内部控制管理办法》、《内部审计管理办法》和《问责制度》等内部审计稽核制度，并制定了审计稽核岗位职责，明确了内部审计部门的主要职能和相应权限，保证了内审工作的独立性。

【信息化建设】2012年，公司完成了核心业务系统建设，系统上线后保持安全、平稳、不间断运行，满足了开业以及各项业务开展的需要。在硬件方面，按照高可用性、高冗余性、高安全性等高标准搭建云计算运行平台、网络环境。公司实现了与工商银行、农业银行、中国银行、建设银行、交通银行、中信银行六家银行的银企直联，保障成员单位支付业务需求；通过建设专线加入银监局、人民银行内部网络，安装配置notes、电子公文系统、1104非现场监管系统，为电子数据的报送和接收提供方便。

【企业文化建设】公司秉承海翼集团“创见、敢为、协动、超越”的核心价值观和永不言败的“赛车手”个性，围绕公司“立足集团、规范经营、创新服务”的经营方针，在海翼集团商学院的帮助下建立学习型组织和创新型团队，不断营造乐于学习和积极向上的企业文化。公司还通过举办形式多样的文体活动，不断增强团队凝聚力，构建和谐企业。

中信财务有限公司

【经营概况】中信财务有限公司（以下简称“公司”）于2012年10月11日和16日分别取得中国银行业监督管理委员会开业批复（银监复〔2012〕602号）及金融业务许可证，11月19日取得国家工商行政管理总局颁发的企业法人营业执照，并于11月29日正式开业。公司注册资本为10亿元人民币。其中，中国中信股份有限公司出资8亿元人民币，出资比例为80%；中信建设有限责任公司出资2亿元人民币，出资比例为20%。

【经营范围】对成员单位办理财务和融资顾问、信用鉴证及相关的咨询、代理业务；协助成员单位实现交易款项的收付；对成员单位提供担保；办理成员单位之间的委托贷款；对成员单位办理票据承兑与贴现；办理成员单位之间的内部转账结算及相应的结算、清算方案设计；吸收成员单位的存款；对成员单位办理贷款及融资租赁；从事同业拆借。

【风险管理和内部控制】公司建立了由股东会、董事会、监事及高级管理层组成的公司法人治理结构。董事会下设风险管理委员会、审计委员会两个专业委员会，管理层下设贷款审核委员会。公司初期设立了资金部、会计部、风险管理部、稽核审计部和综合管理部5个部门。

公司不断完善各项管理制度和业务流程，夯实公司风险管理基础，建立了相应的授权管理制度，初步建立了符合银监会监管要求和中信集团管理要求的制度体系和内部控制机制。同时，通过组织员工参加业务知识的学习和培训，逐步将风险管理意识贯彻到公司业务和管理的各个方面。

【人力资源管理】公司高级管理层及员工共计15人，其中硕士学历11人，占总人数的73%，部分由集团各部门和子公司内选拔，少数来自外部招聘，整体素质较高，熟悉中信集团内部情况，有利于工作的开展。公司开展了岗位描述、价值评估等人力资源专项工作，鼓励员工积极参与、发表意见，以期培养一种全新的绩效文化。

【企业文化建设】公司依据集团领导“服务于集团内非金融企业”的要求，提出了在工作中要全面树立服务、市场、创新和合规的“四个意识”，以市场化手段实现集团管控目标，切实落实注重学习、注重调研、注重实干和注重协调这“四个注重”的工作要求，满足成员单位业务需求。

南车财务有限公司

【经营概况】南车财务有限公司（以下简称“公司”）于2012年11月29日经中国银监会核准开业（银监复〔2012〕707号），12月12日正式开业。公司由中国南车集团公司和中国南车股份有限公司两家单位共同出资设立，注册资本金10亿元，其中中国南车集团公司出资0.90亿元，占股份总额的9%，中国南车股份有限公司出资9.10亿元，占股份总额的91%。

【法人治理】公司按照“三会分设、三权分开、有效制约、协调发展”的原则设立股东会、董事会、监事会和经营管理层。董事会下设审计与风险管理委员会，经营管理层下设信贷审查委员会。在部门设置上也按照权责清晰、精干高效的原则，设有信贷管理部、结算管理部、金融市场部、计划财务部、综合管理部、风险管理部、审计稽核部7个职能部门。

【信贷业务】公司在积极把握信贷政策和争取信贷规模的同时，结合成员单位的金融业务需求，完成了流动资金贷款、固定资产贷款、委托贷款、票据承兑与贴现5项信贷产品的创建；为22家成员单位进行了信贷业务培训，使成员单位对公司信贷业务有了充分了解和认识；本着“满足客户需求、提供高效服务”的经营理念，采取贷前现场与非现场调查相结合的方式，完成了2家集团客户授信和11家成员企业的信用评级，并及时发放了流动资金贷款，有力地支持了企业的生产经营。

【资金集中】公司稳步开展资金集中管理工作，按照级别由高到低，规模由大到小，股权由多到少的原则，确定了18家一级子公司及2家单独上市公司为第一批实施资金集中管理的成员单位，先后与交通银行、中国银行、工商银行达成直联意向，并着手签订系统直联网银协议及现金管理协议，截至12月末，完成了交通银行的直联系统的搭建，一期加入直联系统的一级子公司6家。

【风险管理和内部控制】公司以全面风险管理战略为核心，通过完善组织架构、健全运行机制、丰富管理文化，形成“一个中心突出、三个方向明确”的全面风险管理体系。公司依据监管要求、结合集团特点，制定了法人治理、业务管理和综合类75项业务规章制度，并在实际工作中进行了全面深入的梳理和修订。

公司高度重视建立健全内控工作机制，梳理了经营管理、各项业务开展中的关键风险控制点，整理编写《财务公司内部控制要点及防范措施》，加强风控文化建设工作，为公司依法稳健经营提供了重要的保障。

【人力资源管理】2012年，公司采取内部选拔和外部招聘相结合的办法，优中选优，注重质量，层层选拔，最终确定了19人的经营团队，其中5人来自集团财务部，14人来自银行、财务公司等金融机构。从学历结构来看，硕士以上学历的有9人，本科学历的有9人。从工作年限来看，具有5年及以上金融或财务从业经验的人员有13人，具有3年及以上从业经验的人员有16人，占总人数的84%，满足公司发展需求，为业务顺利开展提供了强有力的人力资源支撑。

【信息化建设】公司依据中长期发展战略规划和各业务的信息化需求，建设了一套“以业务流程为导向，以客户服务为中心，集全面业务管理、监督决策于一体”的全方位一体化管理信息系统。2012年，公司完成了机房改造、设备采购、资金管理系统招标、资金管理系统第一阶段的开发和上线以及与财务系统的对接工作，实现了与中国银行、工商银行和交通银行三家银行的专线互联；在内外网隔离的网络部署环境下，通过采用远程桌面访问系统与安全身份认证系统的双重保护策略，实现了成员单位在外网环境下安全访问核心业务系统的功能。

【企业文化建设】公司以“依托集团，加强资金集中管理，提高资金使用效率，规范管理，构建现代金融企业，助力集团发展壮大”为经营宗旨，以“服务客户，为客户创造价值”为理念，深入开展企业文化建设工作，着力创建具有自身特色的企业文化，打造健康、向上、和谐的文化氛围。

中国北车集团财务有限公司

【经营概况】中国北车集团财务有限公司（以下简称“公司”）于2012年11月29日经中国银监会批准开业（银监复〔2012〕708号），12月6日正式运营，注册资本金12亿元。公司由中国北方机车车辆工业集团公司和中国北车股份有限公司共同出资设立，分别出资2亿元、10亿元。

公司本着“根植集团、服务成员、合规高效、共创未来”的经营方针，以北车集团整体利益最大化为前提，以确保开业、稳妥运行为阶段性目标，圆满完成基础平台的搭建、运营体系的建立。截至2012年末，公司资产总额28.22亿元，实现利息收入805万元，获得地方政府补贴1 000万元，净利润96万元，各项业务均完成年度目标，完成了“平稳起步、快速入轨、规范操作、正常运行”的开业既定目标。

【信贷业务】公司坚持规范业务流程，夯实业务基础，重视市场开拓，狠抓风险控制，积极开展信贷业务。一是建立完善符合行业特点的信用评级模型，并对27家成员单位进行测算。二是完成集团全部成员企业年度授信额度总额和每一家成员单位的单个额度的确定和相关审批手续，完成了有关信贷投向、集团产业支持政策、信贷优惠政策等基础文件。三是相关部门严格按照制度规定进行了贷前调查，在确认各项业务资料无误后按照审批流程完成相关审批手续，成功办理了开业后首笔信贷业务。

【资金和投资业务】公司坚持稳健经营的原则，多种途径发挥资金效率。一是做好资金计划与头寸调度：以核心业务系统为基础，以银行资金池为工具建立了资金集中及支付体系，实现了股份公司二级子公司主要银行账户资金零余额归集；合理配置银行资金池内相关产品，做到成员单位银行账户余额为零时可联动下拨对外支付；设计并实施了系统内资金计划模块，通过核心业务系统上报计划，数据准确、格式规范，将计划与付款相关联，强调计划的必须性，使成员单位做到先有计划，后付款。二是存放同业灵活多样化：做好吸收存款的预测工作，充分了解集团往年资金运行规律，预测后续资金波动，进而结合自营贷款的计划合理安排同业存放的规模、期限，在保证流动性前提下实现收益最大化。

【资金集中】公司在减少对成员单位影响的前提下最大限度实现资金集中管理。一是及时组织系统初始化信息填报：组织所有集团控股和参股成员单位填报信息系统上线所需数据，逐一单位落实填报情况，核对报送数据。二是强调资金集中管理的重要性，下发了要求和制度：集团下发《关于资金集中管理相关事宜的通知》，在此基础上，公司开展了对成员单位账户开户资料的收集和整理工作。2012年，实现了首批27家上线成员单位在公司联网银行共计75个银行账户的零余额归集。

【业务创新】公司重点做好了以下方面的工作：一是理顺机制，更新观念，打造服务于北车集团成员的“金融平台”。本着资金集中监督与服务并重的工作理念，全面突破已经习惯的管理思维与模式，从源头上理顺业务机制，增强服务意识，以服务为宗旨，全心全意为成员单位资金集中、资金调度融通做好服务保障工作。二是加强账户管理，集中资金、统一调配，根据集团生产经营的需要，筹集、调控好各项经营用资金。建立以财务公司为中心，覆盖全集团的金融网络系统，努力实现集团内所有银行账户和财务公司结算账户的实时监控和查询。

【风险管理和内部控制】一是建立了两级风险防范体系。一级是指在董事会下设了审计与风险管理委员会和战略决策委员会，对风险进行的预防和控制；二级是指各部门对自身业务工作中的风险进行的自我检查和控制。二是逐步完善风险管理制度。公司共制定包括信用风险、合规风险等的识别和控制、不良资产处置等风险控制制度12个。三是重视风险管理文化建设。积极营造主动、和谐的风险管理氛围，通过将后台管理部门与业务部门有效沟通，将风险管理关口前移，降低信息不对称对决策的影响，逐步树立“一只眼睛盯住市场、一只眼睛盯住风险”、“风险是第一主题”、“风险原则不能动摇”的风险理念和风险文化。

【人力资源管理】公司坚持科学、合理、有效的用人政策，不断优化人力资源结构、完善人力资源管理体系，建立统一的具有市场竞争力的用工制度和薪酬体系。一是根据业务需要，全面开展公司员工招聘工作。在注重内部金融和财务管理人才选拔的同时，积极面向全社会进行专业人才招聘，尤其注重引进金融行业内人才。二是加强人力资源统计管理。通过填制人才资源信息报表，摸清公司员工队伍状况等，人力资源的管控能力得到提升，为管理决策分析和人才培养提供支持。

【信息化建设】公司积极探索通过创新科技管理手段，更好地实现资金集中管理，提升服务质量和效率，加强风险防范能力。一是完成了集全面业务管理、网上金融服务、监督决策于一体的核心业务系统选型工作。二是完成了系统建设项目一期建设，涵盖资金归集、头寸管理、资金结算、公司信贷、财务核算以及风险管理等日常业务。三是系统采用平台化的设计思想，建立了基础设施平台、管理应用平台，保证良好的灵活性和稳定性。四是专网中引入加密认证技术，提高等级保护标准。五是实现了系统管理与访问的内外网物理隔离，采用专业的 NBU 备份软件，提高数据存储安全性。

【企业文化建设】公司本着“高效、务实、严谨、细致”的工作作风，旨在以高效的工作和专业的服务素质服务于成员单位，为集团创效益。一是以人为本。努力为全体员工搭建发展平台，提供发展机会，挖掘创造潜能，激发其积极性、创造性和团队精神。二是突出特色。公司致力于挖掘出与集团企业文化相契合又符合金融企业特点的自身文化，加深员工的了解。三是注重引领。通过梳理完善相关管理制度，逐步形成企业文化规范，以理念引导员工的思维，以制度规范员工的行为，充分发挥企业文化对企业发展的强大推动作用和对人员素质的引领作用。

文件与规章

财　政　部

财政部、国家税务总局关于金融企业贷款损失准备金企业所得税税前扣除政策的通知

（财税〔2012〕5号）

各省、自治区、直辖市、计划单列市财政厅（局）、国家税务局、地方税务局，新疆生产建设兵团财务局：

根据《中华人民共和国企业所得税法》及《中华人民共和国企业所得税法实施条例》的有关规定，现就政策性银行、商业银行、财务公司、城乡信用社和金融租赁公司等金融企业提取的贷款损失准备金税前扣除政策问题，通知如下：

一、准予税前提取贷款损失准备金的贷款资产范围包括：

（一）贷款（含抵押、质押、担保等贷款）；

（二）银行卡透支、贴现、信用垫款（含银行承兑汇票垫款、信用证垫款、担保垫款等）、进出口押汇、同业拆出、应收融资租赁款等各项具有贷款特征的风险资产；

（三）由金融企业转贷并承担对外还款责任的国外贷款，包括国际金融组织贷款、外国买方信贷、外国政府贷款、日本国际协力银行不附条件贷款和外国政府混合贷款等资产。

二、金融企业准予当年税前扣除的贷款损失准备金计算公式如下：

准予当年税前扣除的贷款损失准备金＝本年末准予提取贷款损失准备金的贷款资产余额×1%－截至上年末已在税前扣除的贷款损失准备金的余额。

金融企业按上述公式计算的数额如为负数，应当相应调增当年应纳税所得额。

三、金融企业的委托贷款、代理贷款、国债投资、应收股利、上交央行准备金以及金融企业剥离的债权和股权、应收财政贴息、央行款项等不承担风险和损失的资产，不得提取贷款损失准备金在税前扣除。

四、金融企业发生的符合条件的贷款损失，应先冲减已在税前扣除的贷款损失准备金，不足冲减部分可据实在计算当年应纳税所得额时扣除。

五、金融企业涉农贷款和中小企业贷款损失准备金的税前扣除政策，凡按照《财政部国家税务总局关于延长金融企业涉农贷款和中小企业贷款损失准备金税前扣除政策执行期限的通知》（财税［2011］104号）的规定执行的，不再适用本通知第一条至第四条的规定。

六、本通知自2011年1月1日起至2013年12月31日止执行。

财政部

国家税务总局

二〇一二年一月二十九日

财政部关于印发《金融企业准备金计提管理办法》的通知

（财金〔2012〕20号）

国家开发银行，中国农业发展银行，中国进出口银行，中国工商银行，中国农业银行，中国银行，中国建设银行，交通银行，招商银行，中国民生银行，中国中信集团公司，中国建银投资有限责任公司，中国光大（集团）总公司，中国邮政储蓄银行，其他有关金融机构，各省、自治区、直辖市、计划单列市财政厅（局）：

为了进一步增强金融企业风险抵御能力，提高金融企业准备金计提的前瞻性和动态性，发挥金融企业准备金缓冲财务风险的逆周期调节作用，完善金融企业准备金计提办法，现将修订后的《金融企业准备金计提管理办法》印发给你们，请遵照执行。

财政部

二〇一二年三月三十日

附件：

金融企业准备金计提管理办法

第一章 总 则

第一条 为了防范金融风险，增强金融企业风险抵御能力，促进金融企业稳健经营和健康发展，根据《金融企业财务规则》等有关规定，制定本办法。

第二条 经中国银行业监督管理委员会批准，在中华人民共和国境内依法设立的政策性银行、商业银行、信托投资公司、财务公司、金融租赁公司、金融资产管理公司、村镇银行和城乡信用社等经营金融业务的企业（以下简称金融企业）适用本办法。

第三条 本办法所称准备金，又称拨备，是指金融企业对承担风险和损失的金融资产计提的准备金，包括资产减值准备和一般准备。

本办法所称资产减值准备，是指金融企业对债权、股权等金融资产（不包括以公允价值计量并且其变动计入当期损益的金融资产）进行合理估计和判断，对其预计未来现金流量现值低于账面价值部分计提的，计入金融企业成本的，用于弥补资产损失的准备金。

本办法所称一般准备，是指金融企业运用动态拨备原理，采用内部模型法或标准法计算风险资产的潜在风险估计值后，扣减已计提的资产减值准备，从净利润中计提的、用于部分弥补尚未识别的可能性损失的准备金。

动态拨备是金融企业根据宏观经济形势变化，采取的逆周期计提拨备的方法，即在宏观经济上行周期、风险资产违约率相对较低时多计提拨备，增强财务缓冲能力；在宏观经济下行周期、风险资产违约率相对较高时少计提拨备，并动用积累的拨备吸收资产损失的做法。

本办法所称内部模型法，是指具备条件的金融企业使用内部开发的模型对风险资产计算确定潜在风险估计值的方法。

本办法所称标准法，是指金融企业根据金融监管部门确定的标准对风险资产进行风险分类后，按财政部制定的标准风险系数计算确定潜在风险估计值的方法。

本办法所称不良贷款拨备覆盖率，是指金融企业计提的贷款损失准备与不良贷款余额之比。

本办法所称贷款拨备率，是指金融企业计提的与贷款损失相关的资产减值准备与各项贷款余额之比，也称拨贷比。

本办法所称贷款总拨备率，是指金融企业计提的与贷款损失相关的各项准备（包括资产减值准备和一般准备）与各项贷款余额之比。

第二章 准备金的计提

第四条 金融企业承担风险和损失的资产应计提准备金，具体包括发放贷款和垫款、可供出售类金融资产、持有至到期投资、长期股权投资、存放同业、拆出资金、抵债资产、其他应收款项等。

对由金融企业转贷并承担对外还款责任的国外贷款，包括国际金融组织贷款、外国买方信贷、外国政府贷款、日本国际协力银行不附条件贷款和外国政府混合贷款等资产，应当计提准备金。

金融企业不承担风险的委托贷款、购买的国债等资产，不计提准备金。

第五条 金融企业应当在资产负债表日对各项资产进行检查，分析判断资产是否发生减值，并根据谨慎性原则，计提资产减值准备。对发放贷款和垫款，至少应当按季进行分析，采取单项或组合的方式进行减值测试，计提贷款损失准备。

第六条 金融企业应当于每年年度终了对承担风险和损失的资产计提一般准备。一般准备由金融企业总行（总公司）统一计提和管理。

金融企业应当根据自身实际情况，选择内部模型法或标准法对风险资产所面临的风险状况定量分析，确定潜在风险估计值。对于潜在风险估计值高于资产减值准备的差额，计提一般准备。当潜在风险估计值低于资产减值准备时，可不计提一般准备。一般准备余额原则上不得低于风险资产期末余额的1.5%。

第七条 具备条件的金融企业可采用内部模型法确定潜在风险估计值。运用内部模型法时应当使用至少包括一个完整经济周期的历史数据，综合考虑风险资产存量及其变化、风险资产长期平均损失率、潜在损失平均覆盖率、较长时期平均资产减值准备等因素，建立内部模型，并通过对银行自身风险资产损失历史数据的回归分析或其他合理方法确定潜在风险估计值。

第八条 金融企业采用内部模型法的，已改制金融企业履行董事会审批程序后实施，未改制金融企业由行长（总经理、总裁）办公会审批后实施。

金融企业采用内部模型法的，应将内部模型及详细说明报同级财政部门备案。

第九条 金融企业不采用内部模型法的，应当根据标准法计算潜在风险估计值，按潜在风险估计值与资产减值准备的差额，对风险资产计提一般准备。其中，信贷资产根据金融监管部门的有关规定进行风险分类，标准风险系数暂定为：正常类1.5%，关注类3%，次级类30%，可疑类60%，损失类100%；对于其他风险资产可参照信贷资产进行风险分类，采用的标准风险系数不得低于上述信贷资产标准风险系数。

第十条 金融企业对非信贷资产未实施风险分类的，可按非信贷资产余额的1%—1.5%计提一般准备。

标准法潜在风险估计值计算公式：

潜在风险估计值 = 正常类风险资产 × 1.5% + 关注类风险资产 × 3% + 次级类风险资产 × 30% + 可疑类风险资产 × 60% + 损失类风险资产 × 100%

财政部将根据宏观经济形势变化，参考金融企业不良贷款额、不良贷款率、不良贷款拨备覆盖率、贷款拨备率、贷款总拨备率等情况，适时调整计提一般准备的风险资产范围、标准风险系数、一般准备占风险资产的比例要求。

第十一条 金融企业应当根据资产的风险程度及时、足额计提准备金。准备金计提不足的，原则上不得进行税后利润分配。

第十二条 金融企业应当于每季度终了后60天内向同级财政部门提供其准备金计提情况（包括计提准备金的资产分项、分类情况、资产风险评估方法），并按类别提供相关准备金余额变动情况（期初、本期计提、本期转回、本期核销、期末数），以及不良资产和不良贷款拨备覆盖率情况。

中央金融企业将准备金计提情况报送财政部，中央金融企业在各地分支机构报送财政部驻当地财政监察专员办事处，地方金融企业报送同级财政部门。准备金由总行（总公司）统一计提和管理的金融企业，由总行（总公司）向同级财政部门统一提供准备金计提情况。

第十三条 财政部驻各地财政监察专员办事处负责对当地中央管理的金融企业分支机构准备金计提的监督管理，对未按规定足额计提准备金的，应当及时进行制止和纠正。

第三章 财务处理

第十四条 金融企业按规定计提的一般准备作为利润分配处理，一般准备是所有者权益的组成部分。金融企业在年度终了后，按照本办法提出当年一般准备计提方案，履行公司治理程序后执行。

金融企业履行公司治理程序，并报经同级财政部门备案后，可用一般准备弥补亏损，但不得用于分红。因特殊原因，经履行公司治理程序，并报经同级财政部门备案后，金融企业可将一般准备转为未分配利润。

第十五条 金融企业计提的相关资产减值准备计入当期损益。已计提资产减值准备的资产质量提高时，应在已计提的资产减值准备范围内转回，增加当期损益。

第十六条 对符合条件的资产损失经批准核销后，冲减已计提的相关资产减值准备。对经批准核销的表内应收利息，已纳入损益核算的，无论其本金或利息是否已逾期，均作冲减利息收入处理。

已核销的资产损失，以后又收回的，其核销的相关资产减值准备予以转回。已核销的资产收回金额超过本金的部分，计入利息收入等。转回的资产减值准备作增加当期损益处理。

第十七条 资产减值准备以原币计提，按即期汇率折算为记账本位币后确认。

第四章 附 则

第十八条 金融企业可以根据本办法制定具体办法，报同级财政部门备案。

第十九条 金融企业一般准备余额占风险资产期末余额的比例，难以一次性达到1.5%的，可以分年到位，原则上不得超过5年。

第二十条 本办法自2012年7月1日起施行，《金融企业呆账准备提取管理办法》（财金〔2005〕49号）同时废止。

财政部关于印发《国有金融企业年金管理办法》的通知

（财金〔2012〕159号）

各中央管理金融企业，各省、自治区、直辖市、计划单列市财政厅（局），新疆生产建设兵团财务局，财政部驻各省、自治区、直辖市、计划单列市财政监察专员办事处：

为进一步指导和规范国有金融企业建立企业年金制度，健全激励约束机制，完善社会保障体系，促进国有金融企业持续健康发展，现将《国有金融企业年金管理办法》印发你们，请遵照执行。

附件：国有金融企业年金管理办法

财政部

2012年12月6日

附件：

国有金融企业年金管理办法

第一章 总 则

第一条 为了规范国有金融企业建立企业年金制度，健全激励约束机制，完善社会保障体系，促进国有金融企业持续健康发展，根据《金融企业财务规则》等有关规定，制定本办法。

第二条 中华人民共和国境内依法设立的国有及国有控股金融企业（以下简称金融企业），适用本办法。

金融企业包括下列各类企业：

（一）执业需取得银行业务许可证的政策性银行、邮政储蓄银行、国有商业银行、股份制商业银行、城市商业银行、农村商业银行、农村合作银行、信用社、新型农村金融机构、信托公司、金融租赁公司、金融资产管理公司和财务公司等。

（二）执业需取得保险业务许可证的各类保险企业。

（三）执业需取得证券许可证的证券公司、期货公司和基金管理公司等。

（四）各类金融控股公司、信用担保公司。

（五）人民银行和金融监管部门所属的从事与金融业务相关的企业。

第三条 本办法所称企业年金，是指在国家政策指导下，金融企业及其职工在依法参加基本养老保险的基础上，自愿建立的补充养老保险制度。

第四条 国家鼓励符合条件的金融企业建立企业年金制度。

金融企业建立企业年金制度，应当遵循下列原则：

（一）保障与激励相结合。建立企业年金制度，应当在为企业退休职工提供基本生活保障的基础上，发挥企业年金的激励作用，将其作为健全薪酬福利制度和激励机制的重要方式，实现保障性与激励性的有机结合。

（二）公平与效率相结合。建立企业年金制度，应当按照“公开、公平、公正”的原则，扩大企业年金覆盖面，保障符合条件、自愿参加的全体职工，并根据发展战略、收入分配制度、人力资源策略、职工贡献程度等因素，探索建立多层次的企业年金保障体系，促进企业经济效益增长。

（三）出资人、企业和职工利益相结合。建立企业年金制度，应当统筹兼顾出资人、企业和职工的利益，结合企业自身实际情况，正确处理当期与长远的关系，依法保障职工权益，切实维护出资人利益，推动企业持续健康发展，促进国有资产保值增值。

第二章　企业年金的建立条件

第五条 金融企业建立企业年金制度，应当依法参加基本养老保险并履行缴费义务。企业年金方案应当按照规定经集体协商确定，并提交职工大会或者职工代表大会审议通过。

第六条 金融企业建立企业年金制度，应当具备相应的经济能力，并符合下列条件：

（一）实现税后盈利（含补贴），其中，集团控股类金融企业母公司以合并报表归属于母公司的净利润为准。

（二）具有较好的风险管控能力，资本充足率、偿付能力充足率、净资本负债率等风险管控指标满足行业监管规定。政策性金融企业可以参照财政部绩效评价有关规定，对相关指标进行适当调整。

（三）具备相应的财务承受能力，不得因实行企业年金制度出现亏损，影响金融企业长远发展。

前款规定的相关财务数据，以金融企业经审计的最近一个会计年度财务数据（按照国内会计准则）为准。

第七条 金融企业建立企业年金制度，应当具有合格的考核评价结果，并符合下列条件：

（一）完成年度经营目标。已改制的金融企业，经营目标按照公司治理程序确定；未改制的金融企业，经营目标按照相关规定确定。

（二）绩效评价合格。金融企业根据财政部有关规定需要进行绩效评价的，其绩效评价类型应当达到中级（CC）以上。

前款规定的考核评价结果，以金融企业最近一个会计年度的考核评价结果为准。

第八条 金融企业建立企业年金制度后，

应当按照下列规定，相应修改、中止或者终止企业年金方案：

（一）金融企业某一会计年度亏损或者连续两个会计年度未满足建立企业年金条件，应当按照规定及时修改企业年金方案，适当降低企业缴费标准。

（二）金融企业连续两个会计年度亏损或者连续三个会计年度未满足建立企业年金条件，应当按照规定中止企业年金方案。

（三）金融企业可以在上列规定的基础上，根据企业年金方案的相关规定，修改、中止或者终止企业年金方案。

第九条 金融企业修改、中止企业年金方案后，如再次满足建立企业年金制度的条件，可以恢复企业年金方案。

第十条 金融企业不得以任何名义，对建立企业年金制度之前的年度进行补缴。

第三章 企业年金的方案实施

第十一条 金融企业应当统筹规划设计企业年金方案。

集团控股类金融企业应当根据各子公司的实际情况分步实施企业年金方案，各子公司之间的缴费水平，应当根据自身发展阶段与经济效益状况等因素合理确定，不得互相攀比。

第十二条 企业年金所需费用由金融企业和职工个人共同缴纳，缴费总额根据国家有关规定执行。

金融企业应当根据其发展战略、经营状况、人员费用等因素，合理确定企业年金缴费水平，并按照规定适时调整。

第十三条 金融企业建立企业年金初期，职工个人缴纳部分原则上不得低于企业缴费部分（不含本办法规定的补偿性缴费）的25%，以后年度逐步提高。

在职工和金融企业协商一致的前提下，允许部分职工结合实际，适当提高个人缴费比例。

第十四条 金融企业年金缴费在冲减职工福利费结余后列入成本（费用），但金融企业每年列支成本（费用）的企业年金费用不得超过本企业上年度职工工资总额的5%。

金融企业年金的税收政策按照国家有关规定执行。

第十五条 金融企业应当统筹做好企业年金与其他养老福利制度的衔接。对于参加企业年金方案时距其退休时间相对较短的人员（以下简称中人），金融企业可在规定比例内采取过渡期补偿性缴费、一次性补偿等适当方式（以下简称补偿性缴费），实现新老制度的平稳过渡。

过渡期补偿性缴费，是指金融企业设置一定的过渡期，在此期间对中人给予的补偿性企业年金缴费；一次性补偿，是指金融企业对中人一次性给予的补偿性企业年金缴费。

补偿性缴费应当建立在集体协商的基础上，主要用于统筹建立企业年金制度前后养老福利政策的衔接，不得变相提高待遇。

补偿性缴费由金融企业结合实际确定，并纳入企业年金方案履行相关程序。

第十六条 金融企业应当根据职工贡献、工作年限、岗位责任、考核结果等因素，合理确定企业缴费划入个人账户的比例，适当向关键岗位和优秀人才倾斜。

企业缴费应当按照规定划入职工企业年金个人账户，当期划入负责人个人账户的最高额（不含补偿性缴费），原则上不得超过该金融企业人均水平的5倍。

前款所称负责人的范围，按照财政部关于金融企业负责人薪酬管理等有关规定执行。

第十七条 金融企业应当合理确定企业缴费划入个人账户的部分及其权益完全归属于职工个人的归属期，切实维护职工的合法权益。

企业年金方案终止时，金融企业应当与职

工按照集体协商制度，确定尚未完全归属职工个人的企业年金的处理方式。

第十八条 鼓励金融企业职工退休后，分期领取企业年金。

金融企业职工在达到国家规定的退休年龄时，可以按照规定从本人企业年金个人账户中一次性或者定期领取企业年金。

在职工出境定居、死亡及符合有关规定的情形下，可以按照规定一次性领取企业年金。

第四章 企业年金的组织管理

第十九条 金融企业原则上应当选择符合国家规定的法人受托机构作为企业年金基金的受托人。

有条件的大型金融企业可以成立企业年金理事会，作为企业年金基金的受托人，并在企业年金方案中进行说明。

金融企业年金理事会应当符合国家有关要求，并按照规定认真履行受托管理职责。

第二十条 金融企业应当监督受托人按照“公开、公平、公正”的原则，择优选择经国家有关部门认定的机构管理运营企业年金，明确与企业年金基金管理运营主体的职责及运作规则。

金融企业应当通过受托人建立对管理运营机构的动态考核评价机制，根据评估情况调整管理运营机构。

金融企业应当按照国有金融资产分级管理的原则，将选择的管理运营机构向同级财政部门报告。

第二十一条 企业年金基金受托人应当于年度结束后60日内，向职工大会或者职工代表大会报告企业年金管理、运营情况。

金融企业应当于年度结束后90日内，按照国有金融资产分级管理的原则，将企业年金的运作情况向同级财政部门报告。

第二十二条 金融企业应当成立由相关部门和职工代表组成的企业年金管理委员会，加强对金融企业建立企业年金制度的组织指导。

第二十三条 金融企业应当按照本办法规定，将企业年金方案履行内部法定程序或者报财政部门审核后，报相关部门备案。

第二十四条 中央管理的金融企业及其重要一级控股子公司建立企业年金制度，已实行股份制改革的应当履行金融企业公司治理程序，未改制的应当报财政部审核。其他子公司建立企业年金制度，应当履行其内部法定程序。金融企业应当于每年度结束后90日内，将该年度建立企业年金情况报告财政部。

前款所称重要一级控股子公司是指，总资产、净资产、营业收入、营业利润等四项财务指标之一达到母公司合并口径对应财务指标10%以上的一级控股子公司，以及经金融企业内部法定程序确定的其他重要一级控股子公司。

第二十五条 地方管理的金融企业及其控股子公司，应当将其企业年金方案履行公司治理程序或者报地方财政部门审核，具体程序由省级财政部门确定。

第二十六条 金融企业中止、终止企业年金方案，应当履行内部法定程序，并按照分级管理的原则，及时向同级财政部门报告。

金融企业修改、恢复企业年金方案，应当按照建立企业年金制度的规定，履行相应程序。

第五章 附　则

第二十七条 中国投资有限责任公司执行本办法。非国有金融企业参照执行本办法。

第二十八条 本办法施行之前已经建立企业年金制度以及以企业年金名义购买商业保险的金融企业，应当按照国家有关政策和本办法规定，规范和完善企业年金方案。

第二十九条 本办法自印发之日起施行，财政部此前发布的有关金融企业年金规定与本办法规定不一致的，以本办法为准。

中国人民银行

中国人民银行关于下调人民币存款准备金率的通知

（银发〔2012〕36号）

中国人民银行上海总部，各分行、营业管理部，各省会（首府）城市中心支行，深圳市中心支行，中国农业发展银行，国有商业银行，股份制商业银行，中国邮政储蓄银行：

根据当前国际国内经济形势，为增强宏观调控的针对性和灵活性，促进货币信贷合理适度增长，中国人民银行决定，从2012年2月24日起下调人民币存款准备金率。现就有关事项通知如下：

一、现执行21%存款准备金率的中国工商银行、中国农业银行、中国银行、中国建设银行、交通银行和中国邮政储蓄银行将执行20.5%的存款准备金率。

二、现执行19%存款准备金率的中国农业发展银行、股份制商业银行、城市商业银行、农村商业银行和有关外资金融机构将执行18.5%的存款准备金率。

三、现执行16%存款准备金率的财务公司将执行15.5%的存款准备金率。

四、现执行15.5%存款准备金率的农村合作银行将执行15%的存款准备金率。现执行14.5%存款准备金率的资产规模小、支农贷款比例高的农村合作银行将执行14%的存款准备金率。

五、现执行15.5%存款准备金率的城市信用社、金融租赁公司将执行15%的存款准备金率。

六、现执行15%存款准备金率的农村信用社和村镇银行将执行14.5%的存款准备金率。现执行14%存款准备金率的资产规模小、支农贷款比例高的农村信用社（A类社）和村镇银行将执行13.5%的存款准备金率。

七、汶川、玉树地震灾区地方法人金融机构的存款准备金率在现行水平上降低0.5个百分点。

中国人民银行上海总部、各分支行要严格按照有关规定做好此次存款准备金率调整工作，确保顺利实施，遇有重大紧急情况，及时报告总行。

请中国人民银行上海总部、各分支行将本通知转发至辖区内城市商业银行、农村商业银行、农村合作银行、城市信用社、农村信用社、村镇银行、财务公司、金融租赁公司和有关外资金融机构。

中国人民银行

二〇一二年二月十九日

中国人民银行关于下调人民币存款准备金率的通知

（银发〔2012〕122号）

中国人民银行上海总部，各分行、营业管理部，省会（首府）城市中心支行，深圳市中心支行，中国农业发展银行，国有商业银行，股份制商业银行，中国邮政储蓄银行：

根据当前国际国内经济形势，为增强宏观调控的针对性和灵活性，促进货币信贷合理适度增长，中国人民银行决定，从2012年5月18日起下调人民币存款准备金率。现就有关事项通知如下：

一、现执行20.5%存款准备金率的中国工商银行、中国农业银行、中国银行、中国建设银行、交通银行和中国邮政储蓄银行将执行20%的存款准备金率。

二、现执行18.5%存款准备金率的中国农业发展银行、股份制商业银行、城市商业银行、农村商业银行和有关外资金融机构将执行18%的存款准备金率。

三、现执行15.5%存款准备金率的财务公司将执行15%的存款准备金率。

四、现执行15%存款准备金率的农村合作银行将执行14.5%的存款准备金率。现执行14%存款准备金率的资产规模小、支农贷款比例高的农村合作银行将执行13.5%的存款准备金率。

五、现执行15%存款准备金率的城市信用社、金融租赁公司将执行14.5%的存款准备金率。

六、现执行14.5%存款准备金率的农村信用社和村镇银行将执行14%的存款准备金率。现执行13.5%存款准备金率的资产规模小、支农贷款比例高的农村信用社（A类社）和村镇银行将执行13%的存款准备金率。

七、波川、玉树地震灾区地方法人金融机构的存款准备金率在现行水平上降低0.5个百分点。

中国人民银行上海总部、各分支行要严格按照有关规定做好此次存款准备金率调整工作，确保顺利实施，遇有重大紧急情况，及时报告总行。

请中国人民银行上海总部，各分支行将本通知转发至辖区内城市商业银行、农村商业银行、农村合作银行、城市信用社、农村信用社、村镇银行、财务公司、金融租赁公司和有关外资金融机构。

中国人民银行

二〇一二年五月十二日

中国人民银行、中国银行业监督管理委员会、财政部关于进一步扩大信贷资产证券化试点有关事项的通知

（银发〔2012〕127 号）

国家开发银行，各政策性银行、国有商业银行、股份制商业银行，中国邮政储蓄银行，各金融资产管理公司，各会计师事务所，各信托公司、企业集团财务公司、汽车金融公司：

根据国务院批复精神和前期信贷资产证券化试点实践经验，结合国际金融危机以后国际资产证券化业务监管的趋势性变化，为了进一步完善制度，防范风险，扎实推进我国信贷资产证券化业务健康可持续发展，现就扩大信贷资产证券化试点有关事项通知如下：

一、基础资产。信贷资产证券化入池基础资产的选择要兼顾收益性和导向性，既要有稳定可预期的未来现金流，又要注重加强与国家产业政策的密切配合。鼓励金融机构选择符合条件的国家重大基础设施项目贷款、涉农贷款、中小企业贷款、经清理合规的地方政府融资平台公司贷款、节能减排贷款、战略性新兴产业贷款、文化创意产业贷款、保障性安居工程贷款、汽车贷款等多元化信贷资产作为基础资产开展信贷资产证券化，丰富信贷资产证券化基础资产种类。信贷资产证券化产品结构要简单明晰，扩大试点阶段禁止进行再证券化、合成证券化产品试点。

二、机构准入。扩大试点阶段，金融机构信贷资产证券化业务准入条件及审批程序继续按照《信贷资产证券化试点管理办法》（中国人民银行　中国银行业监督管理委员会公告〔2005〕第 7 号公布）和《金融机构信贷资产证券化试点监督管理办法》（中国银行业监督管理委员会令 2005 年第 3 号发布）有关规定执行。鼓励更多经审核符合条件的金融机构参与信贷资产证券化业务。银监会在收到发起机构和受托机构联合报送的完整申请材料之日起五个工作日内决定是否受理申请。银监会决定不受理的，应当书面通知申请人并说明理由；决定受理的，应当自受理之日起三个月内做出批准或者不批准的书面决定。

三、风险自留。扩大试点阶段，信贷资产证券化各发起机构应持有由其发起的每一单资产证券化中的最低档次资产支持证券的一定比例，该比例原则上不得低于每一单全部资产支持证券发行规模的 5%，持有期限不得低于最低档次证券的存续期限。本通知施行前，已经发行的资产支持证券不受此规定限制。发起机构原则上应担任信贷资产证券化的贷款服务机构，切实履行贷款服务合同各项约定。

四、信用评级。资产支持证券在全国银行间债券市场发行与交易初始评级应当聘请两家

具有评级资质的资信评级机构，进行持续信用评级，并按照有关政策规定在申请发行资产支持证券时向金融监管部门提交两家评级机构的评级报告。鼓励探索采取多元化信用评级方式，支持对资产支持证券采用投资者付费模式进行信用评级。参与资产支持证券评级的各信用评级机构要努力提高对资产支持证券信用评级的透明度和公信力。同时，资产支持证券投资者应建立内部信用评级体系，加强对投资风险自主判断，减少对外部评级的依赖。

五、资本计提。扩大试点阶段，各银行业金融机构仍按照《商业银行资本充足率管理办法》（中国银行业监督管理委员会令2007年第11号发布）、《金融机构信贷资产证券化试点监督管理办法》（中国银行业监督管理委员会令2005年第3号发布）和《商业银行资产证券化风险暴露监管资本计量指引》（银监发〔2009〕116号）等规定，计提监管资本。本通知施行后，如中国银行业监督管理委员会发布新的资本监管规定，按新规定有关要求执行。

六、会计处理。扩大试点阶段，信贷资产证券化会计处理按照《企业会计准则第23号——金融资产转移》（财会〔2006〕3号）及财政部发布的相关《企业会计准则解释》的有关规定执行。参与资产证券化业务的各会计师事务所应严格执行财政部相关规定，按要求做好信贷资产证券化会计处理工作。

七、信息披露。信贷资产证券化发起机构、受托机构、信用评级机构或其他证券化服务机构应严格按照《信贷资产证券化试点管理办法》（中国人民银行　中国银行业监督管理委员会公告〔2005〕第7号公布）、《资产支持证券信息披露规则》（中国人民银行公告〔2005〕第14号公布）、《信贷资产证券化基础资产池信息披露有关事项》（中国人民银行公告〔2007〕第16号公布）等政策规定，做好信贷资产证券化业务信息披露工作，按投资人要求及时、准确、真实、完整披露资产支持证券相关信息。在遵循法律法规有关信贷资产证券化相关方私密性权利规定要求的基础上，鼓励创造条件逐步实现对每一笔入池资产按要求进行规范信息披露。

八、投资者要求。稳步扩大资产支持证券机构投资者范围，鼓励保险公司、证券投资基金、企业年金、全国社保基金等经批准合规的非银行机构投资者投资资产支持证券。单个银行业金融机构购买持有单只资产支持证券的比例，原则上不得超过该单资产支持证券发行规模的40%。

九、中介服务。信贷资产证券化各受托机构、贷款服务机构、资金保管机构、信用增级机构和承销机构及其他为信贷资产证券化发行交易提供服务的中介服务机构，应认真总结前期资产证券化试点实践经验，勤勉尽责，规范经营，在有效识别、计量、监测和控制相关风险的前提下，合理匹配证券风险收益，进一步提高中介服务的质量和水平。

十、本通知自发布之日起施行。前期试点过程中已经发布的信贷资产证券化有关政策规定中的具体条款有与本通知不一致的，在扩大试点阶段按本通知有关规定执行。本通知执行过程中遇到的相关情况和问题，请及时报告。

中国人民银行

中国银行业监督管理委员会

财政部

二〇一二年五月十七日

中国人民银行关于金融机构在跨境业务合作中加强反洗钱工作的通知

（银发〔2012〕201号）

外汇局，中国人民银行上海总部，各分行、营业管理部，各省会（首府）城市中心支行，各副省级城市中心支行；国家开发银行，各政策性银行、国有商业银行、股份制商业银行，中国邮政储蓄银行：

近年来，国际上因一国金融机构在与其他国家金融机构开展跨境业务合作过程中未有效防控洗钱、恐怖融资活动而导致法律责任风险的情况开始增多。为正确履行反洗钱职责，避免我国境内金融市场和金融机构被洗钱活动团伙利用，并妥善应对各种可能出现的复杂情况，有效维护我国国家利益及金融机构良好声誉，现就金融机构在开展跨境业务合作过程中加强反洗钱工作的相关问题通知如下：

一、金融机构在与境外金融机构建立代理行或者类似业务关系时，应当严格按照《金融机构客户身份识别和客户身份资料及交易记录保存管理办法》（中国人民银行　中国银行业监督管理委员会　中国证券监督管理委员会　中国保险监督管理委员会令〔2007〕第2号发布，以下简称《身份识别办法》）第六条的规定，充分收集有关境外金融机构业务、声誉、内部控制、接受监管等方面的信息，评估境外金融机构接受反洗钱监管的情况及其反洗钱、反恐怖融资（以下统称反洗钱）措施的健全性和有效性，以决定是否与境外金融机构建立代理行关系或开展其他形式的业务合作。

对于在注册地无实质性经营管理活动、没有受到良好监管的外国金融机构，金融机构不得为其开立代理行账户或与其发展可能危及自身声誉的其他业务关系。

二、金融机构应按照《身份识别办法》第十八条的规定，对与本金融机构存在业务合作关系的境外金融机构逐一确定风险等级，采取与其风险状况相当的风险控制措施。

对于风险等级较高的境外金融机构，金融机构不仅要按照《身份识别办法》第六条的规定以书面方式明确本金融机构与境外金融机构在客户身份识别、客户身份资料和交易记录保存方面的职责，而且应当明确约定本金融机构出于执行我国反洗钱法律规定、遵循国际反洗钱监管惯例、自主控制洗钱以及恐怖融资风险（以下统称洗钱风险）等方面的需要，可对境外金融机构采取必要的洗钱风险控制措施。

三、对于与本金融机构同属一个母公司或一家控股股东的境外金融机构，金融机构在公司（集团）框架下与其进行业务合作时，应从地域、业务、客户等角度全面评估洗钱风险，并根据风险状况采取切实可行的风险控制措施，预防风险传导至境内。

四、对于经营下列业务的境外非金融机构，金融机构应当充分收集有关该境外机构业务、声誉、内部控制、接受监管等方面的信息，评估该境外机构的洗钱风险状况，报经高级管理层同意后再决定是否为其提供金融服务或与其开展业务合作：

（一）提供货币兑换、跨境汇款等资金（价值）转移服务。

（二）经营网络支付、手机支付、预付卡、信用卡收单等非金融支付业务。

金融机构如果决定为上述境外机构提供服务或与其开展业务合作的，原则上应将其列入高风险客户，并采取有针对性的强化风险控制措施。金融机构应以书面方式明确该境外机构的反洗钱职责和该境外机构配合本金融机构开展反洗钱工作的相关要求，并约定本金融机构因反洗钱工作需要，可对境外非金融机构采取的包括关闭账户、冻结涉恐资金、限制交易等在内的必要的洗钱风险控制措施。

五、金融机构应在公司（集团）层面建立统一的洗钱风险管理政策。如果金融机构境外分支机构驻在国家（地区）反洗钱监管标准要求比我国更为严格的，金融机构在我国各项法律规定及自身反洗钱资源允许的情况下，应尽可能选择更为严格的监管标准作为本公司（集团）制定洗钱风险管理政策的依据，以更有效防控处于不同国家（地区）的境外分支机构之间开展业务合作过程中可能出现的合规风险。

六、金融机构应在高级管理层中明确专人负责管理境外分支机构反洗钱工作，并在业务条线之外指定专门部门具体承担对境外分支机构的洗钱合规管理职责。

金融机构应建立适当的机制，确保业务条线及时关注并评估本金融机构因与境外金融机构之间开展业务合作而可能出现的洗钱风险，确保高级管理层及反洗钱合规管理部门及时获得业务条线风险评估信息，以便采取有效措施处置风险。

金融机构应定期对境外分支机构反洗钱工作情况进行审计，发现问题要及时纠正。

七、金融机构发现与自己存在业务联系的境外金融机构出现洗钱问题时，应及时向高级管理层报告，并采取妥善措施予以应对。

如果金融机构或其境外分支机构出现重大洗钱风险、涉及国际重要媒体有关洗钱事件的报道时，金融机构应当及时向董事会（或下设专业委员会）、高级管理层和人民银行及其分支机构报告，并采取有效的风险防范措施，防止事态恶化。

请人民银行上海总部，各分行、营业管理部，各省会（首府）城市中心支行，大连、青岛、宁波、厦门、深圳市中心支行将本通知转发至总部注册地在辖区内的各城市商业银行、农村商业银行、农村合作银行、城市信用社、农村信用社、村镇银行、外资银行、证券公司、期货经纪公司、基金管理公司、保险公司、保险资产管理公司、信托公司、金融资产管理公司、财务公司、金融租赁公司、汽车金融公司、货币经纪公司等金融机构和支付机构。

中国人民银行

二〇一二年八月十九日

中国人民银行关于2013年外资金融机构金融统计制度有关事项的通知

（银发〔2012〕250号）

中国人民银行上海总部，各分行、营业管理部、各省会（首府）城市中心支行：

为适应经济金融形势的发展变化，推进金融统计标准的运用，提高金融统计数据的一致性、完整性与准确性，正确分析和评估宏观经济、金融形势，支持货币政策决策，中国人民银行在标准化工作的基础上，全面修订了《外资银行资产负债表》统计指标（详见附件1、附件2），制定了外资银行信贷收支统计表（详见附件3），确定了各表单报送时间表（详见附件5）。自2013年1月1日起，原外资银行资产负债项目月报表（表单代码A1403/A2403）指标全部终止，启用新统计指标。

各外资金融机构要及时反映机构变动、会计制度变革、信息系统改造等方面的动态情况，评估其对金融统计数据的影响，涉及统计口径变更的需经人民银行同意后方能实施。

请人民银行上海总部、各分行、营业管理部、省会（首府）城市中心支行将该通知转发至辖区内各外资银行、外资财务公司。

附件：1. 2013年外资金融机构资产负债统计指标（略）

2. 外资金融机构资产负债指标校验关系（略）

3. 单家金融机构信贷收支表及报表归属（略）

4. 统计指标填报说明（略）

5. 外资金融机构按表单报送时间及数据范围（略）

中国人民银行

二〇一二年十月二十二日

国家外汇管理局

国家外汇管理局关于完善银行结售汇综合头寸管理有关问题的通知

（汇发〔2012〕26号）

国家外汇管理局各省、自治区、直辖市分局、外汇管理部，深圳、大连、青岛、厦门、宁波市分局；各中资外汇指定银行：

为进一步发展外汇市场，增强银行外汇交易和风险管理的灵活性与主动性，促进人民币汇率的价格发现，根据当前国际收支状况和人民币汇率形成机制改革需要，国家外汇管理局决定完善银行结售汇综合头寸管理，现就有关问题通知如下：

一、对银行结售汇综合头寸实行正负区间管理。在现有结售汇综合头寸上下限管理的基础上，将下限下调至零以下。

二、除全国性银行、银行间外汇市场即期做市商的结售汇综合头寸下限由国家外汇管理局另行通知外，其他银行（含取得结售汇业务经营资格的企业集团财务公司）的结售汇综合头寸下限统一执行以下标准：

（一）2011年度结售汇业务量低于1亿美元，以及新取得结售汇业务经营资格的银行，结售汇综合头寸下限为-300万美元。

（二）2011年度结售汇业务量介于1亿至10亿美元，结售汇综合头寸下限为-500万美元。

（三）2011年度结售汇业务量10亿美元以上，结售汇综合头寸下限为-1 000万美元。

银行申请核定或调整结售汇综合头寸上下限，仍应遵照《国家外汇管理局关于银行结售汇综合头寸管理有关问题的通知》（汇发〔2010〕56号）执行。

三、取消对银行收付实现制头寸余额实行的下限管理，《国家外汇管理局关于加强外汇业务管理有关问题的通知》（汇发〔2010〕59号）第一条、《国家外汇管理局关于进一步加强外汇业务管理有关问题的通知》（汇发〔2011〕11号）第一条停止执行。

四、本通知自2012年4月16日起实施。

国家外汇管理局各分局、外汇管理部接到本通知后，应立即转发辖内城市和农村商业银行、农村合作金融机构、外资银行、企业集团财务公司，并根据2011年度银行结售汇统计数据计算出辖内各银行的负头寸下限，一并通知各银行执行。

特此通知。

二〇一二年四月十六日

国家外汇管理局关于资本项目信息系统试点及相关数据报送工作的通知

（汇发〔2012〕60 号）

资本项目信息系统是根据《中华人民共和国国民经济和社会发展第十二个五年规划纲要》中关于“逐步实现人民币资本项目可兑换”的要求和国家外汇管理局《外汇管理“十二五”信息化发展规划纲要》，由国家外汇管理局建设的重要电子政务系统，是进一步推动资本项目便利化、加强跨境资本流动统计监测和风险防控的重要手段。为做好资本项目信息系统推广准备工作，国家外汇管理局决定自 2012 年 12 月 3 日起进行资本项目信息系统试点工作。现就有关事宜通知如下：

一、外汇账户内结售汇、账户信息和银行资本项目数据报送安排

（一）中国工商银行自 2012 年 12 月 3 日开始，按照《国家外汇管理局关于做好调整境内银行涉外收付凭证及相关信息报送准备工作的通知》（汇发〔2011〕49 号）和《国家外汇管理局关于规范境内银行资本项目数据报送的通知》（汇发〔2012〕36 号）的要求，进行外汇账户内结售汇、账户信息和银行资本项目数据（不含双边贷款、对外担保履约、QFII、RQFII、QDII、股权激励计划等银行代客业务和银行月度资产负债信息）报送试点。自 2013 年 1 月 14 日开始，中国工商银行增加双边贷款、对外担保履约、QFII、RQFII、QDII、股权激励计划等银行代客业务和银行月度资产负债信息的报送。

（二）其他境内银行自 2013 年 1 月 14 日开始向国家外汇管理局报送外汇账户内结售汇、账户信息和银行资本项目数据（含 QFII、RQFII、QDII、股权激励计划等银行代客业务和银行月度资产负债信息）。

完成外汇账户内结售汇、账户信息和银行资本项目数据接口验收和联调工作的银行，应尽快启动数据报送，并在启动数据报送前的五个工作日内将启动日期报所在地外汇局，由国家外汇管理局各分局、外汇管理部（以下简称各分局）汇总后报国家外汇管理局资本项目管理司。国家外汇管理局将根据银行在接口联调时上报的接口方式对生产环境进行设置。

未能在 2013 年 1 月 14 日开始报送外汇账户内结售汇和账户信息的银行，由于信息缺失原因，暂无法为辽宁、陕西、浙江（不含宁波，以下均同）、大连等参加资本项目信息系统业务试点的地区企业办理资本项目业务。

未能在 2013 年 1 月 14 日前完成银行资本项目数据接口程序验收和联调工作的银行，可向所在地外汇局申请适当延后报送数据，但报送数据的时间不得晚于 2013 年 3 月 31 日。

（三）首次数据报送要求。境内银行应按照《首次报送数据范围》（见附件1）做好各类业务数据的准备和首次报送工作。延后报送数据的境内银行也应按照《首次报送数据范围》进行补报。

（四）各分局自2013年4月1日起，对本分局辖区内报送数据和相关的纸质报表进行数据质量评估，确保上述数据的完整性、准确性和一致性。对数据质量存在问题的银行，各分局应及时与银行沟通，解决数据质量问题。各分局应在2013年4月20日前将数据质量评估报告报总局资本项目管理司。

（五）按照《国家外汇管理局关于财务公司账户数据接口规范的通知》（汇发〔2012〕55号）要求开发了账户信息接口的企业集团财务公司，报送账户信息的时间要求参照其他境内银行执行。

（六）国家外汇管理局将《国家外汇管理局关于规范境内银行资本项目数据报送的通知》（汇发〔2012〕36号）中《银行资本项目数据采集规范（1.0版）》和《外汇账户数据采集规范（1.0版）》修订为《银行资本项目数据采集规范（1.1版）》（见附件3）、《外汇账户数据采集规范（1.1版）》（见附件4）。

二、资本项目信息系统业务试点安排

（一）试点内容

自2013年1月14日起，在辽宁、浙江（不含宁波）、陕西、大连等四个地区（以下简称试点地区）进行资本项目信息系统业务试点。试点内容包括上述试点地区外汇局（以下简称试点分局）为辖内主体办理的各类资本项目业务以及境内银行为在全国范围内为试点地区主体办理的各类资本项目业务。

（二）试点要求

1. 试点工作由国家外汇管理局统一安排。试点分局应高度重视此项工作，成立专门的试点领导小组和工作小组，组织协调试点工作。试点分局应于2012年11月30日前将领导小组和工作小组成员名单和联系方式报国家外汇管理局资本项目管理司，领导小组组长由分管副局长担任，小组成员应包括资本项目管理部门、国际收支部门和科技部门的人员。在试点期间，参与试点的人员应保持相对固定。

2. 试点分局应按《资本项目信息系统试点方案》（见附件2）要求组织开展辖内试点工作。

3. 试点分局应建立简报制度，及时反映试点情况。

4. 试点分局应于2013年4月30日之前对系统试点进行评估和总结，就资本项目信息系统和《资本项目信息系统操作手册》提出改进建议并上报国家外汇管理局。

5. 试点期间的相关工作安排，将通过外汇局内部邮箱发送给试点分局，试点分局应及时关注邮箱中发布的信息，并严格按照工作计划完成相关工作。

各分局收到本通知后，应及时转发给辖内中心支局、支局、外资银行和财务公司，组织相关培训，并加强对试点工作的组织和协调。各中资外汇指定银行应尽快将本通知转发至各自分支机构。

在试点工作中，如遇问题需要咨询，请与国家外汇管理局资本项目信息系统试点推广办公室联系。联系电话：68402125（业务）、68402519（技术）。传真电话：68402208。外汇局内网邮箱：safecfa@ mail. safe。

附件：1. 首次报送数据范围（略）

2. 资本项目信息系统试点方案（略）

3. 银行资本项目数据采集规范（1.1版）（略）

4. 外汇账户数据采集规范（1.1版）（略）

国家外汇管理局

2012年11月22日

商务部、国家统计局、国家外汇管理局关于印发《对外直接投资统计制度》的通知

（商合函〔2012〕1129号）

各省、自治区、直辖市、计划单列市及新疆生产建设兵团商务主管部门，中央企业：

根据《部门统计调查管理暂行办法》（国家统计局令1999年第4号）的规定，商务部、国家统计局、国家外汇管理局结合近两年我国对外投资的实际和特点，对2010年12月印发的《对外直接投资统计制度》进行了修订和补充，主要调整内容如下：

一、增加反映我国境内投资者在国（境）外开展农业对外投资合作基本情况月报表（FDIY3表）和我国境外经济贸易合作区情况统计月报表（FDIY4表）。

二、增加反映我国境内投资者在国（境）外开展农业类作物种植基本情况的“境外主要作物种植情况”年报表（FDIN6表）。

三、将“对外直接投资情况”月报表（FDIY1）中的“货币投资”指标细划为自有资金、银行贷款、其他，将“其他投资”调整为“无形资产投资”。

四、将“境内投资者通过境外企业再投资情况”（FDIN5表）中的“创造就业岗位数量”指标调整为“年末从业人员数量”。

五、对“对外投资并购基本事项”月报表（FDIY2表）进行了调整，取消了卖方情况、协议并购情况、并购资金来源等指标，对“实际交易金额”指标进行了细化。

六、将“境内投资者基本情况”表（FDIN1表）中“年末从业人数”指标的统计单位由“人”调整为“千人”。

七、将境内投资者（境外企业）所属行业参照分类调整为国家统计局2011年版《国民经济行业分类》（GB/T 4754－2011）。

现将修订后的《对外直接投资统计制度》印发给你们，自2013年1月1日起执行。《商务部、国家统计局、国家外汇管理局关于印发〈对外直接投资统计制度〉的通知》（商合发〔2010〕520号）同时废止。

商务部
国家统计局
国家外汇管理局
2012年12月21日

附件：

对外直接投资统计制度
（商务部、国家统计局、国家外汇管理局　2012 年 12 月）

本报表制度根据《中华人民共和国统计法》有关规定制定。

《中华人民共和国统计法》第七条规定：国家机关、企业事业单位和其他组织以及个体工商户和个人等统计调查对象，必须依照本法和国家有关规定，真实、准确、完整、及时地提供统计调查所需的资料，不得提供不真实或者不完整的统计资料，不得迟报、拒报统计资料。

《中华人民共和国统计法》第九条规定：统计机构和统计人员对在统计工作中知悉的国家秘密、商业秘密和个人信息，应当予以保密。

目录

一、总说明

（一）为准确、及时、全面地反映我国对外直接投资的实际情况，科学、有效地组织全国对外直接投资统计工作，充分发挥统计咨询、监督作用，依照《中华人民共和国统计法》及其实施细则，特制定本制度。

（二）本制度所称对外直接投资是指我国境内投资者以现金、实物、无形资产等方式在国外及港澳台地区设立、参股、兼并、收购国（境）外企业，拥有该企业10%或以上的股权，并以拥有或控制企业的经营管理权为核心的经济活动。

（三）本制度适用于所有发生对外直接投资活动的境内机构和个人（以下简称境内投资者）。

（四）对外直接投资统计的基本任务是通过统计调查、统计分析和提供统计资料，全面、准确、及时地反映我国对外直接投资的全貌，为国家分析境外投资发展趋势，监测宏观运行，制定促进导向政策和实施监督管理，以及建立我国资本项目预警机制提供依据。

（五）对外直接投资统计实行统一领导，分级管理，逐级报送。

1. 商务部根据国家统计局的统一要求，负责全国对外直接投资的统计工作，管理各省、自治区、直辖市及计划单列市商务主管部门和中央企业的对外直接投资统计工作，综合编制、汇总全国对外直接投资统计资料。

2. 国家外汇管理局（以下简称外汇局）负责全国金融业的对外直接投资统计工作，管理金融业境内投资者的对外直接投资统计工作，综合编制、汇总并向商务部提供金融领域的对外直接投资统计资料。

3. 各省级商务主管部门负责本行政区域内对外直接投资统计工作，管理本行政区域内非金融业境内投资者（不包括该行政区域内中央管理的企业，下同）的对外直接投资统计工作，综合编制、汇总并向商务部报送本行政区域内的对外直接投资统计资料。

4. 境内投资者负责管理本单位的对外直接投资统计工作，按照本制度规定的表式搜集其境外直接投资企业的统计资料，综合编制、汇总并向省级商务主管部门、商务部或外汇局报送本单位的统计资料。

（六）对外直接投资统计的范围主要包括境内投资者通过直接投资方式在境外拥有或控制10%或以上投票权或其他等价利益的各类公司型和非公司型的境外直接投资企业（以下简称境外企业）。

境外企业按设立的方式主要分为境外子公司、联营公司和分支机构。

对外直接投资统计的内容主要包括：境内投资者的基本情况；境外企业的基本情况；境内投资者与境外企业间的投资、收益分配情况；通过境外企业实现的货物进出口情况；对外投资并购情况；通过境外企业再投资情况；境外经济贸易合作区情况；农业对外投资合作情况等。

（七）对外直接投资统计的指标主要包括：对外直接投资额；反向投资额；对外直接投资净额；实际交易额；资产总额；负债总额；所有者权益；实收资本；销售（营业）收入；利润总额；年末从业人数；境内投资者通过境外企业实现的出口额；境内投资者通过境外企业实现的进口额；对所在国缴纳的税金总额等。

（八）本制度采用定期填报统计报表方式，收集、整理统计资料。调查表分为年度报表和月度报表。

商务部、国家统计局和外汇局根据需要对重点统计调查项目采取典型调查方式，收集、整理统计资料，具体办法另文制定。

对外直接投资统计报表报送渠道：

1. 境内投资者为中央企业、单位的，直接向商务部报送统计报表。

2. 境内投资者为金融企业（包括银行、保险公司、证券公司、基金公司、信托公司、财务公司等）的，直接向外汇局报送统计报表。

3. 其他境内投资者向所在地省级商务主管部门报送统计报表。

4. 各省级商务主管部门汇总本行政区域

内（不包括中央企业）的统计资料并上报商务部，同时抄送同级统计部门。

5. 外汇局负责收集、审核、汇总金融业境内投资者的统计资料，向商务部提供金融部分对外直接投资统计资料。

6. 商务部负责汇总全行业对外直接投资统计资料并报国家统计局。

境内投资者对外直接投资涉及的所有境外企业均按1、2、3渠道报送。

（九）对外直接投资统计数据采取定期公布制度。对外投资合作业务管理中使用的以及对外提供的统计资料，以商务部、国家统计局和外汇局公布的统计资料为准。

年度统计数据由商务部、国家统计局和外汇局于次年9月30日前以统计公报形式对外公布，月度统计数据由商务部于月后30日内对外公布，并自公布之日起10日内报国家统计局备案。每年1季度，商务部根据月度统计数据生成年度对外直接投资统计初步数据，同比计算基期为上年度统计初步数据。

对外公布的对外直接投资月度统计数据包括商务部根据上年度利润再投资测算的月度利润再投资，商务部根据测算比例将月度利润再投资分摊到有关行业、地区、省份等。

商务部、国家统计局和外汇局可根据对外直接投资实际情况对本年月度数据及上年度年报数据予以调整，年度最终数据以统计公报公布的数据为准。

（十）逢国家法定的节假日，统计报表的报送时间顺延。

（十一）本制度使用的国别（地区）统计代码，按海关总署制定的《国别（地区）统计代码》执行。

法人单位代码按各级技术监督部门颁发的《中华人民共和国组织机构代码证书》代码填报。

境内投资者所属行业类别按国家统计局发布的中华人民共和国《国民经济行业分类》（GB/T 4754－2011）执行，境外企业所属行业类别参照执行。

（十二）本制度由商务部负责解释。

（十三）本制度自2013年1月1日起正式施行，原《对外直接投资统计制度》（商合发〔2010〕520号）同时废止。

中国银行业监督管理委员会

中国银监会关于印发绿色信贷指引的通知

（银监发〔2012〕4号）

各银监局，各政策性银行、国有商业银行、股份制商业银行、金融资产管理公司，邮政储蓄银行，各省级农村信用联社，银监会直接监管的信托公司、企业集团财务公司、金融租赁公司：

为贯彻落实《国务院“十二五”节能减排综合性工作方案》（国发〔2011〕26号）、《国务院关于加强环境保护重点工作的意见》（国发〔2011〕35号）等宏观调控政策，以及监管政策与产业政策相结合的要求，推动银行业金融机构以绿色信贷为抓手，积极调整信贷结构，有效防范环境与社会风险，更好地服务实体经济，促进经济发展方式转变和经济结构调整，银监会制定了《绿色信贷指引》。现印发给你们，请遵照执行。

请各银监局将本通知转发至辖内银行业金融机构，并督促落实。

中国银行业监督管理委员会

二〇一二年一月二十九日

绿色信贷指引

第一章　总　　则

第一条　为促进银行业金融机构发展绿色信贷，根据《中华人民共和国银行业监督管理法》、《中华人民共和国商业银行法》等法律法规，制定本指引。

第二条　本指引所称银行业金融机构，包括在中华人民共和国境内依法设立的政策性银行、商业银行、农村合作银行、农村信用社。

第三条　银行业金融机构应当从战略高度推进绿色信贷，加大对绿色经济、低碳经济、循环经济的支持，防范环境和社会风险，提升自身的环境和社会表现，并以此优化信贷结构，提高服务水平，促进发展方式转变。

第四条　银行业金融机构应当有效识别、计量、监测、控制信贷业务活动中的环境和社会风险，建立环境和社会风险管理体系，完善相关信贷政策制度和流程管理。

本指引所称环境和社会风险是指银行业金融机构的客户及其重要关联方在建设、生产、经营活动中可能给环境和社会带来的危害及相关风险，包括与耗能、污染、土地、健康、安全、移民安置、生态保护、气候变化等有关的环境与社会问题。

第五条 中国银监会依法负责对银行业金融机构的绿色信贷业务及其环境和社会风险管理实施监督管理。

第二章 组织管理

第六条 银行业金融机构董事会或理事会应当树立并推行节约、环保、可持续发展等绿色信贷理念，重视发挥银行业金融机构在促进经济社会全面、协调、可持续发展中的作用，建立与社会共赢的可持续发展模式。

第七条 银行业金融机构董事会或理事会负责确定绿色信贷发展战略，审批高级管理层制定的绿色信贷目标和提交的绿色信贷报告，监督、评估本机构绿色信贷发展战略执行情况。

第八条 银行业金融机构高级管理层应当根据董事会或理事会的决定，制定绿色信贷目标，建立机制和流程，明确职责和权限，开展内控检查和考核评价，每年度向董事会或理事会报告绿色信贷发展情况，并及时向监管机构报送相关情况。

第九条 银行业金融机构高级管理层应当明确一名高管人员及牵头管理部门，配备相应资源，组织开展并归口管理绿色信贷各项工作。必要时可以设立跨部门的绿色信贷委员会，协调相关工作。

第三章 政策制度及能力建设

第十条 银行业金融机构应当根据国家环保法律法规、产业政策、行业准入政策等规定，建立并不断完善环境和社会风险管理的政策、制度和流程，明确绿色信贷的支持方向和重点领域，对国家重点调控的限制类以及有重大环境和社会风险的行业制定专门的授信指引，实行有差别、动态的授信政策，实施风险敞口管理制度。

第十一条 银行业金融机构应当制定针对客户的环境和社会风险评估标准，对客户的环境和社会风险进行动态评估与分类，相关结果应当作为其评级、信贷准入、管理和退出的重要依据，并在贷款“三查”、贷款定价和经济资本分配等方面采取差别化的风险管理措施。

银行业金融机构应当对存在重大环境和社会风险的客户实行名单制管理，要求其采取风险缓释措施，包括制定并落实重大风险应对预案，建立充分、有效的利益相关方沟通机制，寻求第三方分担环境和社会风险等。

第十二条 银行业金融机构应当建立有利于绿色信贷创新的工作机制，在有效控制风险和商业可持续的前提下，推动绿色信贷流程、产品和服务创新。

第十三条 银行业金融机构应当重视自身的环境和社会表现，建立相关制度，加强绿色信贷理念宣传教育，规范经营行为，推行绿色办公，提高集约化管理水平。

第十四条 银行业金融机构应当加强绿色信贷能力建设，建立健全绿色信贷标识和统计制度，完善相关信贷管理系统，加强绿色信贷培训，培养和引进相关专业人才。必要时可以借助合格、独立的第三方对环境和社会风险进行评审或通过其他有效的服务外包方式，获得相关专业服务。

第四章 流程管理

第十五条 银行业金融机构应当加强授信尽职调查，根据客户及其项目所处行业、区域特点，明确环境和社会风险尽职调查的内容，确保调查全面、深入、细致。必要时可以寻求合格、独立的第三方和相关主管部门的支持。

第十六条 银行业金融机构应当对拟授信客户进行严格的合规审查，针对不同行业的客户特点，制定环境和社会方面的合规文件清单和合规风险审查清单，确保客户提交的文件和相关手续的合规性、有效性和完整性，确信客户对相关风险点有足够的重视和有效的动态控制，符合实质合规要求。

第十七条 银行业金融机构应当加强授信审批管理，根据客户面临的环境和社会风险的性质和严重程度，确定合理的授信权限和审批流程。对环境和社会表现不合规的客户，应当不予授信。

第十八条 银行业金融机构应当通过完善合同条款督促客户加强环境和社会风险管理。对涉及重大环境和社会风险的客户，在合同中应当要求客户提交环境和社会风险报告，订立客户加强环境和社会风险管理的声明和保证条款，设定客户接受贷款人监督等承诺条款，以及客户在管理环境和社会风险方面违约时银行业金融机构的救济条款。

第十九条 银行业金融机构应当加强信贷资金拨付管理，将客户对环境和社会风险的管理状况作为决定信贷资金拨付的重要依据。在已授信项目的设计、准备、施工、竣工、运营、关停等各环节，均应当设置环境和社会风险评估关卡，对出现重大风险隐患的，可以中止直至终止信贷资金拨付。

第二十条 银行业金融机构应当加强贷后管理，对有潜在重大环境和社会风险的客户，制定并实行有针对性的贷后管理措施。密切关注国家政策对客户经营状况的影响，加强动态分析，并在资产风险分类、准备计提、损失核销等方面及时做出调整。建立健全客户重大环境和社会风险的内部报告制度和责任追究制度。在客户发生重大环境和社会风险事件时，应当及时采取相关的风险处置措施，并就该事件可能对银行业金融机构造成的影响向监管机构报告。

第二十一条 银行业金融机构应当加强对拟授信的境外项目的环境和社会风险管理，确保项目发起人遵守项目所在国家或地区有关环保、土地、健康、安全等相关法律法规。对拟授信的境外项目公开承诺采用相关国际惯例或国际准则，确保对拟授信项目的操作与国际良好做法在实质上保持一致。

第五章 内控管理与信息披露

第二十二条 银行业金融机构应当将绿色信贷执行情况纳入内控合规检查范围，定期组织实施绿色信贷内部审计。检查发现重大问题的，应当依据规定进行问责。

第二十三条 银行业金融机构应当建立有效的绿色信贷考核评价体系和奖惩机制，落实激励约束措施，确保绿色信贷持续有效开展。

第二十四条 银行业金融机构应当公开绿色信贷战略和政策，充分披露绿色信贷发展情况。对涉及重大环境与社会风险影响的授信情况，应当依据法律法规披露相关信息，接受市场和利益相关方的监督。必要时可以聘请合格、独立的第三方，对银行业金融机构履行环境和社会责任的活动进行评估或审计。

第六章 监督检查

第二十五条 各级银行业监管机构应当加强与相关主管部门的协调配合，建立健全信息共享机制，完善信息服务，向银行业金融机构提示相关环境和社会风险。

第二十六条 各级银行业监管机构应当加强非现场监管，完善非现场监管指标体系，强化对银行业金融机构面临的环境和社会风险的监测分析，及时引导其加强风险管理，调整信贷投向。

银行业金融机构应当根据本指引要求，至少每两年开展一次绿色信贷的全面评估工作，并向银行业监管机构报送自我评估报告。

第二十七条 银行业监管机构组织开展现场检查，应当充分考虑银行业金融机构面临的环境和社会风险，明确相关检查内容和要求。对环境和社会风险突出的地区或银行业金融机构，应当开展专项检查，并根据检查结果督促其整改。

第二十八条 银行业监管机构应当加强对银行业金融机构绿色信贷自我评估的指导，并结合非现场监管和现场检查情况，全面评估银行业金融机构的绿色信贷成效，按照相关法律法规将评估结果作为银行业金融机构监管评级、机构准入、业务准入、高管人员履职评价的重要依据。

第七章 附 则

第二十九条 本指引自公布之日起施行。

村镇银行、贷款公司、农村资金互助社、非银行金融机构参照本指引执行。

第三十条 本指引由中国银监会负责解释。

中国银监会关于完善银行业金融机构客户投诉处理机制切实做好金融消费者保护工作的通知

（银监发〔2012〕13号）

各银监局，各政策性银行、国有商业银行、股份制商业银行、金融资产管理公司，邮政储蓄银行，各省级农村信用联社，银监会直接监管的信托公司、企业集团财务公司、金融租赁公司：

为保护金融消费者合法权益，有效化解社会矛盾，促进银行业提高服务水平，根据《银行业监督管理法》和《商业银行法》相关规定，现就有关事项通知如下：

一、银行业金融机构应当牢固树立公平对待金融消费者的观念，并将其融入公司治理和企业文化建设当中，建立健全金融消费者保护机制。银行业金融机构董事会应当将关注和维护金融消费者的合法权益作为重要职责之一，并确保高级管理层有效履行相应职责。总行和各级分支机构应当确定一名高级管理人员负责维护金融消费者合法权益工作。

二、银行业金融机构应当完善客户投诉处理机制，制定投诉处理工作流程，落实岗位责任，及时妥善解决客户投诉事项，积极预防合规风险和声誉风险。

三、银行业金融机构应当设立或指定投诉处理部门，负责指导、协调、处理客户投诉事项。

四、投诉处理工作人员应当充分了解法律、行政法规、规章和银监会有关监管规定，熟悉金融产品与金融服务情况，掌握本机构有关规章制度与业务流程，具备相应的工作能力，公平、友善对待金融消费者。

五、银行业金融机构应当加强营业网点现场投诉处理能力建设，规范营业网点现场投诉处理程序，明确投诉处理工作人员的岗位职责，严格执行首问负责制，有效提升现场投诉处理能力。

六、银行业金融机构应当为客户投诉提供必要的便利。在各营业网点和官方网站的醒目位置公布电话、网络、信函等投诉处理渠道。投诉电话可以单独设立，也可以与客户服务热线对接；与客户服务热线对接的，在客户服务热线中应有明显清晰的提示。

七、银行业金融机构应当及时受理各项投诉并登记，受理后应当通过短信、电话、电子邮件或信函等方式告知客户受理情况、处理时限和联系方式。

八、银行业金融机构对客户投诉事项，应当认真调查核实并及时将处理结果以上述方式告知。发现有关金融产品或服务确有问题的，应立即采取措施予以补救或纠正。银行业金融机构给金融消费者造成损失的，应根据有关法律规定或合同约定向金融消费者进行赔偿或补偿。

九、投诉处理应当高效快速。处理时限原则上不得超过十五个工作日。情况复杂或有特殊原因的，可以适当延长处理时限，但最长不得超过六十个工作日，并应当以短信、邮件、信函等方式告知客户延长时限及理由。

十、对银监会及其派出机构转办的投诉事项，应当严格按照转办要求处理，并及时向交办机构报告处理结果。

十一、银行业金融机构应当实行客户投诉源头治理，定期分析研究客户投诉、咨询的热点问题，及时查找薄弱环节和风险隐患，从运营机制、操作流程、管理制度等体制机制方面予以重点改进，切实维护金融消费者的合法权益。

十二、银行业金融机构要加强对各分支机构客户投诉处理工作的管理，将投诉处理工作纳入经营绩效考评和内控评价体系，及时研究解决投诉处理工作中存在的问题，确保客户投诉处理机制的有效性。

十三、银行业金融机构应当充分发挥法律合规部门在客户投诉处理和维护金融消费者合法权益工作中的作用，加强合规风险的有效识别和管理，确保依法合规经营，切实维护金融消费者的合法权益。

十四、银行业金融机构应当加强员工维护金融消费者合法权益的教育培训工作，切实提高服务意识和服务水平。

十五、银行业金融机构接到大规模投诉，或者投诉事项重大，涉及众多金融消费者利益，可能引发群体性事件的，应当及时向银监会或其派出机构报告。

十六、银行业金融机构及其各级分支机构应当做好金融消费者投诉统计、分析工作，并每半年形成报告，于每年1月30日和7月30日前报送银监会或其派出机构。

各银行业金融机构及其分支机构应当于2012年7月20日前将客户投诉管理办法、投诉渠道、投诉处理部门及其负责人和联系人的名单报送银监会或其派出机构。此后如客户投诉管理办法、投诉渠道有变动，变动情况应在半年报告中予以反映；如投诉处理部门及其负责人和联系人的名单有变动，应及时将变动情况报告银监会或其派出机构。

十七、银监会及其派出机构要加强对银行业金融机构客户投诉处理工作的监督检查，敦促其完善机制、落实责任、推进工作。

十八、对于涉及金融消费者权益保护的热点、难点问题，银监会及其派出机构可以向有关金融机构发出监管建议，并要求其在一定期限内采取预防或纠正措施；发现违法违规行为的，应当依法予以查处。

十九、对于一定时期内，信访投诉数量较高、处理不当或拖延问题较突出的银行业金融机构，应当在全辖予以通报，并可作为准入和监管评级的参考依据。

请各银监局将本通知转发至辖内银行业金融机构，并督促其遵照执行。各银监局和银行业金融机构在执行中遇有问题，请及时向银监会报告。

二〇一二年三月二十三日

中国银监会关于鼓励和引导民间资本进入银行业的实施意见

（银监发〔2012〕27号）

各银监局，各政策性银行、国有商业银行、股份制商业银行、金融资产管理公司，邮政储蓄银行，各省级农村信用联社，银监会直管的信托公司、企业集团财务公司、金融租赁公司：

为贯彻落实《国务院关于鼓励和引导民间投资健康发展的若干意见》（国发〔2010〕13号），鼓励和引导民间资本进入银行业，加强对民间投资的融资支持，依据《银行业监督管理法》、《商业银行法》等法律法规和国家政策，制定本实施意见。

一、支持民间资本与其他资本按同等条件进入银行业

（一）支持符合银行业行政许可规章相关规定，公司治理结构完善，社会声誉、诚信记录和纳税记录良好，经营管理能力和资金实力较强，财务状况、资产状况良好，入股资金来源真实合法的民营企业投资银行业金融机构。

民营企业可通过发起设立、认购新股、受让股权、并购重组等多种方式投资银行业金融机构。

（二）支持民营企业参与商业银行增资扩股，鼓励和引导民间资本参与城市商业银行重组。民营企业参与城市商业银行风险处置的，持股比例可以适当放宽至20%以上。

（三）支持民营企业，特别是符合条件的农业产业化龙头企业和农民专业合作社等涉农企业参与农村信用社股份制改革或参与农村商业银行增资扩股。

进一步加大引导和扶持力度，鼓励民间资本参与农村金融机构重组改造。通过并购重组方式参与农村信用社和农村商业银行风险处置的，允许单个企业及其关联方阶段性持股比例超过20%。

（四）支持民营企业参与村镇银行发起设立或增资扩股。村镇银行主发起行的最低持股比例由20%降低为15%。

村镇银行的主发起行应当向村镇银行提供成熟的风险管理理念、管理机制和技术手段，建立风险为本的企业文化，促进村镇银行审慎稳健经营。

村镇银行进入可持续发展阶段后，主发起行可以与其他股东按照有利于拓展特色金融服务、有利于防范金融风险、有利于完善公司治

理的原则调整各自的持股比例。

（五）支持农民、农村小企业作为农村资金互助社社员，发起设立或者参与农村资金互助社增资扩股。

（六）支持民营企业投资信托公司、消费金融公司。

支持符合国家产业政策并拥有核心主业的民营企业集团，申请设立企业集团财务公司。

支持主营业务适合融资租赁交易产品的大型民营企业以及民营租赁公司，作为金融租赁公司主要出资人，投资金融租赁公司。

支持生产或销售汽车整车的民营企业作为汽车金融公司的主要出资人，投资汽车金融公司。

（七）允许小额贷款公司按规定改制设立为村镇银行。

二、为民间资本进入银行业创造良好环境

（八）各级银行业监督管理机构要充分认识鼓励和引导民间资本进入银行业对加快多层次银行业市场体系建设、建立公平竞争的银行业市场环境以及我国银行业金融机构自身可持续发展的重要意义，在促进银行业金融机构股权结构多元化、平等保护各类出资人的合法权益、有利于改进银行业金融机构公司治理和内部控制的基础上，采取切实措施，积极支持民间资本进入银行业。

（九）各级银行业监督管理机构要鼓励各类投资者平等竞争，根据银行业行政许可规章确定的条件和程序，实施市场准入行政许可。在市场准入实际工作中，不得单独针对民间资本进入银行业设置限制条件。

（十）各级银行业监督管理机构要及时公布有关投资银行业金融机构的法规、政策和程序，以及银行业市场准入行政许可事项、结果，畅通审批渠道，公开审批流程，不断提高银行业市场准入的透明度。

（十一）各级银行业监督管理机构要进一步加强对民间资本进入银行业的服务、指导，依法答复相关法规和政策咨询。

（十二）各级银行业监督管理机构要严格依法履行监管职责，接受社会公众通过申请政府信息公开、行政复议、行政诉讼等方式对银行业市场准入工作进行的监督。

（十三）各银行业金融机构应当认真对待各类投资者的投资需求，在增资扩股、股权改造、并购重组等过程中为民间资本投资入股创造公平竞争条件。

三、促进民间资本投资的银行业金融机构稳健经营

（十四）民间资本进入银行业应当与其他各类资本同等遵守法律、行政法规和规章有关投资银行业金融机构的持股比例、投资机构数量等审慎规定。

（十五）各级银行业监督管理机构审核银行业金融机构投资入股许可申请，要审慎考虑投资者对拟投资银行业金融机构稳健经营可能产生的影响，避免公司治理结构存在明显缺陷，关联关系复杂、关联交易频繁且异常，核心主业不突出，现金流量受经济景气影响较大，资产负债率、财务杠杆率畸高的企业投资银行业金融机构。

（十六）各银行业金融机构应当遵守《商业银行与内部人和股东关联交易管理办法》等相关规定，规范关联交易行为，控制关联交易风险。对导致银行业金融机构违反审慎经营规则的股东（社员），银行业监督管理机构可以依照《银行业监督管理法》的规定，采取相应的监管措施。

对于已经或者可能发生信用危机，严重影响存款人或其他客户合法权益，或者有违法经营、经营管理不善而可能严重危害金融秩序、

损害公众利益等情形的银行业金融机构，银行业监督管理机构应当依法及时采取相应的风险处置措施。

四、加大对民间投资的融资支持力度

（十七）各银行业金融机构要充分认识非公有制经济发展对我国经济战略转型、促进就业和经济长期平稳较快发展的重要意义，深入落实提升小型微型企业金融服务相关法规和政策，合理配置信贷资源，创新和灵活运用多种金融工具，加大对民间投资的融资支持。

（十八）鼓励银行业金融机构根据民间投资特点，积极开展融资模式、服务手段和产品创新，提供多层次金融服务，支持民营企业发展，重点满足符合国家产业和环保政策、有利于扩大就业、有偿还意愿和偿还能力、具有商业可持续性的小型微型企业的融资需求。

（十九）引导银行业金融机构建立小型微型企业金融服务长效机制，贯彻落实小型微型企业金融服务“六项机制”，进一步改进小型微型企业贷款工作流程，使相关机制真正有效发挥作用，实现小型微型企业金融业务可持续发展。

（二十）支持商业银行进一步加强小型微型企业专营管理建设，按照“四单原则”（单列信贷计划、单独配置人力和财务资源、单独客户评定与信贷评审、单独会计核算）加大专营机构管理和资源配置力度，继续支持商业银行新设或改造部分分支行作为小型微型企业金融服务专业分支行或者特色分支行，充分发挥专业化经营优势。

（二十一）鼓励银行业金融机构积极开展小型微型企业信贷产品创新，根据小型微型企业的发展特点和实际需求，提供循环贷款、应收账款保理、同业互保、联保贷款等多元化的特色金融产品。

鼓励银行业金融机构根据小型微型企业信用状况和资产状况，灵活采用保证、抵押、质押等担保方式或组合担保方式，积极探索动产抵押、股权质押、专利权质押、林权抵押、税款返还担保、保单质押、仓单质押、应收账款质押等多种融资担保方式。

（二十二）各银行业金融机构要进一步完善小型微型企业贷款的激励约束机制，加快建立单独的小型微型企业贷款风险分类、损失拨备和快速核销制度，认真落实小型微型信贷工作尽责制、不良贷款问责制和免责制，突出对信贷业务人员的正向激励，充分调动其开展小型微型企业金融服务的工作积极性。

（二十三）引导银行业金融机构对小型微型企业减费让利，具体落实优惠服务原则。禁止银行业金融机构在发放贷款时附加不合理的贷款条件，包括违法违规收取、变相收取承诺费、资金管理费，搭售保险、基金等产品。严格限制对小型微型企业收取财务顾问费、咨询费等费用。

（二十四）引导银行业金融机构加强与融资性担保机构的互利合作，推动小型微型企业信用体系建设，改善民营企业特别是民营小型微型企业融资环境。

（二十五）鼓励和引导银行业金融机构在金融服务不足的农村地区增设营业网点，支持银行业金融机构优化现有农村地区网点布局，将在当地所吸收的可贷资金主要用于当地发放贷款，不断加大“三农”服务力度。

（二十六）各级银行业监督管理机构要认真落实相关监管优惠政策，积极引导银行业金融机构提升小型微型企业金融服务水平。要制定具体措施提高行政审批效率，优先办理小型微型企业金融服务市场准入事项，优先支持小型微型企业金融服务良好的银行业金融机构增设分支机构、发行小型微型企业贷款专项金融债。要认真按照有关规定，对符合条件的银行业金融机构的资本充足率和存贷比两项监管指标作差异化考核。要适当放宽对小型微型企业贷款不良率的容忍度，对小型微型企业贷款不良率执行差异化的考核标准。

二〇一二年五月二十六日

中国银行业监督管理委员会令

（2012 年第 1 号）

《商业银行资本管理办法（试行）》已经中国银监会第 115 次主席会议通过，现予公布，自 2013 年 1 月 1 日起施行。

主席：尚福林

二〇一二年六月七日

商业银行资本管理办法（试行）

第一章　总　　则

第一条　为加强商业银行资本监管，维护银行体系稳健运行，保护存款人利益，根据《中华人民共和国银行业监督管理法》、《中华人民共和国商业银行法》、《中华人民共和国外资银行管理条例》等法律法规，制定本办法。

第二条　本办法适用于在中华人民共和国境内设立的商业银行。

第三条　商业银行资本应抵御其所面临的风险，包括个体风险和系统性风险。

第四条　商业银行应当符合本办法规定的资本充足率监管要求。

第五条　本办法所称资本充足率，是指商业银行持有的符合本办法规定的资本与风险加权资产之间的比率。

一级资本充足率，是指商业银行持有的符合本办法规定的一级资本与风险加权资产之间的比率。

核心一级资本充足率，是指商业银行持有的符合本办法规定的核心一级资本与风险加权资产之间的比率。

第六条　商业银行应当按照本办法的规定计算并表和未并表的资本充足率。

第七条　商业银行资本充足率计算应当建立在充分计提贷款损失准备等各项减值准备的基础之上。

第八条　商业银行应当按照本办法建立全面风险管理架构和内部资本充足评估程序。

第九条 中国银行业监督管理委员会（以下简称银监会）依照本办法对商业银行资本充足率、资本管理状况进行监督检查，并采取相应的监管措施。

第十条 商业银行应当按照本办法披露资本充足率信息。

第二章 资本充足率计算和监管要求

第一节 资本充足率计算范围

第十一条 商业银行未并表资本充足率的计算范围应包括商业银行境内外所有分支机构。并表资本充足率的计算范围应包括商业银行以及符合本办法规定的其直接或间接投资的金融机构。商业银行及被投资金融机构共同构成银行集团。

第十二条 商业银行计算并表资本充足率，应当将以下境内外被投资金融机构纳入并表范围：

（一）商业银行直接或间接拥有50%以上表决权的被投资金融机构。

（二）商业银行拥有50%以下（含）表决权的被投资金融机构，但与被投资金融机构之间有下列情况之一的，应将其纳入并表范围：

1. 通过与其他投资者之间的协议，拥有该金融机构50%以上的表决权。

2. 根据章程或协议，有权决定该金融机构的财务和经营政策。

3. 有权任免该金融机构董事会或类似权力机构的多数成员。

4. 在被投资金融机构董事会或类似权力机构占多数表决权。

确定对被投资金融机构表决权时，应考虑直接和间接拥有的被投资金融机构的当期可转换债券、当期可执行的认股权证等潜在表决权因素，对于当期可以实现的潜在表决权，应计入对被投资金融机构的表决权。

（三）其他证据表明商业银行实际控制被投资金融机构的情况。

控制，是指一个公司能够决定另一个公司的财务和经营政策，并据以从另一个公司的经营活动中获取利益。

第十三条 商业银行未拥有被投资金融机构多数表决权或控制权，具有下列情况之一的，应当纳入并表资本充足率计算范围：

（一）具有业务同质性的多个金融机构，虽然单个金融机构资产规模占银行集团整体资产规模的比例较小，但该类金融机构总体风险足以对银行集团的财务状况及风险水平造成重大影响。

（二）被投资金融机构所产生的合规风险、声誉风险造成的危害和损失足以对银行集团的声誉造成重大影响。

第十四条 符合本办法第十二条、第十三条规定的保险公司不纳入并表范围。

商业银行应从各级资本中对应扣除对保险公司的资本投资，若保险公司存在资本缺口的，还应当扣除相应的资本缺口。

第十五条 商业银行拥有被投资金融机构50%以上表决权或对被投资金融机构的控制权，但被投资金融机构处于以下状态之一的，可不列入并表范围：

（一）已关闭或已宣布破产。

（二）因终止而进入清算程序。

（三）受所在国外汇管制及其他突发事件的影响，资金调度受到限制的境外被投资金融机构。

商业银行对有前款规定情形的被投资金融机构资本投资的处理方法按照本办法第十四条第二款的规定执行。

第十六条 商业银行计算未并表资本充足率，应当从各级资本中对应扣除其对符合本办法第十二条和第十三条规定的金融机构的所有资本投资。若这些金融机构存在资本缺口的，还应当扣除相应的资本缺口。

第十七条 商业银行应当根据本办法制定并表和未并表资本充足率计算内部制度。商业银行调整并表和未并表资本充足率计算范围的，应说明理由，并及时报银监会备案。

第十八条 银监会有权根据商业银行及其附属机构股权结构变动、业务类别及风险状况确定和调整其并表资本充足率的计算范围。

第二节 资本充足率计算公式

第十九条 商业银行应当按照以下公式计算资本充足率：

$$资本充足率 = \frac{总资本 - 对应资本扣减项}{风险加权资产} \times 100\%$$

$$一级资本充足率 = \frac{一级资产 - 对应资本扣减项}{风险加权资产} \times 100\%$$

$$核心一级资本充足率 = \frac{核心一级资产 - 对应资本扣减项}{风险加权资产} \times 100\%$$

第二十条 商业银行总资本包括核心一级资本、其他一级资本和二级资本。商业银行应当按照本办法第三章的规定计算各级资本和扣除项。

第二十一条 商业银行风险加权资产包括信用风险加权资产、市场风险加权资产和操作风险加权资产。商业银行应当按照本办法第四章、第五章和第六章的规定分别计量信用风险加权资产、市场风险加权资产和操作风险加权资产。

第三节 资本充足率监管要求

第二十二条 商业银行资本充足率监管要求包括最低资本要求、储备资本和逆周期资本要求、系统重要性银行附加资本要求以及第二支柱资本要求。

第二十三条 商业银行各级资本充足率不得低于如下最低要求：

（一）核心一级资本充足率不得低于5%。

（二）一级资本充足率不得低于6%。

（三）资本充足率不得低于8%。

第二十四条 商业银行应当在最低资本要求的基础上计提储备资本。储备资本要求为风险加权资产的2.5%，由核心一级资本来满足。

特定情况下，商业银行应当在最低资本要求和储备资本要求之上计提逆周期资本。逆周期资本要求为风险加权资产的0—2.5%，由核心一级资本来满足。

逆周期资本的计提与运用规则另行规定。

第二十五条 除本办法第二十三条和第二十四条规定的最低资本要求、储备资本和逆周期资本要求外，系统重要性银行还应当计提附加资本。

国内系统重要性银行附加资本要求为风险加权资产的1%，由核心一级资本满足。国内系统重要性银行的认定标准另行规定。

若国内银行被认定为全球系统重要性银行，所适用的附加资本要求不得低于巴塞尔委员会的统一规定。

第二十六条 除本办法第二十三条、第二十四条和第二十五条规定的资本要求以外，银监会有权在第二支柱框架下提出更审慎的资本要求，确保资本充分覆盖风险，包括：

（一）根据风险判断，针对部分资产组合提出的特定资本要求；

（二）根据监督检查结果，针对单家银行提出的特定资本要求。

第二十七条 除上述资本充足率监管要求外，商业银行还应当满足杠杆率监管要求。

杠杆率的计算规则和监管要求另行规定。

……

第十章 附 则

第一百六十九条 农村合作银行、村镇银行、农村信用合作社、农村资金互助社、贷款公司、企业集团财务公司、消费金融公司、金融租赁公司、汽车金融公司参照本办法执行。外国银行在华分行参照本办法规定的风险权重计量人民币风险加权资产。

第一百七十条 本办法所称的资本计量高级方法包括信用风险内部评级法、市场风险内部模型法和操作风险高级计量法。商业银行采用资本计量高级方法，应当按照本办法附件16 的规定建立资本计量高级方法验证体系。

第一百七十一条 银监会对获准采用资本计量高级方法的商业银行设立并行期，并行期自获准采用资本计量高级方法当年底开始，至少持续三年。并行期内，商业银行应按照本办法规定的资本计量高级方法和其他方法并行计量资本充足率，并遵守本办法附件 14 规定的资本底线要求。

并行期第一年、第二年和第三年的资本底线调整系数分别为 95%、90% 和 80%。

并行期内，商业银行实际计提的贷款损失准备超过预期损失的，低于 150% 拨备覆盖率的超额贷款损失准备计入二级资本的数量不得超过信用风险加权资产的 0.6%；高于 150% 拨备覆盖率的超额贷款损失准备可全部计入二级资本。

第一百七十二条 商业银行应在 2018 年底前达到本办法规定的资本充足率监管要求，鼓励有条件的商业银行提前达标。

第一百七十三条 达标过渡期内，商业银行应当制定并实施切实可行的资本充足率分步达标规划，并报银监会批准。银监会根据商业银行资本充足率达标规划实施情况，采取相应的监管措施。

第一百七十四条 达标过渡期内，商业银行应当同时按照《商业银行资本充足率管理办法》和本办法计量并披露并表和非并表资本充足率。

第一百七十五条 达标过渡期内，商业银行可以简化信息披露内容，但应当至少披露资本充足率计算范围、各级资本及扣减项、资本充足率水平、信用风险加权资产、市场风险加权资产、操作风险加权资产和薪酬的重要信息，以及享受过渡期优惠政策的资本工具和监管调整项目。

第一百七十六条 商业银行计算并表资本充足率，因新旧计量规则差异导致少数股东资本可计入资本的数量下降，减少部分从本办法施行之日起分五年逐步实施，即第一年加回 80%，第二年加回 60%，第三年加回 40%，第四年加回 20%，第五年不再加回。

第一百七十七条 本办法中采用标准普尔的评级符号，但对商业银行选用外部信用评级公司不做规定；商业银行使用外部评级公司的评级结果应符合本办法附件 17 的规定，并保持连续性。

第一百七十八条 附件 1、附件 2、附件 3、附件 4、附件 5、附件 6、附件 7、附件 8、附件 9、附件 10、附件 11、附件 12、附件 13、附件 14、附件 15、附件 16、附件 17 是本办法的组成部分。

……

中国证券监督管理委员会

中国证券监督管理委员会令

（2008 年第 78 号）

《关于修改〈证券发行与承销管理办法〉的决定》已经 2012 年 5 月 11 日中国证券监督管理委员会第 17 次主席办公会议审议通过，现予公布，自 2012 年 5 月 18 日起施行。

中国证券监督管理委员会主席：郭树清

二〇一二年五月十八日

关于修改《证券发行与承销管理办法》的决定

一、第二条第二款修改为：“发行人、证券公司和投资者参与证券发行，还应当遵守中国证券监督管理委员会（以下简称中国证监会）有关证券发行的其他规定，以及证券交易所、证券登记结算机构的业务规则和中国证券业协会的自律规则。证券公司承销证券，还应当遵守中国证监会有关保荐制度、风险控制制度和内部控制制度的相关规定。”

二、第五条修改为：“首次公开发行股票，可以通过向询价对象询价的方式确定股票发行价格，也可以通过发行人与主承销商自主协商直接定价等其他合法可行的方式确定发行价格，发行人应在发行公告中说明本次发行股票的定价方式。上市公司发行证券的定价，应当符合中国证监会关于上市公司证券发行的有关规定。

“询价对象是指符合本办法规定条件的证券投资基金管理公司、证券公司、信托投资公司、财务公司、保险机构投资者、合格境外机构投资者、主承销商自主推荐的机构和个人投资者，以及经中国证监会认可的其他投资者。

“主承销商自主推荐询价对象，应当按照本办法和中国证券业协会自律规则的规定，制定明确的推荐原则和标准，建立透明的推荐决策机制，并报中国证券业协会登记备案。自主推荐的询价对象包括具有较高定价能力和长期投资取向的机构投资者和投资经验比较丰富的个人投资者。”

三、第七条修改为：“机构投资者作为询价对象应当符合下列条件：

（一）依法设立，最近 12 个月未因重大违法违规行为被相关监管部门给予行政处罚、采取监管措施或者受到刑事处罚；

（二）依法可以进行股票投资；

（三）信用记录良好，具有独立从事证券投资所必需的机构和人员；

（四）具有健全的内部风险评估和控制系统并能够有效执行，风险控制指标符合有关规定；

（五）按照本办法的规定被中国证券业协会从询价对象名单中去除的，自去除之日起已满12个月。

“个人投资者作为询价对象应当具备5年以上投资经验、较强的研究能力和风险承受能力。主承销商应当严格按照既定的推荐原则、标准和程序进行推荐。”

四、第九条修改为：“主承销商可以在刊登招股意向书后向询价对象提供投资价值研究报告。发行人、主承销商和询价对象不得以任何形式公开披露投资价值研究报告的内容，但中国证监会另有规定的除外。”

五、第十三条修改为：“招股说明书（申报稿）预先披露后，发行人和主承销商可向特定询价对象以非公开方式进行初步沟通，征询价格意向，预估发行价格区间，也可通过其他合理方式预估发行价格区间。

“初步沟通不得采用公开或变相公开方式进行，不得向询价对象提供除预先披露的招股说明书（申报稿）等公开信息以外的发行人其他信息。”

六、第十四条修改为：“采用询价方式定价的，发行人和主承销商可以根据初步询价结果直接确定发行价格，也可以通过初步询价确定发行价格区间，在发行价格区间内通过累计投标询价确定发行价格。”

七、增加一条，作为第十五条：“首次公开发行股票招股意向书刊登后，发行人及其主承销商可以向询价对象进行推介和询价，并通过互联网等方式向公众投资者进行推介。

“发行人及其主承销商向公众投资者进行推介时，向公众投资者提供的发行人信息的内容及完整性应当与向询价对象提供的信息保持一致。”

八、增加一条，作为第十六条：“发行人及其主承销商在推介过程中不得夸大宣传，或以虚假广告等不正当手段诱导、误导投资者，不得干扰询价对象正常报价和申购，不得披露除招股意向书等公开信息以外的发行人其他信息；推介资料不得存在虚假记载、误导性陈述或者重大遗漏。

“承销商应当保留推介、询价、定价过程中的相关资料并存档备查，包括推介宣传材料、路演现场录音等，如实、全面反映询价、定价过程。”

九、第十五条改为第十七条，修改为：“采用询价方式确定发行价格的，询价对象可以自主决定是否参与初步询价，询价对象申请参与初步询价的，主承销商无正当理由不得拒绝。未参与初步询价或者参与初步询价但未有效报价的询价对象，不得参与累计投标询价和网下配售。”

十、第十七条改为第十九条，修改为：“主承销商的证券自营账户不得参与本次发行股票的询价、网下配售和网上发行。

“与发行人或其主承销商具有实际控制关系的询价对象的自营账户，不得参与本次发行股票的询价、网下配售，可以参与网上发行。”

十一、删除第二十一条。

十二、增加一条，作为第二十二条：“发行人与主承销商自主协商确定发行价格，或采用询价以外其他合法可行方式确定发行价格的，应当在发行方案中详细说明定价方式，并在发行方案报送中国证监会备案后刊登招股意向书。”

十三、第二十四条改为第二十五条，修改为：“发行人及其主承销商应当向参与网下配售的询价对象配售股票。发行人及其主承销商向询价对象配售股票的数量原则上不低于本次公开发行新股及转让老股（简称为本次发行）总量的50%。

“询价对象与发行人、承销商可自主约定

网下配售股票的持有期限。”

十四、第二十五条改为第二十六条，修改为：“股票配售对象限于下列类别：

（一）经批准募集的证券投资基金；

（二）全国社会保障基金；

（三）证券公司证券自营账户；

（四）经批准设立的证券公司集合资产管理计划；

（五）信托投资公司证券自营账户；

（六）信托投资公司设立并已向相关监管部门履行报告程序的集合信托计划；

（七）财务公司证券自营账户；

（八）经批准的保险公司或者保险资产管理公司证券投资账户；

（九）合格境外机构投资者管理的证券投资账户；

（十）在相关监管部门备案的企业年金基金；

（十一）主承销商自主推荐机构投资者管理的证券投资账户和自主推荐个人投资者的证券投资账户；

（十二）经中国证监会认可的其他证券投资产品。

“机构投资者管理的证券投资产品在招募说明书、投资协议等文件中以直接或间接方式载明以博取一、二级市场价差为目的申购新股的，相关证券投资账户不得作为股票配售对象。”

十五、第二十九条改为第三十条，修改为：“主承销商应当对询价对象和股票配售对象的登记备案情况进行核查，对有下列情形之一的询价对象不得配售股票：

（一）采用询价方式定价但未参与初步询价；

（二）询价对象或者股票配售对象的名称、账户资料与中国证券业协会登记的不一致；

（三）未在规定时间内报价或者足额划拨申购资金；

（四）有证据表明在询价过程中有违法违规或者违反诚信原则的情形。”

十六、第三十一条改为第三十二条，修改为：“首次公开发行股票的发行人及其主承销商应当在网下配售和网上发行之间建立双向回拨机制，根据申购情况调整网下配售和网上发行的比例。

“网上申购不足时，可以向网下回拨由网下投资者申购，仍然申购不足的，可以由承销团推荐其他投资者参与网下申购。

“网下中签率为网上中签率的2至4倍时，发行人和承销商应将本次发售股份中的10%从网下向网上回拨；4倍以上的应将本次发售股份中的20%从网下向网上回拨。”

十七、第四十九条改为第五十条，修改为：“公开发行证券的，主承销商应当在证券上市后10日内向中国证监会报备承销总结报告，总结说明发行期间的基本情况及证券上市后的表现，并提供下列文件：

（一）募集说明书单行本；

（二）承销协议及承销团协议；

（三）律师见证意见；

（四）会计师事务所验资报告；

（五）中国证监会要求的其他文件。”

十八、第五十二条改为第五十三条，修改为：“首次公开发行股票申请文件受理后至发行人发行申请经中国证监会核准、依法刊登招股意向书前，发行人及与本次发行有关的当事人不得采取任何公开方式或变相公开方式进行与股票发行相关的推介活动，也不得通过其他利益关联方或委托他人等方式进行相关活动。

“发行人和承销商在发行过程中披露的信息，应当真实、准确、完整，不得片面夸大优势，淡化风险，美化形象，误导投资者，不得有虚假记载、误导性陈述或者重大遗漏。”

十九、第五十六条改为第五十七条，修改为："发行人及其主承销商应公告发行价格、发行市盈率及发行市盈率的计算方法。发行人还可以同时披露市净率等反映发行人所在行业特点的发行价格指标。"

二十、第六十条、第六十一条合并为第六十一条，修改为："发行人、证券公司、证券服务机构、询价对象及其直接负责的主管人员和其他直接责任人员违反法律、行政法规或者本办法规定，中国证监会可以责令其整改，对其直接负责的主管人员和其他直接责任人员，可以采取监管谈话、重点关注、出示警示函、责令公开说明、认定为不适当人选、市场禁入等监管措施，并记入诚信档案；依法应予行政处罚的，依照有关规定进行处罚；涉嫌犯罪的，依法移送司法机关，追究其刑事责任。中国证券业协会应当根据自律规则对有关单位和个人采取自律惩戒措施。"

二十一、第六十二条修改为："证券公司有下列行为之一的，除依法承担法律责任外，中国证监会可以自确认之日起责令其暂停36个月证券承销业务：

（一）承销未经核准的证券的；

（二）在承销过程中，进行虚假或误导投资者的广告或者其他宣传推介活动，以不正当手段诱使他人报价或申购股票，或者披露的信息有虚假记载、误导性陈述或者重大遗漏，情节严重的；

（三）以自有资金或者变相通过自有资金参与网下询价和配售，或者唆使他人报高价，限制报低价，严重干扰正常报价秩序的。"

二十二、第六十三条修改为："证券公司有下列行为之一的，除依法承担法律责任外，中国证监会将视情节轻重自确认之日起责令其暂停3至12个月证券承销业务：

（一）提前泄露证券发行信息；

（二）以不正当竞争手段招揽承销业务；

（三）向询价对象提供除招股说明书（招股意向书）等公开信息以外的发行人其他信息；

（四）在承销过程中的实际操作与报送中国证监会的发行方案不一致；

（五）违反相关规定撰写或者发布投资价值研究报告；

（六）违反规定直接或通过其利益相关方向参与认购的投资者提供财务资助或者补偿；

（七）向推荐的询价对象输送利益。"

二十三、第六十四条修改为："发行人及其直接负责的主管人员和其他直接责任人员有下列行为之一的，除依法承担法律责任外，中国证监会可以责令其整改，对其直接负责的主管人员和其他直接责任人员视情节轻重采取监管谈话、重点关注、出示警示函、责令公开说明、认定为不适当人选、市场禁入等监管措施，并记入诚信档案：

（一）向询价对象提供除招股说明书（招股意向书）等公开信息以外的发行人其他信息；

（二）违反规定直接或通过其利益相关方向参与认购的投资者提供财务资助或者补偿；

（三）在发行人股票上市前，进行虚假或误导投资者的广告或者其他宣传推介活动，以不正当手段诱使他人报价或申购股票，或者披露的信息有虚假记载、误导性陈述或者重大遗漏，情节严重的；

（四）唆使他人报高价，限制报低价，严重干扰正常报价秩序。"

二十四、删除第六十六条。

本决定自2012年5月18日起施行。

《证券发行与承销管理办法》根据本决定作相应修改并对条款顺序作相应调整，重新公布。

上海证券交易所

上海证券交易所关于发布《上海证券交易所股票上市规则（2012年修订）》的通知

各市场参与人：

为进一步完善上市公司退市制度，上海证券交易所（以下简称“本所”）于2012年6月28日对外发布了《关于完善上海证券交易所上市公司退市制度的方案》（以下简称“《退市方案》”）。根据《退市方案》的内容，本所对《上海证券交易所股票上市规则（2008年修订）》（以下简称“原《上市规则》”）的相关规定进行了修订。同时，基于市场需要，本所也对原《上市规则》第十二章中关于停复牌的相关内容进行了修订。在此基础上，本所拟定了《上海证券交易所股票上市规则（2012年修订）》（以下简称“新《上市规则》”）。

新《上市规则》已经本所理事会审议通过并报经中国证监会批准，现予以发布，自2012年7月7日起施行。原《上市规则》同时废止。

为做好新老规则适用的衔接安排，保证新《上市规则》的顺利施行，现将有关事项通知如下：

一、退市相关新旧规则适用的衔接安排

（一）对新《上市规则》发布前已暂停上市的公司，其恢复上市和终止上市等事项适用原《上市规则》，并按下述情形分别处理：（1）对于2012年1月1日前被暂停上市的公司，给予一定的宽限期，本所在2012年12月31日前对其股票作出恢复上市或者终止上市的决定；（2）对于2012年被实施暂停上市的公司，如公司在发布2012年年报后的规定期限内提出恢复上市申请并被本所受理，本所将在受理其申请之日后的30个交易日内对其股票作出恢复上市或者终止上市的决定。本所要求公司提供补充材料的，公司应当在累计不超过30个交易日的期限内提供有关材料。公司提供补充材料的期限不计入本所作出有关决定的期限内。公司未在法定期限内披露2012年年度报告的，本所对其股票作出终止上市的决定。

（二）新《上市规则》发布后，净资产、营业收入、审计意见类型3项新增指标的计算不溯及以前年度数据，即以2012年的年报数据为最近一年数，以2012年、2013年年报数据为最近两年数，最近三年数和最近四年数以此向后类推。

（三）新《上市规则》发布后，新增的股票成交量和股票收盘价两项指标，自新规则施行之日起适用。

（四）原《上市规则》中已有规定且在新《上市规则》中继续沿用的指标，不适用新老

划断原则，相关年度数据应当连续计算。

（五）公司股票交易因净资产和审计意见类型指标触及原《上市规则》规定的标准被予以其他特别处理的，在公司2012年年报发布前，其股票交易仍按原《上市规则》予以其他特别处理；本所风险警示板相关业务规则另有规定的，从其规定。

（六）新《上市规则》规定的风险警示板、退市公司股份转让系统及重新上市制度，待本所相关业务规则和技术准备完成后实施，具体实施时间另行通知。

二、停牌相关新旧规则适用的衔接安排

因《上海证券交易所交易规则》（以下简称“《交易规则》”）第4.2.3条也对股价异常波动公告日的停牌进行了规定，在《交易规则》作出相应修订前，关于股价异常波动公告日的停牌仍按原《上市规则》执行。新《上市规则》关于停复牌的其他规定，自发布之日起执行。

上市公司日常信息披露工作备忘录

（第一号　上海证券交易所2012年11月发布）

临时公告格式指引

第一条　为规范上市公司和相关信息披露义务人的信息披露行为，根据《中华人民共和国公司法》、《中华人民共和国证券法》和《上海证券交易所股票上市规则（2012年修订）》（以下简称“《股票上市规则》”）等相关法律、行政法规、部门规章，制定本备忘录。

第二条　上市公司和相关信息披露义务人应按照本备忘录附件规定的公告格式指引编制临时报告。临时报告不属于公告格式指引范围的，应按照相关法律、行政法规、部门规章以及《股票上市规则》等规范性文件的要求编制，必要时可参考相关公告格式指引的要求。

第三条　上市公司和相关信息披露义务人应当在其编制的临时报告中声明：保证本公告内容不存在任何虚假记载、误导性陈述或者重大遗漏，并对其内容的真实性、准确性和完整性承担个别及连带责任。如相关人员对临时报告内容的真实性、准确性和完整性无法保证或存在异议的，公司应当在公告中作特别提示。

第四条　上市公司和相关信息披露义务人编制临时报告，除应遵守本备忘录的要求外，还应当根据法律、行政法规、部门规章、其他规范性文件、《股票上市规则》以及本所其他规定，及时、公平地披露信息，并保证所披露信息的真实、准确、完整。如上市公司及相关信息披露义务人未按照现行有效的法律、行政法规、部门规章和其他规范性文件履行信息披

露义务的，应当自行承担相应的法律责任。

第五条 本备忘录自发布之日起施行。

附件：临时公告格式指引（2002 年实施，2007 年第一次修订，2008 年第二次修订，2009 年第三次修订，2010 年第四次修订，2012 年第五次修订）

临时公告格式指引

……

三、关联交易标的基本情况

（一）交易标的

1. 交易的名称和类别

（1）购买或者出售资产；

（2）对外投资（含委托理财、委托贷款等）；

（3）提供财务资助；

（4）租入或者租出资产；

（5）委托或者受托管理资产和业务；

（6）赠与或者受赠资产；

（7）债权、债务重组；

（8）签订许可使用协议；

（9）转让或者受让研究与开发项目；

（10）销售产品、商品；

（11）购买原材料、燃料、动力；

（12）提供或者接受劳务；

（13）委托或者受托销售；

（14）与关联人共同投资；

（15）在关联人的财务公司存贷款；

（16）其他通过约定可能引致资源或者义务转移的事项，包括向与关联人共同投资的公司提供大于其股权比例或投资比例的财务资助、担保以及放弃向与关联人共同投资的公司同比例增资或优先受让权等。

2. 权属状况说明（包括交易标的产权是否清晰，是否存在抵押、质押及其他任何限制转让的情况，是否涉及诉讼、仲裁事项或查封、冻结等司法措施，以及是否存在妨碍权属转移的其他情况）。

3. 相关资产运营情况的说明（包括出让方经营该项资产的时间或者获得该资产的时间、方式和价格、该项资产投入使用的时间、已计提折旧或摊销的年限、目前能否继续投入正常生产、是否具备正常生产所必需的批准文件、最近一年运作状况及其他需要特别说明的事项）。

4. 交易标的最近一年又一期财务报表的账面价值（包括账面原值、已计提的折旧、摊销或减值准备、账面净值等），并注明是否经过审计。

……

深圳证券交易所

深圳证券交易所、中国证券登记结算有限责任公司深圳分公司关于做好完善深圳债券市场基础制度建设相关准备工作的通知

各会员单位、结算参与人及相关机构：

为进一步完善深圳债券市场基础制度建设，提高市场吸引力，适应债券市场发展，深圳证券交易所和中国证券登记结算有限责任公司深圳分公司拟推出以下四项措施，一是调整公司债交收周期为T+0（方案另行通知）；二是对深市10只无明细企业债实施按证券账户登记（具体通知见附件一）；三是对债券质押式回购标准券按证券账户为单位管理（具体通知见附件二）；四是提高债券质押式回购交易效率为“当日买入当日质押当日可用”（具体通知见附件三）。请各会员单位、结算参与人及相关机构做好上述事项的业务和技术准备工作。相关事项具体实施时间，由所司另行通知。

附件一：关于深圳市场无明细债券按证券账户登记工作的通知

附件二：关于做好债券回购改为以证券账户为单位进行处理相关准备工作的通知

附件三：关于做好提高债券质押式回购效率业务准备的通知

深圳证券交易所

中国证券登记结算有限责任公司深圳分公司

2012年3月9日

附件一：

关于深圳市场无明细债券按证券账户登记工作的通知

各相关会员单位、托管银行、保险公司、资产管理公司、财务公司：

为适应深圳市场债券质押式回购标准券按证券账户管理的需要，深圳证券交易所（以下简称“深交所”）与中国证券登记结算有限责任公司（以下简称“中国结算”）深圳分公司将联合进行深圳市场无明细债券按证券账户登记工作，现将有关事项通知如下，请做好相关工作：

……

中国证券业协会

中国证券业协会关于发布《首次公开发行股票询价和网下申购业务实施细则》的通知

（中证协发〔2012〕177号）

各询价对象、主承销商：

为规范首次公开发行股票询价和网下申购业务，确保发行承销工作的有序开展，中国证券业协会制定了《首次公开发行股票询价和网下申购业务实施细则》，经中国证券业协会常务理事会审议通过并向中国证监会备案，现予发布。自发布之日起实施。

附件：首次公开发行股票询价和网下申购业务实施细则

二〇一二年九月七日

附件：

首次公开发行股票询价和网下申购业务实施细则

……

第二章　常规类询价对象的备案

第四条　常规类询价对象是指经相关监管部门批准，依法设立并符合《承销办法》规定条件的证券公司、基金公司、财务公司、保险公司、信托公司以及合规境外机构投资者。

第五条　常规类配售对象是指常规类询价对象管理并符合《承销办法》规定范围，可参与首发股票询价和网下申购业务的自营投资账户或证券投资产品，包括：

（一）经批准募集的证券投资基金；

（二）全国社会保障基金；

（三）证券公司证券自营账户；

（四）经批准设立的证券公司集合资产管理计划；

（五）信托公司证券自营账户；

（六）财务公司证券自营账户；

（七）经批准的保险公司或者保险资产管理公司证券投资账户；

（八）合格境外机构投资者管理的证券投资账户；

（九）在相关监管部门备案的企业年金基金；

（十）经中国证监会认可的其他证券投资产品。

每个常规类配售对象应当指定2个证券账户（上海、深圳市场各1个）和1个银行资金账户，参与首发股票网下申购业务。

第六条 申请成为常规类询价对象或增加配售对象的机构应向协会提交备案申请材料，在协会完成备案后可参与首发股票询价和网下申购业务。

第七条 申请成为常规类询价对象或增加配售对象的机构向协会提交的备案文件包括下列内容：

（一）申请机构关于符合《承销办法》第七、八条相关条件的说明函。

（二）申请机构关于接受询价对象相关监管和自律管理的承诺函，包括以下必备内容：

1. 自觉遵守法律、法规、规章及询价制度的相关规定；

2. 保证询价对象备案文件的真实性；

3. 参与首发股票询价和网下申购业务应以专业知识和从业经验为基础，诚实守信、勤勉尽责；

4. 接受协会的自律管理；

5. 接受并积极配合监管部门依法就首发股票询价和网下申购业务有关事宜进行的调查；

6. 如果违反上述承诺，愿意承担由此引起的相关责任，并接受相关处罚。

（三）询价对象业务联系人信息，包括姓名、办公电话、手机、传真电话、电子信箱、办公地址、邮政编码。

（四）配售对象指定账户信息，包括自营账户或证券投资产品的名称、指定证券账户信息（包括上海、深圳市场证券账户名称、账户号码）和指定银行资金账户信息（包括开户银行名称、资金账户名称、资金账户号码、开户银行联行行号）。指定账户一经备案，不得随意变更。

（五）询价对象资质证明文件，包括工商营业执照副本复印件，自有资金具备投资A股资格的证明文件复印件或可开展客户资产管理业务的资格证明文件复印件。

（六）配售对象资质证明文件，其中以下类别证券投资账户分别需要提交：

1. 经批准募集的证券投资基金：基金募集设立的批复复印件，基金备案确认函复印件，验资报告复印件，基金合同复印件，上海、深圳市场证券账户卡复印件。

2. 全国社会保障基金：社保基金组合资产规模说明函，社保基金组合投资管理合同复印件，上海、深圳市场证券账户卡复印件。

3. 证券公司证券自营账户：可用于投资权益类证券的资金规模说明函，上海、深圳市场证券账户卡复印件。

4. 经批准设立的证券公司集合资产管理计划：资产管理计划募集设立批复或备案回执复印件，验资报告复印件，资产管理计划管理合同复印件，上海、深圳市场证券账户卡复印件。

5. 信托公司证券自营账户：可用于投资权益类证券的资金规模说明函，上海、深圳市场证券账户卡复印件。

6. 财务公司证券自营账户：可用于投资权益类证券的资金规模说明函，上海、深圳市场证券账户卡复印件。

7. 经批准的保险公司或者保险资产管理公司证券投资账户：保险产品的批复或备案回执复印件，可用于投资权益类证券的资金规模说明函，上海、深圳市场证券账户卡复印件，属于受托代理投资业务的，应提交委托代理合同复印件。

8. 合格境外机构投资者管理的证券投资账户：A股投资额度的说明函，上海、深圳市场证券账户卡复印件。

9. 在相关监管部门备案的企业年金基金：企业年金确认函复印件，企业年金组合的资产规模说明函，上海、深圳市场证券账户卡复印件。

第八条 常规类询价对象管理的证券投资产品在招募说明书、投资协议（合同）等文件中以直接或间接方式载明以博取一、二级市场价差为目的申购首发股票的，协会不受理其相关证券投资产品的配售对象备案申请。

……

中国证券登记结算有限责任公司

中国证券登记结算有限责任公司关于发布《证券结算保证金管理办法》的通知

各结算参与机构：

为完善结算保证金制度，在广泛征求市场意见的基础上，我公司制定了《证券结算保证金管理办法》（以下简称《办法》）。经中国证监会批准，现予以发布（见附件），并就落实《办法》的相关事项通知如下：

一、关于实施时间

经综合考虑市场各方意见，《办法》于2013年1月3日开始正式实施。

二、关于适用范围

参与我公司多边净额结算业务（不含开放式基金多边净额结算业务）的结算参与机构应当缴纳结算保证金。原则上，我公司按照与结算备付金账户一一对应的原则为结算参与机构设立结算保证金账户，具体说明如下。

开立结算保证金账户的原则

……

1. 对于参与多边净额结算业务的基金托管银行、QFII托管银行和仅开展经纪业务的证券公司，除开立客户结算保证金账户并缴纳客户结算保证金以外，还需单独开立自营结算保证金账户，并以自有资金缴纳具有互保功能的结算保证金20万元。对于同时开展上述多项结算业务的银行，需分别开立多个自营结算保证金账户并分别缴纳具有互保功能的自营结算保证金。

2. 对于参与多边净额结算业务的保险公司、财务公司等其他类结算参与机构，按照自营交易结算业务开立结算保证金账户；存在多个结算备付金户等特殊情况的，根据业务类型参照证券公司类和银行类机构执行。

3. 对于虽参与多边净额结算业务、但不从事买入交易的结算参与机构（例如仅从事承销保荐业务的证券公司，参与证券公司质押贷款业务的银行等），如果其已在相关证券交易所关闭纳入多边净额结算的买入交易权限，则无需开立对应的结算保证金账户；如果其在相关证券交易所尚未关闭纳入多边净额结算的买入交易权限，则按照自营交易结算业务为其开立结算保证金账户。

4. 对于结算参与机构不涉及多边净额结算业务的结算备付金账户（例如结算参与机构在上海市场的专用资金交收账户），无需开立对应的结算保证金账户。我公司沪、深分公司分别根据上述原则为各结算参与机构开立对应的结算保证金账户。各结算参与机构无需主动申请开立。

三、与现有结算保证金制度的衔接

1. 关于上海市场的清算交割准备金我公

司上海分公司将按照清算交割准备金相关科目账面余额，将相关清算交割准备金划付至各结算参与机构对应的自营结算备付金账户（无自营结算备付金账户的，则划入其用于多边净额结算的结算备付金账户）。对于不属于《办法》收取范围内的结算参与机构，其开立结算备付金账户的，则按照上述做法将清算交割准备金退还其结算备付金账户；无结算备付金账户的，则由其提交清算交割准备金返还申请，我公司上海分公司逐笔审核无误后进行清退。

2. 关于深圳市场的结算互保金深圳市场现有结算互保金全部转为结算保证金。结算参与机构的结算互保金数额超过当期应缴纳结算保证金的，我公司深圳分公司将超出金额划至结算参与机构对应的结算备付金账户；其数额小于当期应缴纳结算保证金的，结算参与机构应在规定时间内补足。

3. 关于 QFII 托管银行的结算保证金 QFII 托管银行。QFII 结算业务按照《办法》及本通知规定开立结算保证金账户并计付利息。其自营结算保证金账户的缴纳标准按照《办法》执行，但其客户结算保证金账户的缴纳标准仍然按照现行相关规定执行。我公司可视市场风险情况适时调整。

四、关于其他担保资金

《办法》实施后，深圳市场的权证交收履约保证金和 ETF 申购赎回交收履约保证金、上海市场的权证交收价差担保品不再缴纳，我公司将统一注销相关账户。上海市场的跨市场 ETF 代办券商交收价差保证金、在我公司总部进行 TA 业务的开放式基金及券商集合理财产品的申赎保证金仍然按照现行标准缴纳。

五、其他事项

我公司将于近期组织开展《办法》培训会，具体安排另行通知。其他具体实施事项将由我公司沪、深分公司近日发布的业务指南和通知规定。请各结算参与机构按时完成相关业务和技术准备工作，确保《办法》顺利实施。

特此通知。

附件：《证券结算保证金管理办法》

二〇一二年十一月十二日

……

专题与调研

专题一：财务公司改革发展25周年成就

25年："产融结合"结硕果

——访东风汽车财务有限公司总经理马华

记者　胡萍

1987年5月7日，中国人民银行批准成立全国第一家企业集团财务公司——东风汽车财务有限公司（以下简称东风财务公司）。东风财务公司的诞生，标志着中国特色的产业资本和金融资本融合的开始，也标志着中国的金融体系从此增加了一个全新的金融机构序列。25年来，财务公司边探索边实践，历经沉浮和磨砺，最终找准自身定位，实现了超越发展。以史为鉴可以知兴替，以邻为镜方可知得失。回首25年财务公司发展之路，对于未来财务公司的路径选择具有重要的现实意义。为此，记者对我国第一家财务公司——东风财务公司的发展状况进行了采访。

三个转变成就不凡足迹

这是一份靓丽的成绩单——截至2011年末，东风财务公司资产规模已由2006年年初的59.44亿元增至349.04亿元，增幅为487.21%，年均增长81.20%；贷款业务规模由46.09亿元增至263.67亿元，增幅为472.07%，年均增长78.67%；年实现营业收入由2006年全年的0.95亿元增至2011年全年为7.42亿元，增幅为681.05%，年均增长113.51%；年实现利润总额由2006年全年的0.33亿元增至2011年全年的4.62亿元，增幅为13倍。

"25年来，财务公司功能定位从滞后到宽泛、偏差再到准确，从不适应到适应，实现了从'发展中规范'到'规范中发展'的转变。经历了一条初期'摸着石头过河'，期间'整顿规范'，再到'成熟稳健'的发展之路。"回顾25年的发展历程，东风财务公司总经理马华如是说。

作为我国成立的第一家企业集团财务公司，它是我国经济体制改革和金融体制改革的产物，必然将经历在摸索中求发展的过程。2000年《企业集团财务公司管理办法》出台之前，由于财务公司"功能定位"模糊，东风财务公司没有很好地融入到集团的财务管理及主业发展上来，经营出现了一些偏差，发展得比较艰难。但从2000年《企业集团财务公司管理办法》到2004年新的《企业集团财务公司管理办法》，每一次对财务公司"功能定位"的调整，都促使东风财务公司更深入地融合到了集团的发展当中去，尤其是2004年新办法颁布后，东风财务公司与东风集团的财务管理、主业发展联系更加紧密，东风财务公司清晰定位为"资金集中管理平台"、"汽车金融服务平台"，从而实现了东风财务公司"十一五"期间的跨越式发展。

通过艰辛探索和实践，东风财务公司总结的经验教训成为财务公司行业持续发展的宝贵财富。对此，马华感慨地说：“财务公司是为企业集团发展而生，所以财务公司天生就是为了加强企业集团资金管理，为集团提供财务管理服务，支持企业集团发展的金融机构。因此，与企业集团财务管理、主业发展融合越紧密，财务公司的发展就越快越好。”

产融结合服务实体经济

财务公司的成立标志着我国“产融结合”的开始，其发展的25年实际就是服务实体经济的25年。

以东风汽车财务公司为例，25年来，企业集团财务公司不断发展壮大。至2011年末全国已设立企业集团财务公司127家，资产总额1.83万亿元，财务公司所服务的实体经济已涵盖石油石化、能源电力、机械冶金、汽车制造、航空军工等各大行业。

在发展中，东风财务公司深刻意识到，“财务公司的发展离不开东风集团的发展，集团的发展更倚重于主业的发展”，因此东风财务公司在服务集团的过程中始终围绕集团的主业展开，把金融服务切实融入到集团的主业发展当中。从东风财务公司的功能定位上看，已从当初的功能定位不清，到目前已坚实地成长为金融服务价值凸显，功能定位清晰的集团“资金集中管理平台”、“汽车金融业务平台”。

据马华介绍，东风集团的主业就是“造车、卖车”，那么东风财务公司目前确立的功能定位，构建的“资金集中管理平台”、“汽车金融业务平台”就是要全力围绕东风集团提供“造好车、卖好车”的目的服务，通过服务在体现自身价值的同时，为集团的发展作出了贡献。在构筑的两大平台中，通过“资金集中管理平台”，为集团提供专业、高效的资金集中管理，自2005年资金管理CMS系统上线到2011年末，整体减低集团财务费用20多亿元，显著的成效使东风财务公司成为集团不可或缺的“资金集中管理平台”。该公司的“汽车金融服务”业务范围已拓展至全国27个省市、自治区的300家经销商，累计投放东风商用车消费贷款200多亿元，促销东风汽车10万多台。目前东风财务公司汽车金融业务也正在向东风自主品牌乘用车延伸，极大地促进了东风自主品牌乘用车的销售，形成了“批零兼营、商乘并举”的汽车金融业务发展态势，成功构建了集团“汽车金融服务平台”，东风财务公司已成为促进东风集团产品销售的重要的金融服务力量。

未来发展机遇大于挑战

财务公司行业已发展了25年，在这25年里财务公司行业得到了长足的发展，已成为中国金融体系不可忽视的力量。但也应该看到，当前财务公司行业面临着诸如如何进一步提高自身金融管理水平、深化对所属集团的差异化服务、金融监管法规如何适应财务公司行业快速发展等挑战。当前，我国正在加快转变经济发展方式，发展实体经济，企业集团作为我国实体经济的主体，亟需财务公司提供更好的金融服务。马华认为，当前新形势下财务公司行业机遇与挑战并存，机遇大于挑战。财务公司作为“产融结合”的产物，是最贴近实体经济的金融机构，财务公司所服务的企业集团，尤其是制造业企业集团，以集团为龙头可以带动上、下游实体企业，形成一条全价值链的产业链条。

对于东风财务公司未来的展望，马华说：“东风集团‘十二五’总体发展战略是要实现500万辆的产销规模，这就迫切需要东风集团构建和完善更强大的金融平台来支撑，以发挥出产融结合的协同效应，有效提升集团战略的管控能力。东风财务公司势必要在东风集团金融平台中扮演重要角色，当前东风财务公司正积极为服务大东风、大自主做好准备，东风财务公司将竭尽所能、倾尽全力，持续高效，争创一流，为东风百年大业而加油助力，共同开辟东风事业崭新的辉煌。”

（《金融时报》2012 年 5 月 7 日第七版）

财务公司：与实体经济相伴成长

金立新

编者的话：为什么我们会关注财务公司？因为这是一个与实体经济血脉相连的行业。

为什么我们在此时关注财务公司？因为中国经济的转型、金融服务实体经济是目前我们面临的重要课题。而我们关注财务公司与这两大课题之间的内在逻辑是：在中国的经济转型中，企业集团扮演着无法替代的角色；在服务以企业集团为代表的实体经济中，因为其行业特性，在所有金融机构中，财务公司的内在动能是最强烈的。通过关注财务公司，我们希望在解析这种金融与实体经济更紧密联系的模式中，寻找到一条更利于金融服务实体经济的方法。通过关注财务公司，我们希望能够看到在中国经济结构转型中，企业集团的动向和它们对中国经济转型的影响。

正因为如此，我们关注财务公司这个不为多数人所关注的行业。而此时，这一行业在中国刚刚走过 25 年。

当“金融服务实体经济”成为一种呼声的时候，人们似乎开始感觉到金融与实体经济正在渐行渐远；当实体经济不断受到资金困扰的时候，我们的目光不由得瞄向了财务公司——这个一直与实体经济血脉相连却很少有人关注到的角落。

的确是一个可以用“角落”这个词汇来形容的行业。这不仅因为在各大财经媒体中，财务公司这个词汇出现的频率与银行、保险、基金、股票、信托等等行业比较几乎是一片空白；还因为在政策面中，财务公司一词也几乎很少出现过。但这并不代表着这个行业的默默无闻。事实上，财务公司在发展。这样的一组数据表明了财务公司这个行业的发展：

1987 年 5 月 7 日，中国第一家企业集团财务公司在中国诞生。25 年过去了，如今全国已有 130 多家大型企业集团设立了财务公司，涉及 30 多个行业，遍布全国 31 个省、自治区、直辖市。截至 2011 年末，全国已有财务公司行业累计实现利润 1 764 亿元。2003 年至 2011 年，全国财务公司整体不良贷款率由 4% 逐年下降至 0. 18%；资本充足率由 17% 逐年提高至 24. 34%。财务公司服务手段由简单的“存贷结”发展到资金集中管理、风险综合控制、投资理财、财务顾问等全方位金融服务；服务方式由传统方式发展到业务运行、内部管理与监管信息一体化的全方位信息化服务；风险管理由粗放模式逐步建成了较为完善的内控制度体系。在经营管理上基本形成了资金归集、风险控制、客户服务、信息管理、绩效考评等综合管理体系。

在人们不断呼吁金融服务实体经济的今天，更应该让人们关注的是：财务公司一直在伴随着实体经济这棵大树悄然生长。

对于财务公司对实体经济发展的贡献，中国财务公司协会专职常务副会长兼秘书长王岩玲总结为四个方面：

发挥资金结算功能，降低了企业集团财务管理成本。财务公司建立结算和资金收付平台，成员单位在财务公司统一开户，内部资金划拨通过转账完成，对外收付统一由财务公司委托银行完成，解决了资金往来速度慢、资金在途时间长、利息受损失等问题，起到了加快资金周转、保障资金安全、提高资金效率的作用，对企业集团节约财务成本、提高生产经营效率发挥了重要作用。

发挥资金管理功能，提升了企业集团资金管控水平。财务公司通过资金集中管理为企业集团提供了专业化的金融管理服务，企业集团分散的资金形成“资金池”，实时掌握资金状况，监控资金流转，管住资金存量、流量与增量，统筹投融资管理，避免资金体外循环和流出实体经济领域，确保资金安全，提高了企业集团的管控能力和管理集约化、精细化水平。

发挥资金融通功能，促进企业集团金融资源合理配置。财务公司通过内部存贷款等手段将企业集团内部资金资源合理配置，便利了企业集团的资金集中、转移和重组，提高了资金周转速度，解决了集团存贷双高问题，降低了整体负债水平，有效实现了金融资源的优化配置和规模节约，提高了企业的生产效率，促进了实体经济的增长。

发挥综合服务功能，提高企业集团资金运作效益。在为企业集团提供资金池管理、存贷款、结售汇等服务的同时，财务公司还为其集团提供了资本运作、财务咨询顾问、债券发行与承销、外汇交易与套期保值、金融产品组合配置等服务，在确保流动性和安全性的前提下，使资金收益最大化，帮助企业集团实现了资金保值增值。

企业集团是执行国家经济发展战略、贯彻落实国家产业政策、推动我国经济发展方式转变和产业结构调整的主力军。从不同类型企业主体对经济发展的影响上看，企业集团无疑扮演着非常重要的角色。因此，财务公司在服务以企业集团为代表的实体经济中，可以做的事情很多，在经济发展中的作用也不言而喻。

“随着国内外经济形势的变化和企业集团发展出现新情况和新挑战，对财务公司发展也提出了新要求。”在经过多次调研和大量的数据、材料收集后，王岩玲认为财务公司在服务实体经济中可以发挥这些作用：

优化信贷结构，提升服务企业集团发展战略的能力。财务公司的信贷政策要符合国家经济发展战略和产业政策，与企业集团的发展战略相对接，为企业集团贯彻落实国家战略提供信贷支持。财务公司要根据国家政策和集团产业发展策略有选择地加大对战略性产业的支持力度。在信贷资源区域布局上，要根据企业集团成员单位的分布情况有重点地支持西部大开发、中部崛起和东北老工业基地振兴，推动集团区域布局健康发展，保持与集团战略的协同。

挖掘业务潜能，提升服务企业集团核心主业的能力。未来财务公司应充分挖掘业务潜能，例如，在资金集中的基础上稳步开展票据集中；在为成员单位提供信贷支持的同时大力推进买方信贷、消费信贷和融资租赁业务；在为成员单位提供信息咨询、保险代理服务的同时深入开展企业集团兼并收购、资产重组等融资方案服务以更有效助推企业集团发展。

加大创新力度，提升服务企业集团产业链带动的能力。目前，中小企业融资难、融资贵已成为金融服务实体经济的焦点问题。财务公司可以在买方信贷、融资租赁和票据承兑贴现等业务的基础上，研究开发适合与企业集团成员单位有贸易关系的中小企业的金融产品，解决中小企业融资难题，同时实现企业集团的价值链增值。

扩大同业合作，提升服务企业集团金融资源整合的能力。财务公司虽然涵盖了商业银行、投资银行、保险和融资租赁等机构的部分业务，但自身实力和资源占有难以满足企业集团对多种金融服务的需求，因此财务公司要提高专业素养，加强同业合作，在对企业集团内部金融资源进行集中管理的基础上，通过与外部金融机构的合作整合外部金融资源，使企业集团内外部金融资源有效对接，提升企业集团驾驭内外部金融资源的能力，实现企业集团对金融资源的集约管理。

严控经营风险，提升服务企业集团风险管控的能力。企业集团的资金集中在财务公司，财务公司的风险管控能力直接影响企业集团的资金安全。因此，财务公司要严格控制经营风险，保障资金安全，服务企业集团实体经济健康发展。

“对于财务公司，国家大力发展实体经济、鼓励金融服务实体经济是一个契机。财务公司与实体经济血脉相连，因此未来的发展核心就是在服务实体经济发展中有更大作为。”王岩玲说。

（《金融时报》2012 年 5 月 8 日第八版）

财务公司：金融体系不可或缺的一部分

——访中国人民银行研究局局长张健华

记者　胡萍

2012 年是我国企业集团财务公司（以下简称财务公司）行业走过的第 25 个年头。25 年来，应“产融结合”而生的财务公司日益茁壮，不仅从未停止服务实体经济的脚步，而且成长为推动金融改革创新的重要力量。在财务公司发展 25 年之际，本报记者对中国人民银行研究局局长张健华进行了专访。

财务公司应运而生

记者：您在人民银行曾经负责过财务公司的监管，对于财务公司的历史比较了解，请您从金融体制改革的角度介绍一下财务公司产生的历史背景和原因。

张健华：财务公司是我国在 80 年代中期开始出现的一类金融机构，是我国企业体制改革和金融体制改革的产物。从大的背景来看，一方面，20世纪80年代，我国正处于经济改革发展初期，当时企业发展普遍受资金短缺制约，设立财务公司的最初宗旨是为提高大企业内部资金的使用效益，支持国有大企业的发展。另一方面，金融体系服务不到位，催生了提高金融服务的需求，财务公司应运而生。1984年，中国人民银行专门行使中央银行功能，大一统的金融服务体系开始打破，非银行金融机构开始出现，几个大型企业集团在组建过程中提出了自办金融机构的申请。1986年底，时任中国人民银行行长的陈慕华在武汉召开的部分金融改革试点城市座谈会上，正式提出了“财务公司”的概念。1987年中国第一家企业集团财务公司，即东风汽车工业集团财务公司批准成立，随后，根据国务院1991年71号文件的决定，一些大型企业集团也相继建立了财务公司，财务公司行业初步形成。

成为金融体系不可或缺的一部分

记者：从集团公司角度看，财务公司的价值体现在哪些方面？您如何评价财务公司的地位和作用？

张健华：25年来，财务公司地位逐渐强化、作用逐渐突出。财务公司在弥补企业资金不足、提高集团资金的使用效益、促进企业由生产型向经营型转变以及增强集团的凝聚力等方面，都发挥了积极的作用。

财务公司不仅在企业集团的发展中正起着越来越重要的作用，在金融系统中的地位也在逐步提高，已经成为金融体系中不可或缺的一部分。首先，在越来越发达的金融体系下，财务公司发展日益稳健，足见它的竞争优势。有数据显示，截至2011年末，机构数量已由25年前的7家发展到127家，几乎覆盖了国民经济中所有重要行业，除了机构数量不断增加，资产规模也由当初16亿多元增加到18 000多亿元。其次，财务公司从完全依附大财团的内部资金管理部门发展成较大型的机构投资者，培育现代市场中理性的机构投资者对于稳定资本市场非常重要。最后，增强了金融机构之间的竞争，提高了金融服务水平——财务公司的全方位经营及实力迅速壮大，客观上促使商业银行在不断增加服务内容的同时，进一步提高服务质量。金融业的有序竞争有利于金融机构提高服务质量和效益，有利于金融体制改革的深化。

可以肯定的是，财务公司在我国目前的金融体系中具有独特的地位和作用，有其存在和发展的必要性，但财务公司必须有其业务重点，也就是量力而行，不能成为金融“百货公司”。另外，财务公司必须立足于集团、服务于集团，如果脱离了企业集团的范围，财务公司就失去其特点，也就没有独立存在的意义了。

源于实体经济服务实体经济

记者：您认为财务公司在服务实体经济中有哪些优势和劣势，发挥了怎样的作用？目前一些制造类或消费类财务公司帮助企业集团进行销售，对此您怎么看？财务公司行业的风险主要在哪里？对于财务公司的监管应该怎样把握这个度？

张健华：财务公司源于实体经济，服务于实体经济。它的直接优势是与产业关联度高，从成立之初即立足于企业集团，服务对象始终是实体经济。财务公司对企业集团的金融需求比较熟悉，能够做到有的放矢。另外，财务公司更倾向于成本中心，能够将整个集团的资金运作成本降下来，为以后发展创造更大空间。

总体来看，在服务实体经济过程中，财务公司为企业集团各单位成员提供优质、稳定的资金来源，在优化公司资产负债结构从而降低成本流动性风险，以及深化我国企业集团体制改革、提高企业集团竞争能力等方面都发挥了举足轻重的作用。

财务公司以消费金融的方式帮助企业集团进行销售实际上是更进一步发挥了财务公司的作用。事实上，财务公司应该服务于企业生产经营等活动的全部过程，关键就是要有核心技术，能够进行风险管理。

财务公司因行业差异大，风险各不同。最大的风险是行业风险，也就是说，如果企业集团所在行业景气，经济效益好，那么该集团下的财务公司也相应地规模较大，资金雄厚，利润高；如果所属集团处于滑坡阶段，那么不论该财务公司主观上有多努力，也一定会面临资金缺乏、效益下降的局面。另外，财务公司业务可替代性较强，没能满足集团全部金融需求。

面对国际化竞争日益加剧、国内打破垄断的紧迫局面，财务公司要有清醒认识，首先，不能盲目扩张，量力而行；其次，根据企业集团财务公司的经营特点和长远的战略目标定位，财务公司应设立各自的财务目标，既不违反企业集团财务公司的先天使命，又能不放弃自身的优势来参与金融市场；最后，通过差异化经营，提高服务意识、危机意识，培养自己独特的竞争优势。

财务公司的稳健发展与相关监管部门的监管有关，更与公司的内部控制、自我约束和行业协会的行业自律密不可分。

（《金融时报》2012 年 6 月 8 日第八版）

培育良好发展环境　支持服务实体经济

张电中

企业集团财务公司是我国金融体系中带有中国特色的一类非银行金融机构，它的产生和发展与我国新兴加转轨的经济模式密切相关，是伴随着我国国企的改革进程和金融市场的逐步完善而发展起来的。从 1987 年我国第一家财务公司——东风汽车工业财务公司成立至今，财务公司已经历了 25 年的发展历程。这期间，随着企业集团改革的不断推进和市场经济的不断发展，对财务公司的监管，由最初借鉴其他机构的监管制度，发展到目前形成独立的较为系统化的监管体系，也经历了漫长的探索过程。可以说，财务公司监管制度的每一次调整，都是以支持企业集团发展、配合国家战略调整、促进实体经济为出发点的。

财务公司是我国经济体制和金融体制改革的产物

1986 年，随着国有企业经济体制改革的不断推进、在大力发展横向经济联合的基础上，我国开始出现跨地区、跨行业、跨所有制组建的大型企业集团。随着企业集团的创立和发展，优化企业集团内部资金配置、提高内部资金使用效益的需要越来越强。在这种情况下，一些特大型企业和企业集团开始酝酿设立一个内部的金融机构，利用成员单位之间资金的地区差、时间差、行业差和生产环节差，提高资金在企业集团内的使用效率。1986 年 12 月，在武汉联合召开的金融体制改革试点城市工作座谈会上，提出了“在大型企业集团内部试办财务公司。财务公司作为独立法人，自负盈亏，在企业集团内部融通资金，并可同银行和其他金融机构建立同业往来关系，但不能办理企业集团外部存贷款业务。”1987 年 5 月 7 日，中国人民银行批准设立东风汽车工业财务公司，标志着企业集团财务公司在中国诞生。从此，我国的大型企业集团开始运用自己的金融机构融通企业内部资金，提高企业的资金使用效率和效益。

调整功能定位 财务公司发展方向越发明确

伴随我国金融业的多样发展和企业集团改革深化，4 次调整财务公司功能定位，逐步明确财务公司发展方向。

1987 年到 1991 年，在国家政策推动下，企业集团数量迅速增长。这个阶段依据《关于组建和发展企业集团的几点意见》，财务公司定位为“集团内部融通资金，外部建立金融往来”的非银行金融机构。这个时期，中国人民银行对财务公司的监管主要凭经验和仿照专业银行和信托公司进行，并没有针对财务公司制定统一规范的规章制度。

1992 年，为配合国务院把设立财务公司作为大型企业集团试点的配套政策，国家体改委、计委、经贸委和中国人民银行联合出台了《国家试点企业集团建立财务公司的实施办法》。该文对财务公司的机构性质、设立条件、业务范围等均作出了相应规定，把财务公司定位为：办理企业集团内部成员单位金融业务的非银行金融机构。

1996 年，中国人民银行出台了《企业集团财务公司管理暂行办法》，第一次以专门法规的形式对财务公司从机构设立、业务范围、监督管理到市场退出全过程进行了规范，并把财务公司定位为“为企业集团成员单位提供金融服务的非银行金融机构”。一年后，中国人民银行针对部分财务公司运用大量拆入资金发放贷款，出现支付困难的问题，下发了《关于加强企业集团财务公司资金管理等问题的通知》。在该文中财务公司调整定位为“为支持集团企业技术改造、新产品开发及产品销售、以中长期金融业务为主的非银行金融机构”。

2000 年，作为金融业支持国企改革措施的一部分，中国人民银行出台《企业集团财务公司管理办法》。该办法正式将财务公司功能定位由原来的以短期信贷为主转向支持企业集团技术改造、新产品开发及产品销售融资等中长期业务为主。这种政策导向在当时与企业集团的实际需求存在差异，致使财务公司在贯彻落实中存在一定困难，在一定程度上减缓了财务公司的发展速度。

2004 年，银监会在总结过去经验教训、借鉴国际良好经验的基础上，修订、颁布了新的《企业集团财务公司管理办法》，对财务公司的功能定位进行了重新调整，定位为“以加强企业集团资金集中管理和提高企业集团资金使用效率为目的，为企业集团成员单位提供财务管理服务的非银行金融机构”，突出了加强资金集中管理的核心功能，弱化了投融资功能，把为企业集团提供财务管理服务作为重点。新办法颁布后，各个财务公司根据办法规定和监管要求，逐步调整功能定位、清理业务经营行为，到 2007 年底，全行业基本完成了功能定位调整和业务规范工作。

银监会对财务公司功能定位、业务范围和监管政策的调整，使财务公司的业务经营更适应企业集团的金融服务需求，使财务公司明确了发展方向，端正了经营理念，使财务公司的业务规模、盈利能力稳步增长，资产质量不断改善，在集团内部的地位迅速提升。自此，财务公司进入了科学稳健发展的新阶段。

为财务公司行业良性、稳健和可持续发展保驾护航

结合财务公司的功能定位，银监会随后又陆续出台了一系列财务公司监管法规：下发了《企业集团财务公司风险监管指标考核暂行办法》，明确了资本充足率、不良资产比例、投资比例等 11 个监控指标和存贷比、利润率等 5 个监测指标；制定了《企业集团财务公司风险评价和监管指引》，初步建立了符合财务公司特点的风险评价体系；出台了《关于对财务公司证券投资业务进行风险提示的通知》、《关于进一步规范企业集团财务公司委托业务的通知》，对风险较大的投资业务和从事委托业务中存在的问题和风险，提出了规范性要求；出台了《关于企业集团财务公司发行金融债券有关问题的通知》，在支持发展、鼓励创新方面迈出了重要步伐。至此，财务公司的审慎监管法规体系已基本建立。

为有效防范和化解风险，银监会在 2007 年初建立了以风险为本的财务公司监管体系，实现了非现场监管、现场检查和市场准入各环节适当分离又有效衔接。通过依托非现场监管信息系统，对财务公司违反审慎监管标准、异常变动等情况，进行风险提示和窗口预警指导。同时，日常监管中密切关注企业集团因宏观调控而发生的变化、关注市场环境的变化，研究这些变化给财务公司带来的影响，及时提示财务公司建立有效的“防火墙”。针对行业突出、敏感的热点和难点问题迅速开展专题调研，从而提高监管工作前瞻性。同时，建立横向和纵向监管信息沟通机制，提高联动监管水平，将监管关口前移，对风险进行早期预判，提出改进要求，督促财务公司实施审慎稳健经营。

回顾 25 年的发展历程，财务公司在完善集团功能、支持集团发展、推动集团资金集中管理等方面均发挥了重要作用，已成为我国金融体系中一支不可或缺的力量。财务公司是改革开放的新生事物，对财务公司的监管没有可以借鉴的案例。在企业集团发展的初期，批设财务公司最初靠行政主导，随后几次对财务公司功能定位的调整也都具有当时不同经济环境和形势下的阶段政策的特点，但无论监管制度如何调整，财务公司立足集团、服务集团的机构特性始终如一。作为监管者，我们将继续秉持“一手抓风险防范，一手抓科学发展”的原则，寓监管于服务之中，重视研究财务公司的发展要求，合理支持财务公司开展金融创新，支持我国实体经济更好更快发展。

（作者为中国银行业监督管理委员会非银部副主任）

（《金融时报》2012 年 5 月 8 日第八版）

专题二：财务公司以创新谋发展

财务公司：以创新视角谋发展之路

记者　胡萍

曾几何时，财务公司作为大型企业集团内部的金融机构一直甘居幕后，金融服务实体经济呼声渐起时，财务公司存在的价值日益被人们所认识。日前，当本报记者随中国财务公司协会调研组前往北京、广东等省市，对一些财务公司进行实地调研时，直观感受可以用“耳目一新 ”来表达。“新 ” 首先表现在认识新。经过 25 年的行业发展，财务公司对于当前经济金融环境下自身的定位更为精准，即“将集团分散于成员企业的财务资金管理活动和管理资源集中起来，实行专业化、企业化、集约化运营，在降低管理运营成本的同时，提高谈判议价能力和决策能力，降低集团融资成本，进而创造新价值 ”。“新 ” 还体现在每家财务公司绝不墨守成规，总是在结合自身所处行业及特色不断进行金融创新。为此，本版以“创新”为主线，对财务公司的金融创新做法给予报道，让读者与记者一道感受创新所带来的变化。

财务公司应产融结合而生，在集团金融平台中扮演着重要的角色。一方面，它凭借其优质的金融服务为集团企业提供金融支持，另一方面，它依靠持续创新与完善服务实现自身的发展目标。记者从上海汽车集团财务有限责任公司、中国南航集团财务有限公司等多家财务公司了解到，创新正成为财务公司发展的共同诉求。

案例　上汽财务公司的创新实践

“市场竞争如逆水行舟，不进则退”，这句话被上汽财务公司奉为座右铭。行走在市场化浪潮中，上汽财务公司的主旨始终是“围绕集团战略需求，坚持 360 度全方位创新”。那么，该公司进行了哪些创新性实践？又有哪些标志性创新成果值得业内借鉴呢？

该公司总经理沈根伟告诉记者，公司着力进行了机制创新。一方面，设计并实施以“创新和挑战”为核心的上汽财务特色绩效考核机制，建立了以创新为导向的人才评价和选拔制度，将创新能力作为干部选任、留用的重要考核依据，进一步增强了员工自觉参与创新工作的积极性和主动性。另一方面，建立并不断完善创新管理制度，设立了创新工作小组、创新与市场部，建立了创新工作例会制度，并设立了创新产品奖。不仅年初举行“头脑风暴”会议，每季度召开创新工作例会，还在每年末对创新成果进行表彰。

我们看到，公司实行的机制创新有力地推动了业务创新，近几年来，金融新品层出不穷，有 45 个重大创新项目被评为年度新产品奖，其中“买方信贷业务及汽车金融系统”、“现金管理系统”、“合格证远程监控系统”被评为新产品特等奖。特别是“买方信贷业务及汽车金融系统”、“现金管理系统”两大创新项目，不仅有效提升了公司自身的核心竞争力，更为上汽集团实体经济的发展作出了突出贡献。

记者了解到，便捷、个性化、低成本是上汽财务公司金融服务的主要特点，为集团公司节约成本方面作用明显。以结算、信贷、外汇等金融服务为例，在结算方面，公司为集团企业度身定制的现金管理系统，在面临国内外商业银行双重竞争的情况下，依然覆盖了几乎全部成员单位，至今已为集团节约结算费用1 148.78万元。在信贷方面，根据企业的现金流量、经营特点和项目建设等情况，有针对性地设计个性化的整体融资方案，并在政策规定范围内提供优惠信贷利率，最大限度让利于集团企业，至今降低集团融资成本8.55亿元，减少集团对外融资1 651.71亿元。同时，为了满足集团企业的国际业务需求，公司先后取得结售汇业务、衍生产品交易、远期结售汇、远期外汇买卖等经营资格，在节约购汇成本、防范汇率风险方面起到了明显作用。2011年，累计为集团及成员单位节省结售汇成本6 000多万元人民币。

探索　全方位创新服务实业

多年实践证明，财务公司始终围绕集团需求，力求在不断提高企业核心竞争力的同时，更好地为实体经济提供金融服务。在此背景下，财务公司业务发展经历了从原来的单一盈利模式向多元化盈利模式转变过程。

在经营业务创新方面，不光做大做强传统业务，业务品种也得以不断丰富。中电投财务有限公司除了在资金管理、信贷业务、票据融资业务、多元化融资等传统业务方面进行创新外，在投行业务创新上也可圈可点。近年来，建立了与外部机构的投行业务合作机制，积极独立承担集团公司大型项目的投行业务研究，并研究建立财务顾问业务支持系统。

再以南航财务公司为例，公司充分结合民航的特点，利用集团的优势开展多样创新中间业务，业务涵盖投资银行、保险代理、财务顾问等，如结合机票销售代理航意险、行李险等相关保险的销售、为集团发行债券提供财务顾问服务等，相关业务收入每年均以接近100%的速度增长。“这些创新业务不仅不需要占用任何资金，而且为其他成员企业带来了增量收入，提升了南航财务公司服务层次和质量。”南航财务公司总经理、党委书记肖立新说。

此外，该公司在2008年下半年恢复投资业务资格后，先后开展了新股申购、基金、债券以及银行理财产品等投资业务，并通过限额管理、分级授权和集体决策，实行止损和止盈制度，有效控制整体投资风险。投资收益也保持年均增速90%以上。还充分利用行业资源优势，加强同业合作，在近年市场资金波动的环境下灵活开展同业资金业务，有效提高了公司资金的使用效率。

对于风险管理创新，财务公司也可谓是各尽其能。中国电子财务有限责任公司负责人表示：“风险管理的目的是为促进业务稳健发展，提升公司的价值，必须构建适合财务公司特点的全面风险管理体系，与公司的经营发展相匹配，既能以合理的成本有效和合理控制经营风险，又能有利于公司不断发展。”为此，该公司贷审会高效运作，有效防范增量风险，五级分类审核委员会按季对存量资产进行风险分类，对合同进行审核并规范合同管理等。

南航财务公司的风险管理创新主要体现在：一是搭建完善公司风险管理内控体系，编制完成《内部控制与风险管理手册》，提炼公司业务及后勤管理共51个风险点及控制措施。二是在集团内首先完成专业公司的第一份《2010年度全面风险管理报告》，并逐渐建立起由按季报送风险管理报告、按月报送风险监测简报和按旬报送投资监测简报构成的事中控制新机制。

未来　业务拓展需更多政策支持

当前，随着国内外经济金融形势发生变化，我国财务公司前景机遇与挑战并存。对于上汽财务公司来说，中国汽车产业大发展的趋势、建设上海金融中心的政策、上汽集团国际化战略的实施以及汽车金融业务发展的广阔前景等均为公司的发展提供了机遇。与此同时，当前经济金融形势、同业竞争日益激烈也为公司带来了严峻的挑战。

事实上，财务公司已经意识到，要在贴近行业发展以及集团需求上不断寻求新的亮点，这样才能更好地发挥金融中介自身的作用。业内人士认为，财务公司未来创新将主要集中在三个方面：一是通过创新推动传统业务向纵深发展；二是通过创新提升金融平台的资源集成能力；三是通过创新建立健全集团金融风险管理体系。

沈根伟表示，经过近年来的发展，财务公司在金融创新、风险控制、信息技术等方面已比肩甚至超越了商业银行。因此，财务公司融入中国支付体系既是自身发展的迫切需要，也是建设中国现代化支付系统的必要补充。同时，融资渠道单一化也严重制约了财务公司的发展。财务公司由于政策限制，只能吸收业内企业存款，但由于汽车金融业务的蓬勃发展，资产快速增长，汽车集团财务公司面临越来越大的资金压力，无法获得充沛的资金来源已经逐渐成为制约汽车金融业务发展的瓶颈，而且随着汽车贷款规模的持续增长或汽车行业出现周期性的增长速度下滑，还必然面临向银行融资或出售资产的需求。因此建议适当扩大汽车集团财务公司的融资渠道：支持发行金融债券，支持发行小微企业专项金融债券；支持有条件的汽车集团财务公司发行离岸人民币债券等。

还有业内人士认为，人才的匮乏也是制约财务公司创新业务开展的瓶颈，应在人才培训、激励机制上更新观念。

（《金融时报》2012 年 6 月 2 日第七版）

创新是发展的不竭动力

子牧

任何创新首先源于生存的需要，对财务公司而言，其创新追求不仅仅出于自身的生存需要，也在于集团的利益。

财务公司在中国的官方定义是，“以加强企业集团资金集中管理和提高企业集团资金使用效率为目的，为企业集团成员单位提供财务管理服务的非银行金融机构”。与那些商业银行的附属机构或国外其他形式的财务公司不同，中国的财务公司是隶属于大型集团的非银行金融机构，这种隶属于集团的紧密关系的直接结果就是，财务公司多以实现集团利益最大化为经营目标。财务公司作为服务于母体集团公司的特殊金融机构，其创新的产品于其服务对象而言，有别于一般金融企业产品的通用性，更为个性化和更为务实：一些虽然是承袭自传统的金融产品却独具特色；一些自成一体的创新产品，业外无法复制。

财务公司的各类旨在合理利用资金、节约成本、保证资金效益最大化等的多元化金融创新实践，在金融业形成一道独特的风景线。

值得一提的是，在大力倡导金融机构“服务实体经济”的今天，服务于企业集团的财务公司当仁不让成为最彻头彻尾的实体经济服务者。财务公司所进行的金融创新无不围绕集团核心利益所展开，正因为如此，它们在提供资金管理服务方面更具有天然优势，对实体经济的服务在一定层面能做得比一般金融机构更好。

所谓的天然优势可以这样理解，财务公司本身就是集团的一分子所具有的内部人优势。财务公司作为企业集团的金融机构，比外部商业银行及其他金融机构更为熟悉和了解企业集团的经营情况和管理需求。它们在经营业务过程中，尤其是在处理信贷业务时，能够掌握企业真实的交易背景，能有效防控风险。同时，财务公司可有效整合和利用企业集团内部资金资源，提供更为完善的也是外部金融机构做不到的资金管理服务。

集团公司的规模不同，领域各异，个性化需求对财务公司提出更高要求的同时，也给它们提供施展的舞台、创新的原动力。因此，围绕母公司的需求所产生的创新产品异彩纷呈。不妨让我们从几个较为典型的做法中感受财务公司创新的独特性。

一些财务公司利用自身科技优势，建设起集团收支网关，由业务集中进而资金集中。通过建立资金集中管理平台，实现集团成员单位收支业务在财务公司集中处理，进一步实现成员单位资金有效归集到财务公司。这样的结果是，更好地为集团各成员企业提供金融结算服务，同时在各成员企业的财务或业务系统与财务公司系统以及银行系统之间建立无缝连接，提高结算效率和效益。

另一种能提升支付结算效能的创新结算融资业务被叫作“票据池”，这种创新在多家财务公司中被运用，同样颇具行业特色。这类企业集团内非常独到的金融创新，有行业内人士将其表述为充分利用成员公司的贸易背景“盘活闲置信用”。这种将商业信用有机运用到集团内部形成结算工具的做法，可以根据现金池中实际头寸情况，再转贴现市场上灵活运用，或及时补充资金来源，或提高生息资产份额，最终达到资金效益最优化。

财务公司还通过各类产品创新，推进集团资产负债管理，使自己成为集团的结算中心、资金管理中心、资本服务中心和风险管理中心。

这些创新所带来的效果是显著的：通过整合各类资源节约了金融成本，同时使集团公司财务运营更为顺畅；不仅使资金资源得到充分利用，还规范了企业预算、资金划拨、内部债务、产品销售、采购、现金等结算行为。有利于减少筹资和资金使用成本，实现资金集中管理运用的安全性、流动性和效益性的统一……

从这些简单陈述和归纳中不难看到，财务公司的业务创新无不体现出鲜明的行业特点，也确实为其母公司——企业集团的财务状况带来不同程度的改善。可以说，创新为企业注入了活力。

创新是发展的动力，发展也为创新提出更多课题。

随着大型企业集团国际化进程加快，“走

出去”对于财务公司已不再是一句空洞的口号。新的形势下，如何加大外汇业务力度、助推境外资金管理成为不少大型企业财务公司迫切需要解决的问题。为适应集团公司海外业务发展的需要，中油财务公司数年前成立全资子公司———中国石油财务（香港）有限公司，公司提出逐步建立起适应集团公司国际业务发展需求的跨国金融机构网络，构建集团公司全球资金管理体系，并具体实施集团公司境外资金集中管理的职能。由于制度原因，类似情况绝无仅有。但尽管这还只是个例，却也为同行提供了效仿的目标。

一种被商业银行运用有利于上下游产业协同的“产业链金融”也被提出，它的基本理念是通过信贷等手段对集团之外的上下游企业给予金融支持，顺畅其原料采购、产品生产、成品销售等各环节的资金需求和管理。这种金融覆盖面临最多的同样不是财务公司自身问题，而是需要解决制度瓶颈。

中国的财务公司在目前更多的是充当集团公司“大司库”的角色，是集团的“结算中心、融资中心、资金管理中心”。在特定条件下，这种角色定位无疑是符合现实需要的，而随着经济的发展，种种局限开始显露，不少财务公司已经注意到其自身业务已触及“天花板”，亟待转型。这种转型，不仅需要企业自身具备创新精神，还需要有利于创新的土壤，需要相关政策的与时俱进与因势利导。

（《金融时报》2012 年 7 月 2 日第七版）

科技进步带来创新

——海尔财务公司以电子票据服务集团企业小记

记者　金立新

1 200 余家供应商与集团 6 家集中采购和物流公司有单一或多向的结算关系；集团内部 2 个工业园区 200 多家工厂与集中采购公司有单一或多向结算关系，并与集团销售平台的 6 个销售总公司有单一或多向的结算关系；252 家销售分公司与 6 家销售总公司有单一或多向结算关系，又与 2 万余家经销商有单一或多向结算关系。在这样一个庞大的网络中，理清关系就是一件让人头痛的事，如果再涉及到不同机构之间资金的往来结算更是千头万绪。但是在企业集团的财务公司，要做的不仅是理清机构之间的关系和资金往来结算，还要降低成本，保证资金安全，提高资金使用效率。面对着上万种结算关系，在如蜘蛛网般复杂的结算关系网中，海尔财务公司要做的就是这样的事。解决的方法是电子票据。

对于为什么要采用电子票据的方式进行结算，海尔财务公司结算部人士这样告诉记者：海尔纸质票据的结算量非常巨大。以年均 3 万笔 300 亿元票据为例，从市场流入到支付销售总公司再支付到各个环节，将产生120万笔及1 200亿元的票据结算，其纸质票据结算效率的低下，以及背书转让、持有、到期托收的管理风险，都是我们不得不考虑的问题。于是，现代科技进步带来的便捷让电子票据成为了海尔财务公司的选择。

2006年，海尔创新建设了与市场销售平台对接的海尔资金管理平台，实现了集团内部电子票据100%的支付结算。3年的内部电子票据结算业务中，在不断推进内部电子票据平台功能完善的同时，海尔财务公司也在探索如何通过整合银行平台资源，将海尔的内部电子票据走向社会化，并不断与招行总行、建行总行层面进行沟通。

2009年初，中国人民银行提出建设ECDS电子商业汇票系统，基于3年内部电子票据无风险运营的经验及实际票据业务的需求，海尔财务公司第一时间向人民银行提出了直联加入ECDS的申请。2009年4月海尔财务公司获得首批直联ECDS系统的资格，按人民银行规定程序，获取了11位的机构号码，刻制并报备了海尔集团财务有限责任公司的汇票专用章。在获取直联ECDS系统资格后，海尔组建了跨部门的电子票据团队，全力推进电子票据系统的建设。在电子票据系统建设的伙伴选择上，选择具有丰富银行合作经验的上海华腾公司。经过6个月的需求确定、系统开发并通过人民银行科技部门的严格验收，2009年10月28日，开出了当日单笔金额最大且最具纪念意义的由海尔财务公司承兑的对海尔外部客户支付的首张电子银行承兑汇票：票号190745200001620091028000000395，金额20 091 028元。随后，海尔电子票据业务开始广泛推广。

首先是整合外部金融环境资源，以支持海尔电子票据的市场流通。通过充分有效的沟通，海尔分别与工行、农行、中行、建行四大国有商业银行以及招行、交行等总行签订了电子票据增信合作协议。该协议的签订，有效支持了海尔电子票据在市场上的流通性，也证实了海尔信用品牌的价值是被金融市场认可的。其次是通过事前的四个锁定来确保海尔电子票据支付真正落到实施。四个事前锁定即锁定目标、锁定风险、锁定路径、锁定团队。锁定目标即无边界团队的每一个成员都认同的同一目标，通过推进海尔电子票据社会化支付，实现海尔信用增值，实现全流程电子票据结算。锁定风险即在海尔集团全流程票据结算是零风险的，要求各流程无断点、管控无盲区、清算零障碍。锁定路径即在与四大国有商业银行签订增信合作协议同时，内部搭建财务公司统一平台，支持票据一票到底的支付结算，锁定一对一沟通的对象和时间要求，支持区片联动。锁定团队即组建了包括客户经理、采购经理、异地资金经理等在内的跨公司、跨部门的无边界的电子票据经营体团队，共同面对外部市场，推进实现海尔电子票据的支付结算和外部电子票据的流入。

数据显示，2010年1月，海尔电子票据支付42笔，0.45亿元；2010年6月，就达到了959笔，10.85亿元；至2011年末，已实现了对集团1 200余家供应商99.8%的客户的电子票据的支付。美国的艾默生电机、韩国的LG电子、德国的巴斯夫化工、日本的日立压缩机以及恩布拉科、扎努西艾登等著名跨国公司接受了海尔电子票据，全国各地的中小型企业也都接受了海尔的电子票据，还有客户持有海尔票据到银行贴现，银行又到人民银行办理再贴现的业务。最新的数据显示，至2012年5月末，海尔电子票据业务累计签发电子票据55 597笔，金额608.32亿元，结余14 534笔，金额132.31亿元。

“电子票据便捷地实现了票据的集中管理，是实现资金集中100%的最佳配套措施。”海尔财务公司总经理李占国说。从经济效益上看，因为独立开立电子票据，每年为海尔集团节约的开票手续费约2 000万元，且此手续费效益是每年都贡献的收益。隐性的贡献还在于提高了集团票据结算效率。通过推进收30%电子票据，海尔集团票据结算提速3倍，集团千余亿元的票据池管理仅需10人。同时还实现了票据管理的零风险，在原来全部收取市场流入的纸质票据的情况下，出现过收到挂失票的情况。通过推进市场支付电子票据给海尔，大大降低了纸质票据的管理风险。

记者了解到，在全国近130家财务公司中，目前海尔是电子票据业务推进最好的财务公司，并受到了业内同行的关注。电子票据业务促进了财务公司与银行业在创新领域的合作，同时行业发展近30年中，财务公司首次以与银行相同的系统参与者身份加入到ECDS系统中。但是，与对供应商开票付款环节近100%的接受率比较，在市场流入环节，经销商支付的电子票据不到1 000笔，金额不足30亿元，电子化率仅达到11%。

“以票据电子化结算模式颠覆了传统的纸质票据结算模式，对于企业集团的资金管理产生了重大意义。但ECDS系统在建设初期设计的财务公司承兑的电子票据资金线下清算的现状，也给财务公司带来很多弊端。”海尔财务公司结算部人士告诉记者。最主要的问题就是延迟解付、环节增加、效率低下、电子票据线下清算导致客户抱怨和增加了手续费支出。

“只有允许财务公司电子票据业务线上清算，才能从根本上发挥电子票据高效结算的优势，有效刺激并促进电子票据业务的推广。”海尔财务公司这位人士说。因为每一个财务公司背后都有一个庞大的集团产业链，若允许财务公司实现电子票据线上清算，将有效刺激财务公司更快速地推进所在集团产业链上的电子票据结算。同时，若财务公司实现电子票据业务线上清算，协办银行将不再提供此部分业务的线下清算服务，能有效地提高其结算效率；此外，清算账户设计为票据资金收付平衡模式，并不是财务公司资金池外移，对银行资金几乎没有影响。

（《金融时报》2012年7月2日第七版）

财务公司：利率市场化提速利弊共存

记者　胡萍

利率市场化进程提速的影响是全方位的，在人们关注日前央行下调金融机构人民币存贷款基准利率并调整利率浮动区间对于银行、信托、证券和房地产等的影响之时，这一政策对企业集团的资金中枢——财务公司，对融资租赁公司的影响也将显现。这种影响是什么？我们将试图通过这两篇报道向读者解释这一答案。

关于央行降息且调整存贷款利率浮动空间的政策效应仍在继续发酵。业内普遍认为，作为此次决策最大亮点的利率空间浮动增大，必将对我国金融机构的经营产生重大影响，财务公司也不例外。

那么，在央行宣布降息之后，财务公司有何反应？

记者发现，与各大银行第一时间更新存贷款利率表不同，记者查询了20多家央企财务公司网站，只有中国大唐集团财务有限公司于6月8日在其网站上发布了存贷款利率调整的公告，更新后的存款利率有不同程度的下降，其中调整浮度最大的是5年期存款为-0.40%，贷款利率为一律下浮0.25%；中国电子财务公司则在其2007年的一则通知中明确表示，“凡遇人民银行调整利率，财务公司将自调整日起调整利率”；其他财务公司网站的存贷款利率表还停留在去年甚至是几年前的水平。

“财务公司一般隶属于大型央企，有很多甚至没有单独的网站，就算有网站也缺乏专业人员去维护，所以更新速度有限。但财务公司作为金融机构的一员，对于基准利率调整都会第一时间跟进，而且财务公司主要对企业集团内部服务，肯定会给予子公司最高优惠。”一位不愿透露姓名的央企财务公司负责人告诉本报记者。

采访中记者了解到，在财务公司看来，降息有助于市场活跃度的提升，利率浮动区间加大后银行业利差空间缩小，银行业利润结构将发生变化，对财务公司一定会产生影响，相比较而言，财务公司更担心的是利率市场化提速可能带来的长期影响。

“存贷款利率浮动空间增大，意味着利率市场化又迈出了一步，利率作为市场经济体制下反映资金稀缺、调控资源配置的有力杠杆，其市场化必将对我国金融机构的经营产生重大影响。”上述财务公司负责人称。

然而，由于财务公司依托的企业集团背景各有不同，与银行关系也不尽相同，因此利率调整区间加大将带来的实际影响仍需个案分析。只是对于以短期存贷款业务为主要收入来源的企业集团财务公司来说，利率浮动区间调整以及利率市场化的进一步推行所带来的冲击则是直接且无法回避的。

一家市场化程度较高的财务公司老总说：“从目前看虽不会对财务公司的主要业务造成太大影响，但我们在资金规模经营与实力、金融产品设计与创新以及专业化水平等方面和商业银行还存在很大差距，财务公司会因此在整个金融市场上处于不利地位。”

他进一步分析认为，首先，与银行的竞争方式又增加了，原来利率是刚性的，现在是弹性的；其次，五大国有商业银行及主要商业银行有着规模实力、人员素质、业务功能等先天优势，可以最大限度地提高存款利率、降低贷款利率从而占领先机，而财务公司相对规模较小、资金来源狭窄，议价能力比银行弱；最后，财务公司因其规模、实力和信誉从市场上融资的成本也会比银行更高。

他的观点得到了较多业内人士的认同。财务公司人士普遍认为，利率市场化是大势所趋，必将带来不同金融机构间更加实质性的竞争，而不仅仅是营销层面的竞争，在财富管理和资产管理领域的竞争也将加剧，这对于财务公司来讲是利弊共存。那么，充分认清当前形势之后，财务公司经营策略又将有哪些调整呢？

“我们首先要明确一点，尽管存在上述诸多不利，但财务公司在利率加速市场化过程中也有优势的一面。”一位财务公司高管如是说。第一，财务公司对集团内企业贷款时，如果在利率上作出较大让步，虽然财务公司自身吃点亏，但从整个集团发展看是有好处的；第二，财务公司是集团公司内部唯一的非银行金融机构，在掌握集团成员企业资源和业务信息上与商业银行相比具有一定的比较优势。此外，财务公司因为规模小，层次少，可以较快较灵活地作出业务决定；还有些业务涉及到内部商业机密，哪怕外部金融机构再专业也是无法取而代之的。

还有几位接受本报记者采访的业内人士认为，当前在应对利率市场化提速方面还处于探索阶段，总体思路是练好内功，充分利用财务公司灵活高效、贴近客户的优势扬长避短。比如，仍要强调资金管理的重要性，要以降低公司资金成本、提高资金使用效益为目标，在确保企业的支付结算的前提下，通过资金调拨、同业融资等渠道，尽可能保证公司合理的信贷需求、投资需求，同时增加公司同业往来收入和中间业务收入；财务公司资金管理部门应密切关注各市场的动态，及时了解集团内企业对资金的需求，利用财务公司“船小好掉头”的优势，随时调整公司资金组合；财务公司还可在政策允许范围内，扩大服务品种，多参与咨询、鉴证、集团内资产重组等中介业务，提高非贷款业务收入占利润构成的比例；还应制定严格且易于操作的公司利率管理制度。

此外，多位业内人士向本报记者呼吁，由于金融形态不同，应给予财务公司更多空间。希望改变现行“一刀切”的监管政策，实行差异化监管，如适当降低财务公司存款准备金率。另外，希望进一步扩大财务公司的业务范围，允许财务公司进一步发挥融资职能。

（《金融时报》2012 年 6 月 14 日第四版）

专题三：财务公司“走出去”

政策、人才、理念

——财务公司“走出去”需破除的三个短板

记者 胡萍

目前已有部分财务公司通过特批开展了境外资金集中管理。有采用财务公司开设离岸账户进行归集的方式，也有财务公司在境外开设分支机构进行归集的方式。但总体看来，我国财务公司行业的国际化发展还处于初级阶段。

按照《企业集团财务公司管理办法》第三十一条的规定：“财务公司不得从事离岸业务，除本办法第二十八条第二款业务外，不得从事任何形式的资金跨境业务。”“离岸业务”是指吸收非居民的资金、为非居民的金融活动提供服务。目前来看，财务公司本身不具备离岸业务和办理贸易等业务资质，这是否会削弱其对推动集团国际化的作用？财务公司“走出去”又遇到哪些困难和障碍？

记者在采访中了解到，目前已有部分财务公司通过特批开展了境外资金集中管理。有采用财务公司开设离岸账户进行归集的方式，也有财务公司在境外开设分支机构进行归集的方式。但总体看来，我国财务公司行业的国际化发展还处于初级阶段，走出国门以财务公司身份为集团境外产业提供金融业务支持的案例甚少。

事实上，财务公司国际化发展的需求一定是伴随着企业集团的国际化发展战略而推进的，是以满足企业集团全球化布局的金融服务需求为目标的。在国际化的企业集团中，建立起国际化的财务公司，以使财务公司真正能服务于企业集团境外成员公司，助力企业集团的国际化发展，共享企业集团的国际化发展成果。这一点在业内已成共识。海尔集团财务公司告诉记者：“财务公司的国际化也是中国金融行业国际化的一个重要组成部分，将对财务公司行业提升内部金融服务品质、提高自身风险管理水平、提效企业集团产业发展、提速财务公司行业发展具有重要的现实意义。”中化集团财务公司负责人也表示，财务公司作为企业集团的金融服务平台，应起到促进企业集团国际化的作用，满足所在集团境内外一体化的经营战略发展需要。

然而，在财务公司支持企业集团国际化过程中仍有不少障碍。

首先，目前财务公司“走出去”缺乏明确的政策法规依据，致使财务公司只能通过多方面的创新来拓展境内业务以达到发展目标，并且国际化发展也成为财务公司进一步发展壮大的短板。

上海电气财务公司表示：“由于相关政策所限，财务公司的离岸经营资格受到较大限制，制约了国际化服务的能力，具体包括以下两个方面：一是对境外成员单位的借款限制。

'走出去'初期，境外成员单位往往实力弱，融资困难，亟须境内财务公司给予支持。但受制于离岸经营资格，财务公司无法开展此类业务。二是境外资金集中管理限制。境外企业发展到一定规模之后，集团必然要进行境外资金集中管理。但作为集团境内资金管理主体的财务公司，却没有政策和制度允许到境外开展资金管理。目前只有个别财务公司通过特批的方式，以开立离岸账户或建设子公司的方式进行归集，但缺乏明确的指引。”

其次，企业集团内，财务公司与境外企业之间，受地理因素影响限制，双方资讯不畅通，有效交流受阻，也致使财务公司不能很好地了解境外企业需求，更谈不上进一步解决其需求，服务该企业。海尔财务公司表示，财务公司在为境外成员单位提供金融服务的同时，面临的国际金融市场环境非常复杂，关于各个国家的外汇管理制度、双方国家的税务约定等各个方面，缺少权威的信息来源渠道供参考，造成开展业务之前需要花费大量的时间去获取相关信息，并需多方求证，需相关信息平台可提供各个国家相关外汇法律、法规及政策变动等内容。

此外，面对企业集团国际化战略的迅猛推进，财务公司不论在国际化人才方面，还是在国际化运营的经验方面，都有所欠缺。一些财务公司在实践中发现，目前财务公司从业人员还不完全具备分析国际金融市场形势、进行外汇汇率预测及利用金融工具进行风险规避的能力，对政策的理解也不深入；外汇风险的识别、计量、监测能力有待加强；业务经营和产品创新方面也有待加强，必须构建有效的外汇营销体系，稳步推进外汇产品创新，丰富外汇保值、衍生产品，同时要求合作银行增加服务的品种，为公司外汇业务的拓展提供更为灵活多样的外汇避险保值方案，共同促进公司外汇业务稳健发展。

对于如何更加有效地承接集团战略，促进财务公司国际化，财务公司有着清晰的设想。海尔财务公司希望能够通过申请在境外设立分支机构的设想，进一步实现财务公司的国际化。并建议如下：对已建立全球产业布局框架下的企业集团，切实有业务需求的，允许其企业集团财务公司在境外成立机构，为集团全球发展战略提供金融保障，为全球资金管理提供金融载体和平台。对集团的海外并购业务提供更有力的支持，建议国家各部委简化对于海外并购业务的审批流程，方便企业在国际市场竞争中把握市场机遇，支持企业自己“走出去”。

海航集团财务公司表示，财务公司在推进国际化进程中，亟需监管政策方面的大力支持，能够适度开放境外非资本性资金管理限制，允许财务公司开立离岸账户，支持财务公司从事离岸业务、打造财务公司境外资金管理中心乃至全球资金统一管理平台；拓宽财务公司发展空间，以更好地支持企业集团的国际化发展。

上海电气集团对财务公司的五年发展规划明确提出，上海电气财务公司要成为集团的外汇风险管理平台、项目融资平台、并购和资本运作的服务平台以及全球司库，这些都将成为财务公司支持集团国际化的重要手段。为促进财务公司战略的达成，希望能够得到政策支持：允许财务公司开展境外资金集中管理；允许财务公司向境外成员单位放款。

万向财务公司将进一步支持企业集团国际化经营进程，从而实现万向财务公司业务发展新的飞跃。因此，亟须得到相关部门批准，由财务公司为集团成员单位开立经常项目外汇账户，办理外汇资金集中收付及与子公司之间的外汇资金划拨。希望给予相应政策支持。

中化集团财务公司表示，从市场参与者角度看，财务公司已经成为外汇市场的重要参与者，代客即期交易量也逐年增长。目前看，财务公司大多参与的是即期外汇交易，参与外汇衍生品交易的还不太多。今后，该公司希望能申请到远期外汇交易资格，多参与外汇衍生产品的操作，更好地为集团服务。对于“外币资金集中度”这一考核指标，该公司认为，这一硬性监管指标在财务公司实际业务开展中很难达标。原因有二：一是财务公司无法归集境外资金，而境外资金沉淀远大于境内资金，导致在计算集中度时，必须做相应剔除；二是鉴于外汇利率完全市场化，银行可根据资金状况和对金融市场动向来自主调节利率水平，而财务公司受限于使用规模，无法在利率上与银行抗衡，导致成员单位外汇定存直接存入银行，对财务公司完成资金集中度指标造成巨大挑战。

（《金融时报》2012 年 7 月 30 日第七版）

企业集团国际化背后的财务公司

记者　金立新

记者的手中有这样一些资料：来自上海电气集团的信息显示，自 20 世纪 90 年代以来，上海电气集团销售收入始终位居全国装备制造业前列。集团主导产品包括火力发电机组、核电机组、重型装备、输配电、电梯、印刷机械、制冷压缩机、工业自动化产品等。目前，上海电气火力发电设备产量位居世界第一，核电核岛产品覆盖中国核电建设所有项目，核电常规岛产品批量进入国内外市场，上海电气品牌获 2008 年度中国十大行业领袖品牌，位列亚洲品牌 500 强、全球最大 225 家国际承包商。截至 2011 年末，上海电气集团总资产 1 508亿元，净资产 413 亿元，主营业务收入 906 亿元，净利润 36 亿元。近年来该集团积极推进国际化进程，拓展海外市场，促进产品出口。2011 年，集团出口收入约 170 亿元，其中 EPC 工程收入约 120 亿元，年末在手 EPC 订单约 1 108 亿元，分布在印度、越南、中东、南非等地。同时，集团稳步开展海外投资，截至 2011 年末，集团在境外共有 13 家子公司，8 家办事处，分布在美国、日本、东南亚等地，集团在境外的投资总额已超过 2 亿美元。根据上海电气“十二五”规划，到 2015 年，该集团海外营业收入占比将达到 25%，规模约为 300 亿元。所以，未来几年里，集团仍将加快国际化步伐，积极拓展海外市场，加强国际合作。

来自海航集团的信息显示，海航以世界级品牌为基础，以国内产业优势为支撑，充当国内与国际市场连结、中国与世界互动的桥梁。2010 年 1 月，海航收购澳大利亚 ALLCO 公司飞机租赁业务；2010 年年底，收购土耳其飞机维修公司 MYTECHNIC；2011 年，收购土耳其 ACT 货运航空公司，成为中国民航“走出去”的一个里程碑；2011 年 12 月，又收购了 GESEACO100% 的股权，成为当年全球最大的并购案之一。

对于中国的大型企业，“走出去”早已经不是一个新鲜的话题了。自20世纪90年代始，一批中国企业就走出国门，开始了国际化的探索。如果说多年前，中国企业实施“走出去”战略的目的是于国际分工体系中占据有利地位、扩大对外贸易规模、学习国外先进技术的话，那么在20年后的今天，当金融危机所带来的国际性并购机会大量出现之时，当中国经济增长需要新的拉动引擎之时，企业集团的国际化似乎也被赋予了更多的含义。而在这些大型企业集团国际化的背后，企业集团财务公司的影子随时可见。

“随着海航国际化进程的不断推进，国际业务在海航集团内部所占比例越来越大，境外企业数量逐渐增加，基于这样的现实背景，作为海航集团的财务公司，为能一如既往地支持企业集团发展、能更有效地服务集团成员企业，我司开始了支持集团国际化方面战略探索，并着手协助集团建立内部境外企业的联系通道。”海航财务公司人士说。

“随着集团国际化运作目标的不断推进，集团成员企业对国际金融服务需求也越加突出，为更好地服务于集团的国际化进程，财务公司必须推出一系列措施支持集团成员企业国际化发展。”万向财务公司人士说。

在产品出口过程中，针对集团成员单位汇率不断波动而造成损失，以及货款回笼的周期较长、对出口企业的现金流产生影响的现象，2003年万向财务公司向国家外汇管理局申请出口企业自有外汇留存，使汇率变动的不良影响大大降低；通过发放产品出口周转贷款，消除了出口单位的后顾之忧，尽最大可能满足了出口市场的需求。2005年1月，万向获得了通过财务公司进行外汇资金内部运营的资格，外汇资金在集团内部跨国运营随即进入具体操作阶段，2005年3月成功地向位于美国芝加哥的万向美国公司发放了第一笔委托贷款；2009年11月1日开始实施的《境内企业内部成员外汇资金集中运营管理规定》赋予财务公司结售汇的功能，给企业带来明显的经济效益和管理效益。目前，在国际结算业务方面，万向财务公司主要开展开立信用证、信用证到单付汇、TT付汇等业务，通过人民币质押贷美元远期支付等方式，开展信用证附属理财产品汇利达等，为成员企业进口原材料等在汇率上节省财务成本5%以上。

为控制国际结算环节风险，中化集团于2006年7月成立结算中心，全方位动态的信息畅通实现了集团国内外币资金的集中管理及外汇统一集中收付。在提升现金资金使用效率的同时，提高国际结算资金使用效率，为企业争取更广阔的利润空间。2009年7月，中化财务公司取得即期结售汇业务资格，所有境内成员单位均通过中化财务公司办理即期结售汇。在开展即期结售汇业务的同时，开展了境内外汇资金归集，境内外汇资金池的搭建，实现了境内成员单位经常项目下外汇资金余缺的调剂，填补了资金管理的空白。面对人民币不断升值的压力，境内成员单位操作远期结售汇业务需求极为强烈。2010年，中化财务公司开始代理成员单位操作远期结售汇业务，进而实现流程统一、合同统一、条款统一、询价统一，提升了集团整体议价能力。

“企业国际化经营和管理中的金融需求是多样化的，目前全球500强企业中有2/3以上都有自己的财务公司，这些财务公司都可以按照企业集团的需求提供金融服务。因为制度约束或企业集团及财务公司自身对其功能定位不适当，一些财务公司促进产融结合的优势未能充分发挥。但是目前，在服务企业集团国际化进程中，很多财务公司已经根据各自企业集团的需求和政策要求，开展了汇率风险管理服务、支持集团海外项目融资和投资银行服务。

在中国的银行业国际化进程远低于企业的情况下，财务公司在企业集团国际化进程中扮演的角色越来越凸显。”一位企业集团人士这样说。

“作为一个非银行金融服务机构和大企业资金司库以及商业信用管理的金融功能组织，财务公司已经成为一个举足轻重的行业领域和企业国际化经营管理的重要环节。”中国财务公司协会相关人士说。

（《金融时报》2012 年 7 月 30 日第七版）

“把资金比作血液财务公司就是企业的心脏”

——访广东省粤电集团有限公司董事长潘力

记者　陈子牧

同所有发电企业一样，全年营业收入 534 亿元的广东省粤电集团有限公司是典型的“资金密集型”企业。在这家企业一直担任董事长的潘力，非常清楚资金的流动性、安全性对于发电企业意味着什么。所以，当粤电集团把公司发展目标定位为“成为国内一流并具有国际竞争力的能源集团”之时，2006 年粤电财务公司应运而生。在近年来发电企业经营遇到挑战尤其是融资工作面临前所未有困难局面的时候，财务公司在保障集团及成员单位资金链安全、实现集团整体利益最大化、节约财务成本等方面发挥了重要作用，切实支持了实体经济发展。近日，本报记者走访了粤电集团并就有关问题采访了潘力先生。

记者：2006 年，在粤电集团成立过后的第一个五年，粤电财务公司诞生。这是因为顺应潮流，还是集团发展之必需？当时集团财务管理方面是否遇到瓶颈，财务公司能解决什么问题？

潘力：广东省粤电集团有限公司成立于 2001 年 8 月，是国内第一家因电力体制改革而成立的发电企业，以打造国内一流并具有国际竞争力的能源集团为战略目标。2005 年，集团到了一个发展的高峰期，一方面是一部分成熟的项目有了大量的资金积累，另一方面是大量新建项目需要大量的资金投入，这就出现了所谓的“双高”现象，即高存款高贷款。作为资金密集型的能源行业，如何提升资金使用效益，更好地发挥集团规模化的优势、降低整体资金运行成本是我们面临的一项重要课题；而且随着集团的不断做大，如何加强集团管控，有效提升资金管理水平和安全性，防范风险也是我们面临的另一课题。组建成立财务公司，正是从这一战略高度所作出的决策。从国际国内优秀企业的发展潮流来看，成立自己的金融公司实现产业资本和金融资本的结合、提升综合竞争力已经成为企业做强做大的一条重要而成熟的路径。

2005 年我们决定筹组财务公司的时候，粤电集团是各大银行的“掌上明珠”，但“守正出新”的企业哲学让我们有着与生俱来的忧患意识和危机意识，只有有了自己的财务公司、自己的“银行”，才能在经营环境变化的时候更为积极、主动地应对市场，服务于自身的战略发展和经营管理。相对于传统财务角度的管理，成立财务公司，可以用一种金融的理念来开展资金管理，通过引入金融机制、金融人才、建设专门的信息系统，把简单的“保管型”资金管理转化为“运营型”管理，以专业化和精细化的管理模式实现资金的增值，最大限度地发挥集团整体优势，促进集团核心业务不断发展。

记者：“财务公司就好比企业的心脏，虽然心脏占整个躯体的重量微不足道，可能仅有4%—5%，但是对于企业的生命却是至关重要的。”这是潘董当初在财务公司成立时的一段话，事实上，从这五年多来财务公司的运行情况看，财务公司最主要的作用都体现在哪些方面？

潘力：成立财务公司后，改变了原来资金分散在集团及各成员单位管理的局面，实现了资金集中管理。资金是企业的血液，而财务公司就是企业的心脏。虽然心脏占整个躯体的重量微不足道，可能仅有4%—5%，但是对于企业的生命却是至关重要的。因此，五年多来，集团公司一直高度重视财务公司的管理与发展，经过各方努力，粤电财务公司得到了较好的发展，发挥了应有的作用。我想用两个“不可替代”来概括财务公司五年来所取得的经营成绩：一方面，财务公司在资金归集的基础上成为集团的结算中心，通过收支两条线管理，以及将成员单位的内部审批流程嵌入到财务公司的业务系统中，有效地发挥了作为集团资金“监视器”和“监控室”的作用，这一点是无法通过外部银行及传统的财务管理来实现的，所以说财务公司在保障集团资金安全方面发挥了不可替代的作用。另一方面，财务公司利用自身的金融资质，在集团的融资工作中发挥了重要作用。特别是在2011年国家宏观调控、金融政策从紧的形势下，粤电集团对外融资空前紧张，贷款难、融资贵的状况可以说是从来没有遇到过的。在此情况下，财务公司成为集团和成员单位资金链安全的最后一道防线，不仅为集团“输血”，还很好地发挥了“造血”功能，积极作为桥梁引导外部融资，在保障集团和各成员单位资金链安全方面起到了不可替代的作用。

同时，五年来，财务公司为集团贡献了超过10亿元的利润总额，在2011年发电主业面临非常大困难的情况下，财务公司的净利润占到了集团的16%。集团那么多的项目工程中，很少有像财务公司这样，既确保了安全，也创造了利润，现在看来，当年买壳组建财务公司的决策经得起历史考验，是非常有价值的。

记者：两个不可替代表明财务公司的重要性，财务公司围绕集团主导产业和产业链，具体有什么作为？

潘力：集团公司对财务公司的定位是加强集团资金管控，推进产融结合，服务和助推主业的发展。五年多来，财务公司坚持金融企业追求“安全性、流动性、盈利性”的专业化运作，围绕服务集团主业及产业链做了大量的工作，已逐步发展成为集团的“四个中心”：一是作为结算中心，有效提升了资金的安全和管控水平。二是作为资金管理中心，积极开展信贷业务和探索贸易链金融，有效盘活了集团自有资金资源，改变了原来“高存款、高贷款”的双高局面，降低了财务成本，创造了金融利润。三是作为资本服务中心，为集团和成员单位提供财务顾问服务，“用专业的人做专业的事”，充分利用熟悉金融市场运作的优势，为各单位投融资争取最有利条件。四是作为风险管理中心，通过资金监控和系统控制，保障了资金管理安全；通过控制信贷风险，防范了经营风险传导；通过保险经纪公司平台提供保险安排，实现风险转移和经济补偿。

同时，财务公司也在积极探索外延性的发展，围绕集团战略规划和服务实体，先后投资了保险经纪和商业银行等金融机构，拓宽了自身金融运作领域，逐步实现从现金管理向现代金融、产融结合过渡的转变，分散主营产业链相互依存度高的系统性风险、形成新的利润增长点。

记者：财务公司为企业集团的贡献我们已经看到，在现在阶段，无论是公司自身发展还是满足集团利益方面，财务公司还有很长的路要走，今后的发展方向如何确定？

潘力：财务公司从成立之日起，就肩负了集团资金管理、金融服务和金融板块发展的重要使命，任重而道远。未来的发展，首先，仍然是不断提升集团的资金管控水平和安全性。粤电集团的文化是守正，这是我们长期经营积累下来的体会与经验。确保资金安全是一切经营活动的立足之本、发展之源。随着集团水电、火电、风电、新能源等各种类型能源项目的不断建设以及集团煤炭、航运等相关多元化业务发展的不断推进，资金管理的难度将会不断加大，这就需要财务公司进一步提高管理水平，为集团发展保驾护航。为此，就集团公司政策支持层面而言，我们将要求在今后开展新项目谈判时，把集中结算作为确保国有资金安全的关键点纳入项目合作框架，以巩固集团资金集中管理成果。

其次，是要通过不断的业务拓展促进集团产业价值链的提升。财务公司要依托集团实体产业，进一步强化内部金融资源优化配置能力和外部金融资源统筹协调能力，在利率市场化加速推进的背景下，有效协助集团和成员单位拓宽融资空间，降低融资成本，最大限度地发挥资本聚集和放大效应，推进集团产融结合和可持续发展。并在协同发展原则下，稳健推进集团公司金融板块构建，不断促进集团产业链价值的提升。

最后，强调更好的服务和人才培养。财务公司的经营除了一般金融企业讲求的“安全性、流动性、盈利性”之外，还应该兼顾“服务性”这一原则，为成员单位提供比外部金融机构更贴近、更深入、更全面、更有效率的金融服务。此外，随着集团公司的不断发展，不仅要讲求生产经营管理，更要注重战略管理与资本运作管理，这必然需要一批熟悉金融、投资、法律的专业人才，希望财务公司能成为培养集团专业金融人才的“黄埔军校”。

（《金融时报》2012 年 7 月 30 日第七版）

机会，只给有准备的人

记者　胡萍

财务公司如何在支持企业集团国际化进程中发挥应有的作用？这个问题似乎充满着诸多

现实的“无奈”：缺乏配套的政策环境、国际化金融人才的匮乏，还有多数财务公司未能充分参与到企业战略计划制订中。可是，政策和制度的完善需要时间，或许还是一个漫长的过程。因此，在现有条件下，财务公司如何开展国际化业务是当前乃至今后都值得思考的课题。

整体而言，财务公司在支持企业集团国际化战略方面，仍然有较大的潜力可发掘，多数财务公司在实践中也积累了不少实战经验。通过此次采访，记者有一点感受非常深刻，尽管财务公司普遍呼吁政策层面需适度放开，但在外部环境还未有较大改变之前，有些财务公司已经先行先试，积极开展业务创新，成为财务公司国际化业务的领跑者。如万向2005年1月获得了通过财务公司进行外汇资金内部运营的资格，外汇资金在集团内部跨国运营随即进入具体操作阶段，于2005年3月成功地向位于美国芝加哥的万向美国公司发放了第一笔委托贷款。这笔业务标志着公司在集团“走出去”战略步步深入的情况下，自身也实现了一次意义深远的突破。再如海航财务公司通过开展境外资金监控、结售汇业务、外币贷款业务、境外人民币债券发行等多种方式，对成员公司提供服务支持，推进其跨境业务开展，实现利益最大化。

事实上，作为内部金融服务平台，财务公司首先要紧密结合集团产业部门，充分发挥自身服务企业集团及成员公司的职能。一方面，要及时了解产业板块的金融需求，为产业板块提供内部金融解决方案；另一方面，财务公司还要协同产业板块共同解决国际化过程中的问题，如在项目融资业务中，项目谈判、融资价格、商务条款等都需要双方共同解决。以上海电气收购美国高斯国际为例，财务公司投行团队在项目前期协助产业集团推进商业联合计划调查，以明确项目的战略价值和商业价值；在中介机构入场后协调组织会计师、律师等对标的公司开展全面尽职调查工作，揭示项目风险；此外，也为交易结构的设计、价格条款的谈判积极出谋划策，创新性地提出报价与预测业绩挂钩、与目标交割净现金挂钩的专业建议，协助集团争取到最终并购价格的向下调整。在此次集团国际化并购项目中，作为内部财务顾问，上海电气财务公司投行部参与项目的各个阶段，协助各条线工作并汇总筛选问题及对策，参与交易结构设计、价值评估及条款谈判，降低了集团收购风险，争取了集团利益最大化。

其次，财务公司要与监管机构保持紧密联系。正如上海电气在谈及国际化业务的体会时所说“国家出台了多项政策支持企业走出去，财务公司要和监管机构保持紧密联系，及时了解最新的政策导向和同业先进做法，为财务公司的业务创新打下基础、提供方向，这对财务公司的国际化业务尤其重要”。以中化财务公司申请政策通道，外汇资本金入“池”蓄水为例，该公司于2010年4月29日向国家外汇管理局北京外汇管理部上报《关于扩大外汇归集行账户功能和将资本项下外汇资金纳入集中管理的申请》，经过跟国家外汇管理局、北京外汇管理部多次沟通后，中化财务公司于当年8月20日获取该业务资质，开始对合资公司进行外币资本金归集，扩大了境内外币资金池资金来源，其更重要的意义则在于，外汇资金集中管理从经常项目扩展至资本项目，是外币资金管理的一个飞跃，在国内尚属首例。资本项目下外汇资本金“入池”后，将极大地提高集团境内外汇池使用效率，将有力地支持进口贸易融资业务的开展。

此外，财务公司要建立良好的人力资源发展机制。财务公司需要不断进行业务创新，才能解决集团国际化过程中的诸多问题，而创新金融业务尤其需要人才的支持，财务公司既要培养国际化人才，又要吸引优秀的外部专业人才。有了扎实的人力资源作为后盾，再加上实践磨炼，才能更好地推进创新金融业务的发展，财务公司也才能在“走出去”战略中不断发展壮大。

（《金融时报》2012 年 7 月 30 日第七版）

专题四：产融结合中财务公司的“优”与“惑”

集团掘“金”强势布局　财务公司何去何从

——两家财务公司产融结合实践纪实

记者　胡萍

8月16日中午11点45分，一汽奥迪Q5总装车间，上中班的工友们准时开启生产线。在这个全新数字化总装车间里，大量自动化设备高效地配合着生产节拍。工友小刘按下操作键后，一台电控拧紧机以极高的精度和速度自动拧紧螺栓。

就在距离小刘工作区不到4公里的办公楼里，张影和他的团队正寻觅着新的“螺栓”——为新公司组织的一场重要人事招聘仍在进行，这个新公司是一汽金融板块的重要一翼。

正如小刘关注手中的螺栓是否精准一样，作为一汽财务公司总经理，张影也格外在意新“螺栓”将在产融结合中为提升集团核心竞争力发挥多大作用。

产融结合　财务公司地位不可动摇

在全新的集团金融版图中，一汽财务公司是与新成立的汽车金融公司、保险公司并存的1/3，但人数却不过是一汽金融总从业人员的十分之一。从归属的行业自律机构来看，汽车金融公司不再属于财务公司协会，而将成为新协会中的一员。更为重要的是，在财务公司支撑集团发展方面，汽车金融业务一直是独一无二的支柱，如今自立门户无异于从财务公司身上“割肉”。

事实上，发展到一定规模的企业集团毫不隐藏对于产融结合的青睐。有资料显示，世界500强企业中有80%属于产融结合型企业。在我国，产融结合的模式也从最初的财务公司到同一企业集团内部并存多种金融组织形式，直接投资金融业获取利润回报也成为一种热潮。这种百花争艳的局面，对成立之初即定位为“服务集团、服务实体经济”的财务公司而言，多少有些尴尬。

距长春近一千公里的北京金融街，“多样化的金融组织并不是最好的产融结合模式。财务公司本身就是产融结合的基点，但由于财务公司自身功能的限制、投资领域及额度的制约、高管任职资格的限制及各种审批程序的约束，一般企业不得不在财务公司之上再加一层，如资本控股公司等，将财务公司降为三级单位，制约了财务公司产融结合作用的发挥。”说此话的人是刘传东，中电投财务公司总经理，经历了该公司从筹备到茁壮成长近十年的过程，这位一手把财务公司“拉扯”大的山东人豪爽而直接。

在他看来，大型企业掘“金”的热潮并不能撼动财务公司在集团金融板块中的地位。“财务公司是产融结合中最佳的金融组织形式”，这一观点在圈儿内根深蒂固。刘传东以公司这些年产融结合的成果作一佐证：公司自2005年成立至今，成为中电投集团利润重要支撑，累计利润贡献超过36亿元；充分发挥资金筹集平台作用，牵头新建项目银团24个，组织资金750亿元；利用金融专业优势，为集团成员开展债务重组顾问服务，累计为集团公司节约资金成本超过30亿元……

同刘传东一样，当了十年财务公司掌门人的张影也拿出了财务公司有为的数据“铁证”：“一汽财务公司自成立以来累计为一汽集团成员单位提供了200多亿元的自营贷款（不包括贴现）支持。截至目前，财务公司累计实现营业收入58亿元；累计实现利润36亿元；累计促销一汽品牌汽车近120万辆，有力地支持了一汽集团的发展。”

“财务公司对集团的贡献不仅仅体现在财务成本的节约和利润贡献上，更主要的是拓展了集团的业务领域和产业价值链，对集团供应、生产、销售等各环节全产业链给予支持，打造一汽集团的金融品牌，在促进集团销售，加强资金融通等方面增强集团硬实力的同时，增加了集团的软实力。”张影说。

然而张影也坦承，我国企业集团的发展状况不均衡，经济状况和经营特点也不尽相同，主要服务于企业集团的财务公司发展模式也不应相同。

“产融结合在不同阶段应该有不同的表现，财务公司是集团金融平台的前期探索，在产融结合中是个起点和过程。”张影说：“在经历诞生期和业务平台拓展期两个阶段后，目前一汽财务公司已推动形成一汽集团金融板块，正向集团化发展。一汽金融母子公司管控的组织模式也在尝试摸索阶段，目前也仅是刚刚开始，很多事项尚需在实践中不断完善。这种产融结合的方式在行业中可能不是最优，但确是适应一汽集团产业与金融发展的组织模式。”

产融结合　不是拥有全套金融牌照

说起产融结合，圈内人总是会提到金融公司已颇具规模的宝钢，其“华宝”系的金融投资涉及证券、信托、基金、保险、租赁等多个领域。但多位财务公司人士认为，这是实体产业发展到“天花板”时期后对多元化模式的探索，并不是真正意义上的产融结合。

“应区别对待财务投资与产融结合。”在张影看来，“脱离主体产业办金融从而获得投资收益并不是真正的产融结合，融生于产、产益于融，才是产融结合的根本。集团产业强大的基础是金融创新发展的决定因素，金融产业的壮大能够为集团产业的规模扩张和利润提供重要支持；金融创新必须将金融风险控制在可控的领域、可接受的范围内；金融创新与产业经济互相促进、共同繁荣。”

在一汽集团，一汽金融综合化经营框架基本形成，核心目标是促进金融板块战略与一汽集团战略有效衔接、汽车产销体系与金融体系、金融体系内各公司间战略融合。张影认为，一汽产融结合之所以能够走上专业化、综合化的道路，并不是源于企业掘“金”的冲动，更不是依靠行政指令，而是基于两大重要因素：一是我国金融体制改革逐步深化；二是一汽集团遵循了汽车企业集团产融结合的客观规律。“一汽财务公司在财务公司的牌照下经营汽车金融业务已有十余年的历史，这期间，我们大胆探索、稳步实践，逐步认识了产融结合的一些规律，探索了汽车金融的经营模式，增强了金融产业专业化、综合化发展的信心，逐渐走上专业化、综合化经营的道路。”张影说。

对于央企热衷追逐的金融牌照，刘传东的观点是：“能为集团发展提供强力支撑的金融牌照要持有，其他的可根据需要阶段性持有，但要适时退出，毕竟产业和金融的运营机制不同，盲目扩张极易带来很大风险。”

刘传东带领的团队坚信，理念、产品、资源的协同才是真正的产融结合。其财务公司所属的先融期货运用灵敏的金融嗅觉，成为集团公司铝业板块的“情报秘书处”。据刘传东介绍，先融期货把服务集团产业作为公司的立足点和核心业务，积极利用参加集团公司铝业销售周例会、铝业工作会议、铝业专题会和各种期货现货座谈会的机会，及时提供准确的操作建议和应对策略，充分发挥“参谋部”的核心智囊作用，成为集团公司铝业板块锁定利润和化解风险的重要组成部分。2011 年，集团公司铝业期货业务运行平稳，顺利完成了年度方案制定的各项目标，全年平仓利润 5.77 亿元。

实践证明，产融结合的最佳路径不是拥有多块金融牌照，结合实际需求，理性配置集团金融资源才是产融结合的正道。“并不是企业集团拥有了金融企业就是实现了产融结合，更不是企业集团拥有的金融企业越多就说明产融结合越好。企业集团拥有的金融资源毕竟有限，多个金融业态并存容易形成内部竞争，造成内部协同受阻，增加内部交易成本，增加产业金融风险，同时也会破坏社会类金融机构不受大股东控制的政策设计初衷。”刘传东说。

产融结合　财务公司应兼顾创新与回归

现阶段产融结合金融组织形式日趋多样，财务公司已经认识到应根据我国经济金融形势以及企业集团的不同经济状况，来确定财务公司的合理功能定位。

刘传东认为，在未来产融结合方面，金融理念、金融管控模式以及金融产品都应融入到企业经营中，同时金融创新也应紧密结合企业需求，用金融嗅觉去发现、盘活企业资源。如团开团贴、票据融资、债务重组、司库管理集中结算定向支付、盘活闲置土地、贸易链融资固化上下游产业链等。

2012 年初，一汽集团对财务体系进行重大调整，成立了经营控制部、财务管理部和资金管理部，强化了对财务的专业化管理，同时强调了将利用财务公司这个平台对股份公司的资金进行集中管理，体现出集团资金管理部将行使管理职能，财务公司通过为集团搭建结算、筹融资和资金管理三大金融服务平台行使操作职能。

这在张影看来是财务公司本源业务的回归。“通过对内外部环境进行研判和分析，财务公司应回归本源，强化服务功能。未来将打造金融功能齐全、与银行互补差异化服务为特色的一汽财务公司品牌。”张影说，在公司多年的经营中，我们深刻感受到，财务公司的发展不能等靠集团的行政支持，财务公司必须依靠自身特色服务、依靠提供特色金融服务产品赢得集团成员单位，特别是合资公司外方的认可和支持。

此外，积极争取监管政策支持，拓展金融功能也成为财务公司的共识。刘传东建议，放宽对财务公司的制约，主要是功能放宽，包括联行清算号、债务承销资格、高管任职、投资限制等。

一汽金融的人才招募还未结束，张影和他的团队仍在为成为“汽车产业的金融专家”贡献着智慧和力量。汽车金融、汽车保险等主营业务分离出去之后，财务公司做什么？一汽金融人比较乐观。

（《金融时报》2012 年 8 月 24 日第四版）

产融结合：风险可控前提下的探索

——访国资委财务监督与考核评价局局长沈莹

记者　胡萍

记者：国资委管理的117家中央企业中，产融结合的现状如何？

沈莹：为满足产业发展的资金需求以及产业协同所需的金融服务，近年来，部分中央企业围绕主业探索发展风险可控的金融服务体系，推动产融结合，在提高资源配置效率和促进主业发展等方面发挥了重要作用。至2011年底，国资委管理的中央企业中，有59家企业拥有金融子企业，以财务公司为主，还包括信托公司、资本投资公司、保险经纪公司和期货经纪公司等形式。

当前绝大多数中央企业没有金融子企业或只有财务公司，同时拥有多种类型金融子公司的企业集团仅有10家左右。在中国，企业产融结合实践起源于财务公司，是当前中国企业最普遍、最有成效的产融结合形式。近年来，信托、金融租赁、产业基金、保险经纪等业务也发展较快，对实体经济发展发挥了较好推动作用。总之，大型产业集团所属金融业务是金融市场体系的重要补充，我国大型企业集团虽然已开始探索产融结合，但仍处于起步阶段，需要政策层面进一步推动，支持具备人才、资本、管理机制等条件的大型企业集团，在风险可控的前提下开展产融结合，实现业务协同、效益协同、资金协同、风险可控，围绕主业发展提供金融服务和资金保障。

记者：财务公司在产融结合中发挥哪些作用？产业集团内金融业务的利润贡献率该如何评价？

沈莹：近年来，中央企业所属财务公司运行良好，对中央企业实现战略转型和做强做优发挥了重要作用，不仅为中央企业实现跨越发展提供了金融服务和资金保障，也极大地推动了集团化运作水平，具体可归纳为以下方面：一是财务公司为集团搭建了资金统一运作与管控的金融平台，有利于提升资金使用效率。二是有利于增强集团总部资金运作和调控能力，加快中国企业集团化进程。三是有利于企业拓宽融资渠道，缓解资金紧张、融资成本过高的矛盾。四是有利于寻求贴身、贴心的金融服务，实现战略协同。此外，财务公司也为产业集团搭建了金融人才培育与储备的平台。

产业集团涉足金融领域是企业的内生需求，金融子企业无论户数还是效益在中央企业中所占比重非常小。产业集团金融业务的核心目标应定位于服务主业发展，实现与产业发展协同，最大可能地推动提升产业运行效率，实现全集团资源配置效率最大化，不应单纯以自身盈利水平作为金融业务运行效果的衡量指标，应从产融结合功效方面去综合评判。

记者：当前财务公司发展还面临哪些制约因素？

沈莹：发挥财务公司的作用需要依托集团资金集中体系。当前，大型企业集团都启动了资金集中管理工作，但不同的企业集中度差异较大，多数企业未达到50%，究其原因，从企业内部看：

一是理念需要创新。部分发展状况较好的子企业固守眼前利益，缺乏现代企业先进管理理念，认为资金集中管理有损子企业利益。事实上，国际跨国公司基本都建立了全球现金池，不仅打破了法人单位之间的局限，也跨越了不同国家的外汇管制，表明现代企业的资金集中管理体系可以运用现代市场经济原则和方法，有效处理各成员企业的利益关系。

二是集团内部管理机制需要创新，需要探索建立特别适合集团业务模式特点、以现金流量管理为核心的资金运作体系，有效保障资金集中管理的实施效率。从外部看，有些政策在实践中对财务公司发挥作用形成了一定制约，比如受托支付问题、上市公司关联交易限制、存款准备金率及税收政策等。因此，需要国家在政策层面进一步支持财务公司的发展，应适度放宽有关政策限制，为财务公司在产融结合中扮演更加重要的角色、发挥更加重要的作用提供有利的政策环境。

（《金融时报》2012年8月27日第七版）

财务公司是最具中国特色的金融机构

——访中国银监会非银部副主任张电中

胡萍

记者：您从事财务公司监管工作已经九年，您如何看待我国产融结合的现状？您认为在其他产融结合模式逐渐推广的背景下，财务公司作用是否弱化？

张电中：我认为产融结合应有标准，必须与企业主业密切相关，最终目的是提升主业核心竞争力，否则只能称为产业资本涉足金融资本，或者是企业经营多元化。当前企业集团内银行、证券、保险、基金等各类金融形式都存在，产融结合的模式依据集团的不同特点也有所不同。应该说，经过一段时间的探索，以产促融、以融来支撑主业发展，这条产融结合发展的方向是正确的。真正的产业资本与金融资本并行发展，或许在未来可以尝试。

集团的金融板块不是仅限于财务公司，但财务公司肯定是其中重要的组成部分。财务公司是企业的金融平台和管理平台，是集团产融结合的起点和过程，它的发展直接受国企改革进程和金融市场完善程度两大因素的影响。近些年，随着企业集团金融版块的扩张，关于财务公司地位的讨论存在较大分歧，甚至还有财务公司被边缘化了的说法。

事实上，从整个行业来讲，显然还未被边缘化，近期可能也不会被边缘化。面对银监会的有限牌照规定和证监部门对上市公司在财务公司的存款限制，企业集团仍对设立财务公司的热情不减。近几年几家特大型央企的财务公司在集团内的地位作用不断提高，有的未来发展潜力很大。

认为财务公司被边缘化可能存在不同原因：首先是所属集团被边缘化了，财务公司无可奈何；其次是财务公司在集团内被边缘化了；最后是和人们的心理预期有关，有的财务公司从业人员不清楚财务公司到底该干什么，或认为财务公司什么都应该干，由心理落差导致不准确判断。当然，有时政出多门也使财务公司经营者感到无奈，产生被边缘化了的情绪。

记者：您认为当前财务公司该如何定位？

张电中：在财务公司发展的25年里，财务公司行业有成绩，但也因定位不清等原因产生了很多问题。走了一些弯路，有相当数量的财务公司停业重组。不管财务公司行业还是具体某家财务公司，都应该认识到，财务公司在不同发展阶段其承载的责任是不一样的。当前财务公司在集团内是集中管理资金的重要部门，设立财务公司的集团都应该充分发挥财务公司的重要作用。但是，财务公司也应有自知之明，不要企图包揽集团筹融资事务。财务公司行业的发展目标应是成为企业集团资金集中管理（司库）的运作平台和专业性金融服务公司。

我认为财务公司在我国是最具有中国特色的金融机构，一是财务公司是集团下属的法人机构，为集团服务；二是其持有金融牌照，用存贷款（或委托存贷款）方式集中和运用集团资金；三是其可以从银行同业市场拆借资金，具有为集团融资的部分功能；四是具有部分投资银行功能。

记者：对于业内呼吁监管适度放宽您怎么看？财务公司发展还有哪些制约因素？

张电中：总的看法是，财务公司行业定位越清晰、越健康、越自律，监管部门在业务创新方面就会越放手。

财务公司发展的制约性因素很多，主要包括企业集团的发展程度、企业集团对财务公司的定位与考核、财务公司的实际能力以及社会配套环境四方面。第一，企业集团的发展程度制约着财务公司的发展。比如一些企业集团缺乏财务硬约束，至今仍患有严重的资金“饥渴症”。最明显的例证就是有的集团愿意先用外部融资，再用财务公司的资金。而外资企业集团是先用财务公司的资金，不够时再用外部融资。有的集团甚至不切实际地把财务公司当做融资平台和利润中心。这些现象都使监管部门在对待财务公司创新问题，如扩大财务公司发行债券试点等问题上不得不谨慎行事。另外，由于财务公司个体差别太大，加之监管部门短时间难以做到严格意义上的分类监管，也在一定程度上制约了财务公司行业的发展和创新。以上情况也折射出我国财务公司行业发展的阶段性特征。第二，企业集团对财务公司的定位与考核制约财务公司发展。我希望国资监管部门，特别是相关企业集团，对财务公司实行单独考核。考核的引导方向是降低集团整体财务费用、提高资金使用效率而不是增加财务公司的利润。此外，财务公司管理水平和人员素质有待提高，财务公司发展的配套环境也有待改善。

记者：财务公司未来上升的空间有多大？

张电中：从近期看，财务公司行业仍有不断壮大的趋势，从长期看，财务公司存在演化和分化趋势。据我目前的观察，致力于企业集团产品销售融资业务的财务公司可能会有较好的前景，作为企业集团司库运作平台的财务公司可能更符合未来发展方向。

未来财务公司的创新仍应是“依托集团，服务集团”。财务公司能做什么，取决于集团的发展需求和财务公司的服务能力，财务公司能走多远取决于企业集团能走多远。

随着企业集团的发展和金融市场的变化，财务公司应高瞻远瞩、居安思危，密切关注、紧密跟踪新需求、新变化，不断提升自身的创新意识与创新能力，才能在促进集团发展的同时求得自身的发展。

（《金融时报》2012 年 8 月 27 日第七版）

财务公司是集团金融板块的核心

王风华

“十一五”以来，产融结合成为国家电网公司重要的发展战略之一，国家电网公司金融产业从小到大，从弱到强，从分散管理到集团化运作，金融资产布局进一步优化，金融管理体制日益完善，作为国家电网公司金融板块中的重要核心企业之一，中国电财有力推动了国家电网公司金融产业创新发展。最近，国家电网公司进一步明确了中国电财作为国家电网公司资金管理平台的功能定位，明确了中国电财开展系统资金结算、资金备付、资金监控、资金运作和融资等资金管理的核心业务，以及成为国际一流现代财务公司的发展目标。

从理论上来说，作为金融机构，财务公司的存在价值在于对集团成员企业暂时未用的经营性资金，通过合法的金融工具进行跨账户、跨主体、跨区域集中，实现规模效应、期限转换效应和区域转换效应，通过减少整体对外负债规模降低集团财务费用支出，通过专业化的资金运作提高集团资金盈利能力。同时，作为非银行金融机构，财务公司成为企业集团内部资金池连接外部货币市场、资本市场的最合适的“总闸门”，借助这个总闸门，可以将企业集团的资金流动性维护在一个更加均衡的水平。此外，通过发放消费信贷，财务公司还可以促进集团产品销售。

作为集团内部金融机构，财务公司的存在价值在于，将集团分散于成员企业的财务资金管理活动和管理资源集中起来，实行专业化、企业化、集约化运营，在降低管理运营成本的同时，提高谈判议价能力和决策能力，降低集团融资成本，进而创造新价值。财务公司某种程度上代表着产业资本向金融领域的一种全方位深度渗透，即产业资本不仅将其长期资本融资活动企业化、专业化、职业化，而且将其短期资金管理活动企业化、专业化、职业化。相比其他金融机构，财务公司成了企业集团实现这一目的的绝佳选择。总之，从逻辑上看，财务公司是企业集团的一种内生需要，是金融更紧密地服务实体经济的一个非常独特的通道，是金融更紧密地服务实体经济的重要纽带，是金融更紧密地服务实体经济的一个最佳结合点。

随着财务集约化管理的持续深化应用，国家电网公司资金管理日益呈现出新的特点和需求，国家电网公司资金管理重点由资金集中向资金优化配置转变，资金管理范围由国内扩大到国际。这对中国电财创新发展提出了更高要求，对财务公司资金精益化、一体化、全球化管理水平提出更高要求，需要中国电财在资金监控、资金运作和融资保障等方面要发挥更大作用，需要中国电财具备国际一流的服务能力和水平。

面对新形势、新任务、新要求，中国电财未来在发展广度上，要从偏重于司库型转向综合型发展，将工作范围从服务集团资金管理这一核心领域拓展到服务集团财务管理，在服务对象上从集团公司产权链拓展到产业链的上下游，在服务地域上从国内拓展到国际，在业务经营上兼顾存贷款、投资及财务顾问等各类业务。在发展深度上，公司要更加注重管理的精益化，更加注重发展的质量和效益，要从偏重于“做大”转向“做强”。

当前，中国电财正在大力推进流程型财务公司建设，应该说这在财务公司行业内是一个首创之举。建设流程型财务公司，不仅顺应了流程型银行的发展改革趋势，也完全符合国务院国资委关于中央企业管理提升的工作要求，是中国电财实现国际一流现代财务公司发展目标的必然选择。

在新的形势下，为更好服务集团，财务公司需要与时俱进，立足定位，改革创新。

一是财务公司要继续坚持服务集团财务资金管理的功能定位，不断拓展资金管理平台的内涵和外延，全面融入集团管理体系，强化产融协同。中国电财要不断深化资金管理平台建设，进一步融入国家电网公司工作大局，为国家电网公司实现“两个转变”、创建“两个一流”作出更大贡献。

二是财务公司要积极争取监管政策支持，努力拓展作为金融机构的金融功能。财务公司要做专做精做优核心业务，提高核心竞争力，增强盈利能力，为企业集团和实体经济发展创造更大价值。当前，财务公司尤其要在业务模式和盈利模式创新、差别准备金率政策、清算支付系统准入等方面积极开展工作，争取监管政策支持。

三是中国电财要在国家电网公司金融产业未来发展中发挥积极作用。在价值创造、业务协同、金融创新等方面充分发挥自身优势，发挥龙头作用。

（本文作者为国网英大集团公司董事长、党组书记）

（《金融时报》2012 年 8 月 27 日第七版）

产融结合不能离产业太远

——访中国石油天然气集团公司总会计师王国樑

胡　萍

记者：近年来对中石油产融结合的报道有不少，您怎么评价中石油的产融结合？您认为现在的布局是最佳模式吗？目前，金融业务对整个集团的利润贡献是多少？中石油持有的众多金融牌照有没有退出计划？

王国樑：在发展金融业务、推进产融结合方面，我们现在的基本原则是不争论，不宣传，不投机，埋头苦干，始终依托集团公司、服务于集团实体经济发展需要，严格控制风险，注意发挥协同效应，从而实现产融有效结合，助推集团公司油气产业发展。目前为止，我们的金融机构包括财务公司、昆仑银行、昆仑信托、昆仑金融租赁、昆仑保险经纪、中意人寿、中意财险等，其中财务公司是龙头，是基础；其他金融机构是对财务公司金融职能的有益补充。这些金融机构基于不同的功能定位，利用不同的专业资质和优势，为中石油集团的可持续发展发挥了重要的服务和支持作用。当然，因为各个金融机构成立时间有长有短，不同金融业务服务的市场、业务范围和业务种类都不一样，监管政策也不相同，发挥的作用大小也不太一样。

评价金融业务不能仅看账面利润，金融服务还为实体产业发展创造了额外的价值。比如财务公司，尽管上半年实现利润26.5亿元，全年能达到50多亿元，但是通过我们的内部结算特别是封闭结算，每年可以为集团节约流动资金超过130亿元，并且通过存款利率上浮、贷款利率下浮，以及减免手续费、办理结售汇和货币兑换等，每年可以为集团成员单位节约成本费用支出超过20亿元。更重要的是，通过财务公司这一集中统一的结算平台实施资金集中管理，集团资金运行更加安全、结算效率更加快捷、资金管理更加高效。

在金融业务领域方面，我们也不是什么牌照都拿。我们始终强调产融结合的有效性，只开展产业发展真正需要的金融业务，对这些业务我们必须控股。我对股权多元化、分散化有不同看法。不控股就没有办法体现大股东的意志、形不成对管理层的有力约束、解决不了道德风险问题。

至于什么样的模式才是最好的，这个问题因人而异、因企而异，不一定有“放之四海而皆准”的定式。对现在的产融结合，我认为既不要急于肯定，更不要急于否定，一棍子打死。应该允许试，过几年再下结论。我觉得只要是企业集团需要的、能够满足集团发展战略、有利于集团产业和实体经济做强做优的，就是最佳的产融结合方式。

记者：作为产融结合的金融组织形式，财务公司具有哪些优势与困惑？

王国樑：从产业集团角度看，资金是最重要的金融资源，所以我们认为产融结合的基础应该是管好资金。财务公司作为集团“资金池”，一边连着产业集团，一边连着金融市场，具有得天独厚的条件来协助集团实现“产融结合”目标。在业务基础、人员配置、服务对象和市场，以及集团支持方面，都具有明显的优势。

但是，从另一个角度看，财务公司的这种“产”“融”双跨的身份，也恰恰成为它发展中的困难或者困惑。特别是监管政策方面，并没有体现出财务公司的产融特色。比如，财务公司作为产业集团的“资金池”，还要缴纳15%的存款准备金，这本来是企业集团自己的钱，不是来自社会上、老百姓储户的存款，没有支付风险，更不会产生“挤兑”风险，不创造派生存款，对货币调控政策传导没有影响，缴纳这么高的准备金实在不合情理。再比如，财务公司作为金融机构受到严格的政策监管，但是在履行法定职责、归集成员单位资金的时候，集团所属的上市公司的资金却受证券监管部门的严格限制。其实在欧美这些市场发育程度很高的国家都是没有这类限制。现在监管机构所要求的资本充足率、流动性比率、存款准备金比率等指标，其功能已经相当于是存款保险了，对所谓的关联交易严格设限没有太大必要。另外，财务公司作为一类特殊金融机构，与商业银行相比只能算是“有限牌照”，监管政策不能混同于商业银行。总之，由于不同企业集团对具体金融服务的需求不同，所以监管方面应该采取“分类监管”原则，根据企业集团的不同执行相应的政策。

记者：您如何看待未来产融结合中财务公司的前景？

王国樑：不同的企业集团，产业特点不同、发展阶段不同、管理模式不同、管理成熟度不一样，对财务公司的要求也会有所不同。但有一点是完全一样的，那就是：财务公司必须发挥“资金池”功能，发挥资金集聚和放大效应，协助集团实现资金集约化管理。企业集团，包括集团总部、各成员企业、成员单位，以及我们的监管机构，都应该支持财务公司的工作，支持财务公司提高资金集中度，实现“多赢”。当然，对于财务公司来说，也应该积极“走出去”，学习商业银行特别是国际大型银行的先进管理经验，在服务理念、服务手段、管理创新、风险管控、队伍素质等各个方面不断提升、不断完善。

（《金融时报》2012 年 8 月 27 日第七版）

产业主导型集团的产融结合：现实性的多维求解

胡萍

大企业“产融结合”业已形成规模，该如何评价我国产业主导型集团的产融结合？长期从事投资银行业务、参与过许多企业资本运作的中信证券首席战略专家吕哲权认为，我国的产业主导型集团大都追求产融结合，进行了多方面、多层次的探索实践。评估这些实践成果，可以得出如下两条概略性判断，一是致力于“以融助产”的努力，大都是有效、可持续的；二是追求“由产而融”的努力，大都是低效或负效果、不可持续的。

“以融助产”，指利用金融手段和理念、从事金融业务，为主导产业服务。具体方式可以划分为效率金融、匹配金融、战略金融。

“由产而融”，指产业主导型集团控制金融业，将金融业作为主营业务之一。与此相对应的是“由融而产”，即金融业控制产业，将实业作为主营业务之一。吕哲权认为，这两种控制型的产融结合，在当代经济环境中，找不出可以成功的逻辑和条件。

那么，长期以来被称为产融结合之典范的 GE 及 GE 资本，是否可证明在现代经济体系下控制型产融结合也能成功？

“基本不能证明。”吕哲权说，“GE 资本对 GE 集团的突出贡献，是限定条件（如 AAA 级评级、收购型增长、宽松的金融环境等）、限定时间（从 20 世纪 80 年代中后期开始的约二十年）、特定入径（如消费金融）下的特例，在全球找不出相近的类似案例，几乎没有可复制的可能。在2008年的金融海啸中，GE因GE资本而受重创，从另一个角度证明其不可持续。”

当前，我国产业主导型集团控制或投资的一批金融机构前景如何？吕哲权将之分为三大类。第一类是完全控制的金融机构，主要是财务公司，致力于内部金融的资源整合、提高效率、全心全意服务于“以融助产”。财务公司是我国产业主导型集团进行产融结合的最符合法律规范、最具操作性、实证案例最多的载体。第二类是对金融机构的财务投资，没有控制力。从匹配不同行业周期、优化配置资源、形成战略触角等角度，这部分投资只要控制在适当的比例，具有积极意义。第三类是有一定控制力的金融机构，包括保险公司、信托公司、证券公司、期货公司等。这部分金融机构中，可以期待成功的是能够开拓特殊、优势的金融业务的公司。其中，所谓特殊金融业务，是根据主导产业的特殊能力与资源，提供一般金融机构所不能提供的服务，如特殊财产保险、特殊专业类投资等；所谓优势金融业务，是根据主导产业的特殊能力与资源确立金融服务的相对优势，如商品期货、期权，项目融资，消费信贷等。可以说，产业主导型集团能够开拓的特殊金融、优势金融的条件非常苛刻，空间并不大。

除此之外，在一般性金融业务领域，产业主导型集团没有优势。在一般性金融业务方面，产业主导型集团所控制的金融机构，必然会遇到不同行业的文化与机制冲突、对内对外服务的利益冲突、关联交易的市场公平原则的解释等问题。成功商业模式的行业间可复制部分相当有限，产业主导型集团原有的优势延伸到金融业需要非凡的努力和艰难的文化磨合。

未来财务公司在产融结合中将如何作为？吕哲权认为，财务公司在“以融助产”的定位下有独特的价值和发展空间，在效率金融方面，完善内部金融功能、提高内部资金效率；匹配金融可构建战略资金储备，通过参股金融机构平抑产业周期；战略金融则侧重在构筑战略触角，为集团战略服务。此外，每家财务公司的地位和功能，由每个集团来确定，具有相当程度的独特性。

（《金融时报》2012年8月27日第七版）

专题五：产业链金融

产业链金融中财务公司将更有作为

胡萍

编者按：探索产业链金融服务，对金融企业服务实体经济发展有着重要的意义，这其中企业集团财务公司的作用尤为重要。怎样发挥企业集团财务公司在服务集团实体经济中特有的优势，助力企业集团实体经济发展，达到“产融结合”，促进企业集团更好、更快发展，为国民经济持续健康发展作出更大的贡献。本期财务公司版以产业链金融服务中财务公司发挥的作用、存在的问题为主题展开报道，敬请关注。

主持人：记者　胡萍

对话嘉宾：东风汽车财务有限公司总经理　马华

TCL 财务公司总经理　杜鹃

记者：请问您对产业链金融的理解？贵集团公司产业链金融目前的运营模式怎样？

马华：产业链融资大致分为两种：一是供应商融资，即为主机厂的采购端提供融资；二是经销商融资，即为主机厂的销售端提供融资。一般而言，产业链融资涉及三方，即主机厂、供应商或经销商和财务公司，一个成功的产业链融资方案必须使三方都能获益。对财务公司而言，产业链金融在风险控制技术上的创新体现为充分利用产业链生产销售过程中产生的动产或权利作为担保，将主机厂的良好信用能力延伸到产业链上下游企业。在营销模式上的创新则体现为以中小企业为市场导向，力图弥补广泛存在于中小企业的融资难问题。

由于我们集团属于汽车产业集团，汽车行业是一个资金密集型的行业，并且汽车产业涉及到的供应商和经销商较多，供应商和经销商的层次也千差万别，产业链金融在汽车行业的运用就显得较为突出和需要。目前我们主要采取两种模式的产业链金融服务，即供应链金融运用模式和经销商金融运用模式。

杜鹃：我所理解的产业链金融服务，通常是指财务公司通过对信息流、物流和资金流的有效整合，对处于一个产业链中企业提供的金融服务，以特定产业链中的某个核心企业为切入点，以核心企业上下游供应商（经销商）为服务对象，基于企业的应收应付款项，预收预付款项和存货而衍生的贸易融资服务。

产业链金融服务对财务公司与成员企业来讲是个双赢的战略，中小企业借助其与成员企业的真实交易可以获得更多资金融通，促进企业间长期战略协同关系的建立，提升了集团整体产业链的竞争能力。财务公司则将核心企业的良好信用能力延伸到产业链的上下游企业，充分利用了核心企业的信贷等级，增加中小企业商业信用，为具有真实贸易背景，具有自偿性的贸易活动提供资金融通，解决了中小企业贷款难的问题，培养了潜在顾客，加强了链上企业的忠诚度。

记者：按照2006年12月28日中国银行业监督管理委员会修订过的《企业集团财务公司管理办法》第二十九条规定，符合条件的财务公司可以向中国银行业监督管理委员会申请“成员单位产品的消费信贷、买方信贷及融资租赁”。在产业链金融中遇到哪些问题？贵集团怎样满足部分“受限制”企业的金融需求？

马华：该种情况确实存在。我们在为上游供应商提供金融服务方面遇到法规限制，在为下游经销商提供金融服务方面则没有障碍。在上游供应商为非成员单位的情况下，我们主要是利用主机厂的良好企业信誉和付款诚信，最大限度地提供管理和协调职能，为银行业金融机构提供管理义务。从目前情况看，供应链金融中的封闭回款和应收账款转让均顺畅开展，银行积极性也较高。

杜鹃：在产业链服务中财务公司的运作方面，我们确实碰到一些问题。主要表现为“五个受限”：一是资金来源渠道受限；二是清算资格及离岸业务受限；三是供应链产品推广受限；四是远期外汇业务受限；五是投资理财通道受限。

记者：在政策允许范围内，财务公司可以做什么？成效如何？

马华：在现有的政策范围内，财务公司主要为企业集团的经销商提供融资服务，特别是整车产品的消费信贷、买方信贷及融资租赁。以汽车消费信贷业务为例，目前已累计促销东风汽车12万多台，累计发放汽车消费信贷资金254亿元。从目前的情况看，财务公司对集团的贡献越来越凸显，成为集团不可或缺的金融机构。

在产业链上游供应商是非成员单位，财务公司不能开展相应融资的情况下，财务公司可以同银行业金融机构进行有效联合和协同，促进银行业金融机构为企业集团成员单位提供金融服务，在银行业金融机构在对企业集团成员单位信用存在疑虑的情况下，财务公司可以为企业集团成员单位提供融资担保，银行业金融机构在对企业集团成员单位提供融资遇到资金头寸紧张的情况下，财务公司可以为银行业金融机构提供相应的头寸支持。

杜鹃：自2009年开始，TCL财务公司开始启动商业汇票业务推广，正式拉开了财务公司产业链金融服务的序幕。TCL财务公司对于产业链金融的服务政策是：坚持“用金融资源换取产业资源”，利用TCL品牌优势和平台优势，整合获取优质的金融资源，依托TCL各产业集团，通过商业票据、买方信贷、消费信贷、融资租赁等产品为上下游企业提供金融支持。协助成员企业打造稳定共赢供应链产业，获取经营效益。

财务公司在为产业链金融服务、整合TCL集团上下游资源，提升集团整体的核心竞争力等方面发挥了作用。在结算方面，大力推动使用高效安全的商业承兑汇票和电子票据，以加快供应链的结算效率，降低操作风险。在财务公司的大力推动下，将成员企业的信用能力迅速延伸至供应链。在供应链融资方面，为供应链的上下游提供及时的融资服务支持，保障供应链正常稳定运作。目前主要的融资品种包括财务公司商票和供应商银票贴现，也就是说，只要是TCL企业开出的商业汇票或背书的银行承兑汇票，财务公司均可以承诺保贴。截至2012年8月，累计为70余家供应商提供了融资服务，提供的融资支持金额累计已逾15亿元。在下游经销商方面，主要通过财务公司买方信贷和引进银行产品为渠道注入资金支持，同时促进企业产品销售以及货款回笼。目前主要的服务品种包括财务公司买方信贷、商业银行的厂商银业务。

记者：相对于银行业金融机构，您认为财务公司在产业链金融服务方面有何优势？

马华：财务公司作为企业集团内部的金融机构，在开展产业链金融服务方面至少具有以下四个方面的明显优势：第一，财务公司对企业集团成员单位所在产业链有较深的了解，熟悉产业链的发展情况，知道产业链企业面临的风险和存在的问题，能制定科学合理的金融服务方案。第二，财务公司可以依靠企业集团成员单位在产业链中的核心地位及对上下游的影响和控制，有效控制上游供应商应收账款质押授信风险和下游经销商提货权质押授信风险，能在满足上下游企业融资需求的同时，将授信业务风险降到最低。第三，具备信息系统技术条件，可以通过系统固化产业链融资流程，在效率得到大幅提升的同时，将风险管理控制措施、风险控制节点等方面在系统中予以固化，从而有效控制信贷风险。第四，财务公司开展产业链金融服务范围相对固定，不涉及社会公众，不会将风险传导到其他金融机构。

记者：未来在服务产业链方面，财务公司还有没有上升的空间？您有什么政策建议？

马华：财务公司还有很大的上升空间，目前为东风主机厂服务的上下游供应商、经销商有成千上万家，同时东风产品还拥有数不胜数的终端用户。由于这些上下游实体企业与集团产业关联度较高，又多数为中小企业，财务公司的金融服务完全可以向这些实体企业延伸，通过对这些企业提供有价值的、直接化、集约化金融服务，反过来又可促进主机厂的良好发展，从而使整个产业链上的实体企业得到良好的发展。

建议监管部门增加财务公司为上游供应商提供金融服务的业务范围，在国家政策层面上允许财务公司为上游供应商提供金融服务，充分发挥财务公司为企业集团成员单位服务功能的同时，加强财务公司为成员单位上游产业链上的延伸，通过产融结合，以产带融，以融促产，发挥财务公司的金融平台作用，有效解决中小企业融资难问题，促进企业集团产业的良性发展。

杜鹃：未来财务公司在服务产业链方面有很大的提升空间。根据集团产业特点，财务公司应尽快开发出一些与企业产品结构、产业结构密切相关且具有产业特色的业务产品。如我们正在研究如何引进融资租赁产品以对平板电视的行业客户以及医疗器械业务给予支持；也在研究如何开展消费信贷对电子消费终端客户以及房地产个人消费贷款支持，研究如何优化与改善买方信贷业务的担保模式等等。同时，我们也在研究筹建小额贷款公司、金融租赁公司，相信随着这些供应链产品的逐步推进，将对产业供应链的支持带来更大的帮助。

我们建议如下：一是要转换监管模式，应考虑建立具有财务公司特色的监管体系。二是要根据市场条件以及财务公司自身经营状况及特点，逐步地、有条件地扩大财务公司的经营范围，应适当扩大备案制的业务品种，鼓励业务创新，实行试点—总结—逐步推广的形式，以提高财务公司业务灵活度，更好地服务企业集团的发展，增加公司风险管理能力。

（《金融时报》2012 年 9 月 24 日第七版）

阿里启示

——从阿里巴巴小贷看财务公司在产业链金融中的优势

记者　金立新

不久前有这样一则信息，此前仅针对江、浙、沪三地付费用户的阿里巴巴小贷将面向除温州三地阿里巴巴普通会员全面放开。此消息一出立刻引起关注。

实际上，2010 年，杭州市工商行政管理局就向阿里巴巴集团旗下阿里金融负责运营的“浙江阿里巴巴小额贷款股份有限公司”颁发了营业执照，这是国内首张电子商务领域小额贷款公司营业执照。有数据表明，阿里小贷公司目前已经为累计 13 万客户提供融资服务，贷款规模超过 260 亿元，不良率为 0. 72%。

阿里小贷之所以引人关注，特别是让银行关注，原因在于其独特的小贷优势。稳定而庞大的客户群是阿里巴巴做小贷最大的优势，此外，在阿里巴巴，对于客户信用水平、还款能力的审查，以及贷后客户现金流的监控则是一个更大的优势。由于商户的信用记录收集起来比较便利，一笔贷款发放之前，可以通过客户的信用和资金流转记录确定其信用水平，发放之后又可以通过支付宝等渠道监控其现金流，是否出现与贷款目的不符的资金运用一目了然，企业每笔交易的收益也尽收眼底；另一方面，商户通过支付宝进行交易，一旦出现违约风险，阿里小贷公司可以通过支付宝随时掐住商户的现金流，保障贷款的安全性。这些也正是银行无法比拟的优势。

在许多银行的小企业业务中都有一圈一链的说法，一圈即商圈，一链即产业链。目前国内大多数银行都开始重视小企业贷款，但是与产业金融比较，在产业链金融上银行仍存在诸多软肋。

首先就是业务同质性较强。目前我国金融机构提供的产业链贸易融资主要集中于存货及应收账款、预付账款和订单三个项目，是基于单笔贸易交易合同发放的自偿性贸易融资。应收账款融资是指金融机构根据企业应收账款质量提供资金融通，下游债务企业承担反担保责任，一旦融资企业出现问题，由债务企业承担弥补银行损失。仔细分析各家金融机构融资产品的内容，发现部分融资来源于传统的贸易融资方式，例如，仓单融资来源于传统的仓单和提单融资、应收账款融资主要来源于有追索权和无追索权的保理业务。虽然许多银行推出了整体产业链业务，但在业务中能否真正实现信息流、物流和资金流的有效控制，能否对整个产业链的交易对象和合作伙伴、市场地位和产业链管理水平进行关注跟踪，实现真正的产业链融资和管理，还是各家金融机构要思考的问题。

其次是风险防范功能弱。产业链融资的信

用基础是产业链核心企业的管理与信用实力，但由于链上企业生产经营密切相关，一旦某个链上成员出现资金问题，会影响整个产业链，风险也将相应扩散；产业链涉及企业众多，既有国内企业，也有国外企业，金融机构无法完成对产业链所有企业相关数据的调查分析，不能准确了解产业链整体情况，一旦供应商、经销商和制造商勾结诈骗，就存在套取金融机构资金的风险；产业链企业的运营不仅涉及到企业本身的生产经营能力，还要受到国际市场环境的影响，动态风险不易控制，金融机构需要密切关注国际市场变化，不断获取关于链上核心企业和附属企业的动态信息，以便掌控风险；不同阶段的产业链融资，需要关注的风险不同，存货抵押和预付款抵押中，需要采取的风险控制手段完全不同，给金融机构业务操作带来了较大的挑战；产业链融资过度依赖于核心企业的信用度，如果核心企业滥用信用，在多家金融机构开展融资业务，对金融机构融资带来极大的风险。目前我国信用系统比较薄弱，还没有建立起较为完善的信用体系，存在信息不对称和扭曲现象。涉及到国际贸易的产业链融资，对国外核心企业信用状态的了解则更为薄弱。许多金融机构对国外贸易融资信用评价只能依靠国外评级机构的评价结果，使得融资业务只能局限于与较大跨国公司的业务往来，对产业链上的动态风险监控能力则更为薄弱。理论上，虽然产业链融资有真实的贸易背景，但实践操作中，如果企业多次进行贸易融资，银行和企业可能无法实现一对一的融资偿还，一旦中小企业盈利能力下降也会导致融资偿还困难，容易引发贷款不良率上升。

最后，对金融机构来说，另外一个重要的风险是金融机构汇率风险加大。在人民币升值的大背景下，企业通过贸易融资不仅希望能解决资金缺口，更希望早日收汇，规避汇率风险，但这对金融机构来说却意味着风险。一些调查显示，许多进出口企业在规避汇率风险时，首选方法就是通过出口押汇等贸易融资方式，提前收汇，转嫁汇率风险。目前许多金融机构开展的业务中，例如某金融机构的出口应收账款池融资业务，需要金融机构要规避大约一年的汇率风险，这对金融机构准确预测汇率变化的能力，使用金融机构衍生工具对冲防范汇率风险的能力提出了较高的要求。

从阿里小贷的成功许多人看到了产业金融在服务实体经济发展防范风险上的优势，而在现有金融体系中，作为企业集团内部的财务公司，开展产业链金融服务就具有这种明显优势。

中国财务公司协会“产业链金融课题组”的一份报告表明，财务公司做产业链金融至少拥有四个方面的优势：对成员单位所在产业链有较深的了解，熟悉产业链的发展情况，知道产业链企业面临的风险和存在的问题，能制定科学合理的金融服务方案；可以依靠成员单位在产业链中的核心地位及对上下游的影响和控制，有效控制上游供应商应收账款质押授信风险和下游经销商提货权质押授信风险。能在满足上下游企业融资需求的同时，将授信业务风险降到最低；财务公司基于对集团业务的了解，其信息系统同成员企业的信息系统契合度和集成度一般较高，可以通过开发建设完善的产业链融资管理系统，并同集团的采购、销售等业务系统实现对接，通过系统固化产业链融资流程，在效率得到大幅提升的同时，保证风险管理措施和内控制度得到贯彻落实；财务公司开展产业链金融服务范围相对固定，不涉及社会公众，不会将风险传导到其他金融机构，不会造成金融机构系统性风险，有利于推进金融改革创新，承担金融改革创新任务。

尽管财务公司在开展产业链金融服务方面有以上商业银行不可比拟的优势，但由于2006 年修订发布的《企业集团财务公司管理办法》中，第二十九条明确提出财务公司可以办理“成员单位产品的消费信贷、买方信贷及融资租赁”，以满足产业链下游经销商的融资需求。但对于上游供应商，目前财务公司的业务范围并未覆盖，因此需要国家在政策层面上，允许财务公司扩大产业链融资范围、为上游供应商提供金融服务，以发挥财务公司解决中小企业金融服务问题的优势。

（《金融时报》2012 年 9 月 2 日第七版）

有多少优势可待发挥

子牧

多年前记者在华中某市采访时，当地商业银行一位负责人以自身银行拓展业务的视野，为记者描绘过该行构想的产业链金融服务远景，称之为未来发展之蓝海。十多年过去了，产业链金融已成为各家银行的重要业务增长点、战略发展目标。非但如此，由于核心企业上下游供货与销售企业群拥有数量可观的中小型企业，不少人还将眼光放到社会效益层面，提出产业链金融会有助于缓解中小企业融资难。在当前金融切实服务实体经济的语境下，一项金融业务一旦被赋予了“破解中小企业融资难”的内涵之后，无论对于以何种业态出现的金融机构，探讨这一新兴业务就更具现实意义了，财务公司自然也不例外。

产业链金融概念化的解释是通过对信息流、物流和资金流的有效整合，金融机构对处于同一个产业链中企业提供金融服务。更全面的解释为：金融机构以特定产业链中的某个核心企业为切入点，以核心企业上下游合作供应商和经销商为服务对象，基于企业的应收应付款项、预收预付款项以及存货等而衍生的贸易融资服务。较之更传统的业务模式，其突出之处就在于，“产业链金融突破了传统的银行对企业的贷款模式，其金融服务不再是只针对市场的原料生产者、产品制造者、商品销售者等产业链上单独的企业。产业链金融对产业链整体和交易的评估使中小企业也能进入银行的服务范围。同时，产业链金融也激发银行开发出很多新的金融产品，增强经营的灵活性，从而吸引了更多的客户群的存款，增加了银行自身的利润空间。”

商业银行以核心企业为中心，对上下游企业给予服务覆盖，从而以核心企业带动整条产业链，是一个双赢的局面。对银行来说，业务对象在产业类别中更为相似、更为集中，伴之而来的是信息获取更加有效；系统性的风险尽管较为突出，但同时对预知与集中防范更为有利。围绕核心企业的上下游企业则在融资方面获得便利，生产经营效率随之提高。

当然，在从事这项业务时，银行也并非没有其短板。比如，由于产业链涉及企业众多，银行对链上所有企业相关信息难以做到全面调查分析。对产业链整体情况不甚了解，企业间难免存在勾结诈骗，套取金融机构资金的风险也有发生。同时，理想化的模式中，专业而有责任感的银行，对于核心企业“可以为其提供诸如集团账户管理、投行业务等高附加值产品”，但实践中细致入微恐怕难以做到，更何况并非每个企业都愿意接受这种企业自身及相关产业链信息过于透明化的“贴身服务”。

与此相比较，以加强企业集团资金集中管理和提高企业集团资金使用效率为目的，为企业集团成员单位提供财务管理服务的非银行金融机构的财务公司，优势凸显。财务公司本身就是集团的成员单位，其主要业务恰恰就是从事这类特别是集团账户管理业务。作为成员公司，在企业集团特别是在一些资金归集度高的企业集团，财务公司承担结算中心、资金管理中心、风险管理中心职能，能获得企业真实财务状况和生产背景，对核心企业、成员公司及相关业务企业间财务往来脉络熟悉。对成员单位所在产业链有更为深刻的了解，对上下游企业生产及发展信息掌握更全面、更真实。而且，企业集团内上下游产业链越完整、资金归集度越高，财务公司这方面优势越明显，业务开展自然越有利。

在信用环境不尽如人意的情况下，诚信风险不可低估。产业链融资对核心企业的信用度有较大的依赖，核心企业滥用其信用度，在多家金融机构开展融资业务，对金融机构融资带来极大的风险。而财务公司对核心企业信用度应该是有着充分了解，核心企业运用其信用度时亦会有所顾忌。更何况，作为荣辱与共的团体中的一分子，核心企业没有将财务公司至于险境的主观故意。财务公司甚至可以利用核心企业的控制和影响力对上下游企业形成一定制约，达到从源头上降低金融风险的效果。同时，由于财务公司的特殊地位，它能更早知悉产业链上企业面临的各类风险和存在的问题，有条件更早运用各种手段化解风险。

财务公司借鉴商业银行先行做法，开展产业链金融无疑是值得鼓励的，也符合当前金融支持实体经济、解决中小企业融资难的社会要求。实际上一些具备条件的机构也在尝试。近年来，财务公司也在探索各种办法直接或间接地对上下游企业进行融资，通过买方信贷、买方付息票据、银团贷款等提供类似于产业链融资的服务。某发电集团的财务公司正是以集团产业链为依托，梳理出票据融资业务的模式。如以电厂——燃料公司贸易链为基础，电厂开出票据给燃料公司，燃料公司在财务公司进行贴现；又或者以燃料——航运贸易链为基础，燃料公司开出票据给航运板块公司，航运板块公司在财务公司进行贴现。

与商业银行相比，财务公司这类服务被认为只是传统业务在服务范围上的拓展，没有形成真正意义上的产业链金融产品。这与财务公司属性特别是业务品种、经营范围有关。为企业集团成员单位提供财务管理服务是财务公司的职能，在探讨任何创新业务时都回避不开为企业集团服务这一特殊性。要想实现产业链金融服务，财务公司面临最大的问题是制度障碍。按照《财务公司管理办法》规定，符合条件的财务公司，可以向中国银行业监督管理委员会申请“成员单位产品的消费信贷、买方信贷及融资租赁”。现实中，除非像石油、电力等大型企业集团，自身有较完整的产业链，财务公司推行产业链金融业务较为便捷外，大多数财务公司只能通过与银行合作对集团上下游客户提供授信融资等综合类服务以发展产业链金融，或是将产业链金融放在“未来发展构想”或财务公司未来“功能拓展”中。依此规定，一般而言直接的金融服务至多也就向下游延伸，缺少对产业链之上的非成员单位的服务，则无法构成完整的产业链金融模式，前述的诸多优势自然也就体现不出来。除此以外，大到政策的非个性化监管，小到资金来源渠道不畅等等，也使财务公司的金融属性难以在产业链上充分发挥。

财务公司经过 25 年的发展，机构数量已达 130 多家，资产规模正逼近 2 万亿元，是金融业态中不可小觑的力量。本着推动行业健康发展的良好愿望，如何使财务公司的天然优势转换成实际成果，这确实是值得政策部门和金融机构等各方深入探讨的问题。

（《金融时报》2012 年 9 月 24 日第七版）

专题六：喜迎十八大特别专题
——十年成就

财务公司十年：稳健步入黄金发展时期

——访国家开发投资公司总会计师、中国财务公司协会会长张华

记者　胡萍

如果以2004年新《企业集团财务公司管理办法》为转折点，财务公司步入规范快速发展轨道已近十年。这十年里，财务公司不仅在数量上位居非银行金融机构榜首，而且在功能定位上更加明晰，发展质量也得以进一步提升。当财务公司存在的价值日益被人们所认可之时，总结经验教训、思考并探讨财务公司的未来发展成为当务之急。日前，记者采访了中国财务公司协会会长张华，请他评价一下财务公司近十年的发展历程并对未来进行展望。

记者：您作为中国财务公司协会会长，而且还亲历了财务公司11年的发展。从行业角度来看，您认为财务公司经历了怎样的发展过程？

张华：财务公司作为大型企业集团内部的金融机构一直甘居幕后，直到金融服务实体经济呼声渐起时，财务公司存在的价值才日益被人们所认识。这实际上反映出财务公司不仅规模更加庞大，而且在金融业中的地位和作用也更加重要。

简单回顾财务公司发展历程，总体上经历了三个阶段。第一阶段是1987—1991年，财务公司在摸索中求发展。第二阶段是1992—2003年，财务公司在调整中不断发展。第三阶段是2004年至今，财务公司在规范中快速发展，此阶段以2004年新的《企业集团财务公司管理办法》的颁布为标志。新办法对财务公司进行了全新的、更准确的定位，将财务公司定位为全功能型的企业内部非银行金融机构，并取消了困扰财务公司发展的“只能吸收成员单位3个月以上定期存款”的业务范围。自此以后财务公司全行业步入了稳健经营、快速健康发展的新阶段。

记者：您认为财务公司近十年发展中有哪些方面的提升？

张华：经历了近十年的发展，财务公司的数量不断增加，地域分布和行业覆盖面不断扩大，资产规模、利润和发展质量也进一步提升。

首先，企业数量进一步增加、区域分布和行业覆盖面继续扩大。今年二季度，中国财协的最新统计数据显示，已开业并正常经营的财务公司法人机构达到了131家。从区域上看，在全国31个省、自治区、直辖市，除西藏、新疆、宁夏、广西、台湾五省区外，其他地方均分布有财务公司。

此外，财务公司的行业规模进一步扩大、质量进一步提升。全行业整体指标与年初相比，资产达18 886.48亿元，所有者权益达2 644.4亿元，注册资本增加1 745.32亿元。

总之，在我国经济整体放缓的背景下，财务公司无论是数量，还是资产规模、利润都呈现上升态势。具体表现为企业数量进一步增加、规模进一步扩大、质量进一步提升、风险防范体系更加健全。

记者：与十年前相比，财务公司面临的竞争似乎越来越多，不仅是银行等金融机构，而且在同一企业集团内部也出现了很多与财务公司并存的金融板块，您怎么看待财务公司在现阶段所面临的竞争与压力？

张华：由于定位不同，财务公司不论是在企业集团内部还是在与银行等金融机构的关系方面，其作用和地位都是不可取代的。在企业集团内部，财务公司持有的金融业务经营许可牌照决定了它是企业集团内部唯一的“内部银行”。在与银行等金融机构的关系上应该是既合作又相对竞争。通俗地讲，过去银行对企业集团做的是“零售”业务，现在变成了银行对企业集团财务公司做“批发”业务。当然，这可能在某些区域上会受到较大的影响，但这可以通过各大银行总行的内部协调机制来实现利益的均衡。对于同一集团内的其他金融机构，财务公司与其关系更多的不是竞争而是协同，财务公司与集团内的其他金融机构通过协同效应共同提升集团价值，推动集团主业及各项业务的快速发展。财务公司面临的最大风险主要是来自集团内部，企业集团所在行业的行业景气度、所属集团的经营状况对财务公司的经营和发展影响都比较大，因此财务公司规模大小取决于集团的整体经济实力和经营发展水平。

记者：应该说，每一次对财务公司“功能定位”的调整都促使财务公司更深入地融合到集团的发展当中去，从而也使财务公司得到更长远的发展，为更好促进财务公司未来发展您有哪些政策建议？

张华：现行《企业集团财务公司管理办法》是2004年制定的，距今已8年，而在这8年中，中国金融业发生了巨大的变化，特别是在业务品种、发展方式上更是不可同日而语。当然，未必需要去修订《企业集团财务公司管理办法》，只是在一些办法中未界定而现实中又确实有需要、风险可控的业务方面，监管机构应给予及时的窗口指导和完善监管要点。

从外部环境看，财务公司的业务监管横跨“一行三会”，各个部门对于财务公司的发展给予了较大支持，但有些监管政策还需进一步完善。企业集团的发展需要财务公司相应提高服务能力，如果政策不松绑，财务公司的服务就无法跟上实体产业的发展步伐，更谈不上支持实体经济的发展。为此建议：首先，建议央行降低财务公司的存款准备金率。财务公司作为产业集团的“资金池”，由于财务公司规模相差很大，最小的只有十几亿元的规模，为支持实体经济发展，建议在现有基础上降低一半。其次，强烈呼吁证监会在市场公平条件下，允许财务公司为集团的上市公司提供资金结算、归集、信贷等正常业务，涉及的关联交易按照市场法则进行公开信息披露。再次，对于财务公司的监管政策不能混同于商业银行，在某些市场准入，如发债等融资市场业务，以及上下游提供金融服务等方面应该适当放开，在某些内部政策上也应协调一致，如委托支付、非银行金融机构间的结算业务等问题。最后，建议保监会放宽保险资金的运作条件，允许并鼓励险资与大型企业集团财务公司对接。

此外，对财务公司的监管也不能一刀切，建议实施分类监管。从战略角度对财务公司规模、稳定度、人力、诚信等综合考察、全面评价，划分不同等级，对级别高的A类财务公司允许其开展更多业务。

记者：相比信托、租赁、汽车金融等其他非金融机构，财务公司绝对是个数量庞大的群体。越来越多的企业集团热衷于财务公司，原因是什么？您认为财务公司行业上升空间在哪？

张华：事实上，财务公司一直是应产业集团需要而发展的内部金融机构。企业集团之所以设立财务公司主要在于以下四方面的原因：一是发挥管控作用；二是有效配置资源；三是提高资金使用效率和经济效益；四是有利于防范集团风险。总体看来，未来财务公司在数量上还是会增多，但是应适度控制发展速度。根据企业的盈亏预测，如果财务公司达不到50亿元的现金归集量，该集团就没有必要设立财务公司。

当前，我国正在加快转变经济发展方式，大力发展实体经济。企业集团作为我国实体经济的主体，亟需财务公司提供更好的金融服务。因此，企业集团财务公司也处于发展的战略机遇期。随着金融市场的快速发展，未来财务公司的分工将更加精细化，财务公司在协助集团实现资金集约化管理、推动集团主业发展过程中的地位和作用将更加突出。但无论如何，财务公司都不能改变其必须立足于集团、服务于集团的本职功能。

（《金融时报》2012 年 10 月 8 日第三版）

十年回眸：财务公司规范快速发展

记者　胡萍

从数量上看，财务公司从成立之初的 7 家发展至今已达 130 余家，居众多非银行金融机构之首。

从规模上看，财务公司行业资产达到 1.89 万亿元，部分财务公司甚至可与中小股份制银行相抗衡。

从功能定位上看，财务公司服务实体经济的天然属性，注定其地位不可替代，并逐渐成为我国金融体系的重要组成部分。

国家开发投资公司总会计师、中国财务公司协会会长张华在接受本报记者采访时表示，财务公司经历过一段艰难曲折后，进入了“规范快速发展的十年”——财务公司的数量不断增加，地域分布和行业覆盖面不断扩大，资产规模、利润和发展质量也进一步提升。

从纠偏到稳健快速发展

“10 年前，财务公司业务混乱、风险失控，不良资产急剧上升，简直是惨不忍睹。”中电投财务公司总经理刘传东告诉记者。有些财务公司的业务都“跑”到企业集团外面去了，一去不复返；有的企业集团急于求成，把财务公司当成“摇钱树”，逼得财务公司冒风险赚大钱，结果业务严重“脱产”，投机盛行，损失惨重。

其中，业内人印象最深刻的就是“重汽”

事件。因重汽财务公司违规拆借大量短期资金投入了集团长期的、周转不畅的生产经营资金，使集团的运营风险、市场营销风险部分转移到了财务公司，使自身运营陷入困境，最终导致财务公司停业整顿。无独有偶，另一家最早成立的财务公司之一——东风财务公司也有类似经历。该公司在2000年以前由于偏离依托集团、服务集团的宗旨，经营一度陷于困境。重汽集团财务公司董事长宋其东日前在公司的内部座谈会上发出感慨："公司既经历了开业之初金融改革快速发展的8年辉煌，也经历了金融秩序整顿的3年艰难调整，既经历了债务重组的4年痛苦，也迎来了凤凰涅槃的7年重组发展。"

事实上，因定位不清等问题财务公司走了一些弯路，监管思路也经历了一段曲折过程。监管机构对财务公司的功能定位历经1992年、1996年和2000年数次调整，直到2004年银监会正式颁布《企业集团财务公司管理办法》以后，财务公司的定位才正式确定为企业集团的"资金池"，为集团提升资金管理服务。张华说："2004年新办法执行后，一是解决了所有历史遗留问题，把过去快速发展中存在的问题全部处理完毕；二是风险在可控在控范围内。截至2011年底，全行业不良资产只有14亿元，不良率为0.17%，拨备覆盖率为732%，拨备额为199.72亿元，行业资本充足率为24%，整个财务公司行业风险可控在控。"

服务实体经济成效显著

与重汽、东风二位"前辈"相比，成立于2005年的中电投财务公司算是赶上了"好时候"，由于功能定位明晰，财务公司不仅少走了弯路，在支持集团发展方面作用更加显著了。据介绍，该公司自成立以来，累计利润贡献超过36亿元，牵头新建项目银团24个，组织资金750亿元，累计为集团公司节约资金成本超过30亿元，为公司拓展业务创造了有利条件。刘传东表示，财务公司产融结合全面铺开，资金管控全部由财务公司开展；此外，诸如票据融资、短融债等创新业务也在顺利推进。

还有数据显示，一些大型央企财务公司的体量已经达到我国中型商业银行水平。以中石油集团旗下中油财务公司为例，截至2011年底，该公司总资产达到5 034.85亿元，吸收存款2 403.94亿元，发放贷款及垫款1 721.86亿元，去年全年实现净利润35.11亿元。再以中海石油财务公司为例，截至2011年年底，累计为集团成员单位提供68.9万笔结算服务，累计结算金额6.83万亿元；累计为集团各业务板块提供各种优惠融资支持近5 000亿元，直接协助成员单位降低融资成本20亿元以上；累计实现利润总额52.40亿元，并始终保持不良资产和不良贷款为零的优良纪录。

目前，财务公司所服务的实体经济已涵盖石油石化、能源电力、机械冶金、汽车制造、航空军工等各大行业。对于支撑财务公司良性运转的动因，张华归结为三方面，即在整个经济环境发展向好的情况下，通过有效监管、行业自律以及财务公司自身努力，较为有力地促进了财务公司行业回归到规范发展的轨道上来，从而在推进集团发展中发挥了不可替代的作用。

未来还有较大上升空间

近年来，国际金融形势不容乐观，国内商业银行竞争日益激烈，财务公司所面临的外部金融环境时刻在发生变化，变幻莫测的经营环境无疑将给财务公司的发展造成巨大影响。

美的集团财务有限公司总经理汪勇告诉记者，近十年来，中国的金融业取得了巨大的发展，以产业链金融为例，十年前在中国这还是个很新颖的概念，而如今，已经成为了银行业从业人士耳熟能详的业务，未来产业链金融必然仍将提升。财务公司在信息流、资金流等方面相对于产业链外部金融机构而言具有不可比拟的优势，毫无疑问财务公司在产业链金融服务方面有很大的上升空间。

汪勇认为，在国家经济转型的背景下，作为微观主体的企业集团正面临着转型的压力，亟须通过体制机制、运行模式和发展战略等方面的调整，实现发展方式转变。不同于单纯的体制制度改革，企业集团转型是一个主动创新求变、适应市场的过程，内容和方向具有多样性。在集团转型过程中，财务公司进一步完善功能定位是其面临的一个重大任务，也是我国财务公司未来发展中面临的一个主要问题。财务公司充分发挥内部资本市场机制的活力和优势，提升企业集团经济效率，是集团转型发展成功的重要条件。

不管是过去还是现在，财务公司立足企业集团这一核心定位始终未变。对于财务公司的前景，银监会相关负责人告诉记者："从近期看，财务公司行业仍有不断壮大趋势，从长期看，财务公司存在演化和分化趋势。致力于企业集团产品销售融资业务的财务公司可能会有较好前景，作为企业集团司库运作平台的财务公司可能更符合未来发展方向。财务公司在集团内是集中管理资金的重要部门，设立财务公司的集团都应该充分发挥财务公司的重要作用，但另一方面财务公司也应有自知之明，不要企图包揽集团筹融资事务。"

（《金融时报》2012 年 10 月 19 日头版）

专题七：《金融业发展和改革“十二五”规划》对财务公司的影响

利率市场化改革的影响不可忽视

记者　胡萍

尽管金融“十二五”规划通篇未提财务公司字眼，但作为一份金融业未来五年的发展指引，财务公司这一金融子行业不得不从规划勾勒出的全新框架中寻求创新路径。根据金融业“十二五”规划要求，要稳步推进利率市场化改革，并明确了利率市场化改革的路径，即“按照条件成熟程度，通过放开替代性金融产品价格等途径”有序推进。

事实上，对于推行近二十年的利率市场化改革，财务公司人并不陌生。目前，虽然金融机构人民币贷款利率仍然受中央银行下限管制，但贴现利率与外币贷款已经基本实现市场化定价。更值得一提的是，2012 年 6 月 8 日央行三年来首次降息的同时，扩大了利率浮动区间，规定存款利率可上浮至基准利率的 1.1 倍，贷款利率下限为基准利率的 0.8 倍，这被视为利率市场化改革的破冰之举。因此，在长期关注于金融改革进程的财务公司人看来，未来仍旧是喜忧参半。

记者在采访中了解到，财务公司所看中的积极因素主要表现在三方面。首先来自于其具有的先天优势，以财务公司开展的信贷业务为例，比如贴近客户、了解客户、依托内部结算网络构建集团产业链上完整的现金流等，在利率上，在集团价值最大化的宗旨下，往往执行在人民银行基准利率基础上下浮 10% 的优惠利率；为了服务集团内成员单位融资需求，对提前还款、展期等没有风险补偿。第二，随着我国利率市场化进程的推进，市场利率的变化将会更加频繁，这无疑增加了内部集团企业融资难度。财务公司可以作为企业集团融资代理人，统一与多家银行进行谈判，甚至可将集团的融资需求打包批发给各家银行，将原本企业与银行之间多对多的谈判关系转化为面对财务公司这个单一代理人的谈判关系，大大减少中间环节，降低集团整体融资成本，而银行更是希望争取此类低风险业务，从而创造多赢的局面。此外，利率市场化进程的推进也可以成为财务公司金融创新的动力所在。因为在这种内外夹击的经营环境中，追求大而全的经营模式对于财务公司来说是不现实的。财务公司要突破这些条件制约，唯有坚持在为企业集团提供金融服务的过程中走差异化创新的道路，坚持为成员单位提供与银行不同的贴心服务，满足其他金融机构难以实现的特殊需求，培育提升核心竞争力，才能应对当前的挑战，才能实现科学持续发展。这也是财务公司在新一轮的市场竞争中的自然选择。

然而，从财务公司的发展方向来看，内部职能机构特性和内部金融机构特性决定了财务公司以依托集团为出发点，以服务集团为落脚点，其经营宗旨既有服务性属性也有盈利性要求；另一方面，财务公司以银行类业务为主，所提供的服务和产品与商业银行相比具有较大的同质性。随着利率市场化的推进，财务公司将面对更多利空或是不争的事实。

首先，财务公司的价格优势不再明显，传统的以存贷利差为主要来源的赢利模式将受到冲击和挑战。在利率方面，为了与商业银行争夺客户，被迫参与价格竞争，尤其是在价格不受管制的票据贴现业务中；而存贷款利率的逆向变动，利差收入缩减也是必然趋势。“作为财务公司一般的主导业务——存贷款业务，在未来总业务量中的比重将会呈下降趋势，这将使存贷款业务的重要性大大降低。”一位财务公司人士说，一方面与商业银行相比，商业银行规模较大，营业网点覆盖面较广，除了可以吸收企业存款外，还有大量的居民存款来源。而财务公司资金来源单一，只能吸收企业存款，且一般是大额存款，存款的利率水平将会逐渐提高。另一方面，财务公司从银行间同业拆借市场及债券市场进行融资，由于受到规模、实力和信誉方面的影响，信用等级低于商业银行，因此财务公司从市场上融资的成本将会高于商业银行。

其次，传统的“粗放式”贷款利率定价模式已难以适应财务公司经营发展的需要。长期以来，我国实行利率管制，利率必须严格执行中央银行公布的基准利率。即便是目前贷款利率可以在法定利率的基础上实行有限度的浮动，但是幅度范围也有严格规定。因此，我国金融机构普遍缺乏贷款定价的经验与能力，贷款定价方法比较死板、单一，财务公司也不例外。经调查多家财务公司发现，目前，财务公司在发放贷款时，一般按照中央银行有关贷款利率管理规定，在中央银行的基准利率基础上，根据每一笔贷款的具体情况，执行基准利率或者下浮一定比例。以中国电财为例，利率一般下浮10%或者5%。随着我国利率市场化改革进程的推进，信贷产品定价能力的高低在一定程度上决定着金融机构竞争能力的大小。

此外，利率市场化对财务公司成本管理能力以及一体化管理都带来挑战。利率市场化后，金融机构需要遵循客户与银行利益“双兼顾”的原则。在具体贯彻原则的过程中，“一方面要给前台业务机构和经办人员适当的议价自主权，以免管得过死，失去商机；另一方面又要注意防范内部道德风险，以防在价格谈判中牺牲财务公司利益。”上述财务公司人士说。

面对利率市场化进程的推进以及金融市场竞争的加剧，财务公司人士认为，建立健全科学的贷款利率定价机制显得尤为重要。未来应建立完善的利率风险管理体系，包括建立利率风险管理体系的基本框架，从利率风险识别、衡量到利率定价和利率风险控制，实现利率风险管理的有效控制；还应建立新型资产管理体系，强化资产负债的匹配管理。另外，还要通过业务创新，加强信贷产品和服务创新，配合客户结构优化，通过差别化定价，提高财务公司的利差水平和信贷利息收入。

（《金融时报》2012年10月22日第七版）

财务公司：创新方向在哪里？

记者 金立新

创新，似乎成为了一个时髦的词汇，也似乎是一种竞争中的手段，成为了企业、行业，乃至国家层面的一个惯用用语。但是，无论在哪个层面，创新应该都有个方向问题，方向对了是促进，方向反了则产生的将是反作用力。而创新的方向则是由企业、行业甚至更高层面的基础定位决定的。对于财务公司来说也是如此。

根据《企业集团财务公司管理办法》，财务公司是指依据《中华人民共和国公司法》和《企业集团财务公司管理办法》设立的、为企业集团成员单位技术改造、新产品开发及产品销售提供金融服务，以中长期金融业务为主的非银行金融机构。据此，实际上财务公司的行业定位应该说已经非常明确。但是在理解上，经常有意或无意地出现一些另类的理解，比如什么是“服务企业集团及其成员单位”？甚至目前有财务公司内部人士的观点是，能挣钱就是为企业集团及成员单位作贡献，就是服务企业集团及成员单位，并将此谓之为产融结合。因此也衍生出了诸如财务公司与银行等金融机构是竞争关系；财务公司是发展金融控股集团最好的平台等等观点。在创新上，则出现了财务公司融资创新，甚至财务公司做保险等等，并因此产生了许多对于监管过严等等的非议。

对于财务公司的定位，中国银监会非银部主管财务公司的副主任张电中曾明确，不管财务公司行业还是具体某家财务公司，都应该认识到，财务公司在不同发展阶段其承载的责任是不一样的。当前财务公司在集团内是集中管理资金的重要部门，设立财务公司的集团都应该充分发挥财务公司的重要作用。但是，财务公司也应有自知之明，不要企图包揽集团筹融资事务。因为财务公司发展受企业集团的发展程度、企业集团对财务公司的定位与考核、财务公司的实际能力以及社会配套环境四方面的制约，有的集团甚至不切实际地把财务公司当做融资平台和利润中心。这些现象都使监管部门在对待财务公司创新问题，如扩大财务公司发行债券试点等问题上不得不谨慎行事。而对于产融结合与企业集团多元化经营，张电中的看法是：产融结合应有标准，必须与企业主业密切相关，最终目的是提升主业核心竞争力，否则只能称为产业资本涉足金融资本，或者是企业经营多元化。当前企业集团内银行、证券、保险、基金等各类金融形式都存在，产融结合的模式依据集团的不同特点也有所不同。应该说，经过一段时间的探索，以产促融、以融来支撑主业发展，这条产融结合发展的方向是正确的。真正的产业资本与金融资本并行发展，或许在未来可以尝试。

由此可以看到，对于财务公司服务企业集团及成员单位这一定位的曲解，实质上是对产融结合与企业多元化经营的模糊甚至是诡辩。而根据这种对于财务公司定位的曲解而产生的，将财务公司作为融资平台和利润中心方向的创新，应该不会得到政策的支持。

此外，目前在财务公司的创新中还有一种创新，可以被统称为“外延式”创新的模式，这种创新方向也值得探讨。

理论上，企业集团财务公司的资金应该是“内部钱内部用”。所谓“外延式”创新的模式主要是指财务公司在资金运用上突破了“内部用”的传统，将资金的运用范围突破了企业集团及其成员单位，运用到企业集团或者是成员单位的下游企业，甚至是销售对象上。比较典型的有两种模式：其一是财务公司的产业链金融；其二是融资租赁模式在财务公司中的运用。

有信息表明，目前一些企业集团的财务公司采用了产业链金融和融资租赁模式帮助企业进行产品销售。其主要方式是，以集中到财务公司的企业集团内部资金作为贷款，向企业集团或是其成员单位的销售渠道商、大型公司客户，甚至是个人客户进行贷款，帮助客户解决资金问题，促进企业产品的销售。在融资租赁模式中，财务公司将融资租赁业务引入财务公司业务，以租赁模式帮助企业进行产品销售。目前许多汽车、工程机械类企业集团财务公司中，很多采用了这样的模式。

严格地说，这种业务模式突破了企业集团财务公司资金“内部钱内部用”的规矩，但是它在促进企业产品销售方面的确行之有效，也符合政策要求。不仅如此，因为企业对于行业的了解更深入，对于下游企业的监控更便利，因此无论是采用产业链金融模式，还是采用融资租赁模式，相对于银行和一些三方租赁公司，在对于风险的掌控上财务公司更有优势。

但是将企业集团的资金运用到外部，其风险程度毕竟不同于资金在内部的使用。因此，在这一类业务上，尽管财务公司更有优势，但是，在业务创新和开展的目的上，将此类业务当做服务还是将其视为盈利模式，在此类业务的创新演变及操作中的控制上是截然不同的，因此其创新的关键还是在于其目的究竟是在服务上还是在盈利上。

对于企业集团财务公司的定位，张电中也明确，财务公司行业的发展目标应是成为企业集团资金集中管理（司库）的运作平台和专业性金融服务公司。财务公司行业定位越清晰、越健康、越自律，监管部门在业务创新方面就会越放手。从监管者的态度看，至少在现阶段，财务公司的定位还是在成为企业集团资金集中管理的运作平台和专业性金融服务公司。因此在财务公司的创新方向上，依据“成为企业集团资金集中管理（司库）的运作平台和专业性金融服务公司”这一基础定位去进行创新显然是能够得到政策支持的。

（《金融时报》2012 年 10 月 22 日第七版）

促进结构调整　提升财务公司发展水平

贾凯君

自1987年我国第一家财务公司——东风汽车工业财务公司成立以来，随着企业体制和金融体制改革的不断深入，我国的财务公司迅速发展起来。据《金融时报》统计，目前全国共有130多家财务公司，涉及30多个行业，到今年4月末，全国企业集团财务公司行业所掌握的金融资产总额达到1.73万亿元，在整个金融体系中扮演着越来越重要的角色。但总的来说，我国的财务公司发展水平仍然较低，在整个金融业体系中，资金使用效率处于较低水平。以规模和盈利水平都比较高的中石油财务公司为例，其年报显示，2011年总资产达到5 034.85亿元，实现净利润35.11亿元，资产利润率仅为0.7%。据2011年银监会年报显示，同期我国银行业金融机构实现税后利润1.25万亿元，资产利润率达1.2%。

与欧美等发达国家财务公司相比，我国的财务公司在促进产业资本和金融资本融合，提升经济社会发展水平等方面的积极作用还远未充分发挥。最突出的体现就是，我国的财务公司存在着明显的结构性问题，市场行为及其主要功能仍停留在企业集团资金归集和简单的财务管理服务层面，对经济社会结构调整的积极作用没有得到充分发挥。

从行业市场结构看，主要以国资委管辖的企业集团财务公司为主体，金融服务创新能力较弱，前瞻性产业发展支撑力度不足，总体发展水平不高。相关资料显示，截至2011年末，国资委直管和地方国资委管理的企业集团财务公司占到总数的87%，集体或民营资本企业集团的财务公司仅占9%，外资企业集团的财务公司占4%。一方面，以中石油、国家电网等为代表的央企财务公司，规模庞大，有的甚至已到达我国中型商业银行的水平，但普遍存在着市场竞争压力相对较小，金融服务功能单一、薄弱等不足；另一方面，以民营企业集团或贸易业等许多企业集团为代表的财务公司，体量较小，面临着外资金融机构的竞争压力，只能在商业银行和证券公司的夹缝中求生存，对所属企业集团的战略支撑及市场开拓等的金融服务功能有限。从金融市场结构看，我国的金融市场体系不完善，资本市场不成熟，财务公司配套体系不健全，监管引导促进作用不显著。从投融资结构看，普遍存在着融资渠道单一，产业投资能力较弱，产融结合成效不理想的现象。从公司治理结构看，存在股权结构具有较强的封闭性，董事会功能薄弱，依附性强，内部激励机制不健全等问题。

上述结构性问题必然通过财务公司的市场行为表现出来，集中体现为我国的财务公司大部分仅作为集团的结算中心而存在，仅仅起到了较低水平的“内部银行”功能，较高水平的金融服务功能、产融促进功能、经济结构优化功能还处于起步阶段。而欧美发达国家的财务公司，普遍有着清晰的结构定位和完整的不同层次的业务功能结构。比如，德国的财务公司，以世界上最大的电气和电子公司之一的西门子集团的财务公司为例，定位为金融服务中心、金融运营中心和利润中心；在业务功能上，一方面提供基于内部银行职能的专业化融资服务，另一方面提供基于产业技术和金融市场融合的金融服务支持。

我国《金融业发展和改革“十二五”规划》明确提出，通过健全金融机构体系和市场体系、增强金融服务能力，推动经济结构调整和经济发展方式转变的目标。财务公司作为产融结合的重要载体，应通过结构调整提升发展水平，应在经济结构调整中发挥更大的作用。

一是进一步强化我国财务公司在金融体系中的结构性定位。当前，我国《企业集团财务公司管理办法》仅将其定位为“以加强企业集团资金集中管理和提高企业集团资金使用效率为目的，为企业集团成员单位提供财务管理服务的非银行金融机构”。在国家提出大力培育战略性新兴产业、做强国有企业等战略要求下，为进一步健全金融机构体系，急需在管理规范层面，重新优化界定财务公司定位，明确其在金融机构体系中的产融结合主体的结构性定位，鼓励更多的民营或集体企业集团，根据产业发展需要，成立现代化财务公司，优化行业市场结构，促进行业健康发展。

二是通过改进分类监管，健全配套体系，进一步优化金融市场结构，完善金融市场体系。我国当前的《企业集团财务公司风险评价和分类监管指引》，主要从财务公司的管理状况、经营状况及所属集团状况进行分类监管。面向财务公司在金融体系中新的结构性定位，在传统的分类监管的基础上，结合我国财务公司发展现状及发展方向，为提升监管对财务公司发展的指导和促进作用，增加功能分类监管指引，引导财务公司积极发挥更高水平的产融结合功能，促进战略新兴产业发展及国有企业做强。同时，进一步拓展财务公司融资渠道，创新资本市场及工具，加强与上游供应商和下游消费者之间的信贷关系，提升财务公司产业投资效率及对企业集团的战略贯彻能力，优化投融资结构，促进产融结合。

三是建立开放式股权结构，提升董事会独立治理能力，创新内部激励机制，优化公司治理结构，为提升财务公司发展水平打下坚实基础。针对财务公司依附企业集团形成的封闭式股权结构，以及由此带来的独立法人地位和获利动力不足等问题，加快资本市场发展，鼓励并引导企业集团财务公司拓宽融资渠道及方式，建立多元化、开放式股权结构。在此基础上，引导并规范财务公司引进独立董事，健全董事会机构及委托授权机制，提升董事会独立治理能力。加强财务公司盈利及服务能力与经理层薪酬关联，提升经理层业务创新动力。

四是加快提升财务公司发展水平，实现经济结构调整良性互动。首先，监管层要充分认识到财务公司发展水平提升在结构调整中的积极作用，重视财务公司的消费信贷、专业产业金融服务发展指引，促进生产和消费结构均衡发展及产业结构优化。其次，强化财务公司金融服务业务创新，依托产业特色，积极开展金融创新活动，提升大型企业集团财务公司投资功能、小型企业集团财务公司融资能力，夯实资金专业化集中运营功能，提升市场流通效益。最后，针对当前两级行业市场结构呈现出来的企业集团财务公司创新动力、能力不足，行业发展促进作用不强等缺陷，针对大型企业集团财务公司，积极学习国际先进企业集团财务公司经验，加强国际产业金融合作，提升产业国际化水平与竞争力；针对广大小型企业集团财务公司，探索建立行业内跨企业集团财务公司产业金融机构，提升行业发展整体水平及国际竞争力。

（《金融时报》2012 年 10 月 22 日第七版）

走自己的创新

子牧

《金融业发展和改革“十二五”规划》（以下简称《规划》）已经出台一段时间，其对金融业发展的影响不言而喻。正因为关系到自身的未来，一时间，以不同视角解读《规划》在业界形成热潮。财务公司如何抓住“十二五”时期金融业大有作为的重要战略机遇期，更上一层楼，确实是一个话题。

由于财务公司在金融业中所处地位，该行业在《规划》没有被具体提及，甚至行业界定更宽泛些的“非银行金融机构”也只出现过一两次。实际上，对这些机构方向性的指引已包含在对银行业的规划中了。“完善银行业组织体系构建功能健全、服务高效、竞争有序、效益良好、安全稳健的现代银行业体系。大力推进政策性银行、大型商业银行、全国性股份制商业银行、地方中小银行、非银行金融机构等各类银行业金融机构分层配置、科学合理布局，加快建设和完善社区金融服务组织体系，完善农村金融组织体系。”“强化银行业金融服务功能建设，推动银行业金融机构提供与实体经济发展相匹配的金融服务，实现服务专业化、特色化、精细化、品牌化，促进基础金融服务均等化，提高金融服务的可获得性”等等，在这些来自《规划》的文字中，各类机构应该能找到自己的定位与发展方向。

在发展与改革的背景下，“创新”无疑是《规划》的关键词之一。《规划》中政策着力点提出着力促进金融创新，要“以市场为导向，以提高金融服务能力和效率为根本目的，鼓励和加强金融组织、产品和服务模式创新。通过调整监管者功能定位、发展机构投资者和建设多层次金融市场，促进金融创新。”

创新之于财务公司同样有两个关注点：一个是机构自身在政策框架下的自主创新，另一方面则是制度创新。

众所周知，中国特色的财务公司作为一个新兴、不断壮大中的行业，适合自身的发展模式仍在寻找之中。就此而言，创新是促进这一行业健康发展的重要环节。

除了资金结算、管理等业务外，财务公司在筹融资业务、投资管理型业务、委托代理、咨询服务类等方面需有更多的创新。现行的制度框架下，财务公司在发行债券、融资租赁、投资银行、保险业务等等方面有很大发展空间。财务公司差异性很大，在行业整体资金归集度并不高的情况下，特别是对于一些业务开展并不充分的机构，创造条件，用好政策，将功能尽可能发挥、业务尽可能开拓是创新的重点。

对于一些创新走在前列、所谓业务空间已触及“天花板”的机构，在进一步挖掘潜力的同时，发展中确实存在一些制度障碍，由此可以引出制度创新的话题。

不可否认，在众多类型的金融机构中，财务公司是特点非常明显的一类。尽管“内部银行”的称谓已不太合时宜，但作为以加强企业集团资金集中管理和提高企业集团资金使用效率为目的，为企业集团成员单位提供财务管理服务的非银行金融机构，与其他金融机构比起来，财务公司的活动半径确实不宽，发展空间也很局限。目前相关制度滞后与监管部门难以做到严格意义上的分类监管，的确是在一定程度上制约了财务公司行业的发展和创新，近年来一些机构做过不少尝试，试图有所突破，而合规经营却是一条不可逾越的红线。当然，由此会产生出与制度的博弈，却并非没有积极意义。所谓“摸着石头过河”，就是要通过实践积累成败经验，在冲突与妥协中不断寻找平衡点，推动制度创新。在《规划》中也有“积极稳妥推动实施新监管标准，不断优化监管工具和指标体系……”的文字，从中可以体会政策随发展而完善的含义。而财务公司把握好创新尺度也至关重要，强调一定程度上的自律，也是博弈中必不可少的。监管部门有关人士曾经明确指出，“财务公司行业定位越清晰、越健康、越自律，监管部门在业务创新方面就会越放手”，这才是双赢局面。

尽管有这样或那样的局限，但财务公司仍是有自身特质，一些特质甚至是在非银行金融机构中占优。比如，除了业务对象相对单一外，财务公司业务种类可圈可点，像除存贷款、票据承兑与贴现等一般性银行业务外，还可以经营保险代理、融资租赁、消费信贷等等。这其中一方面能体现在创新能力上，很多优势同时也能契合《规划》的支持方向。如《规划》多次强调金融服务实体经济的方向，坚持金融服务实体经济的本质要求。财务公司最基本的资金集中管理即司库的功能是任何金融机构所不可替代的，其与实体经济相辅相成、荣辱与共的天然特性，使其在服务实体经济方面体现出强大优势，也会成为财务公司发展的动力。

（《金融时报》2012 年 10 月 22 日第七版）

专题八：财务公司迅猛发展的思考

财务公司："金"字招牌更应审慎经营

记者　胡萍

编者按：近段时期以来，财务公司热度仍在延续，无论是财务公司数量，还是财务公司的业务触角都有不断扩张的态势。按照《企业集团财务公司管理办法》，财务公司的成立首先是要满足对本集团资金集中管理这一核心问题。那么，这一问题的解决必须依靠大量成立财务公司吗？在我们探寻财务公司可持续发展的道路上，还有哪些问题值得思考？

就数量而言，已经达131家以上的财务公司已将其他非银行金融机构远远抛在身后，而且这个队伍仍在不断壮大着。据记者不完全统计，仅今年10月份开业或者通过审批的财务公司就有8家。一个月8家的速度跟成千上万家需要资金集中管理的企业集团相比，或许并不算快，但作为金融机构而言，这样的速度似乎又快了些。

"金"字招牌的诱惑

为何面对着银监会的有限牌照规定和证监部门对上市公司在财务公司的存款限制，企业集团仍对设立财务公司热情不减？

这或许与国企改革进程和金融市场完善程度两大因素的影响有关。银监会非银部副主任张电中认为，财务公司是企业的金融平台和管理平台，是集团产融结合的起点和过程。财务公司在我国是最具有中国特色的金融机构，一是财务公司是集团下属的法人机构，为集团服务；二是其持有金融牌照，用存贷款（或委托存贷款）方式集中和运用集团资金；三是其可以从银行同业市场拆借资金，具有为集团融资的部分功能；四是具有部分投资银行功能。

正因为企业集团财务公司被视为产业资本延伸的最直接产物，同时财务公司又以其与产业资本的紧密结合和所处的不可替代的资源管理者地位，在产业经济部门居于不可比拟的高端。在我国为产业发展而探索发展的风险可控的金融服务体系中，财务公司成为当前中国企业最普遍、最有成效的产融结合形式。记者从国资委获悉的数据显示，在国资委管理的117家中央企业中有59家企业拥有金融子企业，而且多以财务公司为主，同时拥有多种类型金融子公司的企业集团仅有10家左右。

再从近期成立的财务公司来看，除了上述监管定义的职责内容外，企业集团并未掩饰其对于财务公司这块"金"字招牌的热爱。安徽省能源集团和皖能股份有限公司共同投资的财务公司称，"财务公司的成立表明安徽省能源集团在金融板块发展上迈出了重要一步"；徐工企业集团财务公司称，"财务公司是集团落子金融产业的战略布局和重大举措，财务公司是实现公司产融结合，培育金融服务和金融创新功能，完善金融服务体系的重要一环”。

适度控制有利于良性发展

当前，我国正在加快转变经济发展方式，大力发展实体经济。企业集团作为我国实体经济的主体，亟须财务公司提供更好的金融服务。因此，企业集团财务公司也处于发展的战略机遇期。我们看到，2004 年版《企业集团财务公司管理办法》降低了准入门槛，但更加强调了审慎经营的原则，充分体现出银监会加强风险监管、支持企业集团发展的理念。在市场准入、业务准入、从业人员市场准入等多个方面进行严格控制，在审批工作中，不仅看财务指标，更重点审查母公司诚信记录、拟设财务公司风险防范安排、拟任高级管理人员的资格、关键岗位人员素质等“软件”。

多位业内人士表示，财务公司的诞生应该是企业的内生需求，也就是应产业集团需要而发展的内部金融机构。中国财务公司协会会长张华认为，企业集团设立财务公司要考虑四方面因素：一是发挥管控作用；二是有效配置资源；三是提高资金使用效率和经济效益；四是防范集团风险。他认为未来财务公司在数量上还是会增加，只是应适度控制发展速度。因为根据企业的盈亏预测，如果财务公司达不到50 亿元的现金归集量，该集团就没有必要设立财务公司。

天津渤海财务公司张延博认为，目前首先要满足企业集团对本集团资金集中管理这一核心问题，这一问题的解决不是靠大量审批成立财务公司，而是成立结算中心。结算中心的功能与初级阶段的财务公司功能基本相同，但与财务公司相比有很多的优势。至于财务公司，应当是在结算中心运作的比较好的基础上再进行批准设立，而且资金集中管理不应再作为财务公司的核心功能，在结算中心阶段应当得到解决，财务公司的功能应主要集中在资金运作上。

服务集团本质不能丢

如今，财务公司行业的队伍日渐壮大，资产金额不断增加，其延伸业务触角的冲动也不断增强。我们看到，财务公司通过不断的业务范围拓展使自身的资产更加多元化，并日趋向企业集团外部延伸自己的业务触角。

需要注意的是，国资委在积极推动国有企业集团设立财务公司的过程中始终强调，未来财务公司应当成为企业集团经营决策的中心、风险管控的中心、信息管理的中心、资金运行的中心、业务链条不断整合的中心，诸多定位本质上是在强调通过产融结合，以进一步强化企业应对经营风险的能力。

中海油财务公司人士表示，在今后相当长的时期内，出于风险控制原因，“集团内部化”的财务公司特色只会加强而不会削弱。就我国目前财务公司的发展情况来看，财务公司在为集团财务管理服务方面还有很大的潜力可挖。以“立足于集团，为集团服务为主”为基础，研究开创新的业务品种，充分挖掘现有业务的服务潜力，使之充分发挥财务管理服务功能，是现实的最好选择。因此，规范经营和优质服务是稳定财务公司市场的有利保证。

（《金融时报》2012 年 11 月 19 日第七版）

持主业　守静笃

子牧

财务公司行业出现在改革开放后的中国金融舞台，25 年的“演艺生涯”为其积累了上万亿元的资产规模。比起一些后起之秀，财务公司这一角色似乎默默无闻，是一个低调但又特殊的角色。

曾经有学者对财务公司作出这样的评价：它有银行特点却不能完全取代银行。与银行相比，无论是收支业务还是现金和支票处理，都无法抛开银行独立完成结算的全部工作，在效率上也不具优势……总之，它没有存在的必要。

财务公司有无存在的必要？财务公司是否应脱离集团成为独立的商业银行？在对财务公司发展路径的探讨声中，这些声音或有失偏颇，但从中可以体会到，在走过 25 年之后，中国特色的财务公司路向何方仍是个问题。

外行看热闹，内行看门道。回答这个问题，最有发言权的莫过于财务公司后台老板——集团公司。

曾经在一次与某家大型集团公司董事长交谈中，听到这样的观点：财务公司在资金归集的基础上成为集团的结算中心，通过收支两条线管理，以及将成员单位的内部审批流程嵌入到财务公司的业务系统中，有效发挥了作为集团资金“监视器”和“监控室”的作用，在保障集团资金安全方面同样发挥了不可替代的作用。这些是“无法通过外部银行及传统的财务管理来实现的”。

这番话不但肯定了财务公司的存在价值，又同时回答了对财务公司功能上有别于普通商业银行的认同。财务公司转型为商业银行至少对于集团公司而言没有太大现实意义。例如，在中石油集团的金融板块中，同时存在商业银行（昆仑银行）和财务公司（中油财务公司），恰好也说明金融机构各司其职、不可替代的特性。

大型企业集团，都存在着提升资金使用效益、发挥规模化优势降低整体资金运行成本的要求，同时也需要有效的资金管理和风险防范的手段。称职的财务公司所能做到的这些，也许这正是它们存在的价值。实际上，抛开财务公司自身的功能，在集团的视野中，财务公司服务于集团的宗旨非常符合集团利益。具体实践中，财务公司对集团公司的贡献更是不言而喻，如在积聚资金、加强资金管理，优化集团的资源配置、扩大集团融资渠道满足集团的资金需求、防范集团的财务风险、降低企业集团的财务费用等方面的作用是明显的。

当然，从财务公司自身发展的角度看，情况可能要复杂些。

财务公司是一个非常特殊的金融机构，它的特殊性主要来自于它的依附性，这也注定财务公司摆脱不了与其出身密切关联的正反两面的特征。

在同企业集团的紧密关系中，很容易找到有利于财务公司的一面。财务公司与集团根本利益的高度一致，会得到集团方面最大程度的支持。这种支持无疑是财务公司最可倚仗的优势，使它无论是在资金运用、成员公司间的协调以及业务层面的信息透明度等方面，都优于外部机构；开展业务的过程中，还可以从集团公司对上下游企业的影响力上获益。这对于一家金融机构而言十分有益甚至是至关重要的。

不可否认，依附于集团的劣势也很明显。财务公司自身的发展将受限于集团的发展空间，而来自集团的行政干预即便与公司的自身利益相冲突也必须接受。当前满足于服务集团公司这一框架之下的制度设计，同样存在约束财务公司发展的因素。作为金融机构却难以获得相对稳定的资金来源，业务范围也受到了限制，这些会直接影响公司发展空间。现行政策客观上并不鼓励财务公司的扩张，也抑制了企业的创新精神。同时，财务公司这一群体各自禀赋差异极大，监管难以实现个性化，抑制行业中不同个体的自主发展。

中国的财务公司已经走过25年的成长道路，尽管“以加强企业集团资金集中管理和提高企业集团资金使用效率为目的，为企业集团成员单位提供财务管理服务”的职能定位没有变，但随着经济环境的改变、金融改革的深化以及集团业务的扩张，财务公司所面临的金融服务需求也日益复杂化、社会化。在这种环境下，相对于其他金融机构，财务公司的各种局限更为明显，某种程度上也使一些富于创新精神的财务公司产生一种突破桎梏、破茧成蝶的冲动。

面对现实，财务公司如何在维护集团利益前提下兼顾自身的可持续发展争取共赢，需要有更多的思考。

在现行框架下集团的利益与财务公司发展之间的冲突的存在是必然的，但没必要过分强化。在行业功能定位没有改变、外部监管还没有实质性变化的前提下，财务公司的发展方向仍然也只能是立足于集团公司、服务于集团公司，把本职做好。

行业不同处境不同，集团企业对于财务公司的要求也各不相同，但基本方向相对一致，即要强化财务公司结算中心、筹融资中心、资产管理中心的职能定位。进一步则是“实现经营决策的中心、风险管控的中心、信息管理的中心、资金运行的中心、业务链条整合的中心”的目标。这不仅是集团的利益追求，也应是财务公司自身的诉求。

财务公司有其专业特点：与商业银行相比，它有保险和投行业务；与其他非银行金融机构相比，它有商业银行的部分功能。这种“兼容并蓄”的特色，发挥得好就是一种优势。

有观点认为，应赋予财务公司一定的独立性，可以不再只为一个企业集团服务，可放开财务公司资金来源和业务范围，这些的确关乎财务公司发展，但与设立财务公司的初衷及当前制度有一定距离，可待今后探讨。

（《金融时报》2012年11月19日第七版）

统计资料

经营状况综合统计

财务公司资产、负债、权益统计表

（2012 年）　　单位：万元

机构＼项目	资产			负债		所有者权益	
	总额	其中：贷款	其中：投资	总额	其中：存款	总额	其中：资本金
东风汽车财务有限公司	1 528 707	904 193	10 338	1 344 344	1 268 297	184 363	131 900
中国重汽财务有限公司	571 640	264 063	—	449 312	431 131	122 328	103 356
中国华能财务有限责任公司	2 831 728	1 831 339	241 185	2 205 249	1 705 621	626 480	500 000
锦江国际集团财务有限责任公司	252 415	102 764	—	190 132	188 067	62 283	50 000
一汽财务有限公司	2 517 457	482 934	200 946	2 199 461	2 150 380	317 996	112 880
西电集团财务有限责任公司	590 150	177 248	51 025	469 968	586 387	120 182	100 000
中国石化财务有限责任公司	6 986 768	4 964 461	892 652	5 408 418	2 311 977	1 578 350	1 000 000
东方电气集团财务有限公司	1 640 226	590 415	67 168	1 417 445	1 350 876	222 782	209 500
宝钢集团财务有限责任公司	1 120 171	586 904	95 710	962 868	807 520	157 303	110 000
中国一拖集团财务有限责任公司	332 596	177 723	38 593	272 186	230 843	60 410	50 000
五矿集团财务有限责任公司	1 070 301	522 700	245 588	650 079	637 872	420 222	350 000
攀钢集团财务公司	433 090	395 653	29 916	216 682	75 940	216 408	150 000
武汉钢铁集团财务有限责任公司	2 319 689	1 927 389	10 192	2 001 349	1 620 483	318 340	150 000
中远财务有限责任公司	2 084 982	86 209	106 298	1 868 587	1 836 733	216 395	160 000
江铃汽车集团财务有限公司	233 818	148 829	20 172	175 282	152 600	58 537	50 001
中国航空集团财务有限责任公司	591 246	382 743	9 593	497 374	454 842	93 872	50 527
中国南动集团财务有限责任公司	44 218	38 549	373	10 984	10 892	33 234	30 000
天津渤海集团财务有限责任公司	291 547	213 167	—	180 435	176 824	111 111	100 000
深圳有色金属财务有限公司	97 093	77 700	1 937	48 594	39 864	48 499	30 000
中国南航集团财务有限公司	515 912	223 502	43 307	445 480	382 503	70 432	72 433
上海汽车集团财务有限责任公司	7 728 344	2 449 077	2 554 560	7 095 737	6 539 566	632 607	300 000
振华集团财务有限责任公司	89 187	50 775	—	68 796	68 044	20 391	15 000
东方集团财务有限责任公司	172 283	155 673	—	119 401	69 031	52 883	50 000
东航集团财务有限责任公司	384 172	202 383	31 103	306 162	302 379	78 010	50 000
中油财务有限责任公司	33 384 072	16 043 914	6 913 139	30 317 367	22 323 068	3 066 705	544 100
上海电气集团财务有限责任公司	2 585 627	1 084 064	350 214	2 278 809	2 251 100	306 818	150 000
中国能源建设集团葛洲坝财务有限公司	504 566	298 040	21 944	346 213	341 739	158 353	137 137
兵工财务有限责任公司	2 712 841	1 448 113	210 467	2 220 216	2 002 422	492 626	317 000
三峡财务有限责任公司	1 334 410	686 902	222 277	1 012 271	756 724	322 139	240 000
中广核财务有限责任公司	2 002 363	1 176 791	90 232	1 841 775	1 724 848	160 589	100 000
中船财务有限责任公司	4 350 024	1 059 080	447 139	4 130 304	4 112 355	219 720	91 800
中核财务有限责任公司	2 850 097	1 492 186	133 806	2 599 419	2 472 077	250 677	125 600
上海浦东发展集团财务有限责任公司	829 256	251 116	134 868	630 982	626 476	198 274	100 000
鞍钢集团财务有限责任公司	1 235 054	840 658	510	954 833	825 200	280 221	100 000
中国电力财务有限公司	14 988 663	729 8763	706 226	13 538 521	12 489 642	1 450 141	500 000
神华财务有限公司	3 420 368	1 763 480	54 128	3 182 081	3 153 533	238 286	70 000
中国电子财务有限责任公司	1 092 770	556 618	39 176	852 803	842 850	239 967	175 094

续表

项目 机构	资产			负债		所有者权益	
	总额	其中:贷款	其中:投资	总额	其中:存款	总额	其中:资本金
航天科技财务有限责任公司	4 924 698	1 262 369	734 970	4 526 755	4 181 304	397 943	220 000
航天科工财务有限责任公司	3 639 743	1 020 307	154 931	3 338 806	3 109 462	300 937	238 489
中船重工财务有限责任公司	4 420 503	1 724 435	970 511	4 036 444	3 904 069	384 059	71 900
中海石油财务有限责任公司	6 370 919	1 233 183	1 409 304	5 784 647	5 755 578	586 271	400 000
海尔集团财务有限责任公司	3 817 951	2 725 602	249 389	3 405 487	2 942 450	412 465	260 000
吉林森林工业集团财务有限责任公司	284 353	184 880	15 500	249 617	218 613	34 736	30 400
万向财务有限公司	687 082	530 598	83 906	512 720	348 565	174 362	120 000
中粮财务有限责任公司	1 180 721	612 542	75 170	938 015	842 634	242 706	100 000
苏州创元集团财务有限公司	144 750	75 658	2 000	109 799	82 302	34 951	30 000
珠海格力集团财务有限责任公司	1 221 782	466 419	55 491	1 010 126	961 395	211 656	150 000
国机财务有限责任公司	1 077 365	441 351	47 236	935 922	811 670	141 444	110 000
海航集团财务有限公司	1 974 629	1 671 841	49 229	1 597 824	1 429 391	376 806	270 000
中国华电集团财务有限公司	3 037 732	2 137 246	388 269	2 35 7030	1 935 011	680 702	500 000
中国大唐集团财务有限公司	1 853 693	1 379 951	166 897	1 457 347	1 394 073	396 345	300 000
南方电网财务有限公司	2 119 668	1 530 951	65 532	1 716 089	1 698 371	403 579	300 000
中电投财务有限公司	2 579 355	1 923 577	162 894	2 035 675	1 122 639	543 680	500 000
国电财务有限公司	2 263 679	1 635 154	25 290	1 640 895	1 479 410	622 785	505 000
华联财务有限责任公司	615 330	533 232	738	480 023	382 328	135 307	100 000
兵器装备集团财务有限责任公司	2 046 275	1 483 716	82 522	1 793 725	1 772 491	252 550	150 000
京能集团财务有限公司	867 294	489 315	5 012	689 457	683 582	177 837	150 000
浙江省能源集团财务有限责任公司	1 342 496	681 100	24 800	1 221 846	1 216 850	120 649	97 074
广东粤电财务有限责任公司	1 661 970	979 167	45 456	1 426 766	1 398 783	235 204	200 000
TCL集团财务有限公司	551 739	196 080	34 337	492 323	467 690	59 416	50 000
湖南华菱钢铁集团财务有限公司	265 153	150 042	20 581	173 930	86 681	91 224	60 000
江西铜业集团财务有限公司	1 374 884	402 695	98 353	1 204 206	1 197 728	170 678	100 000
天津港财务有限公司	1 013 011	609 889	15 002	882 832	856 722	130 179	85 000
松下电器（中国）财务有限公司	397 109	13 456	—	305 239	304 273	91 870	70 000
中航工业集团财务有限责任公司	3 719 796	1 727 533	155 140	3 431 221	3 396 650	288 575	200 000
中冶集团财务有限公司	1 157 291	632 384	100 176	942 253	936 258	215 038	153 040
申能集团财务有限公司	1 127 432	617 260	153 436	1 002 865	890 601	124 568	100 000
潞安集团财务有限公司	949 938	579 080	21 026	823 445	765 853	126 493	100 000
淮南矿业集团财务有限公司	951 613	487 587	84 198	804 401	799 907	147 212	100 000
日立（中国）财务有限公司	175 596	47 400	—	141 873	110 781	33 723	30 000
保利财务有限公司	882 259	154 634	69 000	776 666	701 410	105 593	70 000
深圳能源财务有限公司	657 802	397 978	4286	527 743	523 926	130 059	100 000
中化集团财务有限责任公司	1 207 807	705 702	198 738	863 051	709 692	344 757	300 000
海信集团财务有限公司	461 171	98 556	—	385 649	374 205	75 522	50 000
国联财务有限责任公司	329 613	116 706	—	273 106	263 005	56 507	50 000
首都机场财务有限公司	749 942	432 160	—	675 068	671 597	74 873	50 000

续表

项目 机构	资产			负债		所有者权益	
	总额	其中:贷款	其中:投资	总额	其中:存款	总额	其中:资本金
红豆集团财务有限公司	172 194	118 367	10 050	114 602	103 026	57 593	50 000
海马财务有限公司	371 742	120 165	22 006	257 683	253 587	114 059	95 000
南山集团财务公司	457 334	285 500	0	372 148	288 953	85 186	50 000
国投财务有限公司	1 797 135	1 150 651	52 843	1 638 078	1 562 074	159 057	120 000
河南煤业化工集团财务有限公司	2 313 491	1 556 595	2 382	1 903 246	1 879 550	410 245	300 000
中国化工财务有限公司	456 635	312 300	—	373 509	343 094	83 126	63 250
紫金矿业集团财务有限公司	513 832	312 491	3 548	447 920	444 839	65 912	53 156
江苏华西集团财务有限公司	201 930	81 226	—	161 431	154 508	40 499	30 078
冀中能源集团财务有限责任公司	609 707	430 816	2 868	491 311	376 542	118 396	100 000
山西焦煤集团财务有限责任公司	1 574 497	395 888	—	1 435 014	1 429 326	139 483	116 000
阳泉煤业财务有限公司	1 231 630	586 719	—	1 109 898	1 100 965	121 732	100 000
晋煤集团财务有限公司	1 078 390	529 072	—	949 618	944 319	128 772	100 000
云南冶金集团财务有限公司	248 639	170 000	—	193 029	155 552	55 610	50 000
中海集团财务有限责任公司	1 001 851	387 310	20 000	918 977	907 203	82 873	60 000
中集集团财务有限公司	601 661	341 530	—	540 111	532 303	61 549	50 000
沙钢财务有限公司	582 125	237 504	—	467 454	358 357	114 671	100 000
美的集团财务有限公司	440 036	361 445	—	273 422	270 669	166 614	150 000
宁波港集团财务有限公司	407 200	251 755	—	246 879	245 722	160 321	150 000
兖矿集团财务有限公司	781 511	240 000	—	704 945	703 270	76 567	50 000
哈尔滨电气集团财务有限责任公司	126 357	7 582	—	90 907	89 520	35 450	30 000
北大方正集团财务有限公司	679 857	519 754	—	457 524	443 609	222 333	200 000
通用技术集团财务有限责任公司	836 260	302 291	—	721 163	714 878	115 097	100 000
铜陵有色金属集团财务有限公司	318 654	201 138	—	279 824	225 553	38 829	30 000
中建财务有限公司	1 545 679	313 715	—	1 413 177	1 404 507	132 502	106 800
江苏国信集团财务有限公司	689 218	380 833	—	572 694	521 314	116 524	100 000
重庆化医控股集团财务有限公司	594 083	264 708	—	535 615	534 849	58 468	50 000
金川集团财务有限公司	363 608	164 545	—	249 990	246 556	113 618	100 000
新希望财务有限公司	116 076	63 000	—	62 753	61 730	53 323	50 000
酒钢集团财务有限公司	522 465	157 460	—	402 239	402 369	120 226	100 000
包钢集团财务有限责任公司	318 816	53 273	—	262 937	262 304	55 878	50 000
新奥财务有限责任公司	171 615	75 943	—	116 071	70 023	55 544	50 000
中外运长航财务有限公司	261 387	117 000	—	208 705	205 609	52 682	50 000
青岛啤酒财务有限责任公司	594 525	40 776	—	549 655	546 986	44 869	30 000
上海复星高科技集团财务有限公司	168 655	88 000	—	137 210	136 562	31 445	30 000
中铝财务有限责任公司	678 154	322 027	—	514 691	512 967	163 463	150 000
中兴通讯集团财务有限公司	529 549	232 747	—	421 007	411 331	108 542	100 000
国核财务有限公司	526 181	114 795	—	415 823	414 398	110 358	100 000
福建省能源集团财务有限公司	249 779	47 683	—	194 559	185 927	55 221	50 000
湖南高速财务有限公司	350 778	62 000	—	237 345	232 667	113 433	100 000

续表

项目 机构	资产			负债		所有者权益	
	总额	其中:贷款	其中:投资	总额	其中:存款	总额	其中:资本金
马钢集团财务有限公司	905 952	416 018	—	794 968	743 065	110 985	100 000
湖北宜化集团财务有限责任公司	69 632	50 000	—	39 247	38 323	30 384	30 000
北京汽车集团财务有限公司	519 074	141 928	—	466 356	465 123	52 717	50 000
大连港集团财务有限公司	243 136	98 000	—	189 041	188 208	54 095	50 000
大唐电信集团财务有限公司	300 738	147 049	—	195 247	194 214	105 491	100 000
开滦集团财务有限公司	514 474	67 300	—	459 458	457 222	55 016	50 000
中国航油集团财务有限公司	136 164	129 998	—	10 756	9 716	125 408	120 000
海南农垦集团财务有限公司	168 014	55 174	—	114 840	114 009	53 174	50 000
西部矿业集团财务有限公司	451 045	85 854	—	397 092	396 255	53 953	50 000
江苏交通控股集团财务有限公司	372 983	110 000	—	269 473	268 726	103 509	100 000
中国移动通讯集团财务有限公司	4 152 463	140 000	—	3 603 513	3 530 304	548 950	500 000
山东钢铁集团财务有限公司	310 429	156 709	—	146 396	145 238	164 033	160 000
国药集团财务有限公司	419 660	126 892	—	368 074	361 711	51 587	50 000
郑州宇通集团财务有限公司	476 762	214 881	—	424 459	422 783	52 303	50 000
中国铁建财务有限公司	1 936 234	200 000	—	1 792 315	1 783 380	143 919	130 000
山东省商业集团财务有限公司	206 045	67 000	—	157 822	157 078	48 223	30 000
深圳华强集团财务有限公司	203 923	57 779	—	153 231	152 905	50 693	50 000
诚通财务有限责任公司	289 416	106 744	—	186 652	185 845	102 764	100 000
山东重工集团财务有限公司	347 044	94 987	—	245 832	243 641	101 212	100 000
湖北能源财务有限公司	83 605	37 297	—	53 465	53 193	30 140	30 000
港中旅财务有限公司	111 177	34 280	—	60 361	59 860	50 816	50 000
陕西煤业化工集团财务有限公司	223 716	79 886	—	123 630	119 873	100 086	100 000
上海华谊集团财务有限责任公司	321 626	67 927	—	291 495	291 027	30 131	30 000
河北钢铁集团财务有限公司	228 719	55 122	—	26 963	26 247	201 756	200 000
安徽省能源集团财务有限公司	48 802	28 187	—	19 203	19 150	29 599	30 000
中化建工程集团财务有限公司	346 718	6 000	—	244 451	243 081	102 267	100 000
天津天保财务有限公司	217 589	164 030	—	117 050	116 513	100 538	100 000
亿利集团财务有限公司	107 239	25 000	—	57 125	56 150	50 113	50 000
厦门海翼集团财务有限公司	62 127	17 500	16 500	11 949	11 106	50 178	50 000
浙江省交通投资集团财务有限责任公司	171 114	80 000	—	121 685	121 291	49 430	50 000
南车财务有限公司	106 907	21 000	—	6 893	6 791	100 014	100 000
中国北车集团财务有限公司	282 219		—	161 323		120 896	120 000
总计	208 639 976	97 529 003	19 874 299	179 234 334	158 708 194	29 405 641	19 291 515

注：①此表资产不含委托项。

②贷款包括短期、中长期、贴现及买断式转贴现、贸易融资、融资租赁及其他贷款。

③投资包括债券、股票、长期股权及其他投资。

④此表为147家财务公司，不含中国电子科技、中信、西门子3家财务公司。

财务公司收入、利润状况统计表

（2012年） 单位：万元

机构 \ 项目	利润总额	营业收入		
		总额	其中：利息收入	其中：中间业务收入
东风汽车财务有限公司	46 256	81 046	64 934	3 500
中国重汽财务有限公司	17 295	26 470	26 401	—
中国华能财务有限责任公司	82 326	146 577	131 391	3 174
锦江国际集团财务有限责任公司	5 896	12 029	11 720	319
一汽财务有限公司	73 764	135 385	128 556	25
西电集团财务有限责任公司	18 636	27 006	23 266	674
中国石化财务有限责任公司	182 845	367 475	300 590	32 218
东方电气集团财务有限公司	13 832	52 251	49 478	222
宝钢集团财务有限责任公司	22 764	62 240	53 134	1 399
中国一拖集团财务有限责任公司	7 070	12 543	10 580	33
五矿集团财务有限责任公司	39 279	58 357	48 539	205
攀钢集团财务公司	19 075	30 799	28 104	1 134
武汉钢铁集团财务有限责任公司	68 550	125 865	114 901	3 793
中远财务有限责任公司	30 834	103 401	96 488	75
江铃汽车集团财务有限公司	5 611	13 400	12 137	87
中国航空集团财务有限责任公司	12 086	29 955	28 419	724
中国南动集团财务有限责任公司	1 809	2 555	2 520	35
天津渤海集团财务有限责任公司	10 646	15 072	12 938	621
深圳有色金属财务有限公司	8 234	13 171	6 336	59
中国南航集团财务有限公司	11 801	25 159	20 122	2 586
上海汽车集团财务有限责任公司	185 687	382 740	296 071	5 481
振华集团财务有限责任公司	2 306	4 626	4 464	158
东方集团财务有限责任公司	1 009	7 206	7 206	—
东航集团财务有限责任公司	13 037	24 432	19 744	278
中油财务有限责任公司	609 630	1 457 402	983 120	21 240
上海电气集团财务有限责任公司	41 410	90 118	81 222	19
中国能源建设集团葛洲坝财务有限公司	13 200	24 826	23 005	83
兵工财务有限责任公司	50 825	92 223	84 391	1 851
三峡财务有限责任公司	47 088	73 223	56 330	5 472
中广核财务有限责任公司	45 163	108 826	102 579	3 332
中船财务有限责任公司	54 727	119 191	103 675	1 100
中核财务有限责任公司	49 681	123 401	123 544	3 445
上海浦东发展集团财务有限责任公司	22 182	35 285	28 981	440
鞍钢集团财务有限责任公司	51 025	63 618	61 481	1 554
中国电力财务有限公司	303 528	664 986	611 367	5 792
神华财务有限公司	77 773	146 565	136 593	7 136
中国电子财务有限责任公司	23 113	41 607	37 526	917

续表

项目 机构	利润总额	营业收入		
		总额	其中：利息收入	其中：中间业务收入
航天科技财务有限责任公司	110 225	200 912	162 295	1 769
航天科工财务有限责任公司	62 063	104 744	101 175	1 048
中船重工财务有限责任公司	72 019	213 657	173 574	149
中海石油财务有限责任公司	88 077	209 442	149 666	6 248
海尔集团财务有限责任公司	155 098	271 579	234 047	13 750
吉林森林工业集团财务有限责任公司	8 052	16 470	15 729	26
万向财务有限公司	22 124	35 358	35 263	167
中粮财务有限责任公司	27 937	44 635	41 902	138
苏州创元集团财务有限公司	3 093	5 724	5 545	39
珠海格力集团财务有限责任公司	29 106	102 592	98 764	21
国机财务有限责任公司	19 865	46 747	44 519	1 057
海航集团财务有限公司	39 965	112 079	109 193	1 031
中国华电集团财务有限公司	113 736	176 598	141 575	6 216
中国大唐集团财务有限公司	78 338	120 028	98 735	2 289
南方电网财务有限公司	72 276	131 716	125 184	5 761
中电投财务有限公司	79 643	142 021	133 907	2 687
国电财务有限公司	66 132	116 703	111 436	2 063
华联财务有限责任公司	12 444	30 360	29 994	50
兵器装备集团财务有限责任公司	45 873	99 600	95 473	2 749
京能集团财务有限公司	21 259	34 531	32 904	1 615
浙江省能源集团财务有限责任公司	18 811	56 281	53 871	999
广东粤电财务有限责任公司	37 753	73 252	72 461	790
TCL 集团财务有限公司	10 736	18 936	18 401	65
湖南华菱钢铁集团财务有限公司	10 133	16 757	10 697	1 191
江西铜业集团财务有限公司	41 405	66 536	46 245	297
天津港财务有限公司	25 115	41 113	38 582	577
松下电器（中国）财务有限公司	9 183	15 651	14 875	743
中航工业集团财务有限责任公司	83 759	143 916	126 724	3 723
中冶集团财务有限公司	33 782	55 920	50 155	1 314
申能集团财务有限公司	17 155	48 940	44 805	21
潞安集团财务有限公司	30 417	51 117	47 822	1 379
淮南矿业集团财务有限公司	31 825	48 867	41 899	904
日立（中国）财务有限公司	2 730	5 606	5 086	528
保利财务有限公司	19 129	36 016	32 923	228
深圳能源财务有限公司	15 065	29 438	29 039	1
中化集团财务有限责任公司	46 896	74 951	53 831	5 218
海信集团财务有限公司	14 518	21 877	21 109	185
国联财务有限责任公司	5 009	11 090	11 067	23

续表

项目 机构	利润总额	营业收入		
		总额	其中：利息收入	其中：中间业务收入
首都机场财务有限公司	17 745	31 563	31 484	78
红豆集团财务有限公司	6 362	10 203	9 507	246
海马财务有限公司	9 927	23 850	25 148	—
南山集团财务公司	15 718	25 569	25 569	82 316
国投财务有限公司	41 661	78 745	72 557	617
河南煤业化工集团财务有限公司	73 015	118 357	115 700	1 863
中国化工财务有限公司	11 821	36 339	36 103	236
紫金矿业集团财务有限公司	13 055	23 367	23 046	80
江苏华西集团财务有限公司	6 397	9 841	9 814	0
冀中能源集团财务有限责任公司	13 857	29 903	29 724	60
山西焦煤集团财务有限责任公司	27 915	48 723	47 735	989
阳泉煤业财务有限公司	26 367	45 145	44 899	155
晋煤集团财务有限公司	30 818	47 561	45 900	359
云南冶金集团财务有限公司	6 873	15 918	15 761	32
中海集团财务有限责任公司	20 182	44 647	43 833	501
中集集团财务有限公司	9 099	19 812	19 179	659
沙钢财务有限公司	9 541	17 235	16 941	294
美的集团财务有限公司	17 612	30 875	30 208	—
宁波港集团财务有限公司	12 029	18 312	15 213	431
兖矿集团财务有限公司	20 056	31 343	19 527	80
哈尔滨电气集团财务有限责任公司	3 675	8 555	8 521	34
北大方正集团财务有限公司	22 649	41 176	40 390	786
通用技术集团财务有限责任公司	14 130	30 508	26 466	114
铜陵有色金属集团财务有限公司	8 829	15 999	15 978	30
中建财务有限公司	27 506	55 556	55 516	40
江苏国信集团财务有限公司	14 228	28 736	18 870	901
重庆化医控股集团财务有限公司	5 817	11 998	11 963	35
金川集团财务有限公司	10 047	15 560	15 560	—
新希望财务有限公司	2 971	5 248	5 221	27
酒钢集团财务有限公司	14 053	23 247	23 216	—
包钢集团财务有限责任公司	6 370	8 167	7 814	352
新奥财务有限责任公司	4 547	9 313	3 705	137
中外运长航财务有限公司	3 405	10 772	10 259	—
青岛啤酒财务有限责任公司	15 702	28 758	28 594	172
上海复星高科技集团财务有限公司	1 960	5 226	5 178	48
中铝财务有限责任公司	12 709	21 784	16 827	265
中兴通讯集团财务有限公司	7 291	13 621	13 560	94
国核财务有限公司	12 859	18 482	15 757	412

续表

机构 \ 项目	利润总额	营业收入		
		总额	其中：利息收入	其中：中间业务收入
福建省能源集团财务有限公司	5 398	8 613	5 949	2 664
湖南高速财务有限公司	10 795	24 819	10 046	9 040
马钢集团财务有限公司	12 797	24 104	24 009	104
湖北宜化集团财务有限责任公司	792	2 216	2 043	9 000
北京汽车集团财务有限公司	4 311	15 684	13 646	121 800
大连港集团财务有限公司	5 419	7 737	7 652	84
大唐电信集团财务有限公司	6 976	11 110	10 962	145
开滦集团财务有限公司	6 688	13 125	12 708	362
中国航油集团财务有限公司	5 801	8 241	8 132	108
海南农垦集团财务有限公司	4 187	8 466	8 451	16
西部矿业集团财务有限公司	3 909	6 905	6 859	46
江苏交通控股集团财务有限公司	4 091	7 174	7 082	92
中国移动通讯集团财务有限公司	65 267	136 564	136 564	—
山东钢铁集团财务有限公司	5 377	10 635	10 698	7
国药集团财务有限公司	2 137	7 882	7 723	159
郑州宇通集团财务有限公司	3 071	9 745	9 727	18
中国铁建财务有限公司	18 564	34 126	34 106	—
山东省商业集团财务有限公司	2 428	4 471	4 471	—
深圳华强集团财务有限公司	931	1 920	1 920	—
诚通财务有限责任公司	3 697	4 638	4 573	—
山东重工集团财务有限公司	1 654	5 342	5 345	1
湖北能源财务有限公司	376	1 954	1 875	73
港中旅财务有限公司	1 095	771	771	—
陕西煤业化工集团财务有限公司	123	2 212	1467	—
上海华谊集团财务有限责任公司	174	1 260	1 260	—
河北钢铁集团财务有限公司	2 341	3 974	3 974	—
安徽省能源集团财务有限公司	-401	255	255	—
中化建工程集团财务有限公司	3 023	3 553	3 553	—
天津天保财务有限公司	745	1 646	1 628	180 000
亿利集团财务有限公司	151	696	599	—
厦门海翼集团财务有限公司	262	646	640	1
浙江省交通投资集团财务有限责任公司	-570	437	216	221
南车财务有限公司	25	376	376	—
中国北车集团财务有限公司	1 196	805	805	—
总　计	4 612 368	9 264 908	7 943 650	592 623

注：①此表营业收入包括利息收入、手续费及佣金收入、投资收益及其他收入。

②利息收入包括贷款利息收入、金融机构往来利息收入，不含其他利息收入。

③中间业务包括结算业务收入、担保业务收入、委托业务收入、保险代理业务收入、承销业务收入、财务顾问业务收入及其他中间业务收入。

④此表为147家财务公司，不含中国电子科技、中信、西门子3家财务公司。

财务公司地域分布状况统计表

（2012 年）　　　　单位：亿元

项目 / 省份	机构		资产总额		净资产		利润总额	
	数量（家）	比例（%）	金额	比例（%）	金额	比例（%）	金额	比例（%）
北京市	53	35.33	13 329.54	63.89	1 780.68	60.56	280.58	60.83
天津市	3	2.00	152.21	0.73	34.18	1.16	3.65	0.79
河北省	4	2.67	152.45	0.73	43.07	1.46	2.74	0.59
山西省	4	2.67	483.45	2.32	51.65	1.76	11.55	2.50
内蒙古自治区	1	0.67	31.88	0.15	5.59	0.19	0.64	0.14
辽宁省	1	0.67	123.51	0.59	28.02	0.95	5.10	1.11
吉林省	2	1.33	280.18	1.34	35.27	1.20	8.18	1.77
黑龙江省	2	1.33	29.86	0.14	8.83	0.30	0.47	0.10
上海市	13	8.67	2 044.23	9.80	204.96	6.97	39.71	8.61
江苏省	7	4.67	249.28	1.19	52.43	1.78	4.87	1.06
浙江省	3	2.00	220.07	1.05	34.44	1.17	4.04	0.88
安徽省	4	2.67	222.50	1.07	32.66	1.11	5.31	1.15
福建省	2	1.33	76.36	0.37	12.11	0.41	1.85	0.40
江西省	2	1.33	160.87	0.77	22.92	0.78	4.70	1.02
山东省	6	4.00	267.40	1.28	59.75	2.03	6.25	1.36
河南省	3	2.00	312.28	1.50	52.30	1.78	8.32	1.80
湖北省	5	3.33	450.62	2.16	72.16	2.45	12.92	2.80
湖南省	3	2.00	66.01	0.32	23.79	0.81	2.27	0.49
广东省	6	4.00	651.11	3.12	114.69	3.90	17.93	3.89
海南省	2	1.33	53.98	0.26	16.72	0.57	1.41	0.31
重庆市	1	0.67	59.41	0.28	5.85	0.20	0.58	0.13
四川省	3	2.00	218.94	1.05	49.25	1.67	3.59	0.78
贵州省	1	0.67	8.92	0.04	2.04	0.07	0.23	0.05
云南省	1	0.67	24.86	0.12	5.56	0.19	0.69	0.15
陕西省	2	1.33	81.39	0.39	22.03	0.75	1.88	0.41
甘肃省	2	1.33	88.61	0.42	23.38	0.80	2.41	0.52
青海省	1	0.67	45.10	0.22	5.40	0.18	0.39	0.08
深圳市	7	4.67	420.36	2.01	61.07	2.08	8.69	1.88
青岛市	3	2.00	487.36	2.34	53.29	1.81	18.53	4.02
厦门市	1	0.67	6.21	0.03	5.02	0.17	0.03	0.01
大连市	1	0.67	24.31	0.12	5.41	0.18	0.54	0.12
宁波市	1	0.67	40.72	0.20	16.03	0.55	1.20	0.26
总　计	150		20 864.00		2 940.56		461.24	

注：①此表资产中不包括委托项。

②此表资产、净资产、利润总额数据不含中国电子科技、中信、西门子 3 家财务公司。

财务公司行业分布状况统计表

（2012 年）

单位：亿元

项目 行业	机构		资产		净资产		利润总额	
	数量（家）	比例（%）	金额	比例（%）	金额	比例（%）	金额	比例（%）
电力	16	10.67	3 880.07	18.60	605.45	20.59	99.82	21.64
电子电器	9	6.00	807.17	3.87	127.79	4.35	26.17	5.67
钢铁	11	7.33	824.17	3.95	183.10	6.23	22.20	4.81
机械制造	13	8.67	858.41	4.11	153.02	5.20	14.19	3.08
建筑建材	5	3.33	549.05	2.63	75.21	2.56	9.61	2.08
交通运输	14	9.33	1 012.23	4.85	165.69	5.63	20.59	4.46
军工	10	6.67	2 870.82	13.76	262.03	8.91	53.10	11.51
煤炭	13	8.67	1 396.87	6.70	174.79	5.94	34.50	7.48
贸易	6	4.00	371.89	1.78	105.44	3.59	9.33	2.02
汽车	8	5.33	1 394.75	6.68	153.49	5.22	34.59	7.50
石油化工	8	5.33	4 961.35	23.78	585.89	19.92	95.59	20.72
有色金属	9	6.00	450.32	2.16	79.57	2.71	12.08	2.62
其他	28	18.67	1 486.88	7.13	269.08	9.15	29.46	6.39
总　计	150		20 864.00		2 940.56		461.24	

注：①此表资产中不包括委托项。

②此表资产、净资产、利润总额数据不含中国电子科技、中信、西门子 3 家财务公司。

③附：2012 年财务公司行业分类表。

财务公司行业分类表

（2012 年）

电力	中国华能财务有限责任公司	三峡财务有限责任公司
	中广核财务有限责任公司	中国电力财务有限公司
	中国华电集团财务有限公司	中国大唐集团财务有限公司
	南方电网财务有限公司	中电投财务有限公司
	国电财务有限公司	京能集团财务有限公司
	浙江省能源集团财务有限责任公司	广东粤电财务有限责任公司
	申能集团财务有限公司	深圳能源财务有限公司
	湖北能源财务有限公司	安徽省能源集团财务有限公司
电子电器	振华集团财务有限责任公司	中国电子财务有限责任公司
	海尔集团财务有限责任公司	珠海格力集团财务有限责任公司
	TCL 集团财务有限公司	松下电器（中国）财务有限公司
	海信集团财务有限公司	美的集团财务有限公司
	西门子财务服务有限责任公司	
钢铁	宝钢集团财务有限责任公司	攀钢集团财务有限公司
	武汉钢铁集团财务有限责任公司	鞍钢集团财务有限责任公司
	湖南华菱钢铁集团财务有限公司	沙钢财务有限公司
	酒钢集团财务有限公司	包钢集团财务有限责任公司
	马钢集团财务有限公司	山东钢铁集团财务有限公司
	河北钢铁集团财务有限公司	

续表

机械制造	西电集团财务有限责任公司	东方电气集团财务有限公司
	中国一拖集团财务有限责任公司	上海电气集团财务有限责任公司
	万向财务有限公司	苏州创元集团财务有限公司
	国机财务有限责任公司	中集集团财务有限公司
	哈尔滨电气集团财务有限责任公司	山东重工集团财务有限公司
	厦门海翼集团财务有限公司	南车财务有限公司
	中国北车集团财务有限公司	
建筑建材	中国能源建设集团葛洲坝财务有限公司	中冶集团财务有限公司
	中建财务有限公司	中国铁建财务有限公司
	中化建工程集团财务有限有限公司	
交通运输	中远财务有限责任公司	中国航空集团财务有限责任公司
	中国南航集团财务有限公司	东航集团财务有限责任公司
	海航集团财务有限公司	天津港财务有限公司
	首都机场集团财务有限公司	中海集团财务有限责任公司
	宁波港集团财务有限公司	中外运长航财务有限公司
	湖南高速集团财务有限公司	大连港集团财务有限公司
	江苏交通控股集团财务有限公司	浙江省交通投资集团财务有限责任公司
军工	中国南动集团财务有限责任公司	兵工财务有限责任公司
	中船财务有限责任公司	中核财务有限责任公司
	航天科技财务有限责任公司	航天科工财务有限责任公司
	中船重工财务有限责任公司	兵器装备集团财务有限责任公司
	中航工业集团财务有限责任公司	中国电子科技财务有限公司
煤炭	神华财务有限公司	潞安集团财务有限公司
	淮南矿业集团财务有限公司	河南煤业化工集团财务有限公司
	冀中能源集团财务有限责任公司	山西焦煤集团财务有限责任公司
	阳泉煤业集团财务有限责任公司	晋煤集团财务有限公司
	兖矿集团财务有限公司	福建省能源集团财务有限公司
	湖北宜化集团财务有限责任公司	开滦集团财务有限责任公司
	陕西煤业化工集团财务有限公司	
贸易	五矿集团财务有限责任公司	中粮财务有限责任公司
	通用技术集团财务有限责任公司	中国航油集团财务有限公司
	山东省商业集团财务有限公司	诚通财务有限责任公司
汽车	东风汽车财务有限公司	中国重汽财务有限公司
	一汽财务有限公司	江铃汽车集团财务有限公司
	上海汽车集团财务有限责任公司	海马财务有限公司
	北京汽车集团财务有限公司	郑州宇通集团财务有限公司
石油化工	中国石化财务有限责任公司	天津渤海集团财务有限责任公司
	中油财务有限责任公司	中海石油财务有限责任公司
	中化集团财务有限责任公司	中国化工财务有限公司
	重庆化医控股集团财务有限公司	上海华谊集团财务有限责任公司
有色金属	深圳有色金属财务有限公司	江西铜业集团财务有限公司
	南山集团财务有限公司	紫金矿业集团财务有限公司
	云南冶金集团财务有限公司	铜陵有色金属集团财务有限公司
	金川集团财务有限公司	中铝财务有限责任公司
	西部矿业集团财务有限公司	

续表

其他	锦江国际集团财务有限责任公司	东方集团财务有限责任公司
	上海浦东发展集团财务有限责任公司	吉林森林工业集团财务有限责任公司
	华联财务有限责任公司	日立（中国）财务有限公司
	保利财务有限公司	国联财务有限责任公司
	红豆集团财务有限公司	国投财务有限公司
	江苏华西集团财务有限公司	北大方正集团财务有限公司
	江苏国信集团财务有限公司	新希望财务有限公司
	新奥财务有限责任公司	青岛啤酒财务有限责任公司
	上海复星高科技集团财务有限公司	中兴通讯集团财务有限公司
	国核财务有限公司	大唐电信集团财务有限公司
	海南农垦集团财务有限公司	中国移动通信集团财务有限公司
	国药集团财务有限公司	深圳华强集团财务有限公司
	港中旅财务有限公司	天津天保财务有限公司
	亿利集团财务有限公司	中信财务有限公司

注：每个行业分类中，各财务公司依照其成立时间从左至右从上至下进行排序。

财务公司所有制分布状况统计表

（2012 年）

单位：亿元

项目 / 所有制	机构		资产		净资产		利润总额	
	数量（家）	比例（%）	金额	比例（%）	金额	比例（%）	金额	比例（%）
中央国有企业	68	45.33	15271.56	73.20	2018.00	68.63	328.68	71.26
地方国有企业	62	41.33	4470.05	21.42	710.29	24.16	100.90	21.88
集体民营企业	16	10.67	1047.95	5.02	194.16	6.60	30.01	6.51
外资企业	4	2.67	74.43	0.36	18.11	0.62	1.65	0.36
总　计	150		20 864.00		2 940.56		461.24	

注：①此表资产中不包括委托项。

②此表资产、净资产、利润总额数据不含中国电子科技、中信、西门子 3 家财务公司。

财务公司行业资产质量状况统计表

（2012 年）

单位：万元

项　　目	金额	占资产总额（%）
不良资产总计	215 499	0.10
次级资产	36 648	0.02
可疑资产	52 755	0.03
损失资产	126 096	0.06
不良贷款总计	147 568	0.07
次级贷款	36 648	0.02
可疑贷款	17 187	0.01
损失贷款	93 733	0.04

注：此表统计 147 家财务公司，其中 132 家财务公司无不良贷款，121 家财务公司无不良资产。

财务公司行业存款、贷款结构统计表

（2012 年） 单位：万元

项　目	金　额	占比（%）	项　目	金额	占比（%）
各项贷款	97 529 003		各项存款	158 708 194	
1. 短期贷款	46 177 615	47.35	1. 活期存款	84 008 820	52.93
2. 中长期贷款	40 076 815	41.09	2. 定期存款	74 699 374	47.07
3. 贴现及买断式转贴现	8 032 116	8.24	各项存款	158 708 194	
4. 贸易融资	302 092	0.31	1. 集团母公司存款	45 177 649	28.47
5. 融资租赁	2 562 114	2.63	2. 上市公司存款	36 088 942	22.74
6. 各项垫款	0	0.00	3. 其他成员单位存款	77 441 603	48.79
7. 其他贷款	378 250	0.39			
各项贷款	97 529 003				
1. 信用贷款	72 220 040	74.05			
2. 担保贷款	25 308 963	25.95			
各项贷款	97 529 003				
1. 上市公司贷款	17 196 396	17.63			
2. 集团母公司贷款	8 186 266	8.39			
3. 其他成员单位贷款	67 046 477	68.75			
4. 其他单位贷款	5 099 864	5.23			

注：此表贷款、存款数据为 146 家财务公司合计，不含北车、中国电子科技、中信、西门子 4 家财务公司。

财务公司主要经营指标统计表

（2012 年）

机构 \ 项目	资本充足率（%）	资金集中度（%）	流动性比例（%）	存贷款比例（%）	资产收益率（%）	净资产收益率（%）
东风汽车财务有限公司	20.22	35.30	69.85	61.46	2.28	20.68
中国重汽财务有限公司	50.18	84.23	69.18	50.87	2.19	10.54
中国华能财务有限责任公司	27.68	91.03	29.42	107.38	2.21	9.82
锦江国际集团财务有限责任公司	62.96	33.04	94.90	54.64	1.77	7.02
一汽财务有限公司	17.69		98.50	22.45	2.07	17.14
西电集团财务有限责任公司	45.47	55.98	73.90	29.22	2.08	11.29
中国石化财务有限责任公司	26.84	40.65	34.46	183.90	1.89	9.15
东方电气集团财务有限公司	35.78	77.19	95.82	33.92	0.80	5.01
宝钢集团财务有限责任公司	23.80	16.13	76.14	62.79	1.59	11.40
中国一拖集团财务有限责任公司	26.11	71.56	31.77	59.88	1.64	8.48
五矿集团财务有限责任公司	55.23	24.51	65.49	99.15	2.59	6.83
攀钢集团财务公司	40.22		26.86	442.31	3.21	6.60
武汉钢铁集团财务有限责任公司	17.13	80.00	73.61	92.04	1.98	16.82
中远财务有限责任公司	47.03	16.94	66.36	4.69	0.98	10.87
江铃汽车集团财务有限公司	27.96	15.22	55.08	82.27	1.86	7.68
中国航空集团财务有限责任公司	23.64	28.16	40.78	84.15	1.37	9.77
中国南动集团财务有限责任公司	77.33	29.06	61.76	340.37	2.69	4.08
天津渤海集团财务有限责任公司	43.22	53.00	50.82	115.23	2.79	7.32
深圳有色金属财务有限公司	61.87	28.25	83.71	194.91	5.09	13.12
中国南航集团财务有限公司	25.20	23.65	69.25	58.43	1.87	14.00

续表

项　目 机　构	资本充足率（%）	资金集中度（%）	流动性比例（%）	存贷款比例（%）	资产收益率（%）	净资产收益率（%）
上海汽车集团财务有限责任公司	15.11		77.34	36.50	2.12	26.92
振华集团财务有限责任公司	34.30	70.81	672.80	69.75	1.70	8.53
东方集团财务有限责任公司	31.00	25.00	32.44	196.54	0.46	1.40
东航集团财务有限责任公司	36.43		67.51	66.92	2.31	12.35
中油财务有限责任公司	18.50	54.30	58.46	68.87	1.36	16.62
上海电气集团财务有限责任公司	20.44	0.00	75.30	33.72	1.23	11.33
中国能源建设集团葛洲坝财务有限公司	49.46	10.90	68.76	87.21	2.12	7.45
兵工财务有限责任公司	26.59	41.84	53.16	63.74	1.51	7.80
三峡财务有限责任公司	34.54	57.20	20.77	90.77	2.30	11.37
中广核财务有限责任公司	21.06	65.26	27.39	68.62	1.44	21.33
中船财务有限责任公司	13.00		73.49	24.89	1.27	21.06
中核财务有限责任公司	14.59	72.74	60.12	60.36	1.33	15.70
上海浦东发展集团财务有限责任公司	42.74	66.33	75.35	40.08	2.06	8.90
鞍钢集团财务有限责任公司	32.14	76.56	33.77	86.77	3.07	14.72
中国电力财务有限公司	14.96	99.89	41.35	57.52	1.59	16.21
神华财务有限公司	13.80	30.99	40.11	55.92	2.07	28.17
中国电子财务有限责任公司	40.25	25.85	11061.77	61.23	1.73	9.26
航天科技财务有限责任公司	22.03	87.00	74.30	29.18	1.90	23.73
航天科工财务有限责任公司	24.78	83.37	81.24	32.77	1.51	15.96
中船重工财务有限责任公司	17.78	29.62	99.42	44.11	1.26	15.36
中海石油财务有限责任公司	23.31	37.62	62.95	18.75	1.31	16.75
海尔集团财务有限责任公司	18.42		27.28	74.38	3.05	32.82
吉林森林工业集团财务有限责任公司	15.23	70.68	47.82	81.58	2.21	15.35
万向财务有限公司	18.68		31.00	121.37	2.81	10.59
中粮财务有限责任公司	35.08	22.00	84.30	72.69	1.92	9.29
苏州创元集团财务有限公司	42.77		25.72	88.32	1.59	6.54
珠海格力集团财务有限责任公司	46.38	31.86	107.55	12.46	2.03	10.89
国机财务有限责任公司	26.93	14.41	78.01	49.06	1.26	10.87
海航集团财务有限公司	22.25	23.70	42.48	114.32	1.55	8.27
中国华电集团财务有限公司	29.41	69.75	31.11	106.52	3.32	13.34
中国大唐集团财务有限公司	18.75	74.41	28.17	96.79	3.14	16.66
南方电网财务有限公司	55.41		26.98	88.38	2.64	17.72
中电投财务有限公司	43.39		26.60	171.34	2.30	11.50
国电财务有限公司	36.39	49.69	36.19	109.86	2.24	9.37
华联财务有限责任公司	24.47	33.32	92.68	139.43	1.56	7.17
兵器装备集团财务有限责任公司	14.70	27.90	28.76	79.42	1.87	14.91
京能集团财务有限公司	36.93	50.67	55.96	71.58	2.21	9.06
浙江省能源集团财务有限责任公司	14.70	74.60	40.14	55.97	1.11	12.60
广东粤电财务有限责任公司	23.07	62.74	35.09	61.96	1.90	11.99
TCL 集团财务有限公司	35.36		76.00	9.49	1.47	13.69
湖南华菱钢铁集团财务有限公司	52.28		80.47	79.60	3.58	11.52

续表

机构 \ 项目	资本充足率（%）	资金集中度（%）	流动性比例（%）	存贷款比例（%）	资产收益率（%）	净资产收益率（%）
江西铜业集团财务有限公司	28.62		77.46	29.80	2.21	24.30
天津港财务有限公司	19.15	67.31	38.67	67.97	2.04	15.23
松下电器（中国）财务有限公司	651.68	18.48	162.84	0.91	1.68	7.74
中航工业集团财务有限责任公司	15.40	31.03	58.10	46.38	1.91	23.09
中冶集团财务有限公司	28.79		48.82	65.19	1.90	12.42
申能集团财务有限公司	17.17	70.06	56.94	52.97	1.23	10.35
潞安集团财务有限公司	21.88		40.11	72.36	2.20	18.73
淮南矿业集团财务有限公司	21.85	42.00	43.69	60.33	2.72	18.34
日立（中国）财务有限公司	70.29	21.35	93.63	42.79	1.44	6.33
保利财务有限公司	44.04	22.59	72.84	21.75	1.91	14.23
深圳能源财务有限公司	33.94	61.73	62.01	65.33	1.59	8.11
中化集团财务有限责任公司	25.85	21.90	13.42	99.41	2.81	15.39
海信集团财务有限公司	44.45	59.32	105.43	20.54	2.27	15.54
国联财务有限责任公司	45.45	24.02	87.35	38.25	1.36	7.35
首都机场财务有限公司	17.97	42.23	47.46	64.35	1.85	18.60
红豆集团财务有限公司	39.83	37.00	85.49	80.79	2.79	8.68
海马财务有限公司	82.51	78.07	32.74	43.06	1.81	6.64
南山集团财务公司	31.12	28.80	32.72	76.31	2.48	14.86
国投财务有限公司	13.34	53.84	45.88	65.55	1.84	21.07
河南煤业化工集团财务有限公司	26.46	77.00	41.14	70.01	2.32	14.30
中国化工财务有限公司	26.92	14.13	74.27	85.20	1.37	11.03
紫金矿业集团财务有限公司	21.15		44.21	65.86	2.11	15.35
江苏华西集团财务有限公司	43.69		38.56	40.77	2.21	12.11
冀中能源集团财务有限责任公司	26.81	21.00	51.84	80.47	1.67	8.63
山西焦煤集团财务有限责任公司	37.45		72.99	13.62	1.50	16.17
阳泉煤业财务有限公司	19.61	48.00	51.33	45.15	1.74	21.42
晋煤集团财务有限公司	20.86	34.06	58.37	52.44	2.25	18.82
云南冶金集团财务有限公司	30.78	27.31	45.48	82.33	1.63	9.11
中海集团财务有限责任公司	19.12	38.13	39.93	42.11	1.87	19.54
中集集团财务有限公司	17.68	66.85	44.32	63.51	1.20	11.34
沙钢财务有限公司	43.75	35.39	86.92	28.92	1.31	6.44
美的集团财务有限公司	36.73		55.26	112.68	3.07	8.01
宁波港集团财务有限公司	61.73	60.65	52.55	100.20	2.22	5.63
兖矿集团财务有限公司	26.16	71.73	52.54	34.13	1.97	20.38
哈尔滨电气集团财务有限责任公司	92.14	9.71	75.63	5.92	2.04	7.98
北大方正集团财务有限公司	38.14	17.92	56.45	114.91	2.72	7.94
通用技术集团财务有限责任公司	28.83	30.00	76.84	34.03	1.42	9.69
铜陵有色金属集团财务有限公司	20.28	40.56	60.58	36.91	1.84	18.63
中建财务有限公司	39.90	12.32	76.01	19.90	1.83	18.58
江苏国信集团财务有限公司	23.03		42.11	61.70	1.80	9.66
重庆化医控股集团财务有限公司	23.36	70.55	53.80	30.87	0.87	7.74
金川集团财务有限公司	69.99		88.21	0.00	2.85	7.80

续表

机构 \ 项目	资本充足率（%）	资金集中度（%）	流动性比例（%）	存贷款比例（%）	资产收益率（%）	净资产收益率（%）
新希望财务有限公司	83.47	21.42	73.65	102.06	2.71	5.28
酒钢集团财务有限公司	78.17	27.00	98.11	14.91	2.60	10.21
包钢集团财务有限责任公司	175.55	24.90	101.37	2.19	1.76	8.93
新奥财务有限责任公司	38.90		38.34	33.61	2.30	6.32
中外运长航财务有限公司	43.17	8.33	99.22	56.90	1.03	4.86
青岛啤酒财务有限责任公司	45.26	76.80	35.89	7.45	2.32	30.19
上海复星高科技集团财务有限公司	37.65	8.32	58.79	64.44	1.17	4.41
中铝财务有限责任公司	48.08	15.45	67.92	37.20	1.86	5.99
中兴通讯集团财务有限公司	46.86	14.36	80.90	13.34	1.34	5.16
国核财务有限公司	56.04	72.05	77.63	26.50	2.04	11.79
福建省能源集团财务有限公司	117.65	67.20	106.20	25.44	2.45	9.34
湖南高速财务有限公司	70.69	55.93	109.79	26.64	3.92	12.12
马钢集团财务有限公司	31.47		57.13	36.91	1.77	9.03
湖北宜化集团财务有限责任公司	61.14	14.33	29.02	130.47	1.18	1.95
北京汽车集团财务有限公司	31.43	24.25	46.81	30.51	1.02	10.04
大连港集团财务有限公司	54.86	27.58	89.86	52.07	2.77	7.80
大唐电信集团财务有限公司	70.75	34.84	85.81	74.05	3.48	9.91
开滦集团财务有限公司	86.41		84.65	12.69	1.95	18.24
中国航油集团财务有限公司	95.75	6.92	218.81	1335.96	6.39	6.94
海南农垦集团财务有限公司	92.42	45.41	98.23	47.89	2.27	6.07
西部矿业集团财务有限公司	56.79	82.00	89.54	20.69	1.56	7.50
江苏交通控股集团财务有限公司	88.56	25.29	63.65	40.93	1.65	5.93
中国移动通讯集团财务有限公司	66.29	7.13	215.79	3.97	2.36	17.83
山东钢铁集团财务有限公司	107.22	10.21	76.20	107.60	2.60	4.92
国药集团财务有限公司	35.19	18.92	109.40	22.33	0.76	6.15
郑州宇通集团财务有限公司	25.58		50.20	50.83	0.97	8.81
中国铁建财务有限公司	70.66	19.79	83.78	11.21	1.44	19.34
山东省商业集团财务有限公司	74.33	17.53	72.62	42.65	1.77	7.56
深圳华强集团财务有限公司	89.63	27.02	94.31	37.64	0.68	2.73
诚通财务有限责任公司	112.31	20.96	93.84	26.62	1.91	5.38
山东重工集团财务有限公司	79.93		386.00	26.77	0.70	2.40
湖北能源财务有限公司	82.67	12.86	76.63	60.16	0.33	0.93
港中旅财务有限公司	147.98	5.75	125.51	57.27	1.31	2.87
陕西煤业化工集团财务有限公司	121.57	2.60	115.36	58.30	0.07	0.16
上海华谊集团财务有限责任公司	45.56	53.77	81.39	22.31	0.08	0.87
河北钢铁集团财务有限公司	371.12	1.28	632.04	0.00	1.54	1.74
安徽省能源集团财务有限公司	107.08	15.92	108.38	141.94	-1.64	-2.71
中化建工程集团财务有限公司	337.10	14.00	60.44	2.47	1.31	4.43
天津天保财务有限公司	61.10	14.33	46.30	140.78	0.49	1.07
亿利集团财务有限公司	164.10		99.76	44.52	0.21	0.45
厦门海翼集团财务有限公司	148.86		390.09	121.56	0.57	0.71
浙江省交通投资集团财务有限责任公司	57.40	7.86	69.72	65.96	-0.67	-2.31
南车财务有限公司	460.18		1 256.56	309.21	0.03	0.03
中国北车集团财务有限公司	648.69		137.29	6.23	0.64	1.48

业 务 统 计

财务公司票据业务统计表

（2012 年）

单位：万元

项　　目 机　　构	票据承兑	票据贴现	票据转入	票据转出	票据再贴现	票据代保管
东风汽车财务有限公司	36 527	234 187	35 000	0	0	113 168
中国重汽财务有限公司	52 832	196 668	0	0	9 520	347 709
中国华能财务有限责任公司	19 723	0	0	0	0	0
锦江国际集团财务有限责任公司	0	413	0	0	0	0
一汽财务有限公司	2 661	84 168	0	0	0	566 545
西电集团财务有限责任公司	295 277	116 547	35 560	64 660	23 668	0
中国石化财务有限责任公司	236 042	4 008 657	0	821 409	260 575	0
东方电气集团财务有限公司	0	434 390	0	0	0	0
宝钢集团财务有限责任公司	9 030	165 818	0	0	91 898	2 166 028
中国一拖集团财务有限责任公司	89 111	124 114	0	0	14 193	69 068
攀钢集团财务公司	102 747	59 765	59 765	28 257	0	1 697 378
武汉钢铁集团财务有限责任公司	387 777	1 049 739	3 289	3 289	377 264	9 042 656
江铃汽车集团财务有限公司	0	61 395	0	0	49 679	0
中国南动集团财务有限责任公司	0	5 379	0	0	0	0
天津渤海集团财务有限责任公司	130 745	30 231	0	0	0	0
深圳有色金属财务有限公司	0	0	0	10	0	0
上海汽车集团财务有限责任公司	205 217	103 262	0	0	0	6 239 085
振华集团财务有限责任公司	0	14 004	0	0	0	11 483
东方集团财务有限责任公司	0	20 000	0	0	20 000	0
中油财务有限责任公司	0	1 179 783	160 289	160 289	145 500	0
上海电气集团财务有限责任公司	40 275	8 814	0	0	0	0
兵工财务有限责任公司	0	273 847	0	83 519	149 084	0
中船财务有限责任公司	146 707	122 868	0	0	0	0
鞍钢集团财务有限责任公司	11 000	350 596	0	188 804	0	2 530 279
中国电力财务有限公司	58 509	114 399	0	0	0	0
神华财务有限公司	0	0	0	0	0	680 600
中国电子财务有限责任公司	0	85 542	0	0	70 840	0
航天科技财务有限责任公司	102 743	36 464	0	0	0	0
航天科工财务有限责任公司	0	570	0	0	0	0
中船重工财务有限责任公司	2 800	6 623	0	0	0	0
中海石油财务有限责任公司	10 000	673 547	357 077	570 954	0	0
海尔集团财务有限责任公司	2 978 001	1 988 705	31 903	261 997	195 267	0
万向财务有限公司	125 862	200 647	15 483	0	0	0
中粮财务有限责任公司	0	11 900	0	0	0	0
苏州创元集团财务有限公司	4 928	4 795	0	0	1 000	0
珠海格力集团财务有限责任公司	0	1 103 552	1 936 931	1 981 754	0	0
国机财务有限责任公司	0	145 846	25 000	74 974	9 004	19 035
海航集团财务有限公司	39 000	1 412 260	45 000	1 502 000	5 260	0
中国华电集团财务有限公司	79 400	232 084	0	64 855	62 898	0

续表

机构 \ 项目	票据承兑	票据贴现	票据转入	票据转出	票据再贴现	票据代保管
中国大唐集团财务有限公司	285 838	212 045	0	99 553	20 000	0
南方电网财务有限公司	0	30 000	0	727	0	0
国电财务有限公司	10 000	9 854	0	0	5 000	0
华联财务有限责任公司	0	17 819	0	12 029	0	0
兵器装备集团财务有限责任公司	746 155	339 537	0	0	0	0
广东粤电财务有限责任公司	9 620	265 663	0	14 000	70 000	0
TCL 集团财务有限公司	934	179 054	213 835	183 145	58 044	0
湖南华菱钢铁集团财务有限公司	20 000	241 459	0	141 057	147 985	0
江西铜业集团财务有限公司	0	57 867	0	0	0	0
天津港财务有限公司	34 173	47 447	219 420	100 982	0	0
松下电器（中国）财务有限公司	0	10 847	0	0	0	0
中航工业集团财务有限责任公司	16 237	335 595	0	0	5 200	0
中冶集团财务有限公司	1 753	101 885	0	28 552	12 000	0
申能集团财务有限公司	0	226 658	0	0	39 000	0
潞安集团财务有限公司	42 000	62 963	0	0	0	0
淮南矿业集团财务有限公司	24 978	13 758	0	0	5 000	0
保利财务有限公司	0	2 100	0	0	0	0
深圳能源财务有限公司	76 316	73 967	111 593	98 306	0	0
中化集团财务有限责任公司	6 203	32 183	0	0	0	0
海信集团财务有限公司	268 181	64 948	0	0	24 423	3 540 596
国联财务有限责任公司	0	45 248	0	0	24 092	0
红豆集团财务有限公司	150	346 786	0	290 500	12 000	0
海马财务有限公司	0	13 320	132 291	120 351	0	0
南山集团财务公司	0	123 000	0	0	107 000	0
国投财务有限公司	42 857	237 011	0	0	128 846	0
河南煤业化工集团财务有限公司	12 590	567 058	0	216 572	0	2 466 059
中国化工财务有限公司	0	34 900	0	32 900	0	0
紫金矿业集团财务有限公司	53 723	33 678	0	7 000	6 000	0
江苏华西集团财务有限公司	0	1 356 849	0	1 311 349	15 000	0
山西焦煤集团财务有限责任公司	0	146 947	0	0	0	0
阳泉煤业财务有限公司	500	137 640	0	0	0	901 218
晋煤集团财务有限公司	0	62 203	0	8 000	0	0
云南冶金集团财务有限公司	16 960	98 432	0	41 800	35 000	0
中海集团财务有限责任公司	0	9 476	0	0	0	0
中集集团财务有限公司	4 600	3 419	0	0	0	0
沙钢财务有限公司	0	315 689	0	105 733	195 351	0
美的集团财务有限公司	428 130	893 544	366 418	909 306	0	0
宁波港集团财务有限公司	2 205	9 390	0	0	0	0
兖矿集团财务有限公司	0	14 058	0	0	0	188 691
哈尔滨电气集团财务有限责任公司	27 006	20 063	0	0	0	0

续表

项目 机构	票据承兑	票据贴现	票据转入	票据转出	票据再贴现	票据代保管
北大方正集团财务有限公司	0	460 350	28 570	549 553	28 850	28 850
通用技术集团财务有限责任公司	227 884	316 328	8 738	0	32 333	0
铜陵有色金属集团财务有限公司	760	297 659	0	159 579	90 069	0
中建财务有限公司	22 422	67 775	0	0	513	0
江苏国信集团财务有限公司	0	123 860	0	20 700	96 703	0
重庆化医控股集团财务有限公司	79 635	387 534	0	148 170	0	632 851
金川集团财务有限公司	20 760	342 359	20 760	0	0	0
新希望财务有限公司	400	0	0	0	0	0
酒钢集团财务有限公司	5	340 386	37 000	0	0	3 945 984
包钢集团财务有限责任公司	0	260 573	229 580	190 695	0	0
新奥财务有限责任公司	2 249	83 707	0	0	80 056	0
青岛啤酒财务有限责任公司	2 449	0	0	0	0	0
上海复星高科技集团财务有限公司	0	4 235	0	0	0	0
中铝财务有限责任公司	0	204 897	0	0	0	0
中兴通讯集团财务有限公司	7 697	982 630	0	540 724	12 029	0
国核财务有限公司	0	4 965	0	0	0	0
福建省能源集团财务有限公司	0	1 080	0	0	0	0
湖南高速财务有限公司	0	267 600	0	0	0	0
马钢集团财务有限公司	0	141 776	0	0	49 476	0
湖北宜化集团财务有限责任公司	0	7 073	0	0	0	0
北京汽车集团财务有限公司	800	34 000	0	0	0	0
大唐电信集团财务有限公司	7 724	13 298	0	0	0	0
开滦集团财务有限公司	0	28 798	0	0	0	0
中国航油集团财务有限公司	200	200	0	0	0	0
海南农垦集团财务有限公司	0	762	0	0	0	0
西部矿业集团财务有限公司	0	7 136	0	0	0	0
山东钢铁集团财务有限公司	0	19 782	0	600	0	0
国药集团财务有限公司	0	45 566	0	0	5 048	0
中国铁建财务有限公司	0	2 329	0	0	0	0
深圳华强集团财务有限公司	0	400	0	0	0	0
诚通财务有限责任公司	0	46 744	0	0	0	0
山东重工集团财务有限公司	0	38 737	0	0	0	0
湖北能源财务有限公司	0	5 297	0	0	0	0
陕西煤业化工集团财务有限公司	0	10 000	0	0	0	0
上海华谊集团财务有限责任公司	0	2 927	0	0	0	0
河北钢铁集团财务有限公司	0	67 523	0	0	0	0
安徽省能源集团财务有限公司	0	1 006	0	0	0	0
亿利集团财务有限公司	0	94 500	0	94 500	0	0
厦门海翼集团财务有限公司	0	5 160	0	0	0	0
总　计	7 671 006	26 174 889	4 073 501	11 233 154	2 790 666	35 187 283

注：此表统计数据为发生额。

财务公司银团贷款情况统计表

（2012 年）

单位：万元

机构＼项目	参与银团贷款次数	银团贷款总额	其中：财务公司分担额
中国华能财务有限责任公司	4	315 000	63 000
中国石化财务有限责任公司	1	490 000	35 000
攀钢集团财务公司	2	1 530 500	402 500
上海电气集团财务有限责任公司	2	18 998	10 449
三峡财务有限责任公司	4	410 136	170 102
中广核财务有限责任公司	29	4 394 226	440 027
上海浦东发展集团财务有限责任公司	1	220 000	10 000
中国电力财务有限公司	4	444 000	138 000
中国电子财务有限责任公司	3	640 000	175 000
航天科工财务有限责任公司	1	4 500	2 250
中海石油财务有限责任公司	3	1 197 900	82 006
中国大唐集团财务有限公司	6	154 474	42 461
南方电网财务有限公司	2	523 339	26 167
中电投财务有限公司	2	6 779 744	6 210 244
中航工业集团财务有限责任公司	8	156 500	25 830
申能集团财务有限公司	1	329 200	25 250
淮南矿业集团财务有限公司	2	212 550	25 100
保利财务有限公司	1	40 000	5 000
中化集团财务有限责任公司	2	15 000	60 000
国联财务有限责任公司	7	18 000	3 000
首都机场财务有限公司	3	775 004	144 290
国投财务有限公司	2	336 000	16 800
河南煤业化工集团财务有限公司	4	366 300	130 000
紫金矿业集团财务有限公司	1	132 448	10 000
中海集团财务有限责任公司	5	126 200	24 200
总　计	100	19 630 019	8 276 676

财务公司信贷资产转让业务统计表

（2012 年）　　单位：万元

机构 \ 项目	信贷资产转让总额	转入发生额		转出发生额	
		回购型	卖断型	回购型	卖断型
东风汽车财务有限公司	79 950	0	0	79 950	0
中国石化财务有限责任公司	8 220 000	0	0	8 220 000	0
武汉钢铁集团财务有限责任公司	684 750	0	3 200	550 000	131 550
江铃汽车集团财务有限公司	13 000	0	0	13 000	0
深圳有色金属财务有限公司	20 000	0	0	20 000	0
上海汽车集团财务有限责任公司	1 049 988 552	0	49 999 276	0	999 989 276
东航集团财务有限责任公司	30 000	0	0	30 000	0
三峡财务有限责任公司	60 000	0	60 000	0	0
中国电力财务有限公司	300 000	0	0	300 000	0
中海石油财务有限责任公司	928 031	0	357 077	0	570 954
海尔集团财务有限责任公司	293 900	0	31 903	0	261 997
万向财务有限公司	80 280	0	15 843	64 438	0
中国华电集团财务有限公司	80 000	0	0	0	80 000
中国大唐集团财务有限公司	146 553	0	0	47 000	99 553
国电财务有限公司	130 000	0	0	130 000	0
华联财务有限责任公司	55 000	0	0	25 000	30 000
兵器装备集团财务有限责任公司	106 053	0	0	0	106 053
广东粤电财务有限责任公司	84 000	0	0	70 000	14 000
天津港财务有限公司	19 141	0	0	19 141	0
中航工业集团财务有限责任公司	388 200	0	173 600	0	214 600
申能集团财务有限公司	16 013	0	16 013	0	0
国联财务有限责任公司	24 092	0	0	24 092	0
首都机场财务有限公司	10 400	0	0	0	10 400
红豆集团财务有限公司	290 500	0	0	28 600	261 900
南山集团财务公司	80 000	0	0	0	80 000
国投财务有限公司	2 000	0	0	0	2 000
中国化工财务有限公司	240 000	0	0	240 000	0
云南冶金集团财务有限公司	9 500	0	0	0	9 500
沙钢财务有限公司	105 733	0	0	105 733	0
美的集团财务有限公司	909 306	0	0	331 427	577 879
铜陵有色金属集团财务有限公司	249 648	0	0	90 069	159 579
江苏国信集团财务有限公司	27 000	0	0	0	27 000
重庆化医控股集团财务有限公司	148 170	0	0	0	148 170
金川集团财务有限公司	20 760	0	20 760	0	0
包钢集团财务有限责任公司	157 367	21 681	0	135 686	0
中兴通讯集团财务有限公司	2 000	0	0	0	2 000
马钢集团财务有限公司	69 174	0	0	69 174	0
山东钢铁集团财务有限公司	600	0	0	0	600
国药集团财务有限公司	20 000	20 000	0	0	0
郑州宇通集团财务有限公司	10 000	0	10 000	0	0
总　计	1 064 099 676	41 681	50 687 673	10 593 310	1 002 777 012

财务公司委托业务情况统计表

（2012 年）　　单位：万元

项目 / 机构	发生额			余额		
	合计	委托投资	委托贷款	合计	委托投资	委托贷款
东风汽车财务有限公司	8 340 078	0	8 340 078	1 926 960	0	1 926 960
中国重汽财务有限公司	40 000	0	40 000	40 000	0	40 000
中国华能财务有限责任公司	7 139 090	690	7 138 400	6 860 908	690	6 860 218
锦江国际集团财务有限责任公司	319 512	0	319 512	238 512	0	238 512
一汽财务有限公司	2 486	0	2 486	9 412	0	9 412
西电集团财务有限责任公司	224 529	0	224 529	167 468	0	167 468
中国石化财务有限责任公司	5 099 696	1 221 296	3 878 400	5 467 660	0	5 467 660
东方电气集团财务有限公司	343 225	0	343 225	270 946	0	270 946
宝钢集团财务有限责任公司	1 111 846	681 834	430 012	154 902	0	154 902
中国一拖集团财务有限责任公司	15 210	0	15 210	16 910	0	16 910
五矿集团财务有限责任公司	1 023 915	0	1 023 915	674 065	0	674 065
攀钢集团财务公司	1 009 750	0	1 009 750	1 010 500	0	1 010 500
武汉钢铁集团财务有限责任公司	2 582 211	1 360 000	1 222 211	3 617 990	0	3 617 990
中远财务有限责任公司	303 239	0	303 239	356 577	0	356 577
江铃汽车集团财务有限公司	60 500	0	60 500	53 600	0	53 600
中国航空集团财务有限责任公司	183 100	0	183 100	186 600	0	186 600
中国南动集团财务有限责任公司	5 350	0	5 350	5 250	0	5 250
天津渤海集团财务有限责任公司	59 328	0	59 328	59 328	0	59 328
中国南航集团财务有限公司	10 477	0	10 477	10 477	0	10 477
上海汽车集团财务有限责任公司	2 165 375	1 201 311	964 064	822 528	16 074	806 454
振华集团财务有限责任公司	51 495	0	51 495	36 395	0	36 395
东方集团财务有限责任公司	16 660	0	16 660	16 660	0	16 660
东航集团财务有限责任公司	197 650	0	197 650	174 400	0	174 400
中油财务有限责任公司	11 115 203	12 024	11 103 180	25 960 388	2 398 889	23 561 500
上海电气集团财务有限责任公司	237 500	237 500	0	166 500	0	166 500
中国能源建设集团葛洲坝财务有限公司	580 872	0	580 872	682 177	0	682 177
兵工财务有限责任公司	1 517 287	862 203	655 084	2 431 888	846 060	1 585 828
三峡财务有限责任公司	6 379 986	3 130 961	3 249 025	5 840 322	877 697	4 962 625
中广核财务有限责任公司	2 093 101	0	2 093 101	3 190 314	0	3 190 314
中船财务有限责任公司	1 531 838	0	1 531 838	2 136 338	0	2 136 338
中核财务有限责任公司	795 741	0	795 741	1 310 912	0	1 310 912
上海浦东发展集团财务有限责任公司	175 530	0	175 530	234 530	0	234 530
鞍钢集团财务有限责任公司	2 336 500	0	2 336 500	1 245 100	0	1 245 100
中国电力财务有限公司	1 701 982	0	1 701 982	1 429 293	0	1 429 293
神华财务有限公司	8 154 553	0	8 154 553	10 771 599	0	10 771 599
中国电子财务有限责任公司	728 304	547 092	181 212	488 971	239 282	249 689
航天科技财务有限责任公司	1 150 587	7 138	1 143 450	1 667 557	136 211	1 531 346
航天科工财务有限责任公司	523 412	50 000	473 412	818 962	50 000	768 962
中船重工财务有限责任公司	1 660 900	500 000	1 160 900	1 403 400	0	1 403 400

续表

项目 机构	发生额			余额		
	合计	委托投资	委托贷款	合计	委托投资	委托贷款
中海石油财务有限责任公司	3 827 818	0	3 827 818	3 002 588	0	3 002 588
海尔集团财务有限责任公司	109 200	0	109 200	297 300	44 000	253 300
万向财务有限公司	151 200	0	151 200	374 950	0	374 950
中粮财务有限责任公司	6 780 001	0	6 780 001	529 851	0	529 851
苏州创元集团财务有限公司	5 800	0	5 800	6 100	0	6 100
国机财务有限责任公司	369 983	0	369 983	483 283	40 000	443 283
海航集团财务有限公司	134 600	0	134 600	130 100	0	130 100
中国华电集团财务有限公司	603 801	92 227	511 574	1 118 172	522 597	595 574
中国大唐集团财务有限公司	2 484 932	0	2 484 932	2 822 326	0	2 822 326
南方电网财务有限公司	354 369	0	354 369	747 316	0	747 316
中电投财务有限公司	1 148 669	0	1 148 669	819 130	0	819 130
国电财务有限公司	46 100	0	46 100	182 267	0	182 267
兵器装备集团财务有限责任公司	367 830	0	367 830	964 730	0	964 730
京能集团财务有限公司	622 592	0	622 592	771 592	0	771 592
浙江省能源集团财务有限责任公司	1 048 200	0	1 048 200	923 800	0	923 800
广东粤电财务有限责任公司	238 300	0	238 300	262 050	0	262 050
TCL 集团财务有限公司	900	0	900	0	0	0
湖南华菱钢铁集团财务有限公司	222 500	67 500	155 000	375 000	25 000	350 000
江西铜业集团财务有限公司	41 980	40 000	1 980	41 980	40 000	1 980
天津港财务有限公司	207 010	0	207 010	128 110	0	128 110
松下电器（中国）财务有限公司	9 054 485	0	9 054 485	709 847	0	709 847
中航工业集团财务有限责任公司	2 899 516	0	2 899 516	3 957 127	0	3 957 127
中冶集团财务有限公司	0	0	0	162 500	0	162 500
申能集团财务有限公司	49 525	0	49 525	129 600	0	129 600
潞安集团财务有限公司	934 694	0	934 694	1 107 091	0	1 107 091
淮南矿业集团财务有限公司	111 902	0	111 902	98 630	0	98 630
日立（中国）财务有限公司	10 000	0	10 000	6 000	0	6 000
保利财务有限公司	378 800	0	378 800	418 300	0	418 300
中化集团财务有限责任公司	4 167 346	271 000	3 896 346	1 392 048	0	1 392 048
国联财务有限责任公司	45 500	0	45 500	45 500	0	45 500
首都机场财务有限公司	908 320	0	908 320	0	0	0
南山集团财务公司	4 000	0	4 000	4 000	0	4 000
国投财务有限公司	151 300	0	151 300	318 400	0	318 400
河南煤业化工集团财务有限公司	617 400	0	617 400	1 136 763	0	1 136 763
中国化工财务有限公司	870 460	870 460	0	516 360	0	516 360
紫金矿业集团财务有限公司	49 599	0	49 599	39 599	0	39 599
冀中能源集团财务有限责任公司	389 047	0	389 047	445 207	0	445 207
山西焦煤集团财务有限责任公司	962 898	0	962 898	2 431 270	0	2 431 270
阳泉煤业财务有限公司	351 600	175 800	175 800	395 600	197 800	197 800
晋煤集团财务有限公司	163 000	0	163 000	271 760	0	271 760

续表

项目 机构	发生额			余额		
	合计	委托投资	委托贷款	合计	委托投资	委托贷款
云南冶金集团财务有限公司	64 800	0	64 800	38 300	0	38 300
中海集团财务有限责任公司	1 629 630	0	1 629 630	1 577 212	0	1 577 212
中集集团财务有限公司	278 850	0	278 850	146 257	0	146 257
美的集团财务有限公司	300	0	300	300	0	300
宁波港集团财务有限公司	96 000	0	96 000	14 000	0	14 000
兖矿集团财务有限公司	350 000	0	350 000	350 000	0	350 000
哈尔滨电气集团财务有限责任公司	80 000	0	80 000	80 000	0	80 000
北大方正集团财务有限公司	332 347	0	332 347	294 292	0	294 292
通用技术集团财务有限责任公司	3 683	0	3 683	283	0	283
中建财务有限公司	644 160	0	644 160	624 160	0	624 160
江苏国信集团财务有限公司	675 092	0	675 092	751 592	0	751 592
新希望财务有限公司	62 500	0	62 500	23 500	0	23 500
新奥财务有限责任公司	76 330	0	76 330	66 330	0	66 330
青岛啤酒财务有限责任公司	107 615	0	107 615	107 615	0	107 615
上海复星高科技集团财务有限公司	346 500	0	346 500	344 000	0	344 000
中铝财务有限责任公司	557 158	0	557 158	495 850	0	495 850
国核财务有限公司	63 800	0	63 800	71 500	0	71 500
福建省能源集团财务有限公司	0	0	0	13 000	0	13 000
湖南高速财务有限公司	366 200	183 100	183 100	1 200	600	600
马钢集团财务有限公司	53 000	0	53 000	113 500	0	113 500
湖北宜化集团财务有限责任公司	9 000	0	9 000	9 000	0	9 000
北京汽车集团财务有限公司	52 360	0	52 360	52 360	0	52 360
大连港集团财务有限公司	154 168	0	154 168	152 168	0	152 168
大唐电信集团财务有限公司	239 000	0	239 000	239 000	0	239 000
开滦集团财务有限公司	419 171	0	419 171	359 537	0	359 537
中国航油集团财务有限公司	63 438	0	63 438	48 438	0	48 438
海南农垦集团财务有限公司	150	0	150	150	0	150
江苏交通控股集团财务有限公司	923 850	0	923 850	529 850	0	529 850
山东钢铁集团财务有限公司	50 000	0	50 000	50 000	0	50 000
国药集团财务有限公司	109 693	0	109 693	104 693	0	104 693
郑州宇通集团财务有限公司	25 400	0	25 400	22 400	0	22 400
中国铁建财务有限公司	8 211	0	8 211	8 211	0	8 211
湖北能源财务有限公司	575 545	0	575 545	512 845	0	512 845
港中旅财务有限公司	15 480	0	15 480	0	0	0
陕西煤业化工集团财务有限公司	44 000	0	44 000	44 000	0	44 000
安徽省能源集团财务有限公司	84 500	0	84 500	84 500	0	84 500
天津天保财务有限公司	120 000	0	120 000	120 000	0	120 000
厦门海翼集团财务有限公司	3 500	0	3 500	3 500	0	3 500
总　计	120 558 626	11 512 135	109 046 491	116 976 085	5 434 900	111 541 186

财务公司结算业务情况统计表

（2012 年）

单位：万元，笔

项目 / 机构	本外币合计		本币		外币	
	发生额	发生数	发生额	发生数	发生额	发生数
东风汽车财务有限公司	7 599 884	67 306	7 599 884	67 306	0	0
中国重汽财务有限公司	27 840 400	24 366	27 840 400	24 366	0	0
中国华能财务有限责任公司	184 451 850	233 212	184 426 600	233 182	25 250	30
锦江国际集团财务有限责任公司	34 661 634	197 409	34 611 399	197 309	50 235	100
一汽财务有限公司	34 246 126	74 501	34 246 126	74 501	0	0
西电集团财务有限责任公司	6 084 649	74 243	6 014 831	74 107	69 818	136
中国石化财务有限责任公司	4 140 773 700	18 232 845	4 133 947 200	18 231 700	6 826 500	1 145
东方电气集团财务有限公司	2 927	94 989	2 740	93 804	187	1 185
宝钢集团财务有限责任公司	281 331 254	368 347	281 007 151	368 291	324 103	56
中国一拖集团财务有限责任公司	8 551 481	111 064	8 551 481	111 064	0	0
五矿集团财务有限责任公司	34 340 248	24 298	31 634 252	20 593	2 705 995	3 705
攀钢集团财务公司	90 087 548	61 905	90 080 000	61 898	7 548	7
武汉钢铁集团财务有限责任公司	146 353 971	244 918	133 346 247	242 649	13 007 725	2 269
中远财务有限责任公司	65 415 719	328 267	40 219 346	242 940	25 196 373	85 327
江铃汽车集团财务有限公司	7 728 821	160 833	7 728 821	160 833	0	0
中国航空集团财务有限责任公司	56 663 800	83 200	56 663 800	83 200	0	0
中国南动集团财务有限责任公司	727 600	45 000	727 600	45 000	0	0
深圳有色金属财务有限公司	2 730 253	4 433	2 730 253	4 433	0	0
中国南航集团财务有限公司	20 430 526	115 222	20 430 526	115 222	0	0
上海汽车集团财务有限责任公司	331 611 306	3 278 900	329 844 872	3 276 940	1 766 434	1 960
振华集团财务有限责任公司	1 160 146	18 503	1 160 146	18 503	0	0
东方集团财务有限责任公司	6 460 225	2 901	6 460 225	2 901	0	0
东航集团财务有限责任公司	52 873 715	64 954	52 599 225	64 873	274 490	81
中油财务有限责任公司	2 541 352 600	220	2 287 986 200	214	253 366 400	5
上海电气集团财务有限责任公司	37 746 667	205 404	35 510 217	200 511	2 236 450	4 893
中国能源建设集团葛洲坝财务有限公司	22 560 534	11	22 560 534	11	0	0
兵工财务有限责任公司	50 770 506	297 210	49 676 694	296 984	1 093 812	226
三峡财务有限责任公司	71 891 691	188 478	71 891 463	188 474	228	4
中广核财务有限责任公司	79 433 751	249 226	75 759 105	247 014	3 674 646	2 212
中船财务有限责任公司	13 814 939	107 749	13 814 939	107 749	0	0
中核财务有限责任公司	72 927 605	268 425	72 843 854	268 278	83 751	147
上海浦东发展集团财务有限责任公司	8 278 671	20 592	8 278 671	20 592	0	0
鞍钢集团财务有限责任公司	203 901 016	230 010	203 900 000	230 000	1 016	10
中国电力财务有限公司	1 882 207 160	4 277 887	1 882 097 651	4 277 882	109 509	5
神华财务有限公司	180 641 100	126 139	180 641 100	126 139	0	0

续表

项目 机构	本外币合计		本币		外币	
	发生额	发生数	发生额	发生数	发生额	发生数
中国电子财务有限责任公司	8 177 505	46 665	8 177 505	46 665	0	0
航天科技财务有限责任公司	341 750 000	919 890	341 750 000	919 890	0	0
航天科工财务有限责任公司	57 934 700	596 785	57 934 700	596 785	0	0
中船重工财务有限责任公司	34 030 000	72 439	34 030 000	72 439	0	0
中海石油财务有限责任公司	226 130 000	17	224 971 284	17	1 158 716	0
海尔集团财务有限责任公司	106 716 847	1 335 108	97 732 683	1 321 982	8 984 165	13 126
吉林森林工业集团财务有限责任公司	10 291 372	163 714	10 291 372	163 714	0	0
万向财务有限公司	40 594 978	75 433	40 594 978	75 433	0	0
中粮财务有限责任公司	79 212 223	87 331	77 056 300	86 551	2 155 923	780
苏州创元集团财务有限公司	2 903 258	9 194	2 903 258	9 194	0	0
珠海格力集团财务有限责任公司	26 169 296	15 591	26 169 296	15 591	0	0
国机财务有限责任公司	47 010 295	72 326	46 911 824	72 191	98 471	135
海航集团财务有限公司	249 604 372	254 195	249 581 837	254 044	22 534	151
中国华电集团财务有限公司	82 064 509	252 525	82 064 509	252 525	0	0
中国大唐集团财务有限公司	205 980 000	283 649	205 980 000	283 649	0	0
南方电网财务有限公司	136 185 132	181 195	136 185 132	181 195	0	0
中电投财务有限公司	292 685 865	190 343	292 663 996	190 298	21 869	45
国电财务有限公司	123 964 181	195 172	123 964 181	195 172	0	0
华联财务有限责任公司	5 835 624	57	5 835 624	57	0	0
兵器装备集团财务有限责任公司	30 732 669	195 411	30 732 669	195 411	0	0
京能集团财务有限公司	23 807 760	3	23 807 760	3	0	0
浙江省能源集团财务有限责任公司	20 708 509	9 699	20 708 509	9 699	0	0
广东粤电财务有限责任公司	49 747 767	60 972	49 747 767	60 972	0	0
TCL 集团财务有限公司	74 518 500	360 430	70 579 200	357 850	3 939 300	2 580
湖南华菱钢铁集团财务有限公司	21 957 581	85 307	21 930 336	85 144	27 245	163
江西铜业集团财务有限公司	45 649 095	103 981	45 649 095	103 981	0	0
天津港财务有限公司	22 293 388	41 002	22 293 388	41 002	0	0
松下电器（中国）财务有限公司	477	241 324	477	241 324	0	0
中航工业集团财务有限责任公司	165 351 191	315 292	164 746 700	315 225	604 491	67
中冶集团财务有限公司	46 783 355	32 119	46 780 000	31 899	3 355	220
申能集团财务有限公司	39 702 729	85 288	38 395 760	85 166	1 306 969	122
潞安集团财务有限公司	57 431 736	51 870	57 431 736	51 870	0	0
淮南矿业集团财务有限公司	4 087 208	166 153	4 087 208	166 153	0	0
日立（中国）财务有限公司	20 058 717	19 363	20 058 717	19 363	0	0
保利财务有限公司	52 296 863	27 181	52 296 863	27 181	0	0
深圳能源财务有限公司	14 996 629	24 330	14 996 629	24 330	0	0

续表

机构 \ 项目	本外币合计		本币		外币	
	发生额	发生数	发生额	发生数	发生额	发生数
中化集团财务有限责任公司	207 177 685	114 381	186 861 163	106 628	20 316 521	7 753
海信集团财务有限公司	45 748 811	77 244	43 424 174	75 668	2 324 637	1 576
国联财务有限责任公司	10 107 351	59 874	10 107 351	59 874	0	0
首都机场财务有限公司	10 698 589	61 942	10 698 589	61 942	0	0
红豆集团财务有限公司	8 139 720	82 194	8 139 720	82 194	0	0
海马财务有限公司	10 186 868	42 972	10 186 868	42 972	0	0
南山集团财务公司	90 757 556	171 793	90 620 081	170 978	137 475	815
国投财务有限公司	29 709 581	70 764	29 709 581	70 764	0	0
河南煤业化工集团财务有限公司	62 849 300	201 416	62 849 300	201 416	0	0
中国化工财务有限公司	163 000 171	77 495	163 000 171	77 495	0	0
紫金矿业集团财务有限公司	9 597 700	63 497	9 597 700	63 497	0	0
江苏华西集团财务有限公司	38 951 535	66 936	38 951 535	66 936	0	0
冀中能源集团财务有限责任公司	44 289 786	303 089	44 289 786	303 089	0	0
山西焦煤集团财务有限责任公司	51 844 711	68 655	51 844 711	68 655	0	0
阳泉煤业财务有限公司	34 228 875	10	34 228 875	10	0	0
晋煤集团财务有限公司	29 205 395	115 636	29 205 395	115 636	0	0
云南冶金集团财务有限公司	6 069 151	16 948	6 069 151	16 948	0	0
中海集团财务有限责任公司	20 848 425	157 350	20 342 160	138 428	506 265	18 922
中集集团财务有限公司	29 740 140	143 716	21 158 995	132 753	8 581 145	10 963
沙钢财务有限公司	207 953 099	144 113	207 953 099	144 113	0	0
美的集团财务有限公司	60 716 018	23	60 716 018	23	0	0
宁波港集团财务有限公司	28 276 115	196 383	28 276 115	196 383	0	0
兖矿集团财务有限公司	24 589 500	94 804	24 589 500	94 804	0	0
哈尔滨电气集团财务有限责任公司	3 488 881	6 336	3 488 881	6 336	0	0
北大方正集团财务有限公司	33 716 024	4 057	33 716 024	4 057	0	0
通用技术集团财务有限责任公司	46 872 816	68 558	46 296 259	66 940	576 556	1 618
铜陵有色金属集团财务有限公司	18 960 801	79 748	18 960 801	79 748	0	0
中建财务有限公司	79 657 757	8 973	79 657 757	8 973	0	0
江苏国信集团财务有限公司	23 573 599	21 903	23 573 599	21 903	0	0
重庆化医控股集团财务有限公司	10 370 832	4	10 370 832	4	0	0
金川集团财务有限公司	49 320 000	56 191	49 320 000	56 191	0	0
新希望财务有限公司	9 275 800	122 913	9 275 800	122 913	0	0
酒钢集团财务有限公司	127 452 819	54 800	127 452 819	54 800	0	0
包钢集团财务有限责任公司	14 329 200	25 035	14 329 200	25 035	0	0
新奥财务有限责任公司	6 669 163	62 696	6 669 163	62 696	0	0
中外运长航财务有限公司	4 441 104	39 053	4 441 104	39 053	0	0

续表

项目/机构	本外币合计		本币		外币	
	发生额	发生数	发生额	发生数	发生额	发生数
青岛啤酒财务有限责任公司	17 285 813	99 725	17 285 813	99 725	0	0
上海复星高科技集团财务有限公司	20 885 948	35 472	20 885 948	35 472	0	0
中铝财务有限责任公司	10 191 166	13 867	10 191 166	13 867	0	0
中兴通讯集团财务有限公司	341 768	78	317 698	78	24 070	0
国核财务有限公司	9 338 061	13 191	9 338 061	13 191	0	0
福建省能源集团财务有限公司	9 368 300	27 473	9 368 300	27 473	0	0
湖南高速财务有限公司	13 534 539	15 367	13 534 539	15 367	0	0
马钢集团财务有限公司	8 759 000	47 940	8 759 000	47 940	0	0
湖北宜化集团财务有限责任公司	8 522 550	30 640	8 522 550	30 640	0	0
北京汽车集团财务有限公司	24 136 950	1	24 136 950	1	0	0
大连港集团财务有限公司	8 460 000	76 700	8 460 000	76 700	0	0
大唐电信集团财务有限公司	11 950 570	9 447	11 950 570	9 447	0	0
开滦集团财务有限公司	34 145 485	4	34 145 485	4	0	0
中国航油集团财务有限公司	98 831 362	41 936	98 831 362	41 936	0	0
海南农垦集团财务有限公司	14 750 000	24 849	14 750 000	24 849	0	0
西部矿业集团财务有限公司	18 590 119	27 865	18 590 119	27 865	0	0
江苏交通控股集团财务有限公司	9 501 401	7 229	9 501 401	7 229	0	0
山东钢铁集团财务有限公司	32 658 595	26 131	32 658 595	26 131	0	0
国药集团财务有限公司	5 804 906	3 829	5 804 906	3 829	0	0
郑州宇通集团财务有限公司	3 680 063	2	3 680 063	2	0	0
山东省商业集团财务有限公司	7 268 562	12	7 268 562	12	0	0
深圳华强集团财务有限公司	2 492 757	2 134	2 492 757	2 134	0	0
诚通财务有限责任公司	1 930 000	2 007	1 930 000	2 007	0	0
山东重工集团财务有限公司	3 028 500	4 878	3 028 500	4 878	0	0
湖北能源财务有限公司	3 926 537	3 696	3 926 537	3 696	0	0
港中旅财务有限公司	1 200 700	166	1 200 700	166	0	0
陕西煤业化工集团财务有限公司	805 697	2 546	805 697	2 546	0	0
上海华谊集团财务有限责任公司	1 022 787	5 128	1 022 787	5 128	0	0
安徽省能源集团财务有限公司	300 462	0	300 462	0	0	0
中化建工程集团财务有限公司	2 917 319	1 125	2 917 319	1 125	0	0
天津天保财务有限公司	1 525 443	180	1 525 443	180	0	0
亿利集团财务有限公司	543 116	458	543 116	458	0	0
厦门海翼集团财务有限公司	1 048 762	986	1 048 762	986	0	0
浙江省交通投资集团财务有限责任公司	346 552	146	346 552	146	0	0
南车财务有限公司	46 172	14	46 172	14	0	0
总计	15 516 973 191	39 861 045	15 155 363 014	39 698 505	361 610 178	162 540

财务公司外汇业务情况统计表

（2012 年）

单位：万美元

机构＼项目	外汇存款	外汇贷款	外汇投资	外汇交易	结汇	售汇
中国华能财务有限责任公司	6	100	0	1 997	40	1 957
锦江国际集团财务有限责任公司	82	400	0	0	0	0
一汽财务有限公司	1 574	0	1 300	0	0	0
西电集团财务有限责任公司	1 281	0	0	3 538	3 526	12
中国石化财务有限责任公司	0	0	0	6 559 255	28 108	6 098 538
东方电气集团财务有限公司	26 193	0	0	36 314	28 448	7 866
宝钢集团财务有限责任公司	0	1 274	0	0	198	5 102
五矿集团财务有限责任公司	0	0	0	74 008	11 461	0
攀钢集团财务公司	0	650	0	0	782	0
武汉钢铁集团财务有限责任公司	46 914	46 670	0	294 298	29 412	265 208
中远财务有限责任公司	41 757	2 000	0	53 927	53 340	587
江铃汽车集团财务有限公司	628	310	0	0	36	0
中国航空集团财务有限责任公司	0	3 143	0	0	0	0
上海汽车集团财务有限责任公司	2 036	1 400	0	0	3 230	332 384
东方集团财务有限责任公司	0	750	0	0	0	0
东航集团财务有限责任公司	0	0	0	72 008	9 048	63 058
中油财务有限责任公司	627 706	896 204	40 944	7 455 586	307 577	6 551 311
上海电气集团财务有限责任公司	22 982	0	0	95 643	50 544	45 099
中国能源建设集团葛洲坝财务有限公司	54	490	0	0	0	0
兵工财务有限责任公司	174 022	0	0	67 743	49 965	17 778
三峡财务有限责任公司	0	0	0	18	14	4
中广核财务有限责任公司	1 118	1 372	0	389	4 192	67 271
中船财务有限责任公司	32 419	1 000	0	0	30 745	4 792
中核财务有限责任公司	520	0	0	61 058	4 977	8 364
鞍钢集团财务有限责任公司	0	500	0	0	0	0
中国电力财务有限公司	56	500	0	17 580	580	17 000
中国电子财务有限责任公司	579	352	0	0	0	0
中海石油财务有限责任公司	101	0	0	175 285	0	175 285
海尔集团财务有限责任公司	57 187	63 842	0	0	74 696	154 913
中粮财务有限责任公司	1 057	1 598	0	341 133	12 473	328 660
国机财务有限责任公司	721	0	0	0	0	0
海航集团财务有限公司	1	597	0	0	2	3 229
中电投财务有限公司	0	500	0	0	0	0
TCL 集团财务有限公司	5 842	0	0	49 122	13 468	35 653
湖南华菱钢铁集团财务有限公司	193	0	0	0	0	42 290
江西铜业集团财务有限公司	0	529	0	0	794	0
松下电器（中国）财务有限公司	4 000	440	0	0	0	0
中航工业集团财务有限责任公司	100	0	0	21 918	20 318	1 600
中冶集团财务有限公司	574	0	0	0	20	0

续表

机构 \ 项目	外汇存款	外汇贷款	外汇投资	外汇交易	结汇	售汇
申能集团财务有限公司	0	0	0	51 742	0	51 608
中化集团财务有限责任公司	3 297	2 178	0	1 122 799	38 071	1 091 648
海信集团财务有限公司	0	668	0	77 945	35 336	107 071
南山集团财务公司	951	0	0	0	0	0
国投财务有限公司	19	820	0	0	0	0
中海集团财务有限责任公司	8 617	500	0	6 512	5 161	1 351
中集集团财务有限公司	37 393	14 995	0	0	0	0
通用技术集团财务有限责任公司	1 690	0	0	0	0	0
铜陵有色金属集团财务有限公司	0	500	0	0	0	0
江苏国信集团财务有限公司	1 029	0	0	0	0	0
中兴通讯集团财务有限公司	0	2 000	0	0	0	0
马钢集团财务有限公司	15	500	0	0	0	0
山东钢铁集团财务有限公司	0	1 000	0	0	0	0
山东省商业集团财务有限公司	786	0	0	0	0	0
总　计	1 103 502	1 047 780	42 244	16 639 817	816 562	15 479 638

财务公司集团产品销售信贷业务情况统计表

（2012 年）　　单位：万元

机构 \ 项目	集团产品信贷余额				集团产品信贷发生额			
	余额合计	其中：买方信贷	其中：消费信贷	其中：融资租赁	发生额合计	其中：买方信贷	其中：消费信贷	其中：融资租赁
东风汽车财务有限公司	746 966	9 883	472 310	264 773	858 379	148 556	435 734	274 088
中国重汽财务有限公司	138 816	0	81 137	57 679	177 688	0	103 385	74 303
一汽财务有限公司	308 803	1 811	301 111	5 881	418 194	315 203	102 013	978
东方电气集团财务有限公司	74 354	74 354	0	0	66 000	66 000	0	0
中国一拖集团财务有限责任公司	15 169	13 570	33	1 566	17 867	17 867	0	0
武汉钢铁集团财务有限责任公司	692	692	0	0	9 867	9 867	0	0
江铃汽车集团财务有限公司	63 568	62 874	694	0	108 498	107 699	799	0
上海汽车集团财务有限责任公司	2 236 867	882 467	1 354 400	0	10 271 713	8 984 989	1 286 723	0
海尔集团财务有限责任公司	476 591	341 197	135 394	0	103 534	98 625	4 910	0
国机财务有限责任公司	50 912	3 150	0	47 762	42 708	3 780	0	38 928
兵器装备集团财务有限责任公司	416 881	370 065	40 437	6 380	2 684 643	2 638 587	46 057	0
国联财务有限责任公司	950	950	0	0	0	0	0	0
海马财务有限公司	64 502	0	64 502	0	61 631	0	61 631	0
南山集团财务公司	1 000	1 000	0	0	1 000	1 000	0	0
总　计	4 596 071	1 762 012	2 450 018	384 041	14 821 723	12 392 173	2 041 252	388 298

财务公司对金融机构股权投资情况统计表

（2012 年）　　　　单位：万元

机构 \ 项目	被投资金融机构	本年新增投资金额	累计投资金额	持股比例（%）
东风汽车财务有限公司	武汉东风保险经纪有限公司	0	350	20.00
中国华能财务有限责任公司	华夏证券有限公司	0	4 000	1.98
一汽财务有限公司	一汽汽车金融有限公司	0	66 000	66.00
中国石化财务有限责任公司	江苏银行	0	1 362	0.21
	东营市商业银行	0	234	0.43
	上海银行股份有限公司	0	1 652	0.16
	申银万国证券股份有限公司	0	337	0.19
	北京国翔资产管理有限公司	0	1 442	3.65
	广东发展银行股份有限公司	0	995	0.02
	华泰财产保险股份有限公司	0	18 627	9.04
	首创证券有限责任公司	0	5 000	7.69
五矿集团财务有限责任公司	广发银行	0	26 454	0.39
	交通银行	0	4 888	0.03
中远财务有限责任公司	泰康人寿股份有限公司	4 694	5 797	1.17
江铃汽车集团财务有限公司	中国重型汽车财务有限责任公司	0	276	0.08
	申银万国证券股份有限公司	0	504	0.04
	南昌银行	0	6 720	2.82
中国航空集团财务有限责任公司	航联保险经纪有限公司	0	600	12.00
中国南航集团财务有限公司	中国重汽财务有限公司	0	1 290	0.40
	航联保险经纪有限公司	0	600	12.00
上海汽车集团财务有限责任公司	上海汽车集团财务有限责任公司	0	60 000	40.00
中国能源建设集团葛洲坝财务有限公司	湖北鹏程保险经纪有限公司	0	20	4.00
兵工财务有限责任公司	北京金诚国际保险经纪有限公司	0	100	3.33
	华旅保险经纪有限公司	0	100	10.00
	中国民族证券有限公司	0	2 000	1.44
三峡财务有限责任公司	三峡保险经纪有限责任公司	3 230	3 230	64.60
	陕西煤业化工集团财务有限公司	15 000	15 000	15.00
	民生加银基金管理有限公司	0	2 000	6.67
中广核财务有限责任公司	安信基金管理有限责任公司	0	3 000	15.00
中核财务有限责任公司	长城证券	0	11 810	5.08
鞍钢集团财务有限责任公司	北京鞍汇联保险经纪有限公司	0	510	51.00
中国电力财务有限公司	英大泰和财产保险股份有限公司	0	15 600	7.43
	英大泰和人寿保险股份有限公司	0	15 379	6.41
	英大证券有限责任公司	23 600	45 200	20.54
	英大国际信托投资有限公司	0	9 500	6.33
	国泰基金管理有限公司	0	1 145	10.00

续表

项目 机构	被投资金融机构	本年新增投资金额	累计投资金额	持股比例（%）
航天科技财务有限责任公司	信达财产保险股份有限公司	0	5 413	1.67
	北京国际信托投资有限公司	0	10 000	7.14
航天科工财务有限责任公司	英大基金管理有限公司	1 800	1 800	15.00
	华旅（北京）保险经纪公司	0	200	10.00
	航天证券经纪有限责任公司	0	6 000	10.00
中船重工财务有限责任公司	华融金融租赁股份有限公司	0	19 840	3.20
	湖北鹏程保险经纪公司	0	40	8.00
海尔集团财务有限责任公司	南山集团财务有限责任公司	0	4 000	8.00
吉林森林工业集团财务有限责任公司	吉林市联创小额贷款有限责任公司	0	1 000	20.00
万向财务有限公司	浙商银行股份有限公司	0	51 211	4.09
中粮财务有限责任公司	中粮信托有限责任公司	0	6 000	5.00
国机财务有限责任公司	信达财产保险股份有限公司	0	2 165	0.67
中国华电集团财务有限公司	华鑫国际信托有限公司	66 256	126 578	49.00
中国大唐集团财务有限公司	富滇银行	0	141 000	19.50
南方电网财务有限公司	鼎和财产保险股份有限公司	0	15 180	10.00
中电投财务有限公司	石家庄汇融农村合作银行	0	14 293	19.99
	百瑞信托有限责任公司	0	69 492	24.91
	中电投先融期货经纪有限公司	0	5 423	38.00
国电财务有限公司	石嘴山银行股份有限公司	0	21 384	19.80
兵器装备集团财务有限责任公司	北京中兵保险经纪有限公司	0	990	99.00
	长安基金管理有限公司	0	1 800	9.00
浙江省能源集团财务有限责任公司	华融金融租赁股份有限公司	0	24 800	4.00
广东粤电财务有限责任公司	珠海农村商业银行股份有限公司	44 550	44 550	9.90
	深圳天鑫保险经纪有限公司	66	906	100.00
淮南矿业集团财务有限公司	芜湖扬子农村商业银行	2 955	41 029	19.99
深圳能源财务有限公司	华泰财产保险控股股份有限公司	1 904	2 204	0.31
中化集团财务有限责任公司	中宏人寿保险有限公司	85 349	85 349	49.00
	中国对外经济贸易信托有限公司	0	13 429	3.78
红豆集团财务有限公司	江苏锡山建信村镇银行	1 050	1 050	7.00
	江苏大丰农村商业银行	0	9 000	10.00
国投财务有限公司	国投保险经纪有限公司	5 000	5 000	100.00
河南煤业化工集团财务有限公司	商丘市商业银行股份有限公司	0	2 382	3.18
冀中能源集团财务有限责任公司	中国光大银行	0	999	0.00
总计		255 453	1 066 229	

财务公司担保业务情况统计表

（2012 年）　　　　单位：万元，笔

项目 机构	担保业务合计				其中：融资性担保				其中：非融资性担保			
	发生额	发生数	余额	发生数	发生额	发生数	余额	发生数	发生额	发生数	余额	发生数
中国华能财务有限责任公司	8 242	13	8 576	0	8 048	1	8 048	0	194	12	528	0
一汽财务有限公司	760	6	408	6	0	0	0	0	760	6	408	6
西电集团财务有限责任公司	129 740	1 776	164 800	1 462	0	0	0	0	129 740	1 776	164 800	1 462
中国石化财务有限责任公司	3 890	6	2 461	3	0	0	0	0	3 890	6	2 461	3
东方电气集团财务有限公司	16 233	34	27 971	39	0	0	0	0	16 233	34	27 971	39
宝钢集团财务有限责任公司	1 400	2	700	1	0	0	0	0	1 400	2	700	1
武汉钢铁集团财务有限责任公司	17 595	38	22 419	0	0	0	0	0	17 595	38	22 419	0
江铃汽车集团财务有限公司	40 002	83	18 227	34	40 002	83	18 227	34	0	0	0	0
中国航空集团财务有限责任公司	1 075	2	1 075	2	0	0	0	0	1 075	2	1 075	2
中国南动集团财务有限责任公司	15 000	5	6 000	3	15 000	5	6 000	3	0	0	0	0
中国南航集团财务有限公司	1 000	1	1 000	1	0	0	0	0	1 000	1	1 000	1
振华集团财务有限责任公司	13 510	180	9 058	180	13 510	180	9 058	180	0	0	0	0
东方集团财务有限责任公司	19 000	4	19 000	4	19 000	4	19 000	4	0	0	0	0
东航集团财务有限责任公司	700	3	1 202	4	0	0	0	0	700	3	1 202	4
中油财务有限责任公司	105 884	242	112 762	110	0	0	0	0	105 884	242	112 762	110
中国能源建设集团葛洲坝财务有限公司	9 434	20	12 658	15	0	0	0	0	9 434	20	12 658	15
兵工财务有限责任公司	809 063	1 303	244 924	999	710 093	1 299	244 924	999	98 970	4	0	0

续表

项目 机构	担保业务合计				其中：融资性担保				其中：非融资性担保			
	发生额	发生数	余额	发生数	发生额	发生数	余额	发生数	发生额	发生数	余额	发生数
三峡财务有限责任公司	1 192	8	5 356	17	0	0	0	0	1 192	8	5 356	17
中广核财务有限责任公司	0	0	279 704	3	0	0	0	0	0	0	279 704	3
中船财务有限责任公司	147 783	179	79 756	133	146 707	174	78 745	131	1 076	5	1 011	2
中核财务有限责任公司	1 688	31	15 920	118	0	0	0	0	1 688	31	15 920	118
上海浦东发展集团财务有限责任公司	10 430	19	23 994	29	0	0	0	0	10 430	19	23 994	29
鞍钢集团财务有限责任公司	0	0	19 876	0	0	0	19 876	0	0	0	0	0
中国电力财务有限公司	10 986	79	32 371	0	0	0	0	0	10 986	79	32 371	0
中国电子财务有限责任公司	4 044	4	1 790	5	0	0	779	1	4 044	4	1 011	4
航天科工财务有限责任公司	5 224	5	2 785	3	0	0	0	0	5 224	5	2 785	3
中船重工财务有限责任公司	21 416	9	21 426	10	0	0	0	0	21 416	9	21 426	10
海尔集团财务有限责任公司	8 327	23	14 002	14	0	0	0	0	8 327	23	14 002	14
吉林森林工业集团财务有限责任公司	36 000	4	36 000	4	36 000	4	36 000	4	0	0	0	0
万向财务有限公司	40 000	4	54 700	4	40 000	4	54 700	4	0	0	0	0
苏州创元集团财务有限公司	0	0	1 500	0	0	0	1 500	0	0	0	0	0
珠海格力集团财务有限责任公司	0	0	400	0	0	0	0	0	0	0	400	0
国机财务有限责任公司	67 344	44	59 581	23	0	0	0	0	67 344	44	59 581	23
海航集团财务有限公司	50 000	2	0	0	0	0	0	0	50 000	2	0	0
中国华电集团财务有限公司	298 118	7	328 118	8	270 000	4	300 000	5	28 118	3	28 118	3
南方电网财务有限公司	119	23	119	23	0	0	0	0	119	23	119	23

续表

项目 机构	担保业务合计				其中：融资性担保				其中：非融资性担保			
	发生额	发生数	余额	发生数	发生额	发生数	余额	发生数	发生额	发生数	余额	发生数
中电投财务有限公司	8 048	1	17 167	1	0	0	0	0	8 048	1	17 167	1
华联财务有限责任公司	39 000	3	39 000	3	39 000	3	39 000	3	0	0	0	0
浙江省能源集团财务有限责任公司	4 287	10	4 087	6	0	0	0	0	4 287	10	4 087	6
江西铜业集团财务有限公司	16 310	2	7 310	1	0	0	0	0	16 310	2	7 310	1
天津港财务有限公司	46 716	90	39 223	50	0	0	0	0	46 716	90	39 223	50
中冶集团财务有限公司	2 252	4	50 000	4	0	0	50 000	0	2 252	4	0	4
申能集团财务有限公司	10 000	1	10 000	1	0	0	0	0	10 000	1	10 000	1
淮南矿业集团财务有限公司	0	0	35 100	2	0	0	35 000	1	0	0	100	1
保利财务有限公司	35 000	2	15 000	1	35 000	2	15 000	1	0	0	0	0
中化集团财务有限责任公司	1 477	3	97	1	0	0	0	0	1 477	3	97	1
海信集团财务有限公司	2 000	2	2 000	2	0	0	0	0	2 000	2	2 000	2
国联财务有限责任公司	0	1	0	1	0	0	0	0	0	1	0	1
首都机场财务有限公司	500	2	500	2	0	0	0	0	500	2	500	2
红豆集团财务有限公司	11 075	6	3 075	2	11 075	6	3 075	2	0	0	0	0
南山集团财务公司	6 289	2	12 752	2	6 289	2	12 752	2	0	0	0	0
国投财务有限公司	32 685	8	32 241	6	31 757	1	31 757	1	928	7	484	5
河南煤业化工集团财务有限公司	23 500	5	23 500	5	23 500	5	23 500	5	0	0	0	0
紫金矿业集团财务有限公司	100	1	100	1	0	0	0	0	100	1	100	1
阳泉煤业财务有限公司	560	1	0	0	0	0	0	0	560	1	0	0

续表

项目 机构	担保业务合计				其中：融资性担保				其中：非融资性担保			
	发生额	发生数	余额	发生数	发生额	发生数	余额	发生数	发生额	发生数	余额	发生数
晋煤集团财务有限公司	6 400	1	6 400	1	6 400	1	6 400	1	0	0	0	0
云南冶金集团财务有限公司	18 000	2	0	0	18 000	2	0	0	0	0	0	0
中海集团财务有限责任公司	79	5	79	5	0	0	0	0	79	5	79	5
沙钢财务有限公司	122 032	16	34 582	6	117 797	13	30 897	4	4 235	3	3 685	2
哈尔滨电气集团财务有限责任公司	7 086	26	6 782	26	0	0	0	0	7 086	26	6 782	26
北大方正集团财务有限公司	60 000	2	75 400	4	60 000	2	75 000	3	0	0	400	1
铜陵有色金属集团财务有限公司	4 287	17	2 188	9	760	9	738	7	3 527	8	1 450	2
中建财务有限公司	36 472	19	28 541	14	500	1	500	1	35 972	18	28 041	13
江苏国信集团财务有限公司	14 000	2	14 000	2	5 000	1	5 000	1	9 000	1	9 000	1
金川集团财务有限公司	1 700	1	1 700	1	0	0	0	0	1 700	1	1 700	1
包钢集团财务有限责任公司	45 000	3	0	0	45 000	3	0	0	0	0	0	0
中铝财务有限责任公司	20 000	1	20 000	1	20 000	1	20 000	1	0	0	0	0
马钢集团财务有限公司	30 000	1	30 000	1	0	0	0	0	30 000	1	30 000	1
海南农垦集团财务有限公司	3 155	2	3 155	2	3 155	2	3 155	2	0	0	0	0
江苏交通控股集团财务有限公司	2 500	1	2 500	1	2 500	1	2 500	1	0	0	0	0
总计	2 505 709	4 402	2 147 120	3 421	1 724 093	1 813	1 151 131	1 401	781 616	2 589	995 989	2 020

从业人员统计

财务公司从业人员年龄、文化、职称结构统计表

（2012年）

单位：人

项目 机构	人员合计	年龄结构				性别结构		文化结构				职称结构			
		30岁以下	30岁至40岁	40岁至50岁	50岁以上	男	女	博士	硕士	本科	专科及以下	高级	中级	初级	其他
东风汽车财务有限公司	102	59	30	10	3	73	29	0	5	92	5	8	18	14	62
中国重汽财务有限公司	90	56	19	13	2	55	35	0	6	72	12	5	19	17	49
中国华能财务有限责任公司	68	13	13	29	13	36	32	2	33	28	5	29	21	4	14
锦江国际集团财务有限责任公司	24	6	9	4	5	18	6	0	3	13	8	1	6	3	14
一汽财务有限公司	107	41	39	22	5	38	69	0	40	35	32	11	13	30	53
西电集团财务有限责任公司	42	19	15	3	5	23	19	0	7	20	15	4	11	9	18
中国石化财务有限责任公司	352	157	102	75	18	173	179	2	62	252	36	55	123	94	80
东方电气集团财务有限公司	47	17	17	12	1	22	25	0	18	19	10	6	8	11	22
宝钢集团财务有限责任公司	73	29	17	22	5	32	41	1	23	31	18	6	28	8	31
中国一拖集团财务有限责任公司	44	14	17	11	2	15	29	0	4	24	16	4	22	2	16
五矿集团财务有限责任公司	43	15	15	13	0	20	23	0	10	25	8	1	3	10	29
攀钢集团财务公司	41	4	18	18	1	23	18	1	4	25	11	2	12	27	0
武汉钢铁集团财务有限责任公司	58	8	31	13	6	34	24	1	11	42	4	16	22	3	17
中远财务有限责任公司	59	15	18	17	9	34	25	0	11	38	10	9	24	17	9
江铃汽车集团财务有限公司	78	32	19	22	5	44	34	0	10	38	30	4	16	8	50
中国航空集团财务有限责任公司	108	12	36	43	17	41	67	0	13	45	50	7	18	20	63
中国南动集团财务有限责任公司	15	0	2	12	1	6	9	0	1	8	6	2	9	3	1
天津渤海集团财务有限责任公司	19	4	4	5	6	8	11	0	2	11	6	2	5	6	6
深圳有色金属财务有限公司	35	8	4	21	2	25	10	2	8	15	10	2	15	6	12

续表

机构 \ 项目	人员合计	年龄结构				性别结构		文化结构				职称结构			
		30岁以下	30岁至40岁	40岁至50岁	50岁以上	男	女	博士	硕士	本科	专科及以下	高级	中级	初级	其他
中国南航集团财务有限公司	60	8	34	13	5	31	29	0	14	26	20	3	23	2	32
上海汽车集团财务有限责任公司	392	267	89	16	20	261	131	2	65	297	28	3	49	24	316
振华集团财务有限责任公司	18	8	5	5	0	9	9	0	0	13	5	0	7	8	3
东方集团财务有限责任公司	29	13	8	8	0	12	17	0	5	18	6	2	7	5	15
东航集团财务有限责任公司	45	15	16	11	3	16	29	0	14	24	7	1	17	1	26
中油财务有限责任公司	171	38	71	46	16	80	91	4	66	82	19	43	74	40	14
上海电气集团财务有限责任公司	75	29	34	8	4	48	27	2	28	41	4	2	15	5	53
中国能源建设集团葛洲坝财务有限公司	71	15	29	17	10	43	28	0	11	33	27	22	15	34	0
兵工财务有限责任公司	124	33	46	34	11	59	65	1	39	62	22	16	33	24	51
三峡财务有限责任公司	105	39	40	17	9	60	45	3	36	56	10	25	27	1	52
中广核财务有限责任公司	79	31	36	9	3	41	38	2	26	40	11	5	31	6	37
中船财务有限责任公司	22	4	8	8	2	11	11	0	10	10	2	9	6	5	2
中核财务有限责任公司	50	17	18	11	4	28	22	0	13	34	3	12	17	20	1
上海浦东发展集团财务有限责任公司	47	13	21	10	3	28	19	2	21	20	4	0	26	3	18
鞍钢集团财务有限责任公司	48	3	15	22	8	23	25	0	5	35	8	26	16	5	1
中国电力财务有限公司	838	130	315	283	110	405	433	12	191	536	99	222	277	73	266
神华财务有限公司	54	10	25	17	2	28	26	5	26	14	9	13	14	4	23
中国电子财务有限责任公司	63	11	15	23	14	34	29	3	18	33	9	16	22	11	14
航天科技财务有限责任公司	95	20	48	20	7	46	49	4	41	42	8	12	14	4	65
航天科工财务有限责任公司	64	11	33	15	5	31	33	2	18	30	14	10	20	3	31

续表

项目 机构	人员合计	年龄结构				性别结构		文化结构				职称结构			
		30岁以下	30岁至40岁	40岁至50岁	50岁以上	男	女	博士	硕士	本科	专科及以下	高级	中级	初级	其他
中船重工财务有限责任公司	34	3	21	9	1	19	15	0	9	21	4	13	12	4	5
中海石油财务有限责任公司	88	26	37	21	4	39	49	0	23	58	7	7	30	9	42
海尔集团财务有限责任公司	101	30	63	8	0	32	69	1	9	80	11	1	6	83	11
吉林森林工业集团财务有限责任公司	38	12	18	5	3	20	18	1	4	29	4	9	9	20	0
万向财务有限公司	55	20	31	4	0	24	31	0	5	42	8	2	17	11	25
中粮财务有限责任公司	21	7	8	6	0	8	13	0	7	13	1	0	2	0	19
苏州创元集团财务有限公司	20	7	3	7	3	10	10	0	1	11	8	1	3	13	3
珠海格力集团财务有限责任公司	38	14	9	14	1	18	20	0	6	23	9	1	12	7	18
国机财务有限责任公司	44	21	7	10	6	20	24	0	10	29	5	11	5	2	26
海航集团财务有限公司	72	45	18	6	3	51	21	0	14	54	4	2	9	2	59
中国华电集团财务有限公司	52	17	21	12	2	27	25	0	24	26	2	24	11	0	17
中国大唐集团财务有限公司	42	13	17	11	1	23	19	6	32	2	2	9	17	0	16
南方电网财务有限公司	122	62	41	18	1	69	53	2	28	70	22	14	25	12	71
中电投财务有限公司	49	5	31	12	1	29	20	3	18	26	2	17	13	0	19
国电财务有限公司	56	21	22	7	6	28	28	2	24	26	4	14	7	5	30
华联财务有限责任公司	27	13	7	6	1	13	14	1	2	20	4	1	5	3	18
兵器装备集团财务有限责任公司	145	92	33	17	3	83	62	3	57	74	11	16	24	17	88
京能集团财务有限公司	30	10	16	3	1	12	18	0	8	21	1	3	16	0	11
浙江省能源集团财务有限责任公司	48	28	13	7	0	35	13	0	14	34	0	4	14	0	30
广东粤电财务有限责任公司	32	10	12	10	0	17	15	1	16	14	1	7	16	4	5

续表

项目 机构	人员合计	年龄结构				性别结构		文化结构				职称结构			
		30岁以下	30岁至40岁	40岁至50岁	50岁以上	男	女	博士	硕士	本科	专科及以下	高级	中级	初级	其他
TCL 集团财务有限公司	53	19	20	14	0	25	28	0	3	45	5	1	17	12	23
湖南华菱钢铁集团财务有限公司	33	12	10	10	1	17	16	2	9	16	6	3	7	1	22
江西铜业集团财务有限公司	31	10	12	7	2	17	14	0	4	25	2	2	21	0	8
天津港财务有限公司	41	17	14	10	0	21	20	0	7	28	6	0	20	13	8
松下电器（中国）财务有限公司	15	5	8	2	0	3	12	0	3	10	2	0	3	0	12
中航工业集团财务有限责任公司	99	30	38	23	8	40	59	1	44	47	7	15	30	34	20
中冶集团财务有限公司	44	22	14	7	1	21	23	0	24	17	3	7	2	3	32
申能集团财务有限公司	37	11	18	8	0	18	19	0	13	20	4	2	28	6	1
潞安集团财务有限公司	58	30	19	9	0	30	28	0	19	37	2	4	8	24	22
淮南矿业集团财务有限公司	59	13	8	25	13	35	24	0	13	18	28	2	34	23	0
日立（中国）财务有限公司	13	4	5	4	0	6	7	0	3	7	3	0	4	1	8
保利财务有限公司	21	9	8	2	2	12	9	0	11	10	0	0	4	5	12
深圳能源财务有限公司	34	8	14	10	2	18	16	1	8	20	5	4	14	2	14
中化集团财务有限责任公司	92	36	32	16	8	50	42	1	38	40	13	2	16	7	67
海信集团财务有限公司	28	14	9	4	1	6	22	0	8	17	3	1	3	4	20
国联财务有限责任公司	22	11	6	5	0	9	13	0	3	17	2	2	0	20	0
首都机场财务有限公司	42	14	18	10	0	17	25	0	15	23	4	5	14	0	23
红豆集团财务有限公司	26	11	14	0	1	7	19	0	0	16	10	2	2	1	21
海马财务有限公司	79	55	13	9	2	45	34	0	4	68	7	0	9	7	63
南山集团财务公司	30	20	3	6	1	15	15	0	3	21	6	0	8	3	19
国投财务有限公司	44	18	19	5	2	28	16	2	24	18	0	9	17	2	16
河南煤业化工集团财务有限公司	34	7	4	21	2	18	16	0	4	12	18	3	20	3	8

续表

项目 机构	人员合计	年龄结构				性别结构		文化结构				职称结构			
		30岁以下	30岁至40岁	40岁至50岁	50岁以上	男	女	博士	硕士	本科	专科及以下	高级	中级	初级	其他
中国化工财务有限公司	37	6	16	10	5	15	22	3	15	14	5	11	6	4	16
紫金矿业集团财务有限公司	19	12	3	3	1	11	8	0	1	14	4	1	4	14	0
江苏华西集团财务有限公司	22	9	6	6	1	6	16	0	1	10	11	2	2	5	13
冀中能源集团财务有限责任公司	33	4	16	9	4	13	20	0	0	17	16	5	6	6	16
山西焦煤集团财务有限责任公司	37	6	14	14	3	17	20	0	4	23	10	7	16	8	6
阳泉煤业财务有限公司	44	20	13	10	1	20	24	0	4	32	8	2	12	3	27
晋煤集团财务有限公司	33	16	11	6	0	22	11	0	6	21	6	1	8	9	15
云南冶金集团财务有限公司	25	7	9	8	1	11	14	0	4	12	9	1	6	6	12
中海集团财务有限责任公司	57	20	17	16	4	34	23	0	10	36	11	3	13	16	25
中集集团财务有限公司	49	16	23	9	1	27	22	0	16	30	3	0	6	43	0
沙钢财务有限公司	26	18	4	4	0	12	14	0	1	18	7	0	6	17	3
美的集团财务有限公司	37	11	23	3	0	14	23	0	3	27	7	1	11	2	23
宁波港集团财务有限公司	20	7	7	6	0	14	6	0	3	17	0	1	11	7	1
兖矿集团财务有限公司	33	6	16	8	3	21	12	0	3	28	2	6	16	11	0
哈尔滨电气集团财务有限责任公司	37	13	11	8	5	21	16	0	8	26	3	11	8	18	0
北大方正集团财务有限公司	44	23	16	4	1	20	24	0	12	27	5	3	7	0	34
通用技术集团财务有限责任公司	34	13	11	9	1	16	18	0	14	17	3	5	9	1	19
铜陵有色金属集团财务有限公司	30	2	20	7	1	15	15	0	3	21	6	2	24	3	1
中建财务有限公司	27	7	12	4	4	17	10	0	5	17	5	7	7	12	1
江苏国信集团财务有限公司	42	20	13	7	2	21	21	1	7	27	7	4	7	5	26
重庆化医控股集团财务有限公司	24	7	6	9	2	16	8	0	5	10	9	5	4	6	9

续表

项目 机构	人员合计	年龄结构				性别结构		文化结构				职称结构			
		30岁以下	30岁至40岁	40岁至50岁	50岁以上	男	女	博士	硕士	本科	专科及以下	高级	中级	初级	其他
金川集团财务有限公司	23	10	5	6	2	8	15	0	3	18	2	2	10	11	0
新希望财务有限公司	24	11	8	4	1	12	12	1	2	18	3	1	6	17	0
酒钢集团财务有限公司	41	23	9	7	2	15	26	0	4	32	5	2	9	27	3
包钢集团财务有限责任公司	31	11	10	10	0	8	23	0	4	23	4	8	13	3	7
新奥财务有限责任公司	32	15	9	7	1	20	12	0	7	20	5	1	2	2	27
中外运长航财务有限公司	30	9	15	6	0	11	19	1	20	8	1	1	0	0	29
青岛啤酒财务有限责任公司	28	9	14	5	0	12	16	0	4	21	3	1	12	3	12
上海复星高科技集团财务有限公司	18	6	9	3	0	8	10	1	5	12	0	0	4	4	10
中铝财务有限责任公司	27	13	9	4	1	16	11	3	11	13	0	5	4	2	16
中兴通讯集团财务有限公司	57	22	27	7	1	15	42	0	8	19	30	12	14	31	0
国核财务有限公司	26	7	13	6	0	14	12	1	14	11	0	3	2	6	15
福建省能源集团财务有限公司	20	4	6	9	1	6	14	0	1	13	6	1	12	6	1
湖南高速财务有限公司	37	14	14	8	1	25	12	0	4	16	17	2	8	0	27
马钢集团财务有限公司	28	7	5	16	0	15	13	0	2	21	5	3	17	5	3
湖北宜化集团财务有限责任公司	16	4	8	4	0	6	10	0	3	7	6	2	4	3	7
北京汽车集团财务有限公司	37	15	17	4	1	15	22	0	14	19	4	1	10	4	22
大连港集团财务有限公司	19	8	6	5	0	9	10	0	3	16	0	2	3	14	0
大唐电信集团财务有限公司	28	12	14	2	0	12	16	2	23	3	0	3	5	0	20
开滦集团财务有限公司	28	8	5	11	4	14	14	1	4	21	2	14	5	9	0
中国航油集团财务有限公司	26	8	8	8	2	12	14	3	15	8	0	3	6	1	16
海南农垦集团财务有限公司	22	13	3	6	0	11	11	0	0	22	0	2	3	5	12
西部矿业集团财务有限公司	26	7	10	8	1	17	9	0	3	20	3	3	9	0	14

续表

项目 机构	人员合计	年龄结构				性别结构		文化结构				职称结构			
		30岁以下	30岁至40岁	40岁至50岁	50岁以上	男	女	博士	硕士	本科	专科及以下	高级	中级	初级	其他
江苏交通控股集团财务有限公司	22	8	9	5	0	7	15	0	6	15	1	4	7	2	9
中国移动通信集团财务有限公司	42	23	11	8	0	24	18	0	31	11	0	8	10	9	15
山东钢铁集团财务有限公司	37	2	15	15	5	31	6	0	5	32	0	11	21	5	0
国药集团财务有限公司	23	8	12	3	0	9	14	0	8	14	1	3	6	1	13
郑州宇通集团财务有限公司	30	9	16	4	1	20	10	0	5	21	4	2	2	2	24
中国铁建财务有限公司	26	12	8	5	1	16	10	0	7	18	1	6	8	7	5
山东省商业集团财务有限公司	28	8	15	3	2	19	9	1	12	15	0	4	6	0	18
深圳华强集团财务有限公司	26	12	9	5	0	13	13	0	4	17	5	1	4	6	15
诚通财务有限责任公司	18	5	7	5	1	11	7	1	8	9	0	6	0	12	0
山东重工集团财务有限公司	33	11	5	10	7	20	13	0	2	29	2	6	13	9	5
湖北能源财务有限公司	18	4	11	3	0	9	9	0	4	13	1	2	2	0	14
港中旅财务有限公司	21	4	15	1	1	9	12	0	5	16	0	2	11	3	5
陕西煤业化工集团财务有限公司	43	24	12	5	2	19	24	2	15	23	3	6	9	2	26
上海华谊集团财务有限责任公司	18	6	9	2	1	8	10	0	7	10	1	1	5	0	12
河北钢铁集团财务有限公司	20	6	5	8	1	8	12	0	1	19	0	8	2	6	4
安徽省能源集团财务有限公司	19	8	2	6	3	11	8	0	5	13	1	0	7	1	11
中化建工程集团财务有限公司	19	4	6	6	3	7	12	0	3	10	6	6	3	7	3
天津天保财务有限公司	18	5	7	4	2	10	8	0	4	14	0	1	6	2	9
亿利集团财务有限公司	16	9	6	1	0	14	2	0	1	14	1	0	6	1	9
厦门海翼集团财务有限公司	13	5	5	3	0	7	6	0	3	10	0	2	5	3	3
浙江省交通投资集团财务有限责任公司	19	5	9	3	2	10	9	0	5	13	1	3	11	2	3
南车财务有限公司	19	5	9	5	0	11	8	2	7	10	0	5	9	1	4
总计	7 766	2 718	2 759	1 774	515	3 986	3 780	101	1 916	4 635	1 114	1 073	2 137	1 363	3 193

注：此表为146家财务公司，不含北车、中国电子科技、中信、西门子4家财务公司。

大事记

中国财务公司协会 2012 年大事记

1 月

1 月 9 日，中国财协专职常务副会长兼秘书长王岩玲组织召开秘书处全体员工会议，传达学习温家宝总理在全国金融工作会议上的讲话精神和银监会党委书记、主席尚福林在银监会 2012 年监管工作会上的讲话精神。

2 月

2 月 3 日，中国财协副秘书长陈文俊、副主任王春应邀参加中国黄金协会举办的第五届全国性金融行业协会联席会。

2 月 4 日，中国财协副秘书长陈文俊应邀参加马钢集团财务有限公司开业庆典。

2 月 10 日，中国财协第八届理事会第二次会议在北京召开，张华会长主持了会议。会议听取了秘书处近期工作情况的汇报，审议通过了财协 2011 年财务收支报告、2012 年工作计划、2012 年财务预算、组建财务公司成立二十五周年活动领导小组、理事会专业委员会组成调整和设立理事会预算管理委员会等议案，研究讨论了财务公司成立二十五周年有奖征文、系列访谈和发展成就展活动的工作方案。会议对财协 2012 年的工作做了全面部署，确定了相关工作的组织领导和工作分工，为下一步工作的组织开展明确了方向，提出了要求。会议还审议通过了关于新会员入会的议案，同意中国航油、开滦煤矿、大唐电信、江苏交通控股集团四家财务公司入会。

2 月 10 日，中国财协第八届理事会专业委员会第一次会议在北京召开。王岩玲专职常务副会长兼秘书长主持了会议，张华会长出席会议并做了总结动员讲话。会议通报了第八届理事会自律委员会、战略发展委员会和信息技术委员会的组成调整情况，讨论通过了“财务公司发展 25 年的回顾与展望研究”、“财务公司信息安全建设研究”、“财务公司行业评价体系研究”和“财务公司全面风险管理指引研究”四个课题组研究计划，并就如何更好地推进 2012 年课题研究工作提出了具体的意见和建议。

3 月

3 月 5 日至 3 月 9 日，中国财协在北京举办了第一期“财务公司基础业务培训班”，共 71 家财务公司 557 人次参加了本次培训。

3 月 14 日，《中国财务公司》编辑工作座谈会在北京召开，这是《中国财务公司》杂志编辑委员会改选后召开的第一次会议。中国财协副秘书长赵桂芬、申能财务公司副总经理杨波等 10 位编委出席了座谈会。会议由赵桂芬副秘书长主持。在本次座谈会上，与会编委对“《中国财务公司》编委工作指引”的各项条款进行了认真讨论，并为如何办好《中国财务公司》杂志积极建言献策。赵桂芬副秘书长向与会编委传达了中国财协 2012 年度工作计划和本年度行业宣传重点，通报了“中国财务公司行业成立二十五周年”征文活动开展情况，安排了《中国财务公司》杂志的后续工作。

3 月 21 日，中国财协副秘书长陈文俊应邀参加中国移动通信集团财务有限公司开业庆典。

3 月 28 日，中国财协副秘书长赵桂芬应邀参加郑州宇通集团财务有限公司开业庆典。

3 月 28 日，中国财协北京片区政策研究与创新案例研究交流会在京召开。会议由华电财务公司党组书记、总经理王曦主持，北京片区的 32 家会员单位代表参加了会议。中国财协专职常务副会长兼秘书长王岩玲、北京银监局非银处副处长章全明应邀出席会议。会议通报了北京片区“财务公司信贷资产转让”和“财务公司存款准备金”两项课题研究的开展情况，交流讨论了京能财务公司等 5 家财务公司的经营管理案例。与会单位还对政策研究工作、经营管理案例和财协三年发展规划等问题进行了深入讨论。

4 月

4 月 11 日，适逢全国第一家企业集团财务公司——东风汽车财务有限公司成立 25 周年，中国财协专职常务副会长兼秘书长王岩玲一行专程前往东风财务公司进行调研。

4 月 12 日，中国财协华南片区 2012 年会议在武汉召开，华南片区 28 家财务公司参加了会议。会议由中国财协副会长、武钢集团财务公司易矛总经理主持，中国财协专职常务副会长兼秘书长王岩玲和湖北省银监局非银处处长刘爱军出席此次会议。中国财协副会长、武钢集团财务公司易矛总经理在会上传达了中国财协 2012 年的重点工作安排，通报了华南片区承接的具体工作任务。东风汽车财务公司马华总经理就华南片区承接的政策研究任务推进情况作了情况通报。会议重点就财务公司经营管理实践进行了经验交流，并推荐了 10 个优秀案例典型。

4 月 23—25 日，中国财协副秘书长陈文俊参加民政部组织的第一期社会组织负责人培训班。

5 月

5 月 8—10 日，中国银监会与中国财协在合肥市联合举办了第一期“财务公司高管与主监管员研讨班”，36 家财务公司和 17 个银监局共 97 人参加了此次研讨班。中国银监会非银部副主任张电中和安徽银监局张经贵副局长出席会议并讲话。中国财协专职常务副会长兼秘书长王岩玲、中国银监会非银部聂俊处长和秦蓁副处长以及财务公司的代表在会上发言。

5 月 17 日，中国财协专职常务副会长兼秘书长王岩玲一行赴江苏交通控股集团财务有限公司指导工作。

5 月 18 日，中国财协专职常务副会长兼秘书长王岩玲一行赴江苏省国信集团财务有限公司调研指导工作。财务公司董事长王家宝、公司领导班子成员及各部门负责人出席了调研座谈会。

5 月 23 日，中国财协秘书处全体员工在专职常务副会长兼秘书长王岩玲的带领下，参观了“北京辖内非银行金融机构服务实体经济成效展”。此次展览由北京银监局组织，分为现代能源产业、国防建设与航天工业、综合运输体系、制造业、战略性新兴产业、电子信息产业、服务业、文化消费民生支持地方经济发展等展区，回顾北京辖内的财务公司等非银行金融机构的发展情况并展示非银行金融机构对支持实体经济所发挥的重要作用。

5月28—29日，中国财协在京举办“财务公司会计业务培训班”，78家财务公司共109人参加培训。本次培训邀请了财政部会计司、中国银监会财会部会计制度处和财政部税政司流转税处的专家就国际财务报告准则最新进展、监管政策的协调和中国税收制度及增值税改革等内容进行政策解读。德勤华永会计师事务所和立信税务师事务所有限公司的高管分别就金融工具准则及实务应用与财务公司的纳税管理及筹划思路进行了系统讲解，并回答了学员提出的问题。

6月

6月5日，中国财协优秀典型案例调研组赴中国大唐集团财务有限公司，详细了解公司经营管理状况，并对公司提交的《创新融资服务模式，提升电煤供应链价值》案例进行了现场调研交流。大唐集团财务公司党组副书记、总经理栗宝卿，党组书记、副总经理贺华，党组成员、副总经理兼党组纪检组组长、工会主席柯小星接待了调研组。

6月7日“财务公司25周年回顾与展望”课题组一行9人赴中国重汽财务公司进行调研。中国重汽财务公司董事长宋其东向调研组介绍了中国重汽财务公司的发展历程和重组后在重汽集团的支持下所取得的成就，对财务公司发展政策及环境提出了建议。他希望中国财协能够通过这次调研，推动《企业集团财务公司管理办法》的修订，并就双方关心的问题与调研组进行了沟通与交流。

6月10—16日，中国财协培训考察团组赴日本进行培训考察。考察团组首先对瑞穗实业银行进行了考察，瑞穗实业银行行长佐藤康博接见了培训考察团一行并介绍了瑞穗集团和瑞穗实业银行的情况。在瑞穗集团考察期间，团员们听取了瑞穗金融集团专家对“瑞穗银行现金池管理”、“欧债危机对日本金融机构和企业的影响”等专题授课，并就相关问题进行了深入交流探讨。

6月12日，中国财协专职常务副会长兼秘书长王岩玲携理事、监事调研组一行赴青岛啤酒财务有限责任公司调研指导工作。青啤公司副总裁兼财务公司董事长孙玉国、总经理徐振声及各部门负责人出席了调研座谈会。

6月13日上午，中国财协副会长、海尔财务公司总经理李占国、中国财协副秘书长李清军、中远财务公司党委书记辛加和、金融时报社非银部主任陈子牧等一行15人赴深圳能源财务有限公司就电子票据池平台进行调研，并对深圳能源财务公司电票运营案例进行了深入的讨论和交流。深圳能源集团总会计师赵祥智、深圳能源财务公司董事长周群、总经理李新威等8人参加了此次会议。

6月15日，由中国财协、国投财务公司、宝钢财务公司、中国电力财务公司、葛洲坝财务公司、中航工业财务公司、中冶财务公司、上汽财务公司等一行10人组成的中国财协理事、监事调研组赴珠海格力财务公司进行优秀案例现场调研。总经理张蓓蕾向调研组汇报了珠海格力财务公司电子商业汇票业务拓展情况，并陪同调研组参观了珠海格力电器股份有限公司产品展示厅。

6月20日，中国财协专职常务副会长兼秘书长王岩玲应邀出席中国银行业协会第十一次会员大会。

6月28日，中国财协专职常务副会长兼秘书长王岩玲应邀参加诚通财务有限责任公司开业庆典。

6月30日至7月12日，中国银监会和中

国财协联合组织的第六期赴瑞士信贷银行培训考察团组一行18人完成了对瑞士信贷银行为期12天的培训考察。

7月

7月3日，加拿大金融教育代表团访问中国财务公司协会。中国银监会非银部副主任张电中、中国财协会长张华、专职常务副会长兼秘书长王岩玲、副秘书长韩华等会见了代表团一行。通过加拿大金融教育代表团的来访，双方增进了解、加强沟通、深入探讨，为今后开辟财务公司高管培训新途径奠定了基础。

7月4日，中国财协在山东烟台召开了新设企业集团财务公司座谈会。中国银监会非银部副主任张电中、中国财协专职常务副会长兼秘书长王岩玲出席会议并作重要讲话。中国银监会非银行部非现场处处长聂俊、中国人民银行金融市场司陆晨希、山东银监局非银处范琳、烟台银监局局长毕继繁出席了会议，42家新设企业集团财务公司的60多位会议代表参加了座谈。

7月18—20日，中国财协在太原举办了“财务公司重要信息系统保护人员培训班”，有76家财务公司的92人参加了培训。本次培训邀请了公安部第三研究所四位国内信息安全领域资深专家主讲。他们详细讲解了信息安全等级保护制度的主要内容和工作要求，介绍了信息安全等级保护的定级备案和建设整改工作，分析了信息安全攻防技术及实例，并当场对参加培训学员进行了考核。

7月23—27日，中国银监会与中国财协在哈尔滨联合举办了第二期“财务公司高管与主监管员研讨班”，33家财务公司和20个银监局共73人参加了此次研讨班。中国银监会非银部副主任张电中和哈尔滨银监局纪委书记金守恒出席会议并讲话。中国财协专职常务副会长兼秘书长王岩玲、中国银监会非银部聂俊处长和秦蓁副处长以及财务公司的代表在会上发言。本次活动得到了哈尔滨银监局、哈尔滨电气集团财务有限责任公司和中油财务公司大庆分公司的大力支持和帮助。

8月

8月16日，中国财协专职常务副会长兼秘书长王岩玲应邀参加中国电力财务有限公司江苏分公司开业庆典。

8月23日，中国财协专职常务副会长兼秘书长王岩玲应邀参加中国电力财务有限公司福建分公司开业庆典。

8月24日，中国财协专职常务副会长兼秘书长王岩玲一行在福建银监局徐金玲副局长、龙岩银监分局张健生局长的陪同下赴紫金矿业集团财务公司调研。

8月28日，中国财协副秘书长赵桂芬应邀参加陕西煤业化工集团财务有限公司开业庆典。

8月29日，中国财协副秘书长赵桂芬应邀参加中国电力财务有限公司山东分公司开业庆典。

9月

9月1—10日，第二期赴加拿大商业银行风险管理研修班一行21人顺利完成学习、交流任务。此次培训主题是商业银行风险管理，培训安排了加拿大皇家银行（Royal Bank of Canada）、蒙特利尔银行（Bank of Montreal）、多伦多道明银行（Toronto - Dominion Bank）、丰业银行（Scotia Bank）的专家，结合所在银行的风险管理实践，系统地进行了市场风险、信用风险、合规风险、流动风险、操作风险理论与实践等方面的授课。并实地参观访问了加拿大皇家银行、蒙特利尔银行、丰业银行，与银行风险部门的高管进行了交流座谈。

9月6日，中国财协副秘书长陈文俊应邀参加中国电力财务有限公司浙江分公司开业庆典。

9月12日，中国财协副秘书长李清军应邀参加中国电力财务有限公司湖南分公司开业庆典。

9月17日，中国财协副秘书长陈文俊应邀参加中化建工程集团财务有限公司开业庆典。

9月19日，中国财协副秘书长李清军应邀参加中国电力财务有限公司河南分公司开业庆典。

9月24日，中国财协专职常务副会长兼秘书长王岩玲应邀参加中国电力财务有限公司山西分公司开业庆典。

9月24—27日，中国财协在京举办了第二期“财务公司基础业务培训班”，共70家财务公司696人次参加了本次培训。

10月

10月10日，中国财协专职常务副会长兼秘书长王岩玲、副秘书长李清军应邀参加天津天保财务有限公司开业庆典。

10月29—31日，中国银监会与中国财协在广州联合举办了第三期“财务公司高层研讨班”，53家财务公司58人参加了此次研讨班。中国银监会非银部张电中副主任和广东银监局王晓光巡视员出席会议并讲话。中国财协专职常务副会长兼秘书长王岩玲、中国银监会非银部聂俊处长和秦蓁副处长参加了研讨班。本次研讨班得到了广东银监局和南方电网财务有限公司的大力支持和帮助。

10月30日，中国财协专职常务副会长兼秘书长王岩玲应邀参加厦门海翼集团财务有限公司开业庆典。

11月

11月15日上午，中国财协党支部组织秘书处全体党员、群众认真收看新一届中共中央政治局常委与中外记者见面会实况。

12月

12月6日，中国财协副秘书长陈文俊应邀参加中国北车集团财务有限公司开业庆典。

12月9日，中国财协副秘书长陈文俊出席金融街商会主办的金融街建设20周年文艺晚会。

12月12日，中国财协副秘书长陈文俊应邀参加南车财务有限公司开业庆典。

12月18日，中国财协副秘书长李清军应邀参加亿利集团财务有限公司开业庆典。

12月20—23日，为充分展示企业集团财务公司改革发展25年来的成就，宣传企业集团财务公司在支持实体经济发展中的特殊作用和重要贡献，中国财协与2012中国国际金融服务展合作，在北京展览馆举办了以“善汇者融 善融者行”为主题的财务公司行业改革发展25周年成就展。中国人民银行副行长李东荣、中国银监会副主席郭利根参观了展览。中国银监会非银部副主任张电中出席开展揭幕仪式并致辞。中国银监会、中国人民银行、民政部、北京金融局、各地银监局、金融时报社、各相关行业协会及各财务公司的领导近400人参加了揭幕仪式并参观了首日展览。

12月20日，中国财协第十五次会员大会在北京召开，139家会员单位的代表出席了会议，15家批开业、批筹财务公司代表列席了会议。中国银监会非银部副主任张电中莅临会议并就财务公司及财协的工作做了重要讲话。大会审议通过了《中国财务公司协会第八届理事会2012年工作报告》、《中国财务公司协会第八届监事会2012年工作报告》和《关于修改〈中国财务公司协会章程〉的议案》；大会为12家新会员单位颁发会员标牌，中国财协的会员单位增至143家；大会举行了隆重的颁奖仪式，对财务公司行业25周年优秀征文和参与2012年行业课题研究工作的单位及突出贡献个人进行表彰奖励。

12月21日，由中国财协主办的第二届中国财务公司行业发展高峰论坛在北京举行。论坛由中国财协会长张华和中国银监会非银部负责人李建华主持，中国银监会党委委员、副主席蔡鄂生，国资委副秘书长郭建新发表重要讲话。相关政府部门领导、各地方银监局、国内知名经济学家、同业协会代表、企业集团代表、财务公司代表等近400人参加了论坛。

12月26日，中国财协专职常务副会长兼秘书长王岩玲应邀参加中国电子科技财务有限公司、中国能源建设集团葛洲坝财务有限公司开业庆典。

附　录

2012 年度财务公司行业受表彰情况

东风汽车财务有限公司

东风汽车财务有限公司被武汉市政府授予“金融机构支持武汉市经济发展突出贡献奖”，武汉经济技术开发区管委会授予“十大纳税企业”称号。

中国华能财务有限责任公司

中国华能财务有限责任公司荣获集团2012年文明单位称号；被评为海淀区交通安全先进单位。

中国石化财务有限责任公司

中国石化财务有限责任公司在2012年度中国金融机构金牌榜——“金龙奖”评选中被评为“年度最佳服务财务公司”。

中国石化财务有限责任公司被全国银行间同业拆借中心评为2012年度银行间本币市场交易100强。

中国石化财务有限责任公司被北京市国税局、地税局授予“纳税信用A级企业”称号。

中国石化财务有限责任公司被北京市朝阳区委、北京市朝阳区人民政府评为2012年度朝阳区经济贡献突出企业。

中国石化财务有限责任公司被评为中国石油化工集团公司2012年度财务管理先进单位。

中国石化财务有限责任公司被中国人民银行营业管理部评为2012年北京市金融机构金融统计与分析二等奖。

五矿集团财务有限责任公司

五矿集团财务有限责任公司1人在国资委党委召开的第二届中央企业思想政治工作表彰大会上，被评选为中央企业优秀思想政治工作者。

五矿集团财务有限责任公司获2012年度北京市海淀区统计局“统计工作先进单位”称号。

深圳市有色金属财务有限公司

深圳市有色金属财务有限公司获中共深圳市直机关工委“优秀党建工作示范点”称号。

中国南航集团财务有限公司

中国南航集团财务有限公司2012年2月获得南航集团授予的“2011年度新闻宣传先进集体”称号。

中国南航集团财务有限公司2012年4月获得南航集团授予的“南航集团先进劳动关系和谐企业”称号。

中国南航集团财务有限公司2012年6月获得广东省金融科技创新三等奖。

中国南航集团财务有限公司2012年10月获得南航集团授予的“安康杯暨管理提升演讲

比赛优秀组织奖”。

中国南航集团财务有限公司2012年11月获得广州市授予的“广州市A级纳税人”称号。

上海汽车集团财务有限责任公司

上海汽车集团财务有限责任公司在2012年被大公国际、联合资信等国内权威评级机构一致评定为AAA最高主体信用评级，成为全国首家获得最高资质评级的财务公司。

上海汽车集团财务有限责任公司在《金融时报》和中国社科院金融研究所联合举办的“2012中国金融机构金牌榜‘金龙奖’”评选中，再度摘得“年度最佳财务公司”桂冠，连续两年蝉联该项殊荣。

上海汽车集团财务有限责任公司凭借2012年的出色业绩，成功入榜“2012年度上海市税收收入百强企业”名单。

上海汽车集团财务有限责任公司总经理沈根伟荣膺金融业“2012年上海领军人才”、“2012年沪上十大金融创新人物”称号。

中油财务有限责任公司

中油财务有限责任公司1人获得集团公司直属党委优秀共产党员称号。

中油财务有限责任公司1人因参与并完成“短期融资券和中期票据”课题，受到中国财务公司协会表彰。

中油财务有限责任公司荣获金融时报社与中国社科院金融研究所联合授予的“2012年度最具创新力财务公司奖”。

上海电气集团财务有限责任公司

上海电气集团财务有限责任公司2012年1月获中国人民银行上海总部颁发的2011年金融统计报表、分析工作二等奖。

上海电气集团财务有限责任公司2012年2月获上海银监局颁发的2011年监管统计分析工作优秀表现荣誉证书。

上海电气集团财务有限责任公司2012年6月在上海银监局每年一次的监管评级中获评优秀。

上海电气集团财务有限责任公司2012年11月被上海市国家税务局、上海市地方税务局评定为2010—2011年度纳税信用等级A类。

兵工财务有限责任公司

兵工财务有限责任公司获“2012年度军工企业管理创新成果一等奖”。

兵工财务有限责任公司获“兵器集团公司在京直属单位文明单位”。

兵工财务有限责任公司获中国人民银行营业管理部2012年度金融机构金融统计管理工作考评一等奖。

中核财务有限责任公司

中核财务有限责任公司参与的“大型企业集团涉核保险统筹管理”荣获国防科技工业企业管理创新成果一等奖、中核集团2012年度管理创新成果一等奖。

中核财务有限责任公司参与的“企业集团财务公司全面风险管理”课题获中国财务公司协会表彰，1人次荣获突出贡献奖。

中核财务有限责任公司荣获中核集团“2011年度决算管理先进单位”称号。

中核财务有限责任公司参与的“降低信息化采购成本”荣获2012年中核集团效能监察优秀项目三等奖。

中核财务有限责任公司参与的“净息差减小风险管理案例”荣获中核集团典型风险事件案例编写精品奖。

中核财务有限责任公司参与的“构建覆盖完整产业链的全面风险管理体系”、“在集团建立起业务计划为先、考核评价跟进的全面预算管理体系”等两条管理提升建议受中核集团表彰。

中国电力财务有限公司

中国电力财务有限公司荣获《金融时报》“金龙奖”最佳财务公司荣誉称号。

中国电力财务有限公司荣获中国人民银行2012年金融统计与分析优秀集体一等奖。

中国电力财务有限公司荣获中国电力企业联合会全国电力行业信息化优秀成果一等奖（资金结算系统）。

中国电力财务有限公司荣获中国电力企业联合会全国电力行业信息化优秀成果一等奖（电网信息安全等级保护纵深防御示范工程）。

中国电力财务有限公司获首都精神文明建设委员会颁发的“首都文明单位”称号。

中国电力财务有限公司获北京市西城区人民政府颁发的“北京市西城区突出贡献企业”称号。

中国电力财务有限公司获国家电网公司2012年度管理创新优秀成果奖。

中国电力财务有限公司获国家电网公司2012年财务调考组织工作表扬单位。

中国电力财务有限公司获国家电网公司2012年财务工作先进单位称号。

中国电力财务有限公司获国家电网公司人力资源工作先进单位称号。

中国电力财务有限公司获国家电网公司先进集体荣誉称号。

中国电力财务有限公司办公室获国家电网公司2011—2012年度信息先进单位荣誉称号。

中国电力财务有限公司西北分公司获国家电网公司2012年度工会工作先进单位称号。

中国电财总部第一党支部、中国电财山东分公司党支部、中国电财江西业务部党支部、中国电财江苏分公司党支部获国网英大集团“我为管理效益年做贡献”创先争优劳动竞赛优秀党支部称号。

神华财务有限公司

神华财务有限公司2012年获得“东城区百强企业”荣誉称号，并被评为2013—2014年度东城区绿卡企业。

航天科工财务有限责任公司

航天科工财务有限责任公司被中国航天科工集团公司评为“2009—2011年度风险管理先进单位”。

航天科工财务有限责任公司被中国航天科工集团公司评为“2011年度决算管理先进单位”。

航天科工财务有限责任公司法律与风险管理部1人获得财政部会计司、证监会会计部、中国会计报社联合举办的“2011年中国企业内部控制建设有奖征文”鼓励奖。

航天科工财务有限责任公司财务部1人为被中国航天科工集团公司评为“2011年度资产资本运营先进个人”。

航天科工财务有限责任公司共3人获得中国航天科工集团公司“2012年反腐倡廉教育知识竞赛优秀奖”。

航天科工财务有限责任公司资金部1人被中国航天科工集团公司评为“创先争优优秀共产党员”。

航天科工财务有限责任公司经理部1人被中国航天科工集团公司评为“2009—2011年度行政管理工作先进个人”。

航天科工财务有限责任公司经理部1人被中国航天科工集团公司评为“2011年度安全生产先进工作者”。

航天科工财务有限责任公司财务部1人获得中国航天科工集团公司“2012年度优秀统计分析报告二等奖”。

航天科工财务有限责任公司1人被中国航

天科工集团公司评为“2009—2011 年度风险管理先进个人”。

航天科工财务有限责任公司 1 人获得中国航天科工集团公司“档案学术论文三等奖”。

航天科工财务有限责任公司 1 人获得中国航天科工集团公司“以黄纬禄院士为榜样青年演讲比赛三等奖”。

航天科工财务有限责任公司 1 人获得中国航天科工集团公司“风险管理论文二等奖”。

中海石油财务有限责任公司

中海石油财务有限责任公司被海洋石油税务管理局授予 A 级纳税信用等级企业称号。

中海石油财务有限责任公司被金融时报社与中国社科院金融研究所评为最佳风控财务公司。

中海石油财务有限责任公司被国家外汇管理局评为北京地区“国际收支统计之星”先进单位，员工被评为全国及北京地区“国际收支统计之星”先进个人。

中海石油财务有限责任公司员工被中国海洋石油总公司评为红旗班组、信息化工作先进个人。

吉林森林工业集团财务有限责任公司

吉林森林工业集团财务有限责任公司荣获吉林省“五一劳动奖状”。

吉林森林工业集团财务有限责任公司被集团公司评为2012 年度“节本降耗、提质增效”优秀单位、“青年文明号”。

吉林森林工业集团财务有限责任公司荣获集团公司“为国效力、为民造福”管理创新奖。

吉林森林工业集团财务有限责任公司被吉林省公安厅、吉林银监局评为“2012 年全省金融安全保卫工作先进集体”。

中国大唐集团财务有限公司

中国大唐集团财务有限公司荣获中国大唐集团公司先进单位荣誉称号。

中国大唐集团财务有限公司研究的课题“电煤供应链金融服务模式创新与实践”荣获中国财务公司协会授予的财务公司行业成立25 周年征文论文类三等奖，荣获中国电力企业联合会授予的管理创新成果一等奖。

中国大唐集团财务有限公司研究的课题“集团化资金优化调度体系的构建与实践”荣获中国财务公司协会授予的财务公司行业成立25 周年征文论文类三等奖，荣获中国电力企业联合会授予的管理创新成果二等奖。

中国大唐集团财务有限公司研究的“基于持续数据保护的财务公司异地灾备系统”荣获2012 年度中国人民银行科技进步三等奖。

中国大唐集团财务有限公司研究的课题“创新融资服务模式，提升电煤供应链价值”荣获中国大唐集团公司创先争优实践成果奖，“借力‘阳光从业’升华同心文化”获中国大唐集团公司创先争优文化成果奖。

中国大唐集团财务有限公司研究的课题“紧贴集团电煤供应链需求，创新提供票据融资服务”荣获中国大唐集团公司青年创新创效优秀成果奖。

中国大唐集团财务有限公司“岗位创优行动，推进金融创效”荣获中国大唐集团公司精神文明建设优秀成果奖。

中国大唐集团财务有限公司荣获中国大唐集团公司“计划营销管理工作先进单位”荣誉称号。

中国大唐集团财务有限公司荣获中国大唐集团公司“财务先进单位”荣誉称号。

中国大唐集团财务有限公司荣获中国大唐集团公司“财务决算管理先进单位”荣誉称号。

中国大唐集团财务有限公司信贷管理部荣获中国大唐集团公司“大唐先锋号”班组。

中电投财务有限公司

中电投财务有限公司荣获北京银监局监管统计工作综合评比一等奖。

中电投财务有限公司荣获中国人民银行金融统计数据报送工作中资非银行金融机构类一等奖。

中电投财务有限公司被中电投集团评为档案工作先进集体。

中电投财务有限公司被首都精神文明建设委员会评为首都文明单位。

中电投财务有限公司荣获中电投集团公司“团旗飘扬工程”创先争优主题实践活动先进集体。

国电财务有限公司

国电财务有限公司被中国国电集团公司评为财务管理先进单位。

国电财务有限公司党支部被中国国电集团公司评为优秀党支部。

国电财务有限公司财务管理部被中国国电集团公司评为巾帼文明岗。

兵器装备集团财务有限责任公司

兵器装备集团财务有限责任公司荣获2012年度信息工作进步较大单位。

兵器装备集团财务有限责任公司荣获2012年度信息化建设先进单位称号。

浙江省能源集团财务有限责任公司

浙江省能源集团财务有限责任公司荣获浙江银监局2012年度杭州辖内银行业金融机构非现场监管报表考核二等奖。

浙江省能源集团财务有限责任公司荣获浙江银监局2012年度杭州辖内银行业金融机构监管统计工作竞赛三等奖。

TCL集团财务有限公司

TCL集团财务有限公司荣获“TCL集团2012年度成长奖”。

江西铜业集团财务有限公司

江西铜业集团财务有限公司被评为“南昌高新区2012年度先进企业”和“南昌高新区2012年度纳税重大贡献企业”。

江西铜业集团财务有限公司获得“南昌市打造核心增长极企业税收突出贡献奖”。

江西铜业集团财务有限公司总经理吴金星同志被评为南昌高新区2012年度优秀企业家。

潞安集团财务有限公司

潞安集团财务有限公司荣获长治市城区“纳税先进企业”荣誉称号。

潞安集团财务有限公司荣获山西省银行业协会2012年“信息宣传报送工作三等奖”。

潞安集团财务有限公司荣获中国财务公司协会成立25周年系列征文活动“优秀组织奖”，公司调研组撰写的《我国煤炭企业集团财务公司发展现状与趋势分析》获论文类优秀奖。

潞安集团财务有限公司获长治市企业联合会授予的2012年度“长治市优秀企业”称号。

潞安集团财务有限公司获潞安集团授予的“先进单位”荣誉称号。

中化集团财务有限责任公司

中化集团财务有限责任公司被中国人民银行营业管理部评为金融统计与分析优秀集体，1名员工被评为2012年金融统计与分析先进个人。

中化集团财务有限责任公司2012年11月16日被中国中化股份有限公司评为2011年财务决算、税务决算先进单位。

中化集团财务有限责任公司提交的《财务公司信息安全实践》论文被评为中国财务公司协会评为中国财务公司行业成立25周年征文活动论文类优秀奖。

国联财务有限责任公司

国联财务有限责任公司荣获中国人民银行无锡市中心支行颁发的“2012年度无锡市金融统计考核评比先进集体三等奖”。

国联财务有限责任公司荣获无锡银监分局颁发的“2012年度无锡市银行业监管统计工作综合奖三等奖”。

国联财务有限责任公司1人荣获“2012年无锡市信贷旬报工作先进个人”。

国投财务有限公司

国投财务有限公司获得北京市西城区财政局颁发的“决算工作先进单位”荣誉称号。

国投财务有限公司获得国投集团“先进集体”和“2011—2012年决算先进单位”荣誉称号。

冀中能源集团财务有限责任公司

冀中能源集团财务有限责任公司被河北银监局授予2012年度辖内“无案件金融机构”称号。

山西焦煤集团财务有限责任公司

山西焦煤集团财务有限责任公司2012年被山西焦煤集团评为“安全生产先进单位”。

山西焦煤集团财务有限责任公司党支部2012年被山西焦煤集团党委评为“党风廉政建设先进单位”。

山西焦煤集团财务有限责任公司2012年被山西焦煤机关党委授予“先进党支部”称号。

阳煤集团财务公司

阳煤集团财务公司结算部荣获山西省省级“青年文明号”荣誉称号。

晋煤集团财务有限公司

晋煤集团财务有限公司获晋煤集团颁发的“模范单位”荣誉称号。

福建省能源集团财务有限公司

福建省能源集团财务有限公司在中国人民银行福州中心支行对全省金融机构2012年统计工作考核评比中荣获全省金融统计工作综合考评二等奖。

福建省能源集团财务有限公司领导班子被福能集团总部授予“2012年度四好领导班子”称号、1人被授予“2012年度优秀中层干部”称号，1人被授予“2012年度先进工作者”称号。

大连港集团财务有限公司

根据大连市金融发展局《关于兑现2012年信贷和多渠道融资奖励政策的通知》，公司获得2012年多渠道融资奖励15.2万元。

深圳华强集团财务有限公司

2012年，深圳华强集团财务有限公司荣获“全国文化体制改革工作先进单位”等称号，并连续三年被评为全国文化企业三十强。

2012年度财务公司行业履行社会责任情况

五矿集团财务有限责任公司

2012年4—5月，五矿集团财务有限责任公司积极参与集团公司扶贫办组织的向云南定点扶贫县寄递爱心包裹活动，共计捐款5 100元。

2012年5月，五矿集团财务有限责任公司在集团公司计生办组织的第十六届“母亲节暨幸福工程救助贫困母亲活动日”中，捐款1 860元。

2012年，五矿集团财务有限责任公司向“五矿金融爱心助学基金”捐款近一万元。

2012年底，五矿集团财务有限责任公司组织员工为贫困人群捐献温暖冬衣16件。

上海汽车集团财务有限责任公司

2012年，上汽财务公司继续捐助井冈山畔田希望小学，并派出工会干部、团干部专程前往希望小学，为学校师生带去文体活动用品。

2012年，上汽财务公司员工自发向深圳“壹基金”公益基金会捐款。

2012年，上汽财务公司继续开展“一日捐”活动，得到公司广大员工的积极响应，员工参与率达100%。

2012年，上汽财务公司发放绿色信贷，支持环境保护，为世博新能源车的车企——上海申沃客车公司积极提供金融支持。

上海电气集团财务有限责任公司

上海电气集团财务有限责任公司资助南京政治学院上海分院支边战士6万元。

葛洲坝集团财务有限责任公司

2012年，公司与枝江百里洲同意小学学生结成帮扶对子，签订对口帮扶协议并捐款1 000元。向定点帮困对象累计发放救助金1 500元，向贫困学生发放助学金1 000元。

三峡财务有限责任公司

2012年，公司青年志愿者在“六一儿童节”到来之际，走进北京太阳村，为孩子们送去绿豆、冰糖等防暑降温物资。公司工会向宜都市姚家店镇中心小学贫困学生助学捐款，捐款人数43人，捐款金额46 000元，此外还捐赠空调、热水器、家具等一批，为贫困山区的儿童送去了温暖。

中核财务有限责任公司

2012年，公司向核工业特困救助基金捐款150万元，为构建和谐中核作出贡献。

上海浦东发展集团财务有限责任公司

为响应节能环保号召，公司提倡双面打印、垃圾分类和办公场所禁烟，并通过开展健康走活动，积极将环保理念贯彻落实于日常工作和生活之中；通过“一个鸡蛋的暴走”、“蓝天下的至爱”和向公益基金会捐款等公益活动，为创建和谐社会作出应有贡献；公司同共建社区和共建部队开展了各类社区服务、部队慰问等活动，积极践行驻区单位的社会责任。

中国电力财务有限公司

中国电力财务有限公司东北分公司为沈阳市儿童福利院（沈阳市于洪区造化乡旺牛村）捐赠了玩具、生活用品、学习用品、书籍等。

中国电力财务有限公司西北分公司资助宝鸡市凤翔县长青镇太昌小学15名家境贫困、品学兼优的学生，解决贫困学生的实际困难。

中国电力财务有限公司西北分公司员工个人为西安市儿童福利院捐款8 000余元，为儿童购买生活必需品，并长期提供义工服务。

中国电力财务有限公司华中分公司为北川县供电公司捐助爱心助学资金22 000元，捐赠11套电子学习用品及体育用品，回访被资助对象。11名受捐助儿童和10名志愿者代表来到北川新县城开展了“弘扬抗震救灾精神，重建绿色家园”义务植树活动，种下21棵香樟树。

中国电力财务有限公司华东分公司为上海广慈残疾儿童福利院（上海市奉贤区平安镇七古村）捐赠了资金、衣物、食品、桌椅。

中国电力财务有限公司吉林业务部为长春市农安县拉拉屯小学捐赠了教学用具、学习用品、书籍等。

神华财务有限公司

2012年组织员工加入神华公益基金会爱心志愿者，参与有关爱心活动。

中国电子财务有限责任公司

2012年3月，公司响应集团公司号召，对口提供援疆扶贫捐款30万元。10月，根据集团公司印发的《关于同意对河北省丰宁县扶贫的批复》（中电党〔2012〕359号），在完成董事会决议程序后，向河北省丰宁满族自治县“思源工程”捐款300万元，捐款资金主要用于建设乡镇卫生院和中心幼儿园。此外，公司共青团也在2012年为内蒙古杭锦后旗顺利实验学校捐赠电脑，为支持偏远地区学生学习贡献自己的力量。

航天科工财务有限责任公司

2012年5月公司积极组织员工开展了“母亲邮包”项目募捐活动，广大员工积极履行社会责任，纷纷向贫困母亲奉上一片爱心；7月公司全体员工向“7·21特大暴雨受灾地区”踊跃捐款；8月公司武汉分公司组织员工进行了义务献血活动，用实际行动表达了对社会的关爱之心，彰显了公司员工较高的社会责任感和奉献精神。

万向财务有限公司

响应万向集团党委号召，组织全体员工参与2012年度“送温暖献爱心”捐款活动，为萧山区困难员工和贫困山区孩子就学献上一份温暖和爱心；倡议并组织员工踊跃参加萧山宁围镇组织的无偿献血活动，公司员工以自己的行动体现了自身的优良素质。

海航集团财务有限公司

海航集团财务有限公司于2012年第4季度向海南省慈航公益基金会捐赠2 800万元人民币。

浙江省能源集团财务有限责任公司

浙江省能源集团财务有限责任公司自2011年起至2014年期间，每年向西南财经大学捐赠30万元。

潞安集团财务有限公司

为公司所在地太西社区征订报纸杂志，为辖区居民学习文化知识、丰富文化生活提供了有利的条件；公司掀起向社区捐款献爱心活动，借助社区平台帮扶助贫；公司积极向城区捐助绿化费3万元，支持城区环境绿化建设；公司积极筹备城区太西街道会议，为街道发展提供人力、物力支持，进一步增强公司与社区协调发展的良好氛围。

深圳能源集团财务有限公司

为响应国家科学发展、可持续发展的号召，按照集团整体战略部署，公司积极支持集团重点发展的环保、清洁能源研发项目，以实际行动践行企业所担负的社会责任。

中化集团财务有限责任公司

2012年，中化财务公司开展了“驱动希望、放飞梦想”捐赠活动，面向员工募集善款，为贫困学校学生捐献体育用品，引导和帮助孩子们强健体魄，养成热爱运动的习惯和热爱生活的心态，充满阳光地面对生活中的困苦和挫折，积累成长过程中的正能量。

国联财务有限责任公司

2012年，国联财务有限责任公司的两名年轻员工前往无锡市中心血站献血奉献爱心。

阳煤集团财务公司

阳煤集团财务公司坚持“送温暖、献爱心”，定期给予两名贫困学生以经济资助，对社会慈善事业作出了自己的贡献。

阳煤集团财务公司员工自发救助流浪犬，体现了公司员工的爱心及社会责任感。

中海集团财务有限责任公司

2012年，中海集团财务有限责任公司组织对口开展扶贫助学活动，定点帮扶云南省永德县勐板乡忙肺村完全小学，通过组织开展员工募捐和公司捐赠，筹集资金5万元，全部用来帮助小学修缮教舍和建造蓄水池。此外，公司向学校捐赠电脑9台，向全体学生配发书包及文具用品80套。

通用技术集团财务有限责任公司

通用技术集团财务有限责任公司秉承“绿色经营”理念，积极推广节能减排工作，号召全体员工为环境保护事业贡献力量。

通用技术集团财务有限责任公司为企业创造价值的同时为员工打造了良好的发展空间，吸纳高校毕业生，解决社会就业。

通用技术集团财务有限责任公司号召员工积极参加无偿献血、7·21受灾群众募捐、义务植树等社会公益活动，为落实企业社会责任和公民义务作出了表率。

江苏国信集团财务有限公司

2012年10月26日，国信财务公司党委副书记、工会主席费红日受公司党委书记、董事长王家宝的委托，带着公司全体员工的爱心前往革命老区泗洪县，向贫困学生送去了书包、文具、书籍以及下半学期的捐资助学款。

北京汽车集团财务有限公司

公司在2012年学习雷锋活动月，启动为期一个月的“关爱孤残儿童——大爱无疆，温暖孩子，也会温暖自己”的公益活动，并于五四青年节当天，赴“觅非播舍”孤儿院探望孤儿，现场捐助了3 000元善款。

2012 年度财务公司机构名录

序号	公司名称	通信地址	邮政编码	高管人员	控股股东	控股比例（%）	英文名称	公司网址
1	东风汽车财务有限公司	湖北省武汉市武汉经济技术开发区东风大道10号	430056	董事长　朱福寿 总经理　马华 副总经理　张利军	东风汽车有限公司	80.00%	Dongfeng Motor Finance Co., Ltd.	
2	中国重汽财务有限公司	山东省济南市无影山东路39号	250031	董事长、党总支书记　宋其东 副董事长、总经理　韩文杰 常务副总经理　田玉伟 副总经理　李飞月 党总支副书记、工会主席　刘其贵	中国重汽（香港）有限公司	79.45%	Sinotruk Finance Co., Ltd.	www.cnhtc.com.cn
3	中国华能财务有限责任公司	北京市西城区复兴门南大街丙2号天银大厦C段西区8楼	100031	董事长、党组书记　丁益 总经理、党组副书记　龚卫中 副总经理　肖健 副总经理　孙丽英 副总经理　何青 纪检组长　张巍	中国华能集团	52.00%	China Huaneng Finance Co., Ltd.	
4	锦江国际集团财务有限责任公司	上海市延安东路100号27楼	200002	董事长　陈文君 总经理　陈月明 副总经理　侯儒波	上海锦江国际酒店（集团）股份有限公司	90.00%		www.jinjianghotels.com
5	一汽财务有限公司	吉林省长春市东风大街711号	130011	董事长　滕铁骑 总经理　张影	中国第一汽车股份有限公司	70.80%	First Aotomobile Finance Co., Ltd.	www.faf.com.cn
6	西电集团财务有限责任公司	陕西省西安市大庆路511号	710077	董事长　田喜民 总经理　毋浩民 副总经理　王仲元 副总经理　赵　真	中国西电电气股份有限公司	80.21%	XD Group Finance Co., Ltd.	www.xdcwgs.com

续表

序号	公司名称	通信地址	邮政编码	高管人员	控股股东	控股比例（%）	英文名称	公司网址
7	中国石化财务有限责任公司	北京市朝阳区朝阳门北大街22号	100728	董事长　刘运 党委书记、总经理　张保龙 副总经理　史立明 副总经理　高中元 党委副书记、工会主席、纪委书记　谢东	中国石油化工集团公司	51.00%	SINOPEC Finance Co., Ltd.	www. sfc. sinopec. com
8	东方电气集团财务有限公司	四川省成都市高新西区西芯大道18号	611731	董事长　文利民 总经理　冯勇 副总经理　彭宗洲 副总经理　王成密	中国东方电气集团有限公司	100.00%		www. dongfang. com
9	宝钢集团财务有限责任公司	上海市浦东新区浦电路370号9楼	200122	董事长　周竹平 总经理　袁磊 副总经理　曾健飞	宝山钢铁股份有限公司	62.10%	Baosteel Group Finance Company Ltd.	
10	中国一拖集团财务有限责任公司	河南省洛阳市涧西区建设路154号	471003	董事长　董建红 总经理　陆志华 副总经理 施卫平	第一拖拉机股份有限公司	88.60%	YTO Group Finance Co., Ltd.	www. ytcwgs. com
11	五矿集团财务有限责任公司	北京市海淀区三里河路5号五矿大厦A座	100044	董事长　俞波 副董事长　任珠峰 总经理　柴山 副总经理　史磊 副总经理　王秋劲 副总经理　张福红	中国五矿股份有限公司	92.50%	Minmetals Finance Co., Ltd.	cwgs. minmetals. com. cn
12	攀钢集团财务有限公司	四川省成都市沙湾路266号	610031	董事长　尚洪德 副总经理　陈錆 总经理助理　汪力	鞍山钢铁集团公司	96.18%	PanGang Group Finance Co., Ltd.	www. pgfc. com. cn
13	武汉钢铁集团财务有限责任公司	湖北省武汉市友谊大道999号武钢集团办公大楼B座11－13层	430080	董事长　邓崎琳 总经理　易矛 副总经理　龙林生 副总经理　万定利 总经理助理　陈庆丰	武汉钢铁（集团）公司	68.35%	Wuhan Iron and Steel Group Finance Limited Liability Company	
14	中远财务有限责任公司	北京市西城区月坛北街2号月坛大厦A座19层	100045	董事长　孙月英 副董事长　邓黄君 总经理　刘超 副总经理　应海峰 副总经理　李娟	中国远洋运输（集团）总公司	43.13%	COSCO Finance Co., Ltd.	

续表

序号	公司名称	通信地址	邮政编码	高管人员	控股股东	控股比例（%）	英文名称	公司网址
15	江铃汽车集团财务有限公司	江西省南昌市苏圃路111号	330006	董事长　罗军 总经理　陈东红 副总经理　丁莉红 副总经理　方忠英 总经理助理　杨峰毅 总经理助理　杜健	江铃汽车集团公司	87.45%	JMCG Finance Company	www.jlcwgs.com
16	中国航空集团财务有限责任公司	北京市朝阳区霄云路36号国航大厦19层	100027	董事长　曹建雄 总经理　廖伟 党委书记　陈华林 党委委员　沈浩 副总经理　向丽 党委副书记　陈建	中国航空集团公司	75.54%	China National Aviation Finance Co., Ltd.	www.airchinaf.com
17	中国南动集团财务有限责任公司	湖南省株洲芦淞区董家段	412002	董事长　张智勇 总经理　熊境新 副总经理　戴涛	中国南方航空工业（集团）有限公司	89.54%		
18	天津渤海集团财务有限责任公司	天津市和平区大理道30号	300050	董事长　赵金泉 总经理　肖京喜	天津渤海化工有限责任公司	42.96%	Tianjin Bohai Group Finance Co., Ltd.	www.tjbhcw.com
19	深圳市有色金属财务有限公司	深圳市福田区车公庙中国有色大厦20楼	518040	董事长　张水鉴 总经理　龚子奇 常务副总经理　唐建西 副总经理　吴隆旺	深圳市中金岭南有色金属股份有限公司	75.17%		www.nonfemet.com
20	中国南航集团财务有限公司	广东省广州市机场路航云南街17号	510406	董事长　王建军 总经理、党委书记　肖立新 副总经理　徐燕青 党委副书记、纪委书记、工会主席　莫克齐 副总经理　李实萍 副总经理　胡艳莘	中国南方航空集团公司	65.50%		www.csair.cn
21	上海汽车集团财务有限责任公司	上海市静安区康定路1199号	200042	董事长　刘榕 总经理、党总支书记　沈根伟 党总支副书记　张晓俊	上海汽车集团股份有限公司	98.59%	Shanghai Automotive Group Finance Corporation Limited	www.saicfinance.com
22	振华集团财务有限责任公司	贵州省贵阳市新添大道北段222号	550018	董事长　倪敏 总经理　令狐建强 副总经理　唐要斌 副总经理　阮英轶	中国振华电子集团有限公司	65.00%	Finance Company Ltd., Zhenhua Group	

续表

序号	公司名称	通信地址	邮政编码	高管人员	控股股东	控股比例（%）	英文名称	公司网址
23	东方集团财务有限责任公司	黑龙江省哈尔滨市南岗区花园街235号1202室	150001	董事长 吕廷福 总经理 姜建平 总经理助理 闫铁红 财务总监 张志刚	东方集团实业股份有限公司	87.40%		
24	东航集团财务有限责任公司	上海市吴中路686号D座东航金融中心15楼	201103	董事长 肖顺喜 总经理 王乾 总经理助理 刘洪 总经理助理 倪丽华	中国东方航空集团公司	53.75%	CES Finance Co., Ltd.	www.cesfinance.com
25	中油财务有限责任公司	北京市东城区东直门北大街9号A1112	100007	董事长 王国樑 副董事长 周明春 副董事长 温青山 总经理 兰云升 副总经理 梁萍 副总经理 王永发 副总经理 廖筱燕 总经理助理 吴林才 总经理助理 王增业 总经理助理 郝宾宾	中国石油天然气集团公司 中国石油天然气股份有限公司	51% 49%	China Petroleum Finance Company Limited	www.cnpc.com.cn/cpf/
26	上海电气集团财务有限责任公司	上海市江宁路212号8楼	200433	董事长 俞银贵 总经理 秦怿 党委书记 周秋红 副总经理 吕彤 副总经理 李林 副总经理 张斌 项目总监 张林德 信息总监 郑涛	上海电气集团股份有限公司	73.38%	Shanghai Electric Group Finance Company Ltd.	
27	中国能源建设集团葛洲坝财务有限公司	湖北省宜昌市石子岭路3号	443002	董事长 崔大桥 副董事长、总经理、党总支副书记 邹定波 党总支书记、副总经理 杨福先 副总经理 李云志 副总经理 赵小东	中国葛洲坝集团股份有限公司	50.01%	Gezhouba Finance Co., Ltd. of China Energy Engineering Group	www.gzbfcl.com
28	兵工财务有限责任公司	北京市东城区青年湖南街19号	100011	董事长 罗乾宜 总经理 许质武 党委书记 曹光祥 专职理事 李德福 副总经理 李子福 副总经理 张绛义 党委副书记 武冬生 总会计 师韩颖	中国兵器工业集团公司	14.76%	North Industries Group Finance Company Ltd.	www.norfico.com.cn

续表

序号	公司名称	通信地址	邮政编码	高管人员	控股股东	控股比例（%）	英文名称	公司网址
29	三峡财务有限责任公司	北京市海淀区玉渊潭南路1号B座三峡大厦3楼	10038	董事长 林初学 总经理、党委副书记 谢峰 党委书记、副总经理 李镇光 副总经理 毕家俊 副总经理 朱建军	中国长江三峡集团公司	58.90%	ThreeGorges Finance Co.，Ltd.	tgf. ctgpc. com. cn
30	中广核财务有限责任公司	深圳市福田区上步中路1001号科技大厦4楼	518031	董事长 施兵 总经理 胡焰明 副总经理 任力勇 财务总监 何武强 总经理助理 卢岗	中国广东核电集团	100.00%	China Guangdong Nuclear Power Finance Co.，Ltd.	www. cgnfc. com. cn
31	中船财务有限责任公司	上海市浦东新区浦东大道1号	200120	董事长 曾祥新 总经理 李朝坤	中国船舶工业集团公司	69.94%	Zhong Chuan Finance Company Limited	zcfc. cssc. net. cn
32	中核财务有限责任公司	北京市西城区三里河南四巷一号	100045	董事长 李季泽 总经理 张逸 副总经理 陈斌 副总经理 韩洪学	中国核工业集团公司	53.49%	CNNC Finance Company Ltd.	www. cnncfc. com. cn
33	上海浦东发展集团财务有限责任公司	上海市浦东新区浦东南路256号35楼	200120	董事长 王向阳 总经理、党总支副书记 王鸿 副总经理、党总支书记 杨明 副总经理、党总支委员 滕军	上海浦东发展（集团）有限公司	52.00%	Shanghai Pudong Development Group Finance Co.，Ltd.	www. pdcw. com. cn
34	鞍钢集团财务有限责任公司	辽宁省鞍山市铁东区和平路8号	114003	董事长 于万源 总经理 都兴开 副总经理 董炜	鞍钢集团公司	74.04%	Finance Company Ltd. of Ansteel Group	
35	中国电力财务有限公司	北京市东城区建国门内大街乙18号院1号楼英大国际大厦	100005	董事长、党组书记 孔庆军 总经理、党组副书记 王剑波 副总经理 薛嘉璋 副总经理 张传菊 副总经理 侯燕梅 纪检组长、工会主席 胡锐 副总经理 侯文捷	国家电网公司	51.00%	China Power Finance Co.，Ltd.	www. cpfc. sgcc. com. cn

续表

序号	公司名称	通信地址	邮政编码	高管人员	控股股东	控股比例（%）	英文名称	公司网址
36	神华财务有限公司	北京市东城区安定门西滨河路26号北京汉华国际饭店写字楼 10 层 1006室	100011	董事长　凌文 总经理　梅雪艳 副总经理　车建明 副总经理　张映 首席风险控制官　屈建中	中国神华能源股份有限公司	80.72%	Shenhua Finance Co., Ltd.	
37	中国电子财务有限责任公司	北京市海淀区中关村东路66号世纪科贸大厦 A－23层、25层	100190	董事长　邓向东 总经理　田伟 副总经理　张凯 副总经理　唐兴宇 副总经理　金涯	中国电子信息产业集团有限公司	41.97%	China Electronics Finance Co., Ltd.	www.cec－f.com.cn
38	航天科技财务有限责任公司	北京市西城区平安里西大街31号	100035	董事长　吴艳华 总经理　李海东 财务总监　刘则福 副总经理　赵立军 副总经理　石明磊 党委副书记、纪委书记　王笑妍	中国航天科技集团公司	30.68%	Aerospace Science and Technology Finance Co., Ltd.	www.astfc.com
39	航天科工财务有限责任公司	北京市海淀区紫竹院路116号嘉豪国际中心 B座12层	100097	董事长　刘跃珍 总裁　刘晓东 副总裁　马燕明 总会计师　杨淑飞 副总裁　王小红 副总裁　何红华	中国航天科工集团公司	40.40%	Aerospace Science & Industry Finance Corp.	www.cwgs.casic.cn
40	中船重工财务有限责任公司	北京市海淀区昆明湖南路72号中船重工科研大厦3层	100097	董事长　张必贻 总经理　王兴林 副总经理　郑建良 副总经理　王革	中国船舶重工集团公司	50.78%	CSIC Finance Co., Ltd.	
41	中海石油财务有限责任公司	北京市东城区朝阳门北大街25号中国海油大厦7楼	100010	总经理　黄晓峰 副总经理　邬汉明 总会计师　刘成荔 总经理助理　管见礼 总经理助理　杨楠	中国海洋石油总公司	62.90%		www.cnooc.com.cn
42	海尔集团财务公司有限责任公司	山东省青岛市崂山区海尔路一号海尔工业园 K座	266101	董事长　武克松 总经理　李占国	青岛海尔电子有限公司	53.00%	Haier Finance Co., Ltd.	www.haierfin.com/portal/mainportal

续表

序号	公司名称	通信地址	邮政编码	高管人员	控股股东	控股比例（%）	英文名称	公司网址
43	吉林森林工业集团财务有限责任公司	吉林省长春市延安大街1399号	130012	董事长　李建伟 总经理　张增荣 财务总监　王友 副总经理　王勐 副总经理　乔永洁	中国吉林森林工业集团	49.34%	Jilin Forest Industry Group Finance Co., Ltd.	www.jlsgcwgs.com
44	万向财务有限公司	浙江省杭州市庆春路225号西湖时代广场7楼	310006	董事长　管大源 总裁　傅志芳	万向集团公司	66.08%	Wanxiang Finance Co., Ltd.	www.wxcw.cn
45	中粮财务有限责任公司	北京市朝阳区朝阳门南大街8号中粮福临门大厦1905室	100020	董事长　邬小蕙 执行董事　马王军 总经理　孙彦敏 副总经理　田涛 副总经理　李德罡 总经理助理　阳晓明 总经理助理　刘倩	中粮集团有限公司	79.84%	COFCO Finance Corporation Ltd.	www.cofco.com.cn
46	苏州创元集团财务有限公司	江苏省苏州市三香路333号	215004	董事长　许鸿新 总经理　陆惠章 副总经理　邱卫东	苏州创元投资发展（集团）有限公司	90.00%	Suzhou Chuangyuan Group Finance Co., Ltd.	
47	珠海格力集团财务有限责任公司	广东省珠海市前山金鸡路901号	519070	董事长　董明珠 总经理　张蓓蕾 副总经理　肖旭武 助理总经理　陈坚	珠海格力电器股份有限公司	88.31%	Zhuhai Gree Group Finance Company Ltd.	www.greefinance.com
48	国机财务有限责任公司	北京市海淀区丹棱街3号A座8层	100080	董事长　李家俊 总经理　李慧玲 副总经理　李洪义 总经理助理　夏国靖 总经理助理　殷建邦	中国机械工业集团有限公司	20.37%		www.sinomach.com.cn
49	海航集团财务有限公司	北京市朝阳区霄云路甲26号海航大厦22层	100026	董事长　张尚辉 副董事长　赵权 副董事长兼总经理　汤亮 副董事长兼副总经理　邓瑶 副总经理　赵玉芹 总经理助理　甘雪丽	海航机场集团有限公司	55.56%	HNA Group Finance Co., Ltd.	

续表

序号	公司名称	通信地址	邮政编码	高管人员	控股股东	控股比例（%）	英文名称	公司网址
50	中国华电集团财务有限公司	北京市西城区宣武门内大街2号中国华电大厦B座10层	100031	董事长　褚玉 总经理　陈宇 党组书记、纪检组长、工委主任　余建华 副总经理　胡忠良 副总经理　刘光明 副总经理　刘蒴	中国华电集团公司	36.15%	China Huadian Finance Corporation Limited	www.chdc.com.cn
51	中国大唐集团财务有限公司	北京市西城区菜市口大街1号院1号楼14层		董事长　吴静 总经理、党组副书记　栗宝卿 党组书记、副总经理　贺华 党组成员、副总经理兼党组纪检组组长、工会主席　柯小星	中国大唐集团公司	64.50%	China Datang Finance Co., Ltd.	www.china-cdt.com
52	南方电网财务有限公司	广东省广州市天河区黄埔大道西76号盈隆广场31楼	510623	董事长　杨璐 总经理　胡伏秋 副总经理　周佑明 副总经理　邹志敏	中国南方电网有限责任公司	30.00%	Southern Power Grid Finance Co., Ltd.	www.fc.csg.cn
53	中电投财务有限公司	北京市西城区西直门外大街18号金贸大厦C1座20层	100044	董事长　王祥富 总经理　刘传东 副总经理　张培廉 副总经理　梁玉丰	中国电力投资集团公司	77.00%	China Power Investment Finance Co., Ltd.	www.cpifcl.com.cn
54	国电财务有限公司	北京市西城区西直门外大街18号金贸大厦D座4层	100044	董事长　邵国勇 总经理、党组副书记　孙宝东 党组书记、副总经理　李政文 副总经理、总会计师　杨元顶 副总经理　黄文强	中国国电集团公司	77.65%	Guodian Finance Corporation	www.gdfcl.com.cn
55	华联财务有限责任公司	北京市西城区金融大街33号通泰大厦B428室	100033	董事长　郭丽荣 总经理　丁险峰 副总经理　施保成 副总经理　徐艳 总经理助理　梁国桓	北京华联集团投资控股有限公司	34.00%	Hualian Finance Co., Ltd.	www.hualianfc.com

续表

序号	公司名称	通信地址	邮政编码	高管人员	控股股东	控股比例（%）	英文名称	公司网址
56	兵器装备集团财务有限责任公司	北京市海淀区车道沟10号院中国兵器装备集团大楼5层	100089	董事长　李守武 总经理　王晓翔 党委书记、副总经理　刘志岩 副总经理　唐兰宾 总经理助理、总稽核　李志榕 总经理助理　唐自强	中国兵器装备集团公司	32.27%	China South Industries Group Finance Co., Ltd.	www.bzhcw.cn
57	京能集团财务有限公司	北京市朝阳区永安东里16号CBD国际大厦2301	100022	董事长　刘国忱 总经理　张伟 副总经理　祖连成 副总经理　刘颖 总经理助理　杨建 风险总监　张艳 投资总监　倪婷	北京能源投资（集团）有限公司	98.00%	BEIH Finance Co., Ltd.	www.beihf.com.cn
58	浙江省能源集团财务有限责任公司	浙江省杭州市环城北路华浙广场一号9楼	310006	董事长　王莉娜 总经理　方闽 副总经理　汪汝姚 副总经理　马青 总经理助理　朱战	浙江省能源集团有限公司	91.00%	Zhejiang Provincial Energy Group Finance Co., Ltd.	
59	广东粤电财务有限公司	广东省广州市天河区天河东路2号粤电广场南塔12—13楼	510640	董事长　杨选兴 总经理　温淑斐 党支部书记兼副总经理　袁素杰 副总经理　张文 副总经理　李葆冰	广东省粤电集团有限公司	60.00%	Guangdong Yudean Finance Co., Ltd.	
60	TCL集团财务有限公司	广东省惠州市仲恺高新区惠风三路17号TCL科技大厦21楼	516006	董事长　黄旭斌 总经理　杜娟 副总经理　张红梅 副总经理　文建群 副总经理　黄福波	TCL集团股份有限公司	62.00%	TCL Finance Co., Ltd.	fc.tcl.com/cn/index.aspx
61	湖南华菱钢铁集团财务有限公司	湖南省长沙市湘府西路222号华菱园写字楼5—6层	410004	董事长　舒良勇 总经理　饶璞 财务总监、副总经理　钟士宇 副总经理　赖邦传 副总经理　张卓 工会主席　田艺	湖南华菱钢铁集团有限责任公司	30.00%	Hunan Valin Iron & Steel Group Finance Co., Ltd.	www.chinavalin.com
62	江西铜业集团财务有限公司	江西省南昌市二七北路527号	330077	董事长　李贻煌 总经理　吴金星	江西铜业股份有限公司	87.33%		www.jxcc.com

续表

序号	公司名称	通信地址	邮政编码	高管人员	控股股东	控股比例（%）	英文名称	公司网址
63	天津港财务有限公司	天津市塘沽区津港路99号	300461	董事长　田长松 总经理　窦广清 副总经理　马洁	天津港（集团）有限公司	32.01%		www.ptacn.com
64	松下电器（中国）财务有限公司	上海市浦东新区陆家嘴环路1000号7楼	200120	总经理　吉村太作 首席运营官　广松哲明	松下电器（中国）有限公司	100.00%	Panasonic Finance China Co., Ltd.	
65	中航工业集团财务有限责任公司	北京市朝阳区东三环中路乙10号艾维克大厦18层	100022	董事长　刘宏 总经理　刘蓉 副总经理　贾福青 副总经理　刘敏	中国航空工业集团公司	47.12%	AVIC Finance Co., Ltd.	www.avicfinance.com.cn
66	中冶集团财务有限公司	北京市朝阳区曙光西里28号中冶大厦31层	100028	董事长　邹宏英 总经理　周小杰 副总经理　朱柏林 总经理助理　丛蓉	中国冶金科工股份有限公司	86.12%	MCC Finance Corporation Ltd.	www.mccfc.com.cn
67	申能集团财务有限公司	上海市陆家嘴环路958号10楼	200120	董事长　王鸿祥 总经理　张芊 副总经理　杨波 副总经理　杜心红	申能（集团）有限公司	65.00%	Shenergy Group Finance Co., Ltd.	
68	潞安集团财务有限公司	山西省长治市城西路2号	046011	董事长、党支部书记　杨建林 总经理　李霞 副总经理　刘天义 副总经理　王月亲 副总经理　贾军	山西潞安矿业（集团）有限责任公司	66.67%	Lu'an Group Finance Co., Ltd.	
69	淮南矿业集团财务有限公司	安徽省淮南市洞山东路上东锦城商业街21栋18号	232001	董事长　李雪莲 总经理、书记　方泰峰 副总经理　王小波 风险总监、副书记　陈学忠	淮南矿业（集团）有限责任公司	91.50%		www.hnmine.com
70	日立（中国）财务有限公司	上海市茂名南路205号瑞金大厦1908室	200020	董事长　木住野诚一郎 总经理　水流孝一 副总经理　陈庆锴	日立（中国）有限公司	100.00%	Hitachi (China) Finance Co., Ltd.	
71	保利财务有限公司	北京市东城区朝阳门北大街1号新保利大厦8C	100010	董事长　张振高 总经理　赵晋 副总经理　王一夫 副总经理　耿跃华	中国保利集团公司	35.00%	Poly Finance Company Limited	www.polyfinance.com.cn

续表

序号	公司名称	通信地址	邮政编码	高管人员	控股股东	控股比例（%）	英文名称	公司网址
72	深圳能源财务有限公司	广东省深圳市福田区深南中路2068号华能大厦32楼	518031	董事长　周群 总经理　李新威 副总经理　李春晖	深圳能源集团股份有限公司	70.00%		www.sec.com.cn
73	中化集团财务有限责任公司	北京市复兴门内大街28号凯晨世贸中心中座F3层	100031	董事长　杨林 总经理　刘剑 副总经理　张小康 副总经理　付建军 副总经理　张亚蔚 财务总监　石力 总经理助理　杨毅 总经理助理　王慧霞 总经理助理　施暄	中国中化股份有限公司	100.00%	Sinochem Finance Co., Ltd.	www.sinochemfinance.com
74	海信集团财务有限公司	山东省青岛市东海西路17号海信大厦15楼	266071	董事长　周厚健 总经理　黄金萍 副总经理　王曙光	海信集团有限公司	51.00%	Hisense Finance Co., Ltd.	www.hisense.com
75	国联财务有限责任公司	江苏省无锡市滨湖区金融一街8号国联金融大厦18楼	214121	董事长　杨静月 总经理　朱文波 副总经理　吴干平	无锡市国联发展（集团）有限公司	30.00%	Guolian Finance Co., Ltd.	www.glcw.com.cn
76	首都机场集团财务有限公司	北京首都国际机场四纬路9号中国服务大厦B区三层	100621	董事长　赵璟璐 总经理　王玫 副总经理　李剑 总经理助理　薛浩荣	首都机场集团公司	80.00%		www.cah.com.cn
77	红豆集团财务有限公司	江苏省无锡市锡山区东港镇锡港东路2号	214199	董事长　周海江 总经理　胡国梁 副总经理　周海燕 总经理助理　孙东明	红豆集团有限公司	63.00%		
78	海马财务有限公司	海南省海口市金盘工业区金牛路2号	570216	董事长　赵树华 总经理　刘卫 副总经理　谭继民 副总经理　熊小文 总经理助理　薛安萍	海马汽车集团股份有限公司 海马投资集团有限公司	47.37% 47.37%	Haima Finance Co., Ltd.	

续表

序号	公司名称	通信地址	邮政编码	高管人员	控股股东	控股比例（%）	英文名称	公司网址
79	南山集团财务有限公司	山东省龙口市南山工业园南山南路4号	265706	董事长　宋建波 总经理　隋政 副总经理　曲丽华 总经理助理　郭芸	南山集团有限公司	55.00%	Nanshan Finance Company Ltd.	www. nanshan. com. cn
80	国投财务有限公司	北京市西城区西直门南小街147号9层	100034	董事长　张华 总经理　兰如达 副总经理　苏日庆 副总经理　张伟明 副总经理　李旭荣	国家开发投资公司	51.00%	SDIC Finance Co., Ltd.	www. sdicfinance. com
81	河南煤业化工集团财务有限公司	河南省郑州市郑东新区CBD商务外环路6号国龙大厦1727	450046	董事长　张毅 总经理　张汇臣 副总经理　棘军 副总经理　沈扬	河南煤业化工集团有限责任公司	63.70%	Henan Coal & Chemical Industry Group Finance Co., Ltd.	www. hnccgc. com. cn
82	中国化工财务有限公司	北京市海淀区北四环西路62号	100080	董事长　李建勋 副总经理　陈峻伟 副总经理　程山 副总经理　刘文 副总经理　郭学军 副总经理　曹巍 总会计师　胡立福	中国化工集团公司	41.50%	ChemChina Finance Co., Ltd.	
83	紫金矿业集团财务有限公司	福建省上杭县紫金大道1号14楼	364200	董事长　林红英 总经理　罗福金 副总经理　梁祥斌 副总经理　饶建东	紫金矿业集团股份有限公司	95.00%		www. zjky. cn
84	江苏华西集团财务有限公司	江苏省江阴市滨江开发区香山路29号华西金融楼	214434	董事长　包丽君 总经理　卞三荣 副总经理　曹红玉 总经理助理　虞金华	江苏华西集团公司	90.00%	Jiangsu Huaxi Group Finance Co., Ltd.	
85	冀中能源集团财务有限责任公司	河北省石家庄市体育北大街125号	050015	董事长　王社平 副董事长　李笑文 总经理　李艳芳 副总经理、总会计师　王玉江 副总经理　张建平	冀中能源集团有限责任公司	45.00%	Jizhong Energy Group Finance Co., Ltd.	
86	山西焦煤集团财务有限责任公司	山西省太原市新晋祠路一段1号	030024	董事长　张树茂 总经理　夏苏萍 副总经理　贺海柱 副总经理　郎晓华	山西焦煤集团有限责任公司	80.00%	Shanxi Coking Coal Group Finance Co., Ltd.	

续表

序号	公司名称	通信地址	邮政编码	高管人员	控股股东	控股比例（%）	英文名称	公司网址
87	阳泉煤业集团财务有限责任公司	山西省阳泉市北大西街29号	45000	董事长　廉贤 总经理　王玉明 副总经理　魏晓光 副总经理　赵守刚 首席风险官　樊宗莉 总经理助理　王春艳	阳泉煤业（集团）有限责任公司	50.00%	Yangquan Coal Industry Group Finance Co., Ltd.	www.ymcwgs.com.cn
88	晋煤集团财务有限公司	山西省晋城市北石店	048006	董事长　赵俊平 总经理　段建勋 副总经理　苗见阳 副总经理　赵春洁 副总经理　韩军	山西晋城无烟煤矿业集团有限责任公司	92.00%	Jincheng Anthracite Mining Group Finance Co., Ltd.	
89	云南冶金集团财务有限公司	云南省昆明市小康大道399号	650224	董事长　董英 总经理　任静云 副总经理　李旻昊 副总经理　罗胜 副总经理　程岚 副总经理　晏元川	云南冶金集团股份有限公司	80.00%	Yunnan Metallurgical Group Finance Co., Ltd.	
90	中海集团财务有限责任公司	上海市虹口区东大名路670号5楼	200080	董事长　苏敏 总经理　严李浩 副总经理　李剑 营运总监　刘萍 首席风控官　李晟	中国海运（集团）总公司	25%	China Shipping Finance Co., Ltd.	www.csfinance.com.cn
					中海集装箱运输股份有限公司	25%		
					中海发展股份有限公司	25%		
91	中集集团财务有限公司	广东省深圳市蛇口太子路1号新时代广场19ABJKL	518067	总经理　张力 总经理助理　杨晓玲 营运规划总监　方继勋	中国国际海运集装箱（集团）股份有限公司	100.00%	CIMC Finance Company Ltd.	
92	沙钢财务有限公司	江苏省张家港市锦丰镇永新路239号	215625	董事长　沈彬 总经理　倪云山 常务副总经理　沈涛 总经理助理　方梅	江苏沙钢集团有限公司	60.00%	Shagang Finance Co., Ltd.	www.sha-steel.com
93	美的集团财务有限公司	广东省佛山市顺德区北滘镇美的大道6号美的总部大楼B区6楼	528311	董事长　袁利群 总经理　汪勇 副总经理　陈利坚 副总经理　温蓉	美的集团股份有限公司	55.00%	Midea Group Finance Co., Ltd.	finance.midea.com.cn

续表

序号	公司名称	通信地址	邮政编码	高管人员	控股股东	控股比例（%）	英文名称	公司网址
94	宁波港集团财务有限公司	浙江省宁波市北仑区明州路301号宁波港大厦	315800	董事长　李令红 副董事长　王峥 总经理　庄一本 副总经理　邱纪道 副总经理　夏光辉	宁波港股份有限公司	75.00%	Ningbo Port Group Finance Co., Ltd.	nbpfc. nbport. com. cn
95	兖矿集团财务有限公司	山东省邹城市凫山南路329号	273500	董事长　张胜东 副董事长　孟宪强 总经理　李东 副总经理　李井良 总经理助理　南宫鸣祝	兖矿集团有限公司	70.00%		www. ykjt. cn
96	哈尔滨电气集团财务有限责任公司	黑龙江省哈尔滨市香坊区三大动力路7号三楼	150040	董事长　段洪义 总经理、党委书记　吴彤 副总经理　何亚宽 副总经理　陈茂义	哈尔滨电气集团公司	51.00%		
97	北大方正集团财务有限公司	北京市海淀区成府路298号中关村方正大厦9层	100871	董事长　余丽 总经理　陈刚 副总经理　崔勇 副总经理　李莉	北大方正集团有限公司	50.00%	PKU Founder Group Finance Co., Ltd	www. founderf. com
98	通用技术集团财务有限责任公司	北京市丰台区西三环中路90号通用技术大厦6层	100055	董事长　卿虹 总经理　李虎俊 副总经理　李季	中国通用技术（集团）控股有限责任公司	95.00%		www. gtfc. com. cn
99	铜陵有色金属集团财务有限公司	安徽省铜陵市长江西路171号	244000	董事长　韦江宏 副总经理　黄天珊 副总经理　郑之德 副总经理　管剑	铜陵有色金属集团控股有限公司	70.00%	TongLing Nonferrous Metals Group Finance Corporation Ltd.	www. tnmg. com. cn/cwgs
100	中建财务有限公司	北京市海淀区三里河路15号中建大厦A座7层	100037	董事长　曾肇河 总经理　薛克庆 总经理助理　刘建基 财务总监　孔卫湘	中国建筑股份有限公司	80.00%	China State Construction Finance Company Limited	cscfc. cscec. com
101	江苏省国信集团财务有限公司	江苏省南京市山西路128号和泰大厦11层	210008	董事长　王家宝 副总裁　丁锋 副总裁　周俊淑 党总支副书记　费红日	江苏省国信资产管理集团有限公司	60.00%	Jiangsu Guoxin Finance Co., Ltd.	www. jsgxfc. com

续表

序号	公司名称	通信地址	邮政编码	高管人员	控股股东	控股比例（%）	英文名称	公司网址
102	重庆化医控股集团财务有限公司	重庆市北部新区高新园星光大道天王星A1座2楼	401121	董事长　安启洪 总经理　何清全 副总经理　王剑 副总经理　曾子珂	重庆化医控股（集团）公司	63.00%	Chongqing Chemical and Pharmaceutical Holdings Group Finance Co., Ltd.	
103	金川集团财务有限公司	甘肃省兰州市城关区天水南路525号5楼	730000	董事长　刘世超 总经理　郭明君 副总经理　杜志环	金川集团股份有限公司	92.30%	Jinchuan Group Finance Co., Ltd.	
104	新希望财务有限公司	四川省成都市高新区天府大道中段新希望国际大厦A座26楼	610041	董事长　黄代云 总裁　荣国跃 副总裁　郎波	新希望集团有限公司	42%	New Hope Finance Co., Ltd.	www.nhgfc.com
105	酒钢集团财务有限公司	甘肃省嘉峪关市雄关东路10号诚信广场5008室	735100	董事长　夏添 监事长　康厚新 总经理　王丽华 副总经理　龚晓伟	酒钢集团公司	60.00%	Jiugang Group Finance Co., Ltd.	
106	包钢集团财务有限责任公司	内蒙古自治区包头市昆都仑区白云路39号2层	014010	董事长　周秉利 总经理　谢美玲 副总经理　吕淑梅	包头钢铁（集团）有限责任公司	60.00%		www.btsteel.com
107	新奥财务有限责任公司	河北省廊坊市经济技术开发区华祥路新奥集团南院C区	65001	董事长　于建潮 总经理　崔刚 常务副总经理　刘根旺 副总经理　姜波 运营总监　鲍洁	新奥（中国）燃气投资有限公司	70.00%	ENN Finance Co., Ltd.	www.ennfinance.com
108	中外运长航财务有限公司	北京市海淀区西直门北大街甲43号B座18层	100044	董事长　黄必烈 总经理　张少军 党委书记　诸凡 副总经理　张小青 财务总监　罗丹丹 审计稽核总监　黄文祥	中国外运长航集团有限公司	55.00%		
109	青岛啤酒财务有限责任公司	山东省青岛市市南区东海西路35号4栋青岛啤酒大厦第9层	266071	董事长　孙玉国 总经理　徐振声 总会计师　孙燮 副总经理　张德志	青岛啤酒股份有限公司	100.00%	Tsingtao Brewery Finance Co., Ltd.	

续表

序号	公司名称	通信地址	邮政编码	高管人员	控股股东	控股比例（%）	英文名称	公司网址
110	上海复星高科技集团财务有限公司	上海市江宁路1158号1902室	200060	董事长 张厚林 总经理 何霄	上海复星高科技（集团）有限公司	82.00%	Fosun Group Finance Corporation Limited	
111	中铝财务有限责任公司	北京市西直门北大街62号中国铝业大厦7层	100082	董事长 熊维平 总经理 蔡安辉 副总经理 朱书红 副总经理 葛小雷	中国铝业公司	100.00%	CHINALCO Finance Company Limited	finance. chalco. com. cn
112	中兴通讯集团财务有限公司	广东省深圳市南山区高新技术产业园科技南路中兴通讯大厦A座2楼	518057	董事长 韦在胜 总经理 华健斌 常务副总经理 毛莺	中兴通讯股份有限公司	100.00%	ZTE Group Finance Company Limited	
113	国核财务有限公司	北京西城区金融大街17号中国人寿中心A座9层	100032	董事长 王益华 总经理 李云峰 副总经理 汪恒海 总经理助理 王清伟	国家核电技术有限公司	60.00%		www. snptc. com. cn
114	福建省能源集团财务有限公司	福建省福州市五四路239号物资大厦3楼	350003	董事长 卢范经 副董事长 罗振文 总经理 王金新 副总经理 王盛银	福建省能源集团有限责任公司	90.00%	Fujian Energy Group Finance Company Limited	www. fjegfc. com
115	湖南高速集团财务有限公司	湖南省长沙市开福区三一大道500号17楼	410003	董事长 吴国光	湖南省高速公路投资集团有限公司	80.00%		
116	马钢集团财务有限公司	安徽省马鞍山市九华西路8号	243000	董事长 苏鉴钢 总经理 肖玲 副总经理 伍生林 风险总监 汪冬妹	马鞍山钢铁股份有限公司	91.00%	MaGang Group Finance Co. , Ltd.	
117	湖北宜化集团财务有限责任公司	湖北省宜昌市沿江大道52号	443000	董事长、总经理 柴国志 副总经理 许嫒 总经理助理 戴德新	湖北宜化集团有限责任公司	80.00%	Hubei Yihua Group Finance Co. , Ltd.	
118	北京汽车集团财务有限公司	北京市丰台区南四环西路188号17区18号楼7层	100160	董事长 马传骐 总经理 李荣荣 副总经理 周雪辉 副总经理 续颖 总经理助理 周巍	北京汽车集团有限公司	56.00%		www. baihc. com

续表

序号	公司名称	通信地址	邮政编码	高管人员	控股股东	控股比例（%）	英文名称	公司网址
119	大连港集团财务有限公司	辽宁省大连市中山区人民路68号宏誉大厦902室	116001	董事长　惠凯 总经理　山冰如 副总经理　田原	大连港集团有限公司	60.00%	Dalian Port Group Finance Company Limited	
120	大唐电信集团财务有限公司	北京市海淀区学院路40号	100191	董事长　高永岗 总经理　吴殷强 常务副总经理　余睿 副总经理　周少锋 审计总监　韩卫刚 总经理助理　廖系民	电信科学技术研究院	100.00%	Datang Telecom Group Finance Co., Ltd.	finance.datanggroup.cn
121	开滦集团财务有限责任公司	河北省唐山市路南区新华东道70号	063018	董事长　张文学 总经理　董养利 副总经理　董丽文	开滦（集团）有限责任公司	51.00%		www.kailuan.com.cn
122	中国航油集团财务有限公司	北京市顺义区后沙峪镇安富街6号3层	101318	董事长　赵寿森 董事、总经理　师建桥 副总经理　张鹏 副总经理　齐化忠	中国航空油料集团	90.00%	China National Aviation Fule Finance Co., Ltd.	
123	海南农垦集团财务有限公司	海南省海口市滨海大道115海垦国际金融中心23层	570105	董事长　待审批 总经理　邓文杰 副总经理　周菊芝	海南省农垦集团有限公司	80.00%	Hainan State Farms Group Finance Co., Ltd.	
124	西部矿业集团财务有限公司	青海省西宁市城西区微波巷1号	810001	董事长　韩留卿 监事长　金作清 总经理　王永宁 风险总监　姚　桐	西部矿业股份有限公司	60.00%		www.westmining.com
125	江苏交通控股集团财务有限公司	江苏省南京市中山东路291号汉府大厦3—4层	210002	董事长　杜文毅 总经理　王展 副总经理　陈凤艳 副总经理　盈晓红	江苏交通控股有限公司	80.00%	Jiangsu Communications Holding Group Finance Co., Ltd.	
126	中国移动通信集团财务有限公司	北京市西城区广宁伯街2号	100033	董事长　薛涛海 副董事长　朱敏 总经理　朱毅 副总经理　钱泳 财务总监　向华翔 资金总监　杨永强	中国移动通信集团公司	100.00%		

续表

序号	公司名称	通信地址	邮政编码	高管人员	控股股东	控股比例（%）	英文名称	公司网址
127	山东钢铁集团财务有限公司	山东省济南市舜华路2000号舜泰广场4号楼山钢大厦	250101	董事长　陶登奎 总经理　李凤强 党总支书记、副总经理　闵宪金 副总经理　赵永辉 总经济师　杨再昌	山东钢铁集团有限公司	67.50%	Shandong Iron & Steel Group Finance Co., Ltd.	
128	国药集团财务有限公司	北京市海淀区知春路20号中国医药大厦7层	100191	董事长　邓金栋 总经理　梁红军 副总经理　曹桂春 财务总监　李慧	中国医药集团总公司	80.00%	Sinopharm Group Finance Co., Ltd.	
129	郑州宇通集团财务有限公司	河南省郑州市郑东新区商务外环西二街交叉口世博大厦11层	450018	董事长　朱中霞 总经理　王彦军 副总经理　王洪涛 副总经理　孙谦 财务总监　黄晓谨 总经理助理　杨波	郑州宇通集团有限公司	85.00%	Zhengzhou Yutong Group Finance Co., Ltd.	
130	中国铁建财务有限公司	北京市海淀区复兴路40号院1号楼中国铁建大厦10层	100855	董事长　庄尚标 总经理　冀涛 副总经理　王龙沙	中国铁建股份有限公司	94.00%	CRCC Finance Company Ltd.	www.crccfc.com.cn
131	山东省商业集团财务有限公司	山东省济南市历下区山师东路4号	250014	董事长　李明 总经理　张志强 副总经理　马玉义 副总经理　王金栋 总会计师　吕元忠 总审计师　高振斌 总经理助理　周卫民	山东省商业集团有限公司	100.00%	Shandong Commercial Group Finance Co., Ltd.	
132	深圳华强集团财务有限公司	广东省深圳市福田区深南中路华强路口华强集团1号楼7楼	518031	董事长　梁光伟 总经理　李曙成 副总经理　郑德镇	深圳华强集团有限公司	100.00%	SZHQ Group Finance Company Ltd.	
133	诚通财务有限责任公司	北京市丰台区南四环西路188号总部基地6区17号楼A座7层	100070	董事长　徐震 监事长、党支部书记　秦炬 总经理、党支部副书记　赵洪武 副总经理、党支部委员　彭松 董事会秘书　张志海	中国诚通控股集团有限公司	71.00%	China Chengtong Finance Corporation Ltd.	

续表

序号	公司名称	通信地址	邮政编码	高管人员	控股股东	控股比例（%）	英文名称	公司网址
134	山东重工集团财务有限公司	山东省济南市燕子山西路40－1号山东重工大厦	250014	董事长 申传东 总经理 吴汝江 副总经理 庄新亭 副总经理 张珉 财务总监 黄震	山东重工集团有限公司	35.00%	Shandong Heavy Industry Group Finance Co., Ltd.	
135	湖北能源财务有限公司	湖北省武汉市徐东大街20号福星惠誉国际城8栋1单元6楼	430062	董事长 张国勇 副董事长兼党支部书记 邹正 总经理 张明 首席风险官 张志	湖北能源集团股份有限公司	80.00%	Hubei Energy Finance Co., Ltd.	www.hbny.com.cn/cwgs
136	港中旅财务有限公司	深圳市福田区深南大道4011号港中旅大厦29楼	518048	董事长 张逢春 总经理 许浣菁 副总经理 陈丽 财务总监兼总经理助理 庞勇	中国港中旅集团公司	70.00%	China Natioal Travel Service（HK）Finance Company Limited	www.hkcts.com
137	陕西煤业化工集团财务有限公司	陕西省西安市锦业一路二号陕煤化集团大楼709室	710065	董事长 杨勇平 总经理 邓晓博 副总经理 孟延平 副总经理 徐明 副总经理 王晓刚 副总经理 刘旭春	陕西煤业化工集团有限责任公司	45.00%	Shaanxi Coal and Chemical Industry Group Finance Co., Ltd.	www.shccig－ebank.com
138	上海华谊集团财务有限责任公司	上海市浦东南路1271号华融大厦15楼	200122	董事长 金明达 副董事长 刘训峰 副董事长 常清 监事长 陈耀 总经理 郭牧 副总经理 陆敏	上海华谊（集团）公司	70.00%	Shanghai Huayi Group Finance Company Ltd.	
139	河北钢铁集团财务有限公司	河北省石家庄市裕华西路42号	050000	董事长 王义芳 总经理 苏广奇 副总经理 李凤侠 风险总监 李志平 财务总监 唐建君	河北钢铁集团有限公司	51.00%	Hebei Iron & Steel Group Finance Company Limited	www.hebgtjt.com
140	中化建工程集团财务有限公司	北京市东城区东直门内大街2号13楼	100007	董事长 刘毅 总经理 周竞 副总经理 代萍 总经理助理 陶湘宁	中国化学工程股份有限公司	90.00%	China National Chemical Engineering Group Corporation Finance Co., Ltd.	

续表

序号	公司名称	通信地址	邮政编码	高管人员	控股股东	控股比例（%）	英文名称	公司网址
141	天津天保财务有限公司	天津空港经济区西五道35号汇津广场4号楼8层	300308	董事长　吕金洲 副董事长　韩华 总经理　尹宏海 常务副总经理　刘征 副总经理　李忠孝	天津保税区投资控股集团有限公司	100.00%	Tianjin T&B Finance Co., Ltd.	
142	亿利集团财务有限公司	北京市西城区复兴门内大街28号凯晨世贸中心东座6层	100031	董事长　王文治 总经理　孔骞 副总经理　郭平 总经理助理　孙永强	亿利资源集团有限公司	40.00%	Elion Finance Company Limited	
143	厦门海翼集团财务有限公司	福建省厦门市思明区厦禾路668号海翼大厦B座26层	361004	董事长　刘艺虹 总经理　曾国元 副总经理　杨瑾 首席风险控制官　朱胜先	厦门海翼集团有限公司	55.00%	Xiamen CCRE Group Finance Co., Ltd.	www.ccregroup.com
144	中信财务有限公司	北京市朝阳区新源南路6号京城大厦低层栋B座2层	100004	董事长　居伟民 副董事长　赵小凡 董事　总经理　张云亭 董事　常务副总经理　次晓丽 副总经理　王海波	中国中信股份有限公司	80.00%	CITIC Finance Company Limited	www.citic.com
145	南车财务有限公司	北京市海淀区西四环中路16-5号楼中国南车大厦501室	100036	董事长　詹艳景 总经理　徐伟锋 副总经理　刘学文 财务总监　郝志军 风险总监　张世东	中国南车股份有限公司	91.00%	CSR Finance Co., Ltd.	
146	中国北车集团财务有限公司	北京市丰台区芳城园一区15号楼中国北车大厦14层	100078	董事长　高志 总经理　时景丽 副总经理　廖新义	中国北车股份有限公司	83.33%	China CNR Finance Co., Ltd.	
147	中国电子科技财务有限公司	北京市海淀区复兴路17号国海广场A座16层	100038	董事长　张登洲 总经理　刘维用 副总经理　杨志军 副总经理　刘盼盼	中国电子科技集团公司	55.00%	CETC Finance Co., Ltd.	www.cetcf.com.cn